新时代"一带一路"古文明文献萃编

杨共乐 主编

古代埃及文明文献萃编

（上）

郭子林◎编译

华夏出版社
HUAXIA PUBLISHING HOUSE

图书在版编目（CIP）数据

古代埃及文明文献萃编. 上 / 郭子林编译. -- 北京：华夏出版社有限公司，2023.4

（新时代"一带一路"古文明文献萃编 / 杨共乐主编）

ISBN 978-7-5222-0277-8

Ⅰ.①古… Ⅱ.①郭… Ⅲ.①文化史—文献—汇编—埃及—古代 Ⅳ.① K411.203

中国版本图书馆 CIP 数据核字（2022）第 003365 号

古代埃及文明文献萃编（全二册）

编　　译	郭子林
选题策划	潘　平
责任编辑	李春燕
责任印制	周　然
美术设计	殷丽云

出版发行	华夏出版社有限公司
经　　销	新华书店
印　　装	北京汇林印务有限公司
版　　次	2023 年 4 月北京第 1 版　2023 年 4 月北京第 1 次印刷
开　　本	710×1000　1/16
印　　张	48.25
字　　数	700 千字
定　　价	218.00 元

华夏出版社有限公司　地址：北京市东直门外香河园北里 4 号　邮编：100028
网址：www.hxph.com.cn　电话：（010）64663331（转）

若发现本版图书有印装质量问题，请与我社营销中心联系调换。

总　序

2013年秋天，中国国家主席习近平在出访哈萨克斯坦和印度尼西亚期间，先后提出共建丝绸之路经济带（The Silk Road Economic Belt）和21世纪海上丝绸之路（The 21st Century Maritime Silk Road），简称"一带一路"倡议（The Belt and Road Initiative）。"一带一路"倡议的主旨是：世界各参与国，通过全方位的交流合作，携手打造政治互信、经济互惠、文化包容的利益共同体、命运共同体和责任共同体。这一由中国发起的倡议得到了国际社会的高度重视。经过近十年的努力，至今已有一百多个国家和国际组织参与了"一带一路"建设。相关的建设项目也从无到有，由小而大，取得令世人羡慕的成绩。"一带一路"倡议始于中国，但惠及世界，必将有力促进人类文明事业的发展。

"一带一路"倡议有深厚的历史渊源和人文基础。早在两千多年前，我们的先人就开通了陆上和海上丝绸之路。丝绸之路把尼罗河流域、底格里斯河和幼发拉底河流域、印度河和恒河流域、黄河和长江流域连接起来，将埃及文明、两河流域文明、印度文明和中华文明的发祥地连接起来。世界不同的文明经过丝绸之路交流互鉴、紧密相连。通过丝绸之路，中国的丝、漆、瓷器、铁器以及它们的制作技术被传到西方，西方的苜蓿、胡椒和葡萄等也传到了中国。通过丝绸之路，拜占廷的金币、波斯的器皿及阿拉伯的医学等传入中国，中国的造纸术、印刷术、火药和指南针等重大发明也由此传向世界并对世界产生重大影响。[①] 通过丝绸之路，源自印度的佛教、大秦的景教等传入中国。源自中国的儒家文化，也被推介到西方，受到德国莱布尼茨和法国伏尔泰等思想

---

① 参阅杨共乐："人类文明进程中的中华文明"，《光明日报》，2021年12月31日。

家的赞赏。他们推崇儒家的道德与伦理并以此来丰富自己的思想学说。

当今中国首创的"一带一路",既承继历史传统,又立足世界未来,应时代之需,顺全球发展之势,赋丝路以全新之内涵,为人类进步提供极具价值的中国智慧。

当然,要通过"一带一路"与世界建立"互联互通",我们还需加强对世界上主要古文明进行的更为深入的研究。因为产生这些文明的几大古国大多分布于"一带一路"沿线,其文化对后世的影响既广泛又深远。从源头上厘清各文明的发展特点,有助于我们更好地认识"和平发展""开放包容"和"文明互鉴"的重要意义,有助于我们更深刻地理解"一带一路"倡议的重大价值。为此,从2013年年末开始,我们专门组织专家学者编纂了一套《"一带一路"古文明书系》(六卷七册),试图回答下述系列问题:(1)世界古代的文明成果主要体现在哪些方面?(2)多源产生的文明有何特点?(3)各文明区所创造的成果对后世有何影响?(4)各文明古国的国家治理体系如何构建?政治治理如何运行?(5)国家的经济保障主要体现在哪些方面?居民的等级特点与国家政权之间的关系如何?(6)在古代埃及、两河流域有没有像公元前8—前3世纪的中国、印度和希腊那样出现过精神觉醒的时代?(7)各文明古国所实行的文化政策有何特点?其对居民有何影响?(8)古代文明兴起的具体原因以及个别文明消亡的关键因素是什么?(9)中华文明连续不中断的原因究竟在哪里?等等。[①]《"一带一路"古文明书系》得到北京师范大学出版社的大力支持,已由2018年11月出版。出版后,社会反响良好,至今已连续重印两三次。

与此同时,我们又组织相关学者集中精力,协同攻关,对世界上主要文明地区留下的文献资料进行精选、翻译。经过近八年的努力,我们又完成了《"一带一路"古文明书系》的姊妹篇——《新时代"一带一路"古文明文献萃编》(七卷十册)的编译工作。

《新时代"一带一路"古文明文献萃编》以"一带一路"沿途所经且在历

---

① 参见杨共乐总主编:《"一带一路"古文明书系》总序,北京:北京师范大学出版社,2018年版。

史上有重要影响的古文明文献为萃编、译注对象，以中国人特有的视角选择文献资料，展示人类文明的内涵与特色。让文献说话，让文献在当代发挥作用，是我们这套丛书的显著特色。《新时代"一带一路"古文明文献萃编》共七卷十册，分别是《古代美索不达米亚文明文献萃编》《古代埃及文明文献萃编（上、下册）》《古代印度波斯文明文献萃编》《古代希腊文明文献萃编》《古代罗马文明文献萃编（上、下册）》《古代中国文明文献萃编（上、下册）》和《古代丝绸之路文明文献萃编》。范围涉及北非、西亚、南亚、东亚和南欧五大区。我们衷心希望《新时代"一带一路"古文明文献萃编》能为学界提供一种新的、认识古代世界的视角，为我国的"一带一路"建设贡献微薄的力量。

杨共乐
北京师范大学史学理论与史学史研究中心
2022 年 2 月 15 日

目　录

上　册

序　言

一　神话传说

1.阿图姆的创世/003　2.原始秩序的建立/005

3.人类的毁灭/008　4.孟菲斯神学/010

5.伊西斯和奈夫提斯的哀悼/015

6.荷鲁斯与塞特之争/023

二　王室文献

1.帕勒摩石碑/037　2.斯尼弗鲁的西奈铭文/050

3.胡夫的捐献石碑/051　4.维西尔韦舍普塔墓铭文/052

5.珀辟二世塞德节铭文/053　6.阿西尤特三墓铭文/055

7.塞索斯特里斯三世的边界石碑/060

8.奈菲尔霍特普国王的大阿拜多斯石碑/062

9.卡莫斯石碑/064

10.图特摩斯一世的方尖碑铭文/069

11.哈特舍普苏特女王的诞生与加冕浮雕和铭文/069

12.哈特舍普苏特方尖碑铭文/082

13.关于运送哈特舍普苏特方尖碑的浮雕和铭文/087

14.图特摩斯三世的加冕铭文/090

15.图特摩斯三世年鉴/096

16.图特摩斯三世战争宴会和献祭铭文/118

17.图特摩斯四世梦碑/123

18.阿蒙霍特普三世圣甲虫铭文/125

19.埃赫那吞的阿玛尔那界碑/128

20.拉美西斯二世卡叠什战役铭文和浮雕/133

21.卡尔纳克神庙美楞普塔的利比亚战争铭文/145

22.美楞普塔利比亚战争以色列石碑/151

23.拉美西斯三世葬祭庙铭文与浮雕/156

24.哈里斯大纸草/191

25.国王庇伊的胜利石碑/216

26.国王普萨美提克二世的胜利石碑/231

27.国王涅克塔尼布一世的诺克拉提斯石碑/232

28.托勒密一世的总督碑/235

29.托勒密王朝在昔兰尼的统治/239

30.罗塞达石碑/240

31.托勒密王朝晚期的村书吏任命文件/245

32.托勒密八世的遗嘱/246

33.托勒密王朝时期的祭司任命文件/247

三　传记铭文

1.梅藤传记铭文/251　2.普塔舍普塞斯传记铭文/253

3.诺姆长亨库墓铭文/255　4.大臣乌尼传/256

5.哈尔胡夫传/260　6.塞梯传记/264

7.塞哈托尔传记铭文/266

8.克努姆霍特普二世的家族传记铭文/267

9.扎阿传记/272   10.图里传记铭文/274

11.埃巴纳之子雅赫摩斯传/275

12.雅赫摩斯-派恩-奈赫拜特传/279

13.伊内尼传记/281   14.阿蒙尼姆哈布传记/285

15.维西尔莱克米尔传/287

16.杰德孔塞夫安柯雕像铭文/294

四 往来书信

1.国王写给拉舍普塞斯的信/301   2.凯迈特之书/302

3.森沃斯瑞特三世写给首席财政大臣的信/305

4.荫太夫国王写给科普图斯众多官员的信/305

5.孟菲斯的管家写给国王阿蒙霍特普四世的信/307

6.赫梯国王写给拉美西斯二世的信/308

7.拉美西斯三世时期官员写给维西尔的报告信/309

8.拉美西斯四世时期官员写给维西尔的信/310

9.一位绅士农民的书信/310

10.一个女儿写给母亲的信/313

11.教育王室奴隶的一封信/313

12.书吏之间的书信/314

13.丈夫写给去世妻子的信/315

14.妻子写给去世丈夫的信/316

15.儿子写给去世父亲的信/317

16.托勒密二世写给米利都人的一封信/318

17.托勒密二世时期外约旦首领的两封信/318

18.公元前112年的一封信/320

19.塞琉古国王给托勒密国王的信/321

20.托勒密王朝时期邮站日志/322

五　司法文献

1.舍普塞斯卡夫敕令/327

2.尼斐利尔卡拉王的阿拜多斯敕令/328

3.第12王朝国王森沃斯瑞特一世的维西尔的命令/329

4.图特摩斯一世加冕敕令/330

5.埃及与赫梯之间的和平条约/334

6.托勒密二世时期的油专营法令/339

7.公元前118年托勒密八世大赦令/346

8.托勒密王朝祭司向国王的请愿/350

9.托勒密王朝时期一位年迈父亲向国王请愿/351

10.托勒密王朝时期运动员向警长请愿/352

11.托勒密埃及十人法庭的审判/353

下　册

六　经济文献

1.王子内库拉的遗嘱/358　　2.匿名官员的捐赠令/359

3.神庙献祭物品名单/361　　4.海普塞菲十份契约/363

5.奴隶与农业劳动/373　　6.神庙献祭与农业事件/375

7.远征蓬特的浮雕和铭文/376

8.托勒密王朝的饥馑碑/386

9.托勒密王朝六一税敕令/391

10.托勒密王朝税收案件/391

11.托勒密王朝税收纸草/392

12.神庙祭司什一税收据/393

七　丧葬文献

1.金字塔文选译/397　2.木棺铭文选译/415

3.私人石碑祭文（Ⅰ）/419　4.亡灵书选译/430

5.私人石碑祭文（Ⅱ）/438

八　教谕文学

1.哈尔杰德夫教谕/457　2.对卡盖姆尼的教谕/458

3.普塔霍特普教谕/461　4.对美里卡拉王的教谕/481

5.涅菲尔提预言/497　6.阿蒙尼姆赫特一世教谕/505

7.一个埃及贤人的训诫/509

8.一个人与其灵魂的对话/536

9.对各种职业的讽刺/546

10.哈赫普拉-塞奈布的哀悼/550

11.效忠教谕/552　12.阿蒙纳赫特的教谕/554

13.安尼教谕/555　14.阿蒙尼姆普教谕/570

九　故事文学

1.国王胡夫与魔法师的故事/595

2.船舶遇难水手的故事/601

3.牧羊人的传说/624　4.辛努亥的故事/626

5.两兄弟的传说/636　6.遭遇厄运王子的传说/642

7.温阿蒙的报告/645　8.魔法师希霍尔/652

十　颂与诗歌

1. 太阳和哈托尔颂/657　　2. 奥西里斯和敏神颂/660
3. 哈皮颂/662　　4. 红冠颂/668
5. 奥西里斯大颂诗/669　　6. 阿吞颂/677
7. 阿蒙-拉颂/691　　8. 克努姆颂/694
9. 森沃斯瑞特三世颂/703　　10. 竖琴师之歌/706
11. 爱情诗/710

附录一　古埃及年表/724

附录二　古埃及度量衡/739

附录三　古埃及历法/741

主要参考文献/744

序　言

"埃及"（Egypt）是现代人对"阿拉伯埃及共和国"（Arab Republic of Egypt）的简称。古代埃及本土人和中世纪的阿拉伯人都未曾使用"埃及"一词。古代埃及人自远古以来就繁衍生活在大约现代埃及的这块土地上。古埃及人因皮肤呈黑色，而称自己为 km，意即"黑色的"。他们称自己的国家为 kmt，意为"黑土地"。这是他们对尼罗河河谷肥沃黑色土地的称呼，这种肥沃的黑土地是尼罗河洪水泛滥形成的冲积层，是适合农业耕作的土地，对古埃及人具有重要意义。也因为尼罗河洪水泛滥和农业的重要性，古埃及人称自己的国家为"泛滥之国"或"锄之国"，其象形文字为 tꜣ-mrj。与尼罗河谷黑土地相邻，并与之形成鲜明对照的是尼罗河两岸的沙漠。沙漠在太阳照射下呈现红色，是不毛之地，因而埃及人形象地称其为 dšrt，即"红土地"。古埃及人还简单地将其周围的国家称为 bꜣst，即"沙漠国家"。此外，出于行政管理的需要，也是基于地形的考虑，古埃及人以孟菲斯（相当于现代开罗）为节点，将整个土地分为"上埃及"和"下埃及"两部分。他们称上埃及为 šmcw，意思是"南部土地"，称下埃及为 tꜣ-mḥw，意思是"三角洲"或"北部之地"，将二者合称为 tꜣwy，即"两地"或"埃及"。tꜣw 这种称呼在古埃及文献中出现的频率较高。公元 7 世纪中期，阿拉伯人征服埃及以后，古埃及语言文字（除科普特语之外）很快就被人遗忘了，古埃及人关于自己国家的称呼也随之淹没在历史长河中。然而，希腊人对埃及的称呼却保留了下来。

古希腊人称埃及为 Aigyptos，这是古希腊人对埃及古城"孟菲斯"（mn-nfr）的误称。孟菲斯的埃及语称呼为 Hiku-Ptah，意思是"普塔灵魂之家"，科

普特文的写法是 εκепто。孟菲斯城是古代埃及的重要首都之一，所以希腊人用孟菲斯来代替埃及。后来的拉丁语显然沿用了希腊语的称呼，称埃及为 Aegyptus。当然，也有人认为 Egypt 一词源于腓尼基人的毕布罗斯城的君主对埃及的称呼 Chikuptach。

阿拉伯人占领埃及以后，根据古代亚述人对埃及的称呼"米斯里"，而将埃及称为 Msr（米斯尔），意思是"辽阔的国家"。我国的古籍将埃及称为勿斯里、米西尔、密昔尔、米昔尔、密思儿等。这些称呼显然是对阿拉伯语词 Msr 的不同音译。今日，阿拉伯人仍称埃及为 Msr。

从上面关于埃及名称的叙述中，我们已经基本看到了古埃及的地理特征。与今日埃及的地理位置基本一致，古埃及位于非洲东北角，包括亚洲西南端的西奈半岛，从地图上看酷似一块带棱角的木楔子。古埃及北接地中海，南与努比亚（今苏丹）接壤，东隔红海与阿拉伯半岛相望，西临利比亚。古埃及南部边境一般以第一瀑布为界，但在历史上常有变动，例如新王国时期（约公元前1550—前1069年），埃及的南部边界就延伸到阿斯旺以南960多公里的地方，将努比亚囊括在自己的统治范围内。

从内部地貌来看，埃及可以分成几部分：尼罗河河谷、尼罗河三角洲、法尤姆地区、东沙漠和西沙漠。这几个分散的部分之所以能够构成埃及国土的整体，完全依赖于一条重要的河流——尼罗河，古埃及人简单地称其为 jtrw "河流"。尼罗河自南向北穿越整个埃及，形成埃及国土的中心地带。埃及 96.3% 的土地是荒无人烟的沙漠，只有大约 3.6% 的土地适合农业耕种，农业耕地完全依赖于尼罗河。然而，不到 4% 的农业耕地却是古埃及文明赖以形成和发展的根基，古埃及文明就是在这样一块土地上历经数千年演变发展的。

根据目前的考古发现及相关学科的研究，古埃及史前社会的起点最早可以追溯到75万年前。然而，在这之后的几十万年时间里，埃及远古人类的骨骼化石并没有保留下来。考古学家在埃及发现的最古老的人类骨骼化石是大约3.3万年前的。在大约公元前25000年至公元前12000年之间，极端干旱的气候驱使人们离开现在的撒哈拉沙漠地区，迁入适于生存的尼罗河谷。古埃及人的远祖使用了一种较勒瓦娄瓦型工具稍显进步的工具，称为塞比尔（Sebilian）

工具。这种工具在很大程度上促进了古埃及史前社会的较快发展，上埃及出现了几处具有代表性的聚落群体，留下了很多更明显的人类活动痕迹。在大约公元前13000年至公元前8000年之间，东西沙漠始终有人类活动的痕迹。尼罗河谷似乎出现了一段空隙，这也是由当时的气候和生态环境引起的。当时尼罗河水位升高，淹没了河谷地区，而相对较多的降水使沙漠边缘绿洲适宜人类生存。对埃及地形和生态环境的变化起重要作用的变化发生在公元前一万年左右。当时一个冰河期结束了，埃及的气温开始上升，雨量骤减，干燥的气候开始形成。尼罗河两岸的地区逐渐风化为沙漠。在沙漠形成过程中，聚落仍在活动和迁移。沙漠形成之后留下的几个绿洲也成为人类长期活动的地点。尼罗河的活动更有规律了，埃及尼罗河河谷因水源丰足而成为人类生存的理想之地。

大约公元前8800年至公元前4700年，东西沙漠出现了很多新石器时代的聚落遗址，尤其上埃及纳布塔沙漠盆地的早期聚落文化最具代表性。他们不仅使用磨制石器和装饰着图案的陶器，还学会了家畜驯养，其中最早驯养的家畜是绵羊和山羊，但他们仍以狩猎采集生活方式为主。埃及尼罗河流域的新石器时代文化稍晚于沙漠地区，一般来说，始于公元前7000年，结束于公元前4000年左右。新石器时代，尼罗河流域最具代表性的是下埃及的法尤姆文化、梅里姆达文化和奥玛里文化。其中，下埃及的梅里姆达文化（约公元前6千纪至前5千纪）出土的石斧工具表现出了埃及与努比亚联系的迹象，这表明埃及在史前文化阶段就与外界有交往。总体上看，这些文化遗址中出现了磨制石器、带有图案的陶器、定居小房屋。人们开始种植大麦、小麦、二粒小麦等农作物，开始了定居生活，并以渔猎作为辅助生活方式，同时还越来越多地驯养动物。最晚到公元前4000年左右，古埃及人已经开始定居生活，进行农业生产。这种定居生活和农业生产活动极大地促进了埃及史前文化的发展，"革命性"地促使埃及人从史前社会迈入文明社会。在接下来近1000年的时间里，古埃及的上埃及地区经历了史前文化的快速发展期，先后经历了巴达里文化（约公元前4400—前3800年）、涅迦达文化Ⅰ（约公元前4000—前3500年）、涅迦达文化Ⅱ（公元前3500—前3200年）、涅迦达文化Ⅲ（约公元前3200—前3000年）。

大约公元前3000年，埃及国王那尔迈将上埃及和下埃及统一起来，埃及进入了早王朝时代（约公元前3000—前2686）。在接下来400多年的时间里，古埃及国王们努力建设一个统一的国家，使埃及在政治、经济和文化等方面都获得发展。到古王国时代（约公元前2686—前2181年），古埃及确立起强大统一的中央集权地域王国。国王被宣称为神，掌握国家的最高统治权。国王之下设有宰相，帮助国王处理行政、司法、经济和神庙等事务。在宰相之下，设有管理国家军事、税收、司法、公共工程等事务的部门和大臣，下设若干附属官员。整个埃及划分为四十个左右的省，各省由省长管理。省下设区和村等行政单位。各级行政单位都设有专门的行政、军事（总督）、司法、税务和书记官等官员。全国臣民以亲吻法老脚前的土地为荣。

这种政治制度是以繁荣的经济为基础的。古王国时期的埃及农业经济因青铜工具的广泛使用而获得快速发展，同时畜牧业、采矿业、冶金业、玻璃制造业、纺织业以及对外贸易等都获得快速发展。在这种经济体系中，王室经济、神庙经济和官僚贵族奴隶主的经济占有绝对支配地位。王室、神庙和贵族奴隶主构成统治阶级，而被统治阶级是广大农民和奴隶。

古王国时期的国王相信自己是太阳神的儿子，希望去世以后能够到父亲那里去，因此他们依靠强权政治和相对发达的经济为自己建筑高耸入云的坟墓。这些坟墓是角椎体石头建筑物，像高高的塔一样，四个面都像汉字的"金"字，因而中国人称其为"金字塔"。古王国时期最大的金字塔是由国王胡夫建造的，原高146.5米（约相当于60层楼的高度），基底原长230.38米，倾斜角为51度51分，总共用了230万块平均重2.5吨的石材建成。胡夫的后代哈弗拉和孟考拉分别在他附近建筑了两座大金字塔。这三座金字塔都位于现在开罗南郊的吉萨高地上，被称为"吉萨三大金字塔"，是世界十大奇迹之一。站在开罗南郊的吉萨高地上，面对巍峨壮观的金字塔，人们在感受到人类之渺小的同时，不禁对古埃及劳动人民的创造力和智慧倍加赞叹！

古王国国王持续不断地修筑金字塔，使经济实力大为衰弱，国内阶级矛盾不断升级，最后走向崩溃。在古王国结束之后的600多年时间里，埃及经历了动荡、复兴、再动荡的历史过程。在大约公元前17世纪中期至公元前16世纪中期，亚洲的希克索斯人在埃及三角洲地区建立王朝，实施统治。希克索斯人给古埃及带了新技术，包括马匹和轻便的马拉二轮战车，这为古埃及日后成为军事强国奠定了基础。

公元前16世纪中期，一个在埃及古都底比斯兴起的王室家族，驱逐希克索斯人，实现了埃及的再次统一，并将埃及版图扩展到叙利亚-巴勒斯坦地区。埃及从此进入了鼎盛阶段，这就是新王国时期（约公元前1550—前1069年）。新王国时期的鼎盛与对外战争有着密切关系。图特摩斯三世（约公元前1504—前1450年）是新王国时代著名的战争国王，他曾在20年内先后对西亚发动17次战争，将埃及北方边界线推进到幼发拉底河。他还发动对南方努比亚的战争，将埃及南部边境扩张到尼罗河第四瀑布，这使埃及的版图达到最大，成为人类历史上第一个地跨亚非两大洲的帝国。战争给埃及带来了巨额财富，刺激了埃及经济的发展。随着桔槔等提水工具的发明与使用，埃及的奴隶占有制经济得到空前发展，农业、手工业和远程贸易都获得大发展。埃及的人口已经达到300多万。埃及的君主专制统治也达到鼎盛阶段。正是从图特摩斯三世开始，古埃及国王被称为"法老"。在古埃及人看来，法老比国王更能表达其统治者的神圣性。在新王国时期的雕像中，法老拥有骄傲、自信的面孔。

图特摩斯三世之后的几位国王当中最著名的是埃赫那吞（约公元前1379—前1362年），他因推行宗教改革而闻名。为了消除阿蒙祭司集团对国王统治的干预，削弱阿蒙祭司集团的势力，埃赫那吞用太阳圆盘神阿吞代替阿蒙神，关闭阿蒙神庙，没收阿蒙祭司的财产，从神庙墙壁的浮雕上铲除阿蒙神的肖像和名字，建立新都阿玛尔那等。由于他在推行宗教改革过程中依靠的是中小奴隶主阶层，无法与宗教大祭司和军事奴隶主阶层对抗，最终改革失败。尽管宗教改革没有达到预期的政治目的，但它却在客观上促使古埃及文学和艺术风格从理想主义向现实主义转变。埃赫那吞的界碑和石碑上真实地描绘了国王嘴阔鼻长、大腹便便、丰乳肥臀的变态身材；同时，石碑上描绘了埃赫那吞携妻子和儿女向太阳圆盘神祈祷的场面，还有浮雕描绘了埃赫那吞一家人其乐融融的生活画面。

新王国时期另一个著名国王是拉美西斯二世（约公元前1304—前1237年）。据说，他活到了96岁，是古埃及历史上活得时间最长的一位国王。他一生妻妾成群，生有96个儿子和60个女儿。当然，这些并不是令其名垂千古的主要原因。拉美西斯二世是一位非常有抱负的统治者，一心想着恢复图特摩斯三世时期的埃及版图，从而不断发动对叙利亚巴勒斯坦和努比亚等地的战争。恰恰在拉美西斯二世试图在西亚扩张领土的时候，西亚的赫梯王国兴起，并向叙利亚巴勒斯坦地区扩张势力。结果，埃及与赫梯在叙利亚巴勒斯坦地区展开了长达20多年的争霸战争。拉美西斯二世为了在这一地区取得决定性胜利，亲自率军深入两河流域的卡叠什，因军事判断失误，受到诱骗，而孤军深入卡叠什城外，结果遭到赫梯军队围攻，好在援军及时赶到，才得以脱险。卡叠什战役当中，埃及和赫梯都没有取得胜利，都有较大损伤。在之后的对阵中，双方都不能取得决定性胜利。这样，在公元前1257年，拉美西斯二世和赫梯国王哈吐什里三世签订了停战条约，这是人类历史上现存的第一个国际性的和平条约。

新王国时期的国王们崇拜太阳神阿蒙，将战功归于阿蒙神，从而大规模建筑神庙。他们在底比斯城尼罗河东岸中王国时期建筑的卡尔纳克神庙和卢克索神庙的基础上，不断扩建，最终使这两个神庙成为世界上最大的神庙。这两大神庙经过几千年的岁月轮回，已经破败不堪，但目前的残垣断壁依然令参观者惊叹不已。在卡尔纳克拉美西斯二世建筑的多柱大厅里，134根高达十几米至二十几米的巨大石柱向世人诉说着新王国建筑艺术的高超，也展现着拉美西斯二世时期埃及雄厚的财力，更彰显着古埃及新王国时期宗教信仰的巨大力量。

新王国时期的国王们充分吸取了古王国国王们的经验教训，为了防止自己的坟墓被盗，不再在地面上建筑目标明显的金字塔，而是将自己的坟墓隐藏在底比斯西岸干燥的山谷里，从悬崖峭壁上开凿和修建岩窟墓。埋葬国王的这个山谷被称为"帝王谷"。帝王谷中有62座坟墓，目前已经确认24座是国王的。这些王墓当中最长的达230米以上，面积最大的超过1800平方米。图坦哈蒙墓是帝王谷中最后发现的一座坟墓，结构很简单，由甬道、前厅、耳室、棺室和宝库构成，其规模并不大，总面积112平方米。这座坟墓只是前厅被打开过，但也没有被完全盗劫，所以坟墓的陪葬品基本上都保留下来了。这座墓的陪葬品异常丰富，近5000件，全部黄金重量为1128.9公斤，被誉为"埃及宝库"。墓中的陪葬品经10年清理，直到1933年才清理完毕。这些珍贵文物被送到开罗博物馆收藏、展览，其中最具特点的是图坦哈蒙棺，共8层，从外往里依次4层木质圣棺，1层石棺，2层贴金棺和1层纯金人形棺。黄金棺最为精美，长1.85米，用厚2.5毫米到3.5毫米的黄金片锤打而成，重110.4公斤。覆盖在法老木乃伊头部的黄金面具，面部表情极富青春色彩，美妙绝伦，是目前所见最精美的面具。另外，还有图坦哈蒙的立身像（一对）、图坦哈蒙王座、图坦哈蒙金床和一个精美的彩绘木箱等等，都堪称稀世佳品。这些宝贵的出土文物现在都在埃及国家博物馆二层展出。

新王国后期，由于王室将大量土地和财富捐赠给神庙祭司，大规模修建神庙和坟墓，耗费了巨大财富，王室财力逐渐衰微，宗教祭司集团的财力则获得提升，其政治影响力也相应提高。到拉美西斯二世统治结束以后，来自亚洲的移民开始攻击埃及，埃及人称其为"海上民族"。到了新王国末期，埃及内部的起义不断。最终，新王国时期的埃及在内忧外患中走向崩溃。

新王国结束之后的七个世纪里，埃及经历了第三中间期（约公元前1069—前664年）和后埃及（公元前664—前332年）两个大的阶段，统称为后期埃及。在后期埃及，本土埃及人断断续续地建立王朝统治，其余大多数时间是外来人的征服与统治。第22王朝（约公元前945—前715年）、第23王朝（约公元前818—前715年）、第24王朝（约公元前727—前715年）的创建者具有利比亚人的血统，第25王朝（约公元前747—前656年）是努比亚的库什王子建立和实施统治的，甚至第26王朝（公元前664—前525年）的创建者也有利比亚王室血统。但毫无疑问，这几个王朝都是按照古埃及传统的方式统治的，没有改变古埃及社会的发展方向。因为利比亚人早在拉美西斯二世统治前后就作为雇佣兵大批进入埃及。尽管拉美西斯二世曾有意限制利比亚士兵的发展，将其安置在埃及边缘地带的堡垒里，但这样的安排似乎并没有达到预期的效果，这样独立的堡垒恰恰成为利比亚士兵发展的基地。当然，这些利比亚人在埃及长期生活，与埃及本土人多有交往，甚至有通婚等现象，在很大程度上接受了埃及文化，甚至可以说这些建立王朝的利比亚人是被同化之后的利比亚人后裔。努比亚人早就与埃及有着千丝万缕的联系，在新王国时期充当了埃及的沙漠警察，对埃及文化有很深刻的理解。这样，他们统治埃及时期，不仅没有更改埃及的传统文化，还在某种程度上复兴了埃及文化。

公元前525年，波斯人征服埃及，先后建立了两个相对统一的王朝：第27王朝（公元前525—前404年）和第31王朝（公元前343—前332年），共统治了约134年。波斯人在埃及的统治消除了古埃及本土王朝复兴埃及文明的机会。尽管两个波斯王朝之间有埃及本土王朝的统治，但它们很短暂，不断遭到波斯的入侵，未能建立强大王国。可以说，在古埃及历史上，真正对其文化和历史发展产生影响的外来统治者最早是波斯人。当然，波斯人只是派驻总督对埃及实施统治，没有主动地从根本上改变埃及传统的政治制度和文化观念。然而，波斯人的统治在客观上还是引起了古埃及传统文化观念的振荡。

公元前332年，希腊马其顿的亚历山大三世征服埃及。埃及开始了近300年的希腊人统治时期。公元前323年，亚历山大三世去世以后，托勒密一世入主埃及，开始了托勒密王朝的统治。托勒密王朝根据实际情况，将埃及传统的专制王权制度与马其顿君主制和西亚君主制等因素结合起来，实行了一种更加强化的专制王权制度。希腊人统治时期，埃及的主要经济部门是完全依赖于尼罗河的农业，在农业土地制度、工业和商业以及金融业等方面都表现出了新特征。文化观念和宗教领域更是表现出了埃及本土文化与希腊文化相互影响融合的特征。

罗马—拜占庭人在埃及的统治分为三个阶段：罗马元首的统治（公元前30—公元280年）、罗马皇帝的统治（公元280—395年）和拜占庭帝国的统治（公元395—642年）。在长期统治过程中，完全依赖于尼罗河的农业生产方式和王权统治没有发生根本变化，变化的是埃及人的传统文化观念。到公元6世纪，基督教已经代替古埃及传统的多神教而成为占主导地位的宗教，古埃及人的观念也随之发生了深刻变迁。公元642年阿拉伯人占领埃及以后，古埃及文明终结。

古代埃及人民以农业发展为基础，在创造强大的政治制度和丰富的物质财富的同时，还取得了辉煌灿烂的文化成就。古代埃及人的象形文字既是交流的工具，又是具有装饰效果的图画符号，与神庙和坟墓墙壁上的浮雕壁画浑然一体，美妙无比，展示着古埃及人的智慧。古埃及人用这种神秘的文字创作着宗教文学，也记录着激情涌动的世俗作品。一份纸草文献的作者描写了一位姑娘的美丽："笔直的项颈，光彩的乳房；头发如纯色青金石，双臂胜于黄金，手指宛若莲芽。庄重的大腿，纤细的身腰，双脚展现了她的美丽。"接下来，诗歌描述了姑娘对一个小伙子的热恋："我的心一想到他就痛苦，我已经被他的爱情所占有；真的，他是一个呆子，而我也与他一样。他不知道我多么想拥抱他……"古埃及人还用自己的双手创作了惊世骇俗的雕刻和绘画艺术。古王国时期的"群鸭图"堪称古埃及绘画艺术的杰出代表。这幅彩色绘画发现于美杜姆第4王朝伊太特马斯塔巴墓的墙壁上。画中的6只鸭子与现实中的鸭子大小基本相等，左右各3只，非常对称。它们都朝着相反的方向漫步前进，悠闲自得。两侧低头觅食的两只鸭子更是栩栩如生。整个画面色泽鲜艳、和谐唯美、笔法纯熟、意境深刻。当然，古埃及人还在天文学、历法、医学、数学、建筑等领域为人类社会做出了重要贡献。

古希腊历史学家希罗多德（Herodotus，约公元前484—前425年）游历了埃及以后，在其著作《历史》中写下了这样一句话："没有任何一个国家有这样多的令人惊异的事物，没有任何一个国家有这样多非笔墨所能形容的巨大业绩。"这是对古代埃及文明的恰当评价。埃及学自1822年建立以来，语言学、文字学、考古学、历史学等都取得了长足发展。学者们根据这些研究成果构建出了较为丰满的古埃及文明史，同时也发现希罗多德的很多记载是缺乏根据的。除却考古学的发现和研究成果，现代学者可以使用的文字史料已然非常丰富。正如英国著名埃及学家伊安·肖（Ian Shaw）所言，古埃及史料并不少，相反还很丰富，关键是用什么样的理论与方法对其进行研究，以促进埃及学的不断发展。

自19世纪以来，西方学者就有意识地发表从埃及发现的古埃及文献（即文字史料）的解读内容和研究成果，还有很多学者致力于将古埃及语文献（原始史料）翻译为德文、法文和英文文本，以促进埃及学研究向着广度和深度发展。学界整理发表出来的埃及语原文、德文和英文等的文献非常丰富，基本可以满足埃及学研究的需要。例如，《金字塔文》《棺木铭文》《亡灵书》《第18王朝晚期文献》《拉美西斯铭文》《中埃及语故事》《新埃及语故事》等等，既有埃及语原文文本，也有现代西方语言的权威译本。本书在参考文献部分列出了具有代表性的史料（集）。

古埃及文明的文献，以文字载体为标准，分为铭文文献和纸草文献。铭文文献一般是指铭刻在神庙、坟墓、石碑、采石场矿井等石头表面和象牙、木板、陶器碎片等上面的文献。纸草文献顾名思义就是书写在纸莎草纸上的文献。从内容上来看，古埃及文献基本可以划分为宗教文献和世俗文献两大类。宗教文献又可以划分出很多类别，魔法文献、金字塔文献、棺木文献、亡灵书等；世俗文献也可以划分出很多，例如传记、书信、故事、诗歌等。

本书希望提供的文献能够尽可能地从整体上体现古埃及文明文献的特征，因而没有完全按照上述文献划分的类别安排文献，而是按照文献本身对于反应古埃及文明特征的重要性和特殊性进行分类，把160多篇文献安排在十个栏目里。它们分别是神话传说、王室文献、传记铭文、往来书信、司法文献、经济文献、宗教文献、教谕文学、故事文学、颂与诗歌。本书将在相应文献的开篇部分做简短说明，以阐明每类文献本身的含义和其对于古埃及文明的意义以及该类文献的基本特征等内容。由于篇幅和时间有限，本书没有把科技文献和节日历法文献包括进来，引以为憾，留待日后补充。

古埃及很多文献存在残缺，甚至有些重要文献破损严重，这造成很多文本缺乏连贯性，甚至导致学者们关于相同文本的阐释存在较大分歧。本书在翻译文献时，尽量展现文献的本来面貌，对文献中缺失的内容用"——"表示，对文献中存在文字但意义不清的用"[—]"表示，对文献中原本存在文字但后来被消除的文字用"[哈特舍普苏特]"这样的方式表示，对文本中破坏严重的、翻译出来意义不大的内容用"……"表示，圆括号"（）"里面的文字包括埃及学家在翻译原文的过程中根据语法需要或为了行文完整而加上的文字，也包括译者对前文做解释的文字。

本书最初计划全部根据象形文字原文进行翻译，但由于时间紧促，大多文献都从权威英文译本转译成汉语。当然，本书少数文献是直接从象形文字原文翻译而来，为了展现古埃及文献翻译过程，也将象形文字原文、拉丁转写和汉语翻译放在译文中。

一　神话传说

古埃及是一个多神崇拜的国家，最重要的神祇大多分布在三大神学体系当中。这三个神学体系分别是赫利奥坡里斯神学、赫尔摩坡里斯神学和孟菲斯神学。这三大神学分别以古埃及的三个重要城市命名，实际上这三个神学体系也是从这三个城市发展起来的。赫利奥坡里斯神学将太阳神阿图姆作为造物主，与他的八位后代构成九神团。这九个神依次是阿图姆、舒和泰夫努特、盖伯和努特、奥西里斯和伊西斯、塞特和奈夫提斯。这个神学体系涉及了奥西里斯与伊西斯的神话、荷鲁斯与塞特之争等。赫尔摩坡里斯神学的神学体系与赫利奥坡里斯神学的内容相仿，只是它的神名不同，而且它主要以四对神作为造物之神。孟菲斯神学保存在第25王朝的夏巴卡石碑上，由三部分组成：荷鲁斯与塞特之争，普塔神创世神话和奥西里斯神话。这三大神学体系首先确立的是天空神内部的各种关系，接下来演化出各种地府神，例如冥王奥西里斯以及来世审判等，最终发展出人间王权保护神荷鲁斯。这样的神学体系基本上在早王朝时期就确立起来了，到古王国时期得到发展和完善。当然，这些神话体系大都记载在古王国及其后的碑铭和纸草文献中。本书在第一部分选择具有代表性的神话进行译解，以展示古埃及文明起源和发展的完整性。

1.阿图姆的创世

古埃及人关于创世的神话不止一个版本，没有一个全埃及人普遍认可的创世神，也没有一种普遍接受的创世方式，甚至关于同一个神的创世传说都有不同说法。这里选译一篇内容相对容易理解的创世神话铭文。

古埃及第 6 王朝（约公元前 2345—前 2181 年）国王珀庇二世（约公元前 2278—前 2184 年）的金字塔内部墙壁上铭刻了一篇铭文，记录了太阳神阿图姆的创世神话。这篇铭文第一段记述了阿图姆的出现和创造空气神和湿气女神的过程，第二段是祈祷神祇保佑金字塔的兴建，第三段提到了赫利奥坡里斯的九个大神，并祈祷其他八个神在阿图姆的带领下保佑国王和金字塔的兴建。这是古埃及人在举行宗教仪式时经常采用的祈祷方式。本书的译文主要依据塞德的《古埃及金字塔文献》（K. Sethe, *Die altägyptischen Pyramidentexten*），第二卷，（Lipzig, 1910），§§ 1652—1656 翻译而出，同时参考了普林查德（James B. Pritchard）编译的《与旧约有关的古代近东文献》（*Ancient Near Eastern Texts Relating to the Old Testament*）（Princeton University Press, 1955）第 3 页的相关内容。

哦，阿图姆，（你）[①] 出现了，你高高地站在（原始）丘上；你作为赫利奥坡里斯奔（Ben）房屋[②] 奔石上的奔鸟而出现；你吐出了舒，你吐出了泰夫努特[③]。你为了他们，举起你的双臂，就像卡［凵］[④]的双臂，因为你的卡在他们身体里。

哦，阿图姆，祝愿你为了国王奈菲尔卡拉[⑤]，为了这个建筑工程，为了这座金字塔，举起你的双臂，就像卡的双臂。因为国王奈菲尔卡拉的卡在这座金字塔里面，将达至永恒。哦，阿图姆，祝愿你保护这个国王奈菲尔卡拉，保护他的这座金字塔，保护国王奈菲尔卡拉的这个建筑工程。祝愿你保卫他，以防他在达至永恒的道路上遭遇邪恶之事，就像你保护舒和泰夫努特那样。

[①] 本书圆括号里面的内容大多为译者根据原文的隐含意义或为了语言表达的完整性而加上的词或句子。
[②] 一般来说，古埃及人把从混沌水域中生长出来的最初的山称为原始丘或奔奔（Ben Ben）丘。这样，奔房屋也就是指最初的房屋，奔石是指最初的石头，奔鸟是指最初的鸟。
[③] 舒是空气神，是男性神；泰夫努特是湿气女神。这两位神是阿图姆生下来的第一代神，两者既是兄妹，也是夫妻。
[④] 卡（Ka）是指古埃及神和人的生命力。
[⑤] 即国王珀庇二世。

哦，赫利奥坡里斯的伟大的埃尼阿德①：阿图姆、舒、泰夫努特、盖伯、努特、奥西里斯、伊西斯、塞特和奈夫提斯。②阿图姆召唤你们，满心欢喜地召唤你们，将你们的名字讲给九弓③听。祝愿你们不要将自己与阿图姆分离开来，因为他（阿图姆）保护着这个国王奈菲尔卡拉，因为他（阿图姆）保护着国王奈菲尔卡拉的这座金字塔，因为他（阿图姆）保护着这位国王的这个建筑工程，防止所有神和所有死者（的破坏），因为他（阿图姆）保护着国王，以防国王在达至永恒的道路上遭遇邪恶之事。

2.原始秩序的建立

这篇选译的文献是第18王朝（约公元前1550—前1295年）亡灵书的一部分，是一篇祈祷文。死者阿尼（Ani）通过咒语的方式，请求造物主太阳神阿图姆－拉确保其在来世成为奥西里斯，并确保自己的儿子继承王位。他用神话传说的方式表达了自己的祈愿。在这个过程中，阿尼引用了奥西里斯、塞特、荷鲁斯的故事。太阳神阿图姆－拉询问智慧神托特关于塞特谋害奥西里斯之事，然后任命奥西里斯为冥界国王；任命奥西里斯之子荷鲁斯为人间之王，继承奥西里斯在人间的王位；作为惩罚，将谋杀者塞特限定在太阳舟上，每日与太阳神的敌人战斗；毁掉那些作恶多端之人；然后让奥西里斯的儿子荷鲁斯在人间重建秩序。这是神话传说荷鲁斯与塞特之争的延续和引用，实际上表达了两种秩序的重建：太阳神阿图姆－拉作为造物主重建了天、地、冥三界的秩序；荷鲁斯重建人间秩序。当然，也可以理解为死者阿尼所在之世界原始秩序的建立。

本文根据普林查德（James B. Pritchard）编译的《与旧约有关的古代近东文献》（*Ancient Near Eastern Texts Relating to the Old Testament*）

---

① 即九神团。
② 盖伯是大地神，是男性神；努特是天空女神；他们俩既是兄妹，也是夫妻，生下了奥西里斯、伊西斯（女神）、塞特和奈夫提斯（女神）。奥西里斯与伊西斯结为夫妻，塞特和奈夫提斯结为夫妻。
③ 九弓是古埃及人对敌人的称呼。

（Princeton University Press, 1955）第 9—10 页的内容翻译而来。

开篇
防止发生第二次死亡的咒语。下面的话是获胜者阿尼所言。

阿图姆的问题
"哦，托特［智慧之神］，发生了什么事情？它是努特的孩子们干的。他们制造了骚乱；他们引起了争斗；他们做了邪恶之事；他们制造了叛乱；他们进行了屠杀；他们制造了监禁。在我们能够做的每一件事情当中，他们已经将伟大的变成了渺小的。啊，伟大的托特！"阿图姆如是说。

托特的回答
"你不应该看（这样）邪恶的事迹，你不应该痛苦，（因为）他们的年份缩短了，他们的月份也缩短了，因为通过你所做的一切，他们本该拥有的一切都会被毁掉。"

死者的话
"我是你的调色板［书吏的书写工具］，哦，托特，我已经为你提供了墨水池。我不属于那些应该毁掉的隐藏事物的行列。毁灭不会发生在我身上。"

奥西里斯阿尼说："哦，阿图姆，沙漠是什么样的地方？我正去往沙漠，安静之地！"

阿图姆的回答
"它没有水，它没有空气——昏暗深沉、无边无际，你应该心境平和地居住在安静之地。你在那里不会获得性的享受，（但）你会因为缺少水、空气和性的享受而获得幸福，你会因为缺少面包和享受而获得心理的安宁。"阿图姆如是说。

死者的抗议
"那么你的面孔呢？事实上，我不能忍受看不到你的日子！每个（其他）神都在百万年太阳舟的面前拥有自己的位置！"

阿图姆的回答
"你的位置属于你儿子荷鲁斯。"阿图姆说，"事实上，他散发着伟大的光芒，而他也将统治你的地方，他将继承那个位于火焰岛［太阳在黎明时出生的地方］上的王位。我将进一步发布敕令，人们将看到自己的伙伴，（这样）我的面孔将与你的面孔相见。"

作为奥西里斯的死者的问题

"哦，阿图姆，（我的）生命期限是什么？"他这样说。

阿图姆的回答

"你注定会活数万年，你的生命周期是数万年。我已经差人送出了伟大者们。① 而且，我将毁掉我所做的一切，这个岛屿将回归努恩，进入洪水中，就像它最初的状态那样。我是（唯一的）幸存者，与奥西里斯在一起。到那时，我使我的形态变成另一种状态，人民不知道的大蛇，众神没见过的大蛇。

"我为奥西里斯做的这一切是多么的好啊，完全不同于（我给）其他神（做的）！我已经把沙漠即安静之地给了他，我已经令他的儿子荷鲁斯继承了他在火焰岛上的王位。再者，我已经为他在百万年的太阳舟面前安排了位置。荷鲁斯始终在他的王座上，也是为了给他建造纪念物。塞特的灵魂已经与所有（其他）神分离了，因为我已经限制了他的灵魂，（我将其）限制在（太阳）舟上了，因为他希望令神圣的躯体感到恐惧。"②

荷鲁斯的话

"哦，我的父亲奥西里斯，祝愿你做你父亲拉为你做的一切事情！我始终在大地上，以便我能够建立我的地方。"

奥西里斯的话

"我的继承人是健康的，我的坟墓是经久耐用的；他们（仍）是我在大地上的追随者。我的敌人们已经陷入灾难，因为塞尔凯特③正在捆绑他们。我的父亲拉，我是你的儿子。你为我做了这些事情，生命、繁荣和健康，而荷鲁斯始终在他的王座上。祝愿你使那个向着令人敬畏的状态转变的时刻能够到来。"

---

① 这句话的意义模糊，不易理解。
② 这里暗指塞特神将在太阳舟上与太阳神的敌人战斗。
③ 蝎子女神。

3.人类的毁灭

与古代两河流域以及《圣经》中的大洪水的故事相似，古埃及人也有造物主毁灭人类的神话故事。当然，埃及的"人类的毁灭"与《圣经》中的大洪水故事只有主题相仿，内容和讲述方式都大相径庭。埃及的这个神话故事也可称为"人类的毁灭"。传说故事的基本情节是这样的：由于人类蓄谋反抗太阳神拉，拉盛怒之下，命令"拉之一目"毁灭人类；当毁灭行动开始之后，拉的怒气已经消了，于是设计出计策阻止"拉之一目"继续毁灭人类。这样，人类得以存续下来。

这个神话是一长篇文献的第一部分，铭刻在新王国时期（约公元前1550—前1069年）五个国王（图坦哈蒙、塞梯一世、拉美西斯二世、拉美西斯三世、拉美西斯四世）的坟墓里。尽管文献是在新王国时期铭刻的，但文本是用中埃及语写作的，因而它或许是在中王国时期创作的。关于这篇文献的英文译本很多，本译文根据 M. 利希特姆（Miriam Lichtheim）编译的《古埃及文学》（*Ancient Egyptian Literature*，Vol. 1, University of Chicago Press,1973）第 197—199 页译出。

自我创造之神拉成为人类和神的共同国王之后，在他（统治期间），事情发生了：拉神老了，他的骨骼变成了银子，他的肉变成了金子，他的头发变成了纯天青石，人类密谋反抗他。当拉神察觉到人类密谋反抗他时，便对他的随从说："把我的一目①、舒、泰夫努特、盖伯、努特和那些当我在努恩②中时就与我在一起的父母亲们以及神努恩③，召集到我这里；他们应该带廷臣一起来。但偷偷地把他们带到我这里来，以免看到人类，以免他们丧失信心。让他们（众神）一起到宫殿里来，以便他们给出建议。最终我可以返回努恩，返回那个我

---

① 拉神之一目就是拉神的一只眼睛，不同于拉神，但具有拉神的能力。
② 努恩（Nun）是混沌之水，是太阳神拉生成自己的地方。
③ 神努恩是造物主得以生成的原始水域的人性化表述，有时被视作太阳神的父亲，以突显其早于所有神祇的特征。

得以形成的地方。"

众神被带来,众神排列在拉神两侧,跪在地上向拉神行礼,以便他能够在老父亲、人类的创造者、人们的国王①面前讲话。众神对拉神说:"对我们说,以便我们可以听到你要说的话。"然后,拉对努恩说:"哦,我所由生成之最古老的神和祖先神们,看啊,那些从我的眼泪里出生的人类,正在密谋反抗我。告诉我你们将如何对待这件事情,因为我正在寻找解决方案。在我听取了你们关于这件事情的看法以后,我才会杀死他们。"

然后,努恩说:"我的儿子拉,神比他所创造之物更伟大,比他所造之物更强大,安心坐在你的御座上吧!当你的一目注释着那些打算反抗你的人们时,伟大使他们对你感到恐惧。"拉说:"看啊,他们正逃往沙漠,他们的心感到了恐惧,以至于我可以对他们讲话。"众神对拉神说:"让你的一目去替你毁灭他们,去毁灭那些邪恶的谋划者!没有谁比拉之一目更能替你毁灭他们了。祝愿它作为哈托尔②到下面去。"

女神哈托尔在沙漠中屠杀了人类之后返回,拉神说:"欢迎平安归来,哈托尔,拉之一目,你做了我希望做的事情!"女神说:"正如你希望我做的那样,我制服了人类,这令我满心欢喜。"拉说:"作为国王,我应该通过削弱他们,而拥有超越他们的力量。"于是,强大者(狮子神)形成了。

夜晚的啤酒浆被给予她,以便她跑到赫内斯[Hnes]那么远的地方也能喝到人血。拉说:"召唤迅速而敏捷的信使到我这里来,他们能够像身体的影子一样快速地奔跑!"信使立即被带来,拉神说:"到耶布[Yebu]去,给我带来大量红赭石!"红赭石被带到他这里,拉神命令奥恩[On]的边锁携带者③去研磨赭石,命令女佣研磨大麦以便酿制啤酒。然后,红色赭石被放进啤酒浆里,结果啤酒看上去就像人血;7000个啤酒坛子被制作完成。然后,上下埃及国王陛下拉与众神一起来看啤酒。

---

① 这里指的是原始水域之神努恩。
② 哈托尔是埃及女神,是母牛形象的女神,牛角之间有一个太阳光盘;有时也以女人形象出现,头戴牛角和太阳光盘。埃及菲莱神庙的墙壁上有很多哈托尔的形象。
③ 奥恩(On)的边锁携带者是赫利奥坡里斯拉神的高级祭司。

009

当天空破晓的时候，女神就要到南方去屠杀人类。拉神说："它①是好的；我将依靠它来挽救人类！"拉说："把它带到她打算屠杀人类的地方去！"国王陛下拉神在黎明前就早早地起床了，将这种令人昏睡的液体倾倒出来。然后，在拉神的强大力量影响下，各地起了洪水，水是这种液体，深达3掌。当女神在早上到来时，她发现各地都被鲜血淹没了，她看到这种景象便很高兴。她喝下它，而它令她的心愉悦。她喝得酩酊大醉，看不到人类了，便返回了。拉神对女神说："欢迎平安归来，哦，亲爱的神！"这样，漂亮的妇女在伊穆[Imu]城②形成了。

4.孟菲斯神学

孟菲斯神学是古埃及三大神学体系之一。孟菲斯城在古王国（约公元前2686—前2181年）成为国家首都。为了加强这个城市作为国家中心城市的合法性，埃及人将城市保护神普塔提升到众神之首的位置，超越了其他所有神，并声称孟菲斯是上埃及和下埃及达成平衡的地方，从而证明孟菲斯是统一的埃及国家理所当然的首都。这是通过神话来构建统治合理性。这就是孟菲斯神学。

不同于其他创世神话，孟菲斯神学称普塔神用思想即心构想出宇宙元素，并用语言即舌头使构想变为现实。这多多少少使古埃及神话传说具有了一些抽象和逻辑思考的色彩，与其他大多数神话传说的具象化特点略有差异。当然，孟菲斯神学除了创世神话，还包括了大地神普塔对荷鲁斯和塞特的审判。值得注意的是，孟菲斯神学把普塔神视作造物主，把太阳神阿图姆作为普塔神的九神团成员之一，并将普塔的九神团与赫利奥坡里斯神学里面的九神团的创造方式进行了对比。

据考证，孟菲斯神学的文本最初是在古王国完成的，具体时间不详，

---

① 这里的它指的是啤酒。
② 这里的伊穆城的象形文字 imw 源自表示"高尚"的象形文字 im3。

但目前的版本是公元前 710 年左右完成的，刻写在一块石碑上，因石碑是第 25 王朝（约公元前 747—前 656 年）国王沙巴卡（约 716—前 702 年）命人铭刻的，故名沙巴卡石碑。本书这里主要根据 S. 夏普（S. Sharpe）编著的《大英博物馆的埃及语铭文和其他史料》(*Egyptian Inscriptions from the British Museum and Other Sources*, London, 1837)，第一卷图版 36—38 的内容翻译而来，同时参考了 M. 利希特姆（Miriam Lichtheim）编译的《古埃及文学》(*Ancient Egyptian Literature*, vol.1, University of Chicago Press, 1973) 第 52—56 页的译文。

活着的荷鲁斯：他使两土地［即埃及］繁荣；两夫人：她们使两土地繁荣；金荷鲁斯：他使两土地繁荣；上下埃及之王：奈菲尔卡拉；拉之子：沙巴卡，普塔的钟爱者，像拉一样永生。[①]

陛下把这篇文献重新抄写在他的父亲普塔的房屋内。陛下发现它是祖先们的作品，但已经被虫蛀了，因此它不能被完整理解。然后，陛下重新刻写了它，为的是它可以比之前的状态更好，为了他的名字可以永远保留下来，为了他的纪念物可以在他父亲普塔的屋子内达至永恒，拉之子沙巴卡通过为他父亲普塔塔恩[②]做这件事，而能够永远活下去。

……这个普塔是（上下埃及之王），他的伟大名字是（塔塔）恩，他的墙的南面［South-of-His-Wall］，永恒之主……将上埃及和下埃及（结合在一起的）就是他。这个统一者作为上埃及国王升起来，作为下埃及国王升起来……阿图姆说："他生了自己，他创造了九神团。"

（众神之主盖伯命令）埃尼阿德聚集到他这里。他审判荷鲁斯和塞特。他结束了他们的争斗。他令塞特成为上埃及土地的上埃及之王，到他出生的地方去，那个地方是苏［Su］。然后，盖伯令荷鲁斯成为下埃及土地的下埃及之王，到他父亲被淹死的地方去，那个地方是两土地的分界处。这样，荷鲁斯站在一

[①] 荷鲁斯、两夫人、金荷鲁斯、上下埃及之王、拉之子是古埃及国王的五个名字中的头衔部分。从古王国开始，古埃及国王一般拥有五个名字，在加冕时向全国宣布。

[②] 普塔塔恩的意思是"普塔升起来了"。

个地方，塞特站在一个地方，他们在阿岩［Ayan］就两土地达成了和解，这里是两土地的分界处。

盖伯对塞特说："到你出生的地方去。"塞特：上埃及。盖伯对荷鲁斯说："到你父亲被淹死的地方去。"荷鲁斯：下埃及。盖伯对荷鲁斯和塞特说："我已经把你们分开。"上埃及和下埃及。

随后，想到荷鲁斯的那部分土地与塞特的那部分土地一样多，盖伯感觉这是错误的审判。于是，盖伯将他的所有继承权给了荷鲁斯，因为荷鲁斯是盖伯长子的儿子。

盖伯对九神团说："我已经任命了荷鲁斯，长孙。"盖伯对九神团说："荷鲁斯是唯一的继承者。"盖伯对九神团说："我的所有继承权给予这个继承人，荷鲁斯。"盖伯对九神团说："给予我儿子的儿子，荷鲁斯，上埃及的豺狼……"盖伯对九神团说："长孙，荷鲁斯，路的开启者①。"盖伯对九神团说："……生的儿子，荷鲁斯，在路的开启者的生日……"

然后，荷鲁斯站在土地上。他是这块土地的统一者，获得伟大的名字："塔塔恩，他的墙的南面，永恒的主。"② 两个伟大的魔法师站在他的面前。③ 于是，正是荷鲁斯作为上下埃及国王出现，他统一了白墙诺姆④的两土地，两土地就在这里被统一起来。

芦苇和纸莎草被安插在普塔之屋的两扇大门上。这意味着荷鲁斯和塞特达成和解和统一。他们亲如兄弟，结果他们在任何地方都不再争吵了，在普塔之屋统一起来，普塔之屋是"两土地的平衡之地"，上埃及和下埃及在这里实现平衡。

这是土地……奥西里斯在索卡尔神⑤之屋中埋葬。……伊西斯和奈夫提斯没有耽搁，因为奥西里斯已经淹死在他的水中。伊西斯（和奈夫提斯）四处

---

① 路的开启者是荷鲁斯的另一个称呼，音译为维普沃特（Wep-waut）。
② 这里是将荷鲁斯与普塔等同起来，因为荷鲁斯已经成为普塔的继承者。
③ 这里是指荷鲁斯戴上了上埃及王冠和下埃及王冠。
④ 诺姆相当于中国当前的省，是古埃及地方一级行政单位。白墙诺姆是孟菲斯城所在的省。
⑤ 索卡尔神是孟菲斯大墓地的鹰神。

寻找，（看到了他，便向他走去）。荷鲁斯对伊西斯和奈夫提斯说："赶紧，抓住他……"。伊西斯和奈夫提斯对奥西里斯说："我们来了，我们带你（离开这里）……"

……（她们及时发现了他），并把他带到（陆地上。他在众位永恒之神的光辉中进入隐秘之地）。……（这样奥西里斯进入）国王堡垒的土地上，来到（他已经来到的土地的）北方。（他的儿子荷鲁斯作为上埃及国王出现，作为下埃及国王出现，在他父亲奥西里斯的怀抱中出现，在众神的前后保护中出现。）

（根据盖伯的命令……），国王的堡垒被建筑起来。盖伯对托特说：……。盖伯对托特说：……。……。盖伯对伊西斯说：……。伊西斯召唤（荷鲁斯和塞特）。伊西斯对荷鲁斯和塞特说："（来）……"。伊西斯对荷鲁斯和塞特说："缔结和平……"伊西斯对荷鲁斯和塞特说："当……，生命对于你们来说是令人愉悦的。"伊西斯对荷鲁斯和塞特说："正是他擦干了你们的眼泪……"。……。……。……。

普塔创造了众神：

普塔登上伟大御座……；

普塔－努恩，作为父亲，（生了）阿图姆；

普塔－努恩特，作为母亲，生了阿图姆；

伟大的普塔，是埃尼阿德的心和舌；

[普塔]……生了众神；

[普塔]……生了众神；

[普塔]……

[普塔]……每日在拉的鼻子上的奈菲尔特姆（Nefertem）。

心以阿图姆的形态成型，舌以阿图姆的形态成型。正是这个非常伟大的普塔，通过他的心和他的舌头，把（生命）给予所有神和他们的卡。从心里和舌头上，荷鲁斯具有了普塔的形态，托特具有了普塔的形态。

这样，心和舌控制了所有肢体，与如下教义一致：它（普塔或心）在每个躯体内，它（普塔或舌）在所有神、所有人、所有牛、所有爬行动物、所有活着的物种当中；与它（或他）希望的思考一致，与它（或他）希望的命令一致。

他的埃尼阿德在他面前，以牙齿和嘴唇的形式存在，等同于阿图姆的精液和手。阿图姆的埃尼阿德是以阿图姆的精液和手指的形态形成的，而（普塔的）埃尼阿德则是这张嘴的牙齿和嘴唇，这张嘴宣布了每样事物的名字，舒和泰芙努特从这张嘴中出来，这张嘴给予埃尼阿德以生命。

眼睛将看到的，耳朵将听到的，鼻子将闻到的，都报告给心。正是这个心使每个完整的（概念）形成，正是舌头宣布了心所想到的。这样，所有神都被生出来，他的埃尼阿德完成了。因为神的每一句话都通过心所想、舌所言而产生。

这样，所有的能量都被创造出来，所有的质量都被决定了。通过这个语言，他们创造所有食物和所有供给。（这样，正义）给予做了令人喜欢之事的人，（非正义）给予做了令人不悦之事的人。生命给予拥有和平之人，死亡给予作恶多端之人。所有的劳动和工艺品，手的活动，腿的运动，所有肢体的活动，都被创造出来，与（这个）命令一致，这个命令是心想出来的，是舌头讲出来的，给予万物以价值。

于是，关于普塔的说法是："他创造了一切，创造了所有神。"的确是塔塔恩创造了众神，一切皆源自他，食物、供给、神的祭品和所有好东西都源自他。这样，有一点被发现和理解，即他的力量比（其他）神的力量都强大。因此，普塔在创造了万物和神圣话语以后，心满意足了。

他创造了众神，

他创造了城市，

他创造了诺姆，

他把神放在了各自的神龛里，

他安排了祭品，

他建立了神龛，

他创造了他们的身体，按照他们的心喜欢的样子。

因此众神进入每种木材、每种石头、每种泥土的体内，

或者进入与其相貌相像的物体内。

于是，所有神和所有神的卡都聚集在他这里，对两土地的主满意，与两土地的主统一起来。

伟大的御座，令众神的心欢愉，位于普塔之屋，后者是所有生命的女神，是神塔塔恩的谷仓，两土地的物质在这里准备，这是因为这样的事实，即奥西里斯淹死在水里。伊西斯和奈夫提斯四处寻找他，看到了他，赶紧来到他身边。荷鲁斯要求伊西斯和奈夫提斯迅速抓住奥西里斯，防止他被淹死。她们及时赶到，把他带到陆地上。他在众位永恒之主的光辉中进入隐秘之地。他一步一步地攀升到地平线上，坐在大御座上的拉神的光线照在地平线上。他进入宫殿，他与百万年之主塔塔恩普塔的众神结合起来。

这样，奥西里斯来到国王堡垒的土地上，来到他已经到达的这块土地的北方。他的儿子荷鲁斯作为上埃及国王出现，作为下埃及国王出现，在父亲奥西里斯的怀中出现，在众神的前后保护中出现。

5.伊西斯和奈夫提斯的哀悼

古埃及人将伊西斯视作忠贞不渝的妻子和伟大的母亲神，将奈夫提斯视作深明大义之女性神。从伊西斯和奈夫提斯寻找被塞特害死的奥西里斯的尸体，并保护奥西里斯之子荷鲁斯的故事，引申出很多神话传说。这些神话传说与荷鲁斯与塞特之争等神话故事结合在一起，成为纪念奥西里斯神的仪式活动的主要内容。伊西斯与奈夫提斯的哀悼就是其中之一，是对他们共同的哥哥奥西里斯的哀悼。根据纸草文献内容和格式以及绘画，学者们认为这里的神话故事是神庙举行的奥西里斯秘仪的组成部分。

这个神话故事在托勒密王朝（公元前323—前30年）用祭司体文字书写在纸草纸上，该纸草文献收藏在柏林博物馆，即柏林纸草3008号。一些学者将祭司体文本转写为圣书体文本，并进行了翻译和研究，例如英国著名埃及学家福克纳（R.O.Faukner）就曾对其进行研究。本译文根据M.利希特姆（Miriam Lichtheim）编译的《古埃及文学》（*Ancient Egyptian Literature*, vol.3, University of Chicago Press,1973）第116—120页译文译出。

在泛滥季第4个月的第25日①，两妹妹②在奥西里斯、西方人的主人③、大神、阿拜多斯的主人的房屋里吟诵祈祷文；奥西里斯所在的每个地方的人们在奥西里斯的每个节日都做同样的事情：

祝福他的巴［ba］④，稳定他的身体，赞扬他的卡，将呼吸给予缺少气息的他的鼻子。

为了安抚伊西斯和奈夫提斯的心，把荷鲁斯放在他父亲的御座上，将生命、稳定和领土给予奥西里斯·腾特鲁提［Osiris Tentruty］，泰豪［Tekhao］所生，被称为波尔西斯［Persis］，正义者。⑤

它对实干者和众神都有益。吟诵如下：

下面是伊西斯的话。她说：

到你的房屋来，到你的房屋来！

奥恩［On］的你，到你的房屋来，

你的敌人不在了！

哦，优秀的乐师，到你的房屋来！

看看我，我是你钟爱的妹妹，

你不应该与我分离！

哦，优秀的年轻人，到你的房屋来！

我已经很久很久没有见到你了！

我的心为你哀悼，我的双目寻找你，

我在搜寻你，以便看见你！

---

① 这是古埃及文献里面标准的时间表述法。古埃及人将一年分为12个月，每月30天，最后五天用五个神的名字命名；将一年分为3个季节，分别是生长季、泛滥季和收获季，每个季节4个月。

② 即伊西斯和奈夫提斯。

③ 这里是象形文字ḫ'nti-imnty的引申义，这个词意本来是"在西方人的最前面"，引申为"西方人的主人"，实际上是指来世的冥王，是对奥西里斯身份的描述。

④ 古埃及人认为，巴是人的重要组成部分，可翻译为"灵魂"，实际上是个体人的个性特质。

⑤ 通过插入这篇文献的拥有者，表明这个宗教仪式的内容也适用于死者。

我不应该看见你吗？我不应该看见你吗？
优秀的国王，我不应该看见你吗？
看见你是美好的，看见你是美好的，
奥恩的你，看见你是美好的！

到你钟爱的人这里来，到你钟爱的人这里来！
温诺菲尔［Wennofer］，正义者，到你的妹妹这里来！
到你的妻子这里来，到你的妻子这里来，
心力交瘁的人，到你房屋的女主人这里来！

我是母亲所生的你的妹妹，
你不应该离开我！
众神和人们在寻找你，
都在为你哭泣！

当我看到你时，我呼喊你，
在高高的空中为你哭泣！
但你没听到我的声音，
尽管我是你的妹妹，是你在大地上钟爱的人，
除了我，你谁都不爱，妹妹，妹妹！

下面是奈夫提斯的话。她说：
哦，优秀的国王，到你的房屋来！
祝你的心愉悦，你所有的敌人都不在了！
你的两个妹妹在你身边保护着你的棺材，
泪流满面地呼喊你！

回到你的棺材周围！
来看看我们这两个女人，对我们讲话！
国王，我们的主，把我们内心的所有痛苦都驱除掉吧！

你宫殿的众神和人们都在看着你，
把你的面孔展示给他们，国王，我们的主！
看见你，我们的面孔便会恢复活力！

不要让你的面孔躲避我们的面孔！
看见你，我们会满心欢喜，国王！
看见你，我们会心情愉悦！

我是奈夫提斯，你钟爱的妹妹！
你的敌人陨落了，他不应该存在！
我与你在一起，是你的护卫，
为了永恒！

下面是伊西斯的话。她说：
哦，奥恩的你，你每日为我们升起在天空！
我们不能停止看你的光线！
托特，你的护卫，举起了你的巴。
在这艘以你的名字"月亮"命名的日舟里，
我已经来看在荷鲁斯之眼中的你的美丽，
以你的名字"第6天宴会的主人"的名义。

你身边的廷臣不会离开你，
你用你的力量征服了天空，

以你的这个名字"第 15 天宴会的主人"的名义。①

你就像拉那样每天为了我们而升起,
你就像阿图姆那样照耀我们,
众神和人们依靠你的光线生存。

当你为了我们升起时,你照亮了两土地,
明亮的大地布满了你的足迹;
众神和人们注视着你,
当你照耀着大地的时候,没有任何邪恶降临。

当你穿过天空时,你的敌人不在,
我是你每日的护卫!
你作为一个孩子在夜晚和白日来到我们这里,
我们不能停止去照料你!

你的神圣肖像,天空的猎户星座,
每日升起落下;
我是跟随着它的天狼星,
我不会与它分离!

贵族的肖像源自你,
为众神和人们给养,
爬行动物和畜群依靠它生存。

---

① 前面两段将奥西里斯视作宇宙神,化身为太阳和月亮,还涉及两种依据月亮的圆缺而举行的仪式。

你为了我们及时地从你的洞穴流淌而出，①
把水倾倒在你的巴上，
为你的卡制造祭品，
为众神和人们给养。

哦，我的主人！没有任何神像你这样！
天空有你的巴，大地有你的形态，
来世充满你的秘密。
你的妻子是你的护卫，
你的儿子荷鲁斯统治着两土地！

下面是奈夫提斯的话。她说：
哦，优秀的国王，到你的房屋来！
温诺菲尔，正义者，到杰德特［Djedet］来，
哦，健壮的公牛，到安佩特［Anpet］来！
哦，宫廷妇女的爱人，到哈特梅特［Hatmehyt］这里来，②
到杰德特来，你的巴喜欢的地方！

你的父亲们的巴是你的伙伴，
你年轻的儿子荷鲁斯是两妹妹的儿子，在你前面；
我是光线，每日保护你，
我永远不会离开你！

哦，奥恩的你，到舍易斯来，
"舍易斯人"是你的名字；

---

① 这里把奥西里斯视作尼罗河神。
② 杰德特和安佩特是曼得斯（Mendes）诺姆的城市，哈特梅特就是曼得斯诺姆。

一　神话传说

到舍易斯来看望你的母亲内斯［Neith］①，
优秀的孩子，你不应该与她分离！

到她流淌的乳房这里来，
优秀的兄弟，你不应该与她分离！
哦，我的儿子，到舍易斯来！
奥西里斯·腾特鲁提，被称为内尼［Nyny］，波尔西斯所生，正义者。②

到舍易斯来，你的城市！
你的地方是宫殿，
你应该永远在你母亲身边！
她保护你的身体，驱赶你的敌人，
她将永远保护你的身体！
哦，优秀的国王，到你的房屋来，
舍易斯的主人，到舍易斯来！

下面是伊西斯的话。她说：
到你的房屋来，到你的房屋来，
优秀的国王，到你的房屋来！
来，看看你的儿子荷鲁斯，
众神和人们的国王！

他已经征服了城市和诺姆，
依靠他的荣誉和伟大！
天空和大地都敬畏他，

---

① 内斯是舍易斯城的创世女神。
② 女性死者的名字再次嵌入文本中。

弓之地①惧怕他。

你的众神和人们的宫廷是他的，
在两土地上，在执行你的仪式；
你的两个妹妹在你身边，向你的巴祭酒，
你的儿子荷鲁斯为你奉献祭品，
面包，啤酒，牛和鸟。

托特吟诵你的祈祷文，
用他的咒语呼唤你；
荷鲁斯的儿子们保护你的身体，
每日向你的卡祈祷。

你的儿子荷鲁斯，你的名字和你的神龛的卫士，
向你的卡奉献祭品；
众神，用他们手中的水坛子，
向你的卡倒水。
到你的廷臣这里来，国王，我的主人！
不要与他们分离！

当这份祈祷文被吟诵时，这个地方应该被彻底隔离，除了首席诵经祭司和清洁祭司，不允许任何人看和听。一个人应该将两个妇女洁净的尸体带来。她们应该坐在"出现大厅"主入口处。伊西斯和奈夫提斯的名字应该写在她们的胳膊上。陶罐装满水，放在她们右手上；献祭面包在孟菲斯制作，放在她们左手上；她们的脸应该涂上颜色。祈祷文在白天的第三个小时和第八个小时被吟

---

① 即努比亚。

诵。你们不应该在节日期间疏忽对这本书[①]的吟诵。

结束。

6.荷鲁斯与塞特之争

荷鲁斯与塞特之争是古埃及的经典传说，也是一个故事，主旨内容是这样的：塞特谋杀了作为埃及国王的哥哥奥西里斯之后，篡夺了王位，奥西里斯的儿子荷鲁斯长大成人之后，与叔叔塞特展开了战斗，为父亲报仇，试图夺回统治埃及的王权；战争最后在大神的参与和审判下达成妥协，荷鲁斯获得上下埃及的统治权。因为版本不同，主持审判的大神不一样，塞特神的结局也不同。在这篇故事里，主持审判的大神是太阳神拉，塞特的结局是作为沙漠守护神而让出了埃及的王位。这实际上是古埃及人为古埃及王权的建立和实施寻找的神学依据。或者说，古埃及统治阶级为了使自己的统治权力具有神圣性和合法性，而构建出来的神话传说。

故事的手稿是在第 20 王朝（约公元前 1186—前 1069 年）的底比斯完成的，原文用祭司体文字书写在纸草纸上（即著名的切斯特·贝蒂纸草），学者将其转写为圣书体文字（即我们所说的象形文字）出版，其中加德纳（Gardiner）爵士的《新埃及语故事》（*Late Egyptian Stories*）（Bibliotheca Aegyptiaca, I, Brussels, 1932）收录的版本（第 37—60 页）流传较广。本文即根据这个版本翻译，同时参考了 M. 利希特姆（Miriam Lichtheim）编译的《古埃及文学》（*Ancient Egyptian Literature*, vol.2, University of Chicago Press,1973）第 214—223 页的译文。

（这是）对荷鲁斯和塞特的审判，他们具有神秘的形态，是王子和神当中最强大者。一个（神圣的）年轻人坐在万能的主面前，要求获得他父亲奥西里斯的职位。奥西里斯拥有迷人的相貌，是普塔的（儿子），用他的光彩照耀

---

① 即这份祈祷文。

（来世），而托特将神圣之目呈现给奥恩的伟大王子。①

拉之子舒在奥恩的伟大王子（阿图姆）面前说："正确胜过力量。通过说这样的话来做到这点，即'把职位给予荷鲁斯'"。托特对埃尼阿德说："这是极为正确的！"于是伊西斯大声呼喊，显得极为高兴。她（站在）万能的主面前，说："北风往西吹吧，去给温诺夫尔②递送消息！"拉之子舒说："把神圣之目给予（荷鲁斯），对于埃尼阿德来说似乎是正确的。"万能的主说："这算什么？这是你们按照自己的意愿做出的决定吗？"（奥努里斯）说："他（托特）应该把王名圈给予荷鲁斯，白冠应该放在他的头上！"万能的主沉默许久，因为他对埃尼阿德感到愤怒。

然后，努特之子塞特说："让我和他一起到外面去，我将在埃尼阿德面前让你们看到我的手战胜他的手，因为大家知道没有其他方式可以驱逐他。"托特对他说："我们不知道什么是错误的？在奥西里斯的儿子荷鲁斯在这里的时候，大家还要将奥西里斯的职位给予塞特？普瑞－哈拉凯悌［Pre-Harakhti］③变得极为愤怒，因为把职位给予努特之子、强大者塞特是他的愿望。奥努里斯在埃尼阿德面前大声哭泣道："我们应该做什么？"奥恩的伟大王子阿图姆说："把伟大的活神巴尼杰德［Banebdjede］④喊来，他能够对这两个年轻人进行审判。"

他们把居住在塞梯特（Setit）的大神巴尼杰德⑤和普塔－塔塔恩带到了阿图姆面前。阿图姆对他们说："审判这两个年轻人，让他们不要每天在这里争吵了！"然后，伟大的活神巴尼杰德对阿图姆的话做了回答："不要让我们在不明就里的情况下做出决定。写一封信，送到神母大神内斯那里。她说什么，我们做什么。"

然后，埃尼阿德对伟大的活神巴尼杰德说："他们曾经在'真理之路'大厅

---

① 神圣的年轻人指的是荷鲁斯，万能的主指的是太阳神拉，神圣之目指的是王权，奥恩的伟大王子是指赫利奥坡里斯的太阳神阿图姆。本文献里面拉和阿图姆是太阳神的两种不同形态。
② 温诺夫尔是奥西里斯的名字。
③ 普瑞－哈拉凯悌等同于阿图姆。
④ 巴尼杰德（Banebdjede）是下埃及第16诺姆的城市曼得斯的公羊神。
⑤ 塞梯特是埃及南方第一瀑布附近的一个岛屿。这里说巴尼杰德居住在塞梯特是想表明这个神与同样具有公羊形象的神克努姆有密切关系。

被审判过。"埃尼阿德对那个站在万能的主面前的托特说:"写一封信,给神母大奈斯送去,以奥恩的公牛、万能的主的名义。"托特说:"我这就写,我这就写。"他坐下来写信,信上是这样说的:

"上下埃及之王:拉-阿图姆,托特的钟爱者;两土地的主人,赫利奥坡里斯人;用其光辉照耀两土地的阿吞;升起时强大的哈皮:拉-哈拉凯悌;向神母大神内斯致敬,你光彩夺目、生机勃勃、强大勇敢、年富力强。埃及的优秀国王奥恩的公牛,万能的主的活着的巴,说了下面的话:我,你的仆人,每天夜里代替奥西里斯就两土地征求意见,而索贝克将永远存在。针对这两个人,我们应该做些什么?他们两个到目前为止已经在法庭上争论80年了,没有人知道怎样审判他们。写信告诉我们应该怎么做!"

于是,神母大神内斯给埃尼阿德写信,说:"把奥西里斯的职位给予他的儿子荷鲁斯,不要犯不合时宜的大错。否则,我将震怒,天空将碾压大地!让奥恩的公牛、万能的主知晓这点。给塞特双倍财产。把你的两个女儿阿纳特[Anat]和阿斯塔特[Astarte]给他。把荷鲁斯放在他父亲的御座上!"

神母大神内斯的信来到埃尼阿德这里,埃尼阿德坐在"牛角荷鲁斯"大厅里,信被放在托特手中。托特在万能的主和埃尼阿德面前大声朗读信件。他们异口同声地说:"这个女神是正确的!"万能的主对荷鲁斯非常愤怒,对他说:"你的身体如此瘦弱,这个职位对你来说太大了,你还是个乳臭未干的孩子。"奥努里斯变得异常愤怒,埃尼阿德即三十人委员会也是如此。神巴巴[Baba]① 站起身来,对普瑞—哈拉凯悌:"你的神龛是空洞的!"②。普瑞-哈拉凯悌感觉被给予他的答复冒犯了,他躺在地上,他的心非常痛苦。然后,埃尼阿德出来,对巴巴神大喊:"走开,你犯下了很大的罪恶!"他们去了自己的帐篷。

大神一整天都躺在自己的帐篷里,他的内心非常痛苦,他是孤单的。很长时间之后,南方无花果树女神哈托尔到来,站在他父亲万能的主面前。她在他面前裸露身躯,因此大神对她眉开眼笑。他站起来,与伟大的埃尼阿德坐在一

---

① 这个神与塞特关系密切。
② 这里的意思是"我将离开你,回自己的家去"。

起；他对荷鲁斯和塞特说："为你们自己辩护！"

努特之子、力量强大者塞特说："我，我是塞特，埃尼阿德当中力量最强大者。因为我每天屠杀普瑞的敌人，站在百万年日舟的船首，没有其他任何神能做到这点。我应该获得奥西里斯的职位！"他们说："努特之子塞特是正确的。"奥努里斯和托特大声哭喊："亲生儿子在这里，大家却将职位给予叔叔？"伟大的活神巴尼杰德说："当他的老兄弟塞特在这里的时候，大家却要将职位给予一个年轻孩子吗？"

埃尼阿德对万能的主大声哭喊，并对他说："你讲的这些话是什么啊？是不值得听的。"伊西斯的儿子荷鲁斯说："在埃尼阿德面前欺骗我不是美德，把我父亲奥西里斯的职位从我这里拿走不是美德！"伊西斯对埃尼阿德非常生气，她咒骂埃尼阿德，说："当我母亲女神内斯活着的时候，当以长长的翎毛和卷曲的牛角形象出现的普塔－塔塔恩活着的时候，这些事情将被放在奥恩的伟大王子阿图姆和他船上的凯普利面前处理！"埃尼阿德对她说："不要生气。正义将属于正义之人。你所说的都将被实践。"

然后，努特的儿子塞特对埃尼阿德非常生气，因为他们对神母大神伊西斯所说的那番话。塞特对他们说："我将拿着我4500磅的权杖，每日杀死你们中的一个！"塞特在万能的主面前发誓说："只要伊西斯在，我就不会再出庭！"于是，普瑞－哈拉凯悌对他们说："到中间岛上去审判他们，并告诉渡船人奈姆提〔Nemty〕：'不要摆渡任何与伊西斯相像的女人'。"因此埃尼阿德来到中间岛上，他们坐下来吃面包。

伊西斯来到摆渡人奈姆提身边，他就坐在他的船只附近。她已经把自己变成了一位老妇人，她弯着腰走路，手上戴着一个小图章金戒指。她对他说："我到你这里来，是为了让你把我摆渡到中间岛上去。因为我是为年轻的孩子送面粉的，他在中间岛上照料牛已经5天了，他饿了。"他对她说："我被告知：'不要摆渡任何妇女'。"她对他说："我记得你被告知不要摆渡伊西斯。"他对她说："我把你摆渡到中间岛，你给我什么？"伊西斯对他说："我将给你这块面包。"他对她说："它是给我的？你的面包？当我被告知不要摆渡任何妇女的时候，我还是把你摆渡过去，你就用你的面包做交换？"于是她对他说："我将把我手上的小图章金戒指给你。"他对她说："给我这个小图章金戒指！"她把它给了他，他把她摆渡到了中间岛。

当在树荫下行走时，她四处张望，看到了埃尼阿德，埃尼阿德正在帐篷里坐在万能的主的面前吃面包。塞特看到她从远处而来，于是她口念咒语，把自己变成了一个漂亮少女，整个大地上都没有比她美丽的女孩。他非常想得到她。

塞特正与伟大的埃尼阿德坐在一起吃面包，于是他站起身来，去会见她，但除了他，没有人能看到她。他站在一颗无花果树后面，向她呼喊，并对她说："漂亮的姑娘，我就与你站在一起！"她对他说："让我来告诉你，我的伟大的神：关于我，我是一个牧人的妻子，我为他生了一个儿子。我的丈夫死了，这个男孩开始照料他父亲的牛。但之后一个陌生人来了。他坐在我的马厩里，并像这样对我的孩子说：'我要打你，我将带走你父亲的牛，我将把你扔出去！'他就是这样对他说的。现在我希望你做他的保护者。"塞特对她说："当男人的儿子还在的时候，有人竟敢将牛给予陌生人？"于是伊西斯将自己变成一只风筝，飞了起来，坐在金合欢树上。她呼喊塞特，对塞特说："为你自己哭泣吧！你自己的嘴已经说了它。你自己的聪明才智已经审判了你！你想要什么？"

塞特开始哭泣；他来到普瑞-哈拉凯悌面前哭泣。普瑞-哈拉凯悌对他说："你想要什么？"塞特对他说："那个邪恶的女人再次来到我这里，她再次欺骗了我。她变成了一位漂亮女孩，出现在我面前，她对我说：'我是一个牧人的妻子，他死了。我给他生下一个儿子；他照料他父亲的牛。然后一个陌生人闯入我的马厩，与我儿子在一起，我给他食物。很多天以后，这个闯入者对我儿子说：我要打你，我将带走你父亲的牛，它将是我的。他就是这样对我儿子说的。'她就是这样对我说的。"普瑞-哈拉凯悌对他说："你对她说了什么？"塞特告诉他："我对她说：'当男人的儿子还在的时候，有人竟敢将牛给予陌生人？'我就是这样对她说的。'人们必须用木棍打击这个闯入者，把他扔出去，把儿子放在他父亲的位置。'我就是这样对她说的。"

普瑞-哈拉凯悌对他说："看啊，你已经审判了你自己。你还想要什么？"塞特对他说："把摆渡人奈姆提带来，狠狠地惩罚他。说：'你为什么把她摆渡过来？'人们应该这样对他说。"然后，摆渡人奈姆提被带到埃尼阿德面前，他们砍掉了他的脚趾。奈姆提在伟大的埃尼阿德面前发誓放弃对金子的追求，说："在我的城镇，金子对我来说是令人厌恶的东西！"

埃尼阿德来到西海滨，坐在山上。当夜晚到来时，普瑞-哈拉凯悌和两土地的主人、赫利奥坡里斯人阿图姆给埃尼阿德写信，说："你们为什么再次坐在这里？你们打算让这两个年轻人一生都在法庭上度过吗？当我们的信到达你们那里的时候，你们应该将白冠放在伊西斯之子荷鲁斯的头上，任命他到他父亲奥西里斯的座位上去。"

塞特变得非常愤怒，埃尼阿德对他说："你为什么愤怒？你不应该按照两土地的主人、赫利奥坡里斯人阿图姆和普瑞-哈拉凯悌的话行动吗？"于是，白冠被放在伊西斯之子荷鲁斯的头上。塞德则更加愤怒地向埃尼阿德大声哭喊，说："当我这个年龄较大的兄长在这里的时候，职位应该给予我年轻的兄弟吗？"[①]他发誓说："白冠应该从伊西斯的儿子荷鲁斯的头上移除，他应该被扔到水里！我将与他为了统治者的职位而战斗！"普瑞-哈拉凯悌按照他的誓言行事。

塞特对荷鲁斯说："来，让我们变成两只海马，潜到海中央最深处。谁在三个月内浮上水面，谁就不能获得职位。"于是他们一起潜了下去。伊西斯坐下来，一边哭泣，一边说："塞特将杀了我的儿子荷鲁斯！"她用很多线做了一条绳子。她用一德本（deben）的铜浇铸了一个鱼叉。她把鱼叉系在绳子上，在荷鲁斯和塞特潜水的地方将其抛到水中，武器扎到了她儿子荷鲁斯的身体里。荷鲁斯大声哭喊："到我这里来，妈妈伊西斯，我的妈妈！让你的武器离开我！我是荷鲁斯，伊西斯的儿子！"伊西斯大声哭起来，对她的武器说："离开他！他是荷鲁斯，我的儿子。"于是武器离开了他。

然后，她把它再次投入水中，它刺进了塞特体内。塞特大声哭喊，说："我对你做了什么，我的姐姐，伊西斯？让你的武器离开我！我是你的同胞兄弟，哦，伊西斯！"她感到很对不起他。塞特对她喊道："你爱陌生人比爱自己的同

[①] 这里的辈分是错误的，荷鲁斯是塞特的侄子，而不是年轻的兄弟，这或许是书吏的笔误。

胞兄弟塞特还多？"于是伊西斯对他的武器喊道："离开他！你正刺中的是伊西斯的同胞兄弟。"武器离开了他。

伊西斯的儿子荷鲁斯对他的妈妈伊西斯很生气。他出来时，他的脸就像豹子脸那么凶狠，他手里拿着16德本重的刀子。他砍掉了他母亲伊西斯的头，把它挂在自己的胳膊上，跑到山上去了。伊西斯变成了一个没有头的燧石雕像。普瑞－哈拉凯悌对托特说："那个没有脑袋、正向我们走来的女人是谁？"托特对普瑞－哈拉凯悌说："我善良的主啊，她是神母大神伊西斯。他的儿子荷鲁斯已经砍掉了她的头。"普瑞－哈拉凯悌大声哭喊，对埃尼阿德说："让我们去严厉惩罚他！"于是，埃尼阿德到山上去搜寻伊西斯的儿子荷鲁斯。

至于荷鲁斯，他正在绿洲之国，躺在一个 shenusha 树下。塞特发现了他，抓住了他，把他重重地摔在山上。塞特将荷鲁斯的两只眼睛挖出来，把它们埋在山里。到早上，荷鲁斯的两只眼球变成了两个球状根，它们长成为荷花。塞特来向普瑞－哈拉凯悌虚假地汇报："我没找到荷鲁斯。"尽管他已经找到了他。南方无花果树之神哈托尔去寻找荷鲁斯，她发现他正躺在沙漠里哭泣。于是她抓了一只瞪羚，挤它的奶，对荷鲁斯说："睁开你的眼睛，以便我可以把奶放进去。"他睁开他的眼睛，她把牛奶放了进去。她把它放在右眼里，她又把它放在左眼里。她对他说："睁开你的眼睛！"他睁开他的眼睛。哈托尔女神看着它们；她发现它们治愈了。然后她去告诉普瑞－哈拉凯悌："我发现荷鲁斯的眼睛被塞特挖了出来，但我治愈了它们。现在他来到这里了。"

埃尼阿德说："荷鲁斯和塞特应该被召来，接受审判！"于是他们被带到埃尼阿德面前。万能的主在伟大的埃尼阿德面前对荷鲁斯和塞特说："去，留意我告诉你们的：吃，喝，和平地离开我们！不要在这里每天争吵！"

塞特对荷鲁斯说："来，让我们在我家举行一次宴会。"荷鲁斯对他说："我会来，我会来。"当夜晚到来的时候，一张床为他们准备好，他们一起躺在上面。在夜里，塞特令他的阴茎变得坚硬，将其插在荷鲁斯的两腿之间。荷鲁斯将双手放在两腿之间，抓住了塞特的精子。然后，荷鲁斯去对他的妈妈伊西斯说："来，伊西斯，我的妈妈，来看看塞特对我做了什么。"他打开他的双手，让她看塞特的精子。她大声哭了起来，拿起她的刀子，砍掉了他的手，把它扔到水里。然后她又为荷鲁斯做了一只新手。她拿出少许甜药膏，将其涂在荷鲁斯的阴茎上。她使它变得坚硬，把它放在一个罐子里，他让他的精子掉进罐子里。

早上，伊西斯带着荷鲁斯的精子来到塞特的花园，问塞特的园丁说："塞特在这里与你一起吃什么植物？"园丁对她说："塞特在这里与我一起吃的唯一植物是莴苣。"然后伊西斯把荷鲁斯的精子放在它们上面。塞特按照每日的习惯，来吃他通常吃的莴苣。他因荷鲁斯的精子而怀孕了。

塞特去对荷鲁斯说："来，让我们走，我要与你在法庭上辩论。"荷鲁斯对他说："我会去，我会去。"因此他们一起来到法庭上。他们站在伟大的埃尼阿德面前，他们被告知："讲！"塞特说："把统治者的职位给我，至于这个站在这里的荷鲁斯，我已经对他做了一个男人该做的事情。"埃尼阿德大声哭了出来，并在荷鲁斯面前吐痰。荷鲁斯对着他们大笑；荷鲁斯以神的名义发誓说："塞特说的话是假的。呼唤塞特的精子，让我们看看它将从哪里回答。也呼唤我的精子，让我们看看它将从哪里回答。"

托特，文字之神，埃尼阿德的真正书吏，把他的手放在荷鲁斯的胳膊上，说："出来，塞特的精子！"它从沼泽之地的水里回答他。托特把他的手放在塞特的胳膊上，说："出来，荷鲁斯的精子！"它对他说："我应该从哪里出来？"托特对它说："从他的耳朵里出来。"它对他说："我是一个神的精子，我应该从他的耳朵里出来吗？"托特对它说："从他的头顶上出来。"于是它作为一个金太阳光盘出现在塞特的头上。塞特非常生气，他伸手去抓金太阳光盘。托特将它从他头上拿走了，将其作为一个王冠放在了自己的头上。埃尼阿德说："荷鲁斯是正确的，塞特是错误的。"塞特变得非常生气，并大声哭喊，因为他们说"荷鲁斯是正确的，塞特是错误的"。

塞特以神的名义起重誓，说："直到他把我打败，才可以将职位给予他；我们将各自建一艘石头船，并竞赛。谁打败对手，谁就获得统治者职位。"荷鲁斯为自己建造了一艘松木船，表面涂上石膏，在夜晚将其放在水里，大地上没有任何人看到它。塞特看到了荷鲁斯的船，以为它是用石头建造的。他跑到山上，砍掉一座山峰，为自己建筑了一艘138腕尺的船。然后，他们在埃尼阿德在场的情况下进入自己的船只。塞特的船沉到水里去了。塞特变成了一只河马,捣毁了荷鲁斯的船只。荷鲁斯拿起武器,打击塞特的身体。埃尼阿德对他说:"不要打击他。"

于是,荷鲁斯拿起他的航行装置,将其放置在自己的船上,向下游的舍易斯驶去,去告诉神母大神内斯:"让我与塞特一起被审判!因为我已经在法庭上受审 80 年了,但他们不知道怎样审判我们。他没有被证明比我正确;而我每次都证明比他正确。但他不注重埃尼阿德说的话。我已经与他在'真理之路'大厅辩论。我证明比他正确。我已经在'牛角荷鲁斯'大厅与他辩论。我证明比他正确。我已经在'灯芯草之地'大厅与他辩论。我证明比他正确。我已经在'土地-池塘'大厅与他辩论。我证明比他正确。埃尼阿德已经对拉之子舒说:'伊西斯之子荷鲁斯在他所说的各个方面都是正确的。'"

托特对万能的主说:"给奥西里斯写一封信,他可以对两个年轻人进行审判。"拉之子舒说:"托特对埃尼阿德说的话是非常正确的。"然后,万能的主对托特说:"坐下来,给奥西里斯写封信,我们可以听一听他想说什么。"于是托特坐下来,起草了一封给奥西里斯的信,内容如下:"公牛:狩猎的狮子;两夫人:众神的保护者,两土地的约束者;金荷鲁斯:世界伊始,人类的发明者;上下埃及之王:居住在奥恩的公牛;普塔之子:两海滨的施主,作为他的埃尼阿德的父亲升起,依靠金子和珍贵的釉为生:生命,繁荣,健康!关于荷鲁斯和塞特,写信告诉我们应该怎么做,以便我们不会在无知的情况下做出决定!"

很多天以后,信件到达国王、拉之子、慷慨的伟大者、食物之神那儿。当信件在他面前被读出来的时候,他大声呼喊痛苦。他迅速向万能的主和埃尼阿德在的地方写回信,说:"当我使你们错误的时候,为什么是我的儿子荷鲁斯被欺骗?正是我制造大麦和二粒小麦以供养众神,之后是供养牛,没有其他神或女神能够做这件事情!"

奥西里斯的信到达普瑞-哈拉凯悌所在地,他与埃尼阿德坐在索易斯[Xois]的白色领地上。信被读给他和埃尼阿德听,普瑞-哈拉凯悌说:"赶紧为我回复奥西里斯这封信,告诉他关于这封信的内容:'即使你不存在,即使你没有出生,大麦和二粒小麦依然存在!'"

万能的主的信到达奥西里斯那里,在他面前被读了出来。他再次给普瑞-

哈拉凯悌写信，说："你已经做的一切和埃尼阿德发现和做的一切都是非常好的！玛阿特①已经沉入来世！现在你们注意这件事情！我所在的土地充满了满目粗野的信使，他们不怕神，也不惧怕女神。如果我把他们放出来，他们将把所有作恶者的心带到我这里来，他们将与我同在！②你们都在外面，我在这里、在西方是多么美好啊！你们当中有谁比我更强大？但他们已经发明了不道德行为！当大神普塔、他的墙的南面、孟菲斯的领主创造了天空时，难道他没有对众星说这样的话吗？'你们每晚到西方去休息，到国王奥西里斯所在的地方。跟随众神，所有人类也应该到你们在的地方去休息！'他就是这样对我说的。"

很多天以后，奥西里斯的信到达了万能的主和埃尼阿德所在的地方。托特接到这封信，将其读给普瑞－哈拉凯悌和埃尼阿德听。他们说："他是正确的，他所说的一切都是正确的，极为慷慨者、食物之神！"塞特说："把我们带到中间岛，我可以与他辩论！"他去了中间岛。但荷鲁斯再次被宣布为正确的。

然后，两土地的领主、赫利奥坡里斯人阿图姆告诉伊西斯说："用镣铐把塞特给我绑来。"因此伊西斯将塞特作为罪犯，用镣铐将其绑来。阿图姆对他说："你为什么拒绝接受审判，为什么要将荷鲁斯的职位据为己有？"塞特对他说："不是这样的，我善良的主人。把荷鲁斯，伊西斯的儿子，喊来，把他父亲奥西里斯的职位给予他！"

他们把伊西斯的儿子荷鲁斯带来。他们把白冠放在了他的头上。他们把他放在了他父亲奥西里斯的御座上，并对他说："你是埃及的善良国王！你永远是所有土地的善良神！"然后，伊西斯对她儿子荷鲁斯大声喊道："你是善良的国王！你将用你的光辉给大地带来光明，我的心很快乐！"孟菲斯的领主即大神普塔说："现在我们应该为塞特做点什么？荷鲁斯已经被放在了他父亲的御座上。"普瑞－哈拉凯悌说："把努特之子塞特给我吧，让他与我住在一起，做我的儿子。他将在空中打雷，令人恐惧。"

他们来对普瑞－哈拉凯悌面前说："荷鲁斯，伊西斯之子，已经作为统治者

---

① 玛阿特是正义女神。
② 这是一种暗示，如果埃尼阿德继续做"邪恶之事"，奥西里斯将对他们进行惩罚，因为奥西里斯统治的世界有一个惩罚邪恶之人的地方。

登上王位。"然后，普瑞－哈拉凯悌非常高兴，对埃尼阿德说："让整个大地欢呼吧，让整个大地为荷鲁斯、伊西斯的儿子欢呼吧！"

伊西斯说："荷鲁斯已经作为统治者登上王位，生命，繁荣，健康！

埃尼阿德在宴饮，天空在欢笑！

他们拿着花环，看着荷鲁斯，伊西斯的儿子

作为埃及的伟大统治者登上王位。

埃尼阿德欢欣鼓舞，

整个土地兴高采烈，

当他们看到荷鲁斯，伊西斯之子，

获得了他父亲奥西里斯、布西里斯之神的职位。"

末页文字：正义之地底比斯迎来了美好的结局。

二　王室文献

中文版

古埃及是一个实行君主制统治的文明国家。一般来说，古埃及在公元前4000年代末期实现了上下埃及的统一，国王在国家统治中占据核心地位。古埃及留存下来的碑铭、纸草等史料当中有很多与国王关系密切。本书第二部分接续第一部分，按年代发展顺序，选择与国王、王室主要成员及维西尔等人的事迹有关的文献进行介绍和翻译。

1. 帕勒摩石碑

关于古埃及前五个王朝若干位国王名字和一些简单统治信息，目前发现了七个版本的石碑，分别藏于帕勒摩、埃及开罗和英国伦敦。其中，帕勒摩博物馆收藏的一块石碑最为完整，内容最为丰富，也是最早发表出来的，因其藏在帕勒摩博物馆而称"帕勒摩石碑"。由于关于古埃及前五个王朝的国王统治状况的文字史料极少，所以帕勒摩石碑自1895年发表以来就成为学者们用以重构古埃及早期历史和年代学的核心史料。即使近些年考古学家们在阿拜多斯早期国王坟墓的考古发现厘清了早期王朝国王序列的情况下，帕勒摩石碑仍是不可或缺的重要史料。在过去的一个多世纪里，几代埃及学家对帕勒摩石碑和其他几个片段石碑进行了翻译、阐释和再阐释，以期获得更好的理解。英国埃及学家T. 威尔金森（Toby A.H.Wilkinson）先生在其著作《古埃及国王年鉴：帕勒摩石碑及其相关片段石碑》（*Royal Annals of Ancient Egypt: The Palermo Stone and its Associated Fragments*, London and New York: Kegan Paul International, 2000）

中，以最新文字学和碑铭学研究成果为基础，首次将七块石碑铭文进行全面考察和分析，尤其全面转译、翻译和评论了七块石碑的铭文。本书这里翻译出来的主要是帕勒摩石碑的铭文，以 T. 威尔金森先生提供的象形文字原文为依据；同时参考了该书的英文译文和郭丹彤《古代埃及象形文字文献译注》（东北师范大学出版社 2015 年版）的中文译本。

前王朝时期

……①

下埃及国王朴

下埃及国王塞卡

下埃及国王伊乌

下埃及国王提乌

下埃及国王柴什

下埃及国王尼海布

下埃及国王瓦迪阿迪

下埃及国王麦海特

下埃及国王……阿

下埃及国王……

下埃及国王……

下埃及国王……

下埃及国王……

第 1 王朝

……

---

① 石碑损坏之处，下同。这里的破损之处记载的应该是前王朝时期的若干国王。

国王阿哈

统治的倒数第 2 年

"荷鲁斯的追随者"[①];创造阿努比斯的(肖像)

统治的最后一年

6 个月零 7 天

国王杰尔

统治的第 1 年

4 个月零 13 天;统一上下埃及;绕墙环行[②]

6 腕尺[③]

统治的第 2 年

"荷鲁斯的追随者";desher 节日[④]

统治的第 3 年

创造"国王的两个孩子"[⑤]

4 腕尺 1 掌

统治的第 4 年

"荷鲁斯的追随者";向神圣的牺牲者焚香致敬

5 腕尺 5 掌 1 指

统治的第 5 年

计划(?)建筑"众神的同伴"[⑥];索卡尔(?)节日

5 腕尺 5 掌 1 指

---

① 或许是一种税收活动。
② 绕墙环行或许是一种仪式。
③ 这是对尼罗河水位的描述。
④ 这个节日究竟是什么样的节日,尚无人知晓。
⑤ 这里指某种神秘事件。
⑥ 神庙名称。

统治的第 6 年

"荷鲁斯的追随者";创造伊阿特神的(肖像)

5 腕尺 1 掌

统治的第 7 年

作为国王出现;创造敏神的(肖像)

5 腕尺

统治的第 8 年

"荷鲁斯的追随者";创造阿努比斯神的(肖像)

6 腕尺 1 掌

统治的第 9 年

第一次举行杰特节

4 腕尺——

统治的第 10 年

……

国王登

统治的第 n+1 年

在赫卡(Heka?)和萨乌(Sau)神庙休息

3 腕尺 1 掌 2 指

统治的第 n+2 年

捶打弓之民①

4 腕尺——

统治的第 n+3 年

上下埃及国王的出现;塞德节

8 腕尺 3 指

统治的第 n+4 年

---

① 弓之民是指埃及人的敌人。

组织？西北（三角洲）的农业产品和东（三角洲）的所有人

3 腕尺——

统治的第 n+5 年

第二次杰特（djet）节举行

5 腕尺 2 掌

统治的第 n+6 年

规划"众神的御座"（建筑物）；索卡尔节日？

5 腕尺 1 掌 2 指

统治的第 n+7 年

塞沙特的祭司在"众神的御座"（建筑物）的大门处伸展绳索

4 腕尺 2 掌？

统治的第 n+8 年

在"众神的御座"（建筑物）开辟（圣）湖

2 腕尺

统治的第 n+9 年

在希拉康坡里斯和赫利舍夫神庙的湖边休息

5 腕尺

统治的第 n+10 年

乘船往下游到萨？纽特（和）维尔卡城

4 腕尺——

统治的第 n+11 年

创造塞德的（肖像）

6 腕尺 1 掌 2 指

统治的第 n+12 年

国王的出现；第一次举行阿庇斯公牛的赛跑

2 腕尺——

统治的第 n+13 年

创建塞沙特和马夫戴特（Mafdet）的（肖像）

3 腕尺 5 掌 2 指

统治的第 n+14 年

国王的出现；创建……的（肖像）

……

国王尼内提尔

荷鲁斯：尼内提尔；金名：奈恩（Nen）……

统治的第 6 年

"荷鲁斯的追随者"；……

……

统治的第 7 年

国王的出现；测量（建筑物）"荷鲁斯之嘴"

3 腕尺 4 掌 2 指

统治的第 8 年

"荷鲁斯的追随者"；第 4 次财产普查

4 腕尺 2 指

统治的第 9 年

上下埃及国王的出现；"活着的儿子"[①]的（公牛）的赛跑

4 腕尺 1 掌 2 指

统治的第 10 年

"荷鲁斯的追随者"；第 5 次财产普查

4 腕尺 4 掌

统治的第 11 年

国王的出现；第 2 次索卡尔节日（？）

3 腕尺 4 掌 2 指

统治的第 12 年

---

① "活着的儿子"可能是指国王内尼提尔。

"荷鲁斯的追随者"；第 6 次财产普查

4 腕尺 3 指

统治的第 13 年

第 1 次"崇拜天空之神荷鲁斯"节日；设计舍穆－拉（的地方），设计哈（的地方）

4 腕尺 3 指

统治的第 14 年

"荷鲁斯的追随者"；第 7 次财产普查

1 腕尺

统治的第 15 年

国王的出现；第 2 次阿庇斯公牛的赛跑

3 腕尺 4 掌 3 指

统治的第 16 年

"荷鲁斯的追随者"；第 8 次财产普查

3 腕尺 5 掌 2 指

统治的第 17 年

国王的出现；第 3 次索卡尔（？）节日

2 腕尺 2 指

统治的第 18 年

"荷鲁斯的追随者"；第 9 次财产普查

2 腕尺 2 指

统治的第 19 年

国王的出现；向涅赫伯特献祭？；djet 节日？

3 腕尺

统治的第 20 年

"荷鲁斯的追随者"；第 10 次［财产普查］

——

统治的第 21 年

……

……

国王哈塞海姆威

统治的第 12 年

"荷鲁斯的追随者";第 6 次财产普查

2 腕尺 4 掌 1.5 指

统治的第 13 年

上下埃及国王的出现;建筑石头(建筑物)"女神持久"

2 腕尺 3 掌 1 指

统治的第 14 年

"荷鲁斯的追随者";第 7 次黄金和土地的普查

3 又 2/3 腕尺

统治的第 15 年

创作"哈塞海姆威是高的"的青铜(雕像)

2 腕尺 6 掌 3.5 指

统治的第 16 年

"荷鲁斯的追随者";第 8 次黄金和土地的普查

4 腕尺 2 掌 2 又 2/3 指

统治的第 17 年

第 4 次到达(?)墙;在杜阿-杰法造船?

4 腕尺 2 掌

统治的第 18 年

2 个月 23 天[①]

[①] 这里是说国王哈塞海姆威在其统治的第 18 年统治了 2 个月 23 天便去世了。

国王尼彻里赫特

统治的第 1 年

上下埃及国王的出现；统一上下埃及；绕墙巡行

4 腕尺 2 掌 2 又 2/3 指

统治的第 2 年

上下埃及国王的出现；国王进入塞努特圣所

4 腕尺 1 又 2/3 掌

统治的第 3 年

"荷鲁斯的追随者"；创造敏神的（肖像）

2 腕尺 3 掌 2 又 3/4 指

统治的第 4 年

上下埃及国王的出现；测量（建筑物）"众神的喷泉"

3 腕尺 3 掌 2 指

统治的第 5 年

"荷鲁斯的追随者"；……

3 腕尺

国王斯尼弗鲁

统治的第 12 年（？）

……创造"国王的两个孩子"

——

统治的第 13 年（？）

建造一艘 100 腕尺的"崇拜两土地"船只和 60 艘 16 桨雪松王船；打击努比亚人，（作为贡品）带来 7000 个活的男女俘虏，200000 只绵羊和山羊；建筑南墙和北地，北地名为"斯尼弗鲁的大厦"；带来 40 艘船只，装满松木

2 腕尺 2 指

统治的第 14 年（？）

创造 35 块有人的地产和 122 块牛牧场；建造一艘 100 腕尺的"崇拜两土地"松木船只和两艘 100 腕尺的雪松船只；第 7 次财产普查

5 腕尺 1 掌 1 指

……国王……
——

……

[他的母亲……]

国王孟考拉

统治的最后一年
……月 24 天

国王舍普塞斯卡夫

统治的第 1 年
……月 11 天；上下埃及国王的出现；统一上下埃及；绕墙巡行；王冠节日；创造两个维普瓦维特（的肖像）；作为跟随者的众神之王，他统一了两地？……供给者？选择金字塔"舍普塞斯卡夫之喷泉"的地点……上下埃及的塞努特圣所：每天 20；……1624……600……

4 腕尺 3 掌 2.5 指

国王乌塞尔卡夫

统治的第 5 年
第 3 次对荷鲁斯和塞特之物进行登记造册
——

统治的第 6 年
上下埃及国王乌塞尔卡夫。他做出捐赠，为：

赫利奥坡里斯的精灵们：在每个"第6"节日捐赠20（？）献祭面包和献祭啤酒；阿鲁拉可耕地：从乌塞尔卡夫（地产）……上捐赠36+1/2+1/4+1/8?（即36+7/8）阿鲁拉可耕地；

太阳神庙"拉的场合"的众神：从乌塞尔卡夫（地产）……上捐赠24阿鲁拉（可耕地）；每天两头牛和两只针尾鸭；

拉：阿鲁拉可耕地：下埃及各诺姆的44阿鲁拉；

哈托尔：（下埃及各诺姆的可耕地）44阿鲁拉；

杰巴乌特地产的众神：54阿鲁拉（可耕地），在舍易特诺姆的培神庙里树立起一个支架；

荷鲁斯：2阿鲁拉（可耕地），建筑他的神庙的（墙）；

上埃及神之宫殿的涅赫伯特：每日10（？）献祭面包和献祭啤酒；

派尔－努的瓦杰特：（每日）10（？）（献祭面包和献祭啤酒）；

上埃及的神的宫殿的众神：（每日）48（？）（献祭面包和献祭啤酒）；

第3次牛普查

4腕尺2.5指

统治的第7年

[上下埃及国王乌塞尔卡夫。他向……捐赠：]……下埃及……1704[+x]+1/2+3/4（？）+10/100阿鲁拉的可耕地

———

国王萨胡拉

统治的第5年

[上下埃及国王]萨胡拉。他做出捐赠，为：

赫利奥坡里斯的……：

[拉]的儿子？……200wab祭司……圣船？……

per-wer的涅赫伯特：800日常神祭品；

per-nezer的瓦杰特：4800（日常神祭品）；

拉：

塞努特圣所中的拉：138（日常神祭品）；

上埃及神的宫殿中的拉：40（日常神祭品）；

屋顶的拉？：74（日常神祭品）；

（太阳神庙）"拉的领域"中的哈托尔：4（日常神祭品）；

（太阳神庙）"拉的领域"中的拉：下埃及第 10 诺姆的 24 阿鲁拉可耕地

mes?：布西里斯诺姆 2（00?）（阿鲁拉可耕地）；

sem?：（布西里斯诺姆）2（00?）（阿鲁拉可耕地）；

亨提奥太夫：孟菲斯诺姆 2（00？）+20+8+1/4+1/8?（即 228 又 3/8）（阿鲁拉可耕地）

金字塔"作为巴升起的萨胡拉"的 r-š 中的哈托尔：东部地区 2（00？）+20+6+1/4+4/100（即 226 又 29/100）（阿鲁拉可耕地）；（西）鱼叉诺姆 1（00？）阿鲁拉可耕地；

白色公牛："东方最重要者"诺姆 13+20+1/4+2/100（即 33 又 27/100）（阿鲁拉可耕地）；

第 3 次对荷鲁斯和塞特之屋进行登记造册；第 2 次财产普查之后的那年 2 腕尺 2.25 指

统治的第 6 年

上下埃及国王［萨胡拉。他做出捐赠，为：］

埃尼阿德……

神的地产……圣所？西部地区的国王的地产？

3 腕尺——

统治的最后一年（第 13 年？）

［上下埃及国王萨胡拉。他做出］捐赠，为：

西部地区的拉：在下埃及和上埃及……［阿鲁拉的］可耕地……

哈托尔……：……国王的地产？（下埃及和上埃及的可耕地）204？阿鲁拉……所有事物

带来的东西，从：

龟（之地）：6000？单位的铜？

蓬特：80000单位的没药；6000单位的琥珀金；2900单位的孔雀石；23020单位的……du……

（统治者的变化）
第6次财产普查之后的那年；……月……天

（统治者的变化）
荷鲁斯"他拥有强大的外表"，上下埃及国王，两夫人"掌握权力登上王位"

国王尼菲利尔卡拉

统治的第1年
2个月7天；创作众神的（肖像）；统一上下埃及；绕墙巡行
上下埃及国王尼菲利尔卡拉。他做出捐献，为：

神地产？上森努特圣所中的埃尼阿德：在孟菲斯诺姆一个被称为"埃尼阿德钟爱的尼菲利尔卡拉"的（城镇），在尼菲利尔卡拉的地产（和属于它的地产）范围内的4阿鲁拉可耕地；

赫利奥坡里斯的精灵们和海尔-阿哈的众神：在东部区一个名为"赫利奥坡里斯的精灵的钟爱者尼菲利尔卡拉"的（城镇），10？阿鲁拉可耕地；在东部区最重要者诺姆，250+x阿鲁拉可耕地，属于两个"最伟大的预言家"和他的地产上的祭司们和官员们？，作为免除税务的土地，就像神（即国王）的可耕地那样。

拉和哈托尔：每个神一个祭品桌；从领主？的谷仓，拿出210？单位的神圣祭品，203单位的献祭面包和献祭啤酒；为它？建造两个储物房……为它？……人；创建伊希神（Ihy）的琥珀金雕像，并和（执行）其开口仪式，这个神的雕像来到"斯尼弗鲁的钟爱者"（的城镇）的西克诺无花果的哈托尔女神的神庙。

屋顶上的拉？：为他做类似的事情……

3+x 腕尺——

统治的第 10 年

[上下埃及国王尼菲利尔卡拉。他做出捐献,为:]……

哈特努布的嘴?尼菲利尔卡拉的……在(太阳神庙)"拉最喜爱的地方"的拉……:为他举行一次绕墙巡行?……国王胡尼的(丧葬地产):……阿鲁拉可耕地

第 5 次[财产普查]之后的那年

统治的第 11 年

上下埃及国王的出现……[在(太阳神庙)"拉最喜爱的地方"……]的南角举起 maaty 船。

上下埃及国王尼菲利尔卡拉。他做出捐献,[给]:

在[太阳神庙]"让最喜爱的地方"的拉-荷鲁斯:8 腕尺长的青铜日舟和夜舟的(模型)

……

赫利奥坡里斯的精灵们:琥珀金……

普塔他的墙的南面:2+x 阿鲁拉的(可耕地)……

南部的瓦杰特?:琥珀金……

2.斯尼弗鲁的西奈铭文

斯尼弗鲁是第 3 王朝国王。他被视作埃及在西奈半岛发现矿山的伟大发现者,尽管埃及人早在第 1 王朝就开始开采西奈半岛的铜矿。西奈半岛的矿场保留了一幅以斯尼弗鲁为核心人物的浮雕。浮雕上面的铭文和图画都是非常有价值的史料。铭文很简单,记录了斯尼弗鲁的头衔和名字以及其对野蛮人的打击。浮雕图画描绘的是形象高大的国王一手抓着跪在其面前的贝都因人俘虏的头发,另一只手正要打击这个俘虏。铭文和浮雕图画都表明斯尼弗鲁在西奈半岛开采矿山时,打败了这里的贝都因人。本译文根据 James Henry Breasted, *Ancient Records of Egypt*, vol.1, Chicago: University of Chicago Press, 1906, pp. 75—76 译出。

上下埃及国王;两女神的钟爱者:真理之神;金荷鲁斯:斯尼弗鲁。斯尼弗鲁,大神,被给予满意、稳定、生命、健康,永远高兴。

荷鲁斯:真理之神。

野蛮人的捶打者。

3.胡夫的捐献石碑

胡夫的捐献石碑是法国埃及学家马里埃特在发掘埃及开罗南郊吉萨高地上的斯芬克斯像及其周围地区的时候（1853年9月至1858年）发现的，这是一个伊西斯神庙当中的捐献石碑。目前石碑收藏于开罗博物馆。石碑至少说明两点事实。首先，在古王国时期，吉萨高地上建有一座伊西斯神庙。其次，胡夫为自己建筑了大金字塔，同时也为其女儿建筑了一座小金字塔。马里埃特和其他一些学者都研究和发表了这块石碑的铭文，他们对石碑年代和石碑铭文当中某些关键词的理解存在分歧。本文根据 James Henry Breasted, *Ancient Records of Egypt*, vol.1, Chicago: University of Chicago Press, 1906, pp.84—85 译出。

他为他母亲即神圣母亲伊西斯、努恩的夫人哈托尔建筑了它。调查报告记录在一块石碑上面。他给她做了一次新的献祭，他又为她建筑了石头神庙。他在她的地方发现了这些神。

哈尔玛黑斯的斯芬克斯区位于金字塔的夫人伊西斯之房屋的南面，在罗斯塔之神奥西里斯（的房屋）的北面。根据调查，哈尔玛黑斯的女神的记录被带来。

——祝他成长；祝他永远活着，凝视着东方。

活着的荷鲁斯：梅哲尔；上下埃及国王：胡夫，他被生出来。他发现了金字塔的夫人伊西斯的房屋，位于罗斯塔之神奥西里斯的房屋西北［哈尔玛黑斯］斯芬克斯房屋旁边。他在这个女神神庙旁边建筑了金字塔，他在这个神庙旁边为国王女儿赫努特森建筑了一座金字塔。

4.维西尔韦舍普塔墓铭文

韦舍普塔（Weshptah）是第 5 王朝国王尼菲利尔卡拉统治时期的维西尔、首席法官和建筑师。这篇墓铭文发现于他在阿布希尔的墓中。目前墓铭文存放于开罗。这篇铭文是他儿子受国王之命为父亲建筑坟墓时铭刻在坟墓墙壁上的。尽管铭文损毁严重，但主题内容还是可以清楚地看到。它为我们讲述了一个有趣的故事。韦舍普塔负责为国王尼菲利尔卡拉建筑一个建筑物，国王率领家属和官员视察自己的这个建筑工程，对首席建筑师韦舍普塔指导的建筑工程赞不绝口。就在国王夸奖韦舍普塔之时，韦舍普塔闷声倒地。国王赶紧命令侍从将其抬回宫廷，并命令祭司和医师立刻赶来，医治韦舍普塔。当医师告诉国王，韦舍普塔已经无法挽救的时候，国王痛苦地一个人躲在屋子里叹息，并为韦舍普塔祈祷。然后，国王命人为首席建筑师雕刻雕像，还赐给他一块土地，作为丧葬地产。这是一个令人感动的故事，但更表明国王对建筑工程和建筑师的关心。本译文根据 James Henry Breasted, *Ancient Records of Egypt*, vol.1, Chicago: University of Chicago Press, 1906, pp.111—113 译出。

儿子为他建筑坟墓

［正是］他的长子、国王之下的第一人、［人们的拥护者］迈尔奈特尔塞特尼为他建筑了坟墓，而他就在他墓地的坟墓里。

国王参观新建筑物

——尼菲利尔卡拉来观看漂亮的——，当他前进到它们的时候——。陛下（促使）它是——。国王的孩子们看到——，它们对面前的［所有事物］都极为惊奇。然后，欢呼。陛下因为这而表扬了他。

韦舍普塔突然病倒

然而，陛下看着他，他却什么也没听见。——。当国王的孩子们和随从（它们都是宫廷人员）听到这事情时，极大的恐惧笼罩在心头。

他被转运到宫廷，去世

——[他被转移到]宫廷，陛下命令他的孩子们、随从、仪式祭司和首席医师来——。陛下给他带来一卷医学纸草——。他们在陛下面前说：他没有救了——。[陛下的心是]极为[痛苦的]；陛下说，他将按照自己的心希望的那样做任何事情，并返回自己的私人房间。

国王为他装饰雕像

——他向拉神祈祷——，在他的坟墓上雕刻文字——。[陛下下令为他制作]乌木棺材，并封印。[之前]没有任何人[获得过像他这样的待遇]——放在里面。——北面的这些——。陛下亲自为他行膏油礼。

他的长子建筑坟墓

[正是]他的长子——，——，为他建造了一系列台阶——很多。当——，他[被托运]到地下去——。陛下命他来——，都在宫廷前面——。一个人将文字刻写在[他的坟墓]里。——[陛下]因此表扬他，他尤其为陛下（感谢自己）而赞美神。

国王赐予他坟墓

——[韦舍普塔的坟墓]靠近金字塔：萨胡拉神龛的灵魂。

5.珀辟二世塞德节铭文

古埃及是一个特别重视节日的古老文明，这与埃及的宗教信仰有关，也与古埃及的政治制度关系密切，更与古埃及人的社会生活息息相关。根据帕勒摩石碑记载，埃及人最迟在早王朝时期的第一王朝国王阿哈统治期间就举办过节日。据不完全统计，新王国时期仅仅底比斯地区一年就要举办60多场节日，法尤姆地区每年有大约150天的节日。这些节日种类繁多，名称各异，有以国王为中心的节日，例如加冕节日、塞德节等；大多数以神灵为核心，例如神庙里面的日常献祭仪式、欧佩特节等；还有的以大多数普通人的意愿为核心，即以崇拜国家神灵和亡灵为中心，例如美丽的河谷节日等。

塞德节又称三十年节日，顾名思义是国王为了庆祝统治国家三十年而举行的重要节日。当然，在现实中，并非所有的国王都在其统治的第三十年举行塞德节，往往在统治了几年以后或者在统治了三十年以后不定期地举行塞德节，这是由各种原因促成的。这里不再详细讨论。塞德节几乎从前王朝末期就出现了，一直持续到希腊人统治末期。然而，由于铭刻塞德节仪式过程和场面的浮雕铭文的建筑物破坏严重，所以若干关于塞德节的浮雕和铭文都只是提供了某个或某些片段。珀辟二世的塞德节铭文便是其中之一，尽管本文本内容不多，但也为后人复原塞德节的整个仪式过程和发展历史提供了重要信息。珀辟二世的这个石头纪念物收藏于开罗博物馆。本译文根据 Nigel C. strudwick, *Texts from the Pyramid Age*, Atlanta: Society of Biblical Literature, 2005, pp. 125—126 译出。

A 面：国王在塞德节凉亭中的场景

顶部是带翼的太阳圆盘：拜赫戴提特

戴着红冠的国王：荷鲁斯：奈彻尔伊哈乌，拉之子：珀辟，祝他像拉一样永生。

戴着白冠的国王：奈菲尔卡拉

阿努比斯形象：他被包裹物包裹着。

下面是凉亭：第一个塞德节，祝愿他获得像拉一样永恒的生命。

底部是众女神的语言的顶部。

B 面：国王与各种女神在一起

标题：在"拉是极为美好"的大厦中的金子大厦中，举行第一次塞德节的时候，为琥珀金雕像举行"开口仪式"。

国王：荷鲁斯：奈彻尔伊哈乌，上下埃及之王：奈菲尔卡拉，被给予生命、稳定和统治权。

女神：祝愿她给予所有生命和统治权，所有稳定，像拉一样永恒。

同样的文本也铭刻在另一个女神面前。

在右边，女神面前：我已经给你举行几百万个塞德节的能力、所有生命、统治权和健康，并像拉那样高兴;（女神）麦内特，祝愿她给予所有生命和统治权……

6.阿西尤特三墓铭文

在阿西尤特市（即西乌特）外面的悬崖峭壁上层有五个坟墓，其中三个是第9王朝和第10王朝的坟墓。这三个坟墓分别是泰菲比（Tefibi）和他的儿子海梯第一（Kheti I）和另一个海梯（即海梯第二，以区别于第一个海梯）的坟墓。这三个坟墓内部的墓主人都是西乌特诺姆的诺姆长，都支持希拉康坡里斯王朝的国王美里卡拉。他们率领西乌特诺姆的军队与南方底比斯等诺姆战斗，成为南方诺姆与希拉康坡里斯王朝斗争的缓冲地带。这三个坟墓内部的墓铭文不仅反映了这三个诺姆长的事迹，更体现了希拉康坡里斯王朝（即第9王朝和第10王朝）的历史，从而是重要史料。法国著名埃及学家马斯帕洛和英国著名埃及学家格林菲斯都翻译和研究过这些墓铭文。本书这里根据 James Henry Breasted, *Ancient Records of Egypt*, vol.1, Chicago: University of Chicago Press, 1906, pp. 185—187 译出。下面分别介绍这三篇墓铭文的主要内容，并翻译相应的文献。

在泰菲比的墓铭文中，墓主人首先希望所有路过和进入自己坟墓的人对自己进行祈祷，之后叙述了自己的善政获得了人们的赞扬和认可，以至于自己年幼的儿子可以顺利继承自己的职位，接下来记载了自己率领军队与南方诺姆的战斗以及获得的良好结果和邪恶者的嫉妒。（泰菲比墓铭文的译文如下）

写给过路人的话

哦，活着的人们！哦，你们这些大地上的人们，你们这些将要被生下来的孩子们；那些将向下游航行的人们，那些将向上游航行的人们，那些将跟随西乌特的主人乌普瓦维特来到的人们，那些将经过这个庇护所的人们，那些将进入这个坟墓的人们，那些将看到坟墓内部物件的人们；作为西乌特的主人乌普瓦维特和洞穴的主人阿努比斯，为你们而生，你们应该为王子泰菲比的丧葬献祭祈祷。

泰菲比的善政

世袭王子、统计官、执王印者、独一无二的伙伴、西乌特的主人乌普瓦维特的高级预言师泰菲比说：——请听我说，你们这些来到这里的人们。我对所有人都很豪爽。——我是一个有着极好规划的人，是一个对这个城市有用的人，一个面对请愿的人，——是一个面对寡妇的人……我是尼罗河——为了他的人们……当夜幕降临时，那个睡在公路上的人赞扬我，因为他就像躺在自己的房子里；我的士兵的威武是他的护卫……然后，我的儿子继承了我的职位，官员都在他的领导下。他作为一个一腕尺高的儿童实施统治；城市对他欢欣鼓舞，她记得我的善政。因为任何对人们做出善政的贵族，任何超越那个生了他的人的美德的贵族，他都将在来世受到保佑，他的儿子将居住在他父亲的房屋里，关于他的记忆将在城市里令人愉悦，他的雕像将绽放光彩，将由他的房屋的儿子［运送］。

与南方的战争

我的士兵第一次与南方诸诺姆战斗，这些诺姆既有来自南方远及象岛的诺姆，也有来自北方远及——的诺姆，［我的士兵捶打他们］，将他们驱赶到南方边境。——西边。当我来到城市的时候，我颠覆了［敌人］——［我驱逐了他］——远及南方港口的堡垒。他把土地给我，而我没有归还他的城镇——。我到了东边，向上游航行；另一个人［来了］，就像一只豺狼——，从他的同盟那里带来了另一支军队。我带领一支——再次对抗他。没有恐惧——。他快速战斗，就像闪电一样；里克波利特诺姆——就像公牛向前进军——永远。我没有停止战斗，直到最后，利用南风和北风、东风和西风——。他落入水中，他的船只原地打转，他的军队就像公牛，——［当受到野兽攻击的时候，］夹着尾巴逃跑了。——火被放在——。我依靠——，依靠乌普瓦维特的计划，依靠强大公牛的——驱逐了叛乱。当一个人做得很好，［我命令］他率领我的士兵——为他的主人。……——希拉康坡里斯。土地笼罩在我的士兵的威武之下；没有高地免于恐惧。如果他做了——，在南方诺姆的火。他做它，作为他的土地上的一个事情，去装备——

结果

神庙繁荣发展起来，祭品被给予众神；邪恶者看到了它——他不把永恒放在自己面前，他不关注未来，他看到了邪恶——……

海梯第一是泰菲比的儿子，从父亲那里继承了土地和头衔，也是西乌特诺姆的诺姆长，还是整个土地的军事司令。这篇墓铭文记录了海梯第一的家族世系，尤其记载了他服务于国王美里卡拉以及建筑神庙的情境。这篇文献特别有助于了解希拉康坡里斯王朝的内在历史。（海梯第一墓铭文的译文如下）

古代的家族世系——……上下埃及之王，美里卡拉……希拉康坡里斯的……。你颠覆了叛乱……——两地区的主人，神所钟爱的人，整个土地的影子。

海梯的家族世系

一个统治者的[继承者]，众多统治者中的统治者，一个统治者的儿子，一个统治者的女儿的儿子，一个古老的家族世系——一个统治者的[女儿的儿子]，第一个无与伦比的贵族的[……]……因为你已经把[恐惧]放在了土地上，你已经为了他的利益而独自惩罚了中埃及。

服务于国王

你的确将他转运到河流上游，天空因为他而晴朗，整个土地与他在一起。中埃及的统计官、土地的王后（某个保护神）的区域赫拉克利奥坡里斯的伟大者们，都来驱逐作恶者。土地在颤抖，中埃及[在恐惧]，所有人都感到恐怖，村庄在[恐慌中]，恐惧进入他们的四肢。法老的官员是恐惧的（猎者），是赫拉克利奥坡里斯的恐怖的喜爱者。土地被赫拉克利奥坡里斯的火焰燃烧掉……舰队的前部从未被带到舍斯霍特普，而舰队的尾部仍在……他们通过水路下来，在赫拉克利奥坡里斯登陆。城市来了，对她的主人的儿子即（她的）主人欢欣鼓舞；妇女与男人、老人和孩子们拥抱在一起。

老年

统治者的儿子,他到达他的城市,进入他父亲的房屋。他看到了通往他们的房屋的道路、他的衣冠冢、他的老年。当一个人在他的地方(他的坟墓)的时候,永恒的城市——。

建筑神庙

你的城市神爱你,泰菲比的儿子海梯。他已经让你知道他能够看到未来,为了恢复他的神庙,为了筑高古老的城墙,最初的献祭的地方,高出地面,[一]普塔用自己的手指建筑的地方,托特建筑的地方,为了西乌特的主人乌普瓦维特。按照上下埃及之王、两土地的统治者美里卡拉的命令,为大神阿努比斯的灵魂建筑一座纪念物;他(国王)可能为他(神)花费几百万年,他可能重复举行塞德节;在国王的密友、泰菲比的儿子、中埃及大神海梯的领导下。瞧,你的名字将永远在乌普瓦维特的神庙里,你的记忆将在立柱中散发光彩。一些人将把它传递给其他人,——未来,在数年,一百年接着一百年,大地上一代人接着一代人;你将(始终)在那些居住在(大地)上的人们中间……

和平的统治

在你的时代发生的事情是多么美好啊,城市对你满意。那些不为人所知的事情,你公开地做,为了给西乌特献礼,——唯独依靠你的计划。每个官员在他的位置,没有打架斗殴,没有任何人射冷箭。孩子在他母亲身边,没有遭受捶打;市民也在其妻子身边,也没有遭受捶打。在[……]没有作恶者,也没有任何人对他的房屋行暴力事件。你的城市神,你的父亲(爱你),为你带路。

海梯第二与之前两位墓主人的关系不太清楚,或许在年代上还早于泰菲比。他的统治比较平稳,他在墓铭文中记录了自己开辟新水渠的功绩,提到了自己的财富和慷慨行为以及自己的纪念物、军队、坟墓等内容。(海梯第二的墓铭文译文如下)

新水渠

我为这个城市带来了礼物,在这个城市里,没有北方土地的家庭,也没有中埃及的人们;①在——建筑了一个纪念物,我建筑了一条十腕尺的水渠。我在可耕地上开挖水渠。我为它的——转了一扇大门,——它在一个建筑物中的地面上,免于——。就纪念物而言,我是慷慨的——。我维持城市的生活。我用谷物-食物做——,在中午给予水,给予——。在高地地区,[我提供水]。我为山上的中埃及这个城市提供水,那里没有水。我保卫边境——。我变沼泽为桑田。我使尼罗河水流过古代地表,我使可耕地——水。每个邻居都[获得水,每个市民都有]尼罗河水,用于解除口渴;我把水给予他的邻居,他对他们满意。

财富和慷慨

我拥有丰富的谷物。当土地需要时,我用谷物维持城市。我允许市民为自己取走谷物;我也允许市民为他的妻子取走谷物;我也允许寡妇为自己和她儿子取走谷物。我取消了所有我发现的由我父辈们确立的税务。我用牛填充牧场,每个人都有很多颜色的牛,母牛双倍生产小牛,牛圈里满是小牛。我对母牛是友好的,当她说:"它是[……]。"我是一个拥有很多公牛的人——他的牛;——他生活得很好。

海梯的纪念物

我是一个拥有很多神庙纪念物的人,——[增加]他发现的,重复献祭。我是一个受爱戴的人,——。

他的陆军

我是一个佩戴着弓的强人,是一个佩戴着剑的强大者,是一个令邻里恐惧的强大者。我训练了一支军队——,作为中埃及的司令。

他的舰队

我有优质船只,——国王喜爱的人,当他向上游航行的时候。

他的坟墓

我是一个对别人所说的话怀有警惕心的人;我是一个对邪恶力量怀有坚决打击之心的人。我有一个崇高的坟墓,在埋葬间前面有宽阔的楼梯。

---

① 这里的意思是在水渠的修建过程中没有强迫征用北方和中埃及的劳动力。

海梯的童年

我是国王喜爱的人，是他的王子的密友，是他在中埃及面前表扬的人。他促使我在还是一个一腕尺的孩子时便开始进行统治；当我年轻的时候，他提高我的地位。他让我与国王的孩子们一起接受游泳训练。我是一个讲正确话的人，从不反对他的主人，还是一个孩子的时候就被他抚养。西乌特对我的管理满意；赫拉克利奥坡里斯为我赞美神。中埃及和北方土地（三角洲）说："它是国王的教导。"

海梯祖父的死亡

［海梯］说——希特所生——夜晚看管——他的名字荣耀。然后国王自己、中埃及和北方土地（三角洲）的所有人都哀悼——。国王自己和统计官都聚集在一起，举行丧葬仪式。他被放进他在高地的坟墓里。

海梯母亲的统治

他的女儿的儿子使他的名字获得生命，赞美他。——［他的女儿在西乌特统治］——她的父亲高贵的世系［在城市实施统治］——乌普瓦维特的钟爱者，因对她的城市做善事而高兴——……国王的钟爱者，他最喜欢的人。城市对他说的满意。她作为主人行事，直到她的儿子变成强大的拥有武装的人……

7.塞索斯特里斯三世的边界石碑

塞索斯特里斯三世就是第 12 王朝的国王森沃斯瑞特三世，只是译名不同而已。塞索斯特里斯三世在其统治的第 16 年在埃及南部边境树立了两块界碑，本书翻译出来的就是这两块石碑之一。这块石碑发现于塞母纳（Semna）（即海赫 Heh），这是第二瀑布的南端。石碑目前收藏在柏林博物馆（1157 号）。石碑是用红色花岗岩制作的，圆顶上装饰着带翼的太阳圆盘，下面是 21 行的文本。文本主要记载了国王扩大边界的功绩和希望后代保持和扩大疆土等内容。本译文根据 Miriam Lichtheim, *Ancient Egyptian Literature*, vol.1, Berkeley: University Of California Press, 1973, pp. 118—120 译出。

活着的荷鲁斯：具有神圣形态；两夫人：神圣的诞生；上下埃及之王：哈考拉，被给予生命；活着的金荷鲁斯：存在；拉的身体的儿子，他的钟爱者，两土地的主人：塞索斯特里斯，永远被给予生命、稳定、健康。第16年冬季第3个月，国王在海赫建立了其南部边境：

我已经在南方建立了边境，比我父辈建立的边境更往南，
我已经扩大了我获得的遗产。
我是一个善于言辞和行动的国王，
用双臂完成我的计划。
我是一个攻击征服者的人，是一个迅速取得成功的人，
心中有了计划，就立即实施。
对委托人体贴，富于怜悯之心，
对那个攻击他的敌人毫不怜惜。
当一个人停止时，他也停止，
按照有益的方式对事情做出回应。
当受到攻击时，停下来，就等于助长敌人的信心，
攻击是勇敢，撤退是懦弱，
懦弱者将被驱逐出他的边境。
既然努比亚人听从嘴的语言，
那么回答他就等于令其撤退。
攻击他，他将逃跑，
撤退，他将开始进攻。
他们不是值得尊敬的人，
他们是可怜虫，是心理懦弱的人。
陛下已经看到了这点，这是事实。
我已经捕获了他们的妇女，
我已经抢走了他们的仆人，
到他们的井那里，杀死他们的牛，
砍倒他们的谷物，将其烧掉。

因为我的父亲为我而活，我讲的是事实！

它不是来自我的嘴的吹嘘。

我的任何一个儿子保持陛下确定的这个边界，他就是我的儿子，就是陛下所生的儿子。真正的儿子是胜过其父亲的人，保卫其父亲的边境的人。但他放弃它，不能为它而战斗，他就不是我儿子，他就不是我生的。

现在陛下已经在陛下确定的这个边境制作了一个陛下的肖像，为的是你们维持它，为的是你们为它战斗。

8.奈菲尔霍特普国王的大阿拜多斯石碑

奈菲尔霍特普是第 13 王朝国王。他特别注意阿拜多斯神庙的维持。这块石碑就是他在通往神庙的道路旁边一面墙上树立起来的，高达六尺，宽三尺，详细记录了国王对神庙进行的调查工作等内容。这是关于这个国王的重要史料，但由于石碑破损严重，很多内容存在不确定性。皮特里和马里埃特等人都对其有所研究。本译文根据 James Henry Breasted, *Ancient Records of Egypt*, vol.1, Chicago: University of Chicago Press, 1906, pp. 335—337 译出。

引言

国王奈菲尔霍特普统治由国王母亲凯米（Kemi）所生，永远被给予生命、稳定和满意，像拉一样。在陛下统治的第 2 年，陛下出现在宫殿"美丽的建筑物"中的荷鲁斯御座上。陛下对那些在其房屋中的贵族和伙伴们、真正的象形文字书吏、所有秘密的掌握者们说：

国王的话

"我的心已经渴望去看到阿图姆的古老记录；为我打开它，为了一次伟大的调查；让神知道与他的创世有关的事情，让众神知道他们的形态、他们的祭品和奉献物……（让）我知道神的形态，以便于我可以按照其最初的形态为其塑造雕像，他们在大地上为他们建筑纪念物，他们在他们的委员会制作雕像。

他们已经将［远至］太阳所照耀之处的［拉］的继承权给了我。……我将增加我将调查的，他们将［增加］对我的爱——根据他们要求的去做。"

廷臣的回答

这些伙伴们说："哦，君主和主人，你的卡命令的将发生。让陛下到作品之屋，让陛下看每一个象形文字。"

古代书卷的检查

陛下来到作品之屋。陛下与这些伙伴们一起打开书卷。陛下发现了奥西里斯房屋的书卷，奥西里斯是阿拜多斯的主人和西方世界的主人。

国王的目的

陛下对这些伙伴们说："陛下向我的父亲阿拜多斯的主人和西方世界的主人奥西里斯致敬。我将按照陛下在书卷中看到的、——、在他从努特的身体里出现时、作为上下埃及之王的形态，塑造他，塑造他的四肢——他的脸、他的手指。"

派信使到阿拜多斯

陛下将国王的密友召唤到他身边，这个人是陛下的随从。陛下对他说："你亲自往南去——与军队和水手一起。夜里不要睡觉，白天也不要睡觉，直到你到达阿拜多斯；呼唤西方世界的主人出现。祝愿我可以根据其最初的形态为其塑造纪念物。"

廷臣的回答

这些伙伴们说："［哦，君主和主人，你的卡命令的事情将发生。］你在阿拜多斯为你的父亲西方世界的主人做所有事情——"。

信使出发了

这个官员亲自向南方出发了，［去做］陛下命令他做的事情。他到达阿拜多斯——。这个神的陛下来到永恒之神的圣舟上。——河的两岸都充满了［他的芳香和］蓬特的气味。［这个神的陛下］到达——中间。一个人来通知陛下，说："这个神已经和平地前进。"

国王到阿拜多斯去

陛下乘坐圣舟出发……，与这个神一起，确保神圣祭品被呈献给他的父亲西方世界的主人；没药——和神圣事物，给与奥西里斯西方世界的主人，以他所有的名字……那些敌视圣舟的人被颠覆。这个神的陛下出现在游行队伍中，他的埃尼阿德［与他］结合起来。乌普瓦维特在他前面，他开辟道路……

国王执行神庙仪式

［陛下促使这个神前进］，到——，他将在金屋中他的王座上休息；为了塑造陛下的美丽和他的埃尼阿德、他的祭品桌——神的土地上的所有美好而珍贵的石头的——。瞧，国王亲自做这项工作——金子，因为陛下是纯粹的，拥有一个神的纯粹性……

国王的结论性语言

要对神庙保持警觉，要照看我建筑的纪念物。我把永恒的计划放在我面前，我试图通过把这个例子放在你心里而使它对未来有用，这是要在这个地方发生的事情，这是神做的，因为我渴望在他的神庙建立我的纪念物，使我的契约在他的房屋里永远存在下去。陛下喜欢我已经为他做的事情，他对我下令去做的事情欢欣鼓舞，因为胜利已经被给与他。我是他的儿子，他的保护者，他把大地的继承权给了我。我是国王，强有力的伟大者，擅长发布法令。敌对我的人将不能活下去；反叛我的人将不能呼吸空气；他的名字将不能在活人中间留存；他的卡将被官员控制；他将为了这个神而被驱逐，包括与他一起忽视陛下命令的人，还有那些没有按照陛下的这道命令办事的人，以及那些没有向这个伟大的神赞扬我的人，那些没有铭记我所做的与献祭有关的事情的人们，那些在这个神庙的任何一次宴会中没有赞美我的人们，这个神庙圣所和阿拜多斯的每个职位的所有外行祭司集团。瞧，陛下应制作了这些纪念物，为我的父亲阿拜多斯的主人和西方世界的主人奥西里斯，因为我如此爱他，比所有神都爱他；他可能会为了我为他做的这件事情而给与我奖励——由几百万年构成……

9.卡莫斯石碑

卡莫斯是古埃及第 17 王朝最后一位国王。第 17 王朝与喜克索斯人建立的第 15 王朝的后期处于相同年代。第 17 王朝在底比斯进行统治,主要统治库萨以南地区。喜克索斯人统治库萨以北和三角洲地区。喜克索斯人是第一批在埃及实施统治的外来人。卡莫斯统治时期展开了驱逐喜克索斯人的斗争。这里翻译出来的两块石碑记载了这一历史事件。这两块石碑竖立在卡尔纳克,第一块石碑以几块碎片的形式存在,最大的一部分碎片的内容发现于一个写字板上;第二块石碑在 1954 年发现的时候是拉美西斯二世一个雕像的底座。本译文根据 W.K.Simpson, *The Literature of Ancient Egypt*, New Haven and London: Yale University Press, 2003, pp. 345—350 译出。本文在翻译过程中,参考了郭丹彤:《古代埃及象形文字文献译注》,东北师范大学出版社 2015 年版,第 58—69 页的象形文字原文和中文译文。

第一块石碑

(卡莫斯)统治的第 3 年。荷鲁斯:他出现在王座上;两夫人:建筑物的重现;金荷鲁斯:他对两土地满意;上下埃及之王:[瓦杰海派尔拉;拉之子]:卡莫斯,勇敢之人,被给予生命。阿蒙-拉神所钟爱之人,两土地王座的主人,像拉神一样永生。底比斯胜利的国王卡摩斯,勇敢之人,被给予永恒的生命,卓越的国王。正是拉使他成为国王,并将真实的胜利赐予他。

陛下在宫殿中对他那些跟随着他的咨询委员会官员们说:"我观察到的情况大概是这样的,一个统治者在阿瓦利斯,一个统治者在库什,而我在他们中间,他们与我一起分享埃及的土地。直到孟菲斯的土地,他不允许任何人通过,虽然它是埃及的土地,他还控制着赫尔摩坡里斯。(在他的统治区),人们因为繁重的赋税而无法生存。我将与他作战,我将撕碎他的身体,我的目的是挽救埃及,打击亚洲人。"

他的咨询委员会官员们答复说:"的确,亚洲人的影响确实已经远至库萨,但他们仍然一起伸出他们的舌头。他们正有效地治理着我们的埃及部分:象岛处于我们控制之下,(埃及)中部直至库萨的地方属于我们。他们(喜克索斯人)为我们耕种最好的土地,我们的牲畜在三角洲放牧。二粒小麦则被用于喂养我们的猪。我们的牛没有遭到抢劫,而[—]没有被吃掉。他拥有亚洲人的土地，（但）我们则拥有埃及。如果反对我们的人敢来，我们就敢对抗他。"

这些话扰乱了陛下的心。至于你们这些咨询委员会——。我不能容忍将土地与我分离开来的做法。——亚洲人与他在一起。我将向北航行，去与亚洲人战斗，成功将到来。如果他打算安逸地——，那么他的眼睛将流泪，整片土地[将会说]："底比斯的统治者卡摩斯是埃及的保护者。"

按照阿蒙神的命令和咨询委员会的计策，我向北航行，胜利地驱逐亚洲人。我的勇敢的军队站在我面前，就像燃烧的火焰。迈扎伊人（Medjai）的弓箭手集结在军营的高处，准备前去搜寻亚洲人，毁掉他们的驻地，东部沙漠土地和西部沙漠土地献出了他们的物产，我的军队装备着来自各地的物品。

当我在瓦黑特（Wahyt）附近查看的时候，我派遣了一支强大的迈扎伊人的弓箭手前去面对奈菲尔乌希（Neferusy）城的珀庇（Pepi）之子泰提（Teti），以防他逃走。我控制了那些反抗埃及的亚洲人，他们将奈菲尔乌希城作为他们的老巢。

夜晚我在船上度过，我的心非常平静。当黎明到来时，我像隼鹰一样飞奔到他的面前；当中午饭开始的时候，我已经把他驱逐了出去，摧毁了他的城堡，屠杀了他的子民。我把他的妻子带到河边。就像狮子要与它的猎物待在一起，我的军队与（俘获的）仆人、牛、牛奶、油脂、蜂蜜在一起，分享了这些东西，这时他们满心欢喜。奈菲尔乌希城被攻陷。对于我们来说，攻打提巴塞帕（Tibasepa）并不是重要的事情。当我到达的时候，派尔沙克（Per-Shaq）逃跑了，他们的战车和士兵逃进（城里）……

第二块石碑

你的城镇有一个坏消息：你和你的军队被驱逐。当你让我成为官员，而你却成为统治者的时候，你的话是卑劣的，你是在为自己祈求汹涌澎湃的石块，你将因此而跌落万丈深渊。看看你的背后，我的军队就在那里。当我的军队发出战争的呐喊时，阿瓦利斯的女人们将无法生育，因为她们的心脏将在她们的身体里停止跳动。

我在派尔杰德肯（Per-djed-qen）着陆，我满心欢喜。我将让阿波比（Apopi）看到失望的时刻，列腾努的王子是行动的矮子，他在内心里规划勇敢的事迹，但却从未实施。

我到达南部边界的登陆点，穿越边境到达他们那里。我部署好舰队，舰队的船头连船尾，一艘船接着另一艘船。我的军队在河上飞行，就像隼鹰飞翔。我的金子制造的船只在舰队最前面，就像隼鹰一样在领航。我指挥着强大的舰船，直至沙漠边缘，我的舰队其他成员紧随其后，就像食肉的猎鸟在阿瓦利斯的土地上猎食。

我看到他宫殿中的女人们正从面向码头的小孔向外观看，当她们看到我的时候，她们的身子丝毫未动。她们从墙上的小孔向外观看，就像幼小的蜥蜴在自己的洞里。她们说："这是一场进攻！"

瞧，我已经来了，因为我是幸运的。其他人在我手中，我的事业将取得成功。因为勇敢的阿蒙对我怀有极大的耐心，我（阿蒙）不会让你孤身一人，我（阿蒙）会在你踏上这片土地的时候始终陪伴着你。哦，祝愿你（卡莫斯）的心令可怜的亚洲人惶恐不安。瞧，我（卡莫斯）正在喝你们葡萄园的葡萄酒，葡萄酒是我已经捕获的亚洲人（被迫）为我压榨的。我已经毁掉了你的居所，我已经砍倒了你的果树。我把你的女人们驱赶到了船上，我俘获了你的战车队。300艘由新伐雪松制成的船只装满了不计其数的黄金、天青石、银、绿松石和青铜斧头、毛瑞加（moringa）油、香、药膏、蜂蜜、柳木、sesnedjem-木、sepny-木和各种珍稀木材以及来自列腾努的各种优质物产。我把它们悉数带走。我没有给阿瓦利斯留下任何东西，它已经成为一座空城，哦，可怜的亚洲人。祝愿你（卡莫斯）的心令可怜的亚洲人畏惧。你过去常说：我是独一无二的统治者，从赫尔摩坡里斯到哈托尔的神庙。

我的目的（？）是去控制两河之间的阿瓦利斯。我将把它洗劫一空，不剩一人。我摧毁了他们的城镇，我烧掉了他们的家园，这些地方将永远是光秃的废墟。因为他们曾洗劫过埃及，并肆意嚎叫，他们背叛了他们的主人——埃及。

我在通往绿洲的路上抓获了他的信使，他正前往库什，随身携带着一份公文。我发现它是由阿瓦利斯的统治者——[阿乌塞尔拉]、拉之子阿波菲斯亲自书写的："问候我的儿子——库什统治者，为什么你做了统治者，却不让我知道？你看到埃及人都对我做了什么吗？埃及的统治者——卡摩斯（勇敢的人、永生）正攻击我的领土，而我却根本没有进攻他，他对我做了对你做过的事情。他使两土地——我的和你的，陷入悲哀之中，他摧毁了它们。向北方进发，不要犹豫。因为他就在我这里。在埃及，没有人支持你。瞧，在你到达之前，我不会给他让路的！然后，我们将平分埃及的城镇，我们的土地都将沉浸在欢乐之中。"

瓦杰海派尔拉（卡莫斯），被给予生命，控制了局势：我掌控了沙漠和耕地以及河流，一个人找不到任何方法推翻我。我和我的军队都不是懒惰的。我还没有抓住我北方的那个人，因为当我向北进军时，他害怕我，这发生在我们战斗之前。在我到达他那里之前，他就看到了我愤怒的火焰。他已经给库什写信寻求保护。但我在路上截下了这封信，我没有让它到达库什。然后，我让它被带回给他；它被放在了东沙漠的阿芙洛狄特奥坡里斯。我的胜利进入他的心里；当他的信使向他报告说我已经攻打塞诺坡里斯地区的时候，他的四肢都在颤抖。塞诺坡里斯是他的财产。当我身在撒卡（Saka）的时候，我派遣了一支强大的弓箭军，这支军队从陆上进军，摧毁了巴哈里耶绿洲，阻止任何敌人到我的后方去。我怀着强大的心理和欢乐的心情，向南航行；我摧毁了沿途的每个敌人。

统治者（长寿、繁荣、健康）与他的军队往南航行的道路是多么的光辉灿烂啊，因为没有任何损失，没有人责备他的同伴，没有人哭泣。我在泛滥季到达底比斯地区，每一张脸都绽放着光彩，土地富足，（尼罗河）两岸充满生机，底比斯沉浸在节日的氛围之中。妻子和丈夫都出来看我，女人们拥抱她的伴侣，没有人哭泣。

在圣所中向阿蒙神奉献香，就在向阿蒙神奉献香的地方，有这样的说法：接受祭品，因为他（阿蒙神）把战刀赠给阿蒙的儿子（长寿、繁荣、健康）、永生的国王瓦杰海派尔拉，拉之子：强有力的卡摩斯，永生。他征服南方，驱逐北方，他胜利地征服了整个国家，被给予生命、稳定和领土，欢乐与他的卡在一起，像拉神那样永生。

陛下颁布敕令给世袭贵族和地方州长、王室事务总管、整个土地的首领、国王王印的掌管者、两土地的未成年人、军事将领、官员总监、国库总管、拥有强大力量的奈沙（Nesha）：把陛下的战功铭刻在石碑上，把它立于底比斯的卡尔纳克（神庙）中，永远。

然后，他回复陛下：我将按照我的父亲、我的主人命令的内容行事，以便我的赞颂可以在国王面前持久保持。国库总管，奈什（Neshi）。

10.图特摩斯一世的方尖碑铭文

根据首席建筑师伊内尼（Ineni）的记载，图特摩斯一世在卡尔纳克大神庙的第四塔门外面树立了两块方尖碑。下面翻译出来的是其中一块方尖碑的东西两侧的内容。本译文根据 James Henry Breasted, *Ancient Records of Egypt*, vol.2, Chicago: University of Chicago Press, 1906, p.37 译出。

（东面铭文）

荷鲁斯：强大的公牛，真理的钟爱者；上下埃及之王；两女神的喜爱者：佩戴着蛇冠，散发光彩，拥有强大的力量；阿海派尔卡拉，塞泰普内尔；金荷鲁斯：在很多年里是漂亮的，使心脏活跃；拉的亲生儿子，图特摩斯（一世），漂亮而散发光彩。

他制作了（它），作为他父亲底比斯的主人和卡尔纳克的拥有者阿蒙的纪念物，以便他被给予像拉一样永恒的生命。

（西面铭文）

荷鲁斯：强大的公牛，真理的钟爱者；上下埃及之王：阿海派尔卡拉，塞泰普阿蒙（图特摩斯一世）。

他制作了（它），作为他父亲两土地的首领阿蒙－拉的纪念物，在神庙的两面为他竖起两块大方尖碑。小金字塔是——

11.哈特舍普苏特女王的诞生与加冕浮雕和铭文

古埃及新王国时期第18王朝女王哈特舍普苏特是一位非常重要的国

王。他最初作为图特摩斯一世的王后而出任年幼的图特摩斯三世的摄政王,后来干脆独自统治国家,将图特摩斯三世派往亚洲参与战争。从本质上讲,古代埃及也是男权社会,女人当国王是违反传统的事情。她在统治期间,为自己在底比斯城(今卢克索城)西岸的戴尔-巴哈里建造了一座三层楼结构的巨大葬祭庙。为了给自己的王权寻找合法依据,他在戴尔-巴哈里的葬祭庙墙壁上雕刻了系列浮雕,并在浮雕周围铭刻了说明性的铭文,描述了神圣诞生和加冕的全过程,主旨是宣扬自己是阿蒙神的女儿,其王权统治受到众神的认可和庇佑。然而,由于图特摩斯三世和阿蒙霍特普四世(埃赫那吞)等后代国王的蓄意破坏,浮雕和铭文当中的很多内容都已经消失不见了。著名埃及学家纳维勒出版了这些浮雕和铭文的图录。很多学者经过长期研究,复原了很多浮雕和铭文的内容。本译文根据 James Henry Breasted, *Ancient Records of Egypt*, vol.2, Chicago: University of Chicago Press, 1906, pp.78—100 译出。本译文当中关于浮雕场景和铭文的解释性文字用楷体表示,铭文本身用宋体表示。

A. 哈特舍普苏特女王的诞生浮雕和铭文,从下层柱廊的南端开始,一直往北延伸,到北端结束,没有中断。

I. 众神委员会

(场景)右面是坐在王座上的阿蒙神,左面是排成两行的12个神:奥西里斯、伊西斯、哈塞斯、奈夫提斯、阿努比斯、哈托尔、孟图、图穆、舒、泰夫努特、盖伯、努特。

(铭文)铭文显然很多,但目前能够识读出来的内容很少。内容基本是众神对哈特舍普苏特神圣诞生的预言和对其神圣权力的许诺。

我将为她和平地统一两地……我将把所有土地、所有国家都给予她。

II. 阿蒙和托特之间的交谈

(场景)阿蒙站在托特面前,阿蒙在左面,托特在右面。

（铭文）阿蒙的话几乎完全无法识别。托特的话较好地保留了下来。

（托特的话如下：）

——你，你已经提到的少年。——一个老人。雅赫摩斯（Ahmose）是她的名字，这整个土地上的——女夫人、仁慈者。她是国王阿海派尔卡拉（图特摩斯一世）的妻子，被给予永恒的生命。当陛下在［一］，你去——到她那里。

阿蒙和托特到王后那里去。

III. 阿蒙与王后雅赫摩斯在一起

（场景）阿蒙和王后雅赫摩斯面对面地坐在一起；阿蒙把手伸到王后身上，这象征着王后是神的妻子。他们坐在天空上，在交谈，这依靠两个坐在床上的女性神表达出来。

（铭文）

（见面）

底比斯的主人、卡尔纳克的统治者阿蒙－拉说：他使他的形象看上去像这个丈夫，即国王阿海派尔卡拉（图特摩斯一世）。当她在她的宫殿里美丽地睡觉的时候，他发现了她。她因神的芳香而醒来，她在神靠近的时候闻到了芳香。他立即到她那里，他把他的渴望强加于她，他促使她看到一个神的形态的他。当他来到她面前的时候，她因他的美丽而高兴，他的爱深入她的四肢，神的芳香四处飘散；他的所有芳香都来自蓬特。

（王后的话）

在这个大神、底比斯的主人阿蒙出现的时候，国王的妻子和国王的母亲雅赫摩斯说："你的声誉是多么伟大啊！看到你的前面是极好的；你已经将你的芳香与我统一起来，你的汗滴渗入我的四肢。"这之后，这个神与她做了他所渴望的一切。

（阿蒙的话）

两土地的主人阿蒙在她面前说："海奈麦特－阿蒙－哈特舍普苏特将是我这个女儿的名字，我已经把她放在了你的身体里，这意味着她将从你的嘴里出来。她将在这个土地上实施极好的王权统治。我的灵魂是她的灵魂，我的健康是她的健康，我的王冠是她的王冠，她可以统治两土地，她可以统领所有活人——"

IV. 阿蒙与克努姆的交谈

阿蒙开始召唤克努姆神的帮助，克努姆神创造了人。

（场景）阿蒙站在克努姆面前，阿蒙在左面，克努姆在右面。他们旁边是相应的铭文。

（铭文）

（阿蒙的命令）

卡尔纳克的统治者阿蒙说："去，从我身上的四肢中创造她和她的卡；去，去把她塑造的比所有神都好；[为我塑造] 我的这个女儿，我已经生下了她。我已经把所有生命、满意和稳定、我内心的所有欢乐、所有祭品、所有面包都给了她，像拉一样永恒。"

（克努姆的答复）

"我将塑造你的这个女儿［玛阿特卡拉］（哈特舍普苏特），给予生命、繁荣和健康；给予祭品——，给予美丽夫人的爱。她的形态将比所有神都崇高，她享有上下埃及之王的伟大声望。"

V. 克努姆塑造孩子

（场景）克努姆坐在一个陶轮的前面，在塑造两个阳性孩子，第一个是哈特舍普苏特，另一个是她的卡。之所以雕像是两个男孩形象，是因为古埃及传统里面男性占据统治地位。蛙头女神海卡特（Heket）跪在右面，把生命的象征符号给予两个孩子。

（铭文）克努姆重复他从阿蒙那里获得的指令，把这些指令放在第一个人身上。

陶工、海尔威尔（Hirur）的主人说："我已经用卡尔纳克的统治者阿蒙的这些四肢塑造了你。我已经来到你（阴性的）这里，把你塑造的比所有神都好。我已经给你（阴性的）所有生命和满意、所有稳定、我的所有愉快的心；我已经给你（阴性的）所有健康、所有土地；我已经给你（阴性的）所有国家、所有人民；我已经给你（阴性的）所有祭品、所有食物；我已经使你（阴性的）出现在荷鲁斯的王座上，像拉一样永恒；——我已经使你（阴性的）出现在所有活人的卡面前，而你作为上下埃及的国王、南方和北方的国王绽放光彩，按照那个爱你（阴性的）父亲已经命令的那样。"

VI. 托特与王后雅赫摩斯的交流

（场景）王后雅赫摩斯站在右面，接受托特的致敬，托特伸展着胳膊站在左面。

（铭文）这里的铭文仅仅包含一些头衔和赞美词，因此交流的目的不清楚。这里省略这些抽象的铭文。

VII. 王后雅赫摩斯被引领去分娩

（场景）克努姆和海卡特出现在王后的两边，各用一只手引领着她。在她们面前有9位神，分三行排列。这些神都由阿蒙引领着。

（铭文）这些铭文又是仅仅提供了一些头衔和赞美词。海卡特的铭文包含一些关于场景的信息："你的确在这之后就怀孕了，你——一个孩子——与他去宫廷，去——"，但其他大部分铭文都被破坏掉了。在阿蒙的前面有13行铭文，也都被铲除了，显然是说明这个场景的含义的。

VIII. 诞生

（场景）王后坐在王座上，位于上行雕像的中间，抱着孩子。在她面前有四个女性神，扮演助产士，将她们的胳膊伸向孩子。在她后面是5个女神（伊西斯、奈夫提斯、克努姆、海卡特和麦斯海奈特），最前面的女神把生命符号伸向王后。整个这行文字都刻在一张床的上方。中间那行也位于一张床上，我们直接从这行看到了表示无数年的魔法鬼魂的符号；在她的每一边都有东方的魔法鬼魂和西方的魔法鬼魂。在下面一行的左面是北面和南面魔法鬼魂,右面是贝斯神和特沃瑞特神,还有一片空白区,原来是有铭文的,现在已经全部消失了。分娩女神麦斯海奈特坐在最右面,指挥着助产士。

(铭文)上行右面的几个神和麦斯海奈特都讲一些传统的诺言,就像克努姆在前面讲的那些话。这里不再重复翻译。

IX. 把孩子呈献给阿蒙

(场景)哈托尔女神将孩子呈献给她的父亲。

(铭文)哈托尔的话几乎完全消失了,我们只能读出这样一句话:"她把她的胳膊伸到陛下面前。"

(阿蒙的话)

阿蒙说……——去看他的女儿,他的最爱,国王玛阿特卡拉(哈特舍普苏特),活着,她出生之后,而他的心极为高兴。

阿蒙对他的亲生女儿[哈特舍普苏特]说:"光彩夺目的部分已经从我而来;国王,掌握两土地,永远在荷鲁斯的王座上。"

X. 阿蒙和哈托尔的委员会

(场景)阿蒙在左面,坐在王座上,抱着哈托尔面前的孩子,哈托尔坐在右面,也坐在王座上。后面站着女神塞瑞克(Serek),她或许是在召唤孩子,到下一个场景中接受哺育。

(铭文)这些铭文破坏太严重了,除了传统的诺言,几乎没有什么有价值的信息可以识读出来,故而省略译文。

XI. 对孩子的哺育

(场景)在一张床上,王后雅赫摩斯坐在左面,由一个女神支撑着;在她面前,孩子和它的卡被两个母牛头的哈托尔哺育。在床下面是两个哈托尔母牛,在给孩子和它的卡喂奶。右面是12个卡,已经喝了奶,正被传递给尼罗河神和一个模糊不清的名为海库(Heku)的神,这两个神将这些卡呈献给坐在王座上的三个神。

（铭文）铭文几乎都被毁掉了，但我们能识别出一句话："哺育陛下（阴性的）和她的所有卡"。

XII. 阿蒙和托特的第二次交流

（场景）阿蒙和托特面对面站立着，将孩子和它的卡抱在中间。

（铭文）只有传统的许诺性语言。这次交流的目的或许就是安排孩子的未来。

XIII. 最后的场景

（场景）左面，克努姆和阿努比斯向前走，阿努比斯在自己面前旋转着一个大的太阳光盘。在他们面前，两个女性神位于上行，将孩子和它的卡呈献给一个跪在那里的神（尼罗河神？），在下行同样的场景出现在另一个不知名的神面前。在后面（即右面）站立着塞夫海特（Sefkhet），在做记录，有一个仆从样子的神陪伴着。

（铭文）只有传统的许诺性语言，因此几乎不能说明这个场景的含义。孩子现在开始了她的职业生涯。

B. 哈特舍普苏特女王的加冕浮雕和铭文，位于戴尔·巴哈里神庙中间柱廊的北半部分墙面上。它们从墙的南端（直接与系列诞生场面的第一个场面相连），沿着西墙往北展开，在墙的北端结束（直接与系列诞生场面的最后一个场面相连）。

I. 洁净礼

（场面）孩子站在右面的阿蒙和左面的孔苏中间，两位神向孩子头上倒水。

（铭文）两个神说的话都是这样的："你是纯净的，你的卡也是纯净的，因为你作为拥有伟大威严的上下埃及之王活着。"

II. 阿蒙把孩子介绍给所有神

（场面）阿蒙在左面，坐在王座上，爱抚着他膝盖上的孩子；在他面前站着6个神：上面三个代表"南方的所有神"，下面三个代表"北方的所有神"。

（铭文）这些铭文也遭到破坏，拉美西斯二世恢复了一些铭文，但有时把阿蒙的位置放错了。经过学者们复原之后的铭文如下。

（阿蒙的话）

天空的主人阿蒙-拉对众神说："瞧，我的女儿［哈特舍普苏特］生机勃勃；你们要爱她，你们要对她满意。"

他把她展示给南方和北方的所有神，他们来看她，［在她面前行礼］。

（众神的话）

所有神对阿蒙-［拉］说："你的这个女儿［哈特舍普苏特］生机勃勃，我们对她满意，给予她生命与和平。她现在是你的女儿，你已经生了她，为她做了准备。你已经把你的灵魂、你的——、你的［慷慨］、王冠的魔法力量给了她。当她还在那个怀着她的人的身体中时，两地已经是她的了，国家已经是她的了，天空之下的所有东西和大海环绕的所有事物都是她的了。你现在为她做这个，因为你知道两个三十年时期。你已经将荷鲁斯的所有物和塞特满意的年份给了她。我们已经把……给了她。"

III. 在北方的巡行

（场景）哈特舍普苏特长成少年以后，到北方的赫利奥坡里斯（太阳城）巡行，获得了众神的认可，然后在赫利奥坡里斯接受阿图姆神的加冕。在这个城市接受太阳神阿图姆的加冕或许是古埃及的一个传统。

（铭文）

（女王成长起来，美丽动人）

陛下（阴性的）亲自看到这个事物，她把这个事物告诉人们，她听到了这个事物，人们因对这个事物的恐惧而跪倒在地。陛下成长得超过一切事物；她看上去比任何事物都漂亮；她的——就像是一个神，她的形态就像一位神，她作为神而做一切事情，她的光彩就像一位神。陛下是一位少女，美丽动人，蓬勃生机。她的时代的布图（Buto）。他使她的神圣形态欣欣向荣，他的味道塑造了她。

（巡行）

陛下（阴性的）跟随她的父亲去北方巡行，她的父亲是上下埃及之王奥海派尔拉，他永远活着。她的母亲底比斯的保护女神哈托尔、德普的女神布图、底比斯的主人阿蒙、赫利奥坡里斯的主人阿图姆、底比斯的主人孟图、瀑布的主人克努姆、底比斯的所有神、南方和北方的所有神都来到这里，都到她这里来。他们为了她而旅行，高兴的旅途，他们到来，他们随身带着生命和满意，他们在后面保护她。他们一个接着一个地向前走，每天跟随在她后面。

（众神许诺）

他们说："欢迎，阿蒙-拉的女儿；你已经看到了你在大地上的管辖范围，你将使它恢复秩序，你将恢复它变得混乱不堪之前的样子，你将在这个房子里建造你的纪念物，你将为那个生了你的神的祭品桌提供食品，你将穿过大地，你将拥抱很多国家。你将打击列腾努人，你将用权标头捶打特洛格罗迪特人。你将砍掉士兵的头颅，你将抓住列腾努的首领们，他们佩戴着剑，是你父亲未曾抓住的敌人。你的贡金是无数的男人，你的勇敢的俘虏；你的［奖金］是成千上万的男人，用于［两土地］的神庙。你在底比斯向底比斯的主人、国王阿蒙-拉的阶梯奉献祭品。众神已经用若干年［馈赠］于你，他们把生命和满意呈献给你，他们赞扬你，因为他们的心已经将理解给予他们已经塑造了的蛋（即女王）。他们将确定你的边境，远至天空的四边，远至夜晚十二个小时的限度；两土地将充满孩子——，你的无数的孩子是你的谷物的数量，你在你的人们的心中；它是他的母亲的公牛的女儿，——被爱戴者。

IV. 接受阿图姆加冕

（场景）左面的女王由哈托尔引领着到阿图姆面前，阿图姆站在右面。托特站在他们面前。

（铭文）铭文只保留下来下面这句。

（托特的话）

把他的王冠放在他的头上；把——头衔放在——众神的面前……

V. 获得王冠和名字

（获得王冠的场景）女王站在那里，阿蒙拥抱她，阿蒙在左面的王座上坐着。两个女神从右面走过来，一个女神戴着上埃及王冠，另一个女神戴着下埃及王冠，她们后面是代表四个方位的鬼魂。

（获得王冠的铭文）

把这个红冠呈献给你，它在拉的头上；你应该戴上双冠，你应该依靠这个名字而掌握两土地。

把这个白冠呈献给你，强大的王冠在你的头上；你应该依靠这个王冠、依靠它的这个名字而掌握两土地。

（获得名字的场景）这里面应该有一个获得名字的场景，但几乎完全被毁掉了，只能识别出塞夫海特和托特神的形象。铭文也很少。

（获得名字的铭文）

写下名字，金荷鲁斯：拥有神圣的双王冠。写下名字，上下埃及之王，玛阿特卡拉。

VI. 在阿蒙面前宣称为国王

（场景）女王穿着国王的服装，戴着上下埃及的双王冠，站在阿蒙面前，阿蒙在左面，坐在王座上。女王后面是代表四个方位的鬼魂，这些鬼魂后面是塞夫海特和托特，他们在做记录。

（铭文）铭文部分被毁掉了，剩下的部分内容基本上是传统的短语，没有太多历史信息。其中托特讲的一句话比较有意义，也较为完整："你已经将你的王冠放在了你的头上。"

VII. 在廷臣面前加冕

（场景）从这个场面开始，女王哈特舍普苏特的加冕仪式才正式开始。图特摩斯一世在左面，坐在王座上，他的女儿站在他面前；三行廷臣站在他们面前，在右面。

（铭文）这个场面里面有很多铭文，保存的较为完整，这是在古埃及历史上不多见的，充分表达了加冕的仪式过程。尤其难得的是加冕仪式发生在老国王和廷臣都在场的情况下。

（图特摩斯一世召唤他的女儿去接受加冕）

她的父亲陛下看到了她，这个荷鲁斯；她的伟大的塑造者是多么的神圣啊！她的心是高兴的，因为伟大在她的王冠上；她维护她的真理理由、她的国王威严的[崇高]、她的卡所做的事情。在她的——的宫殿里，活人在她面前排列。陛下（阳性的）对她说："来，光辉灿烂者（女王）；我已经把你放在我面前，你应该看一下你在宫殿中的管辖范围和你的卡的极好的事迹，以便你可以拥有你的国王威严，拥有光辉的魔法，拥有强大的力量。你将是两土地上的强大者，你将镇压叛乱，你将出现在宫殿，你的额头将佩戴上双王冠，双王冠位于荷鲁斯的女继承人的头上。你是我生的，白冠的女儿，布图神的钟爱者。双王冠被那个掌握着众神的王座的人给你。"

（图特摩斯一世召集廷臣）

陛下要求国王的高官、贵族、伙伴们、宫廷的官员和人们的首长都被带到他这里来，以便他们可以宣誓效忠，把他面前的这个荷鲁斯的女儿放在——他的宫殿里。有一个国王自己的座位，在宫廷右边的观众大厅，而这些人在宫廷里拜倒在地。

（图特摩斯一世向廷臣讲话）

陛下在他们面前说："我的这个女儿海奈迈特-阿蒙，哈特舍普苏特，生机勃勃，我已经任命了她——；她是我的王位的继承者，她正是将坐在我的极好座位上的人，她将下达宫殿每个地方的命令；正是她将领导你们；你们应该听从她的话，你们应该按照她的命令统一起来。那个向她宣誓效忠的人将能够活下来，那个亵渎陛下的名字并做邪恶之事的人将死掉。无论谁毫无异议地宣称陛下（阴性的）的名字，他就能立即进入国王的房间，正如他通过这个荷鲁斯的名字（即我的名字）做的那样。因为你是神圣的，哦，神的女儿，众神帮助你战斗；每天，按照你的父亲即众神的主人的命令，他们保护你。"

（廷臣和人们认可新女王）

国王的高官、贵族和人们的首长听从这个为了提升他的女儿、上下埃及之王玛阿特卡拉（哈特舍普苏特）的神威严的命令，她永生。他们亲吻她脚前的土地，当国王的话传到他们中间的时候；他们为上下埃及之王阿海派尔卡拉（图特摩斯一世）赞扬众神，他永生。他们往前走，他们的嘴在欢呼，他们认可她。宫廷所有居所的所有人都听到了；他们来了，他们的嘴在欢呼，他们宣称（它），超过每一件事情，居住在居所里的人们以他的名字呼喊（它）。成群的士兵［—］，他们跳跃，他们跳舞，因为他们的心非常高兴。他们［呼喊］，他们［呼喊］作为国王的陛下（阴性的）的名字；尽管陛下（阴性的）是一个年轻人，尽管大神正在把他们的心转向他的女儿玛阿特卡拉（哈特舍普苏特），她永生，他们认可神圣女儿的父亲，他们拥有超越一切的伟大心灵。至于在他的心里爱她的那个人，每天对她宣誓效忠的那个人，他将光彩照人，他将极为繁荣；［但］关于任何反对陛下的人，神将立即决定他的死亡，甚至由每天保护她的众神决定他的死亡。她的这个父亲已经下达了命令，所有人都按照他的这个女儿的王名统一起来。尽管陛下是一位年轻人，但陛下（阳性的）的心极为倾向于她。

（女王名字的宣布）

陛下（阳性的）命人把仪式祭司带来，宣称她的伟大名字，这些名字由她的王室高官设计出来，将镌刻在两女神钟爱者的所有工程和所有印章上。她绕北墙巡行，给两女神钟爱者的所有神穿上衣服。他已经预测了加冕在新年节举行的吉兆，这是和平年的开始，是很多无数辉煌年份的塞德节的开始。他们宣布她的王名，因为神已经促使他们在心里记得神以前为他们制定的名字格式，并以这种方式为她制定名字：

她的伟大名字，荷鲁斯：［沃斯瑞特卡乌］，永恒；

她的伟大名字，两女神的钟爱者："在数年里保持新鲜"，善良的女神，祭品的女夫人；

她的伟大名字，金荷鲁斯："拥有神圣的双王冠"；

她的伟大名字，上下埃及之王："玛阿特卡拉，永远活着。"

这是她的真正名字，是神提前编制的。

VIII. 第二次洁净礼

公共仪式之后是众神的仪式。

（第一个场景）女王被神海塞悌（Kheseti）带走。

（第一场景的铭文）

两女神喜爱的、上下埃及之王的和平统治年的第1年新年节即第1个季度的第1天，国王在城墙北面巡行，……的宴会。

她被带走以后，进入"他的母亲的立柱"旁边的"大屋"，进入"大屋"，为了"大屋"的净化。

（第二个场景）神海塞悌站在右面，手扶着女王，女王站在左面，还有一个生命符号样子的容器。

（第二个场景的铭文）在女王上面只有女王的名字和头衔。在神的上方有文字，其含义如下：

我已经用所有满意的生命、所有稳定、所有健康、所有满心欢喜的水净化了你，去庆祝很多塞德节，像拉一样永恒。

IX. 结尾仪式

女王现在被荷鲁斯带走，接下来举行了几个仪式。这些仪式场面几乎都被毁掉了，很难识别出来，但其中之一是"绕墙的北面巡行"，这与女王的头衔一致。加冕仪式到现在就完成了，荷鲁斯说："你已经确立了你作为国王的威严，已经出现在荷鲁斯的王座上。"

12.哈特舍普苏特方尖碑铭文

哈特舍普苏特女王在卡尔纳克竖起四块方尖碑，其中一对已经完全消失了，当然开罗还有其中一块的顶部。在保存下来的一对方尖碑里面，一块立在第19王朝多柱大厅的后面，另一块倒下了，顶部就躺在旁边。在卡尔纳克大神庙有几块石头碎片，上面保留了一副浮雕和部分附属铭文，记载了哈特舍普苏特女王将两块方尖碑奉献给阿蒙－拉神。哈特舍普苏特女王图像旁边的铭文是这样的："在高大的立柱前面，国王亲自为她的父亲阿蒙－拉竖立了两块大方尖碑，装饰着非常多的琥珀金。它们非常高，直入云霄，像太阳光盘一样照耀着两土地。自世界伊始，就从来没有类似的建筑物；她可能被给予生命。"本文这里将两块方尖碑的主体内容都翻译出来，以便于对方尖碑的碑身铭文有更全面的认识。本译文根据James Henry Breasted, *Ancient Records of Egypt*, vol.2, Chicago: University of Chicago Press, 1906, pp.128—135 译出。本译文当中关于浮雕场景和铭文的解释性文字用楷体表示，铭文本身用宋体表示。

A. 站立着的方尖碑

在卡尔纳克大神庙里面站立着的这块方尖碑是目前埃及最高的，高约97.5尺，是用阿斯旺的巨大花岗岩制作的。这块方尖碑在女王统治的第16年由女王最喜欢的建筑师森穆特（Senmut）主持建造，用了大约7个月的时间制造完成。方尖碑石块开采和运送到卡尔纳克之后，费尽周折竖立起来，然后在方尖碑的四个面铭刻浮雕和铭文。四个面的中间行都完成了，但后来又在四个面的边行铭刻文字，没有完成。后来的几位国王曾在这块方尖碑上雕刻浮雕和铭文，例如埃赫那吞。这块方尖碑四个面中间一行的铭文和底座的铭文都比较清晰，内容也较为丰富，但侧行的铭文就比较模糊。

I. 方尖碑每面中间行的铭文

（南面铭文）

荷鲁斯：沃斯瑞特卡乌，上下埃及之王，两土地的主人，玛阿特卡拉，阿蒙的杰出射出物，他已经使她作为国王出现在大屋的光辉面前的荷鲁斯王座上，伟大的埃尼阿德众神已经把她抚养成为太阳运行范围内的女夫人。他们已经在活人面前，把她与生命、满意和愉悦统一起来；拉之子，海奈麦特－阿蒙，哈特舍普苏特，众神之王阿蒙－拉的钟爱者，她被给予生命，像拉一样永恒。

（西面铭文）

荷鲁斯：沃斯瑞特卡乌；两女神的钟爱者；若干年保持新鲜气息；金荷鲁斯；拥有神圣的王冠；上下埃及之王：两土地的主人，玛阿特卡拉。她制作了它，作为她献给其父亲底比斯的主人阿蒙的纪念物，为他竖立了两块大方尖碑，在大门处，大门名为："阿蒙是伟大的和令人恐惧的"（这是第5塔门），方尖碑装饰着很多琥珀金，方尖碑像太阳一样照耀着两土地，自从世界伊始以来从未有过类似的建筑物。祝愿拉之子、海奈麦特－阿蒙，哈特舍普苏特通过它获得生命，像拉一样永恒。

（北面铭文）

荷鲁斯：沃斯瑞特卡乌；两女神的钟爱者；若干年保持新鲜气息；金荷鲁斯；拥有神圣的王冠；上下埃及之王：两土地的主人，玛阿特卡拉。她的父亲阿蒙已经确立了她的伟大名字；玛阿特卡拉在伟大的伊斯海德（Ished）树上；她的年鉴由无数年构成，掌握着生命、稳定和满意。拉之子，海奈麦特－阿蒙，哈特舍普苏特，众神之王阿蒙－拉的钟爱者——。（[当]）她为他庆祝国王的第一个塞德节时，为了她可以被给予永恒的生命。

（东面铭文）

荷鲁斯：沃斯瑞特卡乌，上下埃及之王，两土地的主人，玛阿特卡拉，阿蒙的钟爱者。陛下（阴性的）使她父亲的名字铭刻在这个纪念物上，并留在上面，当这个神陛下将宠爱给予两土地的主人上下埃及之王阿海派尔卡拉（图特摩斯一世）的时候，当两块大方尖碑被陛下（阴性的）在第一次塞德节举行时竖起来时。众神的主人说:"你的父亲,上下埃及之王,下令竖立方尖碑,陛下(阴性的)将按照你父亲的命令建造纪念物,以便你能够永生。"

II. 方尖碑每面侧行的铭文和浮雕

方尖碑侧行有32个献祭场面,每面有8个场面。每一面都有5个场面是描绘哈特舍普苏特女王的,其他3个场面是描绘其他国王的。也就是说,每一面从上往下数的第2个场面和第7个场面是描绘图特摩斯三世的,第4个场面是描绘图特摩斯一世的。所有场面都是向阿蒙神献祭的场面。另外,在西面和南面的第5个场面,塞梯一世把女王的名字清除掉,加入了这样一句铭文:"拉之子,塞梯-美楞普塔,恢复了他父亲天空之神阿蒙-拉的纪念物。"顶部小金字塔的四个面描绘的都是阿蒙给女王加冕和保佑女王的场面。

III. 底座铭文

(女王的头衔与赞辞)

活着的女性荷鲁斯——……阿蒙-拉的女儿,他的钟爱者,他的唯一者,她依靠他而存在,万能的主的光辉部分,赫利奥坡里斯的精灵们塑造了她的美丽;她已经像神伊尔苏(Irsu)一样获得了土地;他已经创造了她,并使她戴上他的双王冠,她像神海普利(Khepri)一样存在,她戴着王冠,像"地平线的他"一样闪耀光芒,纯粹的蛋,极好的精子,两个女神(伊西斯和奈夫提斯)抚养了她,阿蒙亲自使她出现在赫尔蒙提斯(Hermonthis)的他的王座上,他已经选择她去保护埃及,去[保卫]人们;女性荷鲁斯,她父亲的复仇者,"他的母亲的公牛"的大(女儿),拉生了她,为自己在大地上制造了极好的精子,为了人们的福祉;他的活的肖像,上下埃及之王,玛阿特卡拉(哈特舍普苏特),国王的琥珀金(即方尖碑)。

(国王的奉献)

她制造了(它们),作为她奉献给父亲、底比斯的主人、卡尔纳克的统治者阿蒙的纪念物,用南方的耐久花岗岩建造了两块大方尖碑,它们的顶部是用每个国家最好的琥珀金制造的,河流两边的人都可以看到它们。当太阳在它们中间升起时，它们的光芒照耀着两土地，就像太阳在黎明时出现在地平线上那样。

（女王的话）

"我已经从我的父亲阿蒙对我热爱的心里面看到了这点；我已经在世界伊始的时候开始了他的［项目］，我因他的极好精神而聪明，我没有忘记他要求的任何事情。陛下（阴性的）知道他是神圣的。我在他的要求下做这件事，正是他引导了我；没有他的要求，我不会想到建筑任何工程，正是他给了我指令。我睡觉，不是因为他的神庙；我犯错，不是他命令我的；在我父亲面前，我的心是聪明的。我开始他想做的事情，我没有背对着万能的主的城市，而是把脸面向它。我知道卡尔纳克是大地上的地平线，是世界伊始的大弯月，是万能的主的神圣眼睛，他的心所在的地方；它呈现他的美丽，它环绕着那些跟随他的人们。"

（方尖碑的起源）

国王本人，他说："我在人们面前竖起（它），在60年以后的人们面前竖起它，在那些认为应该有这个纪念物的人们面前竖起它，我已经为我的父亲做了这件事情，在那些将讲［—］和将重视未来的人们面前竖起它。我坐在宫殿里，我记得他，他塑造了我，我的心引导我去为他制作两块琥珀金做的方尖碑，它们的顶点与天空混在一起，在去世的荷鲁斯、上下埃及之王、强大的公牛、国王阿海派尔卡拉（图特摩斯一世）的两个大塔门之间的高大立柱中。现在，我的心看到——话。"

（对子孙的咒语）

"哦，你们这些人，若干年后还能看到我的纪念物，你们将讲述我已经做了的事情，意识到（唯恐）你们说：'我不知道，我不知道这为什么被做，而且一座山完全用金子制作，与［已经发生的］任何事情相似。'我发誓，因为拉爱我，因为我的父亲阿蒙爱我，因为我的鼻孔充满了满意的生命，因为我戴着白冠，因为我戴着红冠出现，因为荷鲁斯和塞特为了我而将他们的两个王国统一起来，因为我像伊西斯的儿子那样统治这个土地，因为我已经变得像努特的儿子一样强大，因为拉在夜舟上落下，因为他在日舟上升起，因为他在神圣的舟上加入他的两个母亲行列，因为天空停留下来，因为他的业绩将持续下去，因为我将像'不朽者'那样永恒存在，因为我将像阿图姆那样降到西方。（如此确定的是），陛下（阴性的）已经用琥珀金为我父亲阿蒙装饰了这两块大方尖碑，为了我的名字可以留存在里面，永远留存在这个神庙里；（如此确定的是），它们是用一整块耐久的花岗石建造的，没有缝隙或接缝［—］。陛下下令从第15年麦凯尔月（Mechir）（第6个月）的第1天开始这个工程，到麦索尔月（Mesore）（第12个月）的最后一天完成，持续到第16年；总共在山里工作了7个月。

（历史）

"我尽心尽责地做（它），［作为一个国王］，对每个神来说。为他做它们、用琥珀金装饰它们正是我的渴望；我把它们的边放在它们的［—］；我认为人们将说我的嘴是多么的好啊，因为那个从它产生的事情，（因为）我没有违背我说的话。你们都听着！我把最好的琥珀金都给了它们，我已经用谷物袋子一样大的海凯特（heket，一种测量工具）测量了琥珀金。陛下用了比整个两土地曾经看到过的更多的琥珀金。愚昧的人，也会像聪明的人那样，知道这点。"

（结论）

"不要让那个听了这个说法的人说它是我说的谎话，而是说'这是多么像她做的啊！她是真实的，在他父亲面前！'神知道我做了它，阿蒙，底比斯的主人；他促使我统治黑土地和红土地，作为这件事情的报答。我在任何土地上都没有敌人，所有国家都是我的臣民，他已经使我的边界到达天空的尽头，太阳的行程范围内的地方都是我的地方，他已经把这个地方给予了那个与他在一起的人，因为他知道我将为他提供它。我是他的真实的女儿，我令他光荣，——他命令了这件事情；我的［—］与我的父亲在一起；生命，稳定，满足，在所有活人的荷鲁斯王座上，像拉一样永恒。

B. 倒下的方尖碑

倒下的方尖碑的碑身只有上半部分保留下来，目前就躺在卡尔纳克大神庙圣湖旁边。这部分石碑的铭文只保留了女王的一些头衔，还被改成了图特摩斯三世的头衔。然而，底座却刻着很有意思的铭文，但文字破损严重，我们只能通过断断续续的铭文了解文献的概貌。

——极好的——，陛下（阳性的）的钟爱者。他已经创造了我的王国。黑土地和红土地都被统一在我的脚下。我的南部边境远达蓬特之地和——；我的东方边境远达亚洲的沼泽地，而且亚细亚人在我的掌控之下；我的西部边境远达马努（Manu）山，我统治着——；［我的北方边境远达——］，我的声誉在所有沙漠居民中广为流传。蓬特的没药已经被带到我这里［—］——，这个国家所有奢侈的奇迹都被收集起来，带到我的宫殿，亚细亚人提供的这些奇迹——瑞斯海特（Reshet）国家的孔雀石。他们已经带给我精选出来的产品，［—］包括雪松、杜松、梅鲁木。——神之地的所有好的纯净的木头。我把泰赫努（Tehenu）的贡品带来，包括象牙和700个象牙，［它们在这里］。——大量豹子皮，背部长5腕尺，胸部长4腕尺，还有南方豹子的皮；除此之外，这个国家所有的贡品——……

13.关于运送哈特舍普苏特方尖碑的浮雕和铭文

庞大的方尖碑是如何从埃及南部的阿斯旺地区运送到埃及中部的卢克索的，又是如何竖立在神庙里面的？大多数看到过方尖碑的人会问这些问题，也都意识到这不是一件易事。古代埃及人或许也意识到了这是一件了不起的事情，所以他们用浮雕和铭文记载了方尖碑的运送过程。遗憾的是，关于方尖碑是怎样竖立起来的，古埃及人并没有给出准确记载。现代人通过很多方式推测方尖碑的竖立方式。在卡尔纳克大神庙里，哈特舍普苏特女王命人将她运送和奉献方尖碑的经过雕刻在神庙较矮的立柱壁上。这是非常珍贵的史料。然而，这些浮雕大多脱落了，现在的场景是研究者将其拼凑起来的，所以部分场景或许并不准确。另外，哈特舍普苏特女王运送的这两块方尖碑是否就是留存在神庙里的那两块方尖碑，尚无法确认。本译文根据 James Henry Breasted, *Ancient Records of Egypt*, vol.2, Chicago: University of Chicago Press, 1906, pp.135—141 译出。本译文当中关于浮雕场景和铭文的解释性文字用楷体表示，铭文本身用宋体表示。

1. 运送

（场景）一艘大拖船上装着两块大方尖碑（但只有一块能看到），方尖碑和船体之间是衔接木。三行有桨船只拖着这艘大拖船，每行有9只船，每行船前面有一艘引航船。大拖船周围还有三艘护航船，宗教仪式在护航船上举行。

（铭文）

（女王的头衔和赞辞）

[活着的]荷鲁斯：沃斯瑞特卡乌；两女神的钟爱者；多年保持新鲜；金荷鲁斯：拥有神圣的王冠；她的父亲、天空神阿蒙-拉的辉煌部分，她没有远离所有神的父亲，像"地平线神"那样绽放光彩；她就像太阳那样耀眼，使人民的心活跃起来，被以名字的方式赞扬，（结果）它到了天空。她的声誉已经围绕着"大圆周"——他们的贡品提供给宫殿——首领——

（建造拖船）

给你们——从整个土地上获得西克莫无花果树——建造一个很大的船的工程，完成——。

（人力和军队的召集）

——命令这个军队，在——前面，为了装运象岛的两块方尖碑——在阿芙罗迪特奥坡里斯和整个两土地的人们聚集在一个地方——在每条路上；年轻人被聚集在一起——。

（运送）

——满心欢喜地往下游航行——，抓着[船缆]，欢呼——[欢呼]水手和船员——塞德节，两土地——和平地。——

国王亲自引领着——表扬阿蒙-拉，克努姆。——阿蒙的——在这个纪念物，他们已经建造的纪念物——，他们已经在上下埃及之王的塞德节增加了很多年——……

（关于引航船）

和平地在"胜利的底比斯"登陆，天空处于节庆气氛中，大地在欢笑;——他们获得心的欢愉,当他们瞧见这个纪念物的时候,[玛阿特卡拉]已经为她的父亲[阿蒙]建造了这个纪念物。

II. 在底比斯接收方尖碑

(场景)在河岸处,水手和雇佣兵(在右面)聚集到一起,搬卸方尖碑。在对面(左面)是一个献祭场景,庆祝方尖碑的到达,祭司和官员都出席了。

(铭文)这些铭文记录了军队的欢呼,他们从北方、南方和上努比亚聚集到这里,帮助搬运方尖碑。值得注意的是,这些铭文也提到了图特摩斯三世。

(水手和雇佣兵的欢呼)

他们说:"听欢呼声!天空在[欢笑,大地]在欢笑。[阿蒙]延长了他女儿的寿命,她制作了他的建筑物,在活人的荷鲁斯王座上,像拉一样永生。

南方和北方的雇佣兵、底比斯的年轻人、海恩特海恩奈菲尔的年轻人在欢呼,为了上下埃及之王——的生命、繁荣和健康,为了上下埃及之王麦恩海派尔卡拉(图特摩斯三世)的生命、繁荣和健康,他被给予生命;他们的心将是高兴的,像拉一样永生。"

(献祭)

哦,众神的主人,为你的卡献祭,以便你可以在她的"若干年"宴会上创造健康的——,她永远活着。

(祭司的欢呼)

卡尔纳克的祭司们说:"哦,国王,建筑物的美丽——。因为她是,所以它们是永恒的。"

(廷臣的欢呼)

伙伴们、高官们、官员们、整个土地的士兵们,说:"你的心是高兴的,——你的心;你的这个渴望,它已经被运输来了。"

III. 方尖碑的奉献

这里的浮雕和铭文是布列斯特德转引的,是威尔金森的话。

"在东北面相应的墙上，两块方尖碑被君主奉献给阿蒙－拉，君主建造了这个建筑物，竖立了卡尔纳克的两块大方尖碑。但从下面保留下来的少量象形文字来看，它们显然非常不同于狄奥斯坡里斯的大神庙，或许已经站在了古墓地道上面的支架上。法老哈特舍普苏特名字后面的铭文是这样的：'——她已经为他的父亲、区域的主人阿蒙－拉建造了这个工程，为他竖立了两块优质花岗岩方尖碑……她做了这个，生命的给予者，像拉一样。"

14.图特摩斯三世的加冕铭文

在卡尔纳克阿蒙大神庙至圣所南面内庭的南墙外部，铭刻着图特摩斯三世的加冕铭文和其他相关文献。这面墙上的铭文有49个竖行，部分行的上半部分消失了，很多行的底部也已破损，但铭文的整体内容还是可以识读出来的。这篇文献包含了非常重要的历史信息。在图特摩斯三世统治的第15年和第22年之间的某个时候，他完成了并向卡尔纳克大神庙奉献建筑物，向宫廷和臣民宣布自己的加冕情况，并表达了他关于建筑物和祭品的态度等。这篇铭文文献当中记述的建筑物和祭品或许是国王奉献给阿蒙神的，为了感谢阿蒙神将自己从一个祭司直接选拔为国王。图特摩斯三世通过这种方式来宣称自己的王位神圣不可侵犯，但目前看来这种宣传显然具有杜撰色彩。本译文根据 James Henry Breasted, *Ancient Records of Egypt*, vol.2, Chicago: University of Chicago Press, 1906, pp.59—68 译出。

图特摩斯三世的诞生和青年期

——我的——是他；我是他的儿子，他的命令是我应该继承他的王位，而我是一个居住在他的巢里面的人；他怀着正义之心生了我——没有谎言；因为陛下是一个年轻人，而我是在他神庙中的年轻人，我的就职发生之前就被预言了——陛下。我在"他的母亲的立柱"的容量之中，就像海米斯（Khemmis）的荷鲁斯。我站在北面多柱大厅里——

二 王室文献

宴会

——他的地平线的光彩。他用他的美丽创造了喜庆的天空和大地;他获得了伟大奇迹;他的光线在人们的眼中,就像"哈拉凯悌的到来"。人们,他们给他[赞美]——他的神庙的[祭坛]。陛下为他将香放在火上,为他提供大祭品,包括牛、小牛、山羊,——

寻找和发现

——[神]在它的两边围绕多柱大厅巡行,当他在每个地方寻找陛下的时候,那些在前面走的人们的心不理解他的行为。当认出我的时候,他停了下来——[我跪在]甬道上,我拜倒在他面前。他扶起我,让我站在他面前;我站在"国王的站点"①。他令我感到非常惊讶——没有不真实。然后,他在人们面前揭示了众神心里的秘密,知道这些是他的——;没有一个人知道它们,没有一个人揭示它们,[除了他]。

升上天空

[他为我打开]天空的大门;他打开拉的地平线的大门。我像一只神鹰飞上天空,在空中注视着他的形象;我向陛下膜拜,——宴会。我看到了天空中他的神秘道路上的地平线神的光辉形象。

在天空加冕

拉本人确立了我,我是高贵的,戴上了曾在他头上的双王冠,他的蛇冠被放在我的[前额上]——[他]以他所有的荣耀而令我满意;我像荷鲁斯一样,与众神的委员会坐在一起,当时他在我父亲阿蒙-拉的房屋里休息。我具有了一个神的高贵,——我的王冠。

确定头衔

他自己的头衔被附加在我身上。

第一个名字

他把我的荷鲁斯固定在军旗上;他使我像强大的公牛一样强大。他促使我将在底比斯中间闪耀光彩,[以我的这个名字,荷鲁斯:强大的公牛,在底比

---

① 国王的站点指的是至圣所;国王站在这里意味着他被神选中为国王,这是一种仪式性的表述。

斯闪耀光彩]。

第二个名字

[他使我的王权持久，像天空的拉一样，以]我的这个名字，两女神的钟爱者："持久的王权，像天空的拉一样。"

第三个名字

他将我塑造为金荷鲁斯，他把他的能量和力量给与我，我戴着他的这些王冠而辉煌灿烂，以我的这个名字，[金荷鲁斯："强大的力量，光辉的王冠"]。

第四个名字

——[以我的这个名字]，上下埃及之王，两土地的主人："麦恩海派尔拉"（拉的形态持久）

第五个名字

我是他的儿子，由他所生，类似的形态被塑造，就像主持海斯瑞特的主持人，他使我所有的形态都很漂亮，以我的这个名字，拉之子："图特摩斯，漂亮的形态。"永远生存下去。

他的权威的认可

——我的——；他促使所有国家的[王子到来]，应为陛下的声誉而施礼；我的恐怖在九弓的心里；所有土地都在我的脚下。他给予我依靠双手获胜的能力，为了扩展[埃及的疆域]——因为——如此多——他。他对我很满意，比对自从大地与天空分开来以来大地上的任何国王都更满意。

他的选择的目的

我是他的儿子，陛下的钟爱者，他的双重渴望是促使我将在他在的地方管理这片土地。我促使环绕——他确立的，建造一个永久存在于卡尔纳克的纪念物。我用一些比它更大的东西回报他的美丽，对他的颂扬比对其他神的颂扬更多。他因其所作的事情而获得的奖励是他的奖品比其他神的奖品更精美。我已经建筑了他的房屋，作为一个永恒的工程。——我的父亲促使我将是神，促使我能够扩大他给我的王座，促使我能够用食物填充他在大地上的祭坛，促使我能够确保他的神庙中的屠杀室因大量屠杀牺牲的活动而繁荣发展，有无限数量的牛和小牛。——为了一些事物而下来，那些被重新支付的事物，——捐税。

我用无数大麦和斯佩尔特小麦为他填充他的谷仓。我为他增加神圣祭品,我把增加物给他,——为我的父亲阿蒙的这个神庙,在所有宴会上;在(这个月的)第6天的宴会,他对他渴望的变成了现实而满意。我知道它是永恒的,底比斯是永恒的。卡尔纳克的主人阿蒙,南方(赫尔墨提斯)的赫利奥坡里斯的拉,他的荣耀的眼睛在这块土地上——

这个纪念物的建起

我建造了我的纪念物,我记录了我的命令,在卡尔纳克的主人的阶梯上,在所有存在之物的创造者的阶梯上。万物将永远保持下去,那是在——里的,一种捐献,与众神的事物在一起,当神对他的事物满意的时候。纪念物是神庙中的一项工程,为了在他的房屋里记忆我的美丽,我将永远被人们记住。

廷臣的答复

这些伙伴们,他们说:"——这句话已经被讲给我们,我们已经在宫廷中听到,祝生活美好、欣欣向荣、身体健康(LPH)。祝你的鼻孔呼吸令人满意的生命气息;祝陛下永远在伟大的王座上。神自己的神谕就像世界之初拉的话。托特是那个使文字成为语言的神,——欢呼。他的王权被授予你;你的加冕在荷鲁斯的王座上举行,你作为上下埃及之王的年鉴被记录下来。他已经为你和平地统一了两土地,所有国家都臣服于你。

一个新礼拜堂

——新的,与"神圣居所"一起,一个优质白色砂石纪念物。国王本人用他的双手执行绳索的延伸和线索的扩展,把它放在地上;根据——的命令,在这个纪念物上记录税收工作,使他们双手的工作持久化。

至圣所

瞧,陛下为他建起了一座坚固的至圣所,阿蒙最喜欢的地方,(名为):"他的伟大的座位就像天空的地平线",是用红色山脉的砂石建筑的。它的内部装饰着精细的琥珀金——

三道门

我建起了第一道门,(名为):"麦恩海派尔拉是阿蒙富于光彩";第二道门,(名为):"麦恩海派尔拉是阿蒙喜爱的居所";第三道门,(名为):"麦恩海派尔拉是阿蒙的灵魂当中的伟大者"，装饰着真正的琥珀金，玛阿特女神通过它进入，为他——使纪念物具有节日意义。他因受到表扬而高兴，他做了他渴望做的事情，他把他的伟大与令人满意的生命和心的欢喜永远结合起来。

第 6 塔门

陛下在〔至圣所〕前面的庭院里建起了一座高大塔门——我为他建起一个大门，用新雪松木构建，装饰着金子，外面装裱着黑色的铜，用铜——。它上面的伟大名字用琥珀金、双层优质金和黑色铜制成。——由此——用天空的地平线的类似地方出产的双层优质金制作。它比曾经存在的任何事物都漂亮。

陛下进一步为他制作这三道门——

神龛和雕像

——北面的——；石头神龛，新雪松木大门；陛下的雕像和我父亲们即〔我之前的埃及〕国王们的雕像。

修缮

——为了卡尔纳克里的我的父亲阿蒙－拉，通过为他建筑一座新纪念物，——在——上，祖先们，通过为他美化那座为他建筑的神庙——。瞧，陛下发现这个纪念物用泥砖建筑，祖先们的工程容易毁坏。陛下用自己的两只手装饰这个纪念物，在"延伸绳索"的宴会上——。陛下给它起的美丽名字是"麦恩海派尔拉－（图特摩斯三世）－人们的崇拜者是拥有阿蒙力量的伟大者"。它的大门用国王领地上的雪松建造，装饰着〔铜；它上面的伟大名字〕用琥珀金制作。——。

关于建筑物的结语

他比世界开始以来任何国王做的都多。他非常熟悉每一样工艺品中的每一件事情，没有人能够超越他，——当有一个"面貌"，在非常大的纪念物的——，他非常善于根据陛下的渴望工作，因为他如此爱他的父亲〔底比斯的主人〕阿蒙。

新祭品

国王亲自下令为他父亲底比斯的主人阿蒙－拉奉献新的神圣祭品——30

坛的——，100 捆蔬菜，3 坛葡萄酒，家禽，水果，白面包，1 单位的家禽和 1 单位的椰枣。

活祭品

陛下进一步下令提供祭品，包括牛、小牛、公牛、瞪羚——

蔬菜园和土地

陛下为他奉献了一个新菜园，为了给他提供蔬菜和所有美丽的花。陛下进一步给予土地，2800 斯塔特作为神圣祭品的耕地；南方和北方的很多土地，——斯塔特——

外来奴隶

——提供人民。我用从南方和北方国家获得的［俘虏］填充它，这些俘虏是列腾努的首领的孩子和海恩瑟诺夫尔（Khenthenofer）的［首领们］的孩子，按照我父亲［阿蒙］要求的——牛奶，每天为这些容器的银、金和青铜，陛下为他做了新的。

另一次新献祭

第 15 年第 3 个季度第 1 个月第 27 天，陛下下令举行一次新的大规模神圣献祭——为了陛下的生命、繁荣和健康，为了我父亲阿蒙的祭坛永远得到补给。

小纪念物、器皿等

陛下进一步提供给他非常多的纪念物：一个大琥珀金花瓶，高 7 腕尺，用银、金、青铜和铜制作的——，它们在圣湖上闪闪发光；两土地布满了它们的光彩，就像努特身体上的繁星，而我的雕像跟随着它们。献祭桌用琥珀金制作，——真的——，陛下要求新的。我根据我心里的构想而为他建筑了它，依靠神的引导，成为普塔神双手的工程。自从——祖先们的时代以来，没有任何类似事情在这个土地上发生。陛下进一步提供给他两个大坛子，作为这个大献祭的第一部分，陛下为我的父亲底比斯的主人阿蒙举行的新献祭，——在所有他的宴会上，永远。陛下进一步建造了很多礼拜堂，装饰着琥珀金和黑色铜，建起一道［围墙］，一个座位——

一个竖琴和其他东西

［陛下制作了］一个极好的竖琴，装饰着银、金、天青石、孔雀石和所有

珍稀石头，为了赞美神的美丽，在神出现的时候，以神的名字——金、铜、所有珍稀石头，一个门厅，就像世界伊始的时候那样；制作新亚麻布，用属于那里的所有东西供给；两个礼拜堂，包含给予［我父亲阿蒙］的极好膏油。我为它要求——。

结语

陛下为我父亲［底比斯的主人］阿蒙做了这个，作为在这个神庙中的陛下的雕像永恒存在的报酬——四肢，作为一个持久的工程，使他在里面航行，出现在他新年的大宴会上。

15.图特摩斯三世年鉴

图特摩斯三世年鉴是埃及最长、最重要的历史铭文，是关于埃及国王的最完整军事成就记录。这份重要铭文文献铭刻在卡尔纳克大神庙至圣所周围柱廊的内墙上，大约有 223 行文字。这些墙是由图特摩斯三世建造的。这篇铭文文献详细记录了图特摩斯三世在二十年内对西亚发动的 17 次战争，其中关于第一次战争的记载最为详细，完全可以从铭文中整理出战争的时间、过程、战略等内容。第一次战争中的美吉多战役对图特摩斯三世而言最为重要，记载也最为翔实，构成古埃及历史上的重要著名战役。年鉴关于其他战争的记载则比较简略，甚至有几次战争的内容没有保留下来。然而，这篇文献的价值绝不会因为这些不足而有所减损。这篇文献不仅在提供大量战争信息方面意义重大，或许还挑战了我们关于古埃及人缺乏历史叙事的传统看法。本译文根据 James Henry Breasted, *Ancient Records of Egypt*, vol.2, Chicago: University of Chicago Press, 1906, pp.163—217 译出。

I. 引言

荷鲁斯：强大的公牛，在底比斯闪耀光彩；——。上下埃及之王，两土地的主人：麦恩海派尔拉；拉之子：［图特摩斯（三世）］——。陛下下令把［他的父亲阿蒙给他的胜利］记录在陛下为［他的父亲阿蒙］建造的神庙里的一个石板上（实际上是神庙的墙壁上），［叙述每次］他执行的远征以及陛下在那里获得的战利品。它是根据他的父亲拉给他的所有命令做的事情。

II. 第一次战斗（第23年）

在萨鲁（Tharu）边境

第22年第2个季度第4个月第25日，［陛下在］萨鲁，开始第一次胜利的远征，来到埃及边境，率领着强大的——。

亚洲的反叛

当时，在那个时期，［亚洲人已经陷入］混战之中，每个人都在［打击他的邻居］——。当时，发生的事情是［部落们］——人们，都在城市沙鲁亨（Sharuhen）；瞧，从耶拉扎（Yeraza）到大地的沼泽地，（他们）已经开始反叛陛下。

到达加沙（Gaza），加冕宴会

第23年第3个季度第1个月第4日，国王加冕宴会的日子，（他到达）城市，统治者掌握的城市，加沙。

从加沙出发

［第23年］第3个季度第1个月第5日，从这个地方雄壮、有力、胜利地出发，去颠覆可怜的敌人，去扩展埃及的边境，按照他的父亲阿蒙-拉已经命令的——，他掌握了——。

到达耶赫姆（Yehem）

第23年第3个季度第1个月第16日，（他到达）耶赫姆城。

战争委员会

［陛下］下令与他勇敢的军队召开一次咨询会议，说了下面的话："那个［可怜的］敌人，卡叠什（Kadesh）的［首领］已经来到，进入了美吉多；此刻他［就在那里］。他已经将所有附属于埃及的国家的首领都聚集在他那里，这些国家远至那哈林（Naharin），有很多国家，包括哈鲁（Kharu）、科德

（Kode）、他们的马、他们的军队，——他这样说，'我已经到美吉多，[与陛下战斗]。'告诉你们——。"

官员的建议

他们在国王面前说："我们怎么可以走这条既狭窄又有威胁的道路呢？他们来说敌人正在那里等着我们，并控制着那条不允许很多人同时通过的道路。马匹不能一个接着一个地通过？人不能一个接着一个地通过？我们的前头部队在战斗，而我们的后头部队还在遥远的阿鲁纳（Aruna），不能参加战斗？还有两条（其他的）路：一条路，瞧，它[将]——我们，因为它从塔阿那赫（Taanach）出来；另一条路，瞧，它将把我们带到杰夫提（Zefti）以北的路，结果我们将出现在美吉多北面。让我们胜利的主人在他渴望的（道路）上前进；（但）不要让我们走那条困难的道路。"

国王的决定

然后——，[信使]带来了他们已经说的关于这个方案的信息，是宫廷的陛下（LPH）说的："我（发誓），因为拉爱我，因为我的父亲阿蒙爱我，因为我的[鼻孔]充满满意的生命，陛下将在阿鲁纳这条路上前进。假如他与你们一起在你们已经提到的那些路上，假如他与你们一起跟着陛下来。拉憎恨的那些敌人会这样认为：'陛下会在另一条路上进军吧？他开始害怕我们了。'他们就是这样认为的。"

官员的服从

他们在陛下面前说："祝愿你的父亲、底比斯的主人、卡尔纳克的统治者阿蒙[授予你生命]。瞧，我们在每个地方都跟随着陛下，无论陛下到哪里；作为仆人跟随在陛下身后。"

从耶赫姆出发

[然后陛下]命令整个军队在那条既危险又狭窄的道路上[进军]。陛下宣誓说："任何人都不要在这条路上走在陛下之前、在——"。他亲自在他的军队前面前进，用他（自己的）脚步[指出道路]；马匹跟着[马匹]，[陛下]在他的军队前头。

到达阿鲁纳

第 23 年第 3 个季度第 1 个月第 19 日，国王帐篷的安全看守人员出现在阿鲁纳城。"陛下在我的父亲、底比斯的主人阿蒙－拉的[保护下]，向北进军，阿蒙－拉走在我前面，哈拉凯悌[加强我的双臂]——我的父亲、底比斯的主人阿蒙－拉，胜利的剑——给予陛下。"

在山脉的战斗

[敌人]前进——无数的战斗队列——。南翼在塔阿那赫（Taanach），北翼在——南面的平地上。陛下到他们那里，在——前面，他们失败了；瞧，那个可怜的敌人——阿鲁纳城的——。

后方部队的危险

现在，陛下胜利大军的后方部队在阿鲁纳城，前方部队出发去了——山谷，他们填满了这个山谷的入口。然而[他们]对陛下（LPH）说："瞧，陛下率领这支胜利大军前行，它已经填满了山谷的通道；这次让我们胜利的主人听我们的话，让我们的主人为我们保护这支大军的后方部队和他的人们。让这支大军的后方部队来到我们后面；然后他们（也）战斗，打击野蛮人；然后我们也不（需要）考虑我们大军的后方部队。"陛下停在山口外面，在那里等待，保护他的胜利大军的后方部队。

从山谷出来

瞧，当前方部队已经到达这条路的出口时，阴影已经转移了（即中午过后）；当陛下到达美吉多南部奇那（Kina）河河岸的时候，第七个小时（大约下午 1 点）正在转移，根据太阳（来判断）。

在美吉多平原安营扎寨

然后，陛下的营帐搭起来，命令传递到整个军队，说："装备你们自己！准备你们的武器！因为我们将去与那个可怜的敌人战斗。"[因此]，国王在国王的帐篷里休息，首领的[事务]都安排好了，随从的供给也都安排好了。军队的看守人员四处走动，说："保持警惕！保持警惕！注意！注意！为了国王帐篷内的生命而保持警惕。"一个人来对陛下说："大地安然无恙，南方和北方的步兵也都很好。"

美吉多战斗

第23年第3个季度第1个月第21日，新月宴会日，对应于国王的加冕日，在早晨很早的时候，瞧，命令来到整个军队，移动——。陛下在一辆镶嵌着琥珀金的四轮马车上前进，携带着他的战争武器，就像捶打者、力量之神荷鲁斯，就像底比斯的孟图，而他的父亲阿蒙令他的双臂强有力。陛下这支军队的南翼在奇那河南部的小山上，北翼在美吉多西北，而陛下就在他们的中心处，阿蒙作为其成员的保护者，他的四肢的——勇敢——。陛下在其军队前头迎击敌人，当他们看到陛下迎击他们的时候，他们恐惧地逃跑到美吉多城，放弃了他们的马匹和他们那些用金和银制造的二轮战车。人们拖起它们，用自己的衣服把它们拖进这座城市；这个城市的人们已经关闭了城市，以保护自己，把衣服从城墙上顺下来，把他们拉到城市里去。当时，如果陛下的军队没有专注于抢夺敌人的物品，他们应该在当时就占领了美吉多，当卡叠什可怜的敌人和这个城市（美吉多）的可怜敌人匆忙地将他们带回到这座城市里时。陛下的恐怖已经进入［他们的内心］，他们的胳膊软弱无力，他的蛇形王冠胜利地对着他们。

掠夺

然后，他们的马匹被捉住，他们的金银战车被掠夺；他们的同伴躺在地上，就像鱼躺在地上一样。陛下胜利的军队四处走动，计数他们的战利品。瞧，那个可怜敌人的帐篷被占据，他的儿子在帐篷里——。整个军队举行了庆祝仪式，赞颂阿蒙，因为阿蒙已经在这天赋予他儿子以胜利，［赞颂］陛下，赞扬他的胜利。他们带来他们已经获得的战利品，包括手（从他们杀死的敌人身上砍下来的）、活俘虏、马匹、金银战车、——。

制止

［然后，陛下在听了］他的军队的话以后，说："瞧，如果你们已经占领了［这个城市］，我今天就可以将其——给予拉神了；因为已经叛乱的每个国家的每个首领都在这个城市里，因为它是对一千个城市的占领，是对这个美吉多城市的占领。你们强有力地去占领——。"

围困美吉多

[陛下命令] 各支部队的 [官员] 去——，[安排] 每支军队在他的地方。他们测量这个城市，用一个围栏 [围困它]，用所有他们喜欢的树木的绿色木材围绕这座城市。陛下本人住在这个城市东面的防御工事里，[检阅] ——

它四周被厚厚的墙围绕着——用厚厚的墙。它的名字是"麦恩海派尔拉（图特摩斯三世）是亚细亚人的围困者"。人们驻扎在那里注视着陛下的帐篷；命令传达下来："保持心态稳定！注意——" 陛下 [命令，说]："不要让他们中的任何一个人出来，不要让他们越过这道墙，除非有人过来向我们投降。"

当时，陛下对这个城市、那个可怜的敌人和他的可怜军队所做的，每天都以（当天的）名字、以——头衔记录下来。然后，今天，它被记录在阿蒙神庙的一卷皮革上。

美吉多投降

瞧，这个国家的首领们来把自己的部分财产交给陛下，向陛下行礼，祈求活命。因为陛下的伟大力量、因为陛下的强大声誉，——国家——来到他面前，带着他们的礼物，包括银、金、青金石、孔雀石；带来了干净的谷物、葡萄酒、大牛和小牛——为陛下的军队。在他们当中，[科德的每个人] 带着贡赋，往南来。瞧，陛下为——任命新首领。

对美吉多的掠夺

——340 名活俘虏，83 只手，2041 匹母马，191 匹马驹，6 匹种马，一年轻的—；一辆装饰着金子的战车，马车的车杆是用金子做的，属于那个敌人；一辆漂亮的战车，镶嵌着金子，属于 [美吉多的] 首领——892 辆可怜的军队的战车；总共 924 辆战车；一套漂亮的铜铠甲，属于那个敌人；一套漂亮的铜铠甲，属于美吉多的首领，——，200 套铠甲，属于可怜的敌人；502 张弓；7 个木头杆，装饰着银，属于那个敌人的帐篷。瞧，陛下的敌人看到——，1929 头大牛，2000 头小牛，20500 头白色小牛。

对黎巴嫩三座城市、美吉多等地的掠夺

后来被国王获取的物品清单，耶诺姆、努格斯（Nuges）和赫伦卡鲁（Herenkeru）城市的那个敌人的日常用品，与那些主动投降的城市的所有物品一起，被带到［陛下面前：474 人］—，这些城市的 38 个主人，那个敌人和与他一起的那些首领的 87 个孩子；这些城市的 5 个主人，1796 个男女奴隶和他们的孩子，因为那个敌人造成的饥馑而投降的平民，103 个男人；总共 2503 人。还有昂贵石头和金属制作的浅盘子，各种容器，——，卡鲁建筑物中的一个大（双柄）花瓶，（-b-）花瓶，浅碟子，（胡恩图－）碟子，各种饮用器具，3 个大壶，[8] 7 把刀子，总共 784 德本。在手工艺者手中发现的戒指的金子和很多戒指中的银子，总共 966 德本 1 凯德特（kidet）（约 235.46 磅）。一个捶打成金属工艺品的银雕像——，金子做的人头，带有人面的木棒；那个敌人的 6 把椅子，用象牙、乌木和角豆树木制作而成，镶嵌着金子；6 把属于它们的脚凳子；6 张大象牙和角豆树木制作的大餐桌，一个角豆树木制作的木棒，镶嵌着金子和各种昂贵石头，形似权杖，属于那个敌人，全部镶嵌着金子；那个敌人的一个雕像，用乌木制作的，镶嵌着金子，其头部装饰着青金石——；青铜容器，那个敌人的很多衣服。

美吉多平原的收获

瞧，可耕地被分成很多田地，国王房屋的检查员（LPH）[①]做统计工作，为了收割它们的作物。关于收获物的陈述从美吉多的田地里被带到陛下这里：208200（+x）4 倍的海卡特谷物，还有很多谷物被陛下的军队收割为饲料——。

关于围困美吉多的片段文献

在卡尔纳克大神庙的一处墙壁上还有一些铭文，记录了图特摩斯三世第一次远征西亚的战争情况。或许这是有关美吉多战役的最早记录，但因为铭文损毁严重，所以很多内容都丢失了。我们只能从学者们辛苦重构出来的文本中领略有关美吉多战役最早版本的记述。

叛乱

——阿蒙－拉，底比斯的主人，在推翻列腾努的时候，可怜的敌人——更新，为了我的父亲阿蒙——芬胡（Fenkhu）的土地，他们已经开始入侵我的边境，列队，令陛下憎恨。他们开始公开攻击美吉多的——。

---

① LPH 是一个对人员的修饰语，意思是"永生、富有、健康。"

围困美吉多

然后，陛下用一道墙围困它，制作得很厚——，他们品尝不到生命的气息，他们的[墙]的前面被围困着，——所有国家的亚细亚人低着头来到，向陛下行礼。——

美吉多投降

这些亚细亚人属于可怜的美吉多人——，来到麦恩海派尔拉（图特摩斯三世）这里，[被给予生命，说：]"给我们一次机会，以便我们可以向陛下纳贡。"——陛下在这个土地上做的。

对居民的怜悯

然后，陛下下令，给他们生命气息——所有他们的物品，带着——

进一步征服

——给我指出一条好的道路，——围绕在——[提尔]——。——这些——所有芳香木头——我做这个——。我是——胜利的，在所有土地上，在活人的荷鲁斯王座上闪耀光辉——像拉一样永生。

Ⅲ．第二次战斗（第24年）

这次战斗似乎并非真正的战斗，而是在巴勒斯坦和南部叙利亚做迂回性行军，目的是获得这些地区王朝的臣服和贡赋。遥远的亚述得知上一年战争的情况之后，主动向埃及进贡。

第24年，列腾努首领和[阿舒尔的贡赋清单]。

阿舒尔的贡赋

阿舒尔首领的贡赋：纯天青石，一大块，重20德本9凯德特（kidet）；纯天青石，两大块；总共3块；还有一些碎片，重30德本；总共50德本9凯德特；产自巴比伦的优质天青石；阿舒尔各种颜色的石头容器，——很多。

列腾努的贡赋

列腾努首领的贡赋：一个首领的女儿和这个国家的金、天青石–的装饰品；属于[她的]30个奴隶；65个男女奴隶；103匹马；5辆战车，装饰着金子，用金子做的车杆；5 辆战车，装饰着琥珀金，cg.t 车杆；总共 10 辆战车；45 头小公牛和小牛；749 头公牛；5703 头小牛；浅金碟子，不能称重；银浅碟子，碎片，重 104 德本 5 凯德特；一个金［喇叭］，镶嵌着天青石；一套青铜盔甲，镶嵌着金子，装饰着——很多——银子的——在战斗中——823 坛香；1718 坛子蜜酒；cg.t 和很多双彩 cg.t 象牙，角豆树木材，mrw 木，psgw 木，很多捆柴木，这个国家所有的奢侈品——陛下巡视的每个地方，帐篷在那里搭建起来。

附言

第 24 年。贡赋清单被带到陛下面前，陛下在列腾努。

阿舒尔的第二次贡赋

阿舒尔首领的贡赋：马匹——。一个 mhaw 皮子的——，作为一辆战车的保护层，——木材制作的最好的——；190（+x）辆货车——。——木头，nhb 木头，343 块木头；角豆树木材，50 块；mrw 木材，190 块；nby 和 kank 木材，206 块；［橄榄树木材］——。

IV. 第三次战斗（第 25 年）

年鉴没有记录第三次战斗，显然这只是一次和平的视察活动。关于这年的活动的记录需要更多空间，所以内容被记录在年鉴所在墙体之外的一个房间里。

上下埃及国王麦恩海派尔拉（图特摩斯三世）统治的第 25 年，永生。陛下在列腾努土地上发现的植物。

当陛下到上列腾努去的时候，陛下［发现了］神的土地上生长的所有植物、所有花。陛下去征服所有国家，根据他父亲阿蒙的命令，把他们置于他的统治之下，从［1 年］到很多年。

陛下说："我发誓，因为拉［爱我］，因为我的父亲阿蒙爱我，所有这些事情的确发生了。我没有写传说，因为它的确发生在我身上了。我铭刻了极好的事迹。陛下已经做了这个，渴望把它们放在我父亲阿蒙的面前，在这个阿蒙的大神庙里，作为永恒的记忆。"

V. 第四次战斗

关于这次战斗的内容丢失了,如果有的话。或许它被记录在其他地方。无论如何,图特摩斯三世的年鉴里面并没有关于这次战斗的记录。

VI. 第五次战斗(第29年)

这是第一次超越南黎巴嫩三个城市而往北进军的战斗。第二次和第三次战斗显然只是在维持第一次战斗的成果,第四次战斗的情况没有保留下来。很显然,第一次战斗只是镇压了叙利亚部分地区的反叛,美吉多以北的很多城市尚未征服,图特摩斯三世也没有到达那里。年鉴中的战争可以以这次战斗划分为两个时期,第一个时期以南部为核心,第二个时期从第29年开始以北部战斗为核心。在这次战争中,埃及军队占领了扎伊城(Zahi),然后回师,占领了一个城市,我们不知道这个城市的名字。之后,国王率领军队从水路返回埃及。这种行军过程或许在之前就实施了,但我们知道的是从第五次战斗开始的。

引言

陛下下令确保他的父亲[阿蒙]给予他的胜利被记录在陛下为他父亲阿蒙修缮的神庙的石头墙上,按次序[记录每一次远征],以及陛下从那里带回来的战利品。命令被执行,根据[他的父亲拉给予他的命令]——

在扎伊的战斗

第29年。瞧,陛下在扎伊,征服了反叛他的那些国家,在第五次胜利的战斗中。

占领一个不知名的城市

瞧,陛下占领了瓦——城。这支军队向陛下欢呼,赞美[阿蒙],为了他给予他的儿子的胜利。因为上面的每件事情,它们令陛下愉快。

向阿蒙献祭

这之后，陛下到祭品仓库里，向阿蒙和哈拉凯悌献祭，祭品包括牛、小牛、家禽，为了麦恩海派尔拉（图特摩斯三世）的［生命、繁荣和健康］，被给予永恒生命。

对城市的掠夺

从这个城市、从图尼普（Tunip）的敌人的步兵和这个城市的国王那里获得的战利品清单：战士，329 人；银，100 德本；金，100 德本；青金石，孔雀石，青铜和铜容器。

返航

瞧，船只被带来，——装着每一样东西，包括男女奴隶；铜，铅、［金刚砂］和每一样好东西。之后，陛下往南行进，回埃及，到他父亲阿蒙－拉那里，满心欢喜。

占领阿尔瓦德（Arvad）

瞧，陛下颠覆了阿尔瓦德城，占有了它的谷物，砍倒了它所有的好树木。瞧，那里发现了扎伊所有的［产品］。他们的花园满是水果，他们在压榨葡萄酒，就像水在流淌一样，他们的谷物在［—］的阳台上；谷物的数量比海滨的沙子还多。军队承载着沉重战利品。

这次远征获得的贡赋

陛下在这次远征中获得的贡赋清单：51 个男女奴隶；30 匹马；10 个浅银碟子；香，油，470 坛子蜂蜜，6428 坛子葡萄酒，铜，铅，天青石，绿长石，616 头大牛，3636 头小牛，长面包，各种面包，带壳的干净谷物和——。这个国家所有优质水果。瞧，陛下的军队喝的酩酊大醉，每天在埃及宴会上施加膏油。

VII. 第六次战斗（第 30 年）

这一年的远征通过水路进军，在席米拉（Simyra）登陆，这是到达卡叠什最便利的港口。时隔七年以后，卡叠什已经成为那些在美吉多战斗中被打败的反叛者的领导者。它无疑也支持腓尼基沿海城市的反叛。在第 30 年，图特摩斯三世成功到达卡叠什，占领并惩罚了这座城市。然后国王返回到席米拉的舰队，进一步行军到阿尔瓦德，并在接下来一年惩罚了这个城市。国王图特摩斯三世在返回埃及时，随之带回了当地王室后代。国王希望他们到埃及接受友好教育，长大以后回到叙利亚，代替那些敌视埃及的叙利亚王子。

第30年。瞧，陛下在列腾努的土地上，进行陛下的第六次胜利远征。

惩罚卡叠什和阿尔瓦德

（他）到了卡叠什城，推翻了它，砍断了它的葡萄，收获了它的谷物。（他）来到 S-y-wt 的土地上，到达了席米拉城，到达了阿尔瓦德城，对它做了类似事情。

贡赋

列腾努的首领们在这一年带到陛下的祖先精灵们这里来的贡赋清单。

捕获首领们的儿子

瞧，首领们和他们的兄弟们的儿子们被带到埃及堡垒里。现在，这些首领中无论谁死了，陛下就会让他的儿子回去占据他的位置。这一年带来的首领们的孩子清单：(x+2) 人；181 个男女奴隶；188 匹马，40 辆战车，战车装饰着金银和图案。

VIII. 第七次战斗（第 31 年）

国王再次将矛头指向腓尼基沿海城市，很清楚，他通过水路到达那里，首先占领乌拉扎（Ullaza），这是靠近席米拉的一个港口，他在这里获得贡赋和人质。然后，国王沿海航行，征服其所到之处的城市，强迫它们为自己的军队提供补给。他在获得关于征服列腾努的消息之后，返回埃及。

第 31 年第 3 个季度的第 1 个月。陛下在这一年占领的城市清单。

占领乌拉扎

城市乌拉扎在泽仁（Zeren）海滨，从这个城市带来的战利品：490 个活俘虏，图内普那个敌人的儿子的——；在那里的——的首领，1 个；总共 494 人。

26匹马，13辆马车和战争中的所有武器装备。陛下在很短时间里占领了这个城市，它的所有财产都被抢夺。

顺从王子的贡赋

列腾努王子们的贡赋，他们在这一年来向国王的［灵魂们］行礼：——男女奴隶；这个国家的——；银子，761德本2凯德特；19辆战车，装饰着银子；战争武器的装备；104头牛和小公牛；172头小牛和母牛；总共276头牛；4622头小牛；当地的铜，40块；铅，——，41个金手镯，装饰着——形象；与他们所有产品和这个国家所有优质香木。

众多海港

当时，陛下到达的每个港口都供给优质面包和各种面包，还有油、香、葡萄酒、蜂蜜、水果——它们是丰富的，超越所有东西，超越陛下的军队所了解的；这不是传说，它们保留在宫殿的日常记录（hrwy.t）里面。它们的清单没有在这个铭文里给出来，不是为了夸大其词，而是为了腾出空间用于说明掠夺得以成功的条件——

列腾努的收获

列腾努土地上的收获被报道给陛下，包括很多干净谷物、带壳谷物、大麦、香、绿色油、葡萄酒、水果，这个国家每一种令人高兴的东西；他们将会把它分摊到国库，根据关税——计算——各种——与绿色石头、这个国家所有珍贵石头一起，很多闪光石头；这个国家所有好东西。

格内布特耶乌的贡赋

当陛下到达埃及的时候，格内布特耶乌的信使来了，带着他们的贡赋，包括没药，［树胶］——6-；10个男性黑人仆人；113头牛和小牛；230头牛；总共343头牛；还有装着象牙、乌木、豹子皮、——产品的船。

瓦瓦特的贡税

［瓦瓦特的贡税清单］：瓦瓦特的5——；31头牛和小牛；61头牛，总共92头牛；还有装载着这个国家所有好东西、瓦瓦特的收获物等等的船只。

IX. 第八次战斗（第33年）

在这一年，国王图特摩斯三世进行了他在亚洲的最大一次战斗，征服了幼发拉底河的国家。他为这次战斗做了长期准备，但遗憾的是，年鉴在这部分并没有详细介绍国王这次战斗的战斗过程，而是简单地记录了征服之地和所获得的战利品等。

第33年。瞧，陛下在列腾努的土地上；[他]到达了——

幼发拉底河的界碑

在这条河的东边，[他竖立了一块石碑]；他在他父亲上下埃及之王阿海派尔卡拉（图特摩斯一世）的石碑旁边竖起了另一块石碑。

在那哈林（Naharin）的战斗

瞧，陛下往北去，占领了城镇，把可怜的敌人那哈林的居住地变为荒地，他在后面通过水路追逐他们；没有一个人敢回头看，但（他们）逃跑了，的确，就像山羊一样；是的，马逃跑了——

战利品

整个军队[获得的战利品清单]包括：王子，三个；他们的妻子，30个；男人，80个；606个男女奴隶和他们的孩子；那些投降的人和他们的妻子——（他）收割了他们的谷物。

到达尼伊（Niy）

陛下到达尼伊城，往南去，当陛下返回来时，在那哈林竖起他的石碑，扩展了埃及边境。——

那哈林的贡赋

这个国家的首领们带到陛下这里的贡赋[清单]：531个男女奴隶；260匹马；金子，45德本1/9凯德特；扎伊工艺品银器——[战船]和其战争武器；28头牛，小牛和小公牛；564头牛；5323头小牛；香，828坛子；甜油和[绿油]——这个国家所有令人满意的东西；各种水果，数量很大。

诸多港口

瞧，这些港口每年根据它们的税务和它们的契约被提供所有东西，根据它们与黎巴嫩众首领的契约被提供黎巴嫩税款——这个国家的2只不知名字的[鸟]，4只野鸟，每日——。

巴比伦的贡赋

什那尔（Shinar）首领的贡赋：天然天青石，4（+x）德本；人造天青石，24德本；巴比伦的天青石——天然天青石；天然天青石制作的羊头；15凯德特；船只——。

赫梯的贡赋

在这一年，大凯塔（Kheta）的贡赋：8个银戒指，重401德本；白色珍惜石头，一大块；（tagu）木头——返回埃及，在他从那哈林来的时候，扩展了埃及边境。

蓬特的产品

在这一年，蓬特土地上的珍惜物品被带到陛下这里：干没药，1685海凯特；金——金，155德本2凯德特；134个男女奴隶；114头牛和小牛；305头牛；总共419头牛；还有装载着象牙、乌木、包子（皮）的船只；这个国家每一样好东西——。

瓦瓦特的贡税

[瓦瓦特的贡税]：——13个男性黑人奴隶；总共20个奴隶；44头牛和小牛；60头牛；总共104头牛；还有装载着这个国家所有好东西的船只；这个地方的收获物等。

X. 第九次战斗（第34年）

国王在这一年没有进行大规模战争，只是对扎伊城进行了一次视察活动，当然一些城镇在国王视察过程中向国王投降。国王还获得了列腾努和塞浦路斯的贡赋。沿海港口依旧储存着各地的贡赋。国王在这一年还获得了库什和瓦瓦特的税收。

第 34 年。瞧，陛下在扎伊的土地上。

扎伊城镇的投降

——他因［恐惧］而完全投降于陛下。这一年从这些城镇获得的事物的清单：2 个城镇，一个努格（Nuges）区投降的城镇；总共三个城镇。俘虏被带到陛下这里——获得俘虏 90 人，那些投降的人、他们的妻子和孩子——；40 匹马；15 辆战车，装饰着银和金；金容器和金戒指，50 德本 8 凯德特；这个国家的［银］器和戒指，153 德本；铜——；326 头小母牛；40 只白山羊；50 只小山羊；70 头驴；大量（tagu）木头；很多黑木和角豆木椅子；还有 6 根帐篷杆，装饰着青铜和很多昂贵的石头；还有这个国家的所有优质木材。

列腾努的贡赋

在这一年，列腾努首领们的贡赋：——马；31（+x）［战车］，装饰着银和金，描绘着图案；70［+3］个男女奴隶；金，55 德本 8 凯德特；这个国家各种工艺品银器，—德本 6 凯德特；金和银；（mnu-）石头；每种昂贵石头制作的容器；当地铜，80 块；铅，11 块；颜料，100 德本；干没药，［长石］，绿［石头］－；13 头牛和小牛；530 头牛；84 头驴；青铜－；很多木材；大量铜容器；香，693 坛子；甜油和绿油，2080 坛子；葡萄酒，608 坛子；3 辆（tagu）木材制作的战车，角豆树木，这个国家每种木材的［切块］。

诸多港口获得供给

瞧，陛下的所有港口都被供给以陛下在扎伊获得的所有好东西，包括凯夫梯乌（Keftyew）船只、拜布罗斯船只、用雪松木建造的塞克图（Sektu）船只，装着船杆和帆，还有为陛下的——的大树。

塞浦路斯的贡赋

在［这一年］，伊塞（Isy）首领的贡赋：108 块纯铜，2040 德本；5（+x）块铅；1200 个铅制［猪］；天青石，110 德本；象牙，1 块；2 个—木材的木棍。

库什的贡税

可怜的库什的贡税：金，300（+x）德本；60 个黑人；伊勒姆（Irem）的首领的儿子——总共 64；牛，［95 头；小牛，］180 头；总共，275 头；还有装载着象牙、乌木和这个国家所有产品的［船只］；库什的类似收获物。

瓦瓦特的贡税

瓦瓦特的［贡税］；金，254 德本；10 个黑人男女奴隶；一牛和小牛，［还有装着这个国家］所有好东西的［船只］。

XI. 第十次战斗（第 35 年）

这是图特摩斯三世入侵那哈林之后的第二年，这个地区的国王们叛乱了。图特摩斯三世从腓尼基海岸出发行军到这里，打败了叛军。这支叛军的首领是某个被称为"那哈林敌人"的王子。这个人可能是阿勒颇的国王。联军在阿雷纳（Araina）被打败，图特摩斯三世进行了大规模掠夺。这里没有提到叙利亚诸王子们的贡赋，但这些王子显然提交了贡赋；库什和瓦瓦特的税收列出来了。

第 35 年。瞧，陛下在扎伊的土地上，进行第十次胜利远征。

那哈林的反叛

瞧，当陛下到达阿雷纳城的时候，那哈林的可怜敌人已经聚集了马匹和人们；陛下——大地的终端的——。他们是大量的——，他们打算与陛下战斗。

那哈林的战斗

然后，陛下前去与他们［战斗］；然后，陛下的军队树立了一个攻击的事例，就占领和掌控而言。然后，陛下依靠他的父亲阿蒙的灵魂们战胜了［这些］野蛮人，那哈林的——。他们在陛下面前仓皇逃跑，彼此踩踏。

国王的战利品

陛下自己从这些那哈林野蛮人那里带来的战利品清单：——2［套］铠甲；青铜一，一德本。

军队的战利品

陛下军队从［这些外国人］这里带来的战利品清单：10 个活俘虏；180 匹马；60 辆战车；——内部镶嵌着——的盔甲；13 套青铜铠甲——；5 个青铜头盔；5 张卡鲁（Kharu）（巴勒斯坦）弓；在其他国家制作的战利品——；一辆战车，镶嵌着金子；20（+x）辆战车，装饰着金和银，还有——，——的作品——。——金——[戒指]，手镯，石头——野山羊，薪柴。

库什的贡税

可怜的库什的贡税：金，70 德本 1 凯德特；男女奴隶，——牛，小牛，——，[还有船只——装载着]乌木、象牙和这个国家的所有好产品，还有[库什的类似]收获物。

瓦瓦特的贡税

[瓦瓦特的贡税]：——34 个黑人男女奴隶；94 头牛，小牛和牛；还有装载着所有好东西的船只；瓦瓦特的类似收获物。

XII. 第十一次战斗（第 36 年）

年鉴当中关于这一年战斗的内容遗失了。

XIII. 第十二次战斗（第 37 年）

年鉴当中关于这一年战斗的内容遗失了。

XIV. 第十三次战斗（第 38 年）

图特摩斯三世在这一年再次集中精力进攻黎巴嫩南部的努格地区，征服了当地王公，打通了黎巴嫩南部两地的通道。这一年，国王获得了叙利亚、塞浦路斯、亚述、蓬特、库什、瓦瓦特等地的贡赋。

[第 38 年。瞧，陛下在——]，进行第十三次胜利的远征。瞧，陛下正在颠覆——，在努格地区。

努格地区的战利品

陛下的军队从努格地区带来的战利品清单：50 个活俘虏；——匹马；—3 辆战车；——和战争武器；——努格地区投降的人们——。

叙利亚的贡赋

这一年，那些被带到陛下面前的贡赋：328 匹马；522 个男女奴隶；9 辆战车，装饰着金和银；61 辆彩绘（战车）；总共 70 辆战车；天然天青石项链——

一个（双柄的）——瓶子；3个浅碟子；羊头，狮子头，扎伊所有工坊的容器——铜，2821德本3.5凯德特；粗铜，276块；铅，26块；香，656坛；甜油和绿油，（sft）油，1752坛；葡萄酒，156坛；12头牛，——46头驴；5个象牙头；若干象牙或角豆木制作的桌子；白色石头，68德本——青铜矛、盾、弓，所有战争武器；这个国家的甜木，这个国家的所有好产品。

诸港口获得供给

瞧，根据每年的协议，往北或往南的每个港口都获得所有好东西的供给；黎巴嫩的类似贡税；扎伊的收获物，包括干净的谷物，绿油，香，[葡萄酒]。

塞浦路斯的贡赋

伊塞王子的贡赋：粗铜——；马匹。

阿拉帕奇提斯（Arrapachitis）的贡赋

在这一年，阿拉帕奇提斯（亚述地区）国家的贡赋：男女奴隶；粗铜，2块；角豆树木，65块；这个国家所有甜木。

蓬特的产品

蓬特的[珍稀物品]被带到陛下面前：干没药，240海凯特。

库什的贡税

可怜的库什的贡税：金，100[+x]德本6凯德特；36个黑人男女奴隶；111头牛和小牛；185头牛；总共306头牛（总数应该是296，估计是书吏书写错误）；还有装载着象牙、乌木和这个国家所有好东西的船只，还有这个国家的收获物。

瓦瓦特的贡税

瓦瓦特的贡税：[金]，2844[德本-凯德特]；16个黑人男女奴隶；77头牛和小牛；还有装载着这个国家所有好产品的[船只]。

XV. 第十四次战斗（第39年）

这一年的战斗以惩罚埃及东北边境的贝都因人开始，然后国王向北进军，获得叙利亚的贡赋，保证诸多海港的供给。

打败沙苏人（Shasu）

第 39 年。瞧，陛下在列腾努的土地上，进行第十四次胜利远征，这发生在他打败了沙苏人之后。

叙利亚的贡赋

——［贡赋］的清单：——197 个男女奴隶；229 匹马；2 个金子浅碟子；金戒指，12 德本 1 凯德特；——天然天青石，30 德本；一个银浅碟子；一个（双柄）银瓶子；一个带有牛头的容器；325 个各种银容器，还有戒指中的银子，重 1495 德本 1 凯德特；一辆战车——用白色昂贵石头、白色（mnu-）石头制作的；纳特伦，（mnu-）石头，这个国家的各种昂贵石头；香，甜油，绿油，（sft-）油，蜂蜜，264（+x）坛子；葡萄酒，1405 坛子；84 头牛；1183 头小牛；青铜——；令人高兴的——和这个国家的香水，还有这个国家的所有好产品。

众港口获得供给

瞧，根据它们每年的协议，每个港口获得所有好东西；往北或往南——类似地；［黎巴嫩］的收获物——，扎伊的［收获物］，包括干净的谷物，香，油，—葡萄酒——。

XVI. 第十五次战斗（第 40 年）

年鉴关于这一年的记载内容有限，主要是塞浦路斯的贡赋清单和库什以及瓦瓦特的税收。

［第 40 年］——。

塞浦路斯的贡赋

伊塞的［首领的贡赋］：象牙，2 根；铜，40 方块；铅，1 方块。

库什的贡税

——的供贡税。这一年，［可怜的库什的贡税］：金，144 德本 3 凯德特；101 个黑人男女奴隶；牛——。

瓦瓦特的贡税

［瓦瓦特的贡税］：——35 头小牛；54 头牛；总共 89 头牛；还有装载着［乌

木、象牙和这个国家所有产品］的船只，——。

XVII. 第十六次战斗（第41年）

年鉴关于这次战斗的内容也很少，主要是贡赋清单。

［第41年。］［——的贡赋］：——2个戒指。
列腾努的贡赋
这一年，被带到陛下面前的列腾努的首领们的贡赋清单：——10（+x）块——，1把燧石剑，青铜茅——

这一年［的贡赋］：象牙，18根；角豆树木材，242块；184头大牛；——小牛——类似的香。

赫梯的贡赋
这一年，大凯塔的首领的贡赋：金——

库什的贡税
［在这一年，可怜的库什的贡税；金，x+］94德本2凯德特；8个黑人男女奴隶；13个男性［尼格罗人］，作为随从；总共21个人；牛，——

瓦瓦特的贡税
［瓦瓦特的贡税］：金，3144德本3凯德特；35头牛和小牛；79头牛；总共114头牛；还有装载着象牙——的船只。

XVIII. 第十七次战斗（第42年）

这是图特摩斯三世在西亚的最后一次战斗。这次战斗发生在他统治的第42年，当时他已经是70多岁的老人，她在那哈林地区附属国家军队的支持下，镇压了图尼普和卡叠什的叛乱。这部分铭文不仅记述了图特摩斯三世的行军过程，还记录了库什和瓦瓦特的贡税。

颠覆埃尔卡图（Erkatu）
［第42年。］——芬胡（Fenkhu）。瞧，陛下在海岸的路上，为了颠覆

埃尔卡图城和——卡纳（Kana）——的诸城市；这个城市和它的附属地区被颠覆。

颠覆图尼普

（陛下）到达图尼普，颠覆了这个城市，收割了它的谷物，砍倒了它的葡萄藤——军队的市民。

颠覆卡叠什地区诸城市

瞧，（他）安全地来到，到达了卡叠什地区，占领了这里的城市。

卡叠什地区的战利品

从那里带来的战利品清单——作为辅助军属于他们的行列可怜的那哈林的——，以及他们的马匹；691个人；29只手；44匹马，——

不知名国家的贡赋

在这一年，[——的贡赋清单]：295个男女奴隶；68匹马；3个金浅碟子；3个银浅碟子；双柄瓶子，3个；石头和银——

图尼普的贡赋

[图尼普的战利品或贡赋清单]：——铅，47方块；铅，1100德本；颜料，[金刚砂]、这个国家所有漂亮的珍贵石头；铜铠甲；战争武器——这个国家所有好东西。

诸海港获得供给

瞧，根据它们每年的协议，每个海港获得所有好东西的供给；这个国家的收获物——

不知名国家的贡赋

[——的贡赋]——和浅碟子，牛头，重341德本2凯德特；优质天青石，1块，重33凯德特；一根木棍，当地铜——

提内（Tinay）的贡赋

提内[首领的贡赋]：一个凯夫梯乌的工坊的银器和很多铁器，4个银手，重56德本1凯德特；——。

库什的贡税

[在这一年，可怜的库什的贡税]：——[还有船只，装载着]这个国家所

有好东西；可怜的库什的收获物。

瓦瓦特的贡税

在这一年，瓦瓦特的贡税：金，2374 德本 1 凯德特，——，[瓦瓦特的收获物]。

XIX. 结论

瞧，陛下下令将他从第 23 年至第 42 年获得的胜利记录下来，这些铭文被记录在这个圣所里，以至于他可以被给予永恒生命。

16.图特摩斯三世战争宴会和献祭铭文

图特摩斯三世的战争宴会和献祭铭文铭刻在卡尔纳克大神庙第六塔门南厅北面墙壁上。从铭文铭刻的位置来看，它显然是图特摩斯三世年鉴的延续。在这篇铭文文献里面，图特摩斯三世记录了他在亚洲征服过程中举行宴会和向埃及神祇献祭的活动。文献以他在其统治的第 23 年取得第一次远征亚洲的胜利之后回到埃及开始，一直记录到他统治的第 42 年战争结束。文献首先追溯了图特摩斯三世在黎巴嫩建立要塞。这些宴会和献祭中的神是阿蒙神。在一些献祭浮雕中，阿蒙神坐在王座上，接受图特摩斯三世呈递给他的祭品。本译文根据 James Henry Breasted, *Ancient Records of Egypt*, vol.2, Chicago: University of Chicago Press, 1906, pp.220—227 译出。

黎巴嫩的要塞

——在列腾努的土地上，陛下建筑了一个要塞，他战胜了黎巴嫩众首领，要塞的名字是："麦恩海派尔让（图特摩斯三世）是野蛮人的捆绑者"。

到达底比斯

瞧，他在底比斯登陆，他的父亲阿蒙——。陛下第一次为他设立了"胜利宴会"，当陛下从第一次胜利的远征回来的时候。陛下在其统治的第 23 年，通过阿蒙命令我的胜利，颠覆了可怜的列腾努人，拓宽了埃及的边境。我率领——。

第一次胜利宴会

[第一次"胜利宴会"在]阿蒙的第一次宴会[——庆祝]，持续5天。

第二次胜利宴会

第二次"胜利宴会"在（宴会）上庆祝："带给神的日子"，阿蒙的第二次宴会，持续5天。

第三次胜利宴会

第三次"胜利宴会"在（神庙）当中阿蒙的第五次宴会中庆祝："生命的礼物"，——的日子，持续5天。

为胜利宴会献祭

[陛下]为陛下第一次设立的"胜利宴会"，[进行了]大献祭，包括面包、啤酒、小公牛、公牛、家禽、羚羊、瞪羚、野生山羊、香、葡萄酒、水果、白面包、所有好东西——

阿蒙到卢克索旅行

[第23年]第1个季度[第2个月]第14天，这个大神陛下到他南方的欧佩特（卢克索）旅行（一种仪式）；陛下在卢克索入口处为了这天而为阿蒙举行了一次盛大的献祭活动，祭品包括面包、小公牛、公牛、家禽、香、葡萄酒——从他（阿蒙）给我的第一次胜利，为了填充他的仓库，[一]农奴，为了给他制作国王亚麻布、白色亚麻布、塞海如亚麻布、沃木特亚麻布；——农民执行耕地中的工作，为了提供收获物，为了填充我的父亲[阿蒙]的仓库，——好的方式。

以奴隶作为礼物

从第23年直到这个圣所中的这个石板被记录下来的时候，陛下给予我的父亲阿蒙的男性和女性亚细亚人、男性和女性黑人：1578名叙利亚人——

以牛作为礼物

南方和北方的——：3只母牛，属于扎伊（Zahi）牛品种；1只母牛，属于库什牛品种；总共4只母牛；为了获得牛奶，每天装入琥珀金坛子，使（它）

119

被献祭给我的父亲［阿蒙］。

以三个城市作为礼物

陛下将上列腾努的三个城市给予他（阿蒙）：努格斯是一个城市的名字，耶诺姆（Yenoam）是另一个城市的名字，赫伦克鲁（Herenkeru）是第三个城市的名字。税款由我父亲阿蒙的财政年税收、神圣祭品构成，——

以珍稀金属和石头作为礼物

——所有银、金、青金石、孔雀石。陛下把大量金、银、青金石、孔雀石、铜、青铜、铅、颜料、［金刚砂］给予他，为了制作他父亲阿蒙的每一样纪念物。——

以家禽作为礼物

陛下把成群的鹅给予他，以填充（神圣的）池塘，作为每日祭品。瞧，陛下每天给他肥胖的鹅，作为他父亲阿蒙永远的固定税。

——［以前给予阿蒙的祭品包括］各种面包，1000 块。

祭品增加了

陛下在第一次胜利的远征捶打了列腾努回来以后，下令将这 1000 份各种面包祭品增加数倍，为了获得大屋的支持，大屋被称为"麦恩海派尔拉（图特摩斯三世）在纪念物中光辉灿烂"。——各种——；632——从每日日常收入中，作为之前奉献的祭品的增加物。

以土地作为礼物

我为他从南方和北方精选出大量土地、菜园和可耕地，作为他的可耕地，为了给他提供干净谷物——

更多祭品

——每年；包括面包、小公牛、公牛、家禽、香、葡萄酒、水果、每年税收当中所有好东西。陛下进行了神圣献祭，为了获得我父亲哈拉凯悌的支持，当他升起时——陛下给他提供了神圣大麦祭品，为了借以执行仪式，在新月宴会，在（每月的）第六日宴会，而且作为每日日常（收入），根据赫利奥坡里斯已经做的事情。瞧，陛下发现在——耕种大麦是非常好的。

献祭方尖碑

——神圣献祭，为了陛下第一次为我的父亲［阿蒙］竖立的四块大方尖碑，包括各种面包和4坛啤酒，这些是为每一块大方尖碑提供的；25块长面包，1坛啤酒。

献祭雕像

陛下为——的雕像添加神圣祭品，这个门的开启。

晚上献祭

陛下为他举行了一次晚上献祭，包括面包、啤酒、家禽、香、葡萄酒、长面包、白面包、每日祭品中的每一样好东西。陛下为他增加了——中的东西。

派瑞特·敏（Peret-Min）宴会

陛下为"敏的前进"宴会举行献祭，祭品包括牛、家禽、香、葡萄酒、长面包、每一样好的东西；120堆"包括所有东西的祭品"；为了陛下的生命、繁荣和健康。我下令增加6大坛子葡萄酒——［每年］，作为之前祭品的增加物。

奉献新菜园

陛下为他第一次奉献了一个菜园，种植着所有令人愉悦的树木，为了每日为神圣祭品提供蔬菜。陛下奉献了一个新菜园，作为之前那个菜园的增加物——整个土地是美丽的。

聪明的管理

瞧，陛下为他父亲、底比斯的主人、卡尔纳克的统治者阿蒙-拉创立了所有纪念物、所有法律和他制定的所有法规，因为我非常熟悉他的声誉。我因为他的聪明而极为聪明，我知道人们的思想；当我知道——他命令去做的事情，他渴望达成的事情，他的卡渴望的所有事情，我都为他做，按照他命令的做。我的心引导我，我的手为我的父亲执行（它），他塑造了我，为我的父亲［阿蒙］执行每一件极好的事情——陛下发现了所有极好的事物，当扩大纪念物的时候，作为留给未来的记录；通过法令，通过净化，通过规范，通过给我父亲、底比斯的主人、卡尔纳克的统治者阿蒙的这个房屋提供祭品；经过——他的渴望，每天。

四季的宴会

瞧，陛下为每年四个季度伊始的宴会、[神]出现在我父亲、卡尔纳克的统治者阿蒙的房屋中间的宴会，提供祭品。除此之外，陛下发现很多祭品在那里制作，包括献祭物、香、——每年的捐税。

记录的真实性

我没有为了鼓吹我所做的事情而说夸张的话；我没有说我做了一件事情，尽管陛下没有做这件事情。我没有对人们做（任何事情），我就不会说与之相反的话。我已经为我的父亲[阿蒙]做了这件事情，——说一件事情却没被做。因为他（阿蒙）了解天空，他了解大地，他每时每刻都能看到整个大地。我发誓，因为拉爱我，因为我的父亲[阿蒙]表扬我，因为我的鼻孔充满了满意的生命，我已经做了这个——

给予祭司的命令

——关于你们的职责，你们要时刻保持警惕；关于你们的任何规则，你们要保持认真仔细；关于神圣的事物，你们要保持纯洁，保持干净；关于违反法规的事情，你们要[保持警惕]；保卫你们的心，以免你们的话[一]；每个人都要[关注自己的脚步]。——给我的雕像，为了我已经建筑的纪念物的[完好无损]。为我把祭品带到我面前，因为我在这个房子里举行节日；给我的雕像穿上衣服，衣服用亚麻布制作，因为我填充了亚麻布制作的丧葬献祭物——你们为我提供所有水果，因为我奉献了一个新菜园；你们给我提供——很多牛肉，因为我用公牛赋予四季的开始；你们为我提供盛满牛奶的祭坛，让香在——金和银制作的桌子上——；你们给我提供雕像，以我之前为国王们奉献的雕像为标准；在神到圣湖旅行的那天，把我的雕像带上，以便赞美我的父亲。他将因为我已经在——做的东西的[完整无缺]而计算它。——每日为之前存在的香更新：3305份各种神圣的长面包，132坛啤酒，谷物，2个白色的长面包，2个单位的家禽，2个单位的椰枣，——肥胖的家禽——很多家禽，5个满满容器的香，2坛啤酒，2份白色的dk面包，15块白色长面包，——很多捆鲜肉，——2—，6只野山羊，9只瞪羚，125只肥胖家禽，1100只成对家禽，258群鸟，5237群成对的鸟，1440坛葡萄酒，香。

给四块方尖碑的祭品

给四块方尖碑的祭品：香，318 份白色长面包；一香，——104 海卡特香，制作 334pdt 香，21 坛绿香，5 海卡特没药，236 块公牛蛋糕，258 份加工好的鹅肉蛋糕，24 份方尖碑蛋糕，562 份白色长条蛋糕——

上下埃及之王泽赛尔海派尔乌拉，塞泰普恩拉（郝列姆赫布）修复的，[①] 为他的父亲底比斯的主人阿蒙－拉，他可能通过他被授予生命，像拉一样永生。

17.图特摩斯四世梦碑

在今日埃及开罗西南吉萨高地的大斯芬克斯雕像两只前爪之间，有一块巨大的红色花岗岩石碑。这个石碑高 11 英尺多，宽 7 英尺多，上部三分之一是图特摩斯四世向神哈尔玛赫斯（Harmakhis）奉献祭品的场面，这个神的化身就是斯芬克斯。石碑的下面部分是铭文文献，但现在的石碑下面有很大一部分已经损毁了，因而碑文并不完整。即使如此，我们还是可以从留下来的碑文了解到碑文的核心内容。这就是著名的图特摩斯四世梦碑。这块石碑记录了图特摩斯四世在睡梦中获得斯芬克斯的指示，清理掉了埋在斯芬克斯身上的沙子，使其重见天日，作为奖励，斯芬克斯帮助他当上了国王。这实际上是图特摩斯四世为自己的王位合法性寻找神圣证据。这也说明图特摩斯四世不是其父亲阿蒙霍特普二世的合法继承人，或许是篡夺了本该属于他的其他兄弟的王位。从碑文的行文来看，这是后来恢复的石碑，内容不具有古埃及上层社会的行文特色。然而，我们对这个问题并没有任何其他证据。本译文根据 James Henry Breasted, *Ancient Records of Egypt*, vol.2, Chicago: University of Chicago Press, 1906, pp.321—324 译出。

[①] 这里的修复是指阿蒙霍特普四世（即埃赫那吞）曾将阿蒙的名字去除了，第 18 王朝晚期的国王郝列姆赫布又恢复了这个名字。我们不能根据这行话就认为这份文献是郝列姆赫布的。

引言

在陛下统治的第 1 年第 1 个季度第 3 个月第 19 日。荷鲁斯：强大的公牛[释放]光彩；两夫人的钟爱者：像阿图姆一样拥有持久王权；金荷鲁斯：强大的宝剑，驱逐九弓；上下埃及之王：麦恩海派尔乌拉；拉之子：[图特摩斯四世]，戴着耀眼的双冠；——的钟爱者，被给予生命、稳定、满意，像拉一样永生。活着的善良神，阿图姆的儿子，哈拉凯悌的保护者，万能的主活着的肖像；君主，拉所生；凯普瑞的最佳继承人；像他父亲一样拥有漂亮的面孔；他生来就携带着王权的标志；一个国王——众神；九神团支持他；他净化赫利奥坡里斯，他令拉神满意；他使孟菲斯变得美丽；他把真理呈献给阿图姆，他把真理呈献给普塔；他通过每日向荷鲁斯奉献祭品而建筑了纪念物；他做所有事情，为南方和北方的众神寻求利益；他为众神建筑了石灰石房屋；他为所有神奉献祭品；阿图姆的儿子，阿图姆身体的儿子，图特摩斯（四世），像拉一样，戴着耀眼的双王冠；王位上的荷鲁斯的继承者，孟海派尔乌拉，被给予生命。

年轻的图特摩斯

当陛下还是一位像荷鲁斯一样的孩子的时候，当他还是海米斯（Khemmis）的年轻人时候，他的美丽就像他父亲的保护者，他看上去就像神本人。军队因为爱他而欢呼，国王的众多孩子和所有贵族都因为爱他而欢呼。然后，他的力量从身上流露出来，他重复展现他的强大力量，就像努特的儿子。

远足狩猎

瞧，他在孟菲斯诺姆的高地上做了一件令他高兴的事情，在高地的南边和北边，用铜弩箭射击靶子，狩猎狮子和野山羊，在战车上追赶猎物，他的马跑得比风还快；与他的两个随从一起，但没有一个灵魂知道这件事。

正午休息

现在，他开始靠在他的随从们身上休息，（他始终）在哈尔马奇斯（Harmakhis）的肩上，在天堂的[—]的列努泰特（Renutet）的罗斯塔（Rosta）的索卡尔旁边，穆特——北方的——南方的墙的夫人，对时间开始之精彩地方[—]哈斯的塞赫迈特主持者，保护海尔哈的众神，保护众神去往赫利奥坡里斯西边的墓地的圣道。当时，凯普力的大雕像（即大斯芬克斯）矗立在这个地方；大雕像充满力量，光彩炫目；拉的阴影投射到它身上。孟菲斯各地和雕像经过的所有城市的人们都来到这里，举起手，在雕像面前赞美它，为它的卡带来大量膏油。

梦境

一天，梦来到国王的儿子图特摩斯这里，恰好在正午时分来到他这里，他正在这个大神的阴影中休息。在太阳到达最高点的时候，他做了一个睡梦，他发现这个令人尊敬的神用自己的嘴在讲话，作为一个父亲，与儿子讲话，他说："你看我！你看我！我的儿子图特摩斯。我是你的父亲，哈尔马奇斯-凯普力-拉-阿图姆，将把我在大地上的王国给你，令你领导世人。你将在凯伯（Keb）的王位上戴上白冠和红冠，世袭王子。整片土地都将是你的，万能的主的眼睛在大地上闪耀。在若干年里，两土地的食物和所有国家的贡品是你的。我的脸是你的，我的渴望是为了你。对于我来说，你将是一位保护者，因为我的行为方式就像我已经病入膏肓。这个沙漠上的沙子已经把我掩埋；你将做我渴望做的事情，知道你是我的儿子，我的保护者；瞧，到我这里来，我与你在一起，我是你的领路人。"当神说完了这段话的时候，国王的儿子因为听到这段话而惊醒——；他理解神的话，他默默地把这段话记在心里。他说："来，我们赶紧回到我们在这个城市的房屋；人们应该保护我们为这个神带来的奉献品：牛、［——］和所有新鲜蔬菜；我们应该赞美温诺菲尔，——哈夫拉，为阿图姆-哈尔马奇斯制作的雕像——。"

18.阿蒙霍特普三世圣甲虫铭文

圣甲虫是古埃及人崇拜的动物之一。古埃及人认为圣甲虫具有重生的能力，代表着再生，从而在去世的时候将很多圣甲虫放在坟墓里作为陪葬品，有时也用来制作印章和首饰等，甚至将自己的很多事迹铭记在圣甲虫饰品上面。新王国时期第18王朝的法老阿蒙霍特普三世为了纪念个人的一些事迹，而将其铭刻在若干个圣甲虫工艺品的下面，这些事迹包括：

他与梯伊（Tiy）的婚姻、狩猎野牛活动、十年猎狮活动、与吉尔吉帕（Kirgipa）的婚姻、欢乐湖的修建等。本译文根据 James Henry Breasted, *Ancient Records of Egypt*, vol.2, Chicago: University of Chicago Press, 1906, pp.343—349 译出。

I. 与梯伊的婚姻

阿蒙霍特普三世与梯伊的婚姻关系始于其统治的第二年，他将这个事件铭刻在十几个圣甲虫上。梯伊应该是埃及本土女子，不是王室出身。铭文如下：

活着的荷鲁斯……（这里是国王阿蒙霍特普三世的完整名字，省略不翻译）。国王阿蒙霍特普（三世），被给予生命；伟大国王的妻子梯伊，获得生命。她父亲的名字是俞亚（Yuya），她母亲的名字是图亚（Thuya）。她是强大国王的妻子，这个国王的南部边境远达卡洛伊（Karoy），北部边境远达那哈林。

II. 狩猎野牛活动

这个圣甲虫记录了阿蒙霍特普三世第一次狩猎活动的成绩。这次狩猎可能发生在下埃及孟菲斯附近。狩猎方式是将野牛驱赶进巨大圆形围场内，然后射杀。铭文如下：

在国王阿蒙霍特普（三世）（给予生命）和伟大国王的妻子梯伊统治的第二年，像拉一样永生。

奇迹发生在陛下身上。一个人来对陛下说："有野牛出现在高地上，远在谢塔（Sheta）地区。"陛下在夜晚乘坐王舟哈马特（Khammat）向下游航行，开始了美好的旅行，在早上安全到达谢塔地区。

陛下坐在马上，他的整个军队跟在他后面。整个军队的司令官和成员以及随行的孩子们都受命注视着野牛。瞧，陛下下令把这些野牛赶到一道围墙里。

陛下下令计算这些野牛的数量，计算结果是 170 头野牛。陛下在这天狩猎的野牛数目是 56 头。

陛下逗留了 4 天——给他的马匹们给养。陛下第二次骑在马上。他在狩猎中捕获的野牛数量是 20（+x）头。总数是 75（+x）头野牛。

III. 十年猎狮活动

在他统治的第十年，法老阿蒙霍特普三世下令铭刻了大量圣甲虫，记录了其猎狮成绩。铭文如下：

活着的荷鲁斯……（国王的完整名字，省略不译）。阿蒙霍特普（三世），底比斯的统治者，被给予生命；伟大国王的妻子梯伊，获得生命。

从其统治的第 1 年至第 10 年，关于陛下用自己的弓箭获得的狮子的陈述是：102 只凶猛的狮子。

IV. 与吉尔吉帕的婚姻

这个圣甲虫记载了阿蒙霍特普三世与那哈林国王女儿的婚姻。

在……（国王的完整名字，省略不译）陛下、拉之子阿蒙霍特普（三世）统治的第 10 年。阿蒙霍特普三世是底比斯的统治者，被赋予生命；伟大国王的妻子梯伊，获得生命；她父亲的名字是俞亚（Yuya），她母亲的名字是图亚（Thuya）。

奇迹发生在陛下身上，永生、富有、健康：那哈林首领萨提尔纳（Satirna）的女儿吉尔吉帕；后宫众多夫人的首领，后宫夫人有 317 位。

V. 欢乐湖的修建

这个圣甲虫记录了法老阿蒙霍特普三世为其妻子梯伊修建欢乐湖的事迹。

第 11 年第 1 个季度第 3 个月第 1 天，在陛下……（国王的完整名字，省略不译）阿蒙霍特普三世（被给予生命）和伟大国王的妻子梯伊（获得生命）统治下。

陛下下令为伟大国王的妻子梯伊在她的城市扎鲁哈（Zerukha）修建一个湖泊。它的长度是3700腕尺；它的宽度是700腕尺。陛下在第一季度第三个月的第16天举行了开湖仪式，当天陛下乘坐王舟"阿蒙闪耀光芒"航行到那里。

19.埃赫那吞的阿玛尔那界碑

在与底比斯的阿蒙祭司集团决裂以后，埃赫那吞放弃了作为首都和王室所在地的底比斯，在距离现代开罗大约160多公里的上埃及尼罗河东岸建立起新首都——埃赫塔吞，即现在的阿玛尔那。这个城市位于一个由尼罗河与峭壁围成的半圆形平原上。在城市建筑过程中，埃赫那吞在悬崖峭壁上雕刻出14块石碑，用作城市的地标，旨在标注城市的建筑目的和城市的范围，我们称其为界碑。因为石碑的材质比较好，所以它们经受住了各种气候变化的考验，留存了下来。当然，由于各种天然和人为的原因，这14块界碑都有程度不同的破损，没有一个石碑的文本得以完整保留下来，但即便如此，这些石碑仍然意义重大。这些石碑的尺寸大小不一，从5英尺宽乘8英尺3英寸高到14.5英尺宽乘26英尺高不等。这14块界碑可以分为两组。第一组是两块巨大的界碑，包含的内容很多，但破损严重，只能复原出部分零散的内容。第二组包括12块界碑，尺寸较小，但文本保存较好，属于最初的文本。下面分别将其内容和文本翻译出来，以期读者可以对这些界碑有更全面的认识。本译文根据 James Henry Breasted, *Ancient Records of Egypt*, vol.2, Chicago: University of Chicago Press, 1906, pp.390—400 译出。在下面的译文中，我们用楷体字表示说明性文字，用宋体作为铭文的译文。

A. 第一组界碑

第一组界碑首先记载的是时间，但遗失了，之后是引言和对国王访问埃赫塔吞的记载以及奉献祭品的内容。接下来是对国王的赞扬：

所有［土地］、所有国家、豪内布人（Haunebu）［来到他这里］，带着他们的贡税，背着他们的贡赋，因为他给予他们生命。

然后是法老埃赫那吞的誓言，他宣誓将埃赫塔吞作为礼物赠给阿吞神：

陛下向天空举起他的手，向那个创造了他的神举起手，甚至向阿吞举起手，［说："这是我永远的誓词。"］这是我永远的证明，这个地标……我已经为我父亲建筑了埃赫塔吞，为——作为一个居住之地。我已经在它的南面、北面、西面和东面［标记了］埃赫塔吞。我不会超越埃赫塔吞的南部地标到南方去，我也不会超越［埃赫塔吞的］北部边界［到北方去］。（这里指的就是这两块最南端和最北端的界碑）……他已经为他自己的——进行了绕城巡行；他已经在它的中央竖立了［祭坛］，我可以在这里向他献祭；这就是它。

然后，文本阐明的是埃赫塔吞将是新首都，法老埃赫那吞将在这里接见全国民众：

"整个土地［将来到这里］，因为埃赫塔吞的漂亮座位将是另一个座位，我将给他们提供观众，无论他们在北方，还是在南方，在西方，还是在东方……"

接下来的部分几乎没有任何文字保留下来。然后是关于神庙建筑的文字：

我已经在这个［地方］建筑了埃赫塔吞——以便他永远对这里满意。我已经在埃赫塔吞这个地方为我的父亲阿吞建筑了一个阿吞神庙。我已经在埃赫塔吞这个地方为我父亲［阿吞］建筑了——。我已经［在埃赫塔吞这个地方为我父亲阿吞］建筑了"拉的阴影"……

文本从这里开始破损极为严重。下面的37行文字或许包含了一道敕令，将埃赫塔吞之外的土地和收入奉献给阿吞神，有这样一段文字可以为证。

"至于北方、南方、西方或东方的每个城镇的我的［地产］，它是我的——；它将被带到——我的，为埃赫塔吞。"

另外，这些破损严重的文字中还出现了"库什"等字词，表明法老埃赫那吞将库什等地的收入和土地作为礼物奉献给阿吞神。

B. 第二组界碑

第二组界碑的内容保存比较完整。下面是完整的石碑铭文。

引言

第6年第2个季度第4个月第13日。

活着的善良之神，对真理满意，天空之神，阿吞神；活着的伟大者，照耀两地；活着的我的父亲；活着的"哈拉凯悌在空中欢愉，以他的名字：在阿吞中的热量"，被给予永恒生命。

活着的荷鲁斯：强大的公牛，阿吞的钟爱者；两女神的钟爱者：伟大的王权在埃赫塔吞；金荷鲁斯：阿吞名字的拥有者；上下埃及之王，依靠真理活着，两土地的主人：[奈菲尔海派尔乌拉]－瓦恩拉；拉之子，依靠真理活着，王冠的主人：埃赫那吞，持久的伟大者，被给予永恒的生命；善良的神——阿吞创造了他的美丽，他所创造的真的很善良，因为那个使他的卡高兴的事情而满意，做对他所生的那个人有用的事情；把土地奉献给那个将他放在王座上的神，用数百万的事物填充他的永恒房屋，赞美阿吞，将他的名字发扬光大；他促使大地属于他所创造的人，埃赫那吞。

世袭王妃，宫殿里的伟大者，拥有可爱的面孔，戴着漂亮的双羽毛，愉快的夫人，充满了爱，她的声音令人高兴；伟大国王的妻子，他的钟爱者，两土地的夫人，奈菲尔乌阿吞—奈菲尔太梯。

城市的建筑

在这天，一个人出现在埃赫塔吞的[纺织物]亭子里，陛下（L.P.H.）在埃赫塔吞建造了它，它的名字是"阿吞是满意的"。陛下（L.P.H.）出现在一个琥珀金的大战车上，像阿吞升起在地平线上一样；他用他的爱填充两地。最初，以美好的愿望到埃赫塔吞去，第一次发现它，陛下建筑了它，为了将其建筑成为奉献给阿吞的纪念物，根据他父亲阿蒙的命令，他被给予永恒生命；为了给他在中间建立一个纪念物。一个人使盛大献祭活动得以举行，祭品包括面包、啤酒、牛、小牛、家禽、葡萄酒、[金]、香，所有漂亮的花。埃赫塔吞在这一天被建筑起来，为了活着的阿吞，以便国王埃赫那吞可以获得支持和喜爱。

国王到城市东南的界碑那里

当一个人往南前进的时候，陛下站在他的战车上，出现在他父亲阿吞面前，出现在埃赫塔吞的东南山脉上，而阿吞的光线照耀在他身上，给出满意的生命，每天使他的四肢年轻。国王埃赫那吞欢呼，说："我的活着的父亲阿吞，被给予永恒生命！我的心对国王的妻子和她的孩子们充满欢乐，我的心给我的妻子奈菲尔太悌带来长久生命，永远活着，活无数年。她与法老牵着手，法老带来了长久生命；国王的女儿迈瑞塔吞，国王的女儿麦凯塔吞，他的孩子们，与国王的妻子、她们的母亲永远手牵手。这是我的真实誓言，我的心将讲话，我讲的话不是假的，永远。"

南部边界线的东端和西端

至于南部界碑，它位于埃赫塔吞的东山脉上，它是埃赫塔吞的界碑，我将它立在那里。我不会超越它而到南方去，永远。西南界碑与它相对，在埃赫塔吞[西]山上，就在对面。

东部边境线和西部边境线的中间

至于埃赫塔吞东山脉上的中间界碑，它是埃赫塔吞的界碑，我将其立在那里，位于埃赫塔吞的东山上。我不会超越它而往东去，永远。位于埃赫塔吞西山上的中间界碑与它相对，就在对面。

北部边境线的东端和西端

至于埃赫塔吞的东北界碑，我将其立在那里；它是埃赫塔吞的北界碑。我不会超越它而往北去，永远。位于埃赫塔吞西山上的北界碑与它相对，就在对面。

包含的区域

现在，关于埃赫塔吞，从南界碑到北界碑，在埃赫塔吞东山上的界碑与界碑之间的距离，分别是 6 伊特尔（iter）、1 海特（khet）、0.5 海特、0.25 海特、4 腕尺。类似地，从埃赫塔吞的西南界碑到埃赫塔吞西山上的西北界碑的距离，

131

分别是6伊特尔（iter）、1海特（khet）、0.5海特、0.25海特、4腕尺；两边是一致的。

给予阿吞礼物的契据

现在，关于从埃赫塔吞［东］山到［西山］相对的四块界碑之间的区域，它属于我的父亲阿吞，阿吞被给予永恒的生命；无论山脉，还是峭壁，抑或沼泽，或者［—］，或者高地，或者水流，或者城镇，或者海滨，或者人们，或者牛，或者树，或者我的父亲阿吞已经创造的任何东西，……我已经创造了它，为我的父亲阿吞，永远。

其他界碑的引述

而且，它被记录在石头界碑上，在埃赫塔吞的东南端和东北端。它被记录在西边的石头界碑上，类似地记录在西南端，埃赫塔吞的——。

记录的持久性

它不会被擦掉，它不会被洗掉，它不会被磨损掉，它不会被岩屑所伤害，［它］不会被——。如果它将消失，如果它将磨损，如果它所赖以存在的石碑将倒下，我将重新在这个地方修复它。

两年后的视察

重复欢呼。在第8年第2个季度第1个月第8日，一个人（即陛下）出现在埃赫塔吞；法老光彩夺目地站在琥珀金大战车上，视察阿吞的这些界碑，它们在东山上，在埃赫塔吞的东南端，是为永远活着的阿吞建立的。

上面这些译文是第二组石碑当中11块石碑的内容，但在埃赫塔吞的西北角有一块石碑，被现在的学者们标注为A石碑。这块石碑的内容略有不同，除了上面这些译文而外，还有一些内容，现翻译如下：

界碑和边界

上下埃及之王［奈菲尔海派尔乌拉-瓦恩拉］，拉之子，依靠真理活着，埃赫那吞，永远的伟大者，在竖起这些界碑时，——给予永恒生命，说："关于我已经在埃赫塔吞的边界竖起的这些［6块界碑］，3块界碑在埃赫塔吞的东山上，3块界碑在对面山上。在埃赫塔吞东山上的南界碑与埃赫塔吞西山上的界碑一样远，是埃赫塔吞的南部边境；在埃赫塔吞东山上的北界碑到埃赫塔吞西山上的界碑，是埃赫塔吞的北部边境；在埃赫塔吞东山上的中间界碑，与它相对的是位于埃赫塔吞西山上的中间界碑。"

给予阿吞的契据

"现在，关于埃赫塔吞的宽度，山脉与山脉之间，从其东地平线到西地平线，它将属于我的父亲阿吞，被给予永恒的生命；无论它的山脉，还是它的峭壁，——或者它的——，或者所有它的人们，或者所有它的牛，或者任何事情——埃赫塔吞的，它们将属于我的父亲、活着的阿吞，为了埃赫塔吞的阿吞的神庙，永远。它们将被奉献给阿吞的卡，漂亮的光线获得它们——"。

20.拉美西斯二世卡叠什战役铭文和浮雕

拉美西斯二世是古埃及新王国时代第19王朝的重要法老，在位时间很长，通过在西亚、利比亚、努比亚的战争，基本上维持了埃及帝国的版图，但并没有恢复图特摩斯三世时代的庞大版图。他在西亚进行了三个阶段的战争，第一个阶段是与西亚强国赫梯的战争，尤以卡叠什战役最为著名；第二个阶段是镇压巴勒斯坦地区的反叛；第三个阶段是征服那哈林地区，并最终与赫梯缔结和平条约。从流传下来的史料来看，关于卡叠什战役的记载比较多，文本和浮雕也相对完整一些。本书这里主要翻译关于卡叠什战役的诗歌、关于卡叠什战役的官方记录、关于卡叠什战役的浮雕及其附属铭文。埃及与赫梯的和平条约将在其他地方翻译。本译文根据 James Henry Breasted, *Ancient Records of Egypt*, vol.3, Chicago: University of Chicago Press, 1906, pp.135—157译出。在下面的译文中，我们用楷体字表示说明性文字，用宋体字表示铭文的译文。

I. 关于卡叠什战役的诗歌

关于卡叠什战役的诗歌出现在几个神庙的墙壁上，包括卢克索神庙、卡尔纳克神庙和阿拜多斯神庙，这些墙壁上的铭文是以圣书体文字书写的；另外，还有两份纸草，用祭司体书写，也记录了这篇诗歌。然而，这些铭文和文献都不完整。在互相补充的基础上，学者们构建出了这首诗歌的基本内容。

引言

国王乌塞尔玛阿特拉－塞泰普恩拉（拉美西斯二世）胜利的开始，［他被给予生命］，永远，他在海塔和那哈林的土地上、在阿尔瓦德的土地上、在佩德斯（Pedes）、在戴尔登（Derden）、在麦萨（Mesa）、在凯勒凯什（Kelekesh）的土地上、在卡盖美什（Carchemish）、科德、在卡叠什的土地上、在埃卡莱特（Ekereth）的土地上、在麦什内特（Mesheneth）获得的胜利。……

准备向萨鲁边境进军

瞧，陛下准备他的步兵和战车兵，陛下从他的宝剑取得的胜利中捕获的俘虏沙尔登人，——他们给出战斗方案。陛下往北进军，他的步兵和战车兵跟随着他。他开始了顺利的行程，去行军打仗。第 5 年第 3 个季度第 2 个月第 9 日，陛下穿过萨鲁城堡——就像孟图神，当他前进的时候。每个国家都在他面前颤抖，恐惧深入他们的内心；所有反叛者都因恐惧而跪倒在陛下面前，当他的军队来到狭窄的道路上时，就像一个人在——的高速路上。

从萨鲁向卡叠什地区进军

现在，这之后的很多天以后，瞧，陛下出现在"乌塞尔玛阿特拉－美丽阿蒙"（不知道是哪个城市），雪松——的城市。陛下往北行进，到达卡叠什高地。然后，陛下走在前面，就像他的父亲、底比斯的主人孟图，穿过奥伦特河的水渠，第一支大军阿蒙军队与他在那里，即"国王乌塞尔玛阿特拉－塞特普恩拉的胜利"。

海塔王子的联盟

当陛下到达城市时，瞧，可怜的、被征服的海塔的首领已经到了，已经聚集起从大海之端至海塔之地的所有国家，它们形成一个整体：那哈林、阿尔瓦德、一、麦萨、凯什凯什（Keshkesh）、凯勒凯什（Kelekesh）、卢卡（Luka）、凯兹维登（Kezweden）、卡盖美什、埃卡莱特（Ekereth）、科德、努格斯的整个土地、麦舍内特、卡叠什。他把所有国家都召集来了，它们的首领与他在一起，每个首领都带领着自己的战车兵，数量巨大，史无前例。他们覆盖了很多山脉和河谷；他们人数多的就像蚱蜢一样。他没有在他的土地上留下任何金银，他掠夺了它的所有物品，将其给予每个国家，为了把他们带到这里，参加战斗。

两支军队的位置

瞧，可怜的和被征服的海塔的首领与大量同盟国家一起，以战斗阵型驻扎在那里，覆盖了卡叠什城的西北部，而陛下则孤身一人在那里，与他在一起的是一个护卫，阿蒙大军正在他后面行进。拉大军穿过了沙布吐纳（Shabtuna）城镇南边的河床，距离阿蒙大军有1伊特尔的距离；——普塔大军还在阿拉纳米（Aranami）城的南面；苏泰赫（Sutekh）大军还在路上行进。陛下已经成为他的军队所有领导者的最高领导者，而他们仍在阿莫尔（Amor）的土地的海滨。瞧，可怜的、被征服的海塔的首领驻守在中央，步兵围绕在他周围，他没有出来参与战斗，因为害怕陛下。然后，他来到战车兵这里，战车兵就像沙子一样多，三个人形成一个战车组。现在，他们已经完成了组合：每三个年轻人中有一个被征服的海塔男人，装备着所有战争武器。他们已经排开了战斗阵型，覆盖了卡叠什城的西北部。

亚细亚人的进攻

他们从卡叠什南边出发，他们将拉大军拦腰截断，而拉大军还正在行军，不知道战斗状况。陛下的步兵和战车兵在他们面前撤退。现在，陛下已经登上了卡叠什城的北面，在奥伦特河的西岸。然后，一个人来到，并把这件事情报告给陛下。

拉美西斯的进攻

陛下像他的父亲孟图一样耀眼，当他穿上战争盔甲的时候；当他抓起自己的斗篷时，他就像战争中的巴阿尔（Baal）。承载着陛下的战车组合被称为"底比斯的胜利"，来自拉美西斯（二世）的大马厩，处于众领导者中间。陛下站在路上；然后，他冲向敌人，即冲向被征服的海塔人，孤身一人，没有其他人相随。当陛下往他身后看时，他发现2500个战车兵围绕着他，拦住了他的去路，都是可怜的海塔人，还有大量联盟国家的军队：来自阿尔瓦德、麦萨、佩德斯、凯什凯什、埃尔维内特、凯兹威登、阿勒颇、埃克特里、卡叠什、卢卡，三个人一组，步调一致地行动。

下面的事件是纯粹理想化和想象出来的事件，属于诗歌创作的内容，只有一个历史性的内容，即国王控制住了他自己的阵脚，直到他的南部军队到达。根据诗歌的记载，面对强敌的时候，他首先寻求阿蒙的帮助，阿蒙做出反应，增强了他的战斗力，使他能够与强敌对阵。海塔的首领不得不将同盟者首领投入战斗。在自己的军队开始后退的时候，拉美西斯二世严令制止，并身先士卒地连续向敌军中央冲杀六次，阻挡住了敌军的进攻。拉美西斯二世的援军到达以后，获得胜利。晚上，俘虏被带到国王的帐篷。第二天，平原上到处可以看到海塔人的死尸。军队来向国王唱赞美诗，国王想起了他们在战斗中的退缩情景，责备了他们。第三天，拉美西斯二世重新组织进攻，迫使海塔的首领求降。军队再次向国王唱赞美诗，拉美西斯二世受到这种谄媚，而返回埃及，到达底比斯，并在底比斯获得人们的欢呼。一份纸草的最后三行保留了这个记录的时间和作者："这个文字是在国王拉美西斯二世统治的第9年第3个季度第2个月第一日写下的，是书吏蓬特维拉（Pentewere）记录的。"

II. 关于卡叠什战役的官方记录

关于卡叠什战役的官方记录是一份刻写在拉美西斯二世阿拜多斯神庙、底比斯一些神庙和葬祭庙、阿布辛贝尔神庙墙壁上的铭文文献。这篇文献没有像前面的诗歌那样详细记录拉美西斯二世的行军过程，但记录了拉美西斯二世如何受到赫梯军队的诱骗而身临险境的经过。这或许是人类历史上最早的军事阴谋。

时间

第5年第3个季度第3个月第9日，荷鲁斯陛下：强大的公牛，真理的钟爱者；上下埃及之王：乌塞尔玛阿特拉－塞特普恩拉；拉之子；拉美西斯—迈瑞阿蒙，被给予永恒的生命。

卡叠什南面的阵营

瞧，陛下在扎伊进行第二次胜利的远征。陛下的帐篷建在卡叠什南面的高地上，陛下与咨议官们在帐篷里。

沙布吐纳附近的沙苏的虚假信息

当陛下像拉升起一样出现时，他佩戴着他父亲孟图的装饰品。当国王向北前进时，陛下到达了沙布吐纳城镇南面的一个地方，来了两个沙苏人，对陛下说了下面的话："我们的同胞属于那些与被征服的海塔首领在一起的家族当中最伟大的家族，派我们来给陛下传递一句话：'我们将是法老的臣民，我们将从被征服的海塔首领那里逃走；因为被征服的海塔首领在阿勒颇的土地上，在图尼普北面。他害怕法老，而不敢往南来。'"现在，这些沙苏人对陛下讲的这些话是虚假的，因为被征服的海塔的首领命他们来到陛下在的地方做间谍，为了使陛下的军队不做充分的战争准备工作，就与被征服的海塔首领作战。

两支军队的位置

瞧，被征服的海塔首领带着各个国家的首领、他们的步兵和战车兵来了，他依靠武力迫使他们跟他而来。他们站在那里，装备妥当，在不诚实的卡叠什城后面拉开了战线，而陛下还对此一无所知。然后，陛下往北前进，到达卡叠什的西北；陛下的军队在这里安营扎寨。

审问赫梯的细作

然后，当陛下坐在一个金王座上的时候，来了一个细作，他是跟随陛下的，他带来了被征服的海塔首领的两个细作。他们被带来，陛下对他们说："你们是干什么的？"他们说："关于我们，被征服的海塔首领已经下令，让我们来探查陛下的位置。"陛下对他们说："他！他在哪里？那个被征服的海塔首领？瞧，我已经听说，'他在阿勒颇的土地上。'"他们说："看，被征服的海塔首领驻扎在那里，与很多国家在一起，他依靠暴力把他们带到这里，包括海塔土地上各地区、那哈林土地和科德的所有国家。他们装备着步兵和战车兵，携带着武器；他们比海滨的沙子还多。看，他们就站在那里，准备好了战斗，就在那个不诚实的卡叠什城背后。

战争委员会

然后,陛下将王子们召到面前,让他们听那个被征服的海塔首领的两个细作所说的每个单词,这两个细作当时在场。陛下对他们说:"看看你们这些农民的首领们和你们领导下的官员们,在法老(LPH)的土地上,每天站在这里,对朕说:'被征服的海塔首领在阿勒颇的土地上;瞧,自从听到陛下来了,他就逃跑了。'他们每日就是这样对陛下说的。但是看看吧,我早上刚刚起床就听到了这个消息,被征服的海塔首领的两个细作说,被征服的海塔首领正在前来,与无数同盟国家的首领在一起,与他在一起的人们和马就像沙子一样多。他们驻扎在不诚实的卡叠什城的后面。但那些在法老土地上的国家首领和官员们都没能把这件事情告诉我们。"

在陛下面前的王子们说:"这是个极大的错误,法老的无数国家的首领和官员已经犯下了这个错误,没有让法老知道被征服的海塔首领就在法老附近,因为他们每日将赫梯国王的细节报告给法老。"

在南方的军队被命令赶紧赶上来

然后,维西尔被命令去催促陛下的军队,以便将他们带到陛下所在之地,而他们正在沙布吐纳的南面进军。

亚细亚人的进攻

瞧,当陛下坐在这里与王子们谈论时,被征服的海塔首领来了,无数的国家与他在一起。他们穿过卡叠什南面的水渠,直接攻入正在行军而没有预料到此事的陛下大军。然后,陛下的骑兵和战车兵在他们面前撤退,往北向陛下在的地方撤退。瞧,被征服的海塔首领的敌人围绕着陛下的护卫,这些护卫在陛下身边。

拉美西斯个人的攻击

当陛下看到他们的时候,他对他们愤怒至极,就像他的父亲、底比斯的主人孟图那样。他抓起战袍,穿上甲胄。他就像强壮的巴阿尔一样。然后,他骑上战马,独自一人冲向敌军。他冲入被征服的海塔首领的军队和与海塔首领在一起的大量国家。陛下就像苏泰赫(Sutekh)一样,充满了力量,在敌军里四处冲杀;陛下猛然冲击他们,他们一个接一个地倒入奥伦特河的水中。

拉美西斯自己的陈述

"我冲向所有国家,尽管我孤身一人,我的步兵和我的战车兵都被甩在我身后。我发誓,因为拉爱我,因为我的父亲阿图姆支持我,就陛下已经陈述的所有事情而言,我真的做了,在我的步兵和战车兵面前。"

III. 关于卡叠什战役的浮雕及其附属铭文

关于卡叠什战役的浮雕和附属铭文刻画在拉美西斯二世阿拜多斯神庙、底比斯一些神庙和葬祭庙、阿布辛贝尔神庙的墙壁上。这些场面在上下埃及各被描绘出六次。尽管这些浮雕不能完全与铭文信息相匹配,但它们展现了卡叠什战役的一个侧面,其附属铭文更是具有重要历史意义。

I. 战争委员会

拉美西斯坐在王座上,他的官员在他前面,接受咨询。下面,两个赫梯细作被鞭打,被迫讲出敌人的位置。整个场景显然是发生在卡叠什西北的中心帐篷里。

鞭打间谍

法老间谍来到,把被征服的海塔首领的两个细作带到法老面前。他们鞭打这两个细作,目的是迫使他们讲出可怜的海塔首领的位置。

关于马

陛下的大马厩"乌塞尔玛阿特拉-塞特普恩拉"中的第一个大跨越(即马)"底比斯的胜利"。

II. 军营

在一个方形围墙中间是国王的帐篷,用盾牌作为围墙的路障。国王帐篷周围是官员们的小帐篷和军营里勃勃生机的生活,阿蒙大军驻扎在这里。这是卡叠什北面或西北面的军营。在国王帐篷内,拉美西斯坐在那里，因为官员们的疏忽而正在责备官员们。赫梯右翼军队突然出现在最北端，攻击埃及国王的大军，令国王的军队撤退，但拉美西斯的军队很快就将敌军打散。

关于战车上的王子

持扇者在国王右手，——，国王的书吏，军队司令——陛下——在他右手——。

关于战车上的官员

法老的——到达——，国王孩子们的母亲与——在一起，神圣母亲的——，在敌人面前，逃往军营的西边——。

在顶部

阿蒙大军"他把胜利给予乌塞尔玛阿特拉－塞泰普恩拉，被给予生命"，法老与他们在安营扎寨。

III. 拉美西斯的信使

这些信使是被维西尔派往南部去的，去催促仍然在沙布吐纳南面的军队。他们一定是绕到敌军的西方，然后往南跑。为了把命令送到援军那里，送信人自己也乘坐战车前去送信。他们要找的军队显然是普塔大军，因为拉大军已经受到攻击，而苏泰赫大军离得更远。

骑马人前面的文字

法老军队的细作前去催促普塔大军，说："赶紧前进！法老，你们的主人，站在——。"

IV. 战斗

这里的浮雕描绘了卡叠什城和战斗场景，描绘出了国王拉美西斯二世率领的四支军队，每支大约5000人，总共大约20000人。浮雕也描绘出了赫梯大军的人数，大约16000—17000人。然而，战斗场面描绘出的军队布局方位与铭文的内容并不相符。这并没有降低这部分浮雕和铭文的价值，因为浮雕至少表明拉美西斯二世的军队将部分敌军驱赶进奥伦特河里了，阿勒颇的首领掉入了河里，而且铭文的内容很有意义。

关于国王的马和战车

善良的神、强大勇猛者、伟大的胜利者，碾压所有国家，上下埃及之王：乌塞尔玛阿特拉－塞泰普恩拉；拉之子；拉美西斯－美丽阿蒙。当陛下在卡叠什西北战斗的时候，他建立了亭子。他冲入敌军中央，敌军属于被征服的海塔首领，但他孤身一人，没有任何人跟随他。他发现2500匹马环绕着他，他每面还有四个人。他屠杀了他们，他把（他们）堆在他的马后面。他横扫所有国家的所有首领、被征服的海塔首领的同盟者，后者与各自的首领在一起，海塔首领的步兵和战车兵。他把他们打翻在地，把他们打倒，一个压着一个地掉入奥伦特河河水中。陛下在他们后面，就像一只凶猛的狮子——在他们的地方。瞧，被征服的海塔首领站在那里，举起双手，在赞美善良的神。

与逃跑的敌人在一起

特尔根—。

特尔格尼斯，被征服的海塔首领的战车驾驭者。

陛下的伟大战马"底比斯的胜利者"，来自伟大的马厩"乌塞尔玛阿特拉－塞泰普恩拉，阿蒙的钟爱者"。

凯麦特，战士们的首领。

——伊思，被征服的海塔首领的战车驾驭者。

特哥特特塞斯，底比斯的弓箭手的首领。

海尔普萨尔，被征服的海塔首领的书吏。

埃格姆，被征服的海塔首领的弓箭手的首领。

泰野德尔，被征服的海塔首领的护卫的首领。

佩耶斯，被征服的海塔首领的战车驾驭者。

格尔贝提斯，被征服的海塔首领的战车战士。

塞穆瑞特斯——。

佩耶斯，被征服的海塔首领的战车驾驭者。

泰德尔，战士们的首领。

麦斯瑞姆。

瑞贝斯雷恩，埃内尼斯的弓箭手首领。

赛普塞尔，被征服的海塔首领的兄弟。

赛维塞斯，泰内斯国家的首领。

瑞贝耶尔。

可怜的阿勒颇首领被陛下赶入水中之后，又被他的士兵们从河水里拉出来。

战士们，他们站在司令的前面，8000人。

卡叠什城镇。

关于海塔的国王

被征服的、可怜的海塔首领，站在他的步兵和战车兵前面，他向四周环顾，他的心在颤抖。他没有参与战斗，因为他看到陛下英勇地面对［被征服的海塔首领］和与后者在一起的所有国家的所有首领之后，他害怕陛下。陛下——他推翻了他们——。［可怜的海塔首领］说："他就像苏泰赫神，非常强大；巴阿尔神在他的四肢里。"

V. 保卫军营

当拉美西斯二世在战斗开始的时候处于战争前线时，他的军营被赫梯先遣部队攻入。当拉美西斯二世的雇佣军从阿莫尔到达卡叠什的时候，他们打败了这些掠夺者，并将其杀死。

在部队的前面

法老的雇佣兵从阿莫尔的土地上到达。他们发现被征服的海塔首领的军队已经围困了陛下军营的西面。陛下正在独自战斗，没有军队与他在一起，［正等待着］他的［官员］、他的军队和与法老在一起的大军的到达，而与法老在一起的大军还没有完成建筑军营的任务。现在，拉大军和普塔大军正在行军；他们还没有到达，他们的官员还在贝维耶（Bewey）的［森林里］。然后，他们截断了属于被征服的海塔首领的敌人的进攻路线,当时敌人正进入大营,法老的官员正在打击他们;他们没有让任何一个敌人幸存下来。他们的心里充满了法老、他们善良的大神的强大和勇猛;他就在他们后面,就像——的管家,就像一道铁幕,永远。

VI. 战斗之后

这部分浮雕描述的是战斗之后法老享受他的胜利。他站在战车上,他的官员们将其从敌人死尸上砍下来的手扔在他面前,作为战利品。阿拜多斯神庙上的浮雕尽管很零碎,但比阿布辛拜勒神庙更充分地描绘了拉美西斯二世胜利的场面。从附属铭文来看,它描绘的是国王拉美西斯二世亲自接受俘虏。下面是这些附属铭文。

拉美西斯的官员将俘虏带到他面前

[官员]把俘虏带到陛下面前,俘虏是[他]在可怜的海塔之地用他的宝剑取得胜利以后带回来的,当时陛下向他的步兵和战车兵宣称,说:"[瞧,这些是]我自己捕获的俘虏,当时我孤身一人,没有步兵与我在一起,也没有任何王子与我在一起,更没有任何战车兵与我在一起。"

一群俘虏旁边的文字

陛下屠杀的那些国家的首领名单。当时,陛下孤身一人。尸体,马匹,战车,剑,所有战争武器。

另一群俘虏旁边的文字

接受俘虏,这些俘虏是陛下用他的剑在这个可怜的海塔之地和这个可怜的那哈林之地取得胜利之后带走的,还有与被征服的海塔首领一起来的所有国家的首领,作为活俘虏。

正在逃跑的战车上方的文字

被征服的海塔首领的军营的战车的[—]战士。

阿布辛拜勒的文献并不是这样充分;它们是像下面这样的:

在战车后面

善良的神，他在为他的军队而战，他的剑震住了九弓；国王，强大的胜利者，没有出其右者；冲入每个国家的无数军队中，将他们打翻在地。他的脸在海塔首领面前是凶狠的，那哈林的很多国家［—］。

关于马匹

伟大的马厩"乌塞尔玛阿特拉塞泰普恩拉"中的陛下的第一匹伟大的马，（名字是）"穆特是满意的"。

VII. 把俘虏奉献给阿蒙

拉美西斯二世的父亲塞梯一世出现在卡尔纳克多柱大厅的北墙上，将俘虏和战利品献给阿蒙；拉美西斯二世出现在卡尔纳克大神庙多柱大厅的南墙上，举行类似的仪式。他在仪式中将三行俘虏奉献给阿蒙、穆特和孔苏神。附属铭文表明这些俘虏是拉美西斯二世在卡叠什战役中捕获的。

海塔首领们的名单，是陛下带给他的父亲阿蒙的活俘虏：戴尔登、佩德斯、凯勒［凯什］——。

然后是四个短行的俘虏，每个短行俘虏由拉美西斯二世的一个儿子引领着：

1) ——［在陛下后面，被］——书吏，军队的首席司令，阿蒙海尔海派什埃夫引领着。

2) ——在陛下［后面］，被国王的儿子，哈姆维什引领着。

3) ——在陛下后面，被国王的儿子，迈瑞阿蒙引领着。

4) ——在陛下后面，被国王的儿子，塞梯引领着。

所有这些俘虏被描述为：

从北方国家带来的俘虏，他们来颠覆陛下，陛下捶打他们，陛下将他们的臣民带来，作为活俘虏填充他父亲阿蒙的库房。

21.卡尔纳克神庙美楞普塔的利比亚战争铭文

在卡尔纳克神庙内部,与第七塔门相连的东墙内部,保留了一篇很长的文献,记录的是埃及国王美楞普塔的利比亚战争。这是了解古埃及新王国时期第19王朝与利比亚关系的重要文献。从行文来看,该文献最初创作于孟菲斯。文献以利比亚人的暴动开篇,之后记述了美楞普塔征讨利比亚,以屠杀利比亚叛军和获取大量战利品而结束。这篇文献最初由商博良发现,后来列普修斯和布鲁格什等人都部分出版了这片文献的译本。本译文根据 James Henry Breasted, *Ancient Records of Egypt*, vol.3, Chicago: University of Chicago Press, 1906, pp.241—252 译出。

标题

[陛下在利比亚土地上获得胜利伊始]——,艾克维什、特瑞士、鲁卡、谢尔登、谢克莱什、来自所有土地的北方人。

美楞普塔的勇猛

——他因他的父亲阿蒙的强大力量而勇猛无比;上下埃及之王:宾拉-美丽阿蒙;拉之子:美楞普塔-霍特普希尔玛,被给予生命。哦,这个善良的神,繁荣——他的父亲们即所有神,作为他的保护者。每个国家都在看到国王美楞普塔的时候感到恐惧。——孤独的,下令称,埃及边境的所有入侵者都将在他出现时跪倒在他的面前,——他决定的所有计划是生命的呼吸。他使人们无忧无虑,安心睡觉,而他的强大造成的恐惧在——

准备防御

——保卫赫利奥坡里斯即阿图姆的城市,防御普塔-塔特内的堡垒,挽救——于邪恶,——培尔-贝尔赛特前面的帐篷,到达埃提水渠的[—]上的舍肯水渠。

利比亚人的进攻

——不关心,它被九弓视作放牧牛的良好牧场,它从祖先时代以来就被留在那里,未被使用。上埃及的所有国王都停留在他们的金字塔中——;下埃及的所有国王都居住在他们的城市中间，国家宫殿在市中心，因为缺乏军队；他们没有被弓箭手敌视。

美楞普塔的登基和他的准备工作

它发生了——他登上了荷鲁斯的王座，他受命保卫活着的人们，他已经作为国王升起，保卫人民。他有能力做这件事情，因为——麦贝尔，他精心挑选出来的弓箭手聚集在一起，他的骑兵从各地聚集起来，他的侦查员在——他的——。他在排兵布阵那天考虑的不仅仅是成百上千的军队。他的步兵出发了，重装步兵到达了，他精神抖擞，率领着弓箭手攻打所有土地。

利比亚人与海上民族联盟对抗埃及的消息

——第三季度，说："利比亚可怜的、堕落的首领即戴德的儿子迈瑞耶（Meryey）已经与他的弓箭手们踏上了泰赫努的土地——谢尔登、谢克勒什、埃克维什、鲁卡、特列什，选择了他的国家最好的战士和最好的男人。他带着他的妻子和孩子们——，营帐的领导者们；他已经到达派瑞尔（Perire）所有领土的西部边境。"

美楞普塔的话

哦，陛下对他们的报告愤怒不已，就像一头狮子；他召开廷臣会议，对他们说："你们听你们主人的命令；我给予——正如你们将做的，说：我是统治者，我指导你们；我花费时间搜寻——你们，作为父亲，保护他的孩子们不受伤害；尽管你们像鸟一样害怕，你们不知道他做的事情的美好。没有答案——？在每个国家入侵它的时候，在九弓掠夺它的边境，在叛徒每日侵略它的时候，土地将被浪费和觊觎？"每个——抢夺这些要塞。他们反复入侵直到大河的埃及各地。他们踌躇不前，他们已经度过了很多天——很多月，居住在——。他们已经到达绿洲的一个小山丘，已经扰乱塔耶地区。因此在其他时代的记录中，它自从上埃及的国王们开始就已经是这样了。它不被知道——作为蠕虫，不考虑他们的身体，热爱死亡，轻视生命。他们的心被调动起来，对抗人们——他们的首领。他们花费时间，在土地上游荡，战斗，每日填饱他们的身体。他们来到埃及国土，寻找他们的嘴需要的必需品；他们的渴望是——我给他们提供他们的胃需要的鱼。他们的首领就像一条狗，是一个夸夸其谈的人，但没有勇气；他不居住在——为亚细亚人带来终结，而我使亚细亚人从埃及获得很多船只的谷物，使海塔土地上的人们生存下来。哦，我是众神——的那个人，每个卡——在我的领导下，国王美楞普塔，被给予生命。通过我的卡，通过——，因为作为两土地的统治者，我繁荣昌盛，土地应该被做——埃及。阿蒙点头赞许，当一个人讲——底比斯。他已经转过背对抗麦什维什，当他们在——。

战斗的开始

——弓箭手的领导者们身先士卒，颠覆利比亚土地。当他们前进的时候，神的手与他们在一起；甚至阿蒙与他们在一起，充当他们的盾牌。埃及的土地被命令，说："——准备在十四天内出征。"

美楞普塔的梦

然后，陛下在梦中看到，普塔的一尊雕像似乎站在法老面前。普塔就像——那样高大。普塔对他说："拿着这把剑，让你的恐惧心理远离你。"同时把一把剑给予国王。法老对普塔说："哦，——。"

两路大军齐头并进

——大量步兵和战车兵在派瑞尔区前面的海滨上的敌人面前安营扎寨。哦，利比亚可怜的首领——在第三个季度第三个月（即第十一个月）的第二天晚上，当大地变得足够明亮，为了与他们一起前行。利比亚可怜的、堕落的首领在第三个季度第三个月（即第十一个月）的第三天来到，他带来了——他们到达。陛下的步兵与战车兵一起前进，阿蒙-拉与他们在一起，奥姆贝特（塞特）给他们以援手。

战斗

每个人——他们的血，没有一个人从他们手中逃脱。哦，陛下的弓箭手在六个小时内毁灭了他们；他们在国家的——剑上传递。哦，当他们战斗——；利比亚可怜的首领停止脚步，他的心是恐惧的；再次撤退，停止，跪下——，丢盔弃甲，扔掉弓箭，仓皇逃跑，扔掉了所有随身物件。——他的四肢。大恐怖在他的成员中蔓延。哦，他们瞄准了——他的所有物，他的装备，他的银子，他的金子，他的青铜器皿，他妻子的日常用品，他的宝座，他的弓箭，他从他的国土带来的所有物品，包括牛、羊和驴，所有东西都被带到宫殿，所有东西都与俘虏一起带到宫殿。哦，利比亚可怜的首领独自逃跑了，而所有首领——所有受剑伤的人们。哦，那些骑在陛下赐予的战马身上的官员，紧紧追赶他们——用箭射击他们，赶上他们，屠杀，——。

回顾

在下埃及国王的年鉴里，没有任何人看到过这种情况；哦，这个埃及的国土在他们的掌握下，在上埃及国王们的统治时期处于虚弱状态，结果他们不能被驱逐，——这些人——出于对儿子的爱，为了替主人保护埃及，以便埃及的神庙得以获救，为了宣称善良之神的强大力量——。

利比亚首领的逃跑

西方城堡的司令向宫廷报告，像下面这样说："堕落的迈瑞耶已经来到，他的四肢因为胆怯而逃跑了，他在夜幕掩护下安全地从我这里逃跑了。——想要；他是堕落的，每个神都支持埃及。他的炫耀起不到任何作用；他的嘴说出的一切都已经返回到他自己的头上。他的条件不被知道，无论是死，还是活——。你拥有——他的声誉；如果他活着，他也不能再发布号令了，因为他是堕落的，他是他自己军队的敌人。正是你已经带来了我们，使我们屠杀——在特麦和利比亚的土地上。他们已经把另一个人放在他的位置，从他的众多兄弟中选出来，这个人在看到他的时候，将打击他。所有首领都厌恶他——。"

班师回朝

弓箭手、步兵和战车兵的首领们返回来；军队的每支分遣队，无论雇佣兵，还是重装步兵，都携带着掠夺物——驱赶着驴，装载着利比亚国家未环切的阴茎和每个国家的人们的手，就像草地上的鱼，所有物——他们土地上的敌人。哦，整个国家都在欢庆；城镇和城区都在宣扬已经发生的这些奇迹；尼罗河——他们的——贡赋放在国王站立的阳台下面，使陛下看到他的征服结果。

俘虏和屠杀的名单

从利比亚领土和他随之带来的所有国家捕获的俘虏的名单；还有财产——派瑞尔的泰赫努的毁灭者美楞普塔-霍特普希尔玛的城堡之间，远达国家的上部城镇，以"美楞普塔-霍特普希尔玛的——"开始。

利比亚首领的孩子们未环切的阴茎被割掉　　6个男性

首领们的孩子们和利比亚首领的兄弟们，被屠杀，他们未环切的阴茎被割掉　　51——

——利比亚人，被屠杀，他们未环切的阴茎被割掉　　6359

总数，大首领的孩子　　52——

——海上国家的谢尔登、谢克勒什、埃克维什，他们没有包皮：

谢克勒什　　222个男性

获得　　250只手

特瑞什　　742个男性

获得　　790只手

谢尔登　　54——

获得　　——

埃克维什，他们没有包皮，被屠杀，他们的手被割掉，因为他们没有包皮——

——堆放在一起，他们未环切的阴茎被割掉，放在国王所在的地方　　6111个男性

未环切的阴茎　　56——

——他们的手被割掉　　2370个男性

谢克勒什和特瑞什，他们作为利比亚的敌人而来　　57——

——克海克和利比亚人，作为活囚徒被带走　　218个男性

利比亚堕落的首领的女人们，他带在身边的女人们，都是活的　　12个利比亚妇女

总共带回来的——　　9376人

掠夺产品名单

他们手中的武器作为掠夺品被带来：麦什维什的铜剑　　9111

——　　120214

利比亚堕落的首领和利比亚首领的孩子们骑的马，

活着带来，成对地　　12

麦什维什——所有物，陛下的军队，打败利比亚堕落的人，

149

捕获各种牛　　　1308
　　山羊　　61——
　　——各种——　　64
　　银饮器——
　　——器皿，剑，盔甲，刀子，各种器皿　　3174
　　它们被带走——用火把帐篷和营帐烧掉。
宫殿的欢欣
　　他们的主人，国王，出现在宫殿的宽阔大厅里，当廷臣宣布陛下出现的时候，陛下高高兴兴地出现。陛下的仆人们异常高兴；在道路两边列队欢迎——。
美楞普塔的话
　　陛下说："——因为拉神对我的卡做的美好事情，我已经传递了他们的话，作为神讲话，他给予力量，他的敕令称国王美楞普塔——将统一——作为他们的城镇中的臣民；库什也带来贡赋。我令他去看我手中的（它）——他的首领，每年带来税款，一个大屠杀在他们中进行。他活着，将填充神庙——。他们堕落的首领，在我面前逃跑，我已经放——屠杀他。他就像一只野禽被猎捕、被烘烤。我已经给土地——为了每个神。他们从埃及独一无二的神的嘴中生出。堕落是罪犯——，拉是胜利的，强有力地对抗九弓；苏泰赫把胜利和力量给予荷鲁斯，在正义中欢呼，捶打——，国王美楞普塔。我是——强大的，他未被带来。利比亚人做了邪恶的事情，在埃及做了邪恶的事情。看！他们的保护者堕落了！我已经屠杀了他们，他们被——我已经使埃及顺河而行；人们爱我，因为我爱他们，为了他们的城市而给予他们呼吸。天空和大地都在对我的名字欢呼——他们发现。他是真的，整个——，崇拜伟大的领主，他拥有两土地，国王美楞普塔，LPH。"
廷臣的应答
　　他们说："埃及发生的这些事情是多么伟大啊！——利比亚就像是一个请愿者，作为俘虏被带来。你已经使他们成为蚂蚱，因为每条路都散布着他们的尸体——，你的供应品给予贫穷者的口。我们在任何时候都高高兴兴地躺下休息；将没有——"

22.美楞普塔利比亚战争以色列石碑

  关于第 19 王朝国王美楞普塔战胜利比亚人和海上民族的文献至少有四个。一个是前面翻译出来的卡尔纳克神庙墙壁上的长篇铭文。第二个文献是所谓的开罗石柱，最早由布鲁格什在开罗一个公共建筑物上发现，后来被搬进开罗博物馆，马斯帕洛最早出版了石柱的铭文。开罗石柱的重要意义在于它以浮雕和铭文相结合的方式补充了卡尔纳克铭文当中战争发生的时间。其实，开罗石柱除了浮雕就只有两句话，现翻译如下。"我命令你砍下利比亚首领们的脑袋，你已经驱逐了他们的入侵。""第五年第三个季度第二个月（即第十个月）。一个人来到陛下面前说：'利比亚可怜的首领带着——入侵埃及，包括男人和女人，谢克勒什——。'"

  第三个文献是在三角洲南部的阿斯利比斯（Athribis）发现的花岗岩石碑，现在在开罗，名为"阿斯利比斯石碑"。该石碑以浮雕和铭文相结合的方式简短地记录了美楞普塔的利比亚战斗。它的意义在于它是对卡尔纳克铭文的补充，尤其补充了美楞普塔第五年发动战争的准确时间。石碑的正面顶部是一幅浮雕，左面是阿图姆，右面是阿蒙－拉，两个神都呈坐姿。阿蒙前面的场景丢失了；阿蒙－拉前面是美楞普塔，后者从前者手里接过宝剑，同时国王后面还有七个俘虏。下面是十六行铭文，提到了战争的时间和美楞普塔的勇猛。"国王美楞普塔统治的第五年第三个季度第三个月份（即第 11 个月）第三天——获得他对抗特麦领土的声誉——，他们讲述他在麦什维什国土上的胜利——，他把利比亚置于自己的恐怖力量之中——，使他们的营帐进入红土地的荒漠之中，——来自他们土地的每一种草药。没有土地能够生长植物——。拉本身已经诅咒了这些人，因为他们齐心协力地闯入埃及。他们被传递到美楞普塔－霍尔普希尔玛手中的宝剑上——。利比亚的家庭就像老鼠一样被分散在堤坝上——，像鹰一样抓住他们，他们没有地方逃避，——就像塞赫迈特一样。他的箭都射入了他的敌人的四肢；他们当中的每个幸存者都被作为活俘虏带走了。他们像野牛一样依靠草药活着——。"阿斯利比斯石碑的反面上部也是一个浮雕，神哈拉凯悌和苏泰赫坐在那里。浮雕下面是十九行铭文。铭文记录了利比亚战争的情况以及埃及获得的胜利果实。"——麦什维什，被勇猛战士的强大力量永远孤立，强大的公牛顶伤了九弓。——法老的强大宝剑从利比亚堕落的人那里获得的俘虏名单，——在西海滨，众神之王阿蒙-拉，赫利奥坡里斯的两土地之神阿图姆，哈拉凯悌，两土地生命之神普塔和苏泰赫，给予国王美楞普塔；而且美楞普塔-霍特普希尔玛的堡垒之间的屠杀，——泰赫努，位于派瑞尔和大地之交的山上。名单如下：利比亚可怜的堕落的首领的孩子们，他们未环切包皮的阴茎被割掉，6个男性；首领们的孩子们，利比亚可怜的堕落的首领的兄弟们，被砍掉，作为————；利比亚的——，被屠杀，他们的阴茎被割掉，6200+x个男性；利比亚家庭的——，被屠杀，他们的阴茎被割掉，——个男人；——，200个男人；海上国家的埃克维什，被利比亚可怜的堕落的首领带来，他们的手被割掉，2201+x个男性；谢克勒什，200个男性；特瑞什，722+x个男性；——利比亚和谢尔登，被屠杀，——个男性；——，32个男性；利比亚可怜的首领的女人们，12个利比亚妇女；——利比亚堕落者，总数9300+x；——5224+x；弓箭，——2000+x；——金子——。"

第四个就是这里翻译出来的以色列石碑。以色列石碑是皮特里于1896年在底比斯美楞普塔的葬祭庙里发现的，铭文刻写在一块石碑的背面，这块石碑原本是美楞普塔的前辈国王阿蒙霍特普三世的，被美楞普塔借用了。石碑铭文以十一行诗歌的形式赞颂国王美楞普塔利比亚战争的胜利。石碑内容高度赞颂的色彩和行文的简洁使得它没有提供关于利比亚战争更多的内容，如果没有前面翻译的那篇卡尔纳克铭文，这块石碑还会产生极大误解，即促使人们认为美楞普塔只对利比亚发动了战争，没有对海上民族发动战争。

这块石碑之所以引起广泛关注，就是因为行文最后两句提到了"以色列"这个词，这对于研究圣经的学者来说，无疑是提供了以色列人在埃及受到驱逐的说法的直接证据。尽管一些学者愿意将这块石碑作为圣经文本的诠释，但很多学者更愿意谨慎地使用这条史料。事实上，根据其他史料，美楞普塔在其统治的第三年的确在巴勒斯坦地区发动战争，平定那里的叛乱。这样，以色列人或许也在美楞普塔平定的叛乱人员之内。本译文根据 James Henry Breasted, *Ancient Records of Egypt*, vol.3, Chicago: University of Chicago Press, 1906, pp.259—264 译出；同时参考了 W.K.Simpson,*The Literature of Ancient Egypt*, New Haven and London: Yale University Press, 2003, pp. 356—360 的译文。

时间和引言

陛下荷鲁斯统治的第五年第三个季度第三个月（即第十一个月）的第三天：强大的公牛，因正义而欢呼；上下埃及之王：宾拉-迈瑞阿蒙；拉之子：美楞普塔-霍特普希尔玛，不断增加力量，高举荷鲁斯胜利的宝剑，强大的公牛，九弓的捶打者，他的名字永远被给予。

大判决

他的胜利在所有国家被宣布，以便每个国家都能看到，使他征服的荣耀出现；国王美楞普塔，公牛，力量的主人，屠杀了他的敌人，光彩照人地出现在胜利的土地上，当他的进攻发生的时候；太阳驱逐了埃及上空的风暴，允许埃及看到太阳的光线，把青铜山从人民的脖子上移走，以便他能够给予那些被窒息的人们以气息。他使孟菲斯因为敌人的遭遇而高兴，是塔特嫩因为他的敌人的遭遇而欢欣鼓舞。他打开了那个被堵塞的四周建有围墙之城的大门，使他的神庙获得他们的食物；国王美楞普塔，独一无二者，建立了成千上万的众生的心，结果气息在他们见到他的时候进入他们的鼻孔。他已经在活着的时候进入了特麦之地，把永远的恐惧放在了麦什维什的心里。他已经返回利比亚，他曾经入侵埃及，埃及的伟大恐惧在他们心里。

利比亚人的溃败

利比亚可怜的、堕落的首领在夜幕掩护下独自逃跑了，他的头上没有羽毛，他的双脚失去了知觉。他的女人在他面前被带走，他的补给谷物被掠夺，他的皮肤上没有保持生机的水。他的兄弟们的面部充满敌视，要去屠杀他，他的领导者们之间互相打斗。他们的营帐被烧掉，人们被烘烤，他所有的物品都成为军队的食物。当他到达他的国家的时候,他是他的国家每个人的抱怨对象。他羞愧难当,他弯下了腰,邪恶的命运清除了他的羽毛。这个城市的居民都咒骂他:"他处于孟菲斯的所有神的掌握中;埃及的神诅咒他的名字,迈瑞耶,孟菲斯城所憎恶之人,从他家族的儿子到另一代儿子,永远。宾拉-迈瑞阿蒙追逐他的孩子们,美楞普塔-霍特普希尔玛被任命承担使命。"

美楞普塔在利比亚的声誉

他对于利比亚来说是一个众所周知的人物;年轻人对年轻人诉说着他的胜利:"自从拉的时代以来,它从未发生在我们身上。"每个老人都对他的儿子说:"利比亚充满恐惧!"他们停止了漫步田野的快乐生活方式;他们停止了在白天出行的习惯。特赫努①在一年之内被消灭掉。苏泰赫已经转过身,背对着他们的首领;他并不满意他们的定居点。在这些天里,没有搬运——的工作。隐蔽是好的,洞穴里有安全。埃及的大神,力量和胜利的掌握者!谁将战斗,知道他的进展?愚蠢无知的人会接受他;侵犯他的边境的人不知道明天。

神保护埃及

他们说,自从众神的时代以来,埃及就是拉神唯一的女儿;他的儿子是那个坐在舒神王座的人。没有任何人敢侵犯她的人们,因为每个神的眼睛都在那个将冒犯她的人的后面;它(眼睛)抓住她的敌人的屁股。——。一个大奇迹已经在埃及发生,奇迹的力量已经使她的入侵者成为活囚徒。神圣的国王高兴地战胜了她的敌人,在拉在场的情况下。迈瑞耶是邪恶者,孟菲斯的神和主人已经推翻了他,他已经在赫利奥坡里斯接受审判,九神团宣布他的罪行。

美楞普塔获得神的任命

万能的神说:"把剑给予我的儿子,他就是正直、良善、和蔼的美楞普塔,他保卫孟菲斯,护卫赫利奥坡里斯,解放那些被封锁起来的城市。让他解放那些困在每个区的大多数人,让他向神庙奉献祭品,让他在神面前燃香,让他使王子再次恢复他们的所有物,让他使穷人再次进入他们的城市。"

---

① 特赫努:古埃及铭文中称埃及以西的北非各族为"特赫努"。

赫利奥坡里斯赞美美楞普塔

他们在赫利奥坡里斯的众神中间谈论他们的儿子美楞普塔:"给他像拉一样的长久时间,让他成为每个国家受压迫之人的律师。埃及已经被指派给他,作为他为自己永远获得的一部分。他的力量是他的人民。哦,当一个人生活在这个英雄时代的时候,生命的呼吸立即出现……"他们就是这样说的。

众神把迈瑞耶交给美楞普塔

利比亚可怜的、被征服的首领迈瑞耶来入侵孟菲斯,国王美楞普塔是它的主人,在他的王座上闪闪发光。普塔说的话涉及利比亚被征服的首领:"他所有的罪行都将被收集起来,都返还在他自己的头上。把他交给美楞普塔,以便美楞普塔可以使他吐出他已经像鳄鱼一样吞下的东西。瞧,褐雨燕是褐雨燕的捕获者;国王将诱捕他,尽管他的力量众所周知;因为阿蒙将把他绑在自己手中,将把他传递给他在赫尔蒙提斯的卡,给予国王美楞普塔。"

埃及人的欢呼

极大的喜悦已经来到埃及,欢呼已经从托美瑞(即埃及)的城镇而来。他们谈论美楞普塔在泰赫努获得的胜利。"他是多么和蔼可亲啊,胜利的统治者!国王在众神中是多么大放光彩啊!他是多么幸运啊,命令之神!高兴地坐下来交谈,活着在路上远足,因为人们心中没有恐惧。城堡被留给他们自己,井水被再次开放。信使绕着城墙的防卫墙走路,躲避太阳的照射,直到它们的看守醒来。士兵们躺下睡觉,边境侦探在他们自己想去的地方。田野的畜群被留在那里,牛在自由行走,没有牧人,它们自由地穿行于丰沛的溪流。夜晚没有高声喊叫:'停下!瞧,一个人来了,一个操着陌生口音的人来了!'一个人来了,并哼着小曲离开了,没有哀嚎之人的悲叹。城镇重新定居起来;收获谷物的人,可以吃掉谷物。拉把他送回埃及;他生在埃及,被任命为她的保护者,国王美楞普塔。"

结尾诗句

"国王们被推翻,说:'萨拉姆!'"

九弓的所有首领都低下头。

泰赫努是荒凉的,

海塔是和平的，
派克南被掠夺，用所有邪恶，
阿斯卡伦被带走，
吉泽被占领，
耶诺姆被弄成不存在的地方。
以色列变得荒凉，他的种子不再存在；
巴勒斯坦成为埃及的寡妇。
所有土地都被统一起来，他们是和平的；
每个处于骚乱中的人都被国王美楞普塔联合起来，被给予像拉一样的生命，每天。

23.拉美西斯三世葬祭庙铭文与浮雕

  拉美西斯三世在美迪奈特·哈布的葬祭庙是古埃及法老王朝时代留存下来的保存最为完整的葬祭庙之一，是拉美西斯三世在其统治的第12年建筑的，整个神庙完全由拉美西斯三世自己建筑。神庙内部的墙壁上保存了很多铭文和浮雕，记载了拉美西斯三世时期的神庙财产、对外战争和节日历法等。这个神庙的铭文和浮雕与拉美西斯三世留给后人的哈里斯大纸草为后人了解第20王朝早期的历史提供了非常翔实的资料。

  神庙里面有很多铭文记录了国王建筑和奉献神庙的事情。例如，在至圣所的周围有一段奉献铭文，就是这种文字。"他使它作为他为父亲即众神之王阿蒙-拉建筑的纪念物，为他建筑了一座高大的神庙，用优质白色砂石建造，大门用琥珀金打造；一个放置其雕像的巨大宫殿，雕像就在他的房屋内。他在'生命的主人'边上的神圣区域为他建筑了它，这是底比斯统治者的纯洁之地，永恒的休息之地，塔左塞尔（Tazoser）之主人的惯用庭院，来世领导者的道路。我没有翻转生命的主人们的坟墓、祖先们的坟墓间、创世之初的荣耀之地、罗斯塔的主人的荣耀之地、众神的神圣道路和死者成为受尊敬之死者的神圣道路。"

另外，关于神庙的石头来自哪里，一个官员在希尔希勒（Silsileh）采石场挖掘砂石的时候，留下了一段铭文，记录了石头开采的情况。"国王拉美西斯三世统治的第五年第三个季度第一个月份（即第九个月份），国王是众神所钟爱的人，永远被给予生命。陛下命令白屋的监督者塞泰姆哈布（Setemhab）远征，在西底比斯'阿蒙之屋国王乌塞尔马拉－迈瑞阿蒙的百万年之屋'的山上为'阿蒙之屋国王乌塞尔马拉－迈瑞阿蒙的百万年之屋'做工作。在他率领下的军队有男人2000人，采石工500人，他领导下的大运输队40，——船只4艘，——500人，各种人总数为3000。"

该神庙里面最重要的是历史铭文，包括神庙财富和拉美西斯三世的战争业绩。铭文大多采用诗歌的方式书写，所以很多内容难以理解，好在有很多浮雕和附属铭文可以起到辅助理解的作用。铭文顺序也比较混乱。布列斯特德按照时间顺序将整个历史铭文翻译成了英文，为我们提供了极大的便利。因而，本译文根据 James Henry Breasted, *Ancient Records of Egypt*, vol.4, Chicago: University of Chicago Press, 1906, pp.1—81 译出。美迪奈特·哈布神庙的历史铭文包括两部分，一部分是神庙财富，另一部分是拉美西斯三世的战争铭文。

我们这里全部翻译出来，以便全面理解拉美西斯三世战争及其赖以进行的经济条件。

I. 美迪奈特·哈布的财宝

这座神庙里面有五个财宝间，它们的墙壁上都描绘着场景和铭文，展现了房屋里面存储的物品。这些场景和铭文具有重要的历史意义。铭文如下。

国王拉美西斯三世对他的父亲即众神之王阿蒙－拉说："我已经在底比斯我的房屋里为你建造了一个高大的宝库，我用所有真正有价值的石头填充它，为了使你的美丽永远明亮。"

国王拉美西斯三世对他的父亲敏－阿蒙说："我为你的神庙带来了没药、一尊跪在地上的雕像，用黄金和各种昂贵石头打造的我的雕像，镀上亚洲黄金，为底比斯我的房屋中的陛下涂抹膏油。我已经把我的名字铭刻在它的中间,就像每日悬挂着太阳的天空。它是一个带有你的名字的居住之地,永远补给供给物。"

为他父亲即众神之王阿蒙-拉带来一箱银子和金子。

把当地金子给予他的父亲阿蒙-拉。

把所有昂贵的石头带给他父亲。

国王拉美西斯三世对他父亲即众神之王阿蒙-拉说:"我已经为你搜集了金子和银子纪念物,因为我在大地上的肖像在你的财宝中间。"

拉美西斯三世对他的父亲即众神之王阿蒙-拉说:"我为你的神庙提供纪念物,用琥珀金制作,山脉的纪念物,从普塔的作坊来的——的当地金子,列腾努的岁赋作为贡赋放在你面前,为了供给你的神庙;因为你的宝库是每个国家精选的产品。我用我的宝剑的贡赋、我在每个国家的力量填充你的房屋。"

国王拉美西斯三世对他的父亲即众神之王阿蒙-拉说:"给你带来像海滨的沙子一样多的银子和金子,我已经从水和山脉中为你生产了它们,结果我可以把它们作为财宝呈现给你,陛下每天的王权标志。我带给你天青石、孔雀石和成箱子的各种昂贵石头以及琥珀金。我已经用各种昂贵的石头为你制作了很多神圣的眼睛护身符。"

在两个母牛形态的砝码上面:"神之地的树脂。"

在两棵树中间的一堆物品处:"蓬特的树脂。"

下面的八种东西装在袋子里:

1. 库什的金子。

2. 金子,1000德本。

3. 山脉的金子。

4. 水中的金子,1000德本。

5. 埃德福的金子。

6. 奥姆布斯的金子,1000德本。

7. 科普图斯的金子。

8. 泰夫瑞尔(Tefrer)的天青石。

在四堆物品上:"1.当地金子;2.金子;3.银子;4.银子。"

在两堆长方形物块上:"1.天青石;2.孔雀石。"

国王和托特在阿蒙面前;国王说:我为你带来了银子、金子、铜、国王亚麻、蓬特的树脂。我用各种昂贵的石头填充你的宝库,使你的美丽永远明亮。

托特上方的文字:托特说:"我为你写了数万句话,总共有几百万句话,银子、金子、铜、天青石、瑞舍特的孔雀石、埃穆的优质金子,放在你威严的父亲即众神之王阿蒙-拉的面前,以便他可以给你拉神的塞德节、阿图姆的年月。"

在三堆物品上面:"1.优质的山脉金子;2.纯天青石;3.纯孔雀石。"

国王拉美西斯三世对他父亲即众神之王阿蒙-拉说:"我给你带来了很多袋高纯度的珍贵石头、银子和金子,我使你的宝库充盈,使供给物在你的房屋里流淌。"

在三堆金属盘子上:"1.银子;2.铜;3.铅。"

一对天平,托特的爪子在上面。托特掌管称重,对阿蒙说:"我来到你这里,看你漂亮的面孔,带来所有昂贵珍稀的石头,因为山和山脉为你支付金子税务和各种昂贵石头。"

然后,国王对阿蒙说:"我来到你这里,我向你报告尼格罗之地的黄金的状态。正是你制作了山脉、每一种昂贵的石头,为了使你的美丽明亮。我把它们带到你这里,在天平上准确称量;我为你在几百万年里把它们统一起来。"

国王托着一个堆着金子的托盘,因此他面前有这样的话:"把金子带到他父亲阿蒙-拉那里。"天平上面是一堆金子,有这样的单词:"当地金子。"

神庙后面的一个小房间里面有一个浮雕,描绘了南方的神祇把他们的财富带给国王;下面这些话是附属文字:

众神、南方边境的众神、居住在南部国土上的众神为国王拉美西斯三世带来了山脉及其昂贵的石头、树木及水果,说:"神的土地,各种昂贵的石头,埃穆的当地金子,天青石,——,瑞舍特的孔雀石,加起来有几百万,我们往北带给你;往北航行以后,尼格罗土地的贡赋顺水运送。所有南方土地的产品都在托特的记录中；它们是为你的百万年之屋使用的，按照你喜欢的方式，底比斯。"

II. 第一次利比亚战争，第 5 年

关于这次战争的史料比较多，不仅哈里斯大纸草里面有所提及，美迪奈特·哈布神庙里面也有大量铭文记载之。本译文这里主要翻译神庙里面的两处铭文。从内容上来看，拉美西斯三世的第一次利比亚战争的原因和过程与前面翻译出来的美楞普塔利比亚战争铭文相似。实际上，美楞普塔去世以后，利比亚人的力量再次强大起来，集结部队，攻入尼罗河三角洲的卡诺匹克支流两岸，并掠夺南到孟菲斯、北至科尔本的很多城市。这是拉美西斯三世发动第一次利比亚战争的原因。结果是拉美西斯三世获得胜利，杀死 12535 个利比亚男人，俘获至少 1000 名囚徒。下面分别翻译美迪奈特·哈布神庙中两个地方的铭文。

（I）第二庭院的大铭文（第 5 年）

这篇铭文是美迪奈特·哈布神庙里面最长的，总共 75 行。它也是非常难以翻译和理解的，很多内容模糊不清，甚至整篇铭文都是对国王的赞美和对敌人失败的狂欢。但铭文基本上体现了四个方面的内容：国王从宫殿阳台上看到士兵屠杀敌人和俘获俘虏时，深感喜悦；敌人首领的名字；北方海上同盟的简单介绍；埃及人的安全。

引言

陛下统治的第五年。荷鲁斯：强大的公牛，拓展埃及领土，拥有锋利宝剑的人，装备强大的人，泰赫努的屠杀者；双王冠的佩戴者；拥有强大的力量，就像他的父亲孟图，在宫殿中泰赫努的推翻者；金荷鲁斯：勇敢的人，所有力量的主人，使边界远达他渴望的敌人的后面——，他的恐惧、他的恐怖是埃及的盾牌；上下埃及之王：白昼的主人，年轻而精明的人，像月亮一样光芒四射，他已经重复了他的出生——乌塞尔马拉-迈瑞阿蒙；拉之子：拉美西斯三世，赫利奥坡里斯的统治者，第一个获得胜利的人，出现在埃及，拉已经确保他带着祭品返回埃及，九神团已经使他——胜利，勇敢的主人，战士，有一个像努

特之子的肖像，使整个大地像——，国王拉美西斯三世，统治者，拥有伟大的爱，祭品的主人，他的肖像在早晨像拉一样。

国王的力量和善良

他的恐怖——，他的蛇标的——，建立在拉的王座上，作为两土地的国王。从前到后的土地被解除了，首领们做荣誉之事——聚集在一起，在很多国土上，在国王拉美西斯三世的统治下，勇敢而威猛的国王，他创造了他的——，当他看到——，愤怒，保护者，来到埃及，长胳膊的、快腿的人，捶打每个国家；资议员，拥有极好的计划，熟悉法律，给予——欢呼。他的名字已经深入到远达黑暗之边的人们的心里；他到达了他的极限，他令大地终端恐怖，——他们不知道的国家。他们的主人迈着恐怖的脚步来到埃及向荷鲁斯祈求生命的气息，强大的公牛，拥有伟大的王权，国王拉美西斯三世，埃及的大墙，保护他们的四肢。他的力量就像躺在九弓下面的塞特；年轻的人在出现时是神圣的，就像哈拉凯悌。当他出现的时候，他看上去就像阿图姆；当他张开他的嘴时，他为人们提供呼吸，每日用物品维持两土地的活跃状态；九神团的护卫、九神团喜爱的儿子，他们为他推翻很多国家。

阿莫尔的失败

阿莫尔的首领被刺伤，流着血，他的后代不再存在；他所有的人们被抓作俘虏，被掠夺。他土地上的每个人来到，赞美说埃及的大太阳能够照耀到他们，太阳光将返回到他们那里，太阳出现，升上大地，温暖埃及，太阳在天空中。

人们的赞美

他们说："我们土地上的太阳高高升起来了！我们曾每日迷失在黑暗里，国王拉美西斯三世已经驱逐了这种黑暗。土地和国家被剥夺，被带到埃及充当奴隶；礼物被聚集在一起，为了令他的神满意，供给和补给像洪水一样来到两土地。大多数人在这片土地上欢呼，没有一个人是悲伤的，因为阿蒙已经把他的儿子放在王座上，他令太阳照耀之地统一起来；亚细亚人和泰赫努被征服。那些曾经掠夺了埃及的人被带来。自从以前的国王以来，土地已经暴露于持续的极端行为之下。它们是孤独的，所有神和人们都是孤独的。当他们撤退的时候，没有英雄去抓住他们。哦，有一个像怪兽一样的年轻人——像公牛一样准备战斗——在田野里。他的马就像猎鹰。——像狮子一样愤怒吼叫。官员们像瑞舍普一样强大，当他们看到伊万人的时候。——像孟图一样。他的名字是火焰，他的恐惧遍布各个国家。特麦的土地成为利比亚的一个地方，——麦什维什——"

敌人的推翻

哦，陛下的心是暴力的、强大的，就像强大的狮子追赶绵羊一样。他全副武装，就像威武的公牛，他是可以用双臂将山脉撕为碎片的尖牛角，——背后。众神使他们的计划受挫，他们面对陛下时打算实施这些计划。至于那些将入侵他的边境的人们，陛下就像火焰一样对抗他们——在干旱的草木中。他们像野禽一样在网中四处逃窜，腿脚绊在篮子上，被烘烤，摔倒，匍匐在地上——。他们的损失是沉重的，损失无数。瞧，他们中间的邪恶达到了天庭的高度。他们强大的人们被绑缚在屠杀者的地方，他们被堆成地面之上的金字塔，依靠国王的强大和其四肢的威武，独一无二的主人，像孟图一样强大，国王拉美西斯三世。

向国王欢呼的观众

他们来到，把俘虏带到埃及；手和包皮不计其数；把俘虏带到阳台下，绑缚起来。各个国家的首领们被聚集在一起，看他们邪恶的境况。几十个人被带到国王那里，他们的胳膊伸展开来，他们的赞美达到天空，他们的心对阿蒙-拉充满爱，他们认为神是统治者的保护者。每个国家的信使来到，他们的心怦怦直跳，如此狂喜以至于心不再在他们体内。他们的面孔看到国王像阿图姆一样的面孔，对抗特麦，为了保卫陛下的统治。当他们的脚踏上埃及国土的时候，他们的领导者们就开始恐惧，成为普通人了，失去了力量。他们的名字藏在陛下的伟大名字下面。他们的领导者们——害怕；他们的嘴不能表达埃及的语言。

敌人的崩溃

特麦的土地是广阔的，他们逃跑了。麦什维什被困在他们的土地上，他们的植物被连根拔起，对于他们来说，没有幸存者。他们所有人的四肢都因为害怕而颤抖，四肢是保护他们的。他们说："瞧，我们臣服于埃及，它的主人已经毁灭了我们的灵魂，永远——我们无路可走；我们作为利比亚的战士横穿所有领土，但他们没有与我们在战场上并肩作战。我们按照自己的渴望为自己点燃烈火，但我们自己的火燃烧了我们自己，我们不能熄灭它。他们的主人就像苏泰赫，拉所钟爱的人，他的怒吼被听到，——就像一只怪兽。他在我们后面杀戮，他没有怜悯。他永远从埃及边境对抗我们。——火已经深入我们内心深处，我们的种子不复存在。至于戴德、麦什肯、迈瑞耶和威尔麦、特麦尔和每一个从利比亚穿越埃及边境的敌对的首领，他已经从前往后地放火焚烧——。我们知道埃及的伟大力量，因为拉神保护她，给她以胜利，当他出现并像太阳一样照耀的时候，当他升起到人们头上的时候。我们来到他这里；我们哭泣，对他说萨拉姆，我们吻他面前的土地——国王拉美西斯三世。"

北方国家的战败

北方国家的四肢并不安宁，甚至派勒塞特人、赛科尔人都使他们的国土遭受灾难。他们的灵魂来了，在最后的极端时刻。他们是土地上的战士，也是海洋上的战士。那些人从陆地来到——，阿蒙－拉在他们后面，毁灭他们；那些进入河口的人就像野禽，爬进网内，——他们的胳膊。他们的心怦怦直跳，如此激动以至于心不在他们的身体里。他们的领导者们被带走、屠杀、匍匐在地。他们成为俘虏——

战败的北方人的话

"唯一的主人在埃及，没有任何战士在射击时如此准确，没有任何人可以逃过他——伟大圆周的终端，回到他们一致的恐惧。我们将祈求和平，迈着颤抖的步伐而来，因为害怕他——"

国王的勇敢

他就像一头站在田野里的公牛，他的眼睛和两只角已经准备好了用他的脑袋攻击他们的臀部；一位勇敢的战士——吼叫；一位强大的武士领主，从每个国家捕捉俘虏。他们因为害怕他而弯下腰，他是一位精力旺盛的年轻人，就像巴阿尔（Baal）一样勇敢，——有效实施计划的国王，掌握着咨询委员会，不会失败，他想做的事情会立即发生，拉美西斯三世——。他就像一只在山顶上怒吼的狮子，他的恐怖在遥远的地方都能被感受到。一只怪兽在各地快速奔跑，他的双翼是几百万年的通道，就像豹子的步伐——，知道他的猎物，抓住他的攻击者；他的双臂毁灭那些入侵边境的人们的四肢，暴怒——；他的右臂奋力拼杀，将成百上千的人就地杀死在他的马下；他看到大量死者堆积起来，就像蚂蚱一样，被捶打和碾压，就像——被挤压；强大的角，依赖于他的力量，成百上千和成千上万的人们在他面前受到蔑视。当他前进的时候，他的形态就像孟图神。每块土地都向他鞠躬，在提到他的时候；他是极好地实施计划的国王，就像奥西里斯，用——装备整个国土；强大的胳膊，在很多土地和国家拥有强大力量；他所做的都发生了，就像托特所为。

国王的埃及安全了

国王拉美西斯三世对埃及是热心的，毫不犹豫地肩负起了保卫国家的重任，就像一面墙一样为人民提供庇护。他们生存在他的时代，全心依赖于他们的保护者的力量和他的双臂的——，说："一只神鹰，捶打敌人，抓住敌人！"他通过胜利提供住处，用掠夺物填充神庙的仓库，从他极好的事物中准备祭品——因为他威严的父亲阿蒙已经把土地给予他，把两土地统一起来，置于国王拉美西斯三世的脚下。哦，金荷鲁斯，拥有很多年；拉的圣水，来自拉的四肢，伊西斯的儿子（荷鲁斯）的庄严的活的形象；生来便头戴王冠，就像塞特一样；拥有大泛滥，依靠泛滥供养埃及，结果臣民和平民都拥有美好的东西；君主为万能的主执行真理，每天将真理呈递给他。埃及和各地在他统治下处于和平状态，国家就像——，内心未受干扰。妇女按照自己的愿望出行，无须面纱罩面，她可以去她喜欢去的遥远地方。很多国家的人来了，在陛下面前鞠躬，带来他们的贡品，并背着他们的孩子。南方和北方都来赞美他，当他们看见国王每天早晨像拉一样升起时。他们——胜利国王、统治者的计划和条约，像普塔一样有效地实施计划，国王，两土地之王，强大的领主，拉美西斯三世，被给予生命，像拉一样，永恒。

（Ⅱ）第二庭院和北墙外部的浮雕场面（第5年）

这些场面描绘了战争的各种事件，从军队向前线进军，到最后的胜利。或许这些场面比前面翻译的长篇铭文能为我们提供有关战争的更多信息。

场面一

国王站在战车上，率领着军队，向利比亚进军。他前面是一辆战车，车上插着阿蒙的军旗。国王驯养的狮子在国王旁边跑动。铭文是这样的：

阿蒙军旗上面的铭文

众神之王阿蒙－拉说："哦，我在你面前，我的儿子，两土地之王，乌塞尔马拉－迈瑞阿蒙；我把九弓的所有力量和势力都给予你；恐怖——他们的首领们，我将为你开辟特麦之地的道路。我将在你的马前践踏他们。"

国王浮雕之上的铭文

善良的神，胜利的国王，拥有强大力量者，像孟图一样，像敏一样受到喜爱，下努特的儿子一样拥有强大的胳膊，拥有强大的力量，力量令人恐怖，他的怒吼声遍布各国，当他看到他的敌人时就像狮子一样怒吼。没有人逃跑——。他在十万人中间欢呼，他是威武的战士，他把千军万马视作一人。当他像巴巴尔一样出现在战车上的时候，他的火焰燃烧掉了九弓。

场面二

拉美西斯三世站在战车上，拉弓射箭，追赶逃跑的利比亚人，他的马践踏利比亚人。他得到雇佣弓箭手和剑客的支持，或许是谢尔登人。

铭文

善神孟图生机勃勃，当他前进时，在战马上威风凛凛，冲入成千上万的士兵中，力大无比，拉弓射箭，如入无人之境，战斗——用尖锐的角攻击，打翻了特麦人，把他们成堆地杀死在他的马前，结果他使他们的脚步停止在他们的土地上；在他父亲阿蒙的强大力量帮助下，他的剑已经打倒了所有土地上的人们的种子，两土地之王，拉美西斯三世。

场面三

国王站在战车上，以传统方式冲击敌人。敌人是利比亚人，分散在国王右面和左面，或者被践踏在马蹄之下。作为辅助军队的谢尔登人与埃及人一起进攻。

铭文

善良的神，以孟图的形态存在，拥有伟大力量；当他看到冲突的时候，他的心是高兴的，就像火一样——，右面坚定，拉弓射箭，转向左面，冲击他面前的人，意识到他的强大，面对面地，捶打成千上万的人，特麦土地之心；他们的生命期限结束了，他们的灵魂消亡了，阿蒙武装强大的儿子在他们后面，就像一只年轻的狮子。

场面四

国王站在一个阳台上，他的战车就在他下面；他对他的贵族高谈阔论，他的贵族们集体站在他面前。他们后面是五行被俘虏的利比亚人和海上民族，每一行俘虏都由埃及官员和书吏引领，他们堆起五堆被割掉的手和阴茎，书吏做记录。下面是附属铭文。

国王面前的铭文

陛下对他身边的贵族和伙伴们说："瞧，众神之王阿蒙－拉已经为他的儿子法老做了很多好事情。他已经捕获了特麦、塞派得和麦什维什之地的俘虏，这些人是每日掠夺埃及的掠夺者，我打倒了我脚下的他们。他们的植物被连根拔起，结果没有一颗植物活下来。他们已经停止了所有谎话——永远，陛下已经采纳了好的意见，为了使——。欢乐与高兴是你们的，可以抵达天堂。陛下像塞特一样怒吼，将埃及疆域扩大，——推翻九弓。我的父亲、众神之主、阿蒙、底比斯的主人、我的美丽的创造者，为我做了这些。"

宫殿旁的铭文

"乌塞尔马拉－麦瑞阿蒙是特麦的惩罚者"的城市。

贵族浮雕上方的铭文

贵族和伙伴们在善良的神面前回话，说："你是拉——，当你升起的时候，人们活过来。你的心善于言辞，你的意见是极好的。你的恐惧已经驱逐了九弓；至于特麦人，他们的心失败了，以至于他们——埃及。至于各个国家和乡村，他们的四肢在颤抖，你的恐惧每天出现在他们面前；但埃及的心永远欢愉……"

包皮的总数　　[1] 2535

手的总数　　12535

——的总数　　12758（+x）

手的总数　12520（+x）

手的总数　12635（+x）。

场面五

国王坐在他的战车上，他的后背对着战马，他的官员牵着马，三个仆人为他举着遮阳伞。他后面（浮雕的下面）是一列官员，现在大多数都消失了。在他前面，他的儿子们和王国的最高级官员们带来四行利比亚俘虏。在前三行俘虏的前面，书吏在倾倒和细数埃及人从战败的利比亚人身上砍下来的手。在第四行的前面，书吏们正在倾倒和细数埃及人从战败的利比亚人身上割下来的阴茎。

国王浮雕头上的铭文

国王、两土地之主、拉美西斯三世对国王的孩子们、国王的仆役长官们、贵族们、伙伴们和所有步兵和战车兵的领导者们说："你们欢呼吧，直达天庭！我的宝剑已经推翻了泰赫努人，他们来到埃及，配有装备，他们的心决定用埃及来满足他们自己。我就像一只狮子对抗他们；我捶打他们，他们被堆积起来。我在他们后面，就像神鹰，当他已经看到——中的鸟的时候。我打散了他们的灵魂，我取走了他们的水，我的火焰燃烧了他们的城市，我就像埃及的孟图神；我的力量推翻了九弓，因为我的威严的父亲阿蒙使所有土地拜服于我的脚下，而我永远是王位上的国王。"

手和阴茎浮雕上方的铭文

把那些从被征服的利比亚捕获的俘虏带到国王面前；1000个男人；3000只手；3000只包皮。

第一行俘虏浮雕上方的铭文

国王的孩子们、国王的仆役官员们、贵族们在善良的神面前说："你是多么伟大啊，哦，胜利的国王。你的怒吼响彻九弓。你是堡垒，保护着埃及；他们自信地在你的力量保护下生活，哦，法老，我们的主人，LPH。"

第三行俘虏浮雕上方的铭文

贵族和领导者们说："阿蒙神，已经命令了统治者的胜利，他带走了所有土地，拉美西斯－麦瑞阿蒙，——"

第四行俘虏浮雕上方的铭文

国王的孩子们、国王的仆役官员们、贵族们说："你是太阳，当你升到埃及的上空时，你的恐怖——，哦，法老，LPH，阿蒙的孩子。"

场面六

国王在他的战车里，陪伴者是一对高举遮阳伞的仆人和一队士兵，把三行绑缚在一起的利比亚囚徒驱赶到国王面前。

铭文

统治者，英俊的国王，像阿图姆一样，强大的——。泰赫努人，因为恐惧他而来到；他——侵入他的边境的他。阿蒙，他威严的父亲，使国王拉美西斯三世的四肢强大，给予生命。威武的——，像他的父亲孟图一样拥有强大力量。他已经在他们的地方推翻了他的敌人。他的宝剑捕获了活的俘虏，他们的手被绑缚着，站在他面前。他就像一个强大的公牛，他攻击——，漂亮的，拥有他的父亲阿蒙-拉给予他的喜爱，阿蒙-拉给予他伟大的胜利，给予他像拉一样三十年的统治；国王，强大的主人，拉美西斯三世，被给予像拉一样的生命。

场面七

在左面，阿蒙坐在一个小圣殿的王座上，穆特神站在阿蒙神后面。国王从右面走上来，领着三行利比亚俘虏，把他们奉献给神。

阿蒙浮雕上方的铭文

众神之王阿蒙-拉对他的儿子国王拉美西斯三世说："赞美你！你已经捕获了你的敌人；你已经推翻了入侵你的边境的人。我把我的力量注入你的四肢，以便你可以推翻九弓。我的手是你的身体的盾牌，把邪恶挡在你的外面。我把阿图姆的王国给予你，把光线洒在拉的王座上。"

国王面前的铭文

他的父亲、众神的统治者阿蒙-拉面前的国王拉美西斯三世说："你已经为我做的事情是多么伟大啊！你的计划和建议穿越一切来到我这里。你温暖地送我前行，你的力量与我同在。在提到你的时候，没有任何土地可以在我面前站立。我推翻了那些已经入侵我的边境的人，在他们的地方捉住他们。他们的战士被束缚住，被屠杀，在我的掌握中。我占领了特麦人的土地，他们的种子不再存在。麦什维什人因为害怕我而匍匐在我面前。它被规定了，因为你的胜利带来了命令；它被给予，因为你的王国拥有实力。"

利比亚人浮雕上方的铭文

被征服的利比亚的领导们处于陛下的掌握中，说："你的声誉是多么伟大啊，哦，胜利的国王；你的恐惧和你的恐怖是多么强大啊！当我们去战斗、去入侵埃及的时候，你永远地将我们打翻在地。请你给予我们呼吸，生命掌握在你的手里，哦，主人，就像阿蒙-拉的形象，众神之王。"

III. 北方战争，第8年

北方战争指的是拉美西斯三世对抗来自北方的海上民族的战争。学界关于海上民族的身份有很多争论，但这些人显然是来自小亚细亚及其北部的流亡者和叙利亚巴勒斯坦地区的流亡者。这些人在埃及的拉美西斯三世统治时期占据了叙利亚的大部分地区，并从陆路和海陆攻击埃及，甚至一度与利比亚人联盟。

拉美西斯三世在其统治的第8年发动了对海上民族的战争，并最终取得胜利，抵挡住了海上民族对埃及的进攻。关于这场战争的铭文和浮雕铭刻在美迪奈特·哈布葬祭庙的两个地方，并记录在哈里斯大纸草中。这里主要翻译前两者。

（1）第二塔门的大铭文，第8年

美迪奈特·哈布神庙中的这篇长铭文是目前为止最清晰和最容易理解的，而且结构上也最为清晰明了。铭文首先交代了时间和对法老的赞美等，进而介绍国王的登基；接下来阐述了海上民族对北方叙利亚的入侵、他准备攻打海上民族的情况，以格式化的言辞简单说明埃及的胜利；后面是对战争胜利的颂歌。三个部分各占三分之一篇幅，因而这篇文献里面真正具有历史意义的只是中间部分。

引言和对拉美西斯的赞美

陛下统治的第8年。荷鲁斯：强大的公牛，威武的狮子，体力旺盛，强大的主人，捕获亚细亚人；两夫人的钟爱者：拥有强大的力量，像他的父亲孟图一样，毁灭九弓，把他们从他们的土地上驱赶出去；隼鹰，出生时就是神，哈拉凯悌极好的和极喜欢的蛋，君主，众神极好的继承人，装饰众神在大地上的肖像，增加众神的祭品；上下埃及之王，两土地的主人：乌塞尔马拉－麦瑞阿蒙；拉之子，拉美西斯（三世），赫利奥坡里斯的统治者；国王，爱的主人，伸展他的双臂，带走各个地方的呼吸，拥有孟图一样强大的力量，像拉一样暴躁，——在他的马上威武，赤手空拳地战斗，就像在天空射击星星一样的战士，国王拉美西斯三世；国王愤怒地冲入敌军，——把亚细亚人赶了回去，在那些不知道埃及的反叛者领土上战斗，反叛者说他们知道了国王的强大，他们来赞扬国王，四肢颤抖，亚细亚人的——。他的身体和四肢是直的，堪与巴巴尔神相比，拥有强大力量，没有匹敌者。他独自一人捶打几百万人；所有土地都受到轻视，在他面前是可鄙的，出现——。他们来——看埃及，匍匐在他面前。他们每天说："孟图处于极好的形态，在埃及，在你们中间，佩戴着他的大宝剑。让我们都来，我们可以为他做——在他的掌握下，国王拉美西斯三世。"国王的出现是美丽的，就像伊西斯的儿子，保卫者，拉－阿图姆的第一个儿子，——戴着白冠，戴着红冠，拥有漂亮的面孔，就像塔特嫩一样戴着双羽毛。他的爱——在清晨，漂亮的，就像阿图姆一样坐在王座上，他戴着荷鲁斯和塞特的徽章；奈赫拜特和布陀，南部的蛇标－王冠和北方的蛇标－王冠，它们都在他的头上。他的双手握着权杖——意识到强大——对九弓怒吼。在他统治时期，供给是丰富的，就像他的父亲，普塔，作为国王拥有大爱，就像舒，拉之子。当他出现的时候，就像阿吞一样拥有人们的欢呼；强壮而威武，聚集在他渴望的土地上，就像孟图，就像普塔一样创造他们；熟练法律，没有匹敌者；就像拉，当他把土地作为一个王国的时候，国王拉美西斯三世，拥有大量纪念物，拥有大量工作，在神庙举行节日，拉之子，他从拉的四肢而来，众神的第一个儿子。他很小的时候就被任命为两土地的国王，成为阿吞所照射之地的统治者，作为盾牌在有生之年保护埃及。他们坐在他的强大阴影下，强大的人——胜利的手放在他们头上；国王拉美西斯三世，国王本人，他说：

二 王室文献

拉美西斯的话；他的登基

"请注意倾听我的话，整个国家，聚集在一个地方，宫廷，国王的孩子们，仆役官员们，——活着的——，这个土地上的所有年轻人。把你们的注意力放在我说的话上，以便你们可以知道我支持你们活着的计划，以便你们可以了解到我的威严的父亲阿蒙-卡孟菲斯、我的美丽的创造者的力量。他的伟大的力量——，战胜所有敌人，在我的脚下。他命令我去胜利，他的手与我同在，结果我的边境的每个入侵者都被我屠杀；他从成千上万的人们中选择出来的人，安全地站在他的御座上，他们中没有任何人可以从九弓中挽救他们。我包围埃及，我依靠我的威武力量建立了埃及。当我作为国王像太阳一样升到埃及的上空时，我保护埃及，我为她驱逐九弓。"

北方人入侵叙利亚

"那些国家——，在他们岛屿上的北方人受到干扰，被赶走，满怀愤怒。没有一个人可以在他们面前站立，从海塔、科德、卡盖美什、阿尔瓦德、阿拉萨，它们都变得荒芜了。他们在阿莫尔的一个地方搭起帐篷。他们使它的人们和土地变得荒凉，好像它根本就不存在。他们带着火焰而来，在他们面前做准备，向埃及进发。他们的主要支持者是派勒塞特、塞凯尔、舍克勒什、登耶恩和威舍什。这些土地被统一起来，他们把他们的手放在远达大地之周的地方。他们的心是自信的，充满计划。"

拉美西斯的准备工作

"现在，通过这个神，即众神的领主，一件事情发生了，我准备并装备好了去诱捕他们，就像捕捉野鸟一样。他为我供应力量，使我的计划得以实施。我前进，直接奔向这些了不起的事情。我在扎伊装备我的前线，在他们面前做准备。众贼、步兵的首领们、贵族们，我令其装备港口，就像一道强大的墙，使用战船、大帆船和游艇。它们完全由佩戴着弓箭和武器的威武的战士驾驭，所有士兵都是从埃及精选出来的，就像在山顶上怒吼的狮子一样。战车驾驭者是战士，所有好的官员，都准备好了。他们的马在他们的肢体驱动下精神抖擞，准备冲进他们脚下的国土。我是威武的孟图，站在他们面前，以便他们可以看到我赤手空拳地战斗。我，国王拉美西斯三世，是一个远行的英雄，意识到了他的强大和威武，在战斗之日领导他的军队。"

打败敌人

"那些到达我的边境的人们，他们的种子不再存在；他们的心和他们的灵魂永远地终结了。至于那些已经在海上聚集在他们面前的人们，整个火焰在他们面前，在港口面前，一道金属墙在沙滩上围绕着他们。他们被拖曳，被推翻，被撂倒在沙滩上；他们被屠杀，尸体在他们的船只甲板上堆积起来，他们所有的东西都掉落到水里。这样，我返回来，使他们记住埃及；当他们在他们的土地上提到我的名字的时候，祝愿思想可以消耗掉他们，而我安坐在哈拉凯悌的王座上，蛇标和王冠固定在我的头上，就像拉一样。我不允许各地看到埃及的边境。至于九弓，我已经带走了他们的土地和他们的边境；他们都加入了我的土地和边境。他们的首领和他们的人们都来赞美我。我执行了万能的主、威严而神圣的父亲、众神之王的计划。"

拉美西斯的胜利之歌

"欢呼吧，哦，埃及，直达天庭，因为我是阿图姆王座上南方和北方的统治者。众神已经任命我为埃及的国王，是胜利者，把敌人从埃及和各地驱赶出去；当我还是孩子的时候，他们已经把王国赐予我，我的统治充满了大量的——，力量已经被给予我，因为我对神和女神的善行，出于一颗爱心。我已经驱逐了你的哀叹，后者曾经在你心中；我已经使你和平地安居乐业。那些被我推翻的人不会再回来，贡赋——他们的土地，他们令人憎恶的是每日提起我的名字，国王拉美西斯三世。我已经覆盖了埃及，我已经用我的威武力量保护了她，自从我掌握王国的统治以来——。我的双臂的力量，给九弓带来了恐惧。在听到我的名字的时候，没有一片土地能够站立，他们离开他们的城市，在他们的地方开始，放弃——在他们面前。我是一只带刺的公牛，对双角充满自信。我的手与我的勇气相匹配，跟随着我的威武，当我的心对我说：'使——我的职责——在日出之船的甲板上，我带给你庆祝。'哀号在各地，颤抖在每个国家——我制造的。我的心被填充，作为一个神——威武的，宝剑的主人。我知道他的力量比众神的力量还强大。众神在——敕令——有生之年。在你出现的时候，没有一个时刻，委员会的计划不是带来掠夺物，为了支持埃及。他们城市的首领们——被孤立起来,他们的城市曾经荒芜。他们的果园和所有他们的人们都被火消耗掉了。他们在内心悲痛。'我将——他们去埃及。'"

"我是强大而威武的人;我的设计没有失败。我已经展示了我的精彩,因为我知道这个神,众神的父亲——。我没有忽略他的神庙,我的心坚定地扩大前面提到的神的宴会和祭品。我的心每天充满真理,我的厌恶正在安眠,——众神对真理满意。他们的手对于我来说是我的身体的盾牌,把邪恶和不幸从我身体上驱赶走;国王,九弓的统治者,两土地的主人,拉美西斯三世,被给予生命、稳定、满意,像拉一样,永远。"

(II)第二庭院北墙外和第二庭院内的浮雕场面,第8年

美迪奈特·哈布神庙里面第二庭院北墙外面和第二庭院内部的很多浮雕场面,记录了拉美西斯三世在第8年攻打来自小亚细亚的海上民族的情景,既有海上战斗,也有陆地战斗。这些场面里面出现了最早的海战场景以及最后的胜利场面。

场面一

拉美西斯三世站在阳台上,两个人撑着遮阳伞站在他身后。他面前是军队的军旗持有者,他们跪着敬礼,一个吹鼓手跟着。这些人物旁边是几行被征募来参加战争的新兵,官员正在给他们分发弓和箭袋。长枪、箭袋、弓和宝剑在他们旁边堆放着。铭文是下面这些。

国王后面的铭文

所有神都是他的肢体的保护者,把对抗每个国家的力量给予他。

国王面前的铭文

——国王;他对王子、陛下面前的步兵和战车兵的领导者们说:"把武器取出来——。让弓箭手去用强大的力量摧毁敌人,敌人还不知道埃及。"

官员上方的铭文

王子们、伙伴们、步兵和战车兵的领导者们说:"你是照耀埃及的国王。当你升起的时候,两土地便活了过来。你的力量在九弓中间是伟大的。你的怒吼远达太阳所照耀之地。你的宝剑的阴影盘旋在你的军队头上。他们出发了,充

满了你的力量。他们的心是勇敢的，因为他们极好的计划建立起来了。阿蒙－拉出现了，引领着他们。他把每片土地放在你的脚下；你的心是永远高兴的。你丝毫不耽搁地到来，并保护他们。特麦人的心被干扰，派勒塞特人在他们的城市里拖延，依靠你父亲阿蒙的力量，阿蒙已经下令把——给你。"

武器旁边的官员上方的铭文

——把武器给予步兵、战车兵和弓箭手——。

分发武器的官员上方的铭文

你们要拿着国王拉美西斯三世的武器。

获得武器的士兵上方的铭文

步兵和战车兵正在获得武器。

场面二

拉美西斯三世在他的战车里，两个人撑着遮阳伞跟随其后，埃及人和谢尔登人步兵伴随着他，向扎伊进发。铭文如下：

国王上方的铭文

国王，拥有强大力量，向北方进发，令人非常恐惧，是亚洲人的噩梦，独一无二的主人，拥有熟练的手，意识到他的强大，就像巴阿尔一样，拥有威武的力量，准备对亚洲人的战斗，向远处行军，充满自信，——，捶打成千上万的敌人，将他们在一小时内堆积起来。他像火一样淹没战斗者，使所有面对他的人都变成灰烬。他们在提起他的名字的时候都感到恐惧，而他远没有结束，就像太阳的热在烘烤尼罗河两岸；一道墙为埃及提供躲避太阳热量的阴影。他们自信地居住在国王拉美西斯三世的强大力量中。

马匹上方的铭文

陛下第一个行军过程名为："阿蒙给予宝剑。"

国王后面和谢尔登人上方的铭文

陛下胜利地出征，去摧毁叛变的国家。陛下出发去扎伊，就像孟图的真身，去碾压那些已经跨越边境的国家。他的步兵就像公牛，准备在战车上战斗。他的马匹就像他面前野鸟中的鹰。九弓在他的掌握中。阿蒙，他威严的父亲，是他的盾牌，国王——，两土地之王，拉美西斯三世。

二 王室文献

场面三

拉美西斯三世在他的战车上，拉弓射箭，冲入混乱的北方联盟军队，首要的军队是派勒塞特人。从服饰和头上高高的羽毛可以判断出来，这些人是派勒塞特人。派勒塞特人的战车由两个装备着盾牌和长枪的战士以及一个驾车人驾驶，步兵四个人一组战斗。埃及人和谢尔登辅助军在战斗中，他们屠杀北方人，甚至攻打到了装载着敌人的妻子、孩子和供给物的车辆附近。

战场上方的铭文

——在看到他的时候，就像塞特被激怒的样子，推翻天空大船面前的敌人，践踏土地和国家，令其匍匐在他的马匹面前，碾压它们。他的热量就像火一样燃烧他们，使他们的花园变得荒芜——

国王的马匹上方的铭文

陛下第一个伟大的行军进行名为："阿蒙所钟爱的人。"

场面四

北方人的五艘战船由派勒塞特人和谢尔登人驾驭着，受到四艘埃及战船的挤压。埃及的弓箭手远距离用重箭射击敌人，当弓箭手已经把敌人船只里面的人射击得差不多了以后，持有宝剑和长枪的埃及士兵攻入敌军阵营。在水中逃跑的敌军被埃及士兵抓获，并捆绑起来。敌舰遭到惨重破坏。国王身后是他的战车和等候行动命令的仆人。铭文如下：

国王身旁的铭文

善良的神、埃及上空的孟图，拥有伟大力量，就像各国的巴阿尔神，拥有强大力量，心理坚定勇敢，拥有强壮的角，他的力量令人恐惧，一道——墙，覆盖埃及，结果每个到来的人都不敢看他，国王拉美西斯三世。

战车上方的铭文

哦，北方各国，都在他们的岛屿上，四肢焦躁不安；他们骚扰港口的路。他们的鼻孔和心停止呼吸空气，当陛下像暴风雨一样冲向他们、像一名战士一样在他们的土地上战斗的时候。他的势力和恐惧深入他们的四肢。他们的地方被倾覆，而且寸草不生，他们的心被占领，他们的灵魂已经飘散，他们的武器落入大海。他的箭可以射中他想射击的任何人,他把他们射入水中。陛下就像一只愤怒的狮子,亲手将他面前的敌人撕为碎片,左突右杀,就像塞特一样;毁灭了敌人,就像阿蒙-拉神。他已经制服了各地,他已经将每一个土地都碾压在自己脚下,上下埃及之王,两土地之主,乌塞尔马拉-麦瑞阿蒙。

场面五

国王站在一个阳台上,拿着遮阳伞和扇子的人在他后面,他后面还有国王的战车、大量仆人和士兵。在国王面前,两个维西尔和其他高级官员把派勒塞特的囚徒呈献给国王。其他官员指挥四个书吏记录埃及士兵从倒下的敌人身上割下来的手的数量。铭文如下:

国王旁边的铭文

陛下对国王的孩子们、王子们、国王的仆役长们和战车驾驭者们说:"你们瞧啊,我父亲阿蒙-拉的伟大力量。那些国家从海洋中间的岛屿而来,他们向埃及进发,他们的心依靠他们的胳膊。网是为他们准备的,诱捕他们。他们偷偷地进入港口,结果他们掉到了网里。在他们的地方被捉住,他们被分开,他们的身体被剥去皮。我向你们展示我独自一人战斗的时候的力量。我的箭没有脱落,没有一支箭逃脱我的胳膊和手。我就像一只鹰在群鸟中翱翔;我的爪子落在他们的头上。阿蒙-拉站在我的左边和右边,他的能量和力量贯穿我的四肢,你们欢呼吧;我命令,我的意见和设计将获得通过。阿蒙-拉建立了我的敌人的——,把我掌握的每块土地都给我。"

官员上方的铭文

国王的孩子们、王子们和伙伴们的话;他们对神的话做出回应:"你是拉神,就像拉神一样照耀大地。你的力量碾压九弓,每片土地都在听到你的名字的时候颤栗,你的恐怖每天呈现在他们面前。埃及因为强大的武装而欢呼,阿蒙的儿子,坐在御座上,国王拉美西斯三世,被给予生命,就像拉。"

城堡上方的铭文

赫利奥坡里斯的统治者拉美西斯的城堡。

马匹上方的铭文

陛下的第一个伟大行军路程名为"阿蒙是强大的"。

马夫上方的铭文

活着的善神,用他的双臂获得成功,使每个国家变成不存在的东西,拥有强大的胳膊,强大的力量,手巧灵便,国王拉美西斯三世。

囚徒上方的铭文

泰凯尔被征服的首领们说:"——像巴阿尔——给我们,你给——的呼吸。"

场面六

阿蒙神坐在一个小礼拜堂里,穆特神和孔苏神站在他后面。国王站在阿蒙面前,用绳子牵引着两行俘虏,上面一行是塞克尔人,下面一行是利比亚人。铭文如下:

阿蒙神上方的铭文

天堂的主人、众神的统治者阿蒙-拉说:"你们高兴地到来,你们屠杀九弓,你们把所有敌人打倒。你们已经挫伤了亚细亚人的心,你们从他们的鼻孔中获得呼吸,——按照我的设计。"

国王面前的铭文

国王拉美西斯三世站在他父亲、众神之王阿蒙-拉面前,说:"我出发,以便我能够俘虏九弓,屠杀所有土地。没有一块土地可以安稳地站在我面前,——我的手可以在每个国家抓住俘虏,依靠你的嘴说出的敕令——我能够推翻我的所有敌人。各地都颤抖地看着我,因为我就像孟图神一样,——他依赖于你的设计,哦,保护者,强大的主人——"

塞克尔人上方的铭文

陛下抓住的、失败的塞克尔人中的伟大者们赞美这个善神、两土地的主人乌塞尔马拉-麦瑞阿蒙说:"伟大是你的力量,胜利的国王,埃及的伟大太阳。你的力量比粗砂岩山还伟大,你的恐怖就像塞特。给我们呼吸,以便我们可以呼吸它,生命永远在你的掌握之中。"

利比亚人上方的铭文

陛下抓住的、失败的利比亚人说:"呼吸,呼吸!哦,胜利的国王,荷鲁斯,拥有伟大王权。"

场面七

穆特神站在阿蒙神后面，阿蒙把他的宝剑伸给拉美西斯三世。拉美西斯三世领着三行被绑缚在一起的俘虏，向神走来，并向神伸出他的胳膊。铭文如下：

阿蒙－拉面前的铭文

天空的主人阿蒙－拉说："你和平地来吧！你将你的对手抓作俘虏，屠杀你边境的入侵者。我的力量与你同在，为你推翻各地。你砍掉亚细亚人的头。我已经把我的伟大力量给了你，我为你推翻每个国家，当他们看到像我的儿子一样强大的陛下的时候，愤怒中的巴巴尔。"

国王面前的铭文

国王拉美西斯三世对他的父亲、众神的统治者阿蒙－拉说："你的力量是伟大的，哦，众神的主人。从你的嘴里说出来的事情，它们没有失败地经过——你的力量作为一面盾牌在下面，以便我可以屠杀那些入侵我的边境的土地和国家。你把我的伟大恐怖放在他们的首领们的心上。把对我的恐惧和害怕放在他们面前；结果我可以夺走他们的战士的生命，我可以绑缚他们，把他们带到你的卡面前，哦，我威严的父亲，——。来，数一数他们，他们是：派勒塞特人、登于恩人、谢克勒什人。在你面前的正是你的强大，推倒他们的种子，——你的强大，哦，众神的主人。每个人依赖你已经将王权赋予的那个人，每个人和平地走在你的路上。你是主人，给予那个依赖于你的人以强大的支持，长有双角的公牛，准备着，意识到了他的强大。你是我威严的父亲，你创造了我的美，结果你愿意看到我，选择我成为九弓的主人。让你的手与我在一起，去屠杀那个入侵我的人，消除我四肢上的每个敌人。"

俘虏上方的铭文

陛下所控制的每个国家的领导者说："你的力量是伟大的，胜利的国王，埃及的伟大太阳。你的力量比粗砂岩山还伟大；你的力量就像巴阿尔。把呼吸给我们，以便我们可以呼吸；生命在你手中。"

中间行俘虏上方的铭文

被征服的登于恩人说："呼吸！呼吸！哦，善良的统治者，像孟图一样拥有伟大的力量，居住在底比斯。"

下行俘虏上方的铭文

被征服的派勒塞特人说："把呼吸给我们，以便我们的鼻子可以呼吸，哦，国王，阿蒙的儿子。"

Ⅳ. 第二次利比亚战争

在第一次利比亚战争中，埃及灾难性地击败了利比亚人，利比亚人因此在较长时间里没有能够恢复实力来攻打埃及。在拉美西斯三世统治的第11年，一个居住在埃及西方的部落，名为麦什维什，在首领凯派尔（Keper）和麦什谢尔（Meshesher）的率领下，占领了利比亚人的国土。利比亚人被迫与麦什维什人结合起来，进攻埃及，一直将在埃及的占领地推进到了尼罗河三角洲赫利奥坡里斯水渠。拉美西斯三世率领埃及军队在自己统治的第11年第11个月初，在埃及一个名为哈特索（Hatsho）的地方打败了利比亚人和麦什维什人的联军，凯派尔被抓，他儿子麦什谢尔被杀。拉美西斯三世一直把敌人逐出埃及，并追赶到敌人的老巢。他杀死敌人2175人，抓获2050个俘虏，其中558个俘虏是妇女和女孩。拉美西斯三世班师回朝之后，举行了盛大的庆祝活动。与这场战争有关的史料主要记录在美迪奈特·哈布的神庙里，下面按照铭文的记录地点将其翻译出来。

（1）第一塔门的大铭文

这篇铭文铭刻在美迪奈特·哈布葬祭庙第一塔门的墙壁上，篇幅很长，达50长行。铭文保存状况不好，很多地方脱落，而且行文语言也不是很清晰。这样，这篇文献阅读起来很困难。但文献基本上讲清楚了战争的起因、经过和结局。行文结构与拉美西斯三世第一次利比亚战争铭文的结构非常相似。

联盟

敌人联合起来对抗埃及，神允许他们爬上他们的马匹，但强大属于独一无二之神所钟爱的那个人；他的手已经准备好了，就像一张网，在他们到达的时候捕获他们；当他们马不停蹄地来到的时候，就像捉拿老鼠一样将他们置于自己的腋下；国王拉美西斯三世。

麦什维什人入侵泰赫努

关于麦什维什人的首领，自从他出现，他就去了一个地方，他的土地与他在一起，入侵泰赫努；泰赫努人被碾为骨灰，他们的城市被劫掠，变为荒凉之地，他们的种子不再存在。

入侵埃及

他们忽视了那个屠杀埃及的入侵者的神的美，说——："我们将定居在埃及。"他们就是这样异口同声地说的，他们继续进入埃及边境。然后，强大的神——为他们准备了死亡——他照耀天空，比太阳还明亮——。他们是无数的——阿蒙是他的保护者，阿蒙的手与他在一起，使他们的脸混淆起来，毁灭他们。

法老的行军

国王拉美西斯三世；陛下前进——他的心对他父亲即众神的主人感到自信。他是——抓住小牛群；他的步兵和战车兵是胜利者；他训练的强大的男人们是威武的战士。他是一面结实的墙，坚硬的——国王拉美西斯三世。

战斗

陛下是一位英雄，保护——，徒手战斗，他的嗓音高昂，像一只猛兽般怒吼——他的美丽，未分开——他的鼻孔；他的爪子是——他的每个——他面前对抗敌人；向——怒吼一样令人恐怖，步伐移动迅速，——马——箭——。屠杀在他们的地方，他们的心和灵魂终结了，消失——。他们的嘴已经停止了冲突——。埃及——他们的灵魂——。他的胳膊就像——对抗他们，他的手在他们身上，他感到，环绕——所有他们的四肢。麦什谢尔，凯派尔的儿子——放在陛下的脚下。他的首领、他的家庭、他的军队完全丢失了——。他的眼睛看到了太阳的颜色，他的士兵们战斗——他们的；他们的孩子——他们的胳膊和他们的心，作为活着的俘虏；他们的材料和他们的孩子生在他们的背上。他们的畜群、他们的马匹、他们的妻子——。神给他们带来和他们的——对抗他们，长达几百万年的一次教训。世世代代的人们都因为——女人而孤独，——阿蒙-拉，用强大、自信——的手，赞扬那个驱逐了她的屠杀者的人——。他们的食物，在没有——的情况下，看上去毫无颜色。关于麦什维什的土地，当他们抓住他们的人们的时候，他们的武器从他们的手上脱落，他们的心不能——他们知道谁是埃及大地的主人，塞赫麦特的伟大火焰。——他们的心，消耗他们的骨骼，在他们的身体中间——。土地在欢呼，在看到两土地之王拉美西斯三世的时候狂喜。每个人——在他的手中，远达南部城镇，也远达北部沼泽地——火，强大的胳膊，猛投火焰，——去追逐他们的灵魂，去屠杀他们的——，在他们手中。托特极好的话使他们的脸被混淆；从头到脚，他们都被放在他们的地方。他的手抓住他的身体的入侵者的身体，他们的鼻孔的呼吸——；他没有留下，当怒吼——。他的爪子位于麦什维什人的头上；国王拉美西斯三世，友好的人。

敌人的不幸

麦什维什人和特麦人的土地，他们都被捆绑起来——在埃及。所有土地都向他低头，就像塞特，推翻了——，躺下来。麦什维什和特麦人哀伤而沮丧；他们去——。他们的眼睛——路，往后看；往远处逃跑，在——中逃跑。火焰抓住了他们，毁灭了他们的名字；他们的脚疲倦地站在土地上，但他们不是在等待埃及的大神。——他们看到，当他们看到人们："——孟图是那个站在我们后面的形象——他在我们后面，就像塞特一样，毁灭敌人。他看到了大量的人，就像看到一群蚂蚱一样；瞧，他们处于邪恶的誓约中。我们就像后面有风推动的大船。我们的武器丢了；我们的手是软弱的。"他们的灵魂和他们的心都终结了——胜利从神的时代直到永远。"她的暴力是那个贯穿我四肢的力量，她的主人是那个在天空中的人；他的形态就像他——拉美西斯三世。他看上去就像太阳的射线；他的光芒和他的恐怖就像孟图——就像一只神鹰一样撕碎，我们是虚弱的，被砍掉——。网为我们打开，当我们就在他面前的时候。我们的手和我们的脚在宫殿里是——。神已经为他自己带来了我们，作为牺牲者，就像野山羊掉进陷阱。锐利的眼神——他没有回头，他没有注意我们的恳求——。我们被打翻在地，我们的心消失了，——就像树木。我们从我们的祖父那里听到了那些事情，即他们在他们那个时代遭受的驱逐——从埃及。我们渴望他接受我们的请求，以便从火焰中逃脱。利比亚已经误导了我们，就像——。我们倾听他们的意见,——为我们给出永远的警告,埃及边境的人们看到了那些人接受的惩罚。"他将如履薄冰;孟图,拥有强大的胳膊,他将——与你在一起,他的屠杀者,国王拉美西斯三世。麦什维什的土地一度变得荒凉不堪,利比亚人和塞派得被毁掉,他们的种子不再存在——他们的胳膊挂在他们的头上,他们的孩子不再——恐怖已经抓住了他们,在内心号哭:"陛下的火焰——他们,就像火。"带着他们的贡赋——大声赞扬善神、两土地的国王,使他的边界到达他所渴望的程度。

拉美西斯三世的话

哦,荷鲁斯,你来自拉神,你来自拉神的四肢;他向你发布敕令:坐在他的王座上。国王拉美西斯三世;他对国王的孩子们、大王们、步兵和战车兵的领导者们说:"把你们所有的——注意力给我。我将告诉你们,我将让你们知道;我是拉神的儿子,我来自他的肢体,我高兴地坐在他的王座上,因为我已经被安排在——。我把我的良好建议给予这个国家,我的计划被执行。我是埃及的英雄,我保卫她,把她的——领主。我为她打退了每个入侵她的边境的人,我是一条丰沛的尼罗河,为她供给——,怀着良好的愿望流过。我是一个极好的统治者,我填充——,给予所有人的鼻孔以呼吸。我已经用宝剑的力量,打败了麦什维什人和特麦人的土地。我已经颠覆了他们。瞧,你们知道,我的话没有冲突。正是阿蒙的力量使它们得以实施,正是阿蒙给予他的儿子、两土地的主人拉美西斯三世以多个三十年节日。"国王,就像拉神的形态那样,居住在——。他的心是坚定的,就像他的父亲孟图。他从麦什维什人和特麦人的土地上捕获俘虏,并绑缚在他面前,为自己的国库从他们那里收取关税——。

(Ⅱ)关于第二次利比亚战争的颂诗

这首颂诗也铭刻在美迪奈特·哈布葬祭庙第一塔门的墙壁上,商博良和列普修斯等人先后出版了铭文和浮雕。颂诗以事件发生的时间开篇,然后叙述了关于法老的赞颂、埃及遭受攻击、拉美西斯三世对敌人的进攻、抓获凯派尔和打败敌人,最终颂诗以拉美西斯三世的胜利返回结束行文。

二 王室文献

时间

在陛下统治的第 11 年第 2 个季度的第 2 个月（即第 6 个月）第 7 天。荷鲁斯：强大的公牛，拥有强大的王权；双王冠的佩戴者，拥有伟大的三十年节日，就像普塔一样；金荷鲁斯：拥有多年生命，就像阿图姆一样，统治者，埃及的保护者，各地的捆缚者；上下埃及之王：乌塞尔马拉－麦瑞阿蒙；拉之子，双王冠的主人：拉美西斯三世，赫利奥坡里斯的统治者——。

对胜利的介绍

火焰——他们的骨头，在他们的四肢中沸腾和焦灼。他们践踏土地，就像那些来到陷阱的人们；他们的英雄在他们践踏的地点被屠杀，他们的话被永远带走。他们立刻被推翻，在他们面前的领导被抓住。他们就像鹰面前的野鸟一样被绑缚，他们的每一步都在丛林中间暴露出来，坐在——。他们被打倒，行礼。

入侵

敌人已经采取反对态度，在埃及的领域上践踏土地，以便他们可以将山和平原作为他们自己的领土。敌人把他们的脸面向埃及，他们自己徒步来到——，敌人在强大热度的低地之火中。

拉美西斯三世的攻击

陛下的心就像天空的巴阿尔一样暴怒，他的四肢被赋予力量和能量。他致力于自己——一次好的控告，徒手打败左边和右边的敌人，独自面对他们，就像离弦之箭一样冲向敌人，屠杀敌人。他的力量是强大的，就像他的父亲阿蒙。

抓捕敌对首领

凯派尔来到，就像——；他放下他的胳膊，与他的士兵们在一起。他向天空哭喊，为他的儿子祈福；他的脚和他的手都瘫痪了，他呆呆地站在原地不动，而神知道他的统治，陛下砍下他们的头，将头颅堆起来，就像一座花岗岩山脉。

敌人的失败

他们被驱散，被打翻在地；他们的血液就像洪水一般，他们的尸体堆压在一起，践踏——。军队被屠杀，——那些人的胳膊被捆绑在一起，就像野鸟一样，倒在陛下的脚下。他就像孟图一样胜利，他的脚踩在敌人的头上。敌人的领导者在陛下面前，陛下掌握他们、屠杀他们。

胜利返回

他的建议是令人高兴的，他的设计已经得到实施。他返回他的宫殿，他的心令人高兴。他就像一只狮子，令山羊恐惧，身穿盔甲，国王拉美西斯三世。至于埃及，他们的心在看到他的胜利时欢呼；他们全都愉快地欢呼——。

（Ⅲ）第一塔门和北墙外面的浮雕与铭文

这部分的浮雕和铭文按照正常顺序编排，提供了很多新事实，尤其关于战争本身。一些附属铭文是非常重要的。这些铭文尤其提到了抓获凯派尔和杀死凯派尔的儿子麦什谢尔的重要事实。铭文的结尾提到了战斗的时间，即国王统治的第11年第12个月第10天和第20天之间。本译文按浮雕场面的自然顺序翻译。

场面一

国王拉美西斯三世乘坐战车追赶敌人，他站在战车上，手持弓箭。两行埃及战车伴随着他，两边偶尔出现步兵的尸体；敌人或在国王面前逃跑，或被国王的箭射倒；当国王追赶上他们的时候，他们作鸟兽散。附属铭文如下：

在追赶敌人的场面上方的铭文

追赶敌人，从哈特苏（Hatsho）城堡到乌塞尔马拉-迈瑞阿蒙，后者位于"大地之交的山上"，两地相距8伊特尔（iters）。

战场上方的铭文

荷鲁斯：强大的公牛，武装强大，令所有土地和国家恐怖的领主，使特麦和麦什维什荒芜，使他们的尸体堆成山，使他们在陛下马前被碾压和摧毁。活着的善神，阿蒙之子，勇敢而威严，像孟图神一样，居住在底比斯，伟大的统治者，人们以他的名字发誓，威风凛凛地坐在战马上，勇敢地战斗，在万军丛中持有强大的角，在敌军中满心欢喜地冲杀，屠杀那些冲击他的敌人的英雄，抓获攻击者，面对他的边境的入侵者，在麦什维什的土地上拥有伟大声誉，拥有令人非常恐怖的力量，力量的主人，毁灭亚细亚各地的名字；他愤怒的时候，把他的火作为火焰送入他们的肢体，就像拉一样；为了扩大埃及的边界，依靠他的宝剑的伟大胜利，蔑视百万人，轻蔑地控制200万人，内心坚定；当愤怒的时候，他冲入千万人中，年轻的公牛，强大的屠杀者，就像塞特，威武的战士，用他的双臂获得胜利；在心里计划，就像舒，拉的儿子，在各地和各国获得伟大胜利，把恐怖根植在麦什维什人的心里，他们在大地上的人们和后代都消失了，他们的——永远消失了，国家——他们的灵魂——，他们恐惧地提到他的名字；上下埃及之王，两土地的主人，乌塞尔马拉-迈瑞阿蒙，胜利的国王，意识到他的强大，践踏——的统治者，驱逐九弓的统治者，俘虏麦什维什人，把他们成堆地堆起来；他们的首领在法老的马面前被捆绑起来，他的儿子、他的妻子和他的家人被屠杀，他们的孩子和他们后方的东西在法老到来的时候，都成为法老的喜爱之物；就像一只准备攻击的公牛，他刺杀，成为他的父亲阿蒙赋予他的那个人，毁灭他的——，国王拉美西斯三世，统治者，给予埃及以呼吸，结果他们可以坐在他的强大力量的阴影里，当他漂亮地出现在阿图姆的御座上的时候；他的形态就像阴影之上的拉神，拥有伟大力量，这个土地的壁垒，它对他的英勇欢呼和称赞。

哦，这个善神，威严者，神圣的年轻者，来源于拉神；一个漂亮的孩子，就像伊西斯的儿子；苏泰赫，威严的、强大的武装者，就像他的父亲孟图；白冠和红冠以及埃泰夫冠都放在他的头上——拉弓的强大胳膊。当他看到几百万人在他面前就像洪水一样出现时，他冲入万马军中，驱逐入侵者；他们被打倒在他的右边和左边；推翻特麦，扫荡麦什维什，使他们停止践踏埃及边境，国王拉美西斯三世，独一无二的领主，使他的边境远达他所渴望的地方，把恐怖和恐惧放在亚细亚人的心脏，强大的狮子，抢夺他的每个敌人，在九弓之地抓获俘虏，将他们颠覆；一个——骚乱，他在他的敌人后面来到；他们听到了他在空中像巴阿尔一样的怒吼；他威严的父亲阿蒙-拉把九弓之地给予他——强大的领主，永远毁灭了麦什维什人的名字，国王拉美西斯三世，被给予像拉一样的永生。

国王拉美西斯统治的第11年第3个季度第4个月（即第12个月）第10（+x）天。埃及胜利开始，国王获得胜利；他获得欢呼，他实施拉的王权，扩大埃及，驱逐九弓，将恐怖置于每块土地上。正是这个独一无二的神在世界起源的时候创造了天空和大地，阿蒙－拉，众神的国王，强大的公牛，准备着攻击。哦，这个神的心创造了大地，建立了埃及的边境，用强大的力量。他选择了一个神，这个神是他创造的、生产的神，后者拥有四肢、神圣的身体、威严的青年、伟大力量、强大装备、各种计划、勇敢，是建议的主人，拥有坚定的心，善于设计，拥有精明的生命，就像托特、像舒神一样思考问题，拉之子乌塞尔马拉－迈瑞阿蒙，源自拉神的蛋，拉美西斯，赫利奥坡里斯的统治者，年轻而威武的神，从一出生就被赋予了胜利，伟大的英雄，像孟图一样，孟图神已经命令他去碾压各地，去打倒他们，把他们从埃及驱逐出去。孟图神和苏泰赫神在每次战斗中都与他在一起；阿纳特和阿斯塔特是他的盾牌。阿蒙审判他的话，阿蒙神没有背对着他，拿着埃及的剑对抗亚细亚人。他是每片土地上的例子——。

场面二

与利比亚人的战斗。埃及的重装步兵装备着剑和盾牌，跟在弓箭手后面，排列整齐，使利比亚人混乱不堪。埃及官兵赤手空拳地与利比亚人战斗。拉美西斯三世从战车上下来，绑缚利比亚俘虏，他的官员和护卫在他战场旁边。铭文如下：

国王面前的铭文

善神，拥有伟大的胜利，力量之神，掌握所有土地，拥有世界各地，——寻找那些跨过边境的人们，冲入——，屠杀成千上万的敌人；没有一个人能够在他面前站立；他就像愤怒中的巴阿尔。他就像一只盘旋在鸟和鸽子头上的猎鹰一样愤怒；在战场上勇敢战斗，独自赤手空拳地战斗，用双手抓住首领们；国王拉美西斯三世。

俘房上方的铭文

陛下将野蛮人捉来，作为俘房，2052人。在原地屠杀的人，2175人。

国王马匹上方的铭文

陛下第一个伟大的进军：乌塞尔马拉－迈瑞阿蒙伟大厩中的"阿蒙的钟爱者"（拉美西斯三世）。

官员上方的铭文

陛下的战车兵们——，他们是善神所喜爱的人们。

场面三

拉美西斯三世在他的战车里，由战车兵陪伴着，冲入溃败不堪的利比亚人中间。埃及人得到弓箭手的支持，弓箭手们从两个相邻的埃及城堡的墙上射杀利比亚人。铭文如下，破坏严重。

国王头上的铭文

国王——拥有伟大力量，屠杀麦什维什人，捶打和推翻——于他的马前。

马匹头上的铭文

陛下第一个伟大的行军："在底比斯获胜。"

城堡上方的铭文

进入埃及的麦什维什的——，在——面前。

在一个堡垒里面的铭文

哈特索（Hatsho）。

场面四

拉美西斯三世踏入他的战车，拖着利比亚人俘虏，他手握着利比亚人俘虏的头发。马匹上方有一段铭文，如下：

善良的神，塞特，当他出现的时候。他已经——麦什维什人的心，他们强大的人们——，抓住——，在他的马前冲锋陷阵。他的恐怖——散布他们的肢体，他的恐惧渗入他们的成员中。阿蒙-拉与他在一起对抗敌人，把敌人打倒，以国王的声誉打倒敌人。拉美西斯三世。

场面五

拉美西斯三世在两个遮阴伞持有者和一位副官的陪伴下，视察三位埃及官员带来的三行俘虏。铭文如下：

中间行俘虏前方的铭文

法老对王子、军队首席司令官——说："这些话是说给麦什维什被征服的首领的：'看看你们的名字是怎样被永远消除的。你们的嘴在提到埃及的时候已经停止了对抗，依靠我父亲众神之主的力量——'"。

官员上方的铭文

"看看法老是怎样永远消除你们的名字的。你们的嘴在提到埃及的时候停止了对抗。"

场面六

国王拉美西斯三世坐在御座上,两个遮阴伞持有者站在他后面,对王子和两个维西尔、廷臣和军队领导者们讲话,两行麦什维什俘虏和一些从被屠杀的敌人身上割下来的手被呈献给国王。这个场面附属的铭文比较多,除了与场面一的铭文相同的铭文,还有其他一些铭文,如下:

国王上方的铭文

陛下对世袭王子和两个维西尔说:"你们瞧啊,众神之王阿蒙-拉已经为法老做了很多好事情,他的孩子,——他的职责,他的所有物,他的牛,埃及带走的掠夺物,屠杀——。"法老在他自己的文书中胜利地记录了它们。

维西尔上方的铭文

世袭王子、两个维西尔在陛下面前,赞美这个善良的神,两土地之主,乌塞尔马拉-麦瑞阿蒙(拉美西斯三世),说:"你是拉神,像拉神一样照耀。当你升起的时候,人们得以生存。你的力量是强大的,压倒了九弓;对埃及友好,给埃及带来胜利。孟图神的能力与你的四肢缠绕在一起。你的建议得以实施,你的设计得以成功,阿蒙为他们寻找——,建立了埃及的王位,——他的心爱他们,统治者,在纪念物中持久——,他——对于你来说,王国。他已经建立了——"

众多手上方的铭文

总数,2175 只手。

利比亚人上方的铭文

法老强大的宝剑从被征服的麦什维什人那里带走的俘虏:

麦什维什人的首领	1 个男人
敌人的酋长	5 个男人
麦什维什人	1205 个男人
年轻人	152 人

男孩	131 人
总数	1494 人
他们的妻子	342 个妇女
女仆	65 人
女孩儿	151 人
总数	558 人

法老的强大宝剑带来的活俘虏总共为 2052 个人。

陛下就地杀死的人数是 2175。

他们的所有物包括：

牛：公牛	119（+x）
5 腕尺长的宝剑	115 把
3 腕尺长的宝剑	124 把
弓	603 张
战车	93 辆
箭袋	2310 个
长枪	92 只
麦什维什人的马匹和驴	183 匹

场面七

拉美西斯三世驾驭着他的战车，驱赶着他前面的两行利比亚人俘虏，接受一群祭司的恭贺。国王的驯狮在马匹旁边走动。铭文如下：

国王旁边的铭文

活着的善神，英勇无比，力量之主，对力量充满自信——

上行俘虏上方的铭文

麦什维什地方的领导者在陛下面前走动，并说："你的力量是伟大的，哦，胜利的国王，埃及的太阳。"

下行俘虏上方的铭文

被征服的麦什维什人在陛下面前，说："呼吸！呼吸！哦，统治者，作为埃及国王善良而美丽。"

祭司上方的铭文

预言家说——:"——"。

场面八

拉美西斯三世率领着两行利比亚俘虏,并把他们呈献给阿蒙神,阿蒙神坐在一个神龛里面,穆特神站在阿蒙神后面。神前面的铭文只有一些传统的诺言。例如,阿蒙宣扬阿蒙的力量:"麦什维什人被打倒。"在囚徒上方有几句话:"陛下控制的失败的麦什维什人说:——"

场面九

七个跪着的俘虏排成一行,其中一个俘虏丢失了,胳膊被绑缚在后面;这些俘虏是根据服装和体貌特征识别出来的,并有一些附属铭文,如下:

1. 尼格罗人。可怜的库什首领。
2. 丢失的那个人。
3. 尼格罗人。铭文已经丢失。
4. 利比亚人。利比亚人的首领。
5. 尼格罗人。图拉塞人的首领。
6. 利比亚人。麦什维什人的首领。
7. 尼格罗人。特瑞乌人的首领。

V. 叙利亚战争

关于这场战争的史料只有浮雕场面,它们没有提供给我们太多东西。根据浮雕的内容,我们可知,小亚细亚人进攻北叙利亚人,使得拉美西斯三世拥有了进攻叙利亚的机会。拉美西斯三世或许攻克了五座城池。本译文这里不再翻译。

VI. 努比亚战争

关于这场战争的史料主要是美迪奈特·哈布神庙里面的浮雕,浮雕上描绘的场面表明拉美西斯三世对努比亚地区的征服,但由于当时努比亚已经彻底埃及化了,所以拉美西斯三世对努比亚的战争或许只是对努比亚最南部和东部零散部落的征服，或者对一些叛乱部落的镇压。这些浮雕的附属铭文不多，能够确认的是一句关于战争时间的铭文，即战争发生在拉美西斯三世统治的第 11 年。从而，本译文这里也不再详细描述各个浮雕场面。

VII. 节日历法

美迪奈特·哈布神庙一面南墙上铭刻了古埃及法老王朝时期最长、最全面的节日历法，不仅涉及拉美西斯三世统治时期所有重要节日，还有很多重要历史内容。由于时间紧张，本书此次不予翻译，留待日后完成。

24.哈里斯大纸草

"哈里斯"大纸草是一篇收藏于大英博物馆的古埃及纸草文献。1855 年，埃及当地人在美迪奈特·哈布（底比斯近郊）附近的一个普通岩窟墓中发现了一些木乃伊，木乃伊下面有一些纸草文献。发现者将这些纸草拿到市场上出售，英国人哈里斯购买了其中内容最丰富的一篇纸草，这篇纸草也因此被称为哈里斯大纸草。

"哈里斯"大纸草是目前所见古埃及流传下来的最长的纸草，长约 133 英尺，由 117 段文字，每段文字包含 12 或 13 行。纸草保存可谓非常之好，只有一两句残缺。原文中绘有若干彩色插图，描绘法老在神面前的姿态。

这篇文献是法老拉美西斯三世去世以后，他的儿子拉美西斯四世命人书写的。从文献的内容来看，它包括七部分：引言、底比斯部分、赫利奥坡里斯部分、孟菲斯部分、综合部分（小神庙）、概述和历史部分。从文字的书写方式来看，这篇文献至少由四个书吏书写，引言和底比斯部分由底比斯阿蒙神庙的书吏书写，内容最为翔实，书写最为从容。赫利奥坡里斯部分由当地的拉神神庙祭司书写；孟菲斯部分由当地普塔神庙祭司书写；这两个部分的内容相对较为丰富，但也显得较为仓促，有一些不太重要的事件省略未写。综合部分由另一个祭司书写，记录了除底比斯阿蒙神庙、赫利奥坡里斯拉神庙、孟菲斯普塔神庙之外的所有小神庙的财产情况。概述和历史部分由第五个书吏书写。因为文献的篇幅特别长，涉及全国各地的神庙及其财产，单一一个书吏很难在拉美西斯三世入葬之前完成，所以由各个地方神庙的书吏自己书写，然后再将来自各地的文本黏合在一起。这就是地方书吏在记录自己神庙财产情况时略显急促的原因。

具体而言，文献引言部分介绍了这篇文献所涉及的法老的赞颂和写作宗旨。第二部分至第四部分专门记录法老拉美西斯三世对埃及三个守城的神（底比斯的阿蒙神、赫利奥坡里斯的拉神和孟菲斯的普塔神）以及他们的妻子所做的主要功绩。这三个部分以统计报告的方式展开行文，包括神庙财产清单、神庙每年交纳赋税的额度、拉美西斯三世的私人赠物、新旧节日的特别捐赠等；每个部分最终以祈祷文结束。第五部分专记埃及其他所有神。第六部分是对前面几部分进行数字总计。第七部分记载埃及出现的骚动以及拉美西斯三世自己在位时埃及的安宁。

从文献历史部分的内容来看，法老拉美西斯三世统治了31年，他在统治的第32年因为一场阴谋而被杀害。他的儿子和继承者拉美西斯四世处决了阴谋事件的主要参与者，试图与祭司联盟以保障自己的王位，把父亲和先辈法老的一切赠物都赠与祭司。这篇文献便是以去世法老拉美西斯三世的名义书写的，其宗旨是用文字形式记录下神庙财产的赠与，因而是一篇非常详细的神庙财产清单。这篇文献保存了大量非常有价值的神庙经济材料，是一篇研究新王国第20王朝非常重要的经济史料。同时，由于文献记载了很多与拉美西斯三世和拉美西斯四世有关的历史信息和节日信息，从而它也是研究这两个国王统治时期埃及历史和宗教仪式的重要史料。

通过对哈里斯大纸草的研究，我们可以得出最基本的认识。首先，当时的社会关系得以彰显出来，王室和神庙掌握了大量土地和财产，成为主要统治集团，法老和神庙土地上的自由埃及农民和其他生产者以及劳动者则是被统治者；统治者依靠被统治者的劳动和赋役生活。其次，第20王朝初期埃及的神庙祭司因为从法老那里获得大量捐赠而拥有较强的经济实力，已经逐渐在政治领域发挥重要作用。随着祭司集团实力越来越大，王权开始衰弱，最终第20王朝的统治权被底比斯阿蒙神的最高祭司赫利霍尔篡夺。再者，文献记载的大量财产名称和数据都在一定程度上体现了当时埃及社会的经济生活状况。最后，这篇文献尽管是以拉美西斯三世的名义书写的，但很多行文显然是以拉美西斯四世的口吻讲述的，这里面寄托了拉美西斯四世的某些期望。这些方面还需要在阅读该文献和其他相关文献的基础上进行深入探讨。

这篇文献太长了，而且很多部分的内容具有相似性，从而本译文仅仅翻译第一部分和第二部分。本译文根据 James Henry Breasted, *Ancient Records of Egypt*, vol.4, Chicago: University of Chicago Press, 1906, pp.110—141 译出。

第一部分　引言

日期和引言

法老统治的第32年第3个季度第3个月份（即第11个月份）第6日。上下埃及之王：乌塞尔马拉-迈瑞阿蒙；拉之子：拉美西斯三世，赫利奥坡里斯的统治者，所有男神和女神的钟爱者；国王，像奥西里斯一样戴着白冠熠熠生辉；统治者，像阿图姆一样照亮来世；坟墓中间伟大之屋的［—］的统治者，永远转变为来世的统治者；上下埃及之王；乌塞尔马拉-迈瑞阿蒙；拉之子：拉美西斯三世，赫利奥坡里斯的统治者，大神。

文献的内容和宗旨

他表达他在作为大地上的国王和统治者时，为如下众神做的赞美、崇拜、表扬、善事和伟大事迹：

底比斯的众神

他的伟大父亲即众神之王阿蒙-拉之屋，穆特以及孔苏神，底比斯的所有神；

赫利奥坡里斯的众神

他的伟大父亲即赫利奥坡里斯的两土地之神阿图姆之屋；拉-哈拉凯悌神；

霍特佩特的夫人索西斯和赫利奥坡里斯的所有神；

孟菲斯的众神

他的伟大父亲即大神普塔；普塔钟爱的大神塞赫迈特；两土地的护卫之神奈菲尔泰姆和孟菲斯的所有神；

所有神

伟大父亲们，南方和北方的所有男神和女神；

人们

以及他为埃及和每个地方的人们所做的所有善事，列一个名录；为了告诉他的父亲们、南方和北方所有的男神和女神、所有外国人、所有公民、所有普通人和所有人，他在大地上作为埃及伟大统治者时所做的大量善事和很多伟大事迹。

第二部分　底比斯部分

1. 引言性质的插图及铭文

拉美西斯三世站在阿蒙－拉神、穆特神和孔苏神面前祈祷。附属铭文是：

阿蒙上方的铭文

阿蒙－拉，众神之王，天空之神，底比斯的统治者。

穆特上方的铭文

穆特，大神，伊什努的夫人。

孔苏上方的铭文

底比斯的孔苏，漂亮的神。

国王前面的铭文

我讲述我在你面前为你所做的赞美、崇拜、赞扬、伟大事迹和善事，哦，众神之主。

2. 对阿蒙的祈祷和国王善行的吟诵

引言

他为他的伟大父亲即众神之王阿蒙－拉之屋所做的赞美、祈祷、勇敢事迹和善行；穆特、孔苏和底比斯的众神。

拉美西斯三世的祈祷

大神即国王拉美西斯三世赞美这个神、他的伟大父亲、众神之王阿蒙-拉。阿蒙-拉是原初之神，是第一个神，是自我生出者；阿蒙-拉支撑胳膊，举起埃泰夫王冠，是万物的创造者，使自己不被人民和神看见。国王说：

他的死亡

请听我祈祷，哦，众神之王；请听我对你祈祷。哦，我来到你这里，我来到底比斯，你的神秘城市。你是众神当中的神，你想象出众神。你已经到"生命的领主"（即底比斯西岸）中休息，那是你荣耀的归宿，在你的庭院面前（即面对卡尔纳克神庙）；因此我已经与众神、来世的众神结合起来，就像我的父亲奥西里斯一样。让我的灵魂与众神的灵魂相像，众神在你那边的永恒地平线上休息。把呼吸给予我的鼻子，把水给予我的灵魂。让我吃贡品即你的神圣祭品。使我成为高贵的人，在你面前停留，就像伟大众神、来世的众神。祝愿我可以像他们那样在你面前自由进出；把我的祭品呈现给我的卡，停留在永恒状态。

回顾

我是大地上的国王，是活人的统治者；你把王冠戴在我的头上；我被和平地带到大宫殿；我怀着欢快的心情坐在你的御座上。正是你使我登上我父亲的御座，正如你使荷鲁斯登上奥西里斯的御座。我没有压制和剥夺其他地方的人们。我没有违背你的命令，你把命令放在我的眼前。你把和平和心的满意给予我的人们，每块土地都在我面前崇拜我。我知道你作为国王做的极好的事情，我为你做了很多善事和伟大事迹。

美迪奈特·哈布神庙

我为你建筑了一座庞大的百万年之屋，位于你面前的"生命之神"（底比斯西岸）的山上，用砂石、粗砂岩和黑色大理石建筑而成；大门用琥珀金和铜捶打而成。它的塔是用石头建筑的，高耸入云，雕刻师用工具装饰和铭刻，以陛下的伟大名字。我围绕着它建筑了一道墙，用劳动力建筑起来，建筑了砂石坡道和塔。我在它前面挖了一个湖，充满努恩之水（原始瀛水），像三角洲一样种上树木和植物。

神庙捐赠和设备

我用埃及各地的产品填充它的财宝：成千上万的金子、银子、各种昂贵的石头。它的仓库装满了大麦和小麦；它的土地、它的畜群，它们的数量就像海滨的沙子一样多。我为它从南方之地和北方之地收税。努比亚和扎伊来到它这里，带来他们的关税。它充满了俘虏，你在九弓之地给予我的；它充满了各个阶层的人们，我是从数万人中训练出来的。我塑造了你的大雕像，把它放在中间；"阿蒙拥有永恒"是它的伟大名字；它装饰着真正昂贵的石头，就像地平线。当它出现的时候，人们在看到它时，非常高兴。我用优质金子为它制作了餐桌容器；用银子和铜制作了其他器皿，不计其数。我在你面前奉献了大量神圣祭品，包括面包、葡萄酒、啤酒和肥鹅；大量牛、小公牛、小牛、母牛、白色羚羊和瞪羚在屠宰庭院里奉献。

附属纪念物

我拖动雪花石和 hus 石头山脉一样的巨大纪念物，是人工雕刻的，立在大门口的右边和左边，雕刻着陛下的伟大名字；其他雕像用花岗岩和粗砂岩制作；还有黑色花岗岩圣甲虫，位于它的中间。我塑造了普塔－索卡尔雕像，奈菲尔泰姆和天空与大地上的所有神的雕像，位于它的小房间里，装饰着优质金子，用银子打造而成，内部填充着真正昂贵的石头，用人工将其打造的很美丽。

亭子和相邻的纪念物①

我为你在它中间建造了庞大的国王宫殿，就像天空中的阿图姆的大房屋。立柱、门框和门都是用琥珀金打造的；国王现身时使用的大阳台是用优质金子建筑的。

神庙船只

我为它建造了船只，用于托运大麦和小麦，以便毫不耽搁地将其运输到它的谷仓。我为它建造了巨大的财宝船，在河上行驶，为它的庞大宝库运送大量物品。

神庙土地

它的周围是花园和乔木田地，长满了水果和花朵，为了两只大蛇女神。我

---

① 这是与美迪奈特·哈布神庙相连的宫殿，就是所谓的亭子，成为神庙的入口。

建造了带着窗户的城堡；我在它们前面挖了一个湖，种满了荷花。

小卡尔纳克神庙

我在你的底比斯城面对着你的前厅（即卡尔纳克大神庙）为你建筑了一个神秘地平线（即神庙），哦，众神之主，名为："阿蒙之屋中的赫利奥坡里斯的统治者拉美西斯之屋"，就像带有太阳的天空。我建筑了它，我把它放在砂石里面，拥有优质黄金制作的大门。我用我的手拿来的所有事物填充它，每日把它们带到你面前。

南部卡尔纳克神庙

我用大纪念物为你装饰南部欧佩特；我在那里为你建筑了一个房屋，就像万能的主的御座，名为："在卡尔纳克享有欢乐的赫利奥坡里斯的统治者拉美西斯的神庙。"

在大卡尔纳克神庙的工程

我再次在"胜利的底比斯"为你建筑了纪念物，胜利的底比斯是你的心休息的地方，就在你的脸的旁边，名为："阿蒙之屋中的乌塞尔马拉－迈瑞阿蒙之屋"，就像万能的主的神龛；用石头建筑，就像一个奇迹，作为永恒的工程建立起来；它们上方的门道是用花岗岩建筑的，门和门框是用金子打造的。我用我训练的各种人为它提供补给，带来成千上万的祭品。

巨大圣所

我用一块优质花岗岩为你建造了一个神秘圣所；它上面的门是用铜捶打而成的，雕刻着你的神圣名字。你的大肖像立在它里面，就像拉神在他的地平线上，就坐在你的伟大庭院中的永恒御座上。

仪式用品

我为你制作了一个大献祭桌，用银子捶打而成，包着优质金子，里面是开泰姆金子，带有国王的雕像，雕像用金子捶打而成；一张献祭桌上摆放着你的神圣祭品，在你面前献祭。

我为你制作了一个大立式花瓶，放在你的房屋前厅，包裹着优质金子，里层是石头；它的瓶子是用金子制作的，盛放着葡萄酒和啤酒，为的是每天早上将它们呈献到你面前。

现身宴会

我为你建造了一个仓库，为了举行"现身宴会"，里面有男奴隶和女奴隶。我每日用你面前的面包、啤酒、牛、野禽、葡萄酒、香、水果、蔬菜、鲜花、纯洁的祭品供给他们，每日剧增的祭品出现在你面前。

崇拜雕像的装饰及其他

我为你制作了一个精美的金护身符，有内里；用纯粹的开泰姆金制作的大颈圈和流苏，把它们缠绕到你的身体上，每次你在卡尔纳克出现在伟大而光辉灿烂的座位上的时候。我为你制作了一个国王雕像，用金子捶打而成，坐落在你知道的地方，就在你伟大的圣所里。

记录牌

我为你制作了很多大记录牌，用金子打造而成，铭刻着陛下的名字，带着我的祈祷文。我为你制作了其他记录牌，用银子制作而成，铭刻着陛下的伟大名字，铭刻者用工具雕刻，带着我在埃及建造的神庙和房屋的清单和敕令，在我统治大地时期；为了以我的名义永远地管理它们。你是它们的保护者，为它们回答问题。我为你制作了其他记录牌，是用铜打造的，由六部分构成，金色，雕刻者用工具铭刻了陛下的伟大名字，根据神庙房屋规则；同样地，我为你的名字做的很多赞美和崇拜。你的心在听到它们的时候是高兴的，哦，众神之主。

仪式沙漏

我为你建造了一个大瓶子，是用纯银打造的，它的边框是用金子制作的，雕刻着你的名字。一个沙头在它上方，是用纯银捶打而成的。这是一个巨大的银制沙漏，有一个沙漏和垫脚。

金雕像

我装饰穆特和孔苏的小雕像，在金屋中塑造和重塑，外层是厚厚的优质金子，内里用普塔制作的各种昂贵石头制作，前后都有颈圈，还装饰着开泰姆金的流苏。他们在那里休息，对我已经为他们所做的伟大事情心满意足。

石碑

我为你的大门建筑了巨大的石碑，外层包着优质金子，内层是开泰姆金；

巨大的底座在它们下面，外面包着金子，里面是金子，放在人行道上。

谷物

我给你 10 万个单位的谷物，给你每日提供神圣祭品，每年把他们传递到底比斯，为了使你的谷仓增加很多大麦和小麦。

外国贡税

我为你带来九弓的俘虏，为你的庭院带来各种礼物和土地。我使通往底比斯的路在你面前展开，带来很多供给品。

定期祭品

我为你在各个季节开始的宴会上提供祭品，在你每次出现的时候把祭品放在你面前。它们包括大量面包、啤酒、牛、家禽、葡萄酒、香和水果。它们都是由王子和监督官重新收取上来的，是我为你的卡做的所有善事越来越多的表现。

圣舟

我在河上为你建造了一艘 130 腕尺长的巨大船只，名为"乌塞尔海特"，用国王领地内的巨大雪松建造而成，规模极大，外面包着优质金子，与水面平行，就像太阳舟，当他从东面出来时，每个人在看到他的时候都充满生机。一个巨大圣所在它的中央，是用优质金制作的，内部用各种昂贵石头装饰，就像一座宫殿；撞击装置从头到尾都是用金子打造的，装饰着带有埃泰夫王冠的巨大眼镜蛇。

蓬特的产品

我为你带来蓬特的没药，为了每天早上环绕着你的房屋行走，我在你的庭院里种植了香无花果树；自从神的时代以来，众神还没有看到过这样的树林。

地中海船舰

我在海上为你制作了运输工具、大帆船和船只，装备着弓箭手。我把弓箭手校尉和大帆船的首领们给予它们，令大量船员驾驭它们，为的是运输扎伊之地和大地终端之内的各个地方的产品，运到你在"胜利的底比斯"的大宝库里面。

牛和家禽

我为你提供了南方和北方的畜群，包括数以千计的大牛、家禽和小牛。还有牛监督官、书吏、牛角的监督官、检察官和大量放牧它们的牧人；还有牛饲料；为的是在你所有的宴会上把它们提供给你的卡，结果你的心因为它们而满意，哦，众神的统治者。

葡萄园、树木及其他

我在南方的绿洲和北方的绿洲为你建造了大量葡萄园；在南方建造了大量其他葡萄园；它们在北方之地有上万个。我用各地的俘虏来管理这些花园，我为花园挖掘湖泊，种植荷花和 shedeh，制作葡萄酒，就像抽水一样方便，为了在"胜利的底比斯"将它们呈现在你的面前。我种植你的城市底比斯，用树木、植物、isi 植物和 menhet 花，为了你的呼吸。

孔苏神庙

我在底比斯为你的儿子孔苏建造了一个房屋，用金砂石、红粗砂石和黑石头建筑而成。我用金子包裹它的大门和门框，用琥珀金做它们的内里，就像天空的地平线。我在金屋里制作你的雕像，并亲手带来所有极为昂贵的石头制作。

居住之城的圣所

我在北方土地的城市里为你建造了一个庞大的圣所，作为你永远的财产："取得伟大胜利的赫利奥坡里斯之统治者拉美西斯之屋"，这是它永远的名字。我把埃及和它的贡赋给予它；每个土地的人们都聚集在它的中间。它被装饰着大花园和供国王散布的地方，点缀着各种椰枣果树，结满了果实，还有一条圣道，种植着每个土地上的花、isi 植物、纸莎草和 dedmet 花，就像沙子一样多。

它的葡萄园和橄榄树花园

我为它建筑了卡内克穆（三角洲的一个葡萄园），就像两土地一样经受泛滥，位于大橄榄之地；结满葡萄；周围被 iter 的围墙环绕；很多道路上种植着庞大的树木，这里的油比海滨的沙子都多；为了把它们带给你的卡，带到"胜利的底比斯"；葡萄酒像抽水一样多，无法测量，把它们呈献在你面前，作为日常祭品。我为你在它的土地中间建造了神庙，用劳动力建造，用阿亚恩（Ayan）的优质石头建筑。它的门和门框是用金子建筑的，外面包着铜；内里是用各种昂贵石头建筑的，就像天空的双门一样。

崇拜肖像

我塑造了你的大肖像，国王借以"现身"，就像拉一样，他用他的光束给大地带来光芒；"赫利奥坡里斯的统治者拉美西斯的阿蒙"是它伟大而威严的名字。我用男奴隶和女奴隶填充它的房屋，我从贝都因人的土地上带来这些奴隶。神庙的世俗祭司是伟大的人的［一］孩子们，我训练他们。它的宝库充满了各地的产品；它的谷仓高达天庭，它的畜群比沙子还多；牛栏被提供给他的卡，作为日常神圣祭品，充分而纯洁地呈献在他面前；养育房内有肥胖的鹅；家禽院子有野鸟；种植着葡萄的花园，提供果实、植物和各种花。

努比亚的神庙

我在努比亚为你建筑了一个高大的房屋，铭刻着你的名字，就像天空一样，名为"获得伟大胜利的赫利奥坡里斯的统治者拉美西斯之屋"，矗立在那里，永远带有你的名字。

扎伊的神庙

我在扎伊之地为你建筑了一座神秘之屋，就像天空中的地平线，名为"在派卡南的赫利奥坡里斯的统治者拉美西斯之屋"，作为你的永恒财产。我塑造了你的大雕像，就在它的中间，名为"赫利奥坡里斯的统治者拉美西斯的阿蒙"。列腾努的亚细亚人来到它这里，把他们的贡赋带到它面前，因为它是神圣的。

混杂事项

我已经带来了大地，为你统一它们，带来他们的关税，把它们传递到底比斯，你的神秘城市。我在埃及范围内为你建造了很多雕像；它们是为保护这块土地的你和众神雕刻的。我为他们建造了神庙、包含果树的花园、土地、小牛、大牛和很多奴隶；它们永远是你的，你的眼睛在它们上面，你是它们永远的保护者。我装饰你伟大的雕像，雕像在埃及各地。我修缮他们那些已经成为废墟的神庙。我使呈献给他们的祭品增加很多倍，作为正常日祭品数量得以增加的证据。

清单

看啊，我已经列举了我在你面前做的所有事情，哦，我威严而神圣的父亲、众神之主，以便人们和众神知道我的善行，这些善行是我为你做的，尽管我在大地上。

3. 阿蒙的地产

法老给予他的威严父亲即众神之王阿蒙－拉神，穆特神，孔苏神和底比斯的所有神的事物、牛、花园、土地、帆船、作坊和城镇的名单，作为永久的财产。

附属于神庙的人及其他

美迪奈特·哈布神庙

"在阿蒙之屋中的国王乌塞尔马拉－迈瑞阿蒙之屋"，在南方和北方，在这个房屋的神庙的官员们掌握下，配备着各种事物：人员　62626个

小卡尔纳克神庙

"在阿蒙之屋中的国王乌塞尔马拉－迈瑞阿蒙之屋"，在南方和北方，官员们掌握下，配备着各种事物：人员　970个

卢克索神庙

"阿蒙之屋的赫利奥坡里斯统治者拉美西斯之屋"，在南方和北方，在官员的掌控下，配备着各种事物：人员　2623个

南方卡尔纳克神庙

"阿蒙之屋拥有快乐的赫利奥坡里斯统治者拉美西斯之屋"，在高级祭司的掌控下，配备着各种事物：人员　49个

底比斯神庙的五个畜群

"阿蒙之屋的乌塞尔马拉－迈瑞阿蒙"的畜群，名为："乌塞尔马拉－迈瑞阿蒙，反叛者的捕获者是伟大的尼罗河"，113头

畜群名为："乌塞尔马拉－迈瑞阿蒙是拉之水域的麦什维什人的征服者"，在监督官派伊管理下；麦什维什：971头

畜群名为："阿蒙之屋的赫利奥坡里斯的统治者拉美西斯是伟大的尼罗河"，1867头

畜群名为："阿蒙之屋的乌塞尔马拉－迈瑞阿蒙，——"，在南方的维西尔的管理下，34头

"阿蒙之屋的赫利奥坡里斯的统治者拉美西斯"的畜群,在牛监督者凯伊的管理下,279头。

国王的住所

"获得伟大胜利的赫利奥坡里斯的统治者拉美西斯之屋",法老在北方为你建造的城市,众神之王阿蒙－拉之屋的所有权,说:"因为你是强大的,所以你将使它永远存在",7872头。

孔苏神庙

孔苏之屋的赫利奥坡里斯的统治者拉美西斯之屋:294头。

拉美西斯三世把人作为礼物给予神庙

他把人们给予"底比斯的孔苏,漂亮的神",荷鲁斯,欢乐的主人:247人

叙利亚人和陛下的尼格罗俘虏,他把他们给予众神之王阿蒙－拉之屋,穆特之屋,孔苏之屋,2607人

"乌塞尔马拉－迈瑞阿蒙,他在阿蒙之屋的房屋的建造者"的九弓,人们定居下来,他把他们给予这个房屋,770头。

大卡尔纳克神庙中的私人雕像

官员、军旗持有者、检察官和土地税支付者的系列肖像、雕像和人物,是法老给予的;众神之王阿蒙－拉之屋的所有权,保护它们,永远回答它们;

2756个神,制作雕像:5164个

总数: 86486个

各种财产

大牛和小牛,各种各样	421362
花园和果园	433
土地	864168 ¼ 斯塔特
运输工具和帆船	83
雪松和刺槐作坊	46
埃及的城镇	56
叙利亚和库什的城镇	9
总数	65

4. 阿蒙的收入

"阿蒙之屋的国王乌塞尔马拉－迈瑞阿蒙之屋"（美迪奈特·哈布神庙）的所有人和奴役劳动者的收入和交纳之物，在南方和北方，在官员的管理下；"阿蒙之屋的乌塞尔马拉－迈瑞阿蒙之屋"（小卡尔纳克神庙），在居住之城；"阿蒙之屋的赫利奥坡里斯的统治者拉美西斯之屋"（卢克索神庙）；"欧佩特的阿蒙之屋享有欢乐的赫利奥坡里斯的统治者拉美西斯之屋"（南部卡尔纳克神庙）；"孔苏之屋的赫利奥坡里斯的统治者拉美西斯之屋"（孔苏神庙）；五个畜群分别为阿蒙地产的五个神庙准备，是国王乌塞尔马拉－迈瑞阿蒙即大神给予它们的宝库、仓库和谷仓的，作为每年的岁入：

优质金子	217 德本，5 凯德特（kidet）
山脉的金子，科普图斯的金子	61 德本，3 凯德特
库什的金子	290 德本，8½ 凯德特
总数，优质金子和山脉的金子	569 德本，6½ 凯德特
银子	10964 德本，9 凯德特
总数，金子和银子	11546 德本，8 凯德特
铜	26320 德本
王室亚麻，mek 亚麻，优质南方亚麻，彩色南方亚麻，各种布匹	3722
纱线	3795 德本
香，蜂蜜，油，各种坛子	1047 坛
Shedeh 和葡萄酒，各种坛子	25405 坛
银子，人们上交的作为神圣祭品的各种税务物品	3606 德本，1 凯德特
农民上交的税务大麦［—］，16-倍海凯特	309950
蔬菜	24650 捆
亚麻	64000 大捆
捕野禽者和渔夫上交的税务水鸟	289530 只
牛，牛中的小公牛，小母牛，小牛仔，母牛，［—］的牛，［—］的牛，作为埃及的畜群	847 头

牛，nege 牛中的小公牛，小母牛，小牛仔，母牛，作为叙利亚各地的关税

物品	19
总数	866
活着的税收鹅子	744
雪松：拖船和渡船	11
刺槐：拖船，渠道船，运输牛的船只，战船和卡拉船	71
总数，雪松和刺槐：船只	82

很多神圣祭品名单中的绿洲产品。

5. 国王给予阿蒙的礼物

金子，银子，纯天青石，纯孔雀石，各种昂贵的纯石头，铜，王室亚麻、mek 亚麻、优质南方亚麻、南方亚麻做的服装，彩色服装，罐子，家禽，各种东西，国王乌塞尔马拉－迈瑞阿蒙即大神给予的，作为国王的礼物，为了供给他威严的父亲众神之王阿蒙－拉神，穆特神，孔苏神，从第 1 年到第 31 年，总共 31 年。

优质开泰姆金子；42［一］，总共	21 德本
浮雕工艺中使用的优质金子；22 个指环，总共	3 德本，3 凯德特
内嵌的优质金子；9 个指环，总共	1 德本，3½ 凯德特
浮雕工艺中使用的优质金子，各种昂贵的纯石头的内嵌；阿蒙立柱的指环，总共	22 德本，5 凯德特
捶打工艺中使用的优质金子；一张桌子，总共	9 德本，5½ 凯德特
总数，装饰品中的优质金子	57 德本，5 凯德特
两次使用的金子；在浮雕工艺中和在内嵌中使用的；42 个指环，总共	4 德本，5½ 凯德特
两次使用的金子；2 个花瓶	30 德本，5 凯德特
总数，两次使用的金子	35 德本，½ 凯德特
白色金子：310 个指环，总共	16 德本，3½ 凯德特
白色金子：264 个珠子，总共	48 德本，4 凯德特
捶打工艺中使用的白色金子：108 个指环，给神的，总共	19 德本，8 凯德特

白色金子: 155 个护身符绳索，总共	6 德本，2 凯德特
总数，白色金子	90 德本，7½ 凯德特
总数，优质金子，两次使用的金子和白色金子	183 德本，5 凯德特
银子: 一个带有金边的花瓶，浮雕工艺，总共	112 德本，5 凯德特
银子: 一个用于花瓶的沙漏，总共	12 德本，3 凯德特
银子: 一个用于花瓶的沙漏容器，总共	27 德本，7 凯德特
银子: 4 个花瓶，总共	57 德本，4½ 凯德特
银子: 31 个带盖的驮篮，总共	105 德本，4 凯德特
银子: 31 个带盖的小箱子，总共	74 德本，4 凯德特
银子: 6 个测量瓶子，总共	30 德本，3 凯德特
银子: 捶打工艺，一张桌子，总共	19 德本，3½ 凯德特
碎银子	100 德本
总数，容器和零碎银子	827 德本，1¼ 凯德特
总数，容器和零碎的金子和银子	1010 德本，6¼ 凯德特
纯天青石: 2 块，总共	14 德本，½ 凯德特
青铜，捶打工艺: 4 张桌子，总共	822 德本
没药: 德本	51140
没药: 海凯特	3
没药: 希恩（hin）	20
没药木头: 块	15
没药水果，单位	100
王室亚麻: 服装	37
王室亚麻: 上衣	94
王室亚麻: hamen 服装	55
王室亚麻: 斗篷	11
王室亚麻: 荷鲁斯的裹布	2
王室亚麻: ——衣服	1
王室亚麻: 衣服	690

王室亚麻：束腰外衣	489
王室亚麻：阿蒙威严雕像的服装	4
总数，国王亚麻，各种服装	1383
Mek 亚麻：长袍	1
Mek 亚麻：斗篷	1
Mek 亚麻，覆盖物：阿蒙威严雕像的衣服	1
总数，mek 亚麻：各种服装	3
优质南方亚麻：服装	2
优质南方亚麻：——服装	4
优质南方亚麻：上衣	5
优质南方亚麻：服装	31
优质南方亚麻：束腰外衣	29
优质南方亚麻：短裙	4
总数，优质南方亚麻，各种衣服	75
彩色亚麻：斗篷	876
彩色亚麻：束腰外衣	6779
总数，彩色亚麻，各种服装	7125
总数，王室亚麻，mek 亚麻，优质南方亚麻，南方亚麻，彩色亚麻，各种服装	8586
白色香：mn 坛子	2159
白色香：mn 坛子	12
蜂蜜：mn 坛子	1065
埃及油：mn 坛子	2743
叙利亚油：msakhy 坛子	53
叙利亚油：mn 坛子	1757
白色肉：mn 坛子	911
鹅肉：mn 坛子	385
黄油：mn 坛子	20

总数，满满的坛子	9125
Shedeh: 彩色 mn 坛子	1377
Shedeh:kabw 坛子	1111
葡萄酒：mn 坛子	20078
总数，shedeh 和葡萄酒：坛子（mn 和 kabw）	22556
Hirset 石头：神圣的眼睛护身符	185
天青石：神圣的眼睛护身符	217
红色壁石：圣甲虫	62
孔雀石：圣甲虫	224
青铜和 Minu 石：圣甲虫	224
天青石：圣甲虫	62
各种昂贵石头：神圣眼睛护身符	165
各种昂贵石头：作为垂饰的印章	62
岩石水晶：印章	1550
岩石水晶：珠子	155000
岩石水晶，切割: hin 坛子	155
加工后的木头：印章	31
雪花石：一块	1
雪松：bpanyny	6
雪松：tpt	1
奈布木（Neybu）：3 块，总共（德本）	610
卡西亚木：1 块，总共（德本）	800
芦苇：捆	17
肉桂：测量单位	246
肉桂：捆	82
葡萄：测量单位	52
迷迭香：测量单位	125
Yufiti 植物：测量单位	101

迈黑（Mehay）的 dom 棕榈果：测量单位	26
水果：海卡特	46
葡萄：箱	1809
葡萄：串	1869
石榴：箱	375
Bakaya 植物：测量单位	1668
各种牛	297
活着的鹅	2940
活着的 turpu 鹅	5200
活着的水鸟	126300
成群的肥鹅	20
泡碱：砖块	44000
食盐：砖块	44000
棕榈纤维：绳子	180
棕榈纤维：负载绳	50
棕榈纤维：——	77
棕榈纤维：绳索	2
塞海特植物：	60
亚麻：拜赫恩	1150
Ideninu	60
海载特植物：测量单位	50
纯［—］，德本	750

6. 给予古老宴会的谷物

天空众多宴会和每个季度第一天宴会的神圣祭品的干净谷物，是国王乌塞尔麻辣-迈瑞阿蒙即大神给予他父亲众神之王阿蒙-拉神，穆特神，孔苏神和底比斯所有神的，作为神圣祭品的增加物，作为日常祭品的增加物，为了增加以前的物品，从第 1 年到第 31 年，共计 31 年：2981674 又 16-fold 海卡特

7. 拉美西斯三世建立的新宴会的祭品

国王乌塞尔马拉－迈瑞阿蒙即大神为他的父亲众神之王阿蒙－拉，穆特神，孔苏神和底比斯所有神建立的节日的祭品。名为"乌塞尔马拉－迈瑞阿蒙为阿蒙创造的底比斯节日"从第3个季度的第1个月（即第9个月）第26日开始，直到第3个季度第2个月第15日，共计献祭20天；从第22年直到第32年，共计11年；还有南方欧佩特（卢克索）宴会的祭品，从第1个季度第2个月第19日直到第1个季度第3个月第15日，共计27天；从第1年直到第31年，共计31年。

优质面包：大块献祭烤面包	1057
优质面包：大块烤面包	1277
优质面包：烤面包	440
面包：大块献祭烤面包	43620
香之屋的纸莎草皮	685
啤酒窖的啤酒：4401坛，总计	——
优质面包，肉，拉胡素蛋糕：用于展示的测量单位	165
优质面包，肉，拉胡素蛋糕：金测量单位	485
优质面包，肉，拉胡素蛋糕：吃的测量单位	11120
优质面包，肉，拉胡素蛋糕：吃者的嘴的测量单位	9845
优质面包，肉，拉胡素蛋糕：王子的花瓶	3720
神圣祭品的优质面包：金花瓶，装备的	375
神圣祭品的优质面包：某种烤面包	62540
神圣祭品的优质面包：某种烤面包	106992
神圣祭品的优质面包：白色烤面包	13020
优质面包：用于吃的大块烤面包	6200
优质面包：甜烤面包	24800
优质面包：火烤面包	16665
优质面包：大块烤面包	992750
优质面包：谷物烤面包	17340

优质面包：白色献祭烤面包	572000
优质面包：金字塔状烤面包	46500
优质面包：kyllestis 烤面包	441800
优质面包：烤面包	127400
库内克面包：白色烤面包	116400
优质面包：烤面包	262000
优质面包的总数：各种烤面包	2844357
拉胡素蛋糕：测量单位（tmtm）	344
蛋糕：测量单位（ypt）	48420
拉胡素：测量单位（ypt）	28200
面粉：容器（a）	3130
Shedeh：坛子（mn）	2210
Shedeh：坛子（kabw）	310
葡萄酒：坛子（mn）	39510
总数，shedeh 和葡萄酒：坛子（mn 和 kabw）	42030
啤酒：各种坛子	219215
甜油：坛子（mn）	93
甜油：hin	1100
白色香：坛子（mn）	62
香：各种测量单位（ypt）	304093
易燃的香：坛子（mn）	778
红油：坛子（mn）	31
油：坛子（mn）	93
油：hin	110000
蜂蜜：坛子（mn）	310
白肉：坛子（mn）	93
橄榄：坛子（mn）	62
南方亚麻：服装（dw）	155

南方亚麻：服装（rdw）	31
彩色亚麻：服装（yfd）	31
彩色亚麻：束腰服装	44
总数	261
蜡：德本	3100
各种优质水果：测量单位（kabwsa）	620
各种优质水果：测量单位（tay）	620
水果：测量单位（htp）	559500
水果：测量单位（dnyt）	78550
进口无花果：测量单位（ypt）	310
进口无花果：重量单位（mha）	1410
进口无花果：测量单位（msty）	55
无花果：测量单位（ypt）	15500
无花果：测量单位（tay）	310
Mehiwet：蛋糕	3100
肉桂：测量单位（htp）	220
肉桂：测量单位（msty）	155
Semu 植物：测量单位（htp）	1550
卷心菜：海凯特	620
Khithana 水果：海凯特	310
Khithana 水果：捆	6200
葡萄：测量单位（msty）	117
葡萄：测量单位（tay）	1550
南方水果：海凯特	8985
Enbu：测量单位	620
纸莎草草鞋：双	15110
盐：16fold 海凯特	1515
盐：砖块	69200

泡碱：砖块	75400
船舷木列板：块	150
亚麻：测量单位（sbht）	265
Tamarisk：捆	3270
芦苇草：捆	4200
皮革鞋：双	3720
Dom 棕榈水果：测量单位（ypt）	449500
石榴：测量单位（ypt）	15500
石榴：箱	1240
橄榄：坛子	310
赫利奥坡里斯水渠口的坛子和容器	9610
纸草外皮：测量单位（ypt）	3782
Nebdu：测量单位（ypt）	930
公牛	419
公牛中的小公牛	290
牛	18
小母牛	281
两年的牛	3
小牛仔	740
小公牛	19
母牛	1122
总数，各种牛	2892
白色大羚羊中的雄性羊	1
白色大羚羊	54
雄性登羚	1
登羚	81
总数	137
总数，各种牛	3029

活着的鹅	6820
活着的家禽	1410
活着的 turpu 鹅	1534
鹤	150
活着的孵化家禽	4060
活着的水鸟	25020
猪	57810
活着的 pedet 鸟	21700
活着的 sesha 鸟	1240
鸽子	6510
总数，各种飞禽	126250
装满鱼的水渠的坛子，有木头盖子	440
白鱼	2200
穿着 shene 的鱼	15500
切碎的鱼	15500
鱼，整条鱼	441000
进口的花朵：遮阳伞	124
花朵：高束花	3100
进口的花朵："花园芳香"	15500
Isi 植物：测量单位	124351
花：花环	60450
花：花环	620
兰花：串	12400
手花	46500
花：测量单位	110
手上的荷花	144720
成束的荷花	3410
手上的荷花	110000

纸莎草花：束	68200
纸莎草：茎	349000
大束进口花	19150
椰枣：测量单位（mdjayw）	65480
椰枣：断枝	3100
蔬菜：测量单位（djdmt）	2170
蔬菜：捆	770200
手中的 Isi 植物	128650
谷物：束	11000
手中的谷穗	31000
花：束	1975800
花：测量单位（htp）	1975800

8. 阿蒙的个人雕像

上面提到的雕像和人物 2756 个所需的材料总数如下：

优质金和银	18252 德本，1¼ 凯德特
昂贵的纯石头：各种各样的石块	18214 德本，3 凯德特
黑色的铜，铜，铅，锡	112132 德本
雪松：各种各样的木块	328
乳香黄连木：各种各样的木块	4415

9. 拉美西斯三世对阿蒙神的最后祈祷

那个依赖于你的他是多么高兴啊！哦，神阿蒙，他的母亲的公牛，底比斯的统治者。授权与你，以便我可以安全地到达，和平地登陆，像众神一样在来世休息。祝愿我可以与马努极好的精灵们融合起来，他们在清晨看到你的光线。请倾听我的诉求！哦，我的父亲，我的神，我是与你在一起的众神当中唯一的。给我的儿子戴上王冠，使其成为阿图姆的王座上的国王，使他成为强大的公牛，两岸的主人，上下埃及之王，两土地的主人：乌塞尔马拉-塞泰普恩阿蒙；拉之子，双王冠的主人：拉美西斯四世-海卡玛-迈瑞阿蒙，他来自你的四肢。当他是一个年轻人时，你就是那个安排他为国王的人。你任命他为两土地上所有人的统治者。把几百万的统治给予他，他的每个肢体是完整的，他是繁荣的和健康的。把你的王冠放在他的头上，让他坐在你的王座上；祝愿大蛇女神保持一致。使他比任何国王都神圣，像你的威严一样伟大，作为九弓的主人。使他的身体繁荣，使他每日都年轻，而你是他身后每日的盾牌。把他的宝剑和战争权标头放在贝都因人的头上；祝愿在看到像巴阿尔的他时因为恐惧而倒下。为他扩张边界，远达他所渴望的地方；祝愿所有土地和国家对他的恐怖感到恐惧。授予他，埃及可以欢愉，消除所有邪恶、不幸和毁坏。使高兴居住在他的心里，祭品、歌唱、舞蹈在他的漂亮面孔前面。把他的爱放在众多男神和女神的心里；他的友好和他的恐怖进入男人的心里。完成你已经在大地上告诉我的所有好事情，为了坐在你的王座上的我的儿子。你是那个创造了他的神，确定把他的王国给予他的儿子的儿子，你对于他们来说是一个保护者，为他们负责，他们是你的仆人，他们看着你为你的卡做善事，永远。你命令的所有事情，它们都通过了，实现了；你所说的事物，它们就像砂砾石一样持久。你赋予我 200 年的统治；使得这些年月成为那个仍在大地上的我的儿子的年份；使他的生命比任何国王的生命都长，为的是报答我已经为你的卡做的所有善事。让他借助你的命令成为国王；正是你给他戴上王冠；让他不要反对你已经做的，哦，众神之主。把伟大而丰富的尼罗河给予他的时代，为了用丰富的食物供给他的统治。把不知道埃及的王子给予他，把物品放在他的大宫殿的后院，上下埃及之王，两土地的主人：乌塞尔马拉-塞泰普恩阿蒙；拉之子，双王冠的主人：拉美西斯四世-海卡玛-迈瑞阿蒙，LPH。

25.国王庇伊的胜利石碑

国王庇伊的胜利石碑是一块巨大的圆顶灰色花岗岩石碑，于 1862 年发现于巴卡尔（Barkal）山脚下的努比亚首都纳帕塔（Napata）阿蒙神庙的废墟里。这块石碑的体积是 1.8 米×1.84 米×0.43 米，四面刻有铭文，共计 159 行。石碑顶部是浮雕，阿蒙坐在王座上，在左面，穆特神站在他后面，庇伊站在他前面。庇伊后面是赫尔摩坡里斯的那玛尔特

（Namart），他牵着一匹马；他的妻子与他在一起，举起右手，做祈祷的姿势。下面一行是国王奥索尔孔四世、伊乌普特二世和派夫图阿乌巴斯特（Peftuaubast）的匍匐像。他们下面是五个统治者，他们也在亲吻土地，他们是王子派狄艾斯和四个利比亚首领。铭刻在这些臣服的统治者面前的铭文大多数被毁掉了。

　　石碑其他部分的铭文保存的比较完整，记录了国王庇伊对埃及各地的征服情况，是后期埃及最重要的历史铭文。它在内容的真实性方面超越新王国图特摩斯三世的年鉴，在文字的鲜活性上远远超过图特摩斯三世年鉴。庇伊是努比亚国王，控制着上埃及。他在纳帕塔的时候，获得消息：统治着三角洲西部地区（利比亚）的舍易斯国王泰夫纳赫特（Tefnakht）正在往南征服。他已经与赫尔摩坡里斯国王那玛尔特在内的很多首领结成联盟，开始围攻赫拉克利奥坡里斯，这个城市的统治者是派夫图阿乌巴斯特，是庇伊的同盟者。庇伊首先向埃及派遣了一支军队，去解救赫拉克利奥坡里斯。在这支军队没有取得决定性胜利之后，庇伊亲自率领大军进攻埃及。石碑铭文记载的就是他在埃及的战争经过和其他各种活动。很多学者研究了这篇铭文，关于文献中的庇伊国王到底是谁，存在争议。实际上，庇伊就是埃及语中的皮安柯（Piankhy）。本译文根据 Miriam Lichtheim, *Ancient Egyptian Literature*, vol.3, University of Chicago Press,1973, pp. 66—80；W.K.Simpson, *The Literature of Ancient Egypt*, New Haven and London: Yale University Press, 2003, pp. 368—385 译出。

在陛下统治的第 21 年第 1 季第 1 个月，上下埃及之王庇伊（Piye），阿蒙的钟爱者，永生。陛下的命令如下：

"听，我所做的，超过祖先们，

我，国王，神的肖像，

阿图姆的活的形象！

我离开那个标记着统治者的子宫，

那些比他更伟大的人感到害怕！

他的父亲知道这点，他的母亲察觉到了这点：

他将是统治者，从蛋中出生，

善良的神，众神的钟爱者，

拉之子，用他的双臂行动，

庇伊，阿蒙的钟爱者。"

泰夫纳赫特前进

一个人来到陛下这里说："西方的首领，奈杰尔的管理者和贵族，泰夫纳赫特，在——诺姆，在索西斯诺姆，在哈比，在——，在阿音，在派尔努伯，在孟菲斯诺姆。他已经征服了从沿海沼泽地到伊提塔威的整个西部地区，率领大量军队往南行驶，旨在统一两土地，他所到之地的统治者像狗一样匍匐在他脚前。"

"没有任何要塞能够关住上埃及各个诺姆的［大门］。麦尔－阿图姆，派尔－赛海尔海派尔拉，胡特－索贝克、派尔麦洁特、杰克奈什，所有西方的城镇都因恐惧他而打开城门。当他回到东方的各个诺姆的时候，它们也为他打开城门：胡特－贝努，泰乌杰伊，胡特－奈苏特，派尔－奈伯特皮赫。"

"他目前正在围困胡尼斯。他已经彻底包围了它，不让离开者离开，不让进入者进入，每天战斗。他已经测量了它的四周。每个联盟者都守住一块城墙。他使每个人围困他需要围困的地方，让所有地方的统治者都知道这点。"陛下轻松地听取（报告），高兴地笑了。

然后，那些在自己城镇的首领、管理者和将军们每日给将军写信，说："泰夫纳赫特征服了他面前的所有城市，没有抵抗者，你还在保持沉默，是为了忘却南方土地即上埃及的诺姆吗？那玛尔特（Namart）［赫尔摩坡里斯的统治者］，胡特威瑞特的管理者，已经拆掉了奈菲尔乌西的城墙。他已经出于对泰夫纳赫特的恐惧而推倒了自己的城墙，泰夫纳赫特为了攻占另一个城市而占据了那玛尔特的城市。现在，那玛尔特已经臣服在泰夫纳赫特的脚下；他已经拒绝接受陛下的命令。他与泰夫纳赫特待在一起，就像泰夫纳赫特在奥克叙林库斯诺姆的臣民之一。泰夫纳赫特把他发现的所有称心如意的东西都给予那玛尔特。"

庇伊命令他在埃及的军队进攻，并派遣增援军队

陛下给埃及的管理者和将军们、司令普瑞姆、司令莱麦尔塞克内和陛下在埃及的所有司令写信："开始战斗，开始战斗；围困——，捕获它的人民、它的牛，它的河上的船只！不要让农民到田里耕种，不要让农夫犁地。颠覆野兔诺姆；每日与它战斗！"然后，他们就这样做了。

然后，陛下向埃及派遣了一支军队，并给他们下了严格的指示："不要像玩棋那样在夜里攻击敌人，要在人们能看到对方的时候战斗。从远处战斗以便挑战他。如果他建议等待另一个城市的步兵和战车兵，那就坐等，直到他的军队到来。当他提出战斗的时候再战斗。如果他与另一个城市联盟了，那就让他们等待。至于那些他带来帮助自己的管理者，任何他信赖的利比亚军队，让他们接受挑战，让他们首先参战，并说：'你们这些人啊，我们不知道你们的名字，你们是聚合起来的部队！把你们马厩当中最好的马匹用起来，形成你们的战斗前线，要知道，正是阿蒙神把我们送到这里来的！'"

"当你们到达底比斯的伊派特－苏特的时候，到水里去。在河水里清洗你们自己；穿上最好的亚麻衣服。放下弓箭。不要向强大的主吹嘘，因为没有他就不可能有勇敢。他使武装虚弱的变得强大，结果大量军队在少数人面前逃跑，一个人征服了一千人！用他的祭坛上的水清洗你们自己；亲吻他面前的土地。对他说：

'给我们指明道路，
祝愿我们在你的庇护下战斗！
军队是你派出的，当它进军的时候，
祝愿很多人在它面前颤栗！'"

然后，他们跪在陛下面前，行匍匐礼：
"正是你的名字使我们强大，
你的顾问把你的军队带到港口；
你的面包每日在我们腹内，
你的啤酒为我们解渴。
正是你的热爱让我们强大，

当你的名字被呼唤时，它会产生恐惧；

没有任何军队可以在胆小的领导者领导下获胜，

那里有谁能够与你匹敌？

你是用双臂行动的强大国王，

战争工程的首领！"

他们往北航行，到达底比斯；他们按照陛下的命令行事。

在河上往北航行，他们遇到很多装载着士兵和水手往南行驶的船只，各种从下埃及来的战斗军队，装备着战争武器，为了与陛下的军队战斗。然后，他们进行了大屠杀，死者的数量无人知晓。他们的军队和船只被捕获，作为囚徒被带到陛下所在之地。

赫拉克利奥坡里斯的战斗

他们进军到胡尼斯，并挑起战斗。下埃及管理者和国王们的名单如下：

国王那玛尔特和国王伊乌普特。

玛的首领，派尔－乌塞尔奈布杰乌的舍尚克。

玛的大首领，派尔－巴内布杰德特的杰德阿蒙埃夫安柯。

他的长子，派尔－托特－维普瑞赫威的司令。

王子巴克奈非和他长子玛的管理者和首领赫斯布的奈斯奈苏的军队。下埃及每个戴着羽毛的首领。

派尔巴斯特的国王奥索尔孔，拉诺菲尔的区长官。

西方和东方以及中部岛屿上的所有管理者、所有区域统治者都结为同盟，臣服在伟大的西方首领、下埃及各个地区的统治者、奈斯神的预言师、舍易斯的夫人、普塔神的塞泰姆祭司泰夫纳赫特的脚下。

他们（陛下的军队）前去对抗敌军；他们对敌军进行了大屠杀，极大的大屠杀。敌军在河上的船只被俘虏。敌军剩余船只突出重围，在派尔派格附近尼罗河西岸登陆。在接下来一天的黎明时分，陛下的军队冲入敌营，军队与军队混战在一起。他们屠杀了敌军的很多人和无数马匹。恐惧降临到敌人的声誉部队，敌军因为极大而痛苦的打击而仓皇逃往下埃及。

被屠杀者的名单是由这些人构成的。男人们：——。

国王那玛尔特往上游逃亡，他被告知："克努姆正面临着与陛下的军队的战斗；它的人民和牛正在被捕获。"他进入乌恩，而陛下的军队正在河上和野兔诺姆的河岸上。他们听到国王那玛尔特来到这里的消息，便从四面围困野兔诺姆，不让去者离开，不让入者进入。

庇伊决定去埃及

他们写信向上下埃及国王、阿蒙的钟爱者庇伊报告他们每天所做的攻击和每次胜利。陛下对此异常愤怒，就像一只豹子："他们竟然留下下埃及军队的残余，让他们逃跑去汇报战况，而没有杀死和毁灭他们？我发誓，因为拉爱我，因为我父亲阿蒙支持我，我将亲自到北方去！我将粉碎他的工事。我将使他永远放弃战斗！"

"当新年节仪式举行的时候，我在我父亲阿蒙漂亮的宴会上向他献祭；当他在新年漂亮地出现的时候，他将和平地送我去观看欧佩特漂亮宴会上的阿蒙。我将在他前往南欧佩特的行进队伍中护送他，去参加'欧佩特晚间'的美丽宴会和'隐藏在底比斯'的美丽宴会，这是拉神在世界伊始为他做的。我将护送他到他的房屋，令其在王座上休息，在'带来神的日子'，在泛滥季第三个月第二天。我将让下埃及品尝我的手指的味道！"

然后，在埃及的军队听到了陛下对他们的愤怒。他们攻打奥克叙林库斯诺姆的派尔麦杰德；他们像暴风雨一样占领了它。他们给陛下写信，陛下的心并没有因为这件事情而喜悦。

然后，他们攻打"伟大胜利的峭壁"。他们发现它布满了军队，都是下埃及的战士。一个围攻塔被建筑起来，面对着这座城市；它的城墙被推翻。大量屠杀落在他们身上，死亡数量难以计算，包括玛的首领泰夫纳赫特的一个儿子。他们写信向陛下汇报这件事情，陛下的心没有因此而喜悦。

然后，他们攻打胡特－贝努；它的内部被打开；陛下的军队进入该城。他们向陛下写信，陛下的心没有因为这件事情而喜悦。

庇伊去埃及，围攻赫尔摩坡里斯

第1个季度的第1个月的第9日，陛下往北去底比斯。他在欧佩特节日中举行了阿蒙的宴会。陛下往北航行到野兔诺姆的港口。陛下从船舱中走出来。

马匹戴上了马轭，战车已经准备妥当，而陛下的伟大已经传到亚洲人那里，每颗心都在他面前颤抖。

陛下愤怒地斥责他的军队，就像豹子一样暴怒地对待他们："你们打算持续不断地打仗以便延误我的命令吗？今年必须结束战斗，令下埃及人民恐惧我，对他们发动大规模严厉的战斗！"

他在科穆恩西南搭建起帐篷。他每天向科穆恩城市推进。一道堤防被建起来，目的是围困这座城市。攻城塔被搭建起来，目的是把弓箭手和投石者举起来，便于他们射击和投掷石头，每天射杀和打击城里的人们。

几天过去了，乌恩城（Un）弥漫着臭气，缺乏呼吸的空气。然后，乌恩城投降了，乌恩百姓跪在国王面前求降。信使们来到国王这里，随身携带着各种好东西：金子、珍稀石头、若干箱子衣服、头饰、象征权力的蛇标。他们一连几天祈求陛下允许保持乌恩城国王的王位。

然后，他们把他的妻子即国王的妻子和国王的女儿奈斯腾特（Nestent）送去，向国王的妻子们、国王的妾们、国王的女儿们、国王的妹妹们祈求。她在后宫跪在国王的妇女们面前说："来我这里吧，国王的妻子们，国王的女儿们，国王的妹妹们，你们可以令宫殿的主人、伟大的力量者、伟大的胜利者荷鲁斯高兴！授予——。"

"哦，谁引导了你？谁引导了你？谁引导了你？谁引导了你？［你已经放弃了］生存之路！天空在发射箭弩，这是事实吗？我满意的是南方人屈服了，北方人说：'将我们置于你的阴影下！'——带着他的礼品，这是糟糕的吗？心是船舵。它通过神的愤怒而颠覆了它的主人。［它把火看作寒冷之物］——。［他没有像他父亲希望的那样长大成人］。你的诺姆到处是孩童。"

他跪在陛下面前，［说：请高兴起来］，荷鲁斯，宫殿的主人！正是你的力量已经对我做了这件事情。我是国王的众多仆人之一，为国库交纳税务。——他们的税务。我比他们为你做得更多。然后，他呈上了银子、金子、天青石、绿松石、铜和所有珍稀石头。国库充满了这种贡品。他右手牵着一匹马，左手拿着一个用金子和天青石制作的叉铃。

陛下穿着盛装，从他的宫殿里出来，到科穆恩的神托特的神庙去。他向他的父亲、科穆恩的神托特和八神团的神庙中的八神团奉献牺牲：牛、短角牛和家禽。野兔诺姆的军队欢呼，并吟唱道：

"荷鲁斯在他的城市里保持和平是多么好啊，

拉之子，庇伊！

你为我们举行了三十年节日，

因为你保护了野兔诺姆！"

陛下到国王那玛尔特的房屋。他通过宫殿的所有房间、他的宝库和他的仓库。他（那玛尔特）把国王的妻子和国王的女儿们都呈献给他。她们以妇女的方式向陛下致敬，但陛下没有理会她们。

陛下到马厩和马驹厩那里。当他看到它们处于饥饿状态时，他说："我发誓，因为拉爱我，因为我的鼻子被生命更新，我的马匹挨饿比你因鲁莽而对我做的任何罪行都令我痛苦！［我将教会你尊重你的邻居。］难道你不知道神的阴影在我头上，不允许我失败吗？希望另一个人，无论这个人是谁，可以为我做这件事情！我不会因为它而谴责他。我是在子宫里孕育的，在神的蛋中长大的！神的精子在我体内！我依靠他的卡而行动；正是他命令我去行动！"

然后，他的物品被安排到国库里，他的谷仓被奉献给伊派特－苏特的阿蒙神。

赫拉克利奥坡里斯确认它的忠诚，其他城镇投降

胡尼斯的统治者派夫图奥巴斯特（Pftuaubast）来到，给法老带来贡品：金子，银子，各种珍稀石头和最好的马匹。他跪在陛下面前，说：

"向你致敬，荷鲁斯，强大的国王，

攻击众公牛的公牛！

来世抓住了我，

我沉没到黑暗之地，

哦，你，给我他的面孔的光线！

我在悲伤之日没有找到朋友，

后者可以在战斗之日支持我，

除了你，哦，强大的国王，

你帮我驱逐了黑暗!
我将用我的财产为你服务,
胡尼斯属于你的居所;
你是永恒之星上面的哈拉凯悌!
因为他是国王,所以你也是国王,
因为他是永恒的,所以你也是永恒的,
上下埃及之王,庇伊,永生!"

陛下往北航行到拉宏旁边的水渠的入口,发现了派尔-赛赫迈赫派尔拉带有高高的围墙,它的大门紧闭,里面到处都是下埃及的战斗者。然后,陛下给他们送去信息,说:"哦,你们虽生犹死,你们虽生犹死;你们这些可怜的家伙,你们虽生犹死!如果时刻一到,你们还没有为我打开大门,你们将根据陛下的判断遭受杀戮。不要阻碍你们生命的大门,以致到达今日的地步!不要渴望死亡而拒绝生命!——整个土地面前。"

然后,他们送给陛下信息,说:
"哦,神的阴影在你上方,
努特的儿子把他的胳膊给你!
你的心的计划立刻发生了,
就像神的嘴中的话。
的确,你是神生的,
因为我们看到了它,通过你的胳膊的工作!
哦,你的城镇和它的大门
——;
祝愿进入者可以进入,出去者可以出去,
祝愿陛下按照他希望的去做!"

他们与玛的首领的一个儿子泰夫纳赫特一起出来。陛下的军队进入城市,而陛下没有屠杀他发现的任何人。——和宝库,为了封印它的所有权。它的财宝都被收入宝库,它的谷仓被奉献给陛下的父亲两土地之神阿蒙-拉。

陛下往北航行。他发现了赛赫集（Sehedj）的神索卡尔之屋即麦尔阿图姆（Mer-Atum），该城大门紧闭，不可进入。它已经决定战斗，——；对陛下之威武的恐惧封住了他们的嘴。陛下给他们送去信息，说：“看啊，两条路摆在你们面前；按照你们希望的去选择。打开城门，你们得以存活；紧闭城门，你们将死掉。陛下不会放弃任何一个关闭大门的城镇！”然后，他们立即打开城门，陛下进入城镇。他献祭——，像孟海（Menhy），后者是赛赫集的神。它的财宝被收集到国库，它的谷物被奉献给以佩特苏特（Ipet-sut）的阿蒙。

陛下往北航行到伊提塔维（Itj-tawy）。他发现壁垒紧闭，城墙上站满了下埃及勇敢的军队。然后他们打开大门，跪倒在陛下面前，说：

"你的父亲把他的遗产给你，

两土地是你的，两土地中的一切都是你的，

大地上的一切都是你的！"

陛下为这个城镇的众多神举行大规模献祭：牛、短角牛、家禽、每一件好的和纯洁的东西。它的仓库被集合到国库，它的谷仓被奉献给他的父亲阿蒙－拉。

占领孟菲斯

陛下到达孟菲斯。他给他们送去信息，说：“不要紧闭城门，不要战斗，哦，自创世以来的舒神之屋！让入者进入，让去者离开；那些打算离开的人不会受到阻挠！我将向孟菲斯的普塔神和其他神献祭。我将向舍提特的索卡尔神献祭。我将参看普塔神庙。我将和平地往北航行！——孟菲斯的人民将是安全的；人民不会为他们的孩子哭泣。看一看南方的诺姆吧！那里没有一个人被杀害，除了那些亵渎了神灵的反叛者；叛国者被处死。”

他们紧闭堡垒。他们派出军队，对抗陛下的部分军队，后者包括工匠、建筑工和已经进入孟菲斯港口的水手。舍易斯的首领夜里来到孟菲斯，指挥他的士兵和水手，是他最好的军队，由 8000 人构成，严格掌管他们：

“看，孟菲斯布满了下埃及最好的军队、大麦、二粒小麦和各种谷物、充裕的谷仓、各种武器。一个壁垒环绕着它。一座大的防卫墙已经建筑起来，这是一个由熟练的工匠建筑起来的工事。大河环绕着它的东边，人们不能在那里战斗。这里的马厩装满牛；仓库装满各种东西：银子、金子、铜、衣服、香、蜂蜜、树脂。我将把礼物给予下埃及的首领们。我将向他们敞开诺姆。我将——，几日之内，我就会返回来。"他骑上马，因为他不信任他的战车，他往北跑了，因为害怕陛下。

第二天黎明，陛下到达孟菲斯。当他停泊在它的北边的时候，他发现水已经升上城墙，船只可以停泊在孟菲斯的房屋上。陛下发现城市是强壮的，城墙很高，而且有新建筑，防卫墙守卫森严。找不到攻击它的地方。陛下军队的每个人都提出一些攻击方案。一些人说："让我们封锁——，因为它的军队是无数的。"其他人说："建筑一条通往城市的甬道，以便我们可以把地面抬高到墙那么高。让我们构建一个攻城塔，竖起桅杆，用帆作为攻城塔的墙。这样你就可以用防御壁垒把城市的两边分开，在它的北边建一道甬道，把地面提高到城墙的高度，结果我们可以找到一条行走的道路。"

陛下就像一只豹子一样对他们怒吼道："我发誓，因为拉爱我，因为我的父亲阿蒙支持我，——根据阿蒙的命令！这是人们说的话：'——和南方的诺姆从远处为他打开城门，尽管阿蒙没有把它放在他们的心里，而且他们不知道他已经命令了什么。阿蒙使他这样做，是为了展示自己的力量，让他的辉煌被看到。'我将像暴风雨一样占领它，因为阿蒙-拉已经命令了我！"

然后，他派遣他的舰队和部队去攻打孟菲斯的港口。他们为他带来每艘船只、每个渡口、每艘 shry 船、停靠在孟菲斯港口的很多船只，船首缆绳紧紧地拴在房屋上。没有一个普通士兵在陛下的军队中哭泣。陛下亲自把很多船只连接起来。

陛下命令他的军队："前去攻打它！登上城墙！进入河上的房屋！当你们中的一个人进入城墙，就没有任何人能站在他的地方，没有军队能够推回你！停止是邪恶的。我们已经封印了上埃及；我们将把下埃及带到口岸。我们将坐在两土地的天平上！"

然后，孟菲斯像暴风雨一样被拿下。很多人在城市里被屠杀，或者被作为俘虏带到陛下所在的地方。

当第二天它被水淹没的时候，陛下派人到城里去保护神庙。军队被提高到众神的至圣所上方。祭品被奉献给孟菲斯众神的委员会。孟菲斯被用泡碱和香清洗。祭司们坐在他们的地方。

陛下到达普塔之屋。他的净化在衣帽间举行。当他进入神庙的时候，每一种为国王举行的仪式都为他举行。大量祭品被给予他父亲普塔：牛，短角牛，家禽，所有好东西。然后，陛下进入他的房屋。

然后，孟菲斯的所有区域都听到了它。赫佩德米（Herypedemy），蓬尼维（Peninewe），贝乌的塔，贝乌的村庄，他们打开城门，仓皇逃跑了，没人知道他们去了哪里。

三个统治者投降

然后，国王义乌普特（Iuput）、玛的首领阿卡诺什和王子派迪什以及下埃及的所有官员，都带着他们的贡赋，来看陛下的美丽。

然后，孟菲斯的财宝和谷物都被奉献给阿蒙、普塔和孟菲斯的埃尼阿德。

庇伊访问赫利奥坡里斯的圣所

第二天黎明时分，陛下到东方去。祭品被给予赫拉哈的阿图姆、派尔－派斯捷特的埃尼阿德、孟菲斯中的众神的洞穴，包括牛、短角牛、家禽，以致众神可以将生命、繁荣和健康给予上下埃及之王、永生的庇伊。

陛下往奥恩去，在赫拉哈的山上，在从赛普到赫拉哈的路上。陛下去了伊提西边的军营。他的净化被举行：他在凯贝的池塘里被清洗；他的脸在努恩的河里被清洗，拉神在河里清洗他的脸。他往奥恩的高沙上前进。一大笔祭品被奉献在奥恩的高沙上，就在拉升起的时候当着他的面，包括白牛、奶、没药、香、各类闻起来很香的植物。

行军至拉神的神庙。带着崇拜之物进入神庙。首席诵经祭司赞扬神，使反叛者远离国王。执行更衣间的仪式；穿上 sdb 衣服；用香和凉水清洗他；把金字塔之屋的花环给予他；给他带来护身符。

登上楼梯，到大窗户，去看金字塔之屋的拉神。国王独自站在那里。打开门栓的封印，打开大门；看他的父亲拉神在神圣的金字塔之屋中；装饰拉神的晨船和阿图姆的夜舟。关闭大门，应用泥土，封上国王自己的印记，教导祭司："我已经视察了封印。没有其他任何将兴起的国王可以进入这里。"祭司们跪在陛下面前说："永远遵命，荷鲁斯，奥恩的钟爱者！"

进入阿图姆的神庙。崇拜他父亲阿图姆－开普利、奥恩的大神的肖像。

然后国王奥索尔孔来到，看望陛下的美丽。

庇伊在阿斯利比斯召开宫廷会议

第二天早上，陛下站在船只的头上去往海港。他穿行到凯姆威尔的港口。陛下的营帐在凯赫恩南边搭建起来，位于凯姆威尔的东方。

然后，那些国王和下埃及的官员们、头戴羽毛的首领们、所有维西尔、首领、国王的朋友们都从东方、西方和中间的岛屿来到，看陛下的美丽。派代斯（Pediese）王子跪在陛下面前说："来到阿斯利比斯，以便你可以看到肯提凯提，以便胡耶特可以保护你，以便你可以为他房屋中的荷鲁斯提供祭品，包括牛、短角牛、家禽。当你进入我的房屋的时候，我的财宝将对你开放。我将把我父亲的所有物呈献给你。我将给你你所希望的金子，把绿松石堆在你面前，把马厩中最好的马匹、畜栏中最好的牲畜给你。"

陛下去了荷鲁斯肯提凯提的房间。一份包括牛、短角牛和家禽的祭品被给予他的父亲荷鲁斯肯提凯提即阿斯利比斯的神。陛下去往王子派代斯的房屋。派代斯把金子、银子、天青石和绿松石以及大量物品和大量王室亚麻布、覆盖着优质亚麻的床、没药和若干坛子的膏油、种马和母驴以及畜栏中最好的牲畜给予国王。

他用神圣的咒语在这些国王和下埃及的大首领们面前净化自己："任何人隐藏他的马匹和他的财富，都会像他父亲那样死去！我说这个，为了你们用你们从我这里看到的方式来证实你们的仆人身份。如果我没有把我父亲房间里的所有东西展示给陛下，请告发：金条、珍贵石头、各种容器、护身符、金项链、项圈、装饰着珍稀石头的项环、四肢的护身符、头巾、耳环、所有国王装饰品、所有国王净化用的金子和珍贵石头制作的容器。我把所有这些东西都呈献给了国王，还有我房屋内部成千上万的最好的亚麻衣服。我知道你会对此满意。到畜栏那里，选择你喜欢的，所有你喜欢的马匹！"然后，陛下就这样做了。

然后，这些国王和大臣们对陛下说："让我们回到我们的城镇，打开我们的宝库，以便我们可以根据你们的心所渴望的选择，把我们畜栏中最好的牲畜带给你，我们最好的马匹带给你。"然后，陛下就这样做了。

北方统治者的名单

他们的名字的名单：

派尔巴斯特和拉诺福尔地区的国王奥索尔孔，

滕特瑞姆和塔阿恩的国王义乌普特，

佩尔－巴内杰德特和拉的仓库的官员杰德梅内夫安柯，

他的长子，派尔－托特－外普瑞维的将军，安赫霍尔，

捷波内特尔、派尔－海倍特和塞马－贝德特的官员阿卡诺什，

玛的官员和首领，派尔－索沛德和孟菲斯的谷仓的帕杰斐，

玛的官员和首领，派尔－乌塞尔涅杰都的派麦，

玛的官员和首领，赫斯布的奈斯奈苏，

玛的官员和首领，派尔－歌瑞尔的奈赫霍尔－耐舒努，

玛的首领，彭特维瑞特

玛的首领，彭特贝亨特，

荷鲁斯的预言家，赫姆的首领，派第霍尔索姆图斯，

派尔－赛赫迈特－奈贝特赛特和派尔－赛赫迈特－奈贝特拉赫撒的官员赫尔贝斯，

亨特奈菲尔的官员杰德希乌，

赫拉哈和派尔－哈皮的官员沛贝斯，

带来他们所有的贡赋，包括金子、银子、珍稀石头、覆盖着优质亚麻的床、若干坛子的没药，优良价值的——，马匹——。这之后，一个人来到，告诉陛下："——城墙——。他已经放火烧掉了宝库和河上的船只。他已经将军队驻扎在麦赛德——。"然后，陛下派出军队去看一下发生了什么事情，他是王子派代斯的保护者。他们返回来，向陛下报告，说："我们已经屠杀了我们在那里发现的每个人。"然后，陛下把城市给予王子派代斯，作为礼物。

泰夫纳赫特宣布臣服

玛的首领泰夫纳赫特听到了这一切，一个信使被派到陛下所在的地方，带

来甜言蜜语，说："多么高尚啊！我没能在羞耻之日看到你的脸；我没有站在你的火焰面前；我对你的伟大感到恐惧！因为你是努布提，南方土地最伟大的人；你是蒙特，强大的公牛！无论你把你的脸朝向哪个城市，你不能在那里找到你的仆人，直到我已经到达海中的诸多岛屿！因为我对你的愤怒感到害怕，根据那些对我敌对的愤怒的话！"

"陛下没有被你对我做的事情所冷却吗？我受到公正的责备时，你没有根据我的罪行捶打我。在天平上称重，根据重量计算，对我增加三倍惩罚！但留下种子，以便你可以及时收集它。不要把果树连根砍掉！请留有怜悯！对你的恐惧在我的体内，对你的恐惧在我的骨头里！"

"我没有坐在啤酒宴会上，竖琴没有为我带来。我吃饥饿者的面包，我喝饥渴者的水，自从你听到我的名字的这天开始！疾病在我的骨头里，我的头是秃的，我的衣服是破烂的，直到奈斯神对我表示怜悯！你对抗我的过程是长的，你的脸还对着我！正是这一年已经清洗了我的卡，洗净了你的仆人的错误！让我的物品进入国库：金子和所有珍稀石头，最好的马匹，每种贡赋。尽快送给我一个信使，把恐惧从我心中驱赶走！让我进入神庙，用神圣的誓言清洗自己！"

陛下派去首席诵经祭司派迪阿蒙奈斯塔维和司令官普瑞姆。泰夫纳赫特给他呈上金子和银子，衣服和各种珍稀石头。他去了神庙；他赞美神；他用神圣誓言清洗自己，说："我不会不服从国王的命令。我不会把陛下的话置若罔闻。我不会在你不知情的情况下对官员做坏事。我将只做国王说的事情。我不会不服从国王的命令。"然后，陛下的心对它表示满意。

最后的投降者，庇伊返回努比亚

一个人来到，对陛下说："胡特-索贝克已经打开了它的大门；梅腾已经跪了下来。没有任何诺姆对抗陛下，南方的和北方的诺姆。东方、西方和中间岛屿都因为害怕他而跪下，正在把它们的东西送到陛下所在的地方，就像宫殿的臣民。"

第二天清晨，上埃及的两个统治者和下埃及的两个统治者，眼镜蛇佩戴者，来到，亲吻陛下面前的土地。下埃及的国王们和官员们来看陛下的美丽，他们的腿就像妇女的腿。他们不能进入宫殿，因为他们尚未环切包皮，是吃鱼的人，这是宫殿所禁止的。但国王那马尔特进入宫殿，因为他是干净的，不吃鱼。三个人站在外面，而一个人进入宫殿。

然后，船只装满金、银、铜和布料，下埃及的所有东西，叙利亚的所有产品，神之地的所有植物。陛下往南航行，他的心是高兴的，所有那些在他附近的人都在高呼。西方和东方都宣布臣服，都围绕着陛下欢呼。这是他们的颂歌。

"哦，强大的统治者，哦，强大的统治者，

庇伊，强大的统治者！

你已经占领了下埃及之后返回，

你使公牛进入妇女体内！

那个生了你的母亲是高兴的，

那个生了你的男人是高兴的！

河谷居民崇拜她，

那个生了母牛的公牛！

你是永恒的，

你的力量永恒，

哦，统治者，底比斯的钟爱者！"

26.国王普萨美提克二世的胜利石碑

在第三中间期，努比亚人在埃及建立了第 25 王朝，实施了近百年的统治。之后，相对强大的第 26 王朝兴起，这是一个本土埃及人建立的王朝，从三角洲的舍易斯实施统治。在普萨美提克二世统治时期，大约公元前 592 年，埃及对努比亚进行了一次战争，被记录在一块石碑上，这就是普萨美提克二世的胜利石碑。当时，埃及的主要敌人是东北方向的亚洲人，而非努比亚人，从而这次战争的动因不详，或许是埃及人为了巩固南方的统治，或者对努比亚进行报复。这块石碑保存完好，内容比较完整，具有重要意义，证明了希罗多德《历史》中的记载，也记录了一个重要历史事件。本文根据 Miriam Lichtheim, *Ancient Egyptian Literature*, vol. 3, University of Chicago Press, 1973, pp.85—86 译出。

陛下统治的第3年夏季第2个月第10日。荷鲁斯:麦奈赫伊伯（Menekhib）；上下埃及之王，两夫人：拥有强大的胳膊；金荷鲁斯：对两地恩慈，奈菲尔伊伯拉；拉之子，他的身体：普萨美提克，永生；克努姆的钟爱者，瀑布地区的主人，塞梯斯（Satis）的主人，耶布（Yebu）的主人，阿努奇斯（Anukis）的主人，统治着努比亚。善良的神，有能力的顾问；勇敢的国王，拥有成功的事迹；拥有强壮的胳膊，捶打九弓。

陛下在奈菲尔伊伯拉湖（或许指阿斯旺）的沼泽地遨游，绕着泛滥地巡行，跨越它的两个岛屿，观看泥土堤岸上神的领土上的无花果树，他的心渴望看到美好，就像大神穿越原始水域。然后，一个人来告诉陛下：

"陛下派遣到努比亚的军队已经到达了普努布斯（Pnubs）的山区。这是一块缺乏战斗场地的土地，是一个缺乏马匹的地方。每个山区的努比亚人都起来反抗他（国王普萨美提克二世），他们的心充满了对他的仇恨。他的攻击开始了；对于反叛者来说，这是可悲的。陛下已经做好了战斗准备。当战斗开始以后，反叛者转身逃跑。箭镞准确地刺杀他们。手没有放松（意思是敌人紧张万分）。人们在水流一样的血泊中艰难前行。4200个俘虏当中没有一对走失。一个成功的事迹已经被创造！"

然后，陛下的心异常高兴。陛下向上下埃及的所有神奉献了牛和短角牛牺牲，向宫殿礼拜堂的宫殿神祇奉献了祭品。祝愿他被给予生命、稳定、领土，像拉一样永远健康幸福！

27.国王涅克塔尼布一世的诺克拉提斯石碑

诺克拉提斯是一个埃及境内的希腊城市，位于尼罗河卡诺普斯支流的东岸，距离地中海50英里，距离舍易斯城10英里。这个城市在波斯人统治时期受到希腊人逃离的影响而暂时失去了发展动力，但始终是埃及最重要的希腊城市之一，在第30王朝时期成为贸易和制造业的中心。这个城市属于舍易斯诺姆，居住着希腊人和埃及本土人，拥有舍易斯女神奈斯（Neith）的神庙。国王涅克塔尼布一世（第30王朝的创建者）的石碑就发现在这个神庙里。这是一个 1.58 米高、0.68 米宽的优质黑色花岗岩石碑，石碑上部是一副浮雕，一个带翼的太阳圆盘下面是两个对称的场面，国王涅克塔尼布向坐在王位上的女神奈斯奉献祭品。浮雕下面是 14 个竖行的铭文。多位埃及学家研究了这篇铭文。本文根据 Miriam Lichtheim, *Ancient Egyptian Literature*, vol. 3, University of Chicago Press,1973, pp. 87—89 译出。

陛下统治的第 1 年夏季第 4 个月第 13 日。荷鲁斯：拥有强大的胳膊；上下埃及之王，两夫人：他对两土地有益；金荷鲁斯，他做了神的愿望：海派尔卡拉；拉之子，涅克塔尼布，永生，奈斯的钟爱者，舍易斯的夫人。善良的神，拉的肖像，奈斯的慈善的继承人。

她把陛下提高到百万人之上，
任命他为两土地的统治者；
她把她的眼镜蛇放在他的头上，
为他掌握了贵族们的心；
她为他束缚了人们的心，
毁掉了他所有的敌人。

保卫埃及的强大诺姆长，
围绕埃及的铜墙；
拥有灵活胳膊的强大者，
攻击许多人的剑的主人；
在看到他的敌人时，心里充满凶猛，
拥有叛乱之心的心灵清除者。

对他做了好事的人是忠诚于他的人，
他们能够安静地睡到天亮，

他们的心充满了他的善良性质，
他们不会远离他们的道路。
当他升起时，他使所有土地变成绿色，
他用他的慷慨使每个人满意；
所有眼睛在看到他时都目眩，
当他升起在高地上时，就像拉一样。
他的爱渗入每个人的体内，
他已经把生命给予他们的身体。

当众神看到他时，他们向他欢呼，
他警觉地查看什么在服务于他们的神龛；
他召集他们的预言家，向他们咨询神庙的所有职能；
他按照他们的话行动，
不会对他们的建议充耳不闻。
正确看待神的意图，
他建筑了他们的大厦，建筑了他们的墙，
供给祭坛，填满他们的碗，
提供各种捐赠。

独一无二的神，拥有很多奇迹，
接受太阳光盘的光线服务；
山脉将其最深处的秘密告诉他，
海洋为他提供液体；
外国土地给他带来他们的丰富产品，
结果他可以使他们安稳地生活在河谷里。

陛下在舍易斯的宫殿升起，在奈斯的神庙落下。国王进入奈斯的大厦，戴着红冠升起，在他母亲身边。在奈斯的大厦，他为他父亲、永恒的主人倾倒膏油。然后，陛下说：

"把金、银、木材、制作好的木材和所有来自地中海的东西中的十分之一给予神庙，把亨特（Hent）城镇国王财产中的十分之一给予神庙；把阿努岸边（尼罗河卡诺匹克支流岸边）的诺克拉提斯的金、银和所有东西中的十分之一给予神庙，诺克拉提斯是国王的领地，这些将被用作神圣献祭的祭品，献给我的母亲、永恒的奈斯神，除了以前就在那里的东西。一个人应该将一头牛的一部分、一只肥胖的鹅子和五个单位的葡萄酒作为日常祭品，将它们传递到我母亲奈斯的宝库。因为她是大海的夫人；正是她给予它丰富的物产。"

"陛下已经下令，保存和保护我母亲奈斯的神圣祭品，保持祖先们做的每一件事情被执行，目的是我做的事情将被后来人永远保持下去。"

陛下说："把这些事情记录在这块石碑上，安置在阿努岸边的诺克拉提斯。然后，我的善行将被永远铭记。"

代表上下埃及之王海派尔卡拉，拉之子涅克塔尼布的生命、繁荣、健康、永生。祝他被给予生命、稳定、领土，像拉一样永远健康幸福！

28.托勒密一世的总督碑

公元前332年，马其顿的亚历山大三世（又称亚历山大大帝）征服埃及，在埃及逗留了几个月之后，继续远征波斯帝国的西亚领土。公元前323年，亚历山大三世从印度返回巴比伦以后，在这里去世。他的庞大帝国随之解体。他的大将之一托勒密一世在争夺权力的斗争中，获得了埃及和利比亚总督的任命，到埃及上任，从此埃及进入了托勒密王朝统治时期。在公元前305年之前，虽然亚历山大帝国已经分裂为几个王国，但从名义上还是保持着亚历山大家族的统治。因此，虽然托勒密一世掌握了埃及的实际统治权，但在名义上埃及统治者还是亚历山大大帝幼年的儿子亚历山大四世（在埃及称亚历山大二世）。托勒密一世到埃及任总都之后的很长时间里不断巩固他在埃及的统治，并试图占领更多的土地。公元前312年或公元前311年，托勒密一世在与亚历山大大帝其他将军的战斗中取得胜利，确保了他对叙利亚－巴勒斯坦部分地区的统治权。托勒密一世为此举行了一次庆祝胜利的仪式活动，仪式的高潮阶段是他向埃及布陀（Buto）城管辖区内的培（Pe）和德普（Dep）的当地神祇献祭。布陀是下埃及的中心。培和德普都是下埃及的诺姆。这次献祭的内容被铭刻在一块石碑上，这就是"总督碑"。文献讲述了亚历山大大帝在埃及获得王权的合法性，也提到了埃及本土国王哈巴巴什（Khababash）。当然，文献的重点是强调托勒密一世在埃及实施统治的合法性。这块石碑的内容实际上反映了托勒密一世统治埃及，建立独立王国的野心。这篇文献里面的"陛下"稍显指代不清，不知是指代哈巴巴什，还是指代托勒密，但仔细阅读文本的前后文关系，还是基本可以推断出陛下的所指。本译文根据W.K.Simpson,*The Literature of Ancient Egypt*, New Haven and London: Yale University Press, 2003, pp.393—397 译出。

（亚历山大二世）统治的第 7 年泛滥季第 1 个月。荷鲁斯："年轻人，拥有强大力量"；两夫人："众神的钟爱者，他父亲的职位被给予他"；金荷鲁斯："整个土地的统治者"；上下埃及之王，两土地的主人，哈阿伊布拉－塞太普恩阿蒙（Haaibre-Setepenamon）；拉之子，亚历山大（二世），永生，培和德普的神祇的钟爱者。他是两土地和很多外国土地的国王。陛下在亚洲，而伟大王子在埃及，他的名字是托勒密。

他是一个年轻人，拥有强大的双臂和有效的计划，率领着强大的军队。他的军队心理勇敢、步伐稳健。他毫不犹豫地攻击强大的敌人；当他们在战斗时，他用双手准确无误地打击敌人的面孔；他亲自拉弓射箭，精准地射击敌人；他在战场上挥舞着宝剑，砍杀敌人，没有一个敌人能够躲过他的宝剑；他是一个战士，其双臂从不退缩，他的命令绝对被执行；他是两土地或诸多外国土地上独一无二的人。

因为他将那些从亚洲发现的众神的神圣雕像和所有仪式用品以及上下埃及很多神庙的所有神圣书卷带回埃及，所以他把它们放回正确的地方。因为他在希腊人的大海海滨建立了他的居所，名为上下埃及之王迈瑞卡阿蒙－塞太普恩拉、拉之子亚历山大的要塞，要塞之前的名字是拉考提斯（Rakotis），所以他聚集了很多希腊人及其马匹和很多装载着军队的船只。然后，他率领军队到达叙利亚人的领土，结果他们与他战斗，他冲入敌军，拥有强大的心理，就像一只肉食鸟在追逐小鸟，很快就抓住了他们。他把他们的王子、马匹、船只和所有珍稀物品都带回埃及。

之后，他远征到伊列姆（Irem）地区，立刻抓住了他们。为了报复他们曾经对埃及做的事情，他带走了他们的人们，无论男女，还带走了他们的神祇。然后，他因做了这些事情，而满心欢喜地返回埃及。

因为他在庆祝一个节日，所以这个伟大王子在为上下埃及的众神寻找捐赠，结果在他旁边并与下埃及的伟大女神们在一起的人们对他说：

"北方的沼泽地，它的名字是埃杰奥的土地，上下埃及之王塞奈恩恩普塔－塞泰普恩泰内恩，拉之子永生的哈巴巴什，到达培和德普之后，将它给予培和德普的众神，围绕着沼泽地范围内的所有地区巡行一周，进入湿地内部，考察尼罗河的每一条流入大海的直流，为的是把亚洲的船只从埃及驱逐出去。"

然后，陛下（这里指的应该是托勒密）对那些在他身边的人说："这个沼泽地，告诉我关于它的事情！"因此他们在陛下面前说："北方的沼泽地，他的名字是埃杰奥的土地，它之前属于培和德普的众神，在敌人薛西斯废除它之前。他没有从它向培和德普的众神奉献祭品。"

然后，陛下（这里或许是指法老哈巴巴什）说："把培和德普的祭司们和高级贵族带到这里来！"因此他们很快被带到陛下面前。然后，陛下说："让我知道培和德普的众神的愤怒，他们怎么对待敌人，因为敌人已经做了邪恶的事情！瞧，他们说敌人薛西斯对培和德普做了邪恶的事情，已经拿走了它的财产。"因此他们在陛下面前说：

"君主，我们的主人！荷鲁斯：伊西斯之子，奥西里斯之子，统治者中的统治者，理想的上埃及国王，理想的下埃及国王，他父亲的保护者，培的领主，后来出现的所有神的最前面者，他之后再没有国王，与他的长子一起将敌人薛西斯驱逐出埃及；这样它今日在奈斯（Neith）的舍易斯（Sais）被认出来，就在神的母亲身边。"

然后，陛下说："这个神是所有神的护卫，他之后再没有神，那么就让我被放在陛下的路上，一个国王在这条路上才可以生存！"

然后，培和德普的祭司们和高级贵族们说："让陛下您下令对抗北方的沼泽地，它的名字是埃杰奥的土地，将它给予培和德普的众神，包括它的面包、啤酒、牛、家禽和所有好东西。让它收复的信息被传递给你，再次将它的领土给予培和德普的众神，以使你取得成功。"

然后，这个伟大的王子说："让国王的统计书吏在记录室书写文字命令，内容如下：

'总督托勒密（命令）。埃杰奥的土地，我将把它给予荷鲁斯，他父亲的保护者，培的领主；给予埃杰奥，培和德普的夫人，从今日直到永远；包括它的所有城镇、所有村庄、所有居民、所有土地、所有水流、所有牛、所有家禽、所有家畜和每一样产自它的东西以及之前构成其一部分的东西；还把一切添加到它的范围内，包括上下埃及国王、永生的两土地之主人哈巴巴什奉献的祭品：

它的南部：布陀城镇地区和（或）直到尼罗坡里斯的北赫尔摩坡里斯，

北方：海滨的沙丘

西方：掌舵的［……］圣水的水渠的大门到沙丘

东方：塞贝尼图斯（Sebennytos）地区

它的短角牛将注定成为伟大的神圣隼鹰的物品，它的长角牛将注定成为两土地的夫人的墓室地道的填充物，它的牛注定成为活着的隼鹰的物品，它的牛奶注定为贵族孩子饮用，它的鸟注定成为居住在海米斯（Khemmis）的一位，他依靠血生活，每一件源自它的可耕地的东西都在培的领主荷鲁斯和埃杰奥的献祭桌上，埃杰奥是大蛇，是拉－哈拉凯悌的眼眉，永远。

这个上下埃及之王、两土地的领主塞奈恩恩普塔－塞泰普恩泰内恩、拉之子哈巴巴什（永生）将一切永远捐赠给培和德普的众神；这个埃及的伟大统治者托勒密已经重新将一切永远给予培和德普的众神，作为回报，他获得勇气和快乐的胜利，而他的威武将渗入外国领土的整个范围内。

埃杰奥的土地，一个人将对其进行清查，或者一个人将扰乱它，为了从它那里获得财产，他与培的那些神有契约；他处于那些在德普的神的愤怒中，而他将处于女神维普塔维（Weptawi）的暴怒中，在她狂怒那天。他的儿子和他的女儿都不会给他水喝。'"

29.托勒密王朝在昔兰尼的统治

昔兰尼（Cyrenaica）是托勒密一世从埃及之外获得的属地当中最早的一个。公元前2世纪时，昔兰尼被托勒密王朝完全联合进王国内，公元前96年被罗马夺去。此城在托勒密王朝统治时期名义上独立，但托勒密国王们对它享有特殊的个人统治权力。下面这份文献充分体现了这点。在这份文献中，我们读到一些关键性语句，这些语句恰恰体现了托勒密国王在昔兰尼的统治地位。例如，"长老会由托勒密任命"，长老会是主要权力机构，这样托勒密国王便掌握了行政领导权；"托勒密是终身将军"，不受时间和条件的限制，这说明托勒密国王掌握着昔兰尼的军权；托勒密国王还有参与审判的权力，并掌握着终审权。可见，昔兰尼的行政、军事和司法三大政治主体都由托勒密国王掌握。这份文献写在一份纸草上，用希腊文字书写。本译文根据 M. M. Austine, *The Hellenistic World from Alexander to the Roman Conquest*, Cambridge: Cambridge University Press, 1981, pp.443—444 译出。

（1）公民团体由1万人构成。

（2）500人议事会，抽签产生，50岁以上，服务两年，第3年靠抽签去除其中的一半，剩下的再服务两年，如果剩下的不够一半，则从40岁以上的人们当中选出补齐。

（3）长老会，由托勒密任命，长老会从1万人中选出60人，30岁以上。如果有人去世，则由1万人任命的另一个人弥补。长老们除了可以担任战争将军而外，不能担任其他任何职务。

（4）托勒密是终身将军，另有5位将军从50岁以上并未担任其他职务的公民中选出，战争爆发时，由公民团体任命将军。

（5）9个法律卫士，5个检察官，从不低于50岁且未有任何职务的人中选出。

（6）长老会、500人议事会、1万人公民团体都享有改革之前的权力，从一万人中抽签选出来的长老会、500人议事会将审判所有的重大案件。他们应该使用以前的法律，因为这与现在的法令不冲突。法官应根据现存法律记录。任何被将军逮捕并在长老会和500人议事会面前受审的犯人，有根据法律受罚或接受托勒密处罚的权利，无论他选择什么，都将遭受3年刑罚……没有托勒密的同意，任何逃亡者都不被惩罚。

30.罗塞达石碑

1799年，拿破仑的士兵在尼罗河三角洲靠近地中海的一个名为罗塞达的村庄构建军事要塞时，挖出了一块玄武岩石碑，这就是著名的罗塞达石碑。罗塞达石碑的重要意义在于石碑上铭刻着三种文字的铭文，从上往下依次为古埃及圣书体文字、古埃及世俗体文字和古希腊文。（Richard Parkinson, *Cracking Codes: The Rosetta Stone and Decipherment*, London: British Museum Press, 1999, pp. 19—24）根据古希腊文，学者们知道这是公元前196年，祭司们为了纪念托勒密五世对埃及神庙的善行而在全国树立的若干块纪功碑之一。铭文记述了托勒密五世的功绩。学者们几乎都想到这块石碑上的三种文字表达的是同一种内容，如何用已知的古希腊文破解圣书体文字就成为问题的关键所在。罗塞达石碑发现以后，欧洲很多语言学家看到了释读圣书体文字的希望。法国学者德·萨西（1758—1835年）、瑞典外交官阿凯尔布莱德和英国物理学家托马斯·杨格（1773—1829年）先后对罗塞达石碑上的圣书体文字展开研究，取得了一些进展，但并没有取得最终的成功。这个历史的重任是由法国语言天才J. F. 商博良（1790—1832年）完成的。他掌握古希腊语和科普特语等十几种古典和东方语言，还熟悉古典作家作品中的古代世界史，这些知识积累成为其破解古埃及圣书体文字的基础。商博良通过解读王名圈中的国王名字，最终解开了圣书体文字之谜。他认为圣书体符号是可以读出声音的。他通过将罗塞达石碑上希腊文的王名与圣书体中的王名做比较，先读出了石碑上与希腊文对应的国王名字 Ptolemais（托勒密），又在一个底座上标有希腊文的方尖碑上读出了女王 Kleopatra（克利奥帕特拉）的名字，因此找到了一些表音符号。进一步的突破是对一个王名圈中国王名字的阅读，他发现科普特语中的"太阳"和"生产"等词语及其含义与圣书体文字一致，从而读出了 Rameses（拉美西斯）的名字。拉美西斯二世的名字有几种写法，这只是其中最简单的一个书写方式。以这些王名为基础，他很快就发现了很多符号的含义和读音，进而解读出罗塞达石碑铭文和很多其他圣书体文献。1822年9月29日，他在《致达希尔先生的一封信》中阐释了自己的研究成果，宣布解读圣书体文字成功。（James P. Allen, *Middle Egyptian: An Introduction to the Language and Culture of Hieroglyphs*, Cambridge: Cambridge University Press, 2010, pp. 8—9）学界关于罗塞达石碑的研究和文本翻译有若干种，本译文根据 M. M. Austine, *The Hellenistic World from Alexander to the Roman Conquest*, Cambridge: Cambridge University Press, 2006, pp. 492—495 的希腊文本的英文译本译出。希腊文本与埃及圣书体文本在语言表述上存在很大差别，文献开头部分关于国王名字的描述差别就很大，埃及圣书体文本关于国王名字的记述是这样的：

荷鲁斯"（在赞美声中）出现在他父亲的神圣御座上的年轻者"，（他是）两夫人"英勇的大人物，他已经重建了两地，并使可爱的土地完整，他的心对诸神是虔诚的"，金荷鲁斯"他已经改善了人们的生活，像普塔一样是塞德节的主人，像拉一样是君主"，上下埃及之王"爱他们父亲的神（即托勒密四世和阿尔茜诺三世·菲洛帕托尔）的继承者，普塔的选择者，拉的卡的力量，阿蒙的活的形象"，拉之子"托勒密，永生，普塔所钟爱的，他好像神（即埃庇法尼斯），仁慈的主人（即尤卡利斯图斯）。"

(希腊文文本如下：)

在年轻者①统治时期，他已经从他父亲、王冠的主人那里获得了王位，他的荣耀是伟大的，他建立了埃及，对他的敌人的征服者们、众神是虔诚的，他恢复了人们的生命，三十年节日的主人，就像大海菲斯图斯（Hephaestus）（即普塔），像太阳（即拉神）一样的国王，上下两个地区的伟大国王，爱父亲之神的儿子，获得海菲斯图斯的认可，太阳把胜利授予他，宙斯（即阿蒙）的活的形象，太阳的儿子，永生的托勒密，普塔的钟爱者，第9年。埃图斯（Aetus）的儿子埃图斯是亚历山大、救世之神、兄妹神、慈善之神、爱父亲之神、明白无误之神的祭司。狄奥葛尼斯（Diogenes）的女儿阿雷亚（Areia）是阿尔希诺·菲拉戴尔夫斯（Arsinoe Philadelphus）的提篮者，托勒密的女儿伊瑞尼（Irene）是阿尔希诺·菲洛帕托尔（Arsinoe Philopator）的女祭司，在山地古斯月（Xandicus）的第4日和埃及月麦开尔月（Mecheir）第18日（公元前196年3月27日）；敕令：

首席祭司们、预言者们、那些进入至圣所给神穿衣服的人们、*pterophoroi*、神圣的书吏和所有从全国各地神庙聚集到国王面前的其他祭司们，去孟菲斯参加永生的荷鲁斯、普塔的钟爱者、明白无误之神的王位获取节日，他从他父亲那里获得王位，都在这天来到孟菲斯的神庙里，宣布：因为永生的国王托勒密、普塔的钟爱者、明白无误之神、爱父亲之神国王托勒密和王后阿尔希诺所生，已经给予很多神庙和居住在神庙里的人们以及他的王国的所有人们很多利益，是一位由男神和女神所生的神——就像伊西斯和奥西里斯的儿子荷鲁斯，为他的父亲奥西里斯报仇，慷慨地向众神分配物品，已经给予神庙以金钱和谷物，始终用很多开支以便使埃及成为繁荣的国家、以便建立神庙，已经自由地放弃了他自己的财产，他已经彻底减少了他从埃及获得的收入和捐税，他也减少了其他收入，结果人们（当地埃及人）和所有其他人能够在他统治时期享有繁荣；他已经取消了埃及人们和他的王国其他部分的人们对国王的债务，这是数额巨大的；他已经释放了那些在监狱里的人和那些长期遭受控告的人们；他

---

① 托勒密五世，当时只有13岁。

| 二 王室文献 |

已经命令神庙的收入和每年以谷物和金钱给予神庙的津贴以及那些从葡萄园和花园以及众神的其他地产中分配给众神的适当配额，应该像他父亲时代那样保持下来；至于他任命的祭司们，他们应该支付不多于他们在他父亲统治时期直到（托勒密五世统治）第 1 年必须支付的献祭费用的数额；他已经取消了祭司阶级的成员每年必须航行到尼罗河下游的亚历山大的义务；他已经下令让那些在海军服强制劳役的人们不再为海军服强制劳役；他已经废除了神庙支付给国王国库的亚麻布税务的三分之二，已经恢复了之前时代忽略的所有事情的秩序，关心所有常规庆祝活动应该以合适的方式提供给众神；他也已经将正义分配给每个人，就像伟大的赫尔墨斯（即托特神）；他已经进一步命令，那些已经回来的士兵和那些在骚乱时期叛乱的士兵，应该回来，并继续拥有他们自己的财产；他已经确保骑兵、步兵和船只将被派出，去对抗那些从陆路和海陆进攻埃及的人；他已经耗费巨资和大量谷物，结果整个土地上的神庙和所有人都能够获得安全。他已经去了布西里斯诺姆的莱克坡里斯（Lycopolis），这里已经被占据，并建筑以防御工事，备有大量武器和其他供给以防止围困，因为当时不满在不虔诚的人们中间蔓延，他们已经聚集起来，对埃及的神庙和居民做了很多伤害；他面对着它安营扎寨，他用土墩和壕沟以及巨大的城堡围困它；当尼罗河在第 8 年（公元前 198 或前 197 年）升高到足够高的时候，像往年那样泛滥的时候，他在很多地方建筑大坝，堵住水渠的出口，他为此花了大笔金钱，并把骑兵和步兵驻扎在这些地方，保护他们；然后，他突然把水渠打开，依靠大洪水攻占城市，并毁掉了城市里所有不虔诚的人们，就像赫尔墨斯（即托特）和伊西斯与奥西里斯的儿子荷鲁斯那样，征服了之前在这些地方反叛的那些人。当他来到孟菲斯，为他父亲报仇，获得他的王位时，他以适当的方式惩罚了那些在他父亲统治时期反叛的人们的首领，那些人已经［扰乱了］国家，伤害了神庙；他到那以后，执行了获取王位的恰当仪式。他已经废除了直到第 8 年（公元前 198 或前 197 年）神庙对国王国库的债务，这是一大笔谷物和金钱；他也取消了直到同一个年份那些还没有运送到国库的亚麻布捐税，他还取消了对那些已经传递到国库的亚麻布进行检查所需的费用；他免除了圣地上每阿鲁拉土地一阿塔巴的税务，也免除了每阿鲁拉葡萄园一坛葡萄酒的税

243

务；他已经授予阿庇斯（Apis）和尼维斯（Mnevis）以及埃及其他神圣动物很多礼物，数额比之前的任何国王授予的都多，展示出对那些属于它们的东西的全面关心，因为他给予它们的葬礼需要非常奢侈的物品，也需要为它们的特殊神龛支付巨额金钱，还要给予牺牲祭品，举行宗教聚会和其他必要活动；他已经根据法律维持神庙和埃及的特权，已经用丰富的物品装饰了阿庇斯的神庙，在它上面花费了大笔金银和珍稀石头；他已经建筑了神庙、神龛和祭坛，已经修复了那些需要修复的东西，就那些与宗教有关的事情展示了仁慈神的精神；他已经发现什么神庙享有最高荣誉，他已经在他统治时期修缮了它们，按照合适的方式。反过来，因为他做的这些事情，众神授予他健康、胜利、权力和所有其他福祉，他的王位将永远与他和他的孩子们在一起。

拥有好的运气。整个土地上所有神庙的祭司们已经决定，在神庙里极大地增加如下这些人的荣誉：永生的托勒密、普塔的钟爱者、明白无误之神，他的父母亲爱父亲之神，他的祖父母仁慈之神，兄妹神和救世主。永生的国王托勒密、明白无误之神的雕像将被竖立在最突出的地方的每个神庙里，名为埃及的复仇者托勒密的雕像；它将站在每个神庙的主神旁边，神将胜利的武器给它，它将被按照埃及人的方式建造；祭司们将每日崇拜雕像三次，将给雕像穿上神圣的衣服，举行日常仪式，就像对节日和宗教集会中的其他神那样。一个雕像和一处［金］神龛将在每个神庙为国王托勒密、明白无误之神建造，他是国王托勒密和王后阿尔西诺、爱父亲之神所生；它们将与其他神龛一起被放在最里面的圣所里；在大规模的宗教集会期间，很多神龛在游行队伍中被带着，"明白无误之神"的神龛也被带着。为了在现在和未来能够清楚地展示出神龛，它的上面是国王的十个王冠，在王冠上面固定着山杨树，在其他神龛中的所有王冠上都固定着山杨树。它们的中心是名为普什特（Pschent）的王冠，当国王在孟菲斯进入神庙庆祝王位获取仪式时会戴上它。除了上面提到的王冠，［金］象征物将被放在环绕着诸多王冠的平台上，这些象征物是国王的象征物，使上下埃及的国王光辉灿烂。

在麦索勒月（Mesore）第30日（大约10月7日），国王的生日被庆祝；在［法奥菲（Phaophi）月第17日］（大约11月28日），他从他父亲那里获得王位。

这两个时间已经被认可为神庙中的名字日，因为它们是很多祈福的源泉，这些日子将在整个埃及的诸多神庙中作为每个月的节日和［宗教集会］日期。在这些场合，牺牲、捐献和其他必要庆祝活动将举行，就像在神庙中的……其他宗教集会中那样。在［整个国家的诸多神庙中］，每年从托特（Thoth）月第一日开始的5天时间，一个节日和宗教集会被庆祝，为了永生的、普塔钟爱的国王托勒密、明白无误之神；在这期间，他们将头戴花冠，执行奉献牺牲、捐赠和其他恰当的仪式。所有［祭司］也将被称为明白无误之神的祭司，还有他们服务的众神的其他名字；他的祭司集团将被载入所有档案，［铭刻在他们佩戴的戒指上］。个人也可以庆祝节日，在自己的家中竖立上面提到的圣所，并保持它，［每月］庆祝必要的仪式，每年庆祝必要的［节日］，目的是埃及的人们歌颂和赞美明白无误之神；［对于他们来说］，这是惯例。［这个敕令将被铭刻在］硬石［石碑上］，用圣书体文字、世俗语文字和希腊文字；石碑放在所有第一级、第二级、［第三级神庙里，紧挨着雕像］。

31.托勒密王朝晚期的村书吏任命文件

　　托勒密王朝时期，古埃及的统治制度仍是专制王权。国王处于统治阶级金字塔的顶点，他在理论上掌握着所有官僚的任命权，但在实践过程中地方官员的任命往往是由中央官僚中的首席行政大臣、首席财政大臣等各个部门的高级官员来具体任命。下面这份文献比较好地体现了托勒密王朝首席财政大臣（狄奥伊克提斯）任命较低级别的官僚的情况。这是公元前119年的一份纸草文献，用希腊文书写。本译文根据 P. Goold, ed., *Select Papyri*, vol.2, trans. by A. S. Hunt and C. G. Edgar, The Loeb Classical Library, Havard: Havard University Press, 1934, p.393 译出。

　　阿斯里庇德斯（Asclepides）向马瑞斯（Marres）致敬。美其斯（Menches）已经被狄奥伊克提斯任命为科尔基奥西里斯（Kerkeosiris）村庄的村书吏，条件是他将靠自己的费用开发村庄中被报告为无生产力的地区10阿鲁拉的土地，租金为50阿塔巴，他将从第52年起每年足额送给国王，否则将用他的私人生产资料来弥补不足，把他的职务文件给他。注意确保他的誓言被实施。再见。第51年麦索勒（Mesore）月5日，写给区书吏马瑞斯。

32.托勒密八世的遗嘱

从公元前168年开始，托勒密埃及进入了衰落期。与此同时，罗马在埃及的影响越来越大，甚至开始干预埃及内部政治和对外事务。托勒密八世与其兄弟在争夺埃及统治权的过程中，求助于罗马，罗马出于自身的政治考虑而出兵支持他，帮助他获得王位，但条件是托勒密八世要割让领土。于是，公元前155年，托勒密八世写了一份遗嘱，将他在昔兰尼的王国留给罗马人。这份文献是以希腊语书写的。本译文根据S. M. Burstein, ed., *The Hellenistic age from the battle of Ipsos to the death of Kleopatra VII*, Cambridge: Cambridge University Press, 1985, pp.134—135译出.

我统治的第十五年的鲁斯（Loos）月。……这是国王托勒密和王后克娄巴特拉、明白无误之神的年轻的儿子国王托勒密的遗嘱。这份遗嘱的另一份抄本送给罗马。祝愿神的美好愿望与我的愿望一致，即对那些组织起来用卑劣的方式陷害我、并故意剥夺我的王国和生命的人们进行必要的报复。但是，如果任何人类命运不可抗拒的事情发生在我身上，在（我）给我的王国留下继承人之前，我将属于我的王国馈赠给罗马人，因为从一开始我就全身心地与罗马人保持友谊与联盟。我把我的财产交付给同一批（罗马人），由他们来保护，这是由所有神的信任和他们自己的美好声誉决定的。也就是说，如果任何人攻击我的城市或者我的领土，他们就会根据我们已经缔结的友谊和联盟关系以及（根据）正义，用他们的全部力量，帮助我。朱庇特、大神和赫利奥斯以及阿波罗等神是见证这些（安排）的证人，记录这些（安排）的文献也是神圣的。祝好运。

33.托勒密王朝时期的祭司任命文件

　　托勒密王朝的国王是宗教首脑。国王严格控制着神庙和祭司。可以说,宗教是完全为国王服务的。每一位国王登基时都要任命一个属于自己的高级祭司。下面这则铭文就反映了这样的情况。这篇文献的具体年代不详,但一定是托勒密王朝时期的,是用希腊文书写的。本译文根据 Michel Chauveau, *Egypt in the Age of Cleopatra: History and Society under the Ptolemies*, trans. by David Lorton, Ithaca and London: Cornell University Press, 2000, p.48 的内容译出。

我去了希腊国王的王室所在地,它位于"伟大的绿海"(地中海)之滨,卡诺匹克支流的两边,它的名字是拉考提斯。上下埃及之王,神菲拉帕托尔·菲拉戴尔夫斯,年轻的奥西里斯(托勒密十二世)离开他那具有生命和活力的宫殿,去了伊西斯的神庙[一]并慷慨地向(女神)赠送大量贡物。当他乘坐双轮马车离开伊西斯神庙时,国王亲自停下他的双轮马车,并把镶有金子和各种纯宝石的花冠放在我的头上,花冠上刻有国王的雕像。这样,我变成了他的祭司,而且它给所有的城市和所有的诺姆发出了一道敕令,说:"我已经提升普塔的高级祭司普森普泰斯,做我的宗教仪式的祭司,而且我已在上下埃及的神庙中给予他收入。"

三 传记铭文

传记铭文大多发现于古埃及的墓葬，也有很多发现于衣冠冢或神庙的献祭间。古埃及王公贵族往往将自己的职业生涯、荣誉称号、功勋事迹等都铭刻在坟墓内壁或墓碑或纸草上，既是在为自己立传，也是作为通往永生的凭证。这些就是古埃及的传记文学作品。在古王国时期，埃及的传记文学就已经发展得比较成熟了，王公贵族大多将其传记铭刻在坟墓墙壁上。从第一中间期开始，尤其在中王国时期，很多高级官员或贵族在阿拜多斯奥西里斯神庙的献祭间里面竖立自传石碑，以求得永生。新王国时期的很多国王更是将传记铭文铭刻在神庙的立柱或围墙墙壁上。传记铭文既有王公贵族的，也有普通精英人物的，对于观察古埃及政治制度、经济生产、社会生活等都具有重要意义。传记铭文具有历史记述的特点，但很多内容是夸大的，与我们今日所说的追求真理和探究事实、记录事实的历史记述有很大差别。当然，传记作为一个相对独立的文学或文献类别，是可以成立的。鉴于此，本书将其作为一个独立的部分加以译介，当然为了与第二部分王室铭文区别开来，本书把国王的传记性铭文放在了第二部分，这里主要翻译大臣或贵族的传记。

1.梅藤传记铭文

　　梅藤是第3王朝斯尼弗鲁国王统治时期的大臣。他的传记是我们目前所知埃及最早的传记，是第3王朝唯一一篇传记文献。该文献铭刻在梅藤在萨卡拉的墓中的墙壁上。他死后被埋葬在萨卡拉左塞王阶梯金字塔附近，这是一种无上的荣耀。这篇传记记述了梅藤的职业生涯，从国王小块田产的书吏和管家上升到三角洲很多城市和区以及上埃及部分地区的行政官。传记还记录了他获得的田产,既有购买来的,也有继承来的,还有国王赏赐。传记对其田产大小的记载尤其令人印象深刻。这篇文献因为语言比较古老、比较凝练,而且有一些损毁,所以很多内容没有定论,是学界长期以来争论的重要问题。很多学者将这篇传记铭文里面关于土地买卖和继承的记载,作为揭示古王国时期埃及土地制度的重要依据。本文的翻译主要以 K. Sethe. *Urkunder der 18. Dynastie,* Leipzig: J. C. Hinrichs'Sche Buchhandlung, 1906, pp. 1—7 为蓝本,同时参照 James Henry Breasted, *Ancient Records of Egypt,* vol.1, Chicago: University of Chicago Press, 1906, pp. 77—79; Nigel C. Strudwick,*Texts from the Pyramid Age*, Atlanta: Society of Bblical Literature, 2005, pp. 65—74 和郭丹彤:《古代埃及象形文字文献译注》,东北师范大学出版社,2015 年版译出。

梅藤的父亲及遗产

他父亲是法官和书吏,名为阿努比斯莫内荷。他父亲的东西被给予他。没有谷物,没有房屋,(但)有仆人和小牛。

梅藤的职业

他被任命为小块田产的书吏和小块田产上所有事物的监督者。他被任命为……,成为索易斯(Xois)诺姆的地方长官,索易斯诺姆的低级地区法官。他被任命为[……]法官。他被任命为国王所有亚麻纺织品的管理者。他被任命为南佩尔凯德的管理者和[代理人]。他被任命为德普的人们的地方长官,米佩尔和佩尔萨帕的宫殿管理者,塞梯克(Saitic)诺姆的地方长官,塞恩特(Sent)要塞的管理者,多个诺姆的[代理人],佩尔舍斯塞特的管理者,宫殿诸城镇和南湖的管理者。舍瑞特-梅藤被建筑起来,他的父亲阿努比斯莫内荷把[领地]给予他。

荣誉和赏赐

阿努比斯诺姆的管理者、诺姆长和委员会监督者,蒙蒂斯诺姆的[……]的监督者,[……]4 斯塔特土地及附属的仆人和所有事物……在塞梯克诺姆、索易斯诺姆、赛赫米特诺姆……为他建筑12座名为舍瑞特-梅藤的城镇。他从国王……那里获得了200斯塔特的土地作为奖赏；每日从国王的孩子们的母亲尼玛阿特哈皮的葬祭庙得到100块面包作为[丧葬]祭品；建筑和装饰了一座200腕尺长、200腕尺宽的房屋；优质树木排列开来，建造了一处很大的湖，无花果树和葡萄藤排列四周。它根据国王的文字记录；它们的名字按照国王的文字敕令给出。非常多的树木和葡萄藤排列开来，大量葡萄酒在这里制造。为他建造了一个葡萄园：墙内有200斯塔特的土地；树木在依米里斯、舍瑞特-梅藤、雅特-赛贝克、舍特-梅藤排列开来。

梅藤的职位

南佩尔-凯德的管理者；佩尔维尔萨荷的管理者；鱼叉诺姆要塞荷森的管理者和地方长官；索易斯诺姆的塞赫穆的宫殿管理者和地方长官；德普的宫殿管理者和地方长官；塞特诺姆米佩尔的宫殿管理者和地方长官；蒙蒂斯诺姆两猎犬之地的宫殿管理者和地方长官；荷斯维尔的宫殿管理者；塞特诺姆的西部地区耕地的管理者；母牛要塞的宫殿管理者；沙漠的地方长官和狩猎的管理者；赛赫米特诺姆的耕地的管理者、[代理人]和地方长官。东部法尤姆的诺姆长、[管理者]和代理人；塞特诺姆的西部的地区法官、宫殿统治者，[……]的领导者。

土地赏赐

作为奖励，他从无数的王室地产上获得了200斯塔特的土地。他母亲奈布森特将50斯塔特给予他；她给她的孩子们做了一个遗嘱；她们根据国王的文字而在每个地方掌握遗嘱中的田产。赛赫米特诺姆的[……]的管理者。12斯塔特的土地给予他，也给予他的孩子们；土地上有仆人和小牛。

2.普塔舍普塞斯传记铭文

第4王朝后半期到第5王朝上半期，普塔舍普塞斯（Ptahshepses）从出生到去世经历了6位国王的统治时期，从宫廷内部与国王孩子们一起读书的孩子，逐渐受到几代国王的喜爱和信任，始终担任高级祭司、工程顾问、国王的陪伴者等要职。他还炫耀尼菲利尔卡拉王因为一件事情表扬他，允许他亲吻国王的脚，而非像其他人那样只能亲吻国王脚前的土地。这篇文献是由法国著名埃及学家马里埃特在萨卡拉普塔舍普塞斯的马斯塔巴墓中发现的，文献铭刻在该墓的一个假门上。本文的翻译主要以 K. Sethe. *Urkunder der 18. Dynastie*, Leipzig: J. C. Hinrichs' Sche Buchhandlung, 1906, pp. 51—53 为蓝本，参照 James Henry Breasted, *Ancient Records of Egypt*, vol.1, Chicago: University of Chicago Press, 1906, pp. 117—118 译出。

孟考拉统治时期

——在孟考拉统治时期；他在国王的宫殿里、在王室住宅里、在国王的后宫里，与国王的孩子们一起接受教育；比起其他孩子，他更受国王喜爱；普塔舍普塞斯。

舍普塞斯卡夫统治时期

——在舍普塞斯卡夫统治时期；他在国王的宫殿里、在王室住宅里、在国王的后宫里，与国王的孩子们一起接受教育；比起其他年轻人，他更受国王喜爱；普塔舍普塞斯——。陛下把国王的长女玛阿特哈嫁给他做妻子，因为陛下更希望她与他结婚，而非与其他任何人结婚；普塔舍普塞斯。

乌塞尔卡夫统治时期

[乌塞尔卡夫统治时期孟菲斯的高级祭司]，与其他仆人比起来，更受国王喜爱。他可以登上宫廷内的每艘船只；他可以在加冕仪式中踏上通往南方宫殿的路；普塔舍普塞斯。

萨胡拉统治时期

[萨胡拉统治时期，]与其他仆人比起来，[他更受国王的喜爱，]是陛下渴望执行所有工程的私人顾问；每日令其主人的心愉悦；普塔舍普塞斯。

奈菲利尔卡拉统治时期

[奈菲利尔卡拉统治时期，]与其他仆人比起来，[他更受国王的喜爱]。陛下因为一件事情表扬了他，陛下允许他亲吻陛下的脚，陛下不允许他亲吻土

地；普塔舍普赛斯。

拉奈菲尔夫统治时期

[拉奈菲尔夫统治时期,]与其他仆人比起来,[他更受国王的喜爱]；他在出现节日登上圣舟；他的主人所钟爱的人；普塔舍普塞斯。

尼乌塞尔拉统治时期

——受主人牵挂,主人最喜欢的人,普塔神所喜爱之人,做神渴望他做的事情,令国王手下的所有工匠高兴；普塔舍普赛斯。

3.诺姆长亨库墓铭文

亨库和他的兄弟是上埃及第12诺姆或第13诺姆角蝰山诺姆的诺姆长。诺姆长亨库在第5王朝晚期或第6王朝早期处于权力的顶峰,他的后代在第6王朝仍然获得国王的任用。有关古王国时期诺姆的史料很有限,因而这篇文献就显得很有意义。这篇铭文尽管很短,但涉及很多重要内容,例如铭文记录了他对来自其他诺姆的居民的安置问题,这是很不寻常的现象,因为这表明古代埃及的居民可以在不同诺姆之间迁移。文献很多地方说得比较隐晦,读起来非常困难,本译文只选择行文内容比较明确的部分译出,其他内容略去。这篇文献发现于诺姆长亨库在戴尔-凯布拉维的峭壁坟墓墙壁上。本文的翻译主要以 K. Sethe. *Urkunder der 18. Dynastie*, Leipzig: J. C. Hinrichs' Sche Buchhandlung, 1906, pp. 76—79 为蓝本,参照 James Henry Breasted, *Ancient Records of Egypt*, vol.1, Chicago: University of Chicago Press, 1906, pp. 126—127 译出。

哦,角蝰山诺姆的所有人、其他诺姆的伟大主人,你们经过这个坟墓的时候,我,亨库,向你们讲述美好的事情:

……

我把面包给予角蝰山诺姆的所有饥饿者；我为这里衣不蔽体之人穿上衣服。我用肥大的牛填充它的海滨,用小牛填充它的低地。我用小牛的肉令山上的狼和天空的飞禽满意……我是这个诺姆中南方谷物的主人和监管者……我把其他诺姆的人们安置在这个诺姆中［贫弱的］城镇，他们在那里是农民、农奴，我使他们的长官成为官员。我从来没有压制掌握财产的人，结果他不会因为这样的事情向我的城市的神祇申诉；（但）我讲述和告诫什么是好事情；也从来没有因为某人比他强壮而令他感到恐惧，结果他不会因为这种事情而向神祇申诉。

然后，我与我的弟弟成为角蝰山诺姆的统治者，我的弟弟是受尊敬的人，是独一无二的伙伴，是仪式祭司，名叫拉阿姆。我用双倍数量的牛对诺姆表示仁慈，在禽兽居住的地方。我把人们和牛安置在每个区里面，——事实上还有小牛。我没有撒谎，因为我受到父亲的钟爱，得到母亲的表扬，对兄弟表现出极好的品质，对妹妹和蔼可亲……

4. 大臣乌尼传

《大臣乌尼传》是古王国时期最长的叙事铭文和最重要的历史文献，记载了乌尼在第6王朝的三位国王特悌一世、珀辟一世和麦然拉统治时期，从一名国王小块田产的低级管理人员一步一步上升到大法官和地方长官的过程，尤其记载了他参与审判宫廷阴谋、率军远征亚细亚人和努比亚人的经历。这篇铭文的重要意义不仅在于其提供了古王国时期长篇传记的一个典型样本，还在于其揭示了古王国时期贸易远征的特征，更反映了古王国宫廷的很多面相。这份铭文镌刻在乌尼在阿拜多斯的马斯塔巴墓中的一面墙壁上，这面墙壁高1.1米，宽2.7米。这面墙壁已经被整体切割下来，存放在埃及开罗博物馆里。19世纪80年代就有很多关于这份铭文文献的抄本，例如马里埃特和埃尔曼等人的抄本。目前看来，比较好的抄本还是塞德的抄本。本文的翻译主要以 K. Sethe. *Urkunder der 18. Dynastie*, Band I, Leipzig: J. C. Hinrichs' Sche Buchhandlung, 1906, pp. 98—110 为蓝本，参照 James Henry Breasted, *Ancient Records of Egypt*, vol.1, Chicago: University of Chicago Press, 1906, pp. 134—135, 140—144, 146—150 译出。

引言

[南方的长官和管理者]，涅亨的宫廷仆人，涅赫伯的主人，国王独一无二的伙伴，领导死者的神祇奥西里斯面前受人尊敬者，乌尼。他说：

职业的开始

在陛下特悌统治时期，[我是一个孩子]，扎着腰带；我的官职是［—］的监管者，我是法老田产的低级保管人。

受任为法官

在陛下珀辟统治时期，——我是宫中最老的人。陛下任命我为独一无二的伙伴和他的金字塔城市的低级预言师。当我的职位是——，陛下任命我为涅亨的法官。与他的其他所有仆人比起来，我更受到他的喜爱。我作为法官听取宫廷案件，与首席法官和维西尔在一起，代表国王，听取国王后宫和六个法庭的每一件私事；因为国王喜欢我，更甚于他的任何官员，更甚于他的任何贵族，更甚于他的任何仆人。

国王为他装备坟墓

然后，国王陛下从特罗加为我带来石灰石棺。国王命令神的财务主管率领一队水手渡河而来，为我从特罗加带来这口石棺；他乘坐一艘宫廷大船来到我这里，船上装着棺材、棺材盖和假门——两个——和一个祭品桌。之前没有任何仆人曾享受过这样的待遇，因为在陛下看来，我是杰出的仆人，因为我是令陛下高兴的人，因为陛下喜欢我。

受命为高级保管人

当我是涅亨的法官时，陛下任命我为独一无二的伙伴和法老田产的高级保管人和法老田产的四个高级保管员的［—］，他们在那里。我做了这样的事情，结果国王表扬我；当为宫廷做准备时，为国王的行程做准备时，准备驻地时，我做得很彻底，结果陛下表扬了我，因为这比任何事情都重要。

起诉王后

当针对王后伊姆泰斯的司法程序在后宫秘密进行时，陛下让我进入（密室），以便单独听取（案件）。竟然没有首席法官和维西尔在那里，竟然没有王子在那里，只是我一个人在那里，因为我是杰出的，因为我是令陛下欢喜之人，因为陛下喜欢我。我与涅亨的一个法官一起将案件内容记录下来，而我的职位仅仅是法老田产的高级保管者。之前从来没有人像我一样听取国王后宫的秘密，除了国王让我听取这个案件，因为在陛下看来，我比他的任何官员、任何贵族和任何仆人都更杰出。

与贝都因人的战争

陛下发动了针对亚洲沙漠定居者的战争，陛下组建了一支一万人的军队：在整个南方，往南一直到象岛，往北一直到阿芙罗蒂特城；在北方，整个尼罗河两岸的要塞；在中部要塞里；包括伊尔特特黑人、马扎黑人、亚马木黑人、瓦瓦特黑人、卡乌黑人；还在特卖赫的土地上。

乌尼领导战斗

陛下派我领导这支军队，而长官们、执王印者们、宫殿独一无二的伙伴们、南方和北方要塞的诺姆长们和司令们、南方和北方的伙伴们、商队领导者们、高级预言家们、掌握王冠的监督者们，都在南方或北方军队、他们掌握的要塞和城市、这些地区的黑人的前面。我是唯一一个为他们制订计划的人，而我的职位只是法老田产的高级保管人。没有任何士兵［—］他的邻居；没有任何士兵抢劫商人的金银或鞋子；没有一个士兵从任何城市带走面包；没有任何士兵从任何人那里带走山羊。我从北方岛屿、伊霍太普的大门、荷鲁斯的凹陷处尼布马特调遣他们。当我身居此位的时候，——每件事情，我检阅这些军队的数目，尽管从来没有任何仆人检阅过军队。

军队班师回朝

这支军队安全地回来了，它已经入侵了沙漠定居者的土地；这支军队安全地回来了，它已经毁掉了沙漠定居者的土地；这支军队安全地回来了，它已经颠覆了它的要塞；这支军队安全地回来了，它已经砍掉了它的无花果树和葡萄树；这支军队安全地回来了，它已经向它的军队投掷了火；这支军队安全地回来了，它已经在那里屠杀了它的军队，杀了一万多人；这支军队安全地回来了，它已经从那里俘虏了大量活的俘虏。陛下因为这件比任何事情都重要的事情而表扬了我。

贝都因人的反叛

陛下五次派我去调遣这支军队，为了率领这支军队镇压沙漠定居者的每次叛乱。我做了这些事情，陛下据此表扬我。

南巴勒斯坦的战斗

当我得知因为一件事情而在瞪羚鼻子之地发生了野蛮人的叛乱时，我率领军队，驾驶军舰，到了巴勒斯坦高原的后面，位于沙漠定居者的北面。当军队被带到大路上的时候，我来到，并捶打所有叛乱者，杀死了所有叛乱者。

受命为南方的长官

当我是通电脚凳的管理者和执鞋者的时候，上下埃及国王麦然拉、我的主人（永生）使我成为南方的长官和管理者，往南一直到象岛，往北一直到阿芙罗蒂特城；因为在陛下看来，我是杰出的，因为我是令陛下高兴的人，因为陛下喜欢我。

当我是脚凳的管理者和执鞋者的时候，陛下因为我的警觉性而表扬了我，我在观众面前展示出了这点，超过他的每个官员，超过他的每个贵族，超过他的每个仆人。我作为南方的管理者的表现令他满意。那里没有任何人［—］与他的邻居。我完成了所有任务；我历数应属于这个南方宫廷的每一样事物；我历数所有属于这个南方宫廷的强制劳役。我执行这个南方的——；之前类似的事情从来没有在这个南方发生过。我做得很彻底，所以陛下为此表扬了我。

远征南方采石场

陛下派我去伊贝哈特，为王后带回名为"活着的箱子"的石棺和它的盖以及昂贵炫目的小金字塔，金字塔名为"麦然拉是光彩夺目而且美艳照人的"。

陛下派我到象岛，去带回一个花岗岩假门、献祭桌、门和其他设置品；带回王后的金字塔的上层墓室的花岗岩墓道和献祭桌，金字塔的名字是"麦然拉是光彩夺目而且美艳照人的"。然后，我率领 6 只货船、3 只拖曳船、3 只［—］船和 1 艘战船，向下游航行，来到名为"麦然拉是光彩夺目而且美艳照人"的金字塔这里。之前，在任何国王统治时期，都没有仅仅一艘船只来到伊贝哈特和象岛。无论陛下命令我做什么，我都按照陛下的命令彻底执行。

远征哈特努布的雪花石采石场

陛下派我到哈特努布，带回一块巨大的献祭桌，用哈特努布的坚硬石头制成。我在仅仅 17 天内就为他带回来这张献祭桌，它是从哈特努布开采而来的，我用这艘货船将它向下游运送。我为他砍伐刺槐，建造了一艘大货船，船长 60 腕尺、宽 30 腕尺，仅仅用了 17 天时间，在第 3 个季度的第 3 个月建成。尽管在［—］没有水，我还是安全地在金字塔那里登陆，金字塔名为"麦然拉是光彩夺目而且美艳照人的"，整个工程是由我亲自执行的，按照陛下给我下达的命令完成工程。

第二次远征南方采石场

陛下派我在南方挖掘五条水渠，建造 3 艘货船和 4 艘拖曳船，都是用瓦瓦特产的刺槐木建造而成。然后，伊尔塞特、瓦瓦特、亚穆和马佐伊的黑人首领把木材拖到那里，我仅仅用了一年时间，就完成了整件事情。它们开到水上，装载上建筑金字塔的巨大花岗岩石块，金字塔名为"麦然拉是光彩夺目而且美艳照人的"。然后，我在这五条水渠里为宫殿［—］，因为我受到赞扬，因为我［—］，因为我赞美上下埃及之王麦然拉的声誉，他永生，比所有神都更荣耀，因为我按照陛下的卡给我下达的指令执行了每一项任务。

结语

我得到父亲的喜爱，受到母亲的表扬；——令兄弟们高兴，是南方的长官和真正的管理者，奥西里斯所喜爱的人，乌尼。

5.哈尔胡夫传

埃及学家们在埃及南部边境的阿斯旺地区发现了很多贵族的坟墓，其中三个坟墓的铭文保存比较好，篇幅比较大，学者的记录也比较完整。它们的主人分别是哈尔胡夫、珀辟那哈特和塞布尼。哈尔胡夫的坟墓铭文更具代表性。

《哈尔胡夫传》是古王国时期第 6 王朝一篇比较有特色的传记。哈尔胡夫是第 6 王朝时期居住在埃及南部边境的贵族之一。与其他贵族一样，他积极拓展在努比亚地区的贸易，去世以后在埃及南部边境峭壁上建筑了坟墓，并在自己的坟墓里铭刻了一生的经历。哈尔胡夫不仅记载了自己在宫廷中长大，因出色的语言能力和强大的执行力而深受麦然拉和珀辟二世两位国王的喜爱和信任外，还特别记载了自己先后3次远征努比亚，获取丰富财富的职业生涯。传记饶有趣味的部分是珀辟二世给予哈尔胡夫的信件。这封信要求哈尔胡夫好好照看其从努比亚为自己带回的会跳舞的小矮人，叮嘱哈尔胡夫千万不要让小矮人掉入水中，一定要将小矮人带到自己面前。这段文字体现了年轻的珀辟二世对世界抱有天生的童心。哈尔胡夫在坟墓中记载的内容在19世纪80年代被埃及学家发现以来，有很多人对墓铭文进行记录，但比较准确的是塞德的版本，美国埃及学家布列斯特德也保留了比较准确的版本。根据他们的记录，这篇传记实际上可以分为三个部门，第一部分的内容与大多数墓主人的铭文相似，简略地记录了自己一生的善行；第二部分记录了哈尔胡夫3次远征努比亚的情况；第三部分由于空间不足，将本来记录的第4次远征努比亚的内容擦掉以后，记录了国王珀辟二世给他写的一封信，这封信作为其传记的一部分，具有更为重要的意义。本文的翻译主要以 K. Sethe. *Urkunder der 18. Dynastie*, Band I, Leipzig: J. C. Hinrichs'Sche Buchhandlung, 1906, pp. 120—131 为蓝本，参照 James Henry Breasted, *Ancient Records of Egypt*, vol.1, Chicago: University of Chicago Press, 1906, pp. 150—154, 159—161 译出。本书这里尽量将哈尔胡夫墓中的铭文较全面地译出，包括铭刻在墓门上的头衔等内容。

哈尔胡夫的头衔

南方的长官、统治者，执王印者，独一无二的伙伴，仪式祭司，商队首领，涅亨宫廷侍卫，涅赫伯的主人。

一般事迹

我今日从我的城市而来，我到我的诺姆去，我建筑了一处房子，我立起了房门。我挖了一个湖，我种植了很多树。国王表扬了我。我父亲为我立了一道遗嘱，因为我是杰出的——，父亲所喜爱之人，母亲赞美之人，所有兄弟喜爱之人。我把面包给予饥饿者，我给衣不蔽体之人提供衣服，我把没有船只的人渡过河去。

哦，你们这些活在大地上的人们，经过我的这个坟墓的时候，无论是往下游去，还是往上游去，都要说："一千份面包、一千坛啤酒，给予这个坟墓的主人。"我将在来世为了他们的利益而〔——〕。我是一个杰出的人，获得装备的精灵，一个仪式祭司，我的嘴知道（你们为我做的善事）。

至于任何一个进入这个坟墓，将此坟墓作为他自己的丧葬所有物的人，我将抓住他，就像抓住一只野鸟；他将因为这件事而受到大神的审判。

我是一个说好事情的人，是一个重复人们喜爱之事的人。我从来没有对强有力的人说对人们不利的邪恶之事，因为我渴望在大神面前诸事美好。我从来没有以下面的方式审判两兄弟，即令一个儿子失去他父亲的财产。

三次远征努比亚

（引言）

长官，独一无二的伙伴，仪式祭司，涅亨的宫廷侍卫、法官，涅赫伯的主人，执王印者，商队指导者，南方所有事务的私人顾问，他的主人喜爱之人，哈尔胡夫（——注：省略掉了重复的头衔）。他把所有国家的产品带给他的主人，他带来了王室装饰品作为贡品，带来了南方所有地区的管理者的贡品，在所有地区确立了人们对荷鲁斯的恐惧，做了他的主人表扬的事情，……受到普塔-索卡尔敬重之人，哈尔胡夫。

（第一次远征）

他说：

我的主人、陛下麦然拉派我和我的父亲、独一无二的伙伴和仪式祭司伊瑞，到亚穆去，探索一条通往这个国家的道路。我只用了七个月时间就完成了这个任务，我从它带回了各种礼物〔——〕。我因此而受到极大的赞扬。

（第二次远征）

陛下第二次派我一个人远征。我从通往象岛的路上出发，我往返于伊尔塞特、迈赫尔、特里瑞斯、伊尔塞斯，这是一个八个月的任务。当我返回来的时候，我从这个国家带回了大量礼品。之前类似的事情从未在这个国家发生过。我往返于塞图首领的住处和伊尔塞特之间，我已经探索了这些国家。之前从来没有任何伙伴或商队领导者到过亚穆国,做过这样的事情。

(第三次远征)

陛下现在第三次派我去亚穆国;我在吴海特的路上从[—]出发,我发现亚穆国的首领正去往特卖赫国,去打击特卖赫人,远至天空的西角。我跟随他到了特卖赫的土地上,我使他平静下来,直到他为了国王的利益而赞颂了所有神。

(对第三次远征的补充)

——亚穆国——为了让我的主人、陛下麦然拉知道,——跟随亚穆的首领。现在,当我已经制造了和平,亚穆的首领——,伊尔塞特下面,塞图上面。我发现了伊尔塞特、塞图和瓦瓦特的首领——。

我用300头驴满载着香料、乌木、heknu、谷物、豹子、[—]、象牙、投掷棒和各种好产品回来。现在,当伊尔塞特、塞图和瓦瓦特的首领看到亚穆的军队力量多么强大和数目多么巨大,这支军队与我一起来到庭院,士兵是与我一起出征的,这个首领给我带来牛和小牛,把我护送到通往伊尔塞特的高速路上,因为我比之前被派遣到亚穆国的长官、伙伴或商队领导者更杰出、更强大——。当我返回宫廷的时候,陛下派出了[—]独一无二的伙伴和浴室的管理者胡尼,带领一艘装载着椰枣酒、蛋糕、面包和啤酒的船只往上游行驶而去。长官、执王印者、独一无二的伙伴、仪式祭司、国王的财务大臣、敕令的私人顾问、受尊敬者,哈尔胡夫。

珀辟二世的书信

(日期和前言)

王印,第2年第1个季度第3个月第15日。

国王给予独一无二的伙伴、仪式祭司和商队领导者哈尔胡夫的敕令。

(关于哈尔胡夫的信)

我已经注意到了你送给国王和宫殿的这封信中的事情,你的信件的目的是让陛下知道你已经率领着与你一起出发的那支军队安全地从亚穆回来了。你在这封信里说,你已经带回来所有伟大而美好的礼物,伊穆的女神哈托尔已经将这些礼物给予上下埃及国王奈菲尔卡拉的卡,国王永远活着。你在你这封信里说道，你已经从精灵的土地上带来了一个神的会跳舞的侏儒，就像神布尔杰德的财务官在伊塞西时代从蓬特带回来的侏儒。你对陛下说："之前从来没有像他这样的侏儒被任何其他访问亚穆的人带回来过。"

（对哈尔胡夫的奖励）

每年你做你主人渴望和赞美的事情；你与商队一起度过日日夜夜，做你的主人渴望、赞美和命令的事情。陛下将使你很多极好的荣誉成为你的儿子的儿子的永远装饰，结果当所有人听到陛下为你做的事情的时候，他们都会说："有任何事情曾经像这样发生在独一无二的伙伴哈尔胡夫身上吗？他从亚穆回来，表现出了极强的警觉性，做了他的主人渴望、赞美和命令的所有事情！"

（国王的命令）

立即到北方来，到宫廷来；你应该随身带着这个侏儒，他是你从精灵之地带来的活的、精神尚好的和健康的侏儒，为了神的舞蹈，为了令上下埃及之王奈菲尔卡拉的心愉悦，国王永生。当他与你一起到船上的时候，你要任命非常细心的人，与他坐在一起，坐在船的两边；仔细照顾他，以免他落入水中。当他在夜里睡觉的时候，你要任命非常认真的人，他们要与他一起睡在帐篷里；每天晚上视察十次。与西奈和蓬特的礼物相比，陛下更渴望看到这个侏儒。如果你到宫廷的时候，这个侏儒与你在一起，还活着，并且精神尚好，身体健康，陛下将为你做一些事情，比伊塞西时代国王对神的财务官布尔杰德做的事情更伟大，按照陛下满心渴望的去照看这个侏儒。

命令已经送给新城镇的首领、伙伴和高级预言师，命令从他那里的每个储物城市和每个神庙获得供给，毫不吝啬地获得。

6.塞梯传记

塞梯（Thethi）是第 11 王朝国王荫太夫一世和荫太夫二世的首席财务官。这里翻译出来的文献刻在一块石碑上，由 G.C.Pier 发现于一个文物商的收藏品，他匆忙抄写了下来，或许里面有误，布列斯特德便是根据他的抄写本翻译的，本书没有找到这个文献的原文，这里依据布列斯特德的文本翻译。这篇文献提供了埃及王位从父亲传递给儿子的直接证据，还提供了关于两位国王统治时期埃及南北边境线的信息。本文根据 James Henry Breasted, *Ancient Records of Egypt*, vol.1, Chicago: University of Chicago Press, 1906, pp. 201—203 译出。

前言
活着的荷鲁斯：瓦海恩赫；上下埃及之王，拉之子：荫太夫（一世），美丽的塑造者，像拉一样永生。
塞梯的头衔
他的真正喜爱的仆人，在他主人的房内有一个高高的座位，伟大而钟爱的官员，知道他主人的私事，始终伴随着主人，非常热心的人，——坚持真理，宫殿的主管，掌握着私人办公处的印章，主人极为信任的人，因国王渴望的事情而令荷鲁斯的心愉悦，他的主人的钟爱者，他的钟爱者，首席财务官，掌握着他的主人喜爱的私人办公处，首席财务官，国王之下第一人，受尊敬者，塞梯，说：
荫太夫一世统治时期的职业生涯
我是主人钟爱之人，他每日最喜欢的人。我在我的主人统治时期度过了很多年，荷鲁斯：瓦海恩赫；上下埃及之王，拉之子：荫太夫（一世），在他统治下的土地最南方到塞斯，最北方到梯尼斯；我是他的仆人、他的臣子、他真正的属下。他使我伟大，他提高了我的位子，他把我放在他最信任的岗位，在他的宫殿里，因为——；国库由我掌握，我被选出来任此职，是因为我每次都根据国王的命令而将南方和北方最好的东西带给陛下；因为我用整个土地的贡品令国王高兴；因为他担心陛下从红土地的首领那里获得的土地会减少；因为他担心高地会减少。然后，他把这个职位给予我，认识到我的能力非常杰出。然后，我把它报告给他；从来不缺少东西，因为我的卓越智慧。

我是主人真正喜爱的人，一个伟大而受人喜爱的官员，知道主人房屋的冷暖，在国王面前双臂下垂以示尊重，我没有［—］在两个［—］的后面，人们因为它而被憎恶。我是热爱美的人，我是憎恶邪恶的人，这个性格在主人的房屋内受到喜爱，我根据主人渴望的［一］而出席每个程序。现在，在每个程序，根据国王命令我出现……我没有超越他命令我的国库数量；我没有用一个东西代替另一个东西，我没有从一个遗产中拿一样东西，但每个程序我都出席。现在关于陛下命令我给他带来的所有食物，我都列出一个清单，都是主人的卡所渴望的；然后我把清单交给他；我成功地执行他所有的命令；那里从来不缺少任何东西，因为我的卓越智慧。

荫太夫一世之死

我为城市造了一艘大船和一艘小船，为了跟随我的主人。每次我都与主人在一起，而我是荣耀而伟大的。我用我自己的东西供养我自己，这些东西是我的主人给我的，因为他如此爱我，荷鲁斯：瓦海恩赫；上下埃及之王，拉之子：荫太夫（一世），像拉一样永生；直到他旅行到他的地平线（坟墓）。

荫太夫二世统治时期的职业生涯

然后，当他的儿子占据了他的位置，荷鲁斯：那赫特奈布－泰普奈菲尔；上下埃及之王，拉之子：荫太夫（二世），美丽的塑造者，像拉一样永生，我跟随他到他所有愉悦的座位。他在那里从来没有［一］，因为我的卓越智慧。他把我在他父亲时代拥有的职位给予我，使它在陛下统治下繁荣发展，那里不缺少任何东西。我度过了我在大地上的所有时间，作为国王之下的第一人，他的臣子；在陛下统治下是强大的和极好的。我是一个践行了自己性格的人，每日受到主人的表扬。

7.塞哈托尔传记铭文

塞哈托尔是第12王朝国王阿蒙尼姆赫特二世统治时期的助理财务官，他的传记记录在阿拜多斯一块丧葬碑上，这块石碑目前藏在大英博物馆。这份传记铭文记录了塞哈托尔远征努比亚和西奈的历史事件，为了解中王国时期的历史提供了重要史料。本文根据 James Henry Breasted, *Ancient Records of Egypt*, vol.1, Chicago: University of Chicago Press, 1906, p.274 译出。

塞哈托尔的很多任务

我是上下埃及国王努布库拉（阿蒙尼姆赫特二世）"主人钟爱的人"，永生。他下达命令，他很多次派我完成每件极好的任务，这些任务是陛下根据其心所渴望的而下达给我并渴望我完成的。

金字塔雕像

陛下命令我到金字塔那里，金字塔铭文阿蒙乌海尔普，永生，指挥建造他的 16 尊百万年坚硬石头雕像，在两个月内完成这个任务。类似这样的指挥任务之前从未发生过——。

远征西奈和努比亚

当我是年轻人时，我访问了矿山之地（西奈），我迫使（努比亚的）首领洗金子。我带来孔雀石，我到达黑人的努比亚。我凭借两土地之主人的威严到那里，推翻了那里的政权；我来到高地，我走遍岛屿，我带走了它的产品。

主人真正钟爱的人，他喜欢的人，说好事情，重复主人喜爱的话，做两土地的主人赞赏的事情，交流他的设计，不知道［—］，热心人，没有污点，保卫边疆，看护他的财产，毫不松弛地看护他的财产，助理财务官，塞哈托尔，胜利者。

8.克努姆霍特普二世的家族传记铭文

克努姆霍特普二世的家族传记铭文铭刻在他在贝尼哈桑的坟墓埋葬间的墙壁上，很多考古学家对其有过抄写。最初跟随拿破仑到达埃及的那些法国科学院院士没有对这个坟墓的铭文给予足够重视，因为墙壁表面覆盖着厚厚的一层尘土。商博良在 19 世纪 20 年代来到这里的时候，拂去表面的尘土，发现了精美的铭文。之后，列普修斯、布鲁格什等人都抄写过这些铭文，但大多不太准确。埃及探险基金会对贝尼哈桑地区的考古调查结果集结为两卷本的图书出版，其中关于克努姆霍特普二世的坟墓铭文的记录比较准确。克努姆霍特普二世家族的传记铭文是我们研究强大的诺姆长之间以及他们与同时代国王之间的各种关系的最重要、最充分的史料之一。贝尼哈桑的这些地方首领是第 12 王朝早期王室的中流砥柱。贝尼哈桑距离开罗 169 公里，位于埃及境内的尼罗河中游，在南方的野兔诺姆和北方的豺狼诺姆之间，本文献中的美奈特－胡夫（Menet-Khufu）（这个地名的意思是胡夫的奶妈）就坐落在这里，实际上美奈特－胡夫恰恰是古王国时期最大金字塔建造者胡夫国王的出生地。在第 12 王朝早期，这里是克努姆霍特普家族的封地。这里的这篇文献至少可以为我们提供这个家族四代人与国王的关系的信息。本文根据 James Henry Breasted, *Ancient Records of Egypt*, vol.1, Chicago: University of Chicago Press, 1906, pp. 282—289 译出。

前言

世袭王子，长官，国王的密友，神所喜欢之人，东方高地的统治者，奈哈里的儿子，克努姆霍特普，胜利者；一个长官的女儿、女房主、巴凯特、胜利者所生。

坟墓，其绘画和铭文

他使它成为他的纪念物；他的第一个功劳是装饰这个城市，结果他能够使他的名字永久保存下来，结果他能够在墓地中建造永恒的坟墓；结果他能够使他的官员的名字保存下来，根据他们的职位建造坟墓：在他家里的那些优秀的人，他供养的农奴；他供养的每个职位；所有家仆都根据其职位列举出来。（注：他所喜爱的所有仆人和地产上的官员都在坟墓壁画中描绘了出来，并在其旁边写出名字。）

受命为美奈特－胡夫的长官

他的嘴说：“陛下阿蒙尼姆赫特（二世）……（注：这里省略了国王的五个名字和头衔），被给予生命、稳定和满意，像拉一样永生，任命为世袭王子，长官，东方高地的统治者，荷鲁斯的祭司，帕赫特的祭司，继承我母亲的父亲在美奈特－胡夫的职位。他为我竖立了南方地标；他使北方像天空一样持久。他把大河沿着其中部分开，就像为我的母亲的父亲做的那样，通过陛下阿蒙尼姆赫特一世之嘴的命令（注：这里省略了国王的五个名字和头衔），被给予生命、稳定和满意，像拉一样永生。

他祖父受命为美奈特－胡夫的长官

他任命他为美奈特－胡夫的世袭王子、长官和统治者。他建立了南方地标，使北方持久，像天空一样；他把大河沿着其中部分开；"荷鲁斯地平线"的东边远至东方高地。在陛下来的时候，当他驱逐邪恶的时候，当他修复他发现的残迹的时候，他像阿图姆一样熠熠生辉。他从邻近地区获得一个城市，他确定了城市的边界，建立起它的四个方向的地标，就像天空一样。他按照文字记载区分城市的水域，根据古老的记录调查事情，因为他非常热爱正义。

他祖父受命为奥瑞克斯诺姆的王子

哦，他任命他为世袭王子、长官、[—]、奥瑞克斯诺姆的大主人。他建立了地标：诺姆的南部边境远至野兔诺姆；北方边境远至豺狼诺姆。他沿着中央将大河分开：它的水域、田地、树木、沙子，远至西方高地。

克努姆霍特普二世的叔叔那赫特受命为美奈特－胡夫的长官

他（国王）任命他（克努姆霍特普一世）的长子那赫特（一世）、胜利者、受尊敬者为美奈特－胡夫的遗产的统治者，因为国王喜欢那赫特一世，通过陛下塞索斯特里斯一世口中发出的命令……（注：这里省略了国王的五个名字和头衔），被给予生命、稳定和满意，像拉一样永生。

克努姆霍特普二世的诞生

这是我的出生，我的母亲作为奥瑞克斯诺姆的统治者的女儿，已经是哈特－塞海特普布拉的世袭公主和女主人……是新城镇的世袭王子、长官和统治者的妻子。上埃及国王的[—]和下埃及国王的[—]，是王城的统治者，奈哈里，胜利者，受尊敬者。

受命为美奈特－胡夫的长官

上下埃及之王努布库拉（阿蒙尼姆赫特二世），被给予生命、稳定和满意，像拉一样永生，把作为一个长官的儿子的我带到我母亲的父亲的统治区域的遗产上，因为他如此热爱正义。他是阿图姆本人努布库拉（阿蒙尼姆赫特二世），被给予生命、稳定和满意，内心欢愉，像拉一样永生。他任命我为美奈特－胡夫的第19年的长官。

他的建筑物和虔诚

然后，我装饰它，它的财富以各种事物的形式增加。我使我父亲的名字持久；我装饰卡的房屋和那里的居所；我跟随我的祖先们的雕像来到神庙；我为他们奉献祭品：面包、啤酒、水、葡萄酒、香和给予丧葬祭司的牛肉。我赋予他耕地和农民；我命令奉献祭品，包括面包、啤酒、牛和鹅，在墓地的每次宴会，这些宴会包括每年第一天的宴会、新年宴会、大年的宴会、小年的宴会、一年当中最后一天的宴会、大宴会、大莱赫伯宴会、小莱赫伯宴会、五个添加日的宴会、［—］、12个月度宴会、12个月中宴会、每个幸福生活的宴会、死亡宴会。至于丧葬祭司或任何人，如果打扰了他们，他将不能永生，他的儿子就不能继承他的位置。

克努姆霍特普二世在宫廷的荣誉

我在宫廷里获得的赞扬比任何独一无二的伙伴获得的赞扬都大。他（国王）把我提拔为他的贵族，我被放在那些曾经在我前面的人的前面。［—］宫殿的官员群体，因为我的受命而赞美我，根据我获得国王的命令和出现在国王面前而赞美我。类似的事情从未发生在［—］仆人身上。他知道我语言优美，性格中有谦逊特质。我是一个受到国王赞誉之人；我的表扬与他的宫廷在一起，我的广受欢迎超过他的"伙伴们"。世袭王子，长官，奈哈里的儿子，克努姆霍特普，受尊敬者。

克努姆霍特普二世的儿子那哈特受命为豺狼诺姆的王子

我的另一个荣誉是我的长子、海悌所生的那哈特被任命为豺狼诺姆的统治者，继承他母亲的父亲的遗产；被任命为独一无二的伙伴；被任命为中埃及的领导者。陛下塞索斯特里斯二世给予他所有贵族的职衔……被给予生命、稳定和满意，像拉一样永生。他（国王）在豺狼诺姆为他建筑了纪念物，修复了他所见到的阻塞的建筑物，修复了他从邻近地区获得的城市。他根据记录确定城市边界，根据古老的记录调查，在南部边界竖立界标，在北部边界竖立持久的界标，像天空一样，在低地的土地上建立起地标，总数多达15个；将北部边境建立在远达奥克叙林库斯的地方。他沿着中间将大河分开，西边远达西部高地的地方属于豺狼诺姆。世袭王子、长官、克努姆霍特普的儿子那哈特、胜利者、受尊敬者请愿说:"我的水域没有得到国王的眷顾。"

克努姆霍特普二世第二个儿子克努姆霍特普的荣誉

另一个王子是顾问、独一无二的伙伴、独一无二的伙伴当中的伟大者、为宫殿带来无数礼物的人、独一无二的伙伴。没有一个人拥有他的美德；官员都倾听他的建议，他有独一无二的语言能力，超越其他所有人，为它的拥有者带来了利益，高地大门的看护者，克努姆霍特普，那哈里的儿子克努姆霍特普的儿子，其母亲是女主人海悌。

修复祖先的坟墓

我使我父亲们的名字流传久远，我发现坟墓的门道被堵塞了，我清理了门道，使门道的文字清晰可读，没有用一个文字代替另一个文字。瞧，正是这个极好的儿子修复了祖先们的名字；那哈里的儿子克努姆霍特普，胜利者，受尊敬者。

父亲的丧葬纪念物

我的主要功绩是：我修建了一个岩窟墓，因为一个男人应该模仿他父亲做的事情。我父亲为自己在麦尔奈夫瑞特镇建造了卡的房屋，用安亚恩的优质石头建造的，为了使他的名字流传后世，为了建造永恒的坟墓；他的名字可能在人们的嘴中活下来，居住在活人的嘴中，铭刻在他在墓地的坟墓上，在他精彩的永恒之屋里面，他的持久的座位；根据国王对他的爱，他在宫廷受到的礼遇。

父亲杰出的管理

他从婴儿时期开始统治他的城市，在他还没有摆脱襁褓之前就统治城市；他执行国王的命令，他的两个羽毛在跳舞，作为一个还没有环切包皮的孩子；因为国王知道他的说话方式，了解他性格中的谦逊特质，塞贝克奈赫的儿子那哈里，胜利者，受尊敬者，他被提升为他的城市的统治者，位列贵族前面。

他自己的纪念物

长官克努姆霍特普的成就：我在我的城市中间建造了一个纪念物；我在我发现的一处废墟上建造了一个立柱大厅；我用新柱子将其搭建起来，铭刻上我自己的名字。我将我父亲的名字铭刻在上面，使其流传久远。我在每个纪念物上记录我的事迹。

我建造了一个7腕尺的大门，用雪松木建造而成，用作坟墓的第一道门；为坟墓中大埋葬间建造了两扇5腕尺2掌的大门。祈祷者为每个纪念物献祭，丧葬祭品包括面包、啤酒、牛、鹅子。我……这个城市中比我父亲们的纪念物更大；这个城市的一个孩子，它的丧葬地的纪念物比祖先们的纪念物更杰出，祖先们的纪念物在我之前就建筑起来了。

受鼓励的工艺

我在建筑纪念物方面是慷慨的；我教授这个城市已经忽略的每一种技艺，为了我的名字可以在我建造的每个纪念物上大放光彩，……

结论

世袭王子，长官，那哈里的儿子，克努姆霍特普，贝凯特所生，胜利者，受尊敬者。

坟墓的主管、首席财务官贝凯特。（注：这句话是建筑师的签名，他是建筑坟墓的官员。）

9.扎阿传记

所谓扎阿（Zaa）传记就是塞贝克－胡（Sebek-Khu）石碑铭文，铭刻在阿拜多斯的一块小石灰石石碑上，是他在老年访问阿拜多斯的时候留下的。塞贝克－胡是第12王朝时期的人，出生于阿蒙尼姆赫特二世统治时期，在塞索斯特里斯二世统治时期成长起来，到塞索斯特里斯三世统治时期获得重任，率兵出征努比亚和西亚。他认为自己对列腾努和叙利亚的征战最有意义，因而在自己的传记铭文中将其置于开篇加以记载，这就使这篇铭文具有倒叙的特点。本译文根据 James Henry Breasted, *Ancient Records of Egypt*, vol.1, Chicago: University of Chicago Press, 1906, pp. 304—306 译出。

亚洲的战斗

陛下往北前进，去推翻亚洲人的统治。陛下到达一个地区，这个地区的名字是塞克麦穆。当塞克麦穆与可怜的列腾努一起陷落的时候，陛下顺利返回宫殿,生命、繁荣和健康,我当时是后方护卫。

塞贝克-胡的英勇

军队的护卫也混合在其中,与亚洲人战斗。我捕获一个亚洲人,让军队的两个护卫拿着他的武器。我没有停止战斗,我继续面对敌人,我没有背对着亚洲人。

他的奖励

因为塞索斯特里斯还活着,我讲的都是事实。他把一枝琥珀金权杖交到我手上,也把一张弓和一把镶嵌着琥珀金的匕首给予我,还把我所捕获的那个亚洲人的武器给予我。

他的头衔

世袭王子、长官、执鞋者,陪伴君主的人,令君主满意的人,上下埃及之王已经为他提供了很多家具,陛下的爱已经使他获得提拔,城市的伟大指挥官,扎阿。

他的坟墓

他说:"我已经为我自己建筑了这个辉煌的坟墓;它的地点位于大神的梯道上,大神是生命的主人,阿拜多斯的统治者。坟墓一端是'祭品的主人',另一端是'生命的女主人';结果我可以闻到来自这个——的芳香,就像神的芳香。"

他的人生——出生

王城的首席护卫,扎阿;他说:"我出生在上下埃及之王、胜利者奈布库拉(阿蒙尼姆赫特二世)统治的第 27 年。"

六个人的司令

上下埃及之王海库拉(塞索斯特里斯三世)、胜利者带着双王冠出现在活人的荷鲁斯王座上。陛下命令我为战士,伴随陛下左右,率领宫廷的六个人。

在努比亚的战斗

我在他身边做好了准备,陛下命我为"统治者的护卫"。当陛下往南去推翻努比亚的特洛格罗蒂特人的时候,我装备了 60 个人。我在——我的城市旁边捕获了一个黑人。然后,我往北去,后面跟着宫廷的六个人;然后他任命我为护卫司令,给我 100 个人作为奖励。

10.图里传记铭文

这篇传记铭文没有留下作者的名字,最初学者们认为这个传记的主人是库什总督内伊(Nehi),但内伊的名字出现在图特摩斯三世统治的第 52 年,根据这份传记来推算,如果他从雅赫摩斯一世开始就任职,那么到图特摩斯三世统治第 52 年,他已经是 117 岁的老人了。另外,根据图特摩斯一世加冕敕令的内容和这篇传记的内容,这篇传记的作者应该是图里。图里是我们目前所知古埃及第一位库什总督。本译文根据 James Henry Breasted, *Ancient Records of Egypt*, vol. 2, Chicago: University of Chicago Press, 1906, pp. 26—27 译出。

在雅赫摩斯一世统治时期服役

……在上下埃及国王奈布派赫泰尔(雅赫摩斯一世)统治时期;他命我为……的长官,他的内心拥有善良的性格……,他的宫廷……不粗心大意。

在阿蒙霍特普一世统治时期服役

他的儿子上下埃及之王左赛尔卡拉(阿蒙霍特普一世)也喜爱我,阿蒙的仓库的……,卡尔纳克工程的执行者……我为他做他心里喜欢的好事情;他因为我为他做了正义的事情而喜爱我……

在图特摩斯一世统治时期服役

上下埃及之王阿阿海派尔卡拉(图特摩斯一世);他任命我为[库什]的王子……黄金的……;臂环,第二次……给我金子的……;一个瓶子,两个手镯……他……我的东西比宫殿的要人更多,他认出了……的极好的,令他的心满意。他到达老年……

在图特摩斯二世统治时期服役

上下埃及之王阿阿海派尔恩拉(图特摩斯二世)的喜爱继续;他任命我……

在图特摩斯三世统治时期服役

[国王图特摩斯三世],他在……中间夸奖我。

11. 埃巴纳之子雅赫摩斯传

埃巴纳之子雅赫摩斯与第 18 王朝第一位国王雅赫摩斯一世的出生名相同，是埃尔·卡伯的一个贵族，在雅赫摩斯一世、阿蒙霍特普一世和图特摩斯一世三位连续的国王统治时期任职。他去世以后安葬在埃尔·卡伯峭壁的坟墓里，坟墓的墙壁上铭刻了他的传记，记载了他一生参与的十八次战斗。这篇传记非常重要，因为它是我们了解古埃及人驱逐喜克索斯人的重要史料之一，当事人记载了当时的历史事件。传记往往为了彰显功绩或者为尊者（例如国王）讳而夸大某些事实，因而这篇自传里面的一些记述也需要谨慎对待，恐怕需要考古发掘成果的验证或证伪。当然，由于有关雅赫摩斯一世驱赶喜克索斯人的官方记录尚未发现，因而这篇文献依然有很大的史学意义。另外，传记记载了图特摩斯一世时期对亚洲那哈林的战斗，对于我们了解第 18 王朝早期埃及对两河流域征伐最远地点有重要意义。

坟墓里面雕刻了墓主人雅赫摩斯的浮雕，在雅赫摩斯的前面是他的外孙帕赫里，帕赫里旁边有一段文字："他的女儿的儿子、这个坟墓工程的管理者，使他的母亲的父亲的名字永恒，阿蒙的制图员帕赫里。"由此看来，雅赫摩斯的长篇传记是他的外孙帕赫里铭刻在其坟墓中的。

早在 19 世纪初，商博良在埃及从事考古探察的时候，就抄写了这篇自传的文本。后来，列普修斯等人都研究了这篇文献。本译文根据 James Henry Breasted, *Ancient Records of Egypt*, vol.2, Chicago: The University of Chicago Press, 1906, pp. 6—9, 17—18, 33—35 翻译而成。需要强调的是，目前考古学家在埃尔－达巴（一般认为是喜克索斯人统治时期的首都"阿瓦利斯"）的考古发掘成果，与这篇传记记载的内容不完全吻合，但这里的考古发掘尚未完成。从而，关于这篇文献的内容，本书暂且按照布列斯特德的译文和标注加以处理。

I. 雅赫摩斯一世统治时期的生涯

引言

水手的首领、埃巴纳之子、胜利者雅赫摩斯,他说:"我将告诉你们所有人,我将让你们知道我所获得的荣誉。我曾经七次在整个国家面前被给予黄金、男性奴隶和女性奴隶。我被授予很多土地。"他的成就当中骁勇善战的荣誉永远不会在这个国家消失。

青年时期

他像下面这样说:"我的青年是在涅赫伯城度过的,我的父亲是上下埃及之王、胜利者塞肯内拉的一个官员,他的名字是巴巴,他是拉伊奈特的儿子。然后,我继承他的职位,在胜利者、两夫人奈布派赫泰尔(雅赫摩斯一世)统治时期的船只'奉献号'上服役,当时我(依然)很年轻,没有娶妻,当时我仍然和衣而睡。后来,我建立了家庭,我因为英勇而被转移到北方舰队。当国王驾驶战车到异国去的时候,我徒步跟在他后面。"

对抗喜克索斯人的战斗;围攻阿瓦利斯

"陛下围攻阿瓦利斯城;我在陆地上陛下面前展示了勇敢;然后,我被任命到'照耀孟菲斯号'(船上)。"

在阿瓦利斯的第二次战斗

"陛下在水渠的水面上战斗:阿瓦利斯的帕杰德库。然后,我赤手空拳地搏斗,我砍掉了敌人的一只手。它被报告给国王的传令官。陛下因为我的勇敢而赐予我黄金。"

在阿瓦利斯的第三次战斗

"在这个地方又发生了一次战斗。我又一次在这里赤手空拳地战斗。我砍掉了敌人的一只手。陛下第二次因为我的勇敢而赐予我黄金。"

第一次叛乱,打断了对阿瓦利斯的围攻

"陛下在这个城市南方的埃及战斗。[①] 我抓获一个活俘虏,他是一个男人。

[①] 之所以说这个段落是在讲述一次叛乱,是因为这句话里面的地理位置的变换,即从北方的阿瓦利斯的战斗转移到了南方的埃及。

我下到水里。瞧，（尽管）我带着他穿过水渠，但他作为俘虏被我带着走在这个城市的大道上。它被告诉给国王的传令官。然后，陛下给我双倍数量的黄金。"

攻占阿瓦利斯

"陛下占领了阿瓦利斯。我在这里捕获了一个男人和三个妇女，总共获得了四个人，陛下把他们赐给我作奴隶。"

围攻沙鲁亨

"陛下围攻沙鲁亨达六年之久，最终陛下攻下了它。然后，我在那里捕获了两个妇女和一只手。陛下因为我的勇敢而赐予我黄金，（同时）还把俘虏赐予我做奴隶。"

攻打努比亚

"现在，陛下打败了亚洲人之后，沿河往上游进军，到海恩特－海恩－奈菲尔，去摧毁努比亚特洛格罗蒂特人；陛下大肆屠杀他们。我在这里抓获了俘虏，两个活的男人，三只手。陛下赐予我双倍数量的黄金，（同时）把俘虏赐予我做奴隶。陛下往下游航行，他的心因为胜利而高兴，（因为）他已经控制了南方人和北方人。"

第二次叛乱

"南方的敌人来了；他的命运，他的摧毁也到达了；南方的众神抓住了他，陛下在廷特塔阿穆发现了他。陛下将他带走，将其囚禁起来，他所有的人民都成为俘虏。我从敌人的船上抓获了两个弓箭手。陛下给我五个人，并在我的城市赐予我5斯塔特土地。这样的事情同样发生在所有水手身上。"

第三次叛乱

"那个堕落的人来了，他的名字是泰提安，他聚集众人叛乱。陛下杀死了他和他的仆人，歼灭了他们。三个人和我的城市的五斯塔特土地被给予我。"

II. 阿蒙霍特普一世统治时期的生涯

"我运送胜利者、国王左塞尔卡拉（阿蒙霍特普一世），他沿河往上游行驶到库什去，旨在扩大埃及的边疆。陛下抓获了军队中的努比亚特洛格罗蒂特人，——他们被带走，成为囚徒，他们当中没有一个人能够逃走。[一]被推到一边，就像那些被歼灭的人。与此同时，我率领着我们的军队；我令人震惊地战斗；陛下看到了我的勇敢。我砍掉了敌人的两只手，把它们带到陛下面前。陛下追逐他的人们和牛。然后，我带来了一个活的俘虏，把他带到陛下面前。我通过两种方式将陛下从第二瀑布带回埃及；陛下赏赐我黄金。然后，我带走了两个女奴隶，还有我带到陛下那里的那些俘虏。陛下任命我为'统治者的战士'。"

III. 图特摩斯一世统治时期的生涯

对努比亚的战斗

"我运送胜利者、国王阿阿海派尔卡拉（图特摩斯一世），他沿河流往上游行驶，到海恩特－海恩－奈菲尔去，旨在驱逐高原地区的暴力行为，旨在抑制山区到处袭击的野蛮人。我在糟糕的水域、在船只艰难通过的过程中，在陛下面前展现了勇敢。陛下命令我为水手的首领。陛下是——"

"陛下就像豹子一样狂怒地威吓敌人；陛下投掷出了他的第一支长矛，长矛扎在了那个堕落者的身上。这是——在他火焰般的眼镜蛇标面前软弱无力的，因此遭到了立即毁灭；他们的人们作为囚徒被带走。陛下往下游航行，所有地区都在他的掌握之中，可怜的努比亚特洛格罗蒂特人头朝下被悬挂在陛下大帆船的船首，陛下在卡尔纳克登陆。"

在亚洲的战斗

"这些事情之后，陛下往列腾努航行，以便在外国实施满意的报复行动。陛下到达那哈林，陛下发现了那个他打算摧毁的敌人。陛下对他们进行了大肆杀戮。陛下从胜利的战斗中捕获了无数活俘虏。与此同时，我是我们军队的首领，陛下看到了我的勇敢。我抓获了一辆战车、它的战马和在它上面的那个人，我将其作为活俘虏，把它们带到陛下面前。陛下赐给我双倍数量的黄金。"

他的老年

"当我到老年的时候，已经到了老年，我的荣誉如初。——一个坟墓，我亲自建筑的坟墓。"

12.雅赫摩斯-派恩-奈赫拜特传

与埃巴纳之子雅赫摩斯一样,雅赫摩斯-派恩-奈赫拜特也是埃尔·卡伯地方的贵族,也在第 18 王朝前期的几位国王统治时期服役,但他活的时间比埃巴纳之子雅赫摩斯更长。他持续地在雅赫摩斯一世、阿蒙霍特普一世、图特摩斯一世、图特摩斯二世、图特摩斯三世统治时期服役,死后受到图特摩斯三世和哈特舍普苏特女王的赞扬。

他把自己的生平写成传记,并分为三个部分:他的战斗、他获得的奖赏和概括。他的传记分别铭刻在他的雕像基座和坟墓墙壁上。列普修斯、塞德等人都研究过这篇文献。这篇文献对于我们了解古埃及第 18 王朝早期的历史尤为重要,它可以与埃巴纳之子雅赫摩斯的传记对照,能够更多地提供埃及人驱逐喜克索斯人的历史,还能够提供图特摩斯一世至图特摩斯三世时期的一些历史信息。本译文根据 James Henry Breasted, *Ancient Records of Egypt*, vol.2, Chicago: The University of Chicago Press, 1906, pp.10—12, 18, 35, 51, 143—144 翻译而成。

I. 雅赫摩斯的战斗

I. 雅赫摩斯一世统治时期的职业生涯

在叙利亚的战斗

世袭王子、伯爵、执国王印章者、首席财政官、领主的传令官,雅赫摩斯,被称为胜利者派恩-奈赫拜特。他说:"我跟随国王、胜利者奈布派赫泰尔(雅赫摩斯一世)。我在扎伊为他捕获了一个活囚徒和一只手。"

II. 阿蒙霍特普一世统治时期的职业生涯

在库什的战斗

我跟随胜利者国王左塞尔卡拉(阿蒙霍特普一世);我在库什为他捕获了一个活囚徒。

在利比亚的战斗

我再次为胜利者国王左塞尔卡拉服务；我在亚穆海克北边为他获得三只手。

Ⅲ. 图特摩斯一世统治时期的职业生涯

在库什的战斗

我跟随胜利者国王阿阿海派尔卡拉（图特摩斯一世）；我在库什为他捕获两个活囚徒；此外，我还在库什带回来三个活囚徒，没有计算在官方记录里面。

在那哈林的战斗

我再次为胜利者国王阿阿海派尔卡拉（图特摩斯一世）服务；我在那哈林地区为他获得了 12 只手、一批马和一辆战车。

Ⅳ. 图特摩斯二世统治时期的职业生涯

对抗沙苏人的战斗

我跟随胜利者国王阿阿海派尔恩拉（图特摩斯二世）；我在沙苏捕获了很多活囚徒；我没有计算他们。

Ⅱ. 雅赫摩斯获得的奖赏

雅赫摩斯，被称为派恩－奈赫拜特，他说："以君主的名义，他永生！从胜利者、国王奈布派赫泰尔（雅赫摩斯一世）到胜利者、国王阿阿海派尔恩拉（图特摩斯二世）统治时期，我没有在战场上与国王分离；我受到国王的喜爱，直到孟海派尔拉（图特摩斯三世），永生。"

"胜利者、国王左塞尔卡拉（阿蒙霍特普一世）赐予我一些金质奖品，包括两个手镯、两个项链、一个臂环、一把匕首、一个头饰、一把扇子和一个 mekhtebet。"

"胜利者、国王阿阿海派尔卡拉（图特摩斯一世）赐予我一些金质奖品，包括两个手镯、四个项链、一个臂环、六个苍蝇、三只狮子、两把金斧头。"

"胜利者、国王阿阿海派尔恩拉（图特摩斯二世）赐予我一些金质奖品，包括三个手镯、六个项链、三个臂环、一个 mekhtebet。还有一把银斧头。"

III. 雅赫摩斯的概述

他说:"我跟随几位上下埃及之王、众神；无论陛下们到南方国家，还是到北方国家，无论他们去哪里，我都与他们在一起；从胜利者国王奈布派赫梯拉（雅赫摩斯一世）、胜利者国王左塞尔卡拉（阿蒙霍特普一世）、胜利者国王阿阿海派尔卡拉（图特摩斯一世）、胜利者国王阿阿海派尔恩拉（图特摩斯二世），直到这个善良的神国王孟海派尔拉（图特摩斯三世），他们被给予永恒生命。"

"我已经活到了很老的年龄，始终过着国王喜欢的人生，始终获得陛下的褒奖，始终受到宫廷的喜爱。"

"神圣的伴侣、伟大的王妻、胜利者玛阿特卡拉（哈特舍普苏特）一再褒奖我。我抚养她的长女即国王的女儿奈菲尔乌拉，而她是……胸前的孩子。"

13.伊内尼传记

伊内尼是古埃及第18王朝早期几位国王统治时期的官员之一，他先后连续地为四位国王服务：阿蒙霍特普一世、图特摩斯一世、图特摩斯二世和图特摩斯三世。他把自己一生的经历刻写在底比斯的坟墓里，为后人了解图特摩斯家族的继承关系提供了直接证据。商博良最早注意到这个坟墓里面的传记，后来布鲁格什等人先后研究过这篇文献。这篇文献在被发现时就已经有较为严重的破损，目前坟墓墙壁上的文本已经不复存在。本译文根据 James Henry Breasted, *Ancient Records of Egypt*, vol.2, Chicago: The University of Chicago Press, 1906, pp.19—20, 42—44, 47—48, 142—143 译出。

伊内尼的职业头衔

世袭王子、伯爵、卡尔纳克所有工程的首领；双银屋由他掌管；双金屋归他管理；阿蒙之屋所有契约的封印者；阿蒙双谷仓的管理者。

I. 阿蒙霍特普一世统治时期的职业生涯

阿蒙霍特普一世；他使它成为他父亲阿蒙、底比斯之主的纪念物，在神庙两面为他竖立一个高 20 腕尺的大门，材料是阿岩（Ayan）的优质石灰石；拉之子阿蒙霍特普为他建筑，永生。

（阿蒙霍特普一世）………建筑了他的房屋，建筑了他的坟墓，竖立起了南门，用优质白色石灰石建造高达 20 腕尺的大门。

——哈特努布，它的大门竖立起来，一个门页是用铜制作的；很多部分是用琥珀石制作的。我检查陛下命令——的东西，青铜、亚洲铜、项圈、容器、手镯。我是每项工作的首领，所有办公处都听从我的命令。——在季节之初的宴会上；同样为他的父亲阿蒙即底比斯之主；他们在我控制之下。我亲自检查，我是计算者。——

陛下已经幸福和平地度过了自己的一生，去了天国；他与太阳结合在一起，他与（他）联合起来，前进——

II. 图特摩斯一世统治时期的职业生涯

图特摩斯一世的登基和权力

——善良的神，他捶打努比亚人；强大的领主，他颠覆亚洲人。他将边境推进到大地之角（阿斯旺以南）和凯博的沼泽地（幼发拉底河）——象岛。沙漠定居者带来贡赋，就像南方和北方的关税；陛下每年把它们运送到底比斯，交给他的父亲阿蒙。——

伊内尼的升迁

国王喜欢我，我被提升为权贵，成为粮仓的管理者；神圣祭品的土地在我的掌控下；所有极好的工作都在我的管理之下。

卡尔纳克塔门

我检查他命令——的大纪念物，大塔门，它的每一面都是用阿岩（Ayan）的优质石灰石建造；高大的旗杆在神庙两边竖立起来，是用黎巴嫩最好的雪松建造的；它们的顶部是用琥珀金打造的。我检查——装饰着琥珀金。

卡尔纳克大门

我检查大门的竖起工程——"强大而富有的阿蒙";它的巨大大门是用亚洲铜建造的,明亮的可以照射出神的身影,里面镶嵌着金子。

卡尔纳克方尖碑

我检查两块方尖碑的竖起工程——建造高 120 腕尺、宽 40 腕尺的高大船只,旨在运送这些方尖碑。它们和平、安全、美好地到来,在卡尔纳克登陆,城市的——。它的通道铺设着所有优质木材。

图特摩斯一世的岩窟墓

我检查陛下的岩窟墓的挖掘情况,只有我一个人,没有其他人看到,没有其他人听到。我在——上面找出极好的事物,我非常警觉地寻找最好的事物。我开辟了泥土之地,为了封上墓地的坟墓。我有义务做祖先们没有做过的事情——我为那些我的后来让寻找——。它是我内心的工作,我的美德是智慧;我没有得到长者的命令。多年以后,我将因为自己的智慧而得到表扬,被那些将模仿我的做法的人赞扬,——我是所有工作的首领。

伊内尼获得奖励

我的赞扬在宫殿里持续下来,宫廷爱我。陛下用农民－奴仆赏赐我,我每天的收入源自国王地产的粮仓。

图特摩斯一世之死

国王去世了,去了天国,满心欢悦地完成了自己的一生。

III. 图特摩斯二世统治时期的职业生涯

图特摩斯二世的继承

鸟巢中的鹰作为上下埃及之王出现,阿阿海派尔恩拉(图特摩斯二世),他变成了黑土地的国王和红土地的统治者,胜利地掌握了两地。

伊内尼获得喜爱

我是这个国王最喜爱的人;他为我做的事情比对我的前辈们做的事情都更重要。我获得了令人尊重的晚年,我拥有陛下每天的赞扬。我从国王的桌子上获得供给,包括奉献给国王的面包、啤酒、肉、肥肉、蔬菜、各种水果、

283

蜂蜜、蛋糕、葡萄酒、油。因为陛下爱我，所以我的必需品都按照国王吩咐的配给。

图特摩斯二世之死
他去了天国，与众神结合起来。

IV. 图特摩斯三世和哈特舍普苏特统治时期的职业生涯

图特摩斯三世和哈特舍普苏特的登基
他的儿子（图特摩斯二世的儿子）作为两土地之王站在他的位置，已经变成了那个生了他的人的王座上的统治者。他的妹妹、神圣的伴侣哈特舍普苏特按照她的计划解决了两土地的事务。埃及是那个努力为他劳动的人创造的，神的极好的种子来源于他。她是南方的船绳、南方人的指导者、北方之地极好的掌舵者。命令的女主人，她的计划是极好的，当她讲话的时候，她令两土地满意。

伊内尼获得喜爱和奖赏
陛下表扬我，她爱我，她在宫廷上指出我的价值，她赐给我事物，她使我高贵，她用金银和王宫所有美好的事物填满我的房屋。

伊内尼的优秀品格
我不能讲述它，我超越了一切，我将告诉你们这些人；你们听着，你们要做我做的好事；你们要做类似的事情。我始终平安而强有力，我没有遇到不幸，我的人生是在欢悦中度过的，我没有欺诈行为，我没有散布错误消息，我没有做邪恶的事情，我没有做错误的事情。我是优秀人中的优秀人，我没有失败；领主毫不犹豫地认为极好的人，我是一个全身心做长官所说之事的人。我的心没有蒙蔽宫殿中的伟大者们。我做城市之神喜爱的事情。我没有亵渎神灵。对于那个终生获得喜爱的人来说，他的灵魂将与大神同在，他的美名将始终留在活人的口中，他的记忆和他的美好将永远存在。受人尊重的贵族、阿蒙粮仓的管理者、书吏、胜利者伊内尼。

14.阿蒙尼姆哈布传记

阿蒙尼姆哈布是图特摩斯三世和阿蒙霍特普二世统治时期的军官,参加了图特摩斯三世在亚洲的战争,因而他的传记对于印证和补充图特摩斯三世年代记中的细节很有意义,尤其提供了年代记未能记录的战役艰难程度等信息。然而,这篇传记显然是阿蒙尼姆哈布口述给书吏,书吏镌刻下来的,作者把一些战斗按照地点组合起来,打乱了时间顺序,以便突出自己的勇敢和因此而获得的嘉奖。

这篇传记铭刻在底比斯他的坟墓墙壁上,铭刻在他的浮雕周围。传记与坟墓中的大量浮雕结合起来,完整地体现了阿蒙尼姆哈布的身份和职业生涯。这篇传记的文本最初是商博良在这个坟墓中发现的,后来一些学者出版和研究了该文本。本译文根据 James Henry Breasted, *Ancient Records of Egypt*, vol.2, Chicago: The University of Chicago Press, 1906, pp.230—234,319 翻译而成。

军官阿蒙尼姆哈布说:"我是对国王十分忠诚的人,是上埃及的聪明人,是下埃及敏锐的人。我跟随我的主人在北方国家和南非国家远征。他希望我是他的舰队的伙伴,当他在战场上取胜的时候,当他的喜好强化他的心灵的时候。"

"我在奈格布(Negeb)徒手战斗。我捕获了三个亚洲男人作为囚徒。"

"当陛下来到那哈林时,我从这里的战斗中抓获了三个男人;我把他们带到陛下面前,作为活着的囚徒。"

"我再次在阿勒颇西面'万高地'的那次远征中赤手空拳地战斗。我抓获了 13 个亚洲男人作为活着的囚徒、70 个活着的驴子、13 把青铜茅枪;青铜里面装饰着黄金——"

"我再次在卡盖美什之地的远征中战斗。我抓获——作为活着的囚徒。我穿过那哈林的水域,而他们在我的控制下,到——;我把他们带到我的主人面前。他给了我一份大奖;这里列示如下:——。"

"我在森扎尔(Senzar)之地看到了国王孟海派尔拉(图特摩斯三世)(被

给予生命）的胜利，当时他对他们进行大屠杀。我在国王面前赤手空拳地战斗，我在那里获得一只手。他用黄金奖赏我；这里列示如下：——两个银戒指。"

"我再次看到了他的勇敢，当时我是他的随从之一。他占领了卡叠什城；他到哪里，我就跟到哪里；我抓获了两个首领作为活着的囚徒；我把他们带到两土地之王国王图特摩斯（三世）面前，永生。他赐予我黄金，奖励我的勇敢，在所有人面前——；这里列示如下：优质黄金打造的一只狮子、两条项链、两只苍蝇、四只臂环。"

"我在大地终点之地——看到了我的领主的——。然后我被提升为军队的——，就像——。"

"我在可怜的提哈斯（Tikhsi）之地麦罗-城再次看到了他的胜利。我在国王面前赤手空拳地战斗。我抓获了3个亚洲男人作为活着的俘虏。然后，我的主人奖给我黄金；这里列示如下：2条金项链、4个臂环、2只苍蝇、1只狮子、1个女性奴隶和1个男性奴隶。"

"我在尼伊（Niy）见到了两土地之王做的另一件极好的事。他猎取了120头大象，为了获得它们的象牙和——。我攻击其中最大的一头大象，当时它正在攻击国王；我砍掉了它的腿，尽管它还活着，而我站在两个岩石之间的水中。我的主人用黄金奖励我；他给予——和三套衣服。"

"卡叠什王子在两军阵前派出一头母马；为了——，她进入军队当中。我徒步在后面追赶她，我用剑挑开了她的腹部；我砍掉了她的尾巴，我把它带到国王面前；国王感谢我！他令我高兴，它填补我的身体，他为我武装身体。"

"陛下派出了军队之中所有勇敢之人，第一次为了粉碎城墙，后者是卡叠什拥有的。我是那个粉碎了城墙的人，是第一勇士；在我之前没有其他人曾做过这件事情。我继续前进，我抓获两个首领作为活着的囚徒。我的主人再次因为这点而奖赏我，用令心满意的所有好东西奖赏我，国王在场。"

"当我是海军官员的时候，我进行了这场攻城略地的战斗——。我是他的船只的司令。当所有土地都在欢呼的时候，我是美丽的欧佩特宴会上——大帆船中他的伙伴首领。"

"哦，国王完成了他很多年的、光辉灿烂的、强大的、胜利的生命。从第一年到第 54 年第二个季度的第三个月,这个月的最后一天在国王孟海派尔拉(图特摩斯三世)的统治下。他升上天国,他与太阳结合起来;神圣的四肢与生了他的那个他结合起来。"

"当早晨到来的时候,太阳升起,天空放着光芒,国王阿海派尔乌拉、拉之子、阿蒙霍特普(二世)被给予生命,登上了他父亲的王座,他拥有了国王的头衔。他——,他与——结合起来,红土地,他砍掉了他们的首领的头。作为伊西斯之子荷鲁斯戴上王冠,他占领——凯奈姆提乌,所有国家都在他的声誉面前低着头、背上背着贡赋,以便他能让他们生存。"

"陛下让我在他的船上与他一起航行;'哈马特'是它的名字。我用双手在他漂亮的卢克索宴会上航行——我被带到宫殿中间,他让我站在国王阿海派尔乌拉(阿蒙霍特普二世)面前。我立刻在陛下面前躬身施礼;他对我说:'我知道你;当我还在娘胎中的时候,你已经是我父亲的随从了。我命令你为军队的副官,你要监管国王的精英军队。'副官马胡执行陛下所说的一切。"

15.维西尔莱克米尔传

莱克米尔是第 18 王朝图特摩斯三世统治后期的维西尔,继承了他叔叔沃塞尔的职位。维西尔相当于中国古代的丞相或宰相,是一人之下、万人之上的人物,仅次于国王的重要官员。他的坟墓建在底比斯西岸的一个峭壁上,是岩窟墓。坟墓里面装饰着大量浮雕、铭刻着大量铭文,记载了莱克米尔的一生和图特摩斯三世的很多事迹。这个坟墓的史料极为珍贵,因为它提供了维西尔的很多职责的真实案例,对于后世之人了解古埃及帝国时期的行政管理有非常重要的价值。

这个坟墓的铭文和浮雕早在 1819 年就引起了学者们的注意,商博良等人都抄写了这个坟墓的铭文。然而,这个坟墓的铭文并没有得到很好的保护,后来损毁严重,结果这个坟墓留存下来的铭文并不完整。1900 年,纽伯利先生较为完整地出版了这个坟墓里面的浮雕和铭文,为后来的研究奠定了基础。很多学者研究这个坟墓,中国埃及学家李晓东教授的博士论文便是以这个坟墓的史料为根据展开研究的。本译文根据 James Henry Breasted, *Ancient Records of Egypt*, vol.2, Chicago: The University of Chicago Press, 1906, pp.268—281 翻译而成。本文在翻译过程中，省略了布列斯特德对浮雕场面的描绘，主要翻译铭文。尽管学界没有人称这些文献为传记，但它们基本上反映了莱克米尔的生涯。

任命莱克米尔为维西尔

规则被放在维西尔莱克米尔身上。官员们被带到众议厅，[陛下]命令维西尔莱克米尔出列接受第一次任命。

陛下在他面前说："你要亲自管理维西尔办公大厅；注意所有应该在那里处理的事情。瞧，它是整个国家的支持；瞧，关于维西尔，瞧，他不是甜蜜的，瞧他更应该是痛苦的，当他处理——他是铜的——，他的——的房屋的墙是金子做的。瞧，他不是那个面对着官员和资议员的人，他也不是那个给予所有人生命的人。瞧，——一个在他主人住所的人，他为主人做好事；瞧，他不为另一个人做——。"

瞧，南方的、北方的和整个国家的请愿者将来到，提供——。你应该亲自关注请愿，按照与法律一致的方式做每一件事情，因此按照正义做每一件事情。不要——，那可能是正义。瞧，关于一位官员，当他被人举报的时候，即使是道听途说，也要关注他的事迹——。他不会因为一位可靠官员的话而被带来，但这样的事情却会因为那个陈述了这件事的那个送信人的话而被知道；他与作为发言人的可靠官员在一起；他不是那个大声讲话的人，一位送信人请愿——或一位官员。然后，陛下不会忽略他的事迹；哦，一位官员按照规矩办事是安全的，在处理请愿者讲的事情的时候……

表现偏袒是神所憎恨的。这是教谕：你应该这样做，即对待你认识的人和你不认识的人要一视同仁，对待距离你近的人和距离你远的人也要一视同仁——一位官员这样做事情，那么他将获得升迁。不要躲避请愿者，也不要在他讲话的时候随意点头。至于那个靠近你的人，那个将对你讲话的人，你不要——他在讲话中说的事情。当你已经让他听到了你惩罚的原因的时候，你就应该惩罚他。哦，他们将会说，请愿者喜欢那个点头的人——

不要无缘无故地对人表达愤怒，但你应该对那个应该遭受怒言的人表达愤怒，展示你的威严，令其害怕你，因为一个王子应该是令人恐惧的王子。哦，一个王子真正的威严是去做正义之事。瞧，如果一个人无数次地展示他的威严，那么他就会面临某种暴力事件。不要让人民了解你，这样他们不会说："他只是一个人而已。"

"那个撒谎的人将根据他的记录讲话，哦，只要你做了正义之事，那么——你就尽了职责。哦，一个人将渴望做正义之事，……哦，一个人将对维西尔的首席书吏说：'一个正义的书吏'，一个人会这样评价他。现在，关于办公厅，你将会在这里聆听报告，那将是一个宽敞的大厅——[他] 将在所有人面前 [分配] 正义，他是维西尔。瞧，一个人应该在他的办公处，[只要] 他按照被给予它的要求做事情。哦，一个人在 [—]，当他按照他被告诉的方式做事情的时候。不要——你知道的法律。哦，让一个人——骄傲；国王热爱那个令人恐惧的人，而非那个心骄气傲的人。根据你被给予的命令做事情；哦——。"

维西尔的职责

开庭的外部布局

（居住）城市的官员、南部城市和宫廷的维西尔都在开庭时坐在维西尔的大厅里。关于这个官员维西尔的每个行为，在维西尔的大厅上听取庭审时，他将坐在一把椅子上，地板上放着一块毯子，毯子上面是一个讲台，他的后背下面是一个垫子，一块垫子在他脚下，一个——在它上面，一个指挥棒在他手中；40 卷案宗在他面前打开。然后，南方的法官们站在维西尔面前的两条通道上，而私人房间的主人站在维西尔的右边，收入的获得者站在维西尔的左边，维西尔的书吏在维西尔两边；彼此相连，每个人都在自己的正确位置。一个人的话应该让后面的那个人听到，但不允许后面的人的话被前面的人听到。如果在前面的一个人说："我前面已经没有其他人了。"然后，他就会被维西尔的信使带到维西尔面前。

宫殿与外部世界的交往

执印局开门和关门都会立刻汇报给他。南方和北方要塞的所有事务都报告给维西尔。所有需要离开国王之屋的都要报告给维西尔；所有进入国王之屋的都要报告给维西尔。所有进出国王之屋的信息都通过维西尔的信使进行，他将使它们进出。

接受督查官们（Overseers）汇报

几百个督查官和［一］督查官应该向他汇报事件。

向法老做日常汇报

他应该对国王关心的事情提供建议，并将维西尔办公处每日处理的两土地的事情汇报给国王。他应该带领首席财政官进宫面见法老，首席财政官在北面旗杆下面等候维西尔。然后，维西尔将到来，从大双门的门道进入。

财政官和维西尔彼此汇报工作

然后，首席财政官应该来到维西尔面前，应该向维西尔报告，说："你盼咐我处理的所有事情都在有序进行；每个具体负责处理事务的官员都向我汇报工作。他们说'一切事务都在正常运行，国王之屋运转正常'。"维西尔也应该向首席财政官报告，说："一切事务都在正常运行；宫廷的每个地方都在正常运行。每个负责具体事务的官员在使用印章对物品进行封印的时候都会向我汇报。"

国王之屋的日常开启

两个官员彼此汇报了情况之后，维西尔打开国王之屋的每一扇大门，让应该进入的进入国王之屋，让应该出去的离开国王之屋，依靠的是他的信使，他的信使将用文字记录下这一切。

王子们中间的规则

不允许任何人有权审判他的大厅的高级官员。如果有任何人攻击了他的大厅中的任何官员，他将命人将其带入审判庭。正是维西尔将惩罚他，以便惩罚他的错误。不允许任何官员有权在他的大厅惩罚别人。针对大厅的每一件审判都会被报告给他。

维西尔信使们的职责和工作

关于国王派去向官员传递信息的所有信使，从第一信使到最后信使，不要让他［背离］，不要让他被诱导；官员应该重复他的维西尔的信使，当信使站在他的面前、重复他的信息、并等待他的时候。他的信使将把市长和村长带到审判大厅；他的信使将给予规则，——他的信使给出答案，说："我已经被派出去为官员送信，等等；他说我被引导；他说一些事情被信任于我。"听到这个官员的这些话以后，——惩罚那些事情，维西尔已经在他的大厅里对每个犯罪行为进行了审判，比砍掉一肢更大的惩罚。

犯罪

关于维西尔的每个行为，他在自己的大厅里听审；关于每个将——的人，他记录每一件他听到的事情。在维西尔听审的时候，那个不能证明自己清白的人，他的事情将被记录在犯罪记录里。那个在大监狱里的人，不能反驳维西尔的信使的指控；当他们的案件再次到来时，一个人将报告，并决定它是否在犯罪记录里面；涉案人员将受到惩罚，为了惩罚他们的冒犯。

维西尔记录的借出

至于维西尔送给任何大厅的文字，就是非机密文件，它将与看管者的档案一起被带到那个渴望查阅档案的官员那里，这些档案加盖了官员和相关书吏的印记；然后，这个官员将打开它；他看完以后，它将返回它本来的地方，加盖上维西尔的印记。但是如果他进一步要求查看机密文件，那么它就不能被看管者带回去。

召唤请愿者

关于维西尔派去召唤请愿者的信使，他将召唤请愿者到维西尔那里去。

不动产案件

关于每个到维西尔这里来请愿并涉及土地的请愿者，他将派遣信使到请愿者那里，并倾听土地监管者和区地方委员会的意见。他将下令对请愿者在南方或北方的土地停止使用两个月。然而，如果他的土地靠近南部城市或靠近宫廷，他将下令他的土地停止使用三天，这是根据法律做出的命令；因为他将根据手中的法律倾听每位请愿者的申诉。

区官员的报告

正是维西尔带来区官员；正是维西尔派他们出去；他们向维西尔报告了他

们区里的事情。

遗嘱及其他

每个财产名单（即遗嘱）被带到他面前；正是他为它加盖印章。

登记边界的确定

正是他管理所有地区的赐地（即农民的份地）。关于每位将说下面这些话的请愿者："我们的土地边界没有确定下来。"维西尔将检查这块土地是否已经由相关官员加盖了印章；然后，维西尔将捕捉那个没有确定土地边界的地方官员。

未登记边界的处理

至于各种突出案例以及每个相关案例；不看相关的任何事物。

请愿方式

人们将用文本请愿，不允许请愿者通过口头请愿。每个到国王那里请愿的请愿者都将被报告给他（维西尔），他把它放在文本中之后。

宫廷与地方权威人士之间的交往

正是他派遣国王之屋的每位信使到市长和村长那里。正是他派遣每位巡查信使和国王之屋的每次远征。正是他按照南方和北方的——行事，南方边境和阿拜多斯。他们将向他汇报所有发生在他们那里的事情，每个季度第四个月的第一天；他们将给他带来他们手中的和他们的地方委员会的相关文本。

召集国王的护卫队

正是他聚集军队，陪伴国王出行，往北或往南出行。

居住之城的驻兵

正是他根据国王之屋的决定派兵驻守和保护南方城市的其他人和宫廷。

整个军队的命令

统治者之桌的司令官被带到他这里，被带到他的大厅，与军队的委员会一起，为了把军队的规则告诉他们。

建议职能

让每个官员，从最高官员到最低官员，排队到维西尔的大厅，听取维西尔的意见。

伐木

正是他根据国王之屋的决定派人去砍伐树木。

水的供给

正是他派出官员去注意整个土地上的水的供给。

每年的开犁

正是他派遣市长和村长去为收获季节开犁。

劳动的监督者

正是他任命国王之屋的大厅的成百上千的劳动力的监督者。

城镇权威人物的观众

正是他安排人们倾听那些以他的名义到南方和北方的市长和村长。

要塞的管理

每件事儿都被报告给他；南方要塞的所有事情都被报告给他；每个逮捕是为了抓获——。

诺姆管理，边境及其他

正是他使每个诺姆的——；正是他"倾听"它。正是他派遣区士兵和书吏去执行国王的管理。诺姆的记录在他的大厅里。正是他倾听与土地有关的事情。正是他划分了每个诺姆、地区的边界，提供了所有神圣祭品和每个契约。

口供的记录及其他

正是他记录了所有口供；正是他聆听了辩论，当一个人来与他的对手争论时。

处理特殊案件的法官的任命及其他

正是他任命了每个被任命者去审判大厅，当任何诉讼当事人从国王之屋来到他这里的时候。正是他聆听每道敕令。

在居住之城和宫廷的神庙收入和王室收入

正是他听取每个神圣献祭的"伟大漂亮"。正是他征集所有收入税，正是他把它给予他——在南方城市和在宫廷。正是他用他的印章封印它。正是他听取每个事件；正是他把贡赋分配给王冠所有者们。大委员会将向他报告他们的职责——那个被带到审判大厅的和给予审判大厅的祭品，他将听取关于它的事情。正是他打开了金屋，与首席财务官一起。正是他视察所有土地的贡赋——首席官员和大委员会一起。正是他列出了所有牛的名单。

居住之城的水渠视察

正是他在每十天周期的第一天视察水供给情况——涉及审判大厅的每件事情。

地方权威人物的收入

市长、村长和每个人都应该向他汇报他们的贡赋。每个区的检察官和几百个劳动力的监督官，他们应该向他报告每起诉讼——，进而他们应该每个月向他汇报，为了控制贡赋。财政官和官员应该——

天狼星和尼罗河高水位的观察

——天狼星的升起和尼罗河的——。尼罗河的高水位应该被报告给他——

海军的管理

正是他为满足赋予他的所有要求而征召船只。正是他派遣国王之屋的每个信使到——。当国王与军队在一起的时候，正是他报告——。海军所有官员，从最高级官员到最低级官员，都向他做报告。正是他在——的管理者的——上盖上印记，派遣国王之屋的信使——。

向维西尔报告的方式方法

每份报告应该被审判大厅的守门人提交给他，这个人报告维西尔做的所有事情，在维西尔的大厅听令。

16.杰德孔塞夫安柯雕像铭文

第三中间期和后期埃及的很多历史内容可以从传记铭文中得以窥见。这里面翻译出来的是第22王朝的一份传记铭文。这篇传记铭文发现于底比斯卢克索神庙里面的一个高达1.02米的黑色大理石雕像身上。这个雕像是杰德孔塞夫安柯的。新王国结束以后，底比斯的阿蒙神庙祭司集团在底比斯掌握了绝对权力，实际上成为第21王朝内部的一个"独立王国"。第22王朝的舍尚克一世结束了第21王朝的统治以后，也就结束了底比斯的独立状态。他任命自己的两个儿子出任底比斯神庙最重要的职位，即阿蒙的"第一预言师"和"第二预言师"，同时令王室成员与底比斯的重要家族成员建立婚姻关系。杰德孔塞夫安柯的传记就是这种政策的一个例证。杰德孔塞夫安柯是底比斯一个拥有悠久历史的家族成员。他与舍尚克一世的第二个儿子义乌普特的女儿结婚。义乌普特也是底比斯阿蒙的高级祭司。奥索尔孔一世继承舍尚克一世以后，杰德孔塞夫安柯便是奥索尔孔一世的侄女婿，于是成为王室的重臣，很快被提升为阿蒙神庙的第四预言师。奥索尔孔一世去世以后，杰德孔塞夫安柯继续为王室和阿蒙神服务。本译文根据 Miriam Lichtheim, *Ancient Egyptian Literature*, vol.3, University of Chicago Press,1973, pp.14—17 译出。

阿蒙给予荣耀的人，底比斯之领主最喜爱的人；众神之王阿蒙－拉的第四预言师，众神之王阿蒙－拉的传令官和追随者；阿蒙神面前的首席执香者；为神更衣和准备神龛的人；第三宗族阿蒙之屋的月度祭司；天空之夫人穆特神的第二预言师，孔苏神庙的孔苏神的预言师；孔苏神庙的首席书吏；走在众神之王阿蒙－拉前面的祭司，阿蒙－拉的王位持久;外国土地征服者阿蒙神的预言师；活人的保护者阿蒙神之屋的衣柜的护卫；以佩特苏特的国王的眼睛，上埃及之王的舌头；他为他的领主国王从这个土地上的众神那里祈求欢乐节庆；国王右边的执扇者，他自由地在宫殿里走动；荷鲁斯的真正的模仿者，荷鲁斯的钟爱者，杰德孔塞夫安柯，众神之王阿蒙－拉的预言家的儿子，他看到了宫殿当中神圣的荷鲁斯，奈斯派尔奈布；阿蒙－拉神的叉铃表演者奈斯穆特所生；他说：

向随后而来的你致敬，
你将在未来时代！
我将使你称我为神圣的，
因为我的命运是伟大的。
克努姆把我塑造为高效的人，
极好建议的提出者。

他使我的性格优于其他人，
他驾驭我的舌头，使我达到极致。
我用我的嘴保持那个伤害我的人免于伤害我，
我的耐性使我的敌人成为我的朋友。
我统治我的嘴，精于回答问题，
没有做邪恶的事情。

人们称我为豪爽之人，
因为我蔑视高高堆起的财富。
我使他们都为了我的优秀而向我致敬，
传递亲吻给我的卡，并谈论关于我的事情：
"他的父亲的后裔，
他的母亲的神一样的后代！"
没有任何人因为我而咒骂我的父母亲，
他们因为我的价值而更加荣耀，
他们发现当他们在大地上的时候我是有帮助的，
我为沙漠河谷中的他们提供食物。
我未让我的仆人称我为"我们的主人"，
我使我自己成为他们父亲的肖像。

善神赞美我，塞海姆－海派尔拉－索特彭拉（奥索尔孔一世的王位名），
他的继承人们再次赞美我，比他的赞美更多。
当每个人统治时，他对我满意，
因为他们认识到了我在众人中的价值。
国家的贵族们尽力模仿我，
因为我从陛下那里获得的爱是伟大的。
我没有从宫殿的陛下那里流浪，
他没有把我从他的隼鹰船上排除开。

他的饮料是甜的，我与他一起吃饭，
我与他一起饮酒。
神因为我和蔼地照料他而高度赞扬我，
我被提升到与我的价值相符的地位。
这样我成为荷鲁斯心中最重要的人，
正如他是人类当中的伟大之人。
当我在我的老年到达底比斯的时候，
我做了在以佩特苏特受欢迎的事情，
我被任命为底比斯的国王发言人，
我没有赞扬谄媚我的人，
我组织超越国王命令的开支，
我保护底比斯穷人的利益。
我把底比斯主人的尊敬放在他们面前，
我限制底比斯掠夺者的胳膊。
我持续不断地给国王送报告，
在解救困难的事例中，
他支持我所说的，
他把我提拔到他的廷臣们之上。
我的友好是一个避难所，
一个不会倾斜的基础。

如果我保持我的嘴免于做伤害别人的事情，
那么他便在侍从中增加他们的成员。
如果我走在我的主人的水上，
那么他保护他们比坟墓中的箱子更多。
如果我遵从陛下的命令，
那么他们就会在宫殿里被提升。
如果我提升一个儿子高于他父亲的职位，

那么他们的需求就会按照他们希望的那样被实施。
如果我分发我的财富给每个人，
那么他们就会认为我是胡（Hu）的同类事物。
如果我憎恨诽谤，热爱赞同，
那么一种声音就会为他们提出，去保护他们，使他们免于邪恶。
这样，对于他们来说，我是一个神，
当他给予我以支持时，他们知道我的行动。
当他们继承了我，为国王服务时，
他们的职位与我希望的一致。

祝愿我可以看到他们的孩子的孩子，
当我仍在大地上的时候！
祝愿我的身体与他们的后代一样年轻，
当我在来世的时候！
我不会消失，因为我知道：
神为那个人采取行动，是因为那个人的心是真实的！

后底座上的铭文

孔苏给予荣耀之人，贝内特的主人最喜爱之人；众神之王阿蒙-拉的第四预言师，杰德孔塞夫安柯，被证明是正义的人；众神之王阿蒙-拉神的祭司的儿子，宫殿中荷鲁斯的模仿者，奈斯派尔奈布，被证明是正义的人；他说：当我掌管面包的时候，我的神阿蒙使我富有。我持续不断地把谷物借给底比斯人，使我城镇的穷人变得富有。我没有对那个不归还谷物的人大怒。我没有为了获得一个人的所有物而去压制他。我没有使一个人卖掉他的货物给另一人，以便他可以支付他所欠下的债务。我通过买他的货物并支付两倍或三倍于它们的价值的钱而令他满意。没有人能够在任何方面做得与我做的相提并论。我没有与那个已经掠夺了我的人争吵，因为我知道一个人不会因为盗窃行为而发财致富。神做他希望的事情！

四　往来书信

书信是古埃及人留给我们的重要史料之一。它们是古埃及人之间交往的明证，既包括国王与臣民之间就国家事务的安排与解决而进行的文字往来，也有官员与普通民众之间就某些具体问题展开的控诉与回应，还有普通民众之间的交往信件，更有家庭成员之间的文字交流。古埃及人的信件大多书写在纸草上，这些纸草因为埃及干燥的气候而得以保留下来，为我们提供了大量史料，向我们展现了古埃及人多彩丰富的生活画卷。书信与古埃及人在石头上刻写下来的铭文文献不同，后者大多是统治阶级的精英群体刻写下来的，更多的是表现统治阶级的意志，很多情况下具有理想化的色彩。这使我们很难确定哪些内容是历史事实，哪些内容是虚构出来的。相较于铭文史料，书信的最大优势是其内容都针对具体社会和生活问题，书信撰写者不必过多考虑虚构某些事情，这就在很大程度上为我们了解古埃及人的真实社会生活提供了较为可信的材料。书信的内容非常丰富，涉及经济事务、商业、农业、法律、行政管理、家庭生活、宗教等等。本书这里选择一些具有代表性的书信译介出来。

1. 国王写给拉舍普塞斯的信

　　古埃及国王写给维西尔（相当于中国的宰相）的信件很多，有些是涉及官方事务的，也有些涉及私人关系。前者当中有一些被视作敕令或赦令，在神庙和界碑等公共建筑物上铭刻出来；有一些没有铭刻出来。那些涉及私人事务的信则很少铭刻在神庙等建筑物上，往往铭刻在接受信件的大臣的坟墓里。这里的这封信就是第 5 王朝国王杰德卡拉-伊滋滋写给维西尔的一封信，字里行间透露着国王对这位大臣的赞赏和喜爱。这对于大臣来说是无上的荣耀，因而拉舍普塞斯将其铭刻在了自己的坟墓里。本史料根据 Edward Wente, *Letters from Ancient Egypt*, Atlanta: Scholars Press, 1990, p. 18 译出。

国王写给首席法官和维西尔、国王档案的书吏长官拉舍普塞斯的敕令：

朕已经在宫廷里阅读了这封很好的信，这是你在这个美好的日子里写给我的信，用伊滋滋非常喜欢的话语令他满意。朕渴望读你的这封信，胜过对其他任何事物的渴望，因为你知道如何表达朕最喜欢的话，而且你的措词比其他任何事情都更令我高兴。朕完全了解你渴望讲朕喜欢的每件事情。

哦，拉舍普塞斯，我对你讲过无数次下面的话了：哦，你是你的主人钟爱的人，是你的主人赞赏的人，你是你的主人最喜欢的人，你是了解你主人的秘密的人。这是因为拉已经把你给了我，我完全了解，他一定是爱我的。伊滋滋将永远活下去，从今天开始你应该在信中立即表达你的任何愿望，以便朕能够立即令它实现。

2.凯迈特之书

凯迈特之书编纂于第 11 王朝晚期，是一篇旨在教育书吏的纲要。凯迈特的意思是"概括"或"总结"。这篇文献是一篇由三部分内容组成的书信，而且文风不尽一致，这样读起来令人费解。三部分内容依次是书信的问候语、叙述性的书信、理想传记中的措辞。从文献第 1 段和第 2 段的书信问候语来看，这篇文献是作为书吏的作者写给他的主人的一封信。从第 3 段至第 4 段叙述了作者的儿子阿乌在作者的主人那里做学徒的情况，并通过阿乌写给其妻子的一封信表明了阿乌的处境。从第 5 段至第 6 段讲述的是作者本人的行为，实际上也是讲述一位书吏的操守问题，这既有教谕文学的性质，也有传记铭文的特点。但这两段的中心思想是作者教谕儿子要做一位充满智慧和睿智的书吏。"仆人就必须始终与勤劳苦干的妇女生活在一起，因此一定要成为一个接受文本教育的儿子。至于书吏会在社会上居于什么样的地位，他绝不可能成为悲惨的人。"这两句话是点睛之笔，作者通过这两句话告诉自己的儿子要努力成为一名书吏，因为书吏不会成为悲惨的人，也不会始终与地位低下的女人生活在一起。这实际上体现了作者对书吏这个职业的高度赞扬。

这篇文献从头至尾的逻辑关系显得有些混乱，但如果考虑到这是一篇学校用来教育学生和供学生抄写以便练习书写能力的教材，那么这篇文献的组织结构就容易理解了。我们或许可以这样理解：第 11 王朝某个学校的教师将三段文字结合在一起，重点把第 5 段和第 6 段作为书吏的行为准则和对书吏前景的描述。文献第 1 段和第 2 段既是书信的传统格式，也是借以引出书吏之子阿乌正在接受书吏教育这件事情。阿乌的书信表达了书吏在学习期间的艰苦。但最后两段表明艰苦的学习会得到很好的回报。这样，这篇文献既把书信的写作格式教授给了抄写文献的人，也把书吏的行为准则传播开来，更对抄写文献者进行了心灵的安慰和美好前景的鼓励。文献最后一句话"这样，事情就会有圆满结局"，或许是对该文献编纂者编纂这篇文献的目的和心理的一种写照。

这篇文献当中的一些内容的形成年代早于整篇文本的编纂时间。据考证，书信的编纂格式早在第 6 王朝就出现了。这篇曾被多次传抄的作品保存在新王国的书写板和近 100 块陶器碎片上。文中提到的"布巴斯提斯的夫人"就是猫女神巴斯泰特，她温顺的猫性情与狮子女神塞赫麦特的凶猛性格形成鲜明对照。在这篇说教文中，"儿子"一词等同于"小学生"。本译文主要根据 Edward Wente, *Letters from Ancient Egypt*, Atlanta: Scholars Press, 1990, pp. 15—16 译出。

一个仆人给他的主人写信。他希望他的主人生机勃勃、富有而健康，这正是你卑微的仆人我所渴望的。祝愿你在赫利奥坡里斯的众灵魂和所有神面前被判断为正义者，祝愿他们令你活着，祝愿他们每天为你做一切美好的事情，这正是你卑微的仆人我所渴望的。

你的情况是你可以无数次地再生。祝愿底比斯诺姆的神孟图帮助你，这正是你卑微的仆人我所渴望的。祝愿孟菲斯的神普塔用健康的生存状态、成熟的老年和不断的幸福令你高兴，祝愿你与底比斯诺姆的神孟图的卡关系融洽地站在一起，这正是你卑微的仆人我所渴望的。祝愿平安！

现在，关于你的个人代理人送给我的这些文本，我将按照你喜欢的方式做，以便你将比布巴斯提斯的夫人更高兴。至于什么会令我高兴，那就是阿乌（Au）被允许返回。当我最近在他受训的第三年看到他的时候，他被涂以蓬特的乳香和神之地的香水，穿着蓝色亚麻布短裙。作为实习生，当他访问一个跳舞女孩的时候，她说："阿乌，去看你的妻子。她在多么痛苦地为你哭泣啊！因为你夜晚捕鱼、白天抓鸟，她正在不断地为你哭泣。"

（阿乌给妻子的信）：来北方，以便我可以把我的同事和他们的伙伴的这些话告诉你。当他们到南方看我的时候，我的内心充满着幻想的快乐；在陌生城市的边缘，我像一个孤儿将头靠在膝盖上。我远离我钟爱的城市来到这里，在我生日宴会那天与父亲见面之后，我就离开了那个高大的城门，而我的母亲去了无花果树神殿。

我是父亲钟爱的人，我是母亲表扬的人，我是兄弟姐妹钟爱的人。我从未打扰我的父亲，我也从未漠视过我的母亲。我重复我的老师所说的内容，以便掌握知识精华。我是一个非常安静的人，我是一个能够控制自己脾气的人，始终紧闭双唇，避免喧哗。也就是说，我就是这个书吏。我是对主人有用的人，是他认为最专业的人。

祝愿我打开你的纸草卷，变成一位从一开始就接受良好文本教育的儿子。因为我的父亲甚至面对面地用良好文本教育我，以便他可以检查自己的错误。我发现这使我成为一个凭借智慧和睿智而不断前进的人。仆人就必须始终与勤劳苦干的妇女生活在一起，因此一定要成为一个接受文本教育的儿子。至于书吏会在社会上居于什么样的地位，他绝不可能成为悲惨的人。

这样，事情就会有圆满结局。

3.森沃斯瑞特三世写给首席财政大臣的信

下面这封信是第 12 王朝国王森沃斯瑞特三世写给首席财政大臣的一封信,命令他到阿拜多斯为奥西里斯制作一个精美的崇拜肖像。这封信交代了财政大臣的官职和其获得提拔的原因等。这封信铭刻在一块石碑上,石碑收藏在柏林博物馆。本史料根据 Edward Wente, *Letters from Ancient Egypt*, Atlanta: Scholars Press, 1990, p. 24 译出。

活着的荷鲁斯,神圣地现身;两夫人,神圣地诞生;金荷鲁斯,已经现身;上下埃及之王,哈卡乌拉;拉之子,森沃斯瑞特(三世),被给予生命,像拉神一样永生。国王写信给世袭贵族、地方长官、国王的执印官、独一无二的伙伴、两个金屋的管理者、两个银屋的管理者、首席财政大臣伊海尔诺菲尔特,(他是)荣誉的拥有者:

朕已经命令你到上游的提斯诺姆的阿拜多斯,去为我的父亲奥西里斯、来世的统治者建筑一个纪念物,即用琥珀金打磨他的神秘崇拜肖像,琥珀金是他(奥西里斯)命我在努比亚的胜利战斗中带回来的。

现在以有利于我父亲奥西里斯的正确方式做事情,你将做这件事情,因为朕派你去做这件事情,相信你做的每一件事情都能证明朕的自信,因为有一点是事实,即你从朕的监护中受益,你作为朕的养子,作为我的宫殿里独一无二的学生,而长大成人。当你是一个 26 岁的年轻人的时候,朕任命你为独一无二的伙伴。因为我发现你有极好的行为和美好的语言,你源自聪明的子宫,朕做了这件事情。

现在真正派遣你去做这件事情,因为朕已经发现除了你没有任何人更适合做这件事情。现在去吧,按照朕的命令完成任务以后再回来。

4.荫太夫国王写给科普图斯众多官员的信

下面是第 17 王朝国王努布海派尔拉－荫太夫写给科普图斯众位官员

的一封信。这封信实际上也是严格意义上的敕令，也相当于官方文书，其内容是告知地方官，国王命令两个人去审查敏神庙的一件盗窃案，同时还规定了对偷盗神庙物件者的处罚方式，也规定对那些帮助这个盗窃者的未来国王的警示和对那些将试图帮助这个盗窃者的地方官员的处罚措施。从这封信来看，当时的埃及社会非常痛恨偷盗神庙财产的行为，对这种行为的处罚力度很大。这封信铭刻在一块石碑上，收藏在埃及开罗博物馆。本史料根据 Edward Wente, *Letters from Ancient Egypt*, Atlanta: Scholars Press, 1990, pp. 25—26 译出。

朕统治的第 3 年第 2 个季度第 3 个月的第 25 天。上下埃及之王，努布海派尔拉，拉之子荫太夫，被给予生命，像拉一样永生。国王的敕令，给予下埃及国王的执印官、科普图斯的长官敏埃姆哈特，给予下埃及国王的执印官、敏神的独唱官和神庙书吏老涅菲尔霍特普，给予科普图斯的整个军队，给予神庙的所有祭司：

现在这份敕令被带给你们，让你们知晓，朕（LPH）已经派遣阿蒙神国库的书吏希阿蒙和老守门人阿蒙乌塞尔拉到敏神庙执行一项调查，因为我父亲敏神的神庙祭司已经给朕写信说："一种邪恶的情况已经在这个神庙里发生了，因为一个神圣的纪念物已经被一个人偷走了，这个人的名字将被剥夺，他就是敏霍特普的儿子泰梯。"把他从我父亲敏的神庙里驱逐出去，剥夺他后代在神庙中的职务，把他放倒在地上，剥夺他的食物奖励、他的土地、他的肉。他的名字不会被铭记在这个神庙里，就像对待其他那些亵渎这个神的神圣纪念物的人们那样。他的铭文从敏的神庙铲除，从国库和每份纸草卷上抹掉。

如果任何国王或任何统治者将来赞助他，那么这个国王或统治者都不会获得白冠，也不会获得红冠。他不能坐在活人的荷鲁斯御座上，两夫人也不会对他慷慨，不会对他表示出爱意。

如果任何军队司令或任何地方长官在这个人活着的时候向国王请愿以求得对这个人的宽恕，那么他的人们、他的财产和他的土地都将作为祭品转给我的父亲、科普图斯的神敏；他的家庭或者他的父亲和母亲的家庭的任何人都不被允许拥有这个职位，但这个职位将被转交给下埃及国王的执印官和工作中心的监督官敏埃姆哈特，这个头衔应得的食物奖励，这个头衔应得的土地和肉给予敏埃姆哈特，这个职位归敏埃姆哈特所有这件事情书写在我父亲敏的神庙里，以确保他的后代可以继承这个职位。

5.孟菲斯的管家写给国王阿蒙霍特普四世的信

下面这份史料是孟菲斯的管家写给第 18 王朝国王阿蒙霍特普四世的一封信。孟菲斯的管家阿庇在信里向法老汇报了孟菲斯神庙和宫殿的情况，告诉国王孟菲斯的一切都安好。从这封信里，我们看到，新王国第 18 王朝的国王在孟菲斯建有宫殿，这或许是国王的行宫。本史料根据 Edward Wente, *Letters from Ancient Egypt*, Atlanta: Scholars Press, 1990, p. 28 译出。

地产的仆人阿庇写信，给荷鲁斯，长着长长的羽毛的（强大的）公牛；两夫人，卡尔纳克拥有王权的伟大的人；金荷鲁斯，已经在南赫利奥坡里斯（底比斯）戴上了王冠；上下埃及之王，依靠玛阿特而活着，（两土地的领主），奈菲尔海派尔乌拉；拉之子，依靠玛阿特而活着，阿蒙霍特普（四世），统治底比斯的神，在有生之年是伟大的，祝他永生。

祝愿（普塔）欣然帮助你，他创造了你的美，他是你的真正的父亲，他命令你成为太阳所照射之地的统治者。祝愿（他）伸出他的（双臂），（为）你带来南方人，让他们在你面前膜拜，而土地（充满了）恐惧。祝他把他们放在你的鞋子下面，而你是独一无二的领主，拉的类似者。只要他在天空保持照耀，那么你就能拥有永恒的生命和和平的年月。

（这是）给予领主的一封信，让国王知道，你的父亲普塔、安赫塔威的领主的神庙是繁荣的，法老的宫殿秩序井然，法老的宫殿的所有事物都安好，法老的住处也处于良好状态，而且很安全。为孟菲斯这块土地上存在的所有男神和女神的祭品都足量提供，任何一部分都没有延期返回，都是适于献祭的，纯粹的、可接受的、被证明的，代替生命、繁荣、健康的上下埃及之王选择出来的，国王根据玛阿特生活，两土地的领主，奈菲尔海派尔乌拉－瓦恩拉；拉之子，依靠玛阿特活着，阿蒙霍特普（四世），统治底比斯的神，有生之年是伟大的，祝他永生。

这封信就涉及这件事情。第 5 年第 2 个季度第 3 月第 19 日。

收信人：法老，LPH，领主

寄信人：孟菲斯的管家阿庇。

6.赫梯国王写给拉美西斯二世的信

这封信是赫梯国王穆瓦塔利写给埃及法老拉美西斯二世的。在这封信里面，赫梯国王向埃及法老求和。本史料根据 Edward Wente, *Letters from Ancient Egypt*, Atlanta: Scholars Press, 1990, p. 29 译出。

于是，他（穆瓦塔利）派出了他的信使，信使随身携带着信件，信件上盖着陛下的伟大名字，向拉－哈拉凯梯的宫殿的陛下（LPH）致敬，后者是强大的公牛，玛阿特的钟爱者，保护军队且双臂充满能量的君主，在战斗中保护士兵的君主；上下埃及之王，乌塞尔马拉－塞特普恩拉；拉之子，狮子，力量的掌握者，拉美西斯（二世），被给予永恒的生命：

我，你卑微的仆人，讲话，以便让它被理解，你是拉之子，源自拉神的身体。他已经将所有统一的土地给予你。至于埃及的土地和哈提的土地，它们都是你的；你的仆人们，他们在你的脚下。普瑞，你强大的父亲，他已将他们给予你。不要压制我们，因为你的力量是强大的，你的力量远超过哈提的土地。你满脸愤怒地、毫不留情地屠杀你的仆人，是正确的事情吗？昨天你屠杀了无数的人，今日你返回来了，没有留下继承人。不要冷酷地做事，哦，胜利的国王。和平比战争更有利。给我们喘息的机会吧！

7.拉美西斯三世时期官员写给维西尔的报告信

这是一个书吏写给维西尔的一封信。这个书吏在为一个王子修建坟墓,因为建筑现场的工作非常劳累,建筑工人们吃光了国库等机构配给的食物,处于挨饿的状态,因而写信向维西尔请求拨付食物。这封信写在一个陶器碎片上,收藏在芝加哥大学东方研究所。本史料根据 Edward Wente, *Letters from Ancient Egypt*, Atlanta: Scholars Press, 1990, p. 29 译出。

国王右边的执扇者,城市长官和维西尔图(To)。书吏奈菲尔霍特普给他的主人写信:生命,繁荣,健康!这是一封文书,向我的主人报告信息。

再次写信给我的主人,大意是,我正在呼唤众神之王阿蒙-拉,穆特和孔苏,呼唤普瑞-哈拉凯悌,呼唤孟塞特的阿蒙,呼唤孟塞特的诺弗尔塔利,呼唤两土地王座上的阿蒙,呼唤美好遭遇的阿蒙,呼唤拉美西斯-麦阿蒙的普塔,呼唤村庄南面的美丽地方(王后谷)的普塔,向村庄北面呼唤西方的女神哈托尔,呼唤阿蒙诺菲斯,他在西边领地内获得座位,以便众神保持法老、我的善良的主人健康,让他庆祝几百万个塞德节,永远是每个土地的伟大统治者,而你每天都获得他的喜爱。

再次写信给我的主人,大意是,我正在王子的坟墓工作,我的主人命令我去做这项工作,我正在非常正确地、非常高效地工作,工程进展顺利。不要让我的主人担心工程,因为我正在非常勤奋地工作,绝对没有懈怠。

再次写信给我的主人,大意是,我们目前非常拮据。国库、谷仓、仓库给我们的所有供给都用尽了。挖掘石头的重担并不轻松!6个单位的谷物已经从我们这里拿走了,只给我们留下了6个单位的脏土。

希望主人为我们提供生活用品,以便我们能够生存下去,因为我们已经饥饿难耐。如果没有任何东西给我们,我们将不能生存。

8.拉美西斯四世时期官员写给维西尔的信

这是第 20 王朝拉美西斯四世时期一位不知名的官员写给维西尔的信，写在陶器碎片上。这是加德纳爵士收集的陶瓷碎片之一。书信的内容很短小，主要是向维西尔汇报他给国王建筑工地上的工人们送去的生活资料都收到了。从内容来看，这封信或许是建筑工地的书吏写给维西尔的，但遗憾的是，写信者的身份和名字都遗失了。本史料根据 Edward Wente, *Letters from Ancient Egypt*, Atlanta: Scholars Press, 1990, p. 51 译出。

（……写给维西尔）奈菲尔诺恩普：生命，繁荣和健康！这是一封文书，向我的主人报告信息。

再次给我的（主人）写信，大意是我们正在非常正确地在法老的大建筑工地工作，建筑永恒的建筑物，工程顺利。我们没有要求任何东西。

让我的主人知道，就（取火）用的木材、蔬菜、（heheh）油、鱼、我们的（？）衣服、我们的（？）牛脂和口粮而言，（我的）主人亲自为我们提供了生活资料。

9.一位绅士农民的书信

这是中王国时期第 11 王朝国王萨安柯卡拉－孟图霍特普（约公元前 1998—前 1986 年）统治时期的一封信，是一个丧葬祭司写给一个名为麦瑞苏的人的一封信，里面涉及了农民所关注的问题。这个丧葬祭司本身是一个农民，他把自己的地产交给这个名为麦瑞苏的人经营，整个这封信体现的就是这个农民所关心的事情。这实际上是一篇很好的经济文献，书信为古埃及中王国时期的土地租赁提供了实证。书信还涉及家庭内部的纠纷问题，是一篇很有意思的家庭书信。本史料根据 Edward Wente, *Letters from Ancient Egypt*, Atlanta: Scholars Press, 1990, pp. 58—60 译出。

这是丧葬祭司海卡纳赫特写给麦瑞苏的一封信:

至于我们农田被洪水淹没的地方,恰恰是你应该注意耕种的地方,你也应该关注我的和你的人们(仆人),因为我委托你来管理这一切。一定要辛勤耕作!特别注意的是,我的谷物种子要保存起来,我的所有财产都要保存起来,因为我委托你负责管理这一切。好好管理我的所有财产!

你必须让海悌(Hety)的儿子纳赫特(Nakht)和森奈布尼乌特(Sinebniut)到皮尔哈哈镇去,为我们租赁和开发20阿鲁拉的田地。用你在那里的时候织的布作为租金,它们足够这些田地的租金了。然而,如果这些布在皮尔哈哈镇交换二粒小麦的时候已经增值了,那么也可以用这些布料来作为这些田地的租金,你就不用再关心我说过的关于织布的话了:"织布!它在奈布塞耶特村估值以后,他们将带上它,用于租种土地,因为它符合那些土地的价值。"除此而外,如果你方便,就在那里开发20阿鲁拉的土地,耕种它们!你应该在海派什耶特区域的好田地上租用合适的田地,10阿鲁拉田地用于种植二粒小麦,10阿鲁拉田地用于种植北方大麦。不要什么人的土地都租赁!你应该咨询小哈乌。如果你与他都不能确定任何好田地,那么你就到荷鲁奈菲尔那里去。他一定能够将你带到海派什耶特的某些灌溉农田上。

当我往南方来到你这里的时候,你只要为我计算13阿鲁拉田地上的北方大麦的租金就可以。注意不要像人们可能做的那样从中错误地挪用哪怕1哈尔(khar)单位的北方大麦,因为你已经在北方大麦及其种子这方面做出了令我不高兴的租金计算。此外,关于用北方大麦耕种的问题,13阿鲁拉土地上65哈尔单位的北方大麦相当于1阿鲁拉土地上的5哈尔单位的北方大麦,这样的情况还没有出现,因为10阿鲁拉土地的正常产量是100哈尔单位的北方大麦。注意不要大胆妄为地从中挪用1哈尔单位的北方大麦,因为对于一个人来说,这不是一件疏忽地对待他的主人、他的父亲或他的兄弟的事情。

现在关于海悌的儿子纳赫特将在皮尔哈哈镇为我做的事情,因为我已经分给他超过一个月的食物津贴,那是1哈尔单位的北方大麦,我还将给他的家属提供额外津贴,总共是5海卡特单位的北方大麦,在月初给他们。如果你逾越了这个额度,我将认为你是擅自挪用津贴。现在按照我告诉你的做:

"每个月给他1哈尔单位的北方大麦",每个月你只能给他8海卡特单位的北方大麦。注意!

你派遣希哈托尔(Sihathor)到我这里来,给我送来的是产自杰迪苏特(Djedisut)(孟菲斯)的陈旧北方大麦,而非10哈尔单位的新鲜北方大麦,你的想法是什么?当我气得原地打转的时候,你在消费优质北方大麦吗?船只停靠在你的码头,你在实施邪恶行为吗?如果你送给我陈旧的北方大麦,是为了存储新鲜的北方大麦,我应该说什么好呢?——"这是多么好的事情啊!"如果你不从新鲜的北方大麦中给我1海卡特单位的北方大麦,那么我将永远不会给你同等数量的大麦。

我已经被告知,斯尼夫鲁(……)。好好照顾他!给他食物津贴!向斯尼夫鲁致敬,用亨悌赫(Khentykhe)的话讲,"一千次,一百万次"。好好照顾他,给我写信!

如果我的田地被洪水淹没了,他将与你和阿努普一起耕种田地,注意你的职责和希哈托尔的职责。照顾好他!种植土地之后,你应该把他送到我这里来。让他带给我3哈尔单位的小麦和你能够与我分享的数量的北方大麦,但是在你的食物津贴足够你维持到收获季节的情况下。不要忽略我写信告诉你的任何事情,因为这是一个人应该按照他主人最感兴趣的方式做事的一年。

现在关于我的田地的所有方面和我在玛阿威水渠上的那块土地的情况,我在里面种植了亚麻。不要让任何人到上面去居住。任何人就这件事情与你发生争执,你都应该与之针锋相对。而且,你应该在这块土地上种植北方大麦。不要在那里种植二粒小麦。然而,如果尼罗河水位很高,那么你就在那里种植二粒小麦吧。

照看好阿努普和斯尼夫鲁!你要么与他们一起死,要么与他们一起活!好好照顾他,因为在这个家里面没有比他更重要的了,包括你在内。不要罔顾我的话。

你必须把女仆塞内恩(Senen)赶出我的家,当心!就在希哈托尔带着这封信到你那里的那天,执行我的命令。如果她在我的房间里再多度过一天,我将采取行动!正是你让她错误地对待我的新妻子,你要负责。现在,我为什么要怜悯你?她能为你做什么,能为你的五个孩子做什么?

向我的妈妈伊庇（Ipi）致敬，一千次，一百万次！向海泰普和所有家人致敬，包括诺夫里。你错误地对待我的新妻子，你的想法是什么？你太自以为是了！你想与我平起平坐吗？如果你赶紧断了这样的想法，那该多好啊！

给我送一份关于在皮尔哈哈镇可以获得的产品的清单。当心！不要罔顾我的命令！

写信人：丧葬祭司海卡纳赫特

收信人：丧葬祭司海卡纳赫特在奈布塞耶特的家人

10.一个女儿写给母亲的信

这封书信是一个女儿写给其母亲的，内容是祝愿母亲健康快乐，为母亲送去一个人，去照顾母亲。信里面涉及另一个人，名字是格莱格，应该是女儿的家人，但其身份不知。书信写在一份纸草上，年代是第 11 王朝国王萨安柯卡拉－孟图霍特普时期（约公元前 1998—前 1986 年）。本史料根据 Edward Wente, *Letters from Ancient Egypt*, Atlanta: Scholars Press, 1990, p. 63 译出。

（女儿）写给她的母亲；希特奈布塞赫图给希特奈布塞赫图写信：向你致敬，生命，繁荣，健康！祝你愉快！祝愿哈托尔为了我而令你愉快！不要担心我，因为我很好。现在只要是我记得的带给（……）的，我就把类似的东西带给你。

向格莱格（Gereg）致敬，生命，繁荣，健康。现在，我送希哈托尔去照看你。不要忽略我告诉格莱格的事情。向整个家庭致敬，生命，繁荣，健康。

收信人：格莱格。

11.教育王室奴隶的一封信

这是第 12 王朝后期的一封书信，写在纸草上。这封信是凯姆内的国王地产管家写给国王的一封信，谈到了自己对国王奴隶的成功教育和对国

313

王地产的成功管理，还谈到了将把国库的货物卖给一个名为索内布的人，以赚取利润。本史料根据 Edward Wente, *Letters from Ancient Egypt*, Atlanta: Scholars Press, 1990, p. 86 译出。

这是凯姆内（Kemny）的地产仆人在说话：

这是给主人写的一封信，大意是，主人的所有商业事务繁荣且蒸蒸日上，无论它们在哪里都是这样。正如我，你的卑微的仆人所渴望的，你的所有商业事务都受到鳄鱼城的索贝克神和其家族神的支持，都受到罗塞威的神索贝克和他的家族神的支持，都得到上下埃及之王哈海派尔拉（森沃斯瑞特二世）的支持，都受到死者和所有神的支持！

这是写给主人的一封信，关于我对你的王室奴隶瓦杰哈乌的关注，你让他学习写作，但不允许他逃跑，如果你高兴，他可以胜任你任命的任何工作；关于我对你的房产的关照，如果你高兴，完全可以按照你的要求进行检查。因为正是你能够做任何必要的事情，来命令（原文为求助，似乎不妥）我，你的卑微的仆人。

这封信的大意是，我，你卑微的仆人，将把国库中的货物给予索内布，当他到南方来的时候，因为当他被派遣来到南方，并与我会面的时候，他带来了净利。这是关于这件事情的一封信。

这封信是写给主人的。如果主人能够给予批示，那就太好了。

收件人：主人

写信人：凯姆内的管家耶伊

12.书吏之间的书信

这是第 19 王朝拉美西斯一世到塞梯一世时期的书信，是一个书吏写给另一个书吏的。书信除了表示慰问性的话而外，主要谈了三件事情：书吏麦赫请书吏小耶伊关照自己派去寻找国王遗失的船只的人麦瑞摩斯，转达了一个名为伊西斯诺菲尔的女吟唱者对小伊耶的思念之情，请小耶伊让麦瑞摩斯给书吏麦赫带回纸草和墨水。本史料根据 Edward Wente, *Letters from Ancient Egypt*, Atlanta: Scholars Press, 1990, pp. 113—114 译出。

书吏麦赫（Meh）给书吏小耶伊（Yey）致敬：生命，繁荣，健康，受众神之王阿蒙－拉的喜爱！

你的情况怎样？你还好吗？你的情况怎样？你还好吗？我一切都好。现在，我召唤阿蒙、普塔、普瑞－哈拉凯悌和托特神庙的所有神，保你健康，保你活着，保你受到你的善良的神普塔的喜爱，确保他们让你做事情，并取得成功，确保他们让你以自己获得的任何东西作为奖赏。

请关照战车官麦瑞摩斯。瞧，我已经派麦瑞摩斯到长官那里去，我对他说："找出法老分配给他的那两艘船，无论它们在哪里，都要找到它们。"当麦瑞摩斯在你那里的时候，也请你关照他。不要按照我在孟菲斯你那里时你对待我的方式对待他，你只要把你掌握的口粮的一半变成钱就可以了。

另一个事情是阿蒙的女吟唱者伊西斯诺菲尔的话：你还好吗？我已经很久没有见到你了，我的眼睛睁得像孟菲斯一样大，因为我渴望见到你！但我在这里呼唤托特和托特神庙的所有神，确保你健康，确保你活着，确保他们让你以自己获得的任何东西作为奖赏。

请关照麦瑞摩斯，注意安排将军已经给你写信说的事情。以你的名义给他写信，也请给我写信，告诉我你的近况。再见。

下面是书吏麦赫的话：请让麦瑞摩斯给我带回一卷纸草和一些很好的墨水，不要给我坏东西。给我写信，告诉我你的近况。再见。

写信人：书吏麦赫

收信人：书吏小耶伊。

13.丈夫写给去世妻子的信

这是第一中间期的一块石碑，上面实际上铭刻了两封信。一封是一个丈夫写给去世妻子的信，请求妻子帮助他向神灵求情，去除其身体疾病，并保护他。另一封信是一个哥哥写给妹妹的，也是希望去世的妹妹能够保护他和他的妻子以及孩子们。至于这两封信的关系，我们不得而知。本史料根据 Edward Wente, *Letters from Ancient Egypt*, Atlanta: Scholars Press, 1990, p. 215 译出。

梅里尔提菲写给奈布提奥泰夫的一封信：

你好吗？西方（按照）你渴望的方式照顾你吗？现在，既然我是大地上你最钟爱的人，那么为我战斗，为我求情。当我使你的名字在大地上永垂不朽的时候，我没有在你面前将（咒语）念错。把我身体上的虚弱去除！请为了我而变成精灵，出现在我面前，结果我可以在睡梦中看到你为我而战斗。然后，只要太阳一升起来，我就为你提供祭品，为你提供全套祭品和祭品桌。

胡阿乌写给他妹妹的一封信：

我没有在你面前将咒语念错，我也没有从你那里撤回祭品。我宁可为你而倾家荡产。为我战斗吧，为我妻子和孩子们战斗吧。

14.妻子写给去世丈夫的信

这是一封妻子写给去世丈夫的信，在世的儿子也是写信者之一。这封信的年代是古埃及第 6 王朝时期。本史料根据 Edward Wente, *Letters from Ancient Egypt*, Atlanta: Scholars Press, 1990, p. 211 译出。

这是妹妹（即妻子）给她的哥哥（即丈夫）写信，这是儿子给他的父亲写信：

你的状况就像无数次生活过的人的状况。祝愿西方之神哈和丧葬之神阿努比斯帮助你，这是我们俩渴望的。

这是一个事实的提醒，贝赫兹提（Behezti）的代理人来要皮革，当时我正坐在你的头旁边，当时伊尔提的（即我的）儿子艾伊（Iy）被传唤去为贝赫兹提的代理人作证，当时你说"把他藏起来，因为艾伊害怕长者！祝愿担负着我的这张床的木头腐烂，如果一个男人的儿子不被允许接触他家的家具。"

现在，事实上，妇女瓦布特（Wabut）与伊滋滋（Izezi）一起来了，他们一起毁坏了你的房屋。正是为了使伊滋滋富有，她搬走了房屋内的所有东西，他们都希望使你的儿子贫穷，而令伊滋滋的儿子富有。在搬走了你房屋的所有东西以后，她已经从你这里带走了伊阿兹特（Iazet）、伊提（Iti）和安安奇（Anankhi），她正在带走你所有个人的仆人。你将对此保持冷静吗？我宁愿你把我带到你那里去，结果我可以陪伴在你身边，而无须看到你的儿子依赖于伊滋滋的儿子。

艾伊，唤醒你的父亲去对抗贝赫兹提！你自己也振奋起来，毫不犹豫地对抗他！你知道，我已经到你这里来了，控诉贝赫兹提和阿爱（Aai）的儿子安安奇。你振奋起来对抗他们，你和你的父亲们、你的兄弟们和你的亲属们，打倒贝赫兹提和阿爱（Aai）的儿子安安奇。

回忆你对伊尔提（即我的）儿子艾伊所说的："它们是祖先的房屋，需要维持，"当时你还说："它是一个儿子的房屋，然后是儿子的儿子的房屋。"祝愿你的儿子保持住你的房屋，就像你保持住了你父亲的房屋那样。

哦，萨赫恩普塔，我的父亲，祝愿它令你满意，即把伊尼（Ini）召唤到你那里，为了从瓦布特所生的安安奇那里拿回房屋。

15.儿子写给去世父亲的信

这是第一中间期一位儿子写给去世父亲的一封信。这封信的内容不太容易理解，但基本思想是希望去世的父亲能够保佑儿媳妇免受伤害，保证儿子能够得到第二个健康儿子。本史料根据 Edward Wente, *Letters from Ancient Egypt*, Atlanta: Scholars Press, 1990, p. 213 译出。

这是一个关于事实的提醒，即我告诉你关于我自己的事情，"你知道埃都（Idu）说了关于他儿子的话，'至于将要在这边发生的事情，我不会让他遭受任何折磨。'请为我做类似的事情。"

现在，我已经把这个坛子架带来，你的母亲将在上面祷告。祝愿它令你愉快地支持她。而且，让我获得一个健康的儿子，因为你是强大的精灵。现在关于那两个女仆，奈菲尔杰恩太特和伊梯阿伊，已经使塞尼受到伤害，令人讨厌！为我驱逐将指向我的妻子的任何伤害，你知道我需要她。彻底驱逐它们！

因为你为我而活，祝愿大神（哈托尔？）支持你，祝愿大神的和蔼地面对你，他用双手给你纯正的面包。

而且，正是为了你的女儿，我正在祈求第二个健康儿子。

16.托勒密二世写给米利都人的一封信

这是大约公元前 262 年托勒密二世写给米利都人的一封信。信件体现了托勒密王朝与米利都的友好和联盟关系。本史料根据 Stanley M. Burstein, ed., *The Hellenistic Age from the Battle of Ipsos to the Death of Kleopatra VII*, Cambridge: Cambridge University Press, 1985, pp. 120—121 译出。

国王托勒密（二世）向米利都人的议会和人们致敬。此前，我亲自代表你们的城市极大地实施权力，既给米利都土地，也关照其他事情，这是正确的，因为我看到我们的父亲对这个城市也是友好的，这也是给予你们很多优惠的原因，已经解除了你们的贡赋和运输职责，这些事某些国王强加给你们的，是严苛的和令人厌烦的。现在（公元前 262 年），因为你们已经正确地保卫了自己的城市和与我们、与联盟的友谊，因为我儿子（托勒密三世）和卡利克拉特和其他朋友都与你们在一起，已经给我写信，描述了你们对我们展示的友好，我们赞同并极大地赞赏你们，而且我们将尽力用提供利益的方式来回报你们。在将来，我们也希望你们对我们保持同样的态度，如果你们这样做了，那么我们将对你们的城市实施更大的关心。我们已经命令海格斯特拉图斯去进一步阐明这些事情，阐明我们对你们的敬意。再见。

17.托勒密二世时期外约旦首领的两封信

托勒密国王还对某些占领地采用傀儡政府或傀儡个人的方式进行领

导。下面第一封信（Roger S. Bagnall and Peter Derow, eds., *The Hellenistic Period Historical Sources in Translation*, Oxford: Blackwell Publishing Ltd., 2004, p. 113）反映了这点。陶毕阿斯是今日外约旦（Transjordan）地区的傀儡首脑，阿波罗尼乌斯是托勒密二世的首席财政大臣。这封信是公元前257年，前者写给后者的，信中列举了所奉献的贡物。这说明托勒密二世在约旦地区的统治是靠傀儡政府进行的，作为被占领地的约旦要定期向宗主国奉献礼物，这是一种间接的统治权。下面的第二封信（Roger S. Bagnall and Peter Derow, eds., *The Hellenistic Period Historical Sources in Translation*, Oxford: Blackwell Publishing Ltd., 2004, p. 114）进一步说明了这点。国王是指托勒密二世。第二封信里面提到了外约旦的傀儡首脑陶毕阿斯向国王赠送的礼物，这些礼物实际上是一种定期缴纳的贡赋，这体现了一种从属关系。

（第一封信）

陶毕阿斯（Toubias）向阿波罗尼乌斯（致敬）。如果你和你的事业都蒸蒸日上，而且每一件其他事情都（如你所愿），那么要更多地感谢诸神。我也很好，并时刻挂记着你，这是正确的。

我已经派遣埃尼阿斯（Aineias）给你带去了一个阉人和四个男孩，他们机灵且受过良好哺育，其中两个还未环切包皮。我附上描述这四个男孩子的信息。再见。第29年，山地古斯月10日。

海摩斯，大约10岁。黑色皮肤。卷发。黑色眼睛。相当大的下巴，在右下颌上有几颗痣。未环切包皮。

奥凯摩斯，大约7岁。圆脸。扁平鼻子。灰色眼睛。肤色焦黄。长直发。在前额右眼眶上有个疤。已经环切包皮。

阿提库斯，大约8岁。浅色皮肤。卷发。稍微扁平的鼻子。黑色眼睛，右眼下面有个疤。未环切包皮。

奥多摩斯，大约10岁，黑色眼睛，卷发，扁平鼻子。嘴唇突出。右眼眶附近有个疤。已经环切包皮。

319

收信人：阿波罗尼乌斯。

摘要：陶毕阿斯，关于一个阉人和四个男孩儿，他送给阿波罗尼乌斯的。第 29 年，Artermsios 月，第 16 日，亚历山大城。

（第二封信）

陶毕阿斯向阿波罗尼乌斯致敬。因为你写信命令我在山地古斯月送礼物给国王，我已经在山地古斯月 10 日派我们的代理人埃尼阿斯送去了两匹马、六只狗、一只由驴生养的野骡子、两头阿拉伯白驴、两头野骡驹、一只野驴驹。它们都经过了训练。我也把写给国王的这封关于礼物的信送给你，并附上给你的信息的复本。再见。第 29 年山地古斯月 10 日。

陶毕阿斯向国王托勒密致敬。我已经送给你两匹马、六只狗、一只由驴生养的野骡子、两头阿拉伯白驴、两头野骡驹、一只野驴驹。再见。

收信人：阿波罗尼乌斯

摘要：陶毕阿斯，关于送给国王的事物清单，给予国王书信的副本。第 29 年，Artemsios 月第 16 日，亚历山大城。

18.公元前112年的一封信

公元前 168 年之后，托勒密王朝统治的埃及的实力越来越衰弱，越来越依靠罗马的援助。公元前 112 年的一份文献体现了埃及是多么倚重罗马。这封信体现了埃及官员对罗马元老是极为尊重的。这里的皮特索古斯是法尤姆的鳄鱼神；拉比林斯是阿尔茜诺诺姆的鳄鱼神庙。本史料根据 Roger S. Bagnall and Peter Derow, eds., *The Hellenistic Period Historical Sources in Translation*, Oxford: Blackwell Publishing Ltd., 2004,p.118 译出。

赫尔米阿斯（Hermias）向荷洛斯（Horos）致敬。附上给予阿斯克利匹阿德斯（Asklepiades）的信的复本。当心据此发生的事情。再见。第 5 年，山地古斯（Xandikos）月 17 日，麦克尔（Mecheir）月 17 日。

给阿斯克利匹阿德斯。琉西乌斯·麦密乌斯（Lucius Memmius）是一位罗马元老，他具有很高的权威，并且地位显赫。他正从（亚历山大城）出发，前往阿尔茜诺诺姆，意在观赏风景。要特别庄严地接待他，并注意在正确的地点为他们准备客房，并且极认真地为他们准备登陆地点。下面提到的招待殷勤的礼物在他登陆时就给他，而且房间的家具、提供给皮特索古斯（Petesouchos）神和鳄鱼的必要量的食物、参观拉比林斯（Labyrinth）神庙时的必需品以及将被献祭的牺牲和为献祭而提供的东西，都必须被正确地处理。总之，要极为关心每一件事情，以使访问者满意，并展示出极大的热情。

19.塞琉古国王给托勒密国王的信

几次叙利亚战争以后，塞琉古王国和托勒密埃及都丧失了继续战斗的力量，甚至变成了比较虚弱的国家，因此它们开始寻求缔结联盟关系。下面这封信是由安提奥古斯八世写给盟友托勒密十世的，当时安提奥古斯还控制着塞琉西亚。这封信证实了威尔斯的判断。威尔斯指出，安提奥古斯八世和九世统治时期，塞琉古王国很虚弱，"不惜以任何代价和土地购买和平。这里的代价是允许塞琉古王国首都城市之一皮雷亚（Pieria）的塞琉西亚（Seleucia）实行自治。"（Welles, C.Bradford, "Royal Correspondence in the Hellenistic Period: A Study in Greek Epigraphy", *Studia Historica*, vol. 28（1933）, p. 290）本译文根据 Roger S. Bagnall and Peter Derow, eds., *The Hellenistic Period Historical Sources in Translation*, Oxford: Blackwell Publishing Ltd., 2004, p. 101 译出。

国王安提奥古斯向国王托勒密，即亚历山大，他的兄弟，致意。我们希望你一切安好；我们自己也很好，正在满怀情谊地挂念着你。皮雷亚地区神圣而不可侵犯的塞琉西亚城的人们［很久以前］就支持我们的父亲，并自始至终地保持着他们［对他］的美好愿望，［他们坚持］爱我们，并［通过很多］优秀的事迹表现出来，尤其在我们共同经历的那些最悲惨的年代里。因此，到目前为止，我们都已经慷慨地满足了他们的利益诉求，他们值得我们的关注，我们也给予了他们［更明显的］关心。现在，为了尽快以一流的［和最好的］善举给予他们以合适的褒奖，［我们决定给予他们永远的］自由，［我们与他们缔结了和约］，我们彼此也曾缔结过这样的和约，［我们认为］我们这种对自己的祖先城市［虔诚而慷慨］的行为将是更显而易见的。［为了使你也］了解［这些让步，给你写信，似乎是］最好的方式。再见。

20.托勒密王朝时期邮站日志

下面的文献是大约公元前 255 年一个官方邮站日志的一部分，记录了由信使传递给站长并由站长再传递给其他信使的情况，从北方来的书信是由国王发出的，而从南方官员那里来的则是主要发给国王和阿波罗尼乌斯的。我们发现，阿波罗尼乌斯的信件几乎与国王本人的一样多。本译文根据 M. M. Austine, *The Hellenistic World from Alexander to the Roman Conquest*, Cambridge: Cambridge University Press, 1981, p. 73 译出。

……6 卷，其中 3 卷和 1 封（信）是给国王的，
……

第 16 日　……（邮往）亚历山大 6 卷；其中 1 卷是给（国王）托勒密（二世）的，1 卷给（狄奥伊克提斯）阿波罗尼乌斯，而且 2 封信和 1 卷被收到，1 卷给克里特人安提奥古斯，1 卷给米诺多鲁斯（Menodorus），1 卷在另一卷的包裹下给……，而亚历山大把它们传递给尼克德努斯（Nicodenus）。

第 17 日　早晨，一个马其顿人赫拉克利图斯（Heraclitus）的小儿子菲尼克斯（Phoenix），拥有 100 阿路拉，把 1 卷邮往阿密农（Aminon）……而阿密农把它邮给提奥克里斯图斯（Theochrestus）。

第 18 日　前四个小时，提奥克里斯图斯从上部地区邮给狄尼阿斯（Dinias）3 卷；其中两卷是给国王托勒密的，1 卷给狄奥伊克提斯阿波罗尼乌斯，而狄尼阿斯把这些传递给了希伯利休斯（Hippolysus）。

第 18 日　在第 6 个小时，赫拉克里奥坡里斯诺姆拥有 100 阿路拉的马其

顿人赫拉克里图斯的长子菲尼克斯……邮给普拉尼阿斯（Planias）1 卷，而阿密农把它邮递给提谟克拉利斯（Timocrales）。

第 19 日　在第 11 小时，尼克德姆斯（Nicodemus）从下埃及邮递给亚历山大……卷；其中 1 卷是从国王托勒密邮给赫拉克利奥坡里斯诺姆的安提奥古斯（Antiochus），1 卷邮给底比斯掌管大象供给的官员德莫特里乌斯（Demetrius），1 卷邮给（掌管）大阿波多诺坡里斯的安提奥古斯的代理人希伯特罗斯（Hippotelos），1 卷是托勒密国王邮给会计提奥格尼斯（Theogenes）的，（1 卷）给底比斯的希拉克里奥多罗斯（Heracleodorus），（1）卷给赫尔摩坡里斯（Hermopolite）诺姆的银行家佐易鲁斯（Zoilus），（1 卷）给阿尔茜诺诺姆的奥伊考诺摩斯狄奥尼修斯……

第 20 日　在第……小时，莱考克里斯（Lycocles）邮给（阿密农）3 卷，这些当中 1 卷给（国王托勒密……）……，4 卷给狄奥伊考诺摩斯阿波罗尼乌斯，1 卷给工人公司的成员希尔米普斯（Hermippus），而阿密农把它们（邮给）希伯里修斯（Hippolysus）。

第 21 日　在第 6 个小时，从下埃及……邮给法尼阿斯（Phanias）两封信……而荷鲁斯（Horus）邮给狄奥尼修斯（Dionysius）……

第 22 日　在第 1 小时，……邮给（狄尼阿斯）16 卷，其中……卷由……下游大象国邮给国王托勒密，4 卷邮给狄奥伊克提斯阿波罗尼乌斯……，4 卷邮给克里特人安提奥古斯（Antiochus），而狄尼阿斯把它们（邮给）尼考德姆斯（Nicodemus）。

第 22 日　在第 12 小时，利昂（Leon）从上部国家邮给（阿密农）（……卷）转给国王托勒密，而阿密农把它们邮给了（希伯里修斯）。

第 23 日　在早晨，提谟克拉特（Timocrates）从上部国家（邮）……卷（给亚历山大）；其中（……卷）给国王托勒密，1 卷给狄奥伊克提斯（阿波罗尼乌斯），1 卷给……会计；（1 卷给……），而亚历山大（把它们邮给……）。

323

五　司法文献

关于古埃及是否存在法律和法典等问题，学界有争议。从目前发现的古埃及文献来看，古埃及是存在法律的，但没有诸如古代巴比伦《汉谟拉比法典》那样的成熟法典留存下来。古埃及的一些文献不仅展现了古埃及人的法律，还有一些文献体现了立法、司法审判以及执行等情景。本书这里将诸多与古埃及司法活动有关的文献译介出来，以便展现古埃及司法活动的面相。

1.舍普塞斯卡夫敕令

法老颁布具有法律效力的敕令在一定程度上可以视作一种立法活动。据狄奥多拉斯记载，古埃及的立法活动始于第 1 王朝的建立者美尼斯。（Diodorus Siculus, *Library of History*, vol. 1, i. 94. 1—4.）希罗多德在《历史》中认为，阿苏启斯统治时期，"埃及的金融紧迫，因此定出一条法律，一个人可以用他自己父亲的尸体作抵押来借钱；法律还规定，债主对于债务人的全部墓地有财产扣押权，如果债务人还不了债，对于提供这种抵押的人的惩罚就是，他死时自己不许埋入他的父祖的墓地或其他任何墓地"。（Herodotus, *The Persian Wars*, vol. 1, ii. 136.）阿苏启斯是第 4 王朝继承了孟考拉王位的舍普塞斯卡夫。尽管这条法律尚未得到证实。但从考古证据来看，舍普塞斯卡夫确实颁布过敕令。铭刻于吉萨孟考拉国王金字塔神庙中的《舍普塞斯卡夫敕令》，命令任何人不允许侵占哈夫拉金字塔神庙的财产和祭品。这是迄今所知埃及最古老的法律文献。这份敕令或许是舍普塞斯卡夫统治的第一年颁布的。这份敕令的碎片目前保存在开罗博物馆。敕令保存状态很差，能够识别出来的内容很少，但敕令的基本内容还是可以看出来的。本文根据 Nigel C. Strudwick, *Texts from the Pyramid Age*, Atlanta: Society of Biblical Literature, 2005, pp. 97—98 译出。

荷鲁斯：舍普塞斯凯特（Shepseskhet），第一次牛和牲畜统计之后的那年——，这件事情在国王亲自出现的时候进行。
上下埃及之王舍普塞斯卡夫。
对于上下埃及之王［孟考拉］来说，他建立了一个 pekher 献祭碑形状的纪念物，——在孟考拉的金字塔——
随着 pekher 献祭碑被带到上下埃及之王［孟考拉］那里——祭司的职责是永远尊敬它——。永远不允许任何人在执行职务的过程中将它带走——孟考拉的金字塔——埋葬——孟考拉的金字塔。陛下不允许——仆人——祭司——

2.尼斐利尔卡拉王的阿拜多斯敕令

下面这篇文献是第 5 王朝的《尼斐利尔卡拉王的阿拜多斯敕令》，其内容是针对具体问题做出的一些具有约束力的规定。这份敕令尽管很短，但比较完整，格式和内容也很有代表性。这份敕令是国王尼菲利尔卡拉颁发给某个神庙的祭司的，这个神庙或许是奥西里斯的神庙。敕令主要是赋予神庙祭司人员各种特权。敕令原文收藏于美国波士顿博物馆。本文根据 Nigel C. Strudwick, *Texts from the Pyramid Age*, Atlanta: Society of Biblical Literature, 2005, pp. 98—101 译出。

荷鲁斯：乌塞尔卡乌（尼菲利尔卡拉）
向祭司主管海姆威尔（Hemwer）颁发国王敕令：
我没有授权任何人（做下面任何一件事情），因诺姆中的强制劳动和任何（其他）工作而将你诺姆中的任何祭司带走，除非为了让他为他的神举行宗教仪式和维持举行宗教仪式的神庙运转；为任何神的领地上的任何工作征收劳役，完成这种工作是祭司应该履行的职责；因诺姆中的强制劳动和任何（其他）工作而将任何神领地上的依附者带走，完成这些工作是祭司应该履行的职责。

上下埃及之王尼菲利尔卡拉的国王敕令永远豁免了他们；你只能遵守职责，没有任何司法权力反对国王敕令。

如果诺姆中有人出于强制劳动和任何工作的需要，而将那个在该诺姆神的领地上尽祭司义务的祭司和神的领地上的依附者带走，那么你应该将其送到国王宫殿，他将被处罚，到采石场工作，去收割大麦和二粒小麦。

如果任何贵族、国王的熟人或者与祭品返还①有关的人，敢于公然对抗朕的这道在国王宫殿里登记的敕令，那么（他的）房屋、土地、人们和他拥有的一切都将被没收，他将必须完成强制劳动。

收获季第2个月第11日，国王亲自签发。

3.第12王朝国王森沃斯瑞特一世的维西尔的命令

> 这篇文献出自莱斯纳纸草第二卷D部分，记载的是第12王朝国王森沃斯瑞特一世统治的第17年，维西尔以国王的名义发布的一条命令，命令一些地方官员为自己的船只提供木材和船员。本译文根据 Edward Wente, *Letters from Ancient Egypt*, Atlanta: Scholars Press, 1990, p. 43 译出。

第17年第1个季度第2个月第7日。

城市长官、维西尔和六大法庭的监督者伊尼奥泰夫克尔（Iniotefoker）给如下官员下达命令：孟图塞尔的儿子孟图塞尔，卢家豪的儿子［索贝克安柯］、海杰内努的儿子伊尼奥泰夫，杰巴斯的儿子戴杜的儿子戴杜，艾伊的儿子安胡尔霍特普，那赫梯的儿子安克胡，伊尼奥泰夫的儿子森安胡。命令：

［……］从现有装备中为你们自己获取装备。你们所有人装备充分以后，

---

① 祭品返还是古埃及宗教仪式中的一个重要环节，是在宗教仪式举行完毕以后，祭品实物在祭司和其他贵族以及官员中分配。

到港口去。我已经在信中描述了船只的样子，现在你们所有人都应该拿着船桨叶和木板，放在你们船上，不要让任何东西落入［……］，并填补……［我派去的船只］。关于这些船只装载事宜，我已经写信告诉你们了，要用你们仓库中最好的东西来装载这些船只。你们应该按照我告诉你们的行事，以便维西尔的书吏那赫特发现你们的仓库在岸边，因为我已经派他去装载这些船只。你们每个人为我的船只选择30个身体强健的人做水手。

西阿格尔台布的官员、看狗人麦苏的儿子伊尼奥泰夫传递这封信。

4.图特摩斯一世加冕敕令

《图特摩斯一世加冕敕令》是一篇很独特的文献，它是国王图特摩斯一世在加冕当日写给努比亚总督图里的敕令，通知他关于国王加冕的事情。图里的事迹因为一篇传记铭文而保留下来。① 这份敕令被铭刻在石碑上，分别竖立在哈尔法干河谷、库班和象岛等地。学者们分别从哈尔法干河谷和库班两地获得了这个敕令的两块石碑。哈尔法干河谷石碑现藏于开罗博物馆，高84厘米，宽72厘米，最早由德国埃及学家埃尔曼依据布鲁格什的抄本发表出来；这块石碑的铭文的开头部分丢失了。库班石碑由博查特发现，高76厘米，宽67厘米，现藏于柏林博物馆；这块石碑的结尾部分遗失了。这样，两篇文献的内容结合在一起便形成了一个较为完整的文本。② 目前，关于这篇文献的英文翻译已经有若干种。本文主要依据塞德的《第18王朝文献》的原文译出。③ 该译文发表于《史学集刊》2018年第2期。

---

① J.H. Breasted, *Ancient Records of Egypt*, vol. II, Chicago: The University of Chicago Press, 1906, pp. 26 ff.
② J.H. Breasted, *Ancient Records of Egypt*, vol. II, Chicago: The University of Chicago Press, 1906, p. 24.
③ 本译文根据K. Sethe. *Urkunder der 18. Dynastie,*Band I, Leipzig: J. C. Hinrichs' Sche Buchhandlung, 1906, pp. 79—81 和 A. De Buck, *Egyptian Readingbook*, Chicago, Illinois: Ares Publishers, 1948, p. 46 译出，参考了 J.H. Breasted, *Ancient Records of Egypt*, vol. II, Chicago: The University of Chicago Press, 1906, pp. 24—25 和 R. J. Leprohon. *The Great Name: Ancient Egyptian Royal Titulary*, Atlanta: Society of Biblical Literature, 2013, p.10.

原文：[象形文字]

汉语翻译：……上下埃及之王：阿阿海派尔卡拉；拉之子：图特摩斯①，

原文：[象形文字]

汉语翻译：被给予永恒的生命。赞美神四次。雅赫摩斯，祝她长寿。

原文：[象形文字]

汉语翻译：奈菲尔塔利②，祝她长寿、繁荣、健康。

原文：[象形文字]

汉语翻译：国王向王子③和南方外国土地④的长官图里（Turi）下达敕令。

原文：[象形文字]

汉语翻译：瞧，国王的这道敕令被带到你面前。

原文：[象形文字]

汉语翻译：让你知道，国王，长寿、繁荣、健康，

---

① 敕令的开头部分毁掉了，五个王名中的王位名和出生名保留下来了。
② 根据古埃及人文书的写作传统，在敕令文本这个位置出现的雅赫摩斯-奈菲尔塔利，是指第18王朝第1位国王雅赫摩斯的妻子。敕令这里只是简单地列出了第18王朝第1位国王的妻子的名字，没有记录她的身份，也没有像其他铭文那样指明她与图特摩斯一世的关系。古埃及书吏有时因为石碑空间不足而将一些身份性词语省略，但在本敕令里面书吏将雅赫摩斯-奈菲尔塔利的两个部分分割开来，中间加上了"祝她长寿"这个祝福性的词语，而这个词语与奈菲尔塔利这个词后面的"祝她长寿、繁荣、健康"部分语义重复，没有单独书写的必要，显然是为了补充多余的石碑空间，因而不存在石碑空间不足的问题。那么，唯一的可能是下令铭刻石碑的人有意为之，故意隐去了雅赫摩斯-奈菲尔塔利与图特摩斯一世的真实关系。
③ 这里的王子并不是国王真正的儿子，而是库什总督的官衔。
④ "南方外国土地"是 uaswtrswt 的直译。uaswt 是一个复数名词，其单数 uast 本身具有"山地国家"和"外国土地"以及"沙漠之地"等含义，从而这里的南方外国土地是指埃及传统意义上的边境以南的埃及占领地。也就是说，这里的南方外国土地是指图里的办公地所在的象岛以南的广大地区。关于"南方外国土地"与"努比亚"和"库什"的关系以及图里的头衔等问题，参见本文第三部分的相关内容。

原文：[hieroglyphs]

汉语翻译：已经作为上下埃及国王出现在活人的荷鲁斯御座上。

原文：[hieroglyphs]

汉语翻译：他永远不会被超越。我的头衔被创造出来，如下：

原文：[hieroglyphs]

汉语翻译：荷鲁斯：强壮的公牛，玛阿特所钟爱者；

原文：[hieroglyphs]

汉语翻译：两夫人：像火焰一样照耀大地，拥有强大的力量；

原文：[hieroglyphs]

汉语翻译：金荷鲁斯：拥有极好的年份，使众多的心获得生命；

原文：[hieroglyphs]

汉语翻译：上下埃及之王：阿阿海派尔卡拉；拉之子：图特摩斯

原文：[hieroglyphs]

汉语翻译：他永远活着。

原文：[hieroglyphs]

汉语翻译：你把神圣祭品献给众神，

原文：[hieroglyphs]

汉语翻译：南方边境地方象岛（的众神），[1] 做值得赞赏的事情，

---

[1] "向南方边境地方象岛的众神奉献祭品"是这篇敕令里面国王命令总督图里去执行的任务之一。

| 五 司法文献 |

原文： [象形文字]

汉语翻译： 以上下埃及之王阿阿海派尔卡拉，长寿、繁荣、健康，被给予生命，的名义。

原文： [象形文字]

汉语翻译： 你要宣誓（就职），

原文： [象形文字]

汉语翻译： 以国王，长寿、繁荣、健康，的名义。①（国王是）国王的母亲塞内塞奈布②所生。

原文： [象形文字]

汉语翻译： 祝她健康。送给你以便让你知道的（信息）是：

原文： [象形文字]

汉语翻译： 宫殿安全，宫殿繁荣。

原文： [象形文字]

汉语翻译：（敕令的）记录时间是第 1 年出现季第 3 个月第 21 日，③

原文： [象形文字]

汉语翻译： 就在加冕节日这天。

---

① 要求图里以国王的名义宣誓就职，是该敕令中国王发出的另一个命令。
② 与敕令前半部分形成鲜明对比，这里给出了塞内塞奈布与国王的关系，即国王的母亲。
③ 这是古埃及官方纪年的通用方式，即"×× 国王统治的第 ×× 年 ×× 季第 ×× 个月第 ×× 日"。

333

5.埃及与赫梯之间的和平条约

《埃及与赫梯之间的和平条约》是古埃及第 19 王朝法老拉美西斯二世统治第 21 年与赫梯国王哈图什里签订的结束战争和缔结友好关系的和平条约。拉美西斯二世时期的埃及与西亚的赫梯王国进行了十几年的战争，但双方都是当时地中海世界最为强大的王国。战争中，双方都未取得决定性胜利，反而两者在战争中都消耗了国力。对于埃及而言，尽管未能彻底打破赫梯王国的势力，也未能成功获得对叙利亚巴勒斯坦地区的霸权，但毕竟阻挡了强大的赫梯王国的南进，单就这点而言，拉美西斯二世在古埃及历史上就占据重要地位。赫梯国王哈图什里首先向埃及提出缔结和约的请求，埃及国王拉美西斯二世也有此想法。因而赫梯国王命人首先以楔形文字书写在银版上，送到埃及，埃及方面将其翻译为象形文字。双方签订合约以后，埃及方面将其铭刻在了卡尔纳克大神庙多柱大厅的墙壁上，也可能有副本刻写在埃及其他神庙里，至少在拉美西斯二世的葬祭庙拉美修姆中就留有残篇。赫梯国王将和平条约的内容抄写在泥板上，很多残篇留存了下来。目前关于这份条约保存最完整的是卡尔纳克神庙里面的铭文。

这份条约是目前所知世界历史上最早的大国之间缔结的和平条约，条约格式和内容都比较完整，不仅对于后人了解埃及与赫梯的关系有重要意义，也是当前学界研究外交关系不可绕过的史料。条约除了时间、题目等内容外，主要涉及 18 个方面的内容。本译文根据 J.H. Breasted, *Ancient Records of Egypt*, vol. III, Chicago: The University of Chicago Press, 1906, pp. 165—174 译出。

上下埃及之王乌塞尔马拉－塞泰普恩拉统治的第 21 年第 2 个季度第 1 个月第 21 日。拉之子：拉美西斯·麦瑞阿蒙，被永远给予生命，阿蒙－拉－哈拉凯悌所钟爱者，"两土地生命"的主人，伊什如的夫人穆特神和孔苏－奈菲尔霍特普的钟爱者；在活人的荷鲁斯王座上熠熠生辉，就像他的父亲哈拉凯悌，永远。

赫梯使者的到来

在这一天，陛下居住在一个名为"拉美西斯-麦瑞阿蒙之屋"的城市，为他的父亲赫利奥坡里斯的两土地之主阿蒙-拉-哈拉胡梯-阿图姆，拉美西斯-麦瑞阿蒙的阿蒙，拉美西斯-麦瑞阿蒙的普塔和"拥有强大力量的——，穆特之子"，举行令人愉悦的仪式，因为他们使他永远有永恒的节日，得到和平的年代，把所有土地和所有国家都永远置于他的草鞋之下。这时，国王的信使、代表和仆役长来了——，国王的信使——，赫梯的信使泰尔泰斯布和海塔的第二个信使为国王拉美西斯二世带来了赫梯的伟大首领哈图什里的银板，为了向上下埃及之王拉美西斯二世寻求和平，法老像他父亲拉一样，被给予永恒生命。

副本的标题

赫梯的伟大首领哈图什里命令他的信使泰尔泰斯布和他的信使拉莫斯将银板的副本带给法老，以便从统治者的公牛拉美西斯二世那里获得和平，使他的边境远达他所渴望的地方。

条约原文的标题

赫梯的伟大首领哈图什里，是威严者，是赫梯的伟大首领、威严者麦拉萨尔的儿子，是赫梯伟大首领、威严者撒普利尔的孙子，为埃及的伟大统治者、威严者乌塞尔马拉-塞泰普恩拉（拉美西斯二世）书写了一份银板。拉美西斯二世是埃及的伟大统治者、威严者麦恩马拉（塞梯一世）的儿子，是埃及的伟大统治者、威严者麦恩普特拉（拉美西斯一世）的孙子；美好的、兄弟关系的条约，永远确立两者之间的和平。

缔约双方之前的关系

最初，埃及的伟大统治者与赫梯的伟大统治者之间的关系是这样，以至于神都阻止他们之间的冲突，依靠的是条约。尽管在我的兄弟、赫梯的伟大首领麦特拉时期，他与埃及的伟大统治者拉美西斯二世战斗，然而自从那之后，从今天开始，赫梯的伟大首领哈图什里与埃及建立和约关系，为了建立拉神已经创造的、苏泰赫神已经建立的，为埃及之地和赫梯之地建立的关系，永远不允许两者之间产生敌对关系。

新和平条约

瞧啊，从今日开始，赫梯的伟大首领哈图什里与埃及的伟大国王乌塞尔马拉－塞泰普恩拉（拉美西斯二世）建立和约关系，为了给我们带来永远的美好和平和美好兄弟关系，而他与我是兄弟关系，他与我达成了和平；我与他是兄弟关系，我与他永远达成了和平。因为我的兄长赫梯的伟大首领麦特拉屈服于他的命运，而哈图什里作为赫梯的伟大首领坐在他父亲的王座上，瞧，我与埃及的伟大统治者拉美西斯－麦瑞阿蒙在一起，他与我处于和平关系和兄弟关系。它比之前大地上的和平和兄弟关系更好。瞧，我甚至是赫梯的伟大首领，与埃及的伟大统治者拉美西斯二世处于美好的和平和兄弟关系。赫梯的伟大首领的孩子们的孩子们将与埃及的伟大统治者拉美西斯－麦瑞阿蒙的孩子们的孩子们，处于兄弟关系和和平关系，埃及的土地将与赫梯的土地永远处于和平和兄弟关系。

互不侵犯的条约

两者之间将永远没有敌对。赫梯的伟大首领永远不会进攻埃及的土地，去从那里带走任何东西。埃及的伟大统治者拉美西斯－麦瑞阿蒙将永远不会进攻赫梯的土地，去从那里带走任何东西。

对之前条约的确认

至于赫梯的伟大首领塞普利尔时代的条约和我的父亲赫梯的伟大首领麦特拉时代的条约，我将遵守它。瞧，从今日开始，埃及的伟大统治者拉美西斯－麦瑞阿蒙将与我们一起遵守它。我们都将遵守它，我们将以之前的方式对待它。

埃及与赫梯的防御联盟

如果任何其他的敌人进犯埃及的伟大统治者乌塞尔马拉－塞泰普恩拉（拉美西斯二世）的领土，那么他将派人到赫梯伟大的首领那里，说："请到我这里并给予力量以反对他。"而赫梯的伟大首领将［到他这里］，赫梯的伟大首领将屠杀他的敌人。但如果赫梯的伟大首领不会亲自来，他也将派遣他的步兵和战车兵，将屠杀他的敌人。

对叙利亚臣民的惩罚

或者，如果埃及的伟大统治者拉美西斯－麦瑞阿蒙被犯有过失的臣民所激怒，当他们对他执行了一些错误的时候，他来屠杀他们，那么赫梯的伟大首领将与埃及的首领一起行事——。

赫梯与埃及的防御同盟

如果另一个敌人来对抗赫梯的伟大首领，他将派人到埃及的伟大首领乌塞尔马拉－塞泰普恩拉那里，他将来到他这里增强实力，屠杀他的敌人。但如果埃及的伟大统治者拉美西斯－麦瑞阿蒙不亲自来，那么他将派他的步兵和骑兵，屠杀他的敌人。或者——看他们，除了把答案返回赫梯的土地。

对叙利亚臣民的惩罚

现在，如果赫梯的伟大首领的臣民违抗他，那么埃及的伟大统治者拉美西斯－麦瑞阿蒙将——赫梯的土地和埃及的土地——，也就是说："我将在惩罚他们之后，来到埃及永生的伟大统治者拉美西斯－麦瑞阿蒙，——赫梯的土地——他们任命他为了他们，……埃及的伟大统治者，将永远保持沉默。如果他——他的——赫梯的土地，他将再次对抗赫梯的伟大首领——"

对在赫梯的政治逃难者的引渡

如果埃及土地的任何伟大人物将逃离，并将来到赫梯的伟大首领这里，从埃及的伟大统治者拉美西斯－麦瑞阿蒙的土地的一个城市或——，那么他们将来到赫梯的伟大首领这里，然后赫梯的伟大首领不会接受他们，但赫梯的伟大首领将使他们被带到埃及的伟大统治者即它们的首领乌塞尔马拉－塞泰普恩拉那里。

对那些到赫梯的移民的引渡

或者如果有一个或两个尚不知晓的人逃离——，那么他们将来到赫梯的土地，成为外国臣民，那么他们不能居住在赫梯的土地上，但他们将被带到埃及的伟大统治者拉美西斯－麦瑞阿蒙那里。

对在埃及的政治逃难者的引渡

或者如果任何伟大的人物从赫梯的土地上逃离，而其他将来到埃及的伟大统治者乌塞尔马拉－塞泰普恩拉这里，从一个城市或一个区域，来到那些属于赫梯领土的人们的任何区域，那么埃及的伟大统治者乌塞尔马拉－塞泰普恩拉不会收留他们，埃及的伟大统治者拉美西斯－麦瑞阿蒙将使他们被带到赫梯的伟大首领那里。他们不能定居下来。

对那些到埃及的移民的引渡

类似地，如果有一个或两个或三个尚不知晓的人将来到埃及的土地上，成为外来臣民，那么埃及的伟大统治者乌塞尔马拉-塞泰普恩拉将不能定居下来，但他将使他们被带到赫梯的伟大首领那里。

赫梯和埃及众神的证明

关于赫梯的伟大首领与埃及的伟大首领拉美西斯-麦瑞阿蒙的这个契约的话，写在这个银板上；关于这些话，赫梯之地的一千个男神和女神与埃及之地的一千个男神和女神，他们都与我在一起成为证人：太阳神，天空之神，埃尔恩城的太阳神；苏泰赫，天空之神，赫梯的苏泰赫，埃尔恩城的苏泰赫，泽佩瑞德城的苏泰赫，塞瑞斯城的苏泰赫，阿勒颇城的苏泰赫，瑞克森城的苏泰赫，——城的苏泰赫，塞赫鹏城的苏泰赫，赫梯之地的安特瑞特，泽业特赫瑞尔之神，凯尔泽特之神，赫微克的女神，泽恩的女神，泽恩的男神，塞瑞普的神，亨贝特的神，天空的夫人，男神，宣誓之神，土地之神和女神，宣誓的夫人，山脉之夫人泰斯赫尔，赫梯之地的河流，科泽威登之地的众神，太阳神阿蒙，苏泰赫，埃及山脉和河流的男神和女神，天空、土壤、大海、风和风暴之神。

对条约违背者的诅咒

现在，这些话铭刻在银板之上，是为了赫梯之地和埃及之地。那个不能遵守它们的人，赫梯之地的几千个神和埃及之地的几千个神将使他的房屋、他的土地和他的臣民荒芜。

对条约遵守者的保佑

现在，那些将要遵守这些在这个银板上的话的人，无论他们是赫梯之人，还是埃及之人，他们都将尊重他们；赫梯之地的几千个神与埃及之地的几千个神将保护他的死亡和他的生命以及他的问题、他的土地和他的臣民。

赫梯对引渡人员的处置

如果一个或两个或三个人从埃及之地逃离，来到赫梯的伟大首领这里，赫梯的伟大首领将控制他们，将使他们被带回埃及的伟大统治者乌塞尔马拉-塞泰普恩拉这里。现在，关于那个将被带回到埃及的伟大统治者拉美西斯-麦瑞阿蒙那里的人，埃及的伟大统治者不会让他的罪责对抗他；不会让他的房屋被损坏，也不会让他的妻子、孩子和他被杀死；更不会伤害他的眼睛、他的耳朵、他的嘴巴和他的脚。不会让任何罪过降落在他身上。

埃及对引渡人员的处置

同样地，如果一个人从赫梯的土地上逃离，不管是一个人，两个人，还是三个人，他们将来到埃及的伟大统治者乌塞尔马拉-塞泰普恩拉这里，让埃及的伟大统治者拉美西斯-麦瑞阿蒙抓住他们，让他确保他们被带回到赫梯的伟大首领那里；赫梯的伟大首领不会降罪于它们；也不会伤害他的房屋，他的妻子、他的孩子和他都不会被杀，也不会伤害他的耳朵、他的眼睛、他的嘴巴和他的脚。不会让任何罪过降落在他身上。

银板正面的人物和印章

在银板中间的话：在银板的正面是一个人物，就像苏泰赫一样的人物拥抱赫梯的伟大首领一样的人物，周围是下面的话："天空之神苏泰赫的印记；赫梯的伟大首领、威严者麦拉萨的儿子即赫梯的伟大首领、威严者哈图什里签订的条约的印记。"环绕符号中间的那个是天空之神苏泰赫的印记。在另一面中间的是一个人物，就像赫梯的——一样的人物拥抱赫梯的王子一样的人物，周围是这样一些话："埃尔恩之城的太阳神、大地之神的印记；埃尔恩的——，土地的夫人，科泽威登之地的女儿、赫梯之地的公主派特赫普的印记。环绕图案中间的是埃尔恩的太阳神、每个土地之神的印记。"

6.托勒密二世时期的油专营法令

下面这篇文献是托勒密王朝时期托勒密二世颁布的一份敕令，主要内容是关于油专营的规定。这份史料对于了解托勒密埃及时期的经济制度很有裨益。史料以希腊文书写在纸草上。该敕令大约颁发于公元前259年。在托勒密埃及的财政政策中，专营是一个显著特征。在这些专营中，油的专营是最重要的一个。根据这份敕令，国王对油生产的每一个阶段都实行严格控制，从植物的种植到成品的零售。国王决定每个诺姆中每年将种植的土地面积，主要是在出租给埃及本土人耕种者的王田上。国王的代理人与承包商或专营的承租人一起监管耕种和收获，并以固定价格出卖作物。油的制作在地方官员的监督下在国家工厂中进行。关于油的出售，由官员和承包商与村、镇中的零售商制定协议，后者每个人处理一定的量。根据修正的固定价格卖给消费者。不允许私人制作，尽管某些特权被授予了神庙。对于违反任何法规的人，无论是官员、承包商，还是私人，都有沉重的处罚措施。这篇敕令里面提到的油是芝麻油和蓖麻油，前者主要用于人类食用，后者是灯油原料。本译文根据 G. P. Goold, ed., *Select Papyri*, Vol. II, trans. by A. S. Hunt and C. G. Edgar, The Loeb Classical Library, Harvard University Press, 1934, pp. 11—35 译出。

"27 年，路易斯（Loius）月 10 日。在狄奥伊克提斯（διοικητού）[1] 阿波罗尼乌斯（Απολλωνίον）的办公处校正。

（被授权的个人应该按下面的比率向耕种者购买产品：）用于每阿塔巴的芝麻含 30 choenices，准备研磨，8 德拉克马；用于每阿塔巴[2] 的巴豆（生产蓖麻油的植物——译注）。

包含 30 choenices，准备研磨，4 德拉克马；用于每阿塔巴红花（生产花生油的植物——译注），准备研磨，1 德拉克马 2 奥伯尔[3]；用于每阿塔巴药西瓜 4 奥伯尔，用于每阿塔巴亚麻子 3 奥伯尔。

如果耕种者不愿意运送他的产品去为了研磨而被净化，那么他应该用一个

---

[1] "狄奥伊克提斯"是托勒密埃及的中央财政大臣；托勒密二世时期的中央财政大臣是阿波罗尼乌斯。

[2] "阿塔巴"和"考伊尼克斯"都是托勒密埃及的容量单位。1 阿塔巴约等于 40 升。比阿塔巴小的单位是考伊尼克斯（choinix），1 阿塔巴约等于 40 考伊尼克斯，也就是说 1 考伊尼克斯约等于 1 升。

[3] "德拉克马"和下文的"奥伯尔"以及"塔兰特"等都是托勒密埃及的货币单位。早期托勒密埃及，货币单位是银德拉克马（drachma）（1 德拉克马约等于 6 奥伯尔）。公元前 2 世纪和前 1 世纪时，更普遍的货币单位是青铜德拉克马。一般来说，青铜标准被采用时，1 德拉克马的银值 60 德拉克马的青铜，但很快比率便提高了，到公元前 2 世纪结束时，银与青铜德拉克马的比率经常是 1∶500。但基本上托勒密埃及的货币单位具有下面的对应关系：1 米纳（Mina）=100 德拉克马，1 德拉克马 =6 奥伯尔（obols），1 塔兰特 = 1500 斯塔特（statae）=6000 德拉克马，1 塔兰特约等于 2000 美元的购买力（1981 年的比价）。1 米特拉（meterti）=10 德拉克马。

筛子在清理后的脱粒场地上把它量出来；如果反对为了研磨而进一步净化，那么他应该为每100阿塔巴芝麻油多支付7阿塔巴，为巴豆每100阿塔巴多支付7阿塔巴，而为红花油每100阿塔巴多支付8阿塔巴。

他们将从耕种者那里获得用于支付对芝麻征收的2德拉克马税和对巴豆征收的1德拉克马税的芝麻和巴豆，以税则中开列的价钱为准，而且不应该以银的方式支付。

耕种者不被允许卖芝麻或巴豆给任何其他人。

……而且买者应该给村长一个封印的收据，说明他们从每一个耕种者那里获得了什么。如果他们不给出加封印的收据，村长就不允许产品离开村庄；否则他将向国王交纳1000德拉克马的罚金，并且因他的行为而由契约所确定的无论什么损失的数目的5倍罚款。

他们将在国家内以这样的价格比例卖油，1 metretes 的芝麻油或红花油包括12 choes 付48德拉克马青铜币，1 metertes 的蓖麻油、药西瓜油或灯油支付30德拉克马……

在亚历山大里亚和整个利比亚，他们应该以每 metretes 芝麻油48德拉克马和每 metretes 的蓖麻油48德拉克马的价格比率卖它。……而且他们应该为购买者提供足够数量以满足需求，在整个国家的所有城镇卖它……用奥伊考诺摩斯和审计官检验过的量具卖它。①

他们应该与奥伊考诺摩斯和审计官一起把已经耕种的土地展示给承包商②，如果经测量之后，他们发现正确的阿鲁拉数目还未耕种，那么诺姆长、区长、奥伊考诺摩斯和审计官应向国王交纳2塔兰特的罚金，他们每一个都负有责任并应向承包商交纳罚金，因为他们应该已经从每阿塔巴的芝麻中获得了2德拉

---

① 诺姆长、区长、奥伊考诺摩斯和审计官都是托勒密埃及的地方官僚。诺姆长是托勒密埃及主要地方行政单位诺姆的行政长官；区长是诺姆之内的二级行政单位区的行政长官；奥伊考诺摩斯是诺姆级地方财政大臣，掌管地方财政；审计官是负责地方农业和财政审计的官僚。

② 承包商是托勒密埃及社会的新产物，他们类似于我们现代社会的承包商。托勒密政府把某个地区的农业或经济作物的管理权以契约的形式暂时让渡给他们，他们要交纳一些押金，他们负责管理和监督这个地区的具体工作事宜，保证从这块地区获得更多的税收，他们从与政府签订的税收数目和实际获得的税收数目的差价中获得利润。这种方式的实行大大促进了托勒密埃及的税收工作效率和经济收入的效益。

克马，从每阿塔巴的巴豆中获得1阿塔巴，罚金要把他们从芝麻油和蓖麻油那里获得的利润考虑进去。狄奥伊克提斯将从他们那里收取税务。

芝麻和蓖麻种植季节到来之前，奥伊考诺摩斯应该告诉诺姆中负责的诺姆长或区长，关于种植每阿鲁拉芝麻需要交纳4德拉克马，每阿鲁拉巴豆需要交纳2德拉克马，如果他如此渴望的话；他将从脱粒厂上获得这些报酬……

当收获芝麻、巴豆和红花的时间到来时，耕种者将通知诺姆长和区长，或者那里没有诺姆长和区长时，通知奥伊考诺摩斯，而这些官员应该召集承包商，而承包商应该与他们一起亲自到耕地现场视察，并作出估价。

土著农民和其他耕种者应在收获它们之前按类别严格估算他们自己的作物，而且他们应该与承包商就估价签订一式两份的加印协议，而且每个农民应该按神谕写出他已经用每一类种子耕种的土地数量和他估价的数量，应为协议签章，而诺姆长和区长派来的代表也应该在上面盖章。

诺姆中负责的诺姆长或官员应该在收获之前60天内报告所种土地的面积，按一个承包商一个承包商地上报。如果他不能报告或出示耕种者按命令耕种的土地数量，他应该向承包商交纳规定的罚金，而他自己则应该从不顺从的耕种者那里收取这些款额。

整个国家当中所有被免除税务或控制者作为礼物或津贴的村庄或土地的人们，应该自己测量所有芝麻和巴豆种植面积，而其他种类的产品包括在油专营中，留给自己足够量的种子，并应按这样的青铜价比例获得价值：每阿塔巴芝麻6德拉克马，每阿塔巴巴豆3德拉克马2奥波尔，每阿塔巴红花1德拉克马。

……要成立一个工厂，奥伊考诺摩斯和审计官应通过为它盖章而表明许可。

他们不应该在任何作为礼物而控制的任何村庄中建立油工厂。

他们应该把足够数量的芝麻、巴豆和红花储藏在每一个工厂中。

他们不应该允许每个诺姆中被任命的榨油者前往另一个诺姆。任何去其他地方的榨油者应该得到承包商、奥伊考诺摩斯和审计官的释放。

没有任何人可以（从另一个诺姆中）包庇榨油者。如果任何人明知故犯或不能按法规把他们送回，那么他将为每一个榨油者而交纳罚金3000德拉克马，而榨油者也将得到释放。

……而且从被制造出来的剩余当中，他应该分给榨油者12考易斯2德拉克马3奥伯尔。制油者和捣碎工应从这笔剩余中获得1德拉克马4奥伯尔。而承包商获得5奥伯尔。

如果奥伊考诺摩斯或他的代表不能付给榨油者报酬或从出售中所获利润的份额，那么他将向国王交纳3000德拉克马的罚金，把他们的报酬给予榨油者，并且是承包工作量确定的任何损失量的两倍。

如果他们不能依据这些法规建立油厂，或者不能储存足够量的产品，结果承包发生了损失，那么奥伊考诺摩斯和审计官应交纳由此导致损失的数量的罚金，并应支付给承包商损失的两倍。

奥伊考诺摩斯和审计官应该为每一个工厂提供植物……当他来支付报酬时，他不应该以任何方式阻碍工作给承包造成损失。

如果他不能提供植物或对承包造成任何损失，他将在狄奥伊克提斯面前受审，而如果他被发现犯了法，那么他将支付罚金2塔兰特银和损失数量的两倍。

承包商和奥伊考诺摩斯与审计官任命的检查员有权管理诺姆中所有的榨油者、工厂和植物，而且在没有工作时他们应该把工具密封起来。

他们应该每天迫使榨油工去工作，并与他们待在一起，他们每一天应在每个榨油机上把不少于1阿塔巴的芝麻、4阿塔巴的巴豆和1阿塔巴的红花制成油，而且他们应该为研磨4阿塔巴芝麻而付报酬……德拉克马、为……阿塔巴巴豆付4德拉克马、为……阿塔巴红花付8德拉克马。

奥伊考诺摩斯和承包商都不能以任何借口与榨油者商定有关油的流向问题，他们也不可以在没有工作期间把未加封的工具放在工厂中。如果他们与任何榨油者商定或者把工具加封，那么每一犯罪方应该向国王缴纳1塔兰特银的罚金，并且弥补承包引起的损失。

由奥伊考诺摩斯和审计官任命的代理人应该登记每个城市中的商人和零售商，同时承包商与他们商定他们每天将取走并卖掉多少油和灯油；而且在亚历山大里亚城，他们应该与商人商定；他们应该每个月与那些在国家的商人和那些在亚历山大里亚的商人中的……每个人订立书面协议。

每个村中的商人和零售商达成协议处理无论什么量的油和蓖麻油，奥伊考诺摩斯和审计官都应该在月份开始之前把足够量的每种油运往每个村庄，而且他们应该每五天为商人和零售商量出油来，并应该获得价钱，如果可能就在同一天，如不能，那么就在五天期满之前，并应该把价钱放入王室银行，把运输费记入契约。

他们在每一个事例中商定的数量将在月份开始之前的 10 天内被送去做审计，而且他们在大都市和村庄中用文字发布最新竞价大约 10 天，并应该就最终认可的金额制定协议。

……他们也不可以以任何借口拿走工厂使用的榨油机或压榨机或任何其他工具；否则他们将向国王交纳 5 塔兰特的罚金，并向承包商缴纳损失的 5 倍的罚金。已经掌握这些工具中任何一种的个人应该在 30 天内在承包商和奥伊考诺摩斯与审计官的代理人面前发布声明，并应出示他们的榨油机和压榨机，而承包商和奥伊考诺摩斯与审计官的代理人应把他们运送到王室工厂中。

如果任何人被查出来以无论何种方式用芝麻或巴豆或红花榨油，或从除了承包商而外的任何地区买油，国王将决定他的处罚方式，但他将向承包商交纳 3000 德拉克马的罚金，并被没收油和产品；罪犯的支付将由奥伊考诺摩斯和审计官收取，如果他没有工具，那么他将被判处……

……在任何条件下，都不能把油带入亚历山大里亚城，除了政府供给的。如果任何人带往亚历山大里亚城的油超过他们三天内自己消费的数量，那么他们将被剥夺货物和运输工具，另外缴纳每 metretes 100 德拉克马，或多或少按比例缴纳。

屠夫应该在有承包商存在时每天用光猪油，并不应该以任何理由把它单独卖给任何人，也不应该把它融化或储存起来；否则买者和卖者都会为那些用 50 德拉克马买来的每块肉向油承包商交纳罚金。（书注：这明显是在保护油市场，禁止卖其他油。）

在各种神庙中制油的人们，应在承包商和奥伊考诺摩斯与审计官的代理人面前，宣布每个神庙中油作坊的数目和每个作坊中榨油机的数目，并应展示作坊，把榨油机和压榨机运去加印……如果他们不能声明或展示作坊或运送工具去加印，那么他们每个人都有罪，应向国王交纳罚金 3 塔兰特，应向承包商交纳后者估计损失的数目的 5 倍。当他们希望在神庙中制作芝麻油时，他们应该召集承包商和奥伊考诺摩斯与审计官的代理人并在他们在场的情况下榨油；他们应该在两个月内制造出他们宣称一年内将消费的数目。他们将以固定价格从承包商那里获得他们使用的蓖麻油。

奥伊考诺摩斯和审计官应写下每个神庙使用的蓖麻油和芝麻油的数量并把列表递给国王，也应该把一份给予狄奥伊克提斯。把为神庙制作的任何油卖给任何个人都是非法的，无论谁这样做都将被剥夺油，并令缴纳每 metretes 100 德拉克马的罚金，对于多或少于 1metretes 的按比例计算。

把（外国油）带到内地出售将是非法的，或者从亚历山大里亚，或者从佩鲁修姆[①]或者任何其他地方。无论谁这样做了，将被剥夺油，并另外缴纳每 metretes 100 德拉克马的罚金，对于多或少于 1 metretes 的按比例计算。

如果任何个人随身携带外来油为个人使用，那些从亚历山大里亚带油的人们应在亚历山大里亚宣布它，并应为每 metretes 油付 12 德拉克马税务，对于多或少于 1metretes 的按比例计算，并且在他们把油带入内地之前应得到担保人。

那些从佩鲁修姆带油的人们应在佩鲁修姆付税，并获得担保人。

在亚历山大里亚和佩鲁修姆的收集者应把税收放在油被带往的那个诺姆的会计那里。

如果任何为了他们个人的使用而携带这样的油的人，不能付税或把税款交给他们的保证人，那么他们将被剥夺油，并将为每 metretes 另缴纳 100 德拉克马。所有那些从佩鲁修姆带着油穿过乡村去往亚历山大里亚市的商人，将被免除税务，但应从驻扎在佩鲁修姆的收集者和奥伊考诺摩斯那里带一个保证人，正如法律所描述的；同时，对于从……带到亚历山大里亚的油；他们也应该从……带一位保证人；但如果他们没有一个保证人而运输它，他们将被剥夺油。

承包商也应在亚历山大里亚和佩鲁修姆任命代理人去检查那些从叙利亚发往佩鲁修姆和亚历山大里亚的油，而这些将保存在加封印的储存库中，并检查被分配的油。

[①] 佩鲁修姆（Pelusium）是下埃及尼罗河三角洲地区的一个城市。

奥伊考诺摩斯任命的油契约检察员应每个月在审计官在场的情况下与承包商平衡账目，他应该在他的登记簿上写下他已经获得的每种产品的数目和他已经制作并按税则规定的价钱卖掉的油的数目，除了被分发的油，产品的价钱按税则规定的收取，包括摊子价钱和其他支出，即每阿塔巴芝麻1德拉克马……每阿塔巴红花2奥伯尔……

承包商应该从分配的利润部分中收取报酬。

在亚历山大里亚城，用于制作芝麻油的薪金和经收费以及承包商报酬应该根据审计时所做的声明支付。

搜查。如果承包商或他们的随从希望进行一次搜查，认为某些人掌握着非法买卖的油或油压榨机，那么它们应在奥伊考诺摩斯的代理人或审计者的代理人在场的情况下执行搜查。如果奥伊考诺摩斯或审计者的代理人被召集而未能陪伴他们或未能陪伴搜查完成，那么他们将向承包商交纳两倍于后者对非法买卖油估价数目的两倍，而且承包商应被允许在……天内作搜查。

……如果搜查者并不能找到他宣称去寻找的东西，财产被搜查的人有权使他在神庙中宣誓，承认他所进行的搜查；没有找到他所宣称的物体和油契约的利润。

如果他不能在同一天或晚一天宣誓，他将向要求宣誓的那个人缴纳他在进行搜查之前对非法东西估价数目的两倍。

7.公元前118年托勒密八世大赦令

古埃及托勒密王朝后期，王室争夺权力的斗争时有发生，托勒密八世统治时期，他与自己的两个妻子展开了一场争夺王权的内战。内战结束以后，三者达成和平协议，并颁发了一道大赦令。这篇文献就是公元前118年托勒密八世和他的王后克娄巴特拉二世、妹妹和妻子克娄巴特拉三世一起颁发的战后大赦令，内容涉及了社会和经济生活的许多方面。这份材料是研究托勒密埃及的法律和司法制度所不可缺少的。这也是古埃及历史上遗留下来的最为完整的大赦令文件。大赦令以希腊文书写在纸草上。本译文根据 G. P. Goold, ed., *Select Papyri*, Vol. II, trans. by A. S. Hunt and C. G. Edgar, The Loeb Classical Library, Harvard University Press, 1934, pp. 69—75 译出，有删减。

国王托勒密和王后克娄巴特拉（即妹妹）和王后克娄巴特拉（即妻子）对所有那些直到国王统治的第52年法墨提（Pharmouthi）月9日犯错、犯罪、遭受指控、被定罪和进行各种侵害行为的臣民发布一道大赦令，不包括那些故意谋杀或渎神的犯人。

他们已经命令那些因为掠夺或其他侵害罪而隐藏起来的人们，应该返回他们自己的家，从事他们以前的职业，（收回）仍未卖掉的财产……

他们赦免了所有那些不能按期交付谷物租金和货币税的债务者，不包括世袭债务者……

他们已经命令所有土地转让的接受者、神庙土地和其他自由土地的控制者（他们都吞食了王田）以及所有那些拥有比自己应得份额多的土地的人们，放弃所有多余土地并使自己的错误公布于众，付一年租金，将被解除从现在开始直到第5年的义务，并合法拥有从国王统治第52年掌握的土地。

并命令土著卫兵和拥有10或7阿路拉土地的土著战士、他们的领袖和所有其他处于这一阶层的人们以及土著海军士兵以及那些……将继续保有直到国王统治的第52年他们已经掌握的土地，不会受到指控和干涉。

他们赦免了每一个欠公共工程税的债务者。

而且他们已经命令神庙土地和属于神庙的其他神圣收入都将确保留给它们，神庙将获得它们使用的、从葡萄园和果园以及其他土地上得到的什一税。

而且他们以同样的方式命令，直到国王统治的第51年，特定的款项或他们从国库作为神庙津贴而获得的以及奖给他们的其他款项，将被正常给予，就像在其他事例中那样，没有任何人将被允许侵吞这些款项的任何一部分。

任何人都不能靠暴力拿走被奉献给神的任何东西，也不能对神圣收入的监督者实施强迫劝告，无论所提事物是村庄或土地上的事物或其他神圣收入，也不能从奉献给神庙的财产中收集集体税或国王税或谷物税，也不能以任何理由对神庙土地实施保护，而应把它们留给祭司们自己管理。

而且他们赦免了直到国王统治的第 50 年神庙监工和首席祭司们以及祭司们对监督税和亚麻布价值税的债务。

同时，他们赦免了直到第 50 年神庙中受尊敬的职务（预言职务、秘书职务和其他职务）的控制者们对某些场合赔偿损失的债务。

同时，对于那些直到所说的时期已经得到了比他们应得的报酬多的人，他们赦免了其罪责。

同时，对于在较低级神庙中的仆从，在伊西斯神龛和鹮以及鹰圣所的饲养地以及阿努毕斯神龛和其他类似地方，他们做出类似让步……

他们已经命令埋葬阿庇斯和穆涅维斯的费用由国王给予，就像在神圣化个人的例子中那样。同时，其他神圣动物的正常费用也由国王出。

已经被给予神庙的预言职务和可敬的职务以及秘书职务、神庙收入之外的和已经被付的金钱，将仍然给予神庙，但祭司们不允许把这些身份传给其他人。

而且他们已经命令任何人都不能以任何借口被赶走和靠暴力从现在圣所中被驱赶。

而且因为据报告，谷物收集者和检察员用比每个诺姆中指定的正规青铜量器更大的量器……在估价归于国王的、并因此耕种者被迫付更多的……，他们已经命令总督和税收监工以及王室书吏应在那些涉及……税收的人们和祭司们以及士兵和其他自由土地的主人……在场的情况下，以最一致的方式检测量器……量器允许错误值不得超过（政府标准）的 2……。那些不服从此命令的人们将被处死。

而且他们已经命令内地葡萄园和果园的耕种者，如果他们在国王统治的第 53 年和第 57 年这两个遭受洪水和干旱的年份种植它们，那么他们将从种植它们的那年开始免税 5 年，从第 6 年开始大约 3 年内，他们将付少于正规数目的税，税收在第 4 年缴纳，但从第 9 年开始，他们将交付与其他土地主人一样的税务；亚历山大城边区的种植者将被允许多于 3 年的税务赦免权。

而且他们已经命令已经被推倒或烧掉的房子的主人应被允许根据规定的测量标准重建它们。

而且村庄中拥有私人财产的人们同样可以重建私人房屋达……高度，而神庙达10腕尺的高度，除了帕诺菲斯（Panophis）（这个诺姆的人们不能建房是因为他们参加了叛乱——英文注）的居民而外。

任何人都不能以无论什么方式，从下面这些人中收集任何东西：耕种者，那些为国家产业工作的人们，与税收有关的人们，蜜蜂饲养者，其他与总督、警察总管、首席警察、奥伊考诺摩斯、他们的代理人或其他官员的利益有关的人们。

总督、政府职位的控制者或他们的副手或任何其他人，都不能靠欺诈从耕种者那里获得优质王田或选择这样的田地为自己去耕种。

在军队服役的希腊人和祭司们以及王田上的耕种者……和毛织品纺织者和制衣者以及猪饲养人员……和油、蓖麻油的制作者、养蜂者和酿造者，他们付给国王应交的款项，不可以使他们中的任何人一起居住在单个房屋中……

而且他们已经命令总督和其他官员，不可以强迫国家的任何居民为私人服务，也不可以为了自己的目的而征用他们的牛，也不可以强迫他们去饲养牛或猪，也不可以强迫他们以一种价钱或在新年时提供鹅或家禽或酒或谷物，也不可以在无论什么前提下迫使他们无报酬地工作。

而且他们赦免了全国警察在政府官员巡视中曾反对政府官员的那些警察的罪责和他们所造成的丢失物品的罪责，以及直到国王统治第50年的债务或其他原因引起的罪责。

而且（他们已经命令）直到上述时间为止，那些未能以一种价钱把战士份田或其他土地上生产的油产品送到国王那里的人们，不能为会议提供运输的人们，都将从合乎逻辑的罪行中解脱出来。

同时，（赦免了）那些不能为筑堤提供芦苇和燃料的人们。

同时，王田的耕种者和祭司们以及拥有私田的其他人们，直到国王统治的第51年，未种植正规数量的树木，从合乎逻辑的罪行中解放出来，但他们应该从国王统治的第52年开始种植它们。

也（赦免了）那些已经在他们自己的财产中砍倒法令所禁止砍伐的木材的人们……

而且他们已经命令外国债务的收集者们，不应以无论什么前提攻击王田上的耕种者或那些为国家产业工作的人们或以前所颁发的敕令禁止控告的那些人们，但他们的债务应该从他们的财产中扣除，只要这些财产未被目前的敕令免除义务。

而且他们已经命令，在王田耕种者的案例中，审计官们不应卖掉任何一个房屋（他们的农业工具储存在那里）或者他们的牛或其他必要的农业工具，他们也不能以无论什么前提把这些工具用于神庙土地或任何其他土地。而同样地，他们也不可以把亚麻纺织工或亚麻布制作者或羊毛纺织工或其他类似手工业者的任何工厂用于他途，用于纺织亚麻和制作亚麻布的工具不能被从事专营工作的那些人们以及亚麻布制作者以外的其他任何人使用，亚麻布制作者们只能在神庙内为了制作献给君主和其他神的衣服而使用它们。

而且任何控制政府职责的任何人和其他人，都不可以把劳力强加在亚麻纺织者、亚麻布制作者和免费或低工资制作长袍者身上。

而且他们已经命令，任何人都不可以为自己所用而以任何理由征用船只。

而且总督和其他掌握王室或国家或神圣地产的人们，不得以任何借口为了私人债务而伤害或因私人争吵而把任何人逮捕并把他囚禁在他们的房屋或其他地方；但如果他们控告任何人，他们应把他带到每个诺姆的司法官那里，并应根据敕令和法规得到满意解决。

8.托勒密王朝祭司向国王的请愿

公元前145年至公元前116年，菲拉（Philae）的伊西斯祭司们向托勒密八世、克娄巴特拉二世、三世请愿。这里的"她"指的是伊西斯神。祭司们向国王请愿这件事本身就说明了宗教领域的神职人员承认国王的司法审判权力。此请愿书的主旨是请求国王禁止大总督等官吏们的非法行为，保护祭司们的权利。这体现了国王的审判权。这份文献以希腊文书写在纸草纸上。本译文根据 Stanley M. Burstein, ed., *The Hellenistic age from the battle of Ipsos to the death of Kleopatra VII*, Cambridge: Cambridge University Press, 1985, p.142 译出。

阿巴吞（Abaton）和菲拉的伊西斯神的祭司们，向国王托勒密、王后妹妹克娄巴特拉和妻子克娄巴特拉，即神奥厄葛提斯致敬。因为旅行到菲拉的那些人——各诺姆的大总督、总督、区军官、王室书吏、警察首长以及其他官员和他们的随从……——迫使我们敌对他们，这违反我们的意愿，当这样的事情发生时，圣所变得资源枯竭，我们恐怕没有资源代替你们和你们的孩子们向最伟大的诸神提供牺牲和祭品，（对于你们来说最好的是），命令诺梅尼乌斯（Noumeinios）、你们的亲人和写信者去给你们的亲人和底比斯总督罗古斯（Lochos）写信，不要让他们用这些方式迫害我们，也不要允许任何人做同样的事情，并给予我们关于这些事件的正当文件，包括允许我们建立一块石碑，我们将在它上面铭刻上你们就这些事件提供给我们的仁慈的（记录），为了使你们的友善将永远呈现在她面前，并留在人们的记忆中，如果这样的事情发生了，那么在这些事情中和伊西斯神庙中的我们，将体验到你们的仁慈。祝你们好运。

9.托勒密王朝时期一位年迈父亲向国王请愿

古埃及托勒密王朝时期的很多请愿书是以个人或某些人的名义向国王以及各级官员提起的诉讼状，是后人研究当时司法活动的重要史料。下面这篇请愿书是由一位年迈而又受着疾病之苦的老父亲发出的，意在状告自己的女儿，请求国王做出公正的裁决，使他获得应有的赡养权。虽然在通常情况下，这样的请愿书可能到达不了国王那里，只是在下层官吏那里处理，但这份请愿书一定会到达国王那里。因为我们从请愿书中发现，"当我有幸在亚历山大城获得审判时……她在国王作证的情况下……"这样一句话。这句话清楚地表明了老人曾向国王提起诉讼，并得到了国王的受理，获得了国王的正义。这篇文献的具体年代不知，以希腊文书写在纸草纸上。本译文根据 Michel Chauveau, *Egypt in the Age of Cleopatra: History and Society under the Ptolemies*, trans. by David Lorton, Itahca and Lodnon: Cornell University Press, 2000, p. 58 译出。

克泰西古斯向托勒密王致敬。我正受到狄奥尼苏斯[①]和我的女儿奈克的不公正对待。因为,尽管我已经养育了她——我的亲生女儿,教育她并把她养大成人,但是当我被身体虚弱的疾病侵蚀和我的视力变得衰退时,她不愿为我提供生活必需品。而且,**当我有幸在亚历山大城获得审判时……她在国王作证的情况下**向我立下文字誓约:她将通过自己的体力劳动每日付给我 20 德拉克马……然而,现在,被那个坏蛋狄奥尼苏斯影响,她不再履行自己的任何诺言,轻视我的年老和目前的体弱。

10. 托勒密王朝时期运动员向警长请愿

这篇文献是古埃及托勒密王朝普通民众向警察提起诉讼的一个例证,也反映了托勒密王朝请愿书的一般形式。在请愿书中,提起诉讼者将事件描述得非常清楚,场面很生动。请愿书的具体时间不得而知,用希腊文书写在纸草纸上。这篇文献也有助于理解当时的社会状况。本译文根据 S. Eitrem, Leiv Amundsen, *Complaint of an Assault, with Petition to the Police*, *Journal of Egyptian Archeaology*, vol.40(1954), p. 31 译出。

上届奥克西林库斯城市运动会的参与者奥列琉斯·阿菲古斯,向警长奥列琉斯·亚历山大致敬。

昨天晚上,厨师阿哥苏斯·戴蒙的妻子戴狄米路过我家,发现我与家人待在一起,便用一种似言非语的腔调傲慢地对待我们——她是一位极度无耻和傲慢无礼的人。就在我阻止她,并劝她离开我们时,她变得几近疯狂,借着模糊的夜光,她突然跳到我跟前,我没有料到她会有这样的举动。她甚至伸出手来打我,并疯狂地责骂被我喊来做证的外孙们,不仅对他们如此,对当时在场的一位市政官员也是这样。

已经遭受了这样的痛苦,作为这次人身攻击的受害者,我向你投递这封请

[①] 此人一定是本请愿书的主人公——"老父亲"的女婿。

愿书，请你下达命令把她带到你的面前，以便我能够感受到你对所有人的仁慈。再见。

11.托勒密埃及十人法庭的审判

古埃及托勒密王朝时期的法律实践很有特点，实行的是本土埃及人的传统法律与司法制度与外来移民的城市法和司法制度。在实践过程中，国王根据实际情况颁发的敕令和赦令以及巡视法庭等起到了协调作用。托勒密王朝的司法实践过程在很多文献里面体现出来，从起诉、审判到执行，整个过程都有具体的制度赖以执行。下面这篇希腊文文献反映了托勒密埃及庭审的一般过程。本译文根据 G. P. Goold, ed., *Select Papyri*, Vol. II, trans. by A. S. Hunt and C. G. Edgar, The Loeb Classical Library, Harvard University Press, 1934, pp. 191—195 译出。

托勒密和阿尔茜诺的儿子托勒密统治的第 22 年（另一个文献称此事发生在第 21 年——英译者注），神阿德尔菲、亚历山大的祭司、神阿德尔菲和神奥厄葛提斯以及阿尔茜诺·菲拉戴尔夫斯的祭司卡内弗鲁斯，是管理亚历山大城的人们，在狄斯特拉斯（Dysturas）月 22 日，在阿尔茜诺的鳄鱼城，此城在佐农特米斯的管理下，法官是狄奥米德斯、伯利克里斯、阿德伦、提奥法尼斯、迈德里乌斯、索尼乌斯、狄奥特里夫斯。（或许两个法官撤出了——英译者注）。法庭职员伯利克琉西斯已经根据阿里斯托马库斯的命令，任命了我们，任命了阿尔茜诺诺姆的总督。这是上述命令的复本：

"向伯利克琉西斯致敬。赫拉克雷亚已经在他的请愿书中请求国王形成一个全体法官的法庭……除了每一方根据法律反对的法官而外。第 21 年，狄斯特拉斯月 16 日，帕得孔（Padcon）月 19 日"。

我们已经像下面那样对多希修斯反对赫拉克雷亚的诉讼进行了审判，根据下面的起诉状：

"……的儿子多希修斯，是埃庇岗的犹太人，对狄奥多图斯的女儿赫拉克雷亚起诉，后者是犹太女人，正如你在你的……中宣称的那样。（我认为）在第 21 年的坡里提乌斯（Peritius）月 22 日，当我与其他人从所谓的帕苏提斯的房子进入爱昂……的……，帕苏提斯的房子在阿尔茜诺诺姆的鳄鱼城并面对着……，你与加利普斯……来到那个地方并辱骂我，说我已告诉某些人……，当我反过来辱骂你时，你立刻击打我并抓住我斗篷的拎环……因此，我提起反对你的诉讼，要求 200 德拉克马，损失的估价是……德拉克马。并且作为被攻击的一方，我凭借这个起诉状……第 21 年，亚历山大城的祭司、神阿德尔菲和神奥厄葛提斯（是菲利斯汀的儿子迦勒斯特斯）以及神阿尔茜诺·菲拉戴尔夫斯的祭司卡内弗鲁斯（是索西菲利斯的女儿贝蕾尼西），……月 6 日……案子将在阿尔茜诺诺姆的法庭里提供给你，伯利克琉西斯是职员，在第 21 年的坡里提乌斯月，而且你已经收到了起诉状，并被传唤，传票的证人是政府雇员色雷斯人尼希阿斯的儿子……埃庇岗的波斯人希姆库斯的儿子佐皮鲁斯。

鉴于这是起诉状，而且戴希修斯既未亲自出现，也未进行文字陈述，也未打算为他的案子辩护；鉴于赫拉克雷亚与她的护卫埃庇岗的雅典人普罗塔斯的儿子阿里斯提得斯一起出现，并提供了陈述和辩护档案，也打算为她的案子辩护；并鉴于赫拉克雷亚在辩护档案中提交的法典指导我们以一种……方式，就任何知道的或展示给人们的、将在托勒密国王的法典中依据法律叙述的所有点和对在法规中未叙述的、但在市民法中根据法律已经叙述了的所有点，以及对那些遵循最公平的观点的其他点，进行审判；但当两方都被传唤到法庭面前时，而且他们中的一方不愿提供文字陈述或为自己的案子辩护或承认失败时……他将被判处侵犯别人权利罪；我们已经结案。

新时代"一带一路"古文明文献萃编

杨共乐　主编

古代埃及文明文献萃编
（下）

郭子林◎编译

华夏出版社
HUAXIA PUBLISHING HOUSE

图书在版编目（CIP）数据

古代埃及文明文献萃编.下/郭子林编译.-- 北京：华夏出版社有限公司，2023.4

（新时代"一带一路"古文明文献萃编/杨共乐主编）
ISBN 978-7-5222-0277-8

Ⅰ.①古… Ⅱ.①郭… Ⅲ.①文化史—文献—汇编—埃及—古代 Ⅳ.① K411.203

中国版本图书馆 CIP 数据核字（2022）第 003366 号

目　录

六　经济文献

　　1. 王子内库拉的遗嘱 /358　2. 匿名官员的捐赠令 /359

　　3. 神庙献祭物品名单 /361　4. 海普塞菲十份契约 /363

　　5. 奴隶与农业劳动 /373　6. 神庙献祭与农业事件 /375

　　7. 远征蓬特的浮雕和铭文 /376

　　8. 托勒密王朝的饥馑碑 /386

　　9. 托勒密王朝六一税敕令 /391

　　10. 托勒密王朝税收案件 /391

　　11. 托勒密王朝税收纸草 /392

　　12. 神庙祭司什一税收据 /393

七　丧葬文献

　　1. 金字塔文选译 /397　2. 木棺铭文选译 /415

　　3. 私人石碑祭文（Ⅰ）/419　4. 亡灵书选译 /430

　　5. 私人石碑祭文（Ⅱ）/438

八　教谕文学

　　1. 哈尔杰德夫教谕 /457　2. 对卡盖姆尼的教谕 /458

3. 普塔霍特普教谕 /461　4. 对美里卡拉王的教谕 /481

5. 涅菲尔提预言 /497　6. 阿蒙尼姆赫特一世教谕 /505

7. 一个埃及贤人的训诫 /509

8. 一个人与其灵魂的对话 /536

9. 对各种职业的讽刺 /546

10. 哈赫普拉－塞奈布的哀悼 /550

11. 效忠教谕 /552　12. 阿蒙纳赫特的教谕 /554

13. 安尼教谕 /555　14. 阿蒙尼姆普教谕 /570

九　故事文学

1. 国王胡夫与魔法师的故事 /595

2. 船舶遇难水手的故事 /601

3. 牧羊人的传说 /624　4. 辛努亥的故事 /626

5. 两兄弟的传说 /636　6. 遭遇厄运王子的传说 /642

7. 温阿蒙的报告 /645　8. 魔法师希霍尔 /652

十　颂与诗歌

1. 太阳和哈托尔颂 /657　2. 奥西里斯和敏神颂 /660

3. 哈皮颂 /662　4. 红冠颂 /668

5. 奥西里斯大颂诗 /669　6. 阿吞颂 /677

7. 阿蒙－拉颂 /691　8. 克努姆颂 /694

9. 森沃斯瑞特三世颂 /703　10. 竖琴师之歌 /706

11. 爱情诗 /710

附录一　古埃及年表 /724

附录二　古埃及度量衡 /739

附录三　古埃及历法 /741

主要参考文献 /744

六　经济文献

古代埃及是一个以土地耕种为基础的农业国家。古埃及农业生产几乎完全依赖于尼罗河河水的定期泛滥，因为古代埃及的年降水量极低。尼罗河洪水过高和过低都会给埃及人的生活和农业生产带来灾难。埃及历史上也的确发生过农业歉收的情况，农业歉收往往导致社会动荡，第一中间期就是这种状况。即使在尼罗河洪水正常泛滥的时候，埃及的农业收获物也因尼罗河泛滥水位的高低差异而有所不同，因而古埃及官方特别注意对尼罗河水位的测量，以便预测当年农业产量情况，作为税收的标准。

　　从理论上讲，在埃及统一国家形成之后，全国的土地都归国王所有，国王将全国的土地赐予王室成员、各级官僚贵族和神庙。在现实生活中，掌握土地的这些统治阶级的成员往往掌握了土地的使用权和继承权，甚至可以通过遗嘱的方式将土地遗赠给神庙祭司。我们权且称这些人为"土地所有者"。这些土地的耕种者主要是农民。农民获得部分收成作为报酬，其余收获物都归"土地所有者"。"土地所有者"要向国家缴纳税款，往往以实物的形式缴纳。当然，古代埃及社会还有手工业生产、贸易交换活动等。学界关于古埃及社会商品经济所占经济活动比重以及古埃及经济性质的探讨时有发生，但总体上看，古埃及是一个以土地农业为核心的社会。本书这里择要译介部分经济文献，以期从若干侧面反映古埃及农业经济的基本面貌。

1.王子内库拉的遗嘱

内库拉是第 4 王朝国王哈夫拉之子。国王哈夫拉统治了 24 年之久，以至于王子内库拉认为自己有必要在活着的时候立下遗嘱。这份遗嘱发现于王子内库拉在吉萨的坟墓的墙壁上。内库拉的这份遗嘱是古王国时期留存下来的同类文献中保存最为完整的。以遗嘱的方式处理自己的土地，更使后人对古王国时期埃及的土地占有制度有了较多认识。这篇遗嘱为学者们了解古王国时期王室占有土地的情况提供了宝贵资料。根据遗嘱内容，王子内库拉至少拥有 26 个城镇地产和两份金字塔地产，他将 12 个城镇地产和两份金字塔地产分给他的妻子和几个子女，给自己留下 14 个城镇地产。在这些地产中，有 9 个城镇地产是以他父亲即国王哈夫拉的名字命名的，因而这些地产是否为内库拉王子生前所拥有，尚不得而知。本译文根据 James Henry Breasted, *Ancient Records of Egypt*, vol. 1, Chicago: University of Chicago Press, 1906, pp. 89—90 译出。

时间
第 12 次统计大小牲畜之年。

引言
国王之子内库拉——，当他能够自如行走且无伤痛的时候，作出（如下）[命令]。

第一份遗产
我将我在——①的"哈夫拉——"和"哈夫拉——"的（城镇）留给国王的心腹之人内肯内布提。

第二份遗产
我将我在东方腹地②的["哈夫拉——"，"哈夫拉——"和"哈夫拉——"]的城镇留给我的儿子，国王的心腹之人内库拉。

---

① 这里丢了诺姆的名字。
② 某个诺姆的名字。

第三份遗产

我将我在东部地区的"哈夫拉——"的城镇、在东方腹地的"哈夫拉——"的城镇留给我的女儿，国王的心腹之人海特夫利斯。

第四份遗产

我将我在——的"哈夫拉的声誉伟大"的（城镇）、在门德斯诺姆的"哈夫拉——"和"哈夫拉——"的城镇留给我的儿子，国王的心腹之人肯涅布提维尔。

第五份遗产

我将我在门德斯诺姆的"哈夫拉——"和"哈夫拉——"的城镇留给——。

第六份遗产

我将我在塞拉斯提斯山诺姆的"哈夫拉美丽"（城镇）、上埃及第20诺姆的"哈夫拉光辉"城镇和"哈夫拉伟大"的金字塔城、我的女儿的地产、——和——，留给我的爱妻、国王的心腹之人内肯内布提。

2.匿名官员的捐赠令

这个捐赠令铭刻在开罗博物馆的一块石碑上，记录的是一位官员以捐赠令的方式，将土地作为丧葬地产留给祭司，以便祭司在官员死后为其提供祭品。这篇文献反映了古王国时期的土地制度情况。本文根据 James Henry Breasted, *Ancient Records of Egypt*, vol. 1, Chicago: University of Chicago Press, 1906, pp. 91—93 译出。

引言

——当他活着的时候，甚至独一无二的伙伴，涅亨的领主，国王宫廷的成员，每日——"天空第一荷鲁斯的赞美"的地方长官，——这些丧葬祭司永远——

捐赠可以传承

——这是我发布的关于这件事的敕令：我没有授予权力于——，[我的兄弟们] 中的任何一个，我的姐妹们或我的女儿的孩子们、低级丧葬祭司或辅助丧葬祭司，用我遗留给他们的土地、土地上的人们和任何东西，为我提供丧葬祭品；无论他们的男仆从 [或女仆从]、他们的兄弟或他们的姐妹，都需要节约，以便为我提供祭品，在"哈夫拉是伟大的"金字塔旁边的永恒坟墓里；根据土地的份额、人民的数量和我遗留给他们的所有东西，以便为我提供祭品。

传承序列

我没有授权领受捐赠的任何丧葬祭司把土地、人民或我已经遗留给他们的任何东西（以便他们为我提供祭品），支付给任何人；或者作为财产给予任何人，除非他们将它给予他们的孩子；或者令他们有权与这些丧葬祭司中的任何丧葬祭司瓜分它。

违背捐赠令的情况

无论领受捐赠的丧葬祭司将违背什么，我的丧葬祭品的——，国王将其给予我作为荣誉，他所掌握的那部分将从他那里带走——。

涉及祭司诉讼的捐赠

领受捐赠的丧葬祭司将对他的伙伴实施什么样的司法程序，而且他陈述针对丧葬祭司无论什么样的事情，被告因此被没收他的那部分所有物；土地、人民和每样东西都将从他那里带走，这些都是我给予他以便他能够为我提供祭品——。它将被返还给他，因为这些捐赠物不适用于官员面前的法律程序，这些捐赠物涉及土地、人民和我遗留给领受捐赠的丧葬祭司的任何东西，以便他能够为我提供祭品，在我永恒的坟墓里，这个坟墓在金字塔"哈夫拉是伟大的"的墓地里。

祭司改变服务内容

领受捐赠的丧葬祭司无论将转向其他任何服务类型，在官员面前，——官员，他将转向其他服务，而他的那部分所有物将归还给他属于的那个祭司团体。——，土地，人民，和我遗留给领受捐赠的丧葬祭司的任何东西，以便他能够为我提供祭品，在我永恒的坟墓里，这个坟墓在金字塔"哈夫拉是伟大的"的墓地里；他将拿着他的肉前往。

国王给予的土地

至于这块田地，国王给予我，为了表扬我，——，为了使我在坟墓里获得祭品。

捐赠的转让

至于我给予他们的任何东西，如果被转让，我就会在审判举行的地方，与他们进行审判。之后仍然留下来的部分财产的十分之一将属于这些祭司，我已经把这个——遗留给了他们——。仍然剩余的部分，用于为我提供祭品，在我的永恒坟墓的墓地里，在金字塔"哈夫拉是伟大的"旁边。

捐赠的城镇

至于丧葬捐赠的城镇，它们是国王给予我的，为了赞扬我，留作我的丧葬祭品，根据名单——永远，丧葬祭品给予我，在我永恒的坟墓里，在金字塔"哈夫拉是伟大的"旁边的墓地里，土地、人民和我遗留给他们的所有东西。

至于纯净的丧葬捐赠的城镇，净化借以执行——

3.神庙献祭物品名单

下面这两份文献属于第 8 王朝或更晚的时候。两份文献里面都有向神献祭的物品名单，也有一些过渡性语句。有学者根据这些语句认为它们是由一位祭司长写作的。本译文根据 Nigel C. strudwick, *Texts from the Pyramid Age*, Atlanta: Society of Biblical Literature, 2005, pp. 125—126 译出。

铭文 A：这块石头上的铭文损毁严重，石块保留在开罗博物馆，编号为 JE43290。从敏神的出现来看，这份献祭物品是给予敏神的。

在收获季第 4 个月第 25 日，即半月节的当日，也是这一年的第一次节日。敏神的……和 iry pat，王子，敏神的发型师，海泰普卡敏乌与这个神庙里面所有精灵祭司的监督者们关系密切；希望他执行对敏神、对敏神的母亲、对托特和对这个神庙里的所有神的崇拜仪式。祭品名单（如下）：

（这里仅仅列出第二栏的祭品名单，因为比较完整；其他九栏的内容都不完整。）

金片和铜片：7ab 船

铜：3ab 船

天青石碎片：40

孔雀石碎片：1040

银碎片：40

金碎片：40

Hez 船：4

火钳：2

Paqt、shesr 和 aat 衣服：大量

装饰着天青石的颈圈：36

敏神的储藏间和敏的母亲的储藏间将获得牛奶坛子；敏和敏的母亲的地产将为敏神……提供 [神圣祭品]。

制作成绳子和 160 个袋子以及 700 个（？）……

敏神的财产将被建立起来：牛和仆人……

为第 2 年，为每年的事迹可得到的：……

铭文 B：这块石头铭文的位置不详。

进口木材

Shepset 船

象牙香炉

……关于神庙任何 khenret 个人

……代表 iry pat，国王的儿子，诵经祭司，众神当中的人们的控制者，祭司的管理者……

……因此发生的事情是这个神通过水路而来……

……第 1 年，泛滥季第 2 个月第 1 日，伴随着……

……我已经赦免了这个神庙的祭司……

……之前在这个神庙里。我已经获得了……的 benu 箱子。

……为了他们的儿子们的儿子们,为了他们的孩子们的孩子们……

4.海普塞菲十份契约

海普塞菲(Hepzefi)是第 12 王朝埃及中部西乌特诺姆的诺姆长,也是当地的一个贵族,或许是第 12 王朝的法老扶植起来的一个新的地方贵族。他的十份契约对于了解中王国时期的埃及社会政治和司法以及宗教献祭等都具有重要意义。尤其对于司法来说,这十份契约是目前所知埃及保存下来最早的关于民事案件的契约,因此对于揭示当时埃及的政治和社会形势都具有十分重要的意义。

这十份契约里面涉及了四个社会群体:诺姆长或地方长官、官员、市民和农民。这四者的关系并不是十分清晰,但基本上看,诺姆长是地方上拥有土地和权力的人,官员或许是市民中的一部分,市民可能拥有土地或租用王室土地,而农民则是为市民或官员劳动,并交税和代为奉献祭品的。

诺姆长拥有的土地分为两部分。一部分是家族财产,是从他父亲那里继承而来的,这部分财产是可以根据个人的遗嘱进行分配的。另一部分是诺姆长的地产,是因为国王的任命而获得的财产,是不能随意继承的。

这十份契约铭刻在海普塞菲在阿西尤特的岩窟墓大厅的东墙壁上。唯一完整的抄本于 1898 年由 F. L. 格林菲斯先生出版。本文根据 James Henry Breasted, *Ancient Records of Egypt*, vol. 1, Chicago: University of Chicago Press, 1906, pp. 260—271 译出。

世袭王子和地方长官、高级预言师海普塞菲;他对他的丧葬祭司说:"瞧,我通过契约从这些祭司手中获得的所有这些事物都由你来管理。因为,正是一个人的丧葬祭司可以维持他的所有物和他的献祭。

瞧,我已经告知你;关于这些我已经给予这些清洗祭司的事物,作为他们已经给我的这些事物的补偿,一定要留意,不要使它们中的任何事物丢失。关于我已经给予他们的事物名单命令，要让你的儿子即你的继承人听到，就是那个将成为我的丧葬祭司的人。瞧，我已经授予你田地、人们、牛、花园及其所有东西，就像西乌特的每一位地方长官做的那样，墓地是你可以心怀满意地向我献祭的地方。你站在我所有的所有物上面，它们是我放在你手中的。瞧，它们在你面前的文书里。这些事物应该属于你特殊的儿子，那个你钟爱的儿子，那个将做我的丧葬祭司的儿子，在你的其他孩子们面前，我已经将我的东西作为食物遗赠给他；不允许他把它们分给他的孩子们，根据我向你下达的这个命令。"

第一份契约

标题

地方长官、高级预言师海普塞菲与西乌特的神乌普瓦乌特的神庙的祭司们签订的契约，即：

海普塞菲获得的东西

他（海普塞菲）将获得的东西：当西乌特的神乌普瓦乌特到这个神庙中的时候，即在历法的五个补充日的第一天，莱何瑞特（Rekreret）的神阿努比斯的神庙里面的每个wab祭司，为他在神庙的雕像提供一块白面包条。

海普塞菲支付的东西

作为补偿，当乌普瓦乌特神到达这个神庙的时候，他把这个神庙里面献祭给西乌特的神乌普瓦乌特的公牛当中属于地方长官的那部分给他们，这部分占到公牛的四分之一。

支付的资源

他对他们说："你们瞧，我已经把这个神庙里面属于我的四分之一的牛给了你们，为的是你们给我提供这份白面包。"哦，他们已经把公牛当中可以继承的部分给了他，为了他的雕像，由他的丧葬祭司掌握，在他把这四分之一的牛给予他们之前。

结论

哦，他们对它满意。

第二份契约

标题

地方长官、高级预言师海普塞菲与西乌特的神乌普瓦乌特的神庙祭司们签订的契约，即：

海普塞菲获得的东西

他（海普塞菲）将获得的东西：(a) 在第一个季度第一个月的第一日，即新年节这天，当神庙为它的神奉献祭品的时候，当神庙里点燃火炬的时候，神庙祭司中的每个人为他的雕像奉献白色面包，由他的丧葬祭司掌握。(b) 在点燃火炬的这天，当他们赞扬他们自己的贵族的时候，他们将跟随他的丧葬祭司，赞扬他，直到他们到达神庙的北角。

海普塞菲支付的东西

作为补偿，他已经在地方长官的地产收割的第一日，将地产上每块田地里面一海卡特的谷物给予他们；在收割的第一日，西乌特的每个市民都这样做。现在，瞧啊，他开始命令他的所有农民将他的田地的第一份收获物送进这个神庙。

对未来诺姆长们的命令

哦，他说："瞧啊，你们知道，关于任何官员或任何市民从他收割的第一份收获物中给予神庙的任何东西，如果在神庙里丢失，都会令他不悦。因此，未来的任何地方长官都不应该减少未来的祭司们的收入，不能用另一个地方长官的契约来确保这种损失。这份谷物应该属于祭司们自己；任何将给予我这种白面包的祭司，都不应将它分给他的同事；因为他们也要亲自给我这种白面包。"

结论

哦，他们对它满意。

第三份契约

标题

地方长官、高级预言师海普塞菲与神庙官员们签订的契约，即：

海普塞菲获得的东西

他（海普塞菲）将获得的东西：在 wag 宴会日这天，即在第一个季度的第一个月的第十八日，他将获得面包和啤酒。他将获得的东西的名单如下：

人名登记	啤酒，单位：坛	扁平面包，单位：条	白面包，单位：条
高级预言师	4	400	10
宣读者	2	200	5
秘密事物的掌握者	2	200	5
服装的管理者	2	200	5
仓库的主管	2	200	5
宽敞大厅的管理者	2	200	5
卡之屋的主管	2	200	5
神庙的书吏	2	200	5
祭坛的书吏	2	200	5
仪式祭司	2	200	5

海普塞菲支付的东西

作为补偿，他从他家族地产上他的财产中，而非从地方长官的地产上的财产中，拿出22个神庙日给予他们：4个神庙日给予高级预言师，2个神庙日给予他们中的每个人。

"神庙日"的定义

哦，他对他们说："瞧啊，关于一个神庙日，它是一年的三百六十分之一。因此，当你们送到神庙里面的每样东西——包括面包、啤酒和肉——按日划分时，也就等于每日由所有进入神庙的面包、啤酒和一切事物的三百六十分之一构成，这是我在这些神庙日里面给予你们的单位事物。瞧，它是我的家庭地产上的财产，它不是地方长官的地产上的财产；因为我是一个祭司的儿子，就像你们当中的每个人那样。瞧，这些神庙日将属于神庙里面每一个未来官员，因为他们为我提供面包和啤酒。"

结论

哦，他们对它满意。

第四份契约

标题

地方长官、高级预言师海普塞菲与西乌特的神乌普瓦乌特的神庙的祭司们签订的契约，即：

海普塞菲获得的东西

他（海普塞菲）将获得的东西：(a) 在 wag 宴会日这天，即在第一个季度的第一个月的第十八日，神庙祭司中的每个人都为他的雕像奉献一条白色面包。(b) 在神庙中点燃火炬的这天，当他们赞扬他们自己的贵族的时候，他们将跟随他的丧葬祭司，为他点燃火炬，并赞扬他。当时，这种白色面包将由我的丧葬祭司掌管。

海普塞菲支付的东西

作为补偿，他将为他们支付：(a) 为每头公牛提供一哈尔的燃料，为每只山羊提供一乌哈特的燃料，这些是他们给予地方长官的仓库的东西，当每头公牛和每只山羊被献祭给神庙时，就像过去他们给予地方长官的仓库那样。哦，他已经把它给与他们，而非从他们那里收集它。(b) 他已经给他们 22 坛啤酒和 2200 条扁平面包，这些是神庙的官员们在第一个季度的第一个月的第十八日给予他的；作为他们每个人给予他白色面包的补偿，这些东西是他们从神庙中属于他们的份额中拿出来的；也作为他们对他的赞颂的补偿。

具体说明

哦，他对他们说："如果这份燃料被未来的地方长官占据，那么，瞧，这种面包和啤酒将不会减少，神庙的官员们将其传递给我，我已经给予你们。瞧，我已经通过契约从他们那里确保了它。"

结论

哦，他们对它满意。

第五份契约

标题

地方长官、高级预言师海普塞菲与神庙服装的管理者签订的契约,即:

海普塞菲获得的东西

3个灯芯,用这些灯芯为神点燃火炬。

海普塞菲支付的东西

作为补偿,他(地方长官)给予他(管理者)3个神庙日。现在,这3个神庙日将属于每个未来的服装管理者,因为这3个灯芯属于他(地方长官)。

灯芯的处置

1.他(地方长官)对他(管理者)说:"它们当中的一个将给予我的丧葬祭司,当他在历法补充日第五日即新年节的夜晚,经过服装管理者这里,用灯芯为神点燃火炬的时候。他将把它传递给我的丧葬祭司,他在神庙里面用它做了他做的事情之后。"

2."在新年节早晨,当房屋为它的神奉献祭品的时候,当神庙的祭司们给我奉献白色面包的时候,他们每个祭司在新年节这天给我白色面包,他将进行另一次点燃火炬的活动。我将获得我的丧葬祭司的赞扬。"

3."在第1个季度第1个月的第18日,即在wag宴会这天,他将进行另一次点燃火炬的活动,同时奉献每个神庙祭司给予我的白色面包。这个灯芯将从我的丧葬祭司而来,当他和祭司们一起赞扬我的时候。"

哦,他(地方长官)对他(管理者)说:

"神庙日"的定义

"瞧啊,一个神庙日,它是一年的三百六十分之一。因此,当你们送到神庙里面的每样东西——包括面包、啤酒和肉——按日划分时,也就等于每日由所有进入神庙的面包、啤酒和一切事物的三百六十分之一构成,这是我在这些神庙日里面给予你们的单位事物。瞧,它是我的家庭地产上的财产,它不是地方长官的地产上的财产。"

进一步强调协议的有效性

"现在，3个神庙日将属于每个未来的服装管理者，因为这3个灯芯属于他，你们为了这3个神庙日给予我灯芯，我已经将3个神庙日给予你们。"

结论

哦，他们对它满意。

第六份契约

标题

地方长官、高级预言师海普塞菲与乌普瓦乌特的高级预言师签订的契约，涉及的内容如下：

海普塞菲获得的东西

祭坛上的烤肉，祭品桌上的烤肉，在神庙中每头被屠宰的公牛的肉。

仪仗队伍举行游行期间每日一坛啤酒；这也将归未来的每个高级预言师掌握。

海普塞菲支付的东西

作为补偿，他（地方长官）已经给他（高级预言师）两个神庙日，是从他家庭地产上他的财产中取出的，不是从地方长官的地产上的财产中取出来的。

肉的处理

哦，地方长官海普塞菲说："当这块烤肉和这坛啤酒在仪仗队伍游行的每一日来到时，它们归我的雕像所有，由我的丧葬祭司掌管。"

结论

哦，他因此在神庙的官员们面前是满意的。

第七份契约

标题

地方长官、高级预言师海普塞菲与乌普瓦乌特的高级预言师签订的契约，涉及的内容如下：

海普塞菲获得的东西

3个灯芯归他所有，阿努比斯神庙的火炬依靠它来点燃：

在历法 5 个添加日的第 5 天，即在新年节的夜里点燃。

在新年节的白天再次点燃。

在第 1 个季度第 1 个月的第 17 日，即在 wag 宴会的夜晚再次点燃。

海普塞菲支付的东西

作为补偿，他已经给他 1000 测量单位的土地，在 [—]，从他父亲的田地里，作为这 3 个灯芯的补偿物，他把灯芯给予我的丧葬祭司，为了借以为我点燃火炬。

结论

哦，他因此是满意的。

第八份契约

标题

地方长官、高级预言师海普塞菲与阿努比斯神庙祭司签订的契约，即：

海普塞菲获得的东西

他将获得如下东西：

（a）在第 1 个季度第 1 个月的第 17 日，即在 wag 宴会的夜晚，每个祭司给予他的雕像 1 条白色面包。

（b）在神庙中点燃火炬的这天，当他们赞扬他们自己的贵族的时候，他们将跟随他的丧葬祭司，为他（地方长官）点燃火炬，并赞扬他。

（c）每个月执勤的祭司都应该向他的雕像奉献面包和一坛啤酒，雕像在他的坟墓的较低层，他每日因为神庙里的献祭而出来。

海普塞菲支付的东西

作为补偿，他给予他们谷物，从地方长官的地产上的每块田地的第一批收获物中拿出，就像西乌特的每位市民从他的第一批收获物中拿出祭品那样。现在，瞧，他开始让他的每位农民从他的田地里把收获物送到阿努比斯的神庙。

对未来诺姆长们的命令

哦，地方长官海普塞菲说："瞧，你们知道，每个官员和每个市民都会把自己的第一批收获物送到神庙，如果他们送去的东西有所缺少，那么这件事情不会令他高兴的。因此，希望未来的地方长官不要减少未来祭司们的收入，不要用另一个地方长官的契约来保证对祭司收入的减损。"

个人支付和报酬

这个谷物应该属于每个祭司，他们将给我提供白色面包。他不能把它分给他的同事们，因为他们每个人都必须给我提供白色面包。

结论

哦，他因此是满意的。

第九份契约

标题

地方长官、高级预言师海普塞菲与墓地的管理者和山地人签订的契约，即：

海普塞菲获得的东西

他将获得的东西：

（a）在历法添加日第5日，即在新年节的夜晚，也在新年节白天，他们到阿努比斯的房屋，去获得2个灯芯，阿努比斯的大祭司把灯芯给予地方长官海普塞菲。

（b）他们边走边赞颂他，直到他们到达他的神庙。

（c）他们把1个灯芯给予他的丧葬祭司，在他们赞扬他之后。就像他们赞扬他们的贵族那样。

海普塞菲支付的东西

作为补偿，他应给他们的东西：

（a）2200测量单位的土地，在[一]，从他家庭地产上他的财产中，不是从地方长官的地产中：

登记名字	测量单位
墓地的管理者	400
高地的首领	200
八个山民	1600

（b）除此以外，还要把每个神庙里面每头在这个高地上屠宰的公牛的腿上的脚给予他们。

海普塞菲进一步获得的东西

他们给予他的东西：

墓地的管理者，2坛啤酒，100条扁平面包，10条白面包。

高地的首领，1坛啤酒，50条扁平面包，5条白色面包。

8位山民，8坛啤酒，400条扁平面包，40条白面包。

给予他的雕像，由他的丧葬祭司掌管，在第1个季度第1个月的第1日，即在新年节这天，当他们赞扬他的时候。

对契约有效性的进一步确认

哦，他对他们说："瞧，我已经给你们的这些测量单位的土地，应该属于将来的每位墓地管理者、每位高地首领、每位山民，因为他们将为我提供这种面包和啤酒。"

附加条款

"你们应该在我的花园里面的我的雕像的后面，遵循它，当——，在一个季度开始的每个宴会上，在这个神庙庆祝的宴会上。"

结论

哦，他因此是满意的。

第十份契约

标题

地方长官、高级预言师海普塞菲与高地的管理者签订的契约，即：

海普塞菲获得的东西

他们将给予他1坛啤酒，1大条面包，500条扁平面包和10条白色面包，为他的雕像，由他的丧葬祭司掌管，在第1个季度第1个月的第17日，即在wag宴会的夜晚。

海普塞菲支付的东西

作为补偿，他已经给他：

（a）1000测量单位的土地，在[—]，从他的家庭地产上他的财产中，不是从地方长官的地产上的地产中取出。

（b）在每个神庙的这个高地上屠宰的每头公牛的四分之一。

契约有效性的进一步确认

哦，他对高地的管理者说："瞧，这些测量单位的土地将属于每个未来的高地的管理者，因为他将为我传递这种面包和啤酒。"

结论

哦，他因此是满意的。

5.奴隶与农业劳动

古埃及的很多书信涉及经济问题。这里翻译出来的是新王国第19王朝时期的一封书信，书信是由一位书吏写给神庙预言师的，讲述的是神庙奴隶和农业生产问题。根据这封信，一个奴隶可能因为攻击事件而被警察扣押，托特神庙的预言师作为父亲，请作为儿子的书吏帮助调查和处理这件事情，书吏进行了大量调查，并与警察对簿公堂。结果未知，但书吏确信自己能够摆平这件事情。书信里面还提到了运送托特神旗帜的事情，也提到了处置四位生产者的情况。当然，由于书信比较孤立，没有其他背景信息，从而书信里面提到的一些内容比较难以理解。无论如何，这份文献对于了解古埃及神庙经济具有重要意义。本译文根据 E. Wente, *Letters from Ancient Egypt*, Atlanta: Scholars Press, 1990, pp. 125—126 译出。

祭品桌的书吏巴肯阿蒙（Bakenamon）给托特神庙的预言师拉莫斯（Ramose）的信。

祭品桌的书吏巴肯阿蒙向他的父亲、孟菲斯的托特神庙（即心满意之地）的预言师拉莫斯致敬：

祝愿众神之王阿蒙－拉神生命、荣光、健康、令人爱戴！我在呼喊早上升起的普瑞－哈拉凯悌和夜晚降落的阿蒙、拉美西斯二世（LPH）的普瑞和普塔神、陪－拉美修姆阿蒙（LPH）的所有神、普瑞－哈拉凯悌的伟大的卡，祝愿

373

他们给你健康、给你生命、给你荣光，祝愿他们让我看到你健康并与你拥抱。

另一件事情是：我已经注意到了你在心中对我问候之后提出的要求。你健康快乐也正是普瑞和普塔神需要的。我不知道我的孩子已经到你那里去了，因为我派他去的地方是塞海姆派特城镇（Sekhempehty）。否则，我会亲手给你写一封信的。不要停止给我写信，这样我可以了解你的状况。

关于你在信中写到的托特神庙的叙利亚人事件，我进行了调查。我发现，在第3年第3个季度第2个月的第10日，他被派遣到你那里，在你的管理下，在托特神庙里作为耕种者而劳动，他是要塞监管人已经带回来的货船中的若干奴隶之一。下面是他的身份信息：叙利亚人奈克迪（Nekedy），塞勒迦（Serertja）的儿子，塞勒迦的母亲是凯迪（Kedy），来自阿拉多斯（Aradus）之地，船长凯尔（Kel）的船上的这个神庙的货船的一个奴隶。船长凯尔的身份是："法老（LPH）要塞的士兵传令官队长哈默普（Khaemope）将其征为士兵。"我去了法老要塞的士兵传令官队长哈默普那里。他拒绝为他负责；他简短地对我讲："正是维西尔麦瑞塞赫麦特（Merysakhmet）征收他为士兵的。"我去了维西尔麦瑞塞赫麦特那里，他和他的书吏都拒绝负责，说："我们从未见过他。"我找到日常袭击事件警务处的队长，说："把你控制的托特神庙的叙利亚耕种者给我，以便他可以被带到他的预言师那里。"现在我正在大法庭上与他辩论。

此外，你在信中提到了关于托特神的神圣旗帜的问题，我已经注意到了。它没有被径直带到我这里来，尽管我早已安排人手去运送它。如果你派人把它送给我，然后再由我来派人运送它，事情会更顺利一些，但不要担心这件事情了。

不要焦虑种子订单的事情了。我已经检查了它。我发现，3个男人和1个男孩儿，总共4个人，生产了700哈尔单位的谷物。我跟谷仓记录管理者的长官谈了，告诉他们："今年让这3个耕种者去为神服务。"他们回答我："我们将照做，我们将照做。我们将留心你的要求。"这就是他们对我说的。我就站在他们面前，直到他们把登记档案送往田地，并且直到你发现我为你做的每一件事情，因为只有一个男人生产了200哈尔单位的谷物，以至于他们决定按照我的意思执行，把2个男人和1个男孩留给你，由你处理，让他们生产500哈尔单位的谷物。

现在再谈一下这个被分配给你的叙利亚耕种者，他将在夏季几个月里分配给你。只要他活着，他的夏天就由你来控制了。

6.神庙献祭与农业事件

古埃及神庙经济在整个社会经济中占据重要地位，神庙至少从事农业生产、采矿、贸易、油料生产、建筑等活动。新王国时期，底比斯的神庙经济尤其突出，最终阿蒙神庙的财力甚至可以与国王的国库抗衡。这里翻译出来的是新王国第19王朝时期的一封书信，书信涉及的是神庙内的祭品奉献和农业生产等问题。从这封信的内容来看，阿蒙霍特普三世葬祭庙的wab祭司似乎比塞赫麦特神庙的wab祭司地位更高，行文存在命令或经验告诫的意味。书信尤其强调了wab祭司要认真对待神庙祭品的奉献、谷仓收入的管理和牛群的管理。这在一定程度上揭示了古埃及神庙的经济生活的一个侧面。应该说，这份文献对于了解古埃及神庙经济具有一定意义。本译文根据E. Wente, *Letters from Ancient Egypt*, Atlanta: Scholars Press, 1990, pp. 125—126译出。

底比斯西岸奈布玛拉（Nebmare）神庙（阿蒙霍特普三世的葬祭庙）的普塔－索卡尔神的wab祭司敏摩斯（Minmose），给塞赫麦特神（Sakhmet）的wab祭司索贝克霍特普（Sobekhotep）（奥阿蒙Oamon的儿子）写信：

请留意众神的节日，也要在那些居住在奈布玛拉的神庙里的每一位神的礼拜堂里面提供神圣祭品；把祭品奉献给在其太阳圆盘中的阿蒙、狂欢的奈菲尔图姆－荷鲁斯、在他的神庙中的大神塞赫麦特、上埃及的乌普瓦乌特和下埃及的乌普瓦乌特、阿蒙－卡穆太夫的众神、每个男神和每个女神。请准备他们的祭品。不要忽略我所说的话。关心你所服务的神，因为他们可能会给你生命。

进一步交流：也请派送一封信给你的耕种者，他在田地里，掌握着谷物。告诉他关于谷仓应该得到的大麦和二粒小麦的收获估值。不要让谷仓缺少大麦或二粒小麦，因为房屋以谷仓为基础。此外，你应该关注牛圈。注意，留心！请让牛得到正确照料。不要置之不理。如果你积极认真，那么善莫大焉。

7.远征蓬特的浮雕和铭文

第18王朝哈特舍普苏特女王在戴尔·巴哈里的葬祭庙里面中层高台的南半部分刻画了她对蓬特进行的贸易远征活动。这份浮雕和铭文具有非常重要的价值，因为它为我们提供了埃及与蓬特地区开展贸易活动的最早最为翔实的记录，在这之前埃及与蓬特的往来都是记录在零零散散的史料里面。关于蓬特地理位置的讨论很多，一般可以接受的观点认为，它或许位于非洲索马里沿岸。浮雕把蓬特置于墙壁的最南端，舰船出发去往蓬特的时候，头部朝向蓬特，当返航时则尾部朝向蓬特，这样远征舰队在墙壁的北半部分结束。这份史料的珍贵之处还在于它为我们提供了哈特舍普苏特女王的部分功绩。本译文根据 James Henry Breasted, *Ancient Records of Egypt*, vol. 2, Chicago: University of Chicago Press, 1906, pp. 102—122 译出。

I. 舰队的出发

场景：

五艘船中的两只仍然停泊在那里，其他三只已经在航行中了。最后一只船上方铭刻着领航员的命令："驶向港口。"一只捆绑着一棵树的小船上方有这样一句话："给予陛下（LPH）的祭品，给予蓬特的夫人哈托尔的祭品，她将带来风。"这说明舰队在离开河岸的时候向神奉献了安慰祭品。

铭文：

在海上航行，开始向着神的土地安稳地前进，和平地向着蓬特之地出发，由两地之主人的军队护航，按照众神之王、底比斯的神、卡尔纳克的居住者阿蒙的命令，为了为他带回每个国家的奇珍异宝，因为他如此地热爱上下埃及之王[玛阿特卡拉，哈特舍普苏特]；为他的父亲阿蒙-拉神即天空之神和大地之神，做比这个土地上以前的所有国王做的都多的事。

II. 在蓬特获得接待

舰队已经安全抵达，远征队已经登陆。

场景：

在右边，"国王的信使"在他的士兵们的前面前进。一堆项链、短柄小斧、匕首等在他面前，表面上是给予哈托尔的祭品，实际上是用于与蓬特人进行贸易的物品。蓬特人的首领帕拉胡从左面前进，来会见埃及人。他后面跟随着他的肥胖的妻子阿提和他们的孩子（两个儿子和一个女儿）以及三个蓬特人，这三个蓬特人驱赶着一头驴，"他的妻子坐在驴身上"。这些场面下面是一个蓬特的地貌场景：树林里面是蓬特人的房屋，房屋建在一些立柱上。下面是水，这说明埃及人登陆的这个地方靠近大海。铭文如下：

铭文：

埃及人上方的铭文

国王的信使到达了神的土地，他的军队跟在他后面，他站在蓬特的首领面前；把从宫廷（LPH）那里带来的所有好东西都分发给蓬特的夫人哈托尔；为了陛下的生命、荣华和健康。

蓬特人面前的铭文

蓬特的首领们来了，弯腰敬礼，接待国王的这支军队；他们赞扬众神之王阿蒙-拉神——。

蓬特人上方的铭文

当他们祈祷和平的时候，他们说："你们为什么会来到这块无人知晓的土地？你们是从天上来的吗？你们是从水路在神之土地的大海上航行至此吗？你们是踏着拉神的路而来吗？哦，至于埃及的国王，没有任何路可以到达陛下那里吗？我们依靠他给予的呼吸而生存。"

蓬特领袖前方的铭文

蓬特的首领帕拉胡。

他妻子面前的铭文

他的妻子阿提。

驴子上方的铭文

他的妻子骑在驴子身上。

III. 交易

场景：

右边是国王信使的帐篷，他就站在帐篷前面。他面前是蓬特的产品，从左边走来的是一长队蓬特人，他们也携带着类似的产品；在他们头上方是首领和他肥胖的妻子，就像之前的场面那样。在最左边是蓬特风景，就像在II部分里面的情景那样。铭文如下：

帐篷里的铭文

在海边，在蓬特没药田地里，为国王的信使和他的军队搭建帐篷，以便接见这个国家的首领们。按照宫廷（LPH）的命令，向他们提供面包、啤酒、葡萄酒、肉、水果和所有可以在埃及找到的东西。

埃及人面前的铭文

国王的信使接收蓬特首领的贡赋。

蓬特人面前的铭文

蓬特的首领携带着贡赋来到海边，来到国王的信使面前——。

IV. 往船上装载货物

场景：

两艘船满载着没药树、若干袋的没药、象牙、木头和猿猴；在海滨，人们扛着袋子和树木，登上甲板。铭文如下：

海滨扛着树木的男人们上方的铭文

注意你的脚,你们这些人!瞧,货物很重!

荣华与我们同在,为了神之土地中的没药树,为了阿蒙神之屋;根据命令,在他的神庙里,将有一个地方,为玛卡拉(Makere)种植这种树木。

船只上方的铭文

船上的货物因为蓬特之地的奇珍异宝而非常沉重;神之土地的所有美好香木,成堆的没药树脂,新鲜的没药树,乌木和纯象牙,埃姆(Emu)的绿色黄金,肉桂树木材,khesyt 木材,ihmut 香,sonter 香,眼部化妆品,猿猴,猴子,狗,南方豹子皮,本地人和他们的孩子。自创世以来,从来没有人为任何国王带回如此多的东西。

V. 返航

场景:

三只船在海上全速航行,货物已经在上面那部分列举出来了。铭文如下:

船只上方的铭文

航行,平安地到达,欢快地航行至底比斯,两土地的首领的军队在前,这个国家的首领们在后面。他们带来的是蓬特的奇珍异宝,之前没有人为其他国王带来过如此多的东西,因为这个底比斯的神、威严的神阿蒙-拉拥有强大的声誉。

VI. 蓬特、伊瑞姆(Irem)和奈姆耶(Nemyew)的首领们给予女王的贡品

场景:

在右边,女王的卡图什被严重损毁;从左边而来的是两列携带着礼物的男人,他们前面是四行跪着的首领,他们分别是蓬特的首领们(下面两行)、"伊瑞姆的首领们"(中间行)和"奈姆耶的首领们"(上面行,黑人)。在这些后面是携带着没药树和蓬特其他产品的埃及人和蓬特人。铭文如下:

铭文：

——蓬特的首领亲吻哈特舍普苏特面前的土地，——亨特恒诺菲尔（Khenthennofer）的努比亚特洛格罗迪特人，——的每个国家的——，低着头行礼，给陛下在的地方带来贡品，——没有被其他人走过的路，——每个国家都是陛下的领土，并命令——，底比斯的神，作为她的父亲阿蒙命令她的每年的贡品，阿蒙已经把所有土地置于她的脚下，永生。

蓬特首领们上方的铭文

当他们从陛下那里祈祷和平的时候，他们说："向你、埃及的国王、女神拉致敬，你像太阳一样照耀四方，你是陛下，是天空之神——。你的名字远达天际，哈特舍普苏特的名声环绕大海——"

VII. 女王将礼物奉献给阿蒙神

场景：

女王站在左边；她面前是远征军带回来的蓬特和伊瑞姆（下行）的产品以及努比亚的产品（最上面那行）。铭文如下：

女王面前的铭文

国王，上下埃及之王，玛卡拉（哈特舍普苏特），亲自把蓬特的奇珍异宝、神之地的财宝、南方国家的礼物、可悲的库什的关税、黑人土地上的篮子奉献给阿蒙，阿蒙是底比斯的神，居住在卡尔纳克，为了上下埃及之王玛卡拉（哈特舍普苏特）的生命、荣华和健康，以便她可以生活和存在，他的心可以是欢乐的；以便她能够像拉一样永远统治两土地。

树木旁边的铭文

31棵新鲜的没药树，作为蓬特的奇珍异宝为底比斯的神阿蒙带回来的；自创世以来，从未有人带回这样多的树木。

树木下面的铭文

琥珀金，眼部化妆品，蓬特的投掷器，乌木，象牙，贝壳。

豹子旁的铭文

活着的南方豹子，在南方国家为陛下捕捉的。

各种混杂物品

琥珀金，很多豹子皮，3300头（小牛）。

VIII. 称量献祭品

这个场景与前面向神奉献祭品的场景联系起来，不能中断。它配备着下面这段文本：

国王，上下埃及之王玛卡拉（哈特舍普苏特），亲自测量成堆的琥珀金，这是第一次做这么好的事情。国王亲自测量那些呈献给天空之神、底比斯之神阿蒙的新鲜没药，蓬特之地的奇珍异宝中的——收获物中的第一批。哈姆姆（Khmumu）的神（托特）用文字记录它们；塞夫海特（Sefkhet）计算数字。陛下亲自用她的双手测量，最好的没药在她的四肢上，她的芳香是神的雨露，她的气味与蓬特混合起来，她的皮肤镶嵌着琥珀金，照耀四方整个大地，就像繁星在节日大厅中间闪闪发光那样。所有人都在欢欣鼓舞；他们赞美众神的神，他们大声赞美玛卡拉（哈特舍普苏特）的神性，因为那些已经发生在她身上的伟大奇迹。自创世以来，之前的任何神统治时期，这样的事情都没有发生过。祝愿她被给予像拉一样的永生。

测量场景：

两大堆没药被四个人铲进量器里面；第五个人是哈特舍普苏特钟爱的人，即"书吏和高官，图提（Thutiy）"，但他的形象被仔细铲除了，他替女王记录测量结果；托特神在最右边为阿蒙神执行类似的职责。

没药堆上方的铭文

大量的没药堆。

执行测量工作的男人上方的铭文

为底比斯的神阿蒙测量大量新鲜没药；蓬特之地的奇珍异宝，神之地的宝物，为了——的生命、荣华和健康。

托特神面前的铭文

用文字记录，计算数量，总数达几百万，成百上千，几万，千千万万；为天空之神、底比斯之神阿蒙－拉接收蓬特的奇珍异宝。

称重场景：

一只巨大的天平，一边放上大个环状的商业黄金，另一端放上母牛形式的砝码。荷鲁斯神和努比亚的德顿神（Dedun）主持称重，站在左边。右边是文字女神塞夫海特，在做记录。圆形母牛形态的"砝码"和大量条状和圆圈状的"琥珀金"堆放在天平边上。

天平上方的铭文

托特神的准确而真实的天平，是上下埃及之王玛卡拉（哈特舍普苏特）为她父亲、底比斯之神阿蒙建造的，为了称量金、银、天青石、孔雀石和各种珍贵石头的重量，为了陛下——的生命、荣华和健康。

天平下方的铭文

称量金子和琥珀金，南方国家的关税——，为底比斯之神阿蒙－拉，——，阿蒙－拉神居住在卡尔纳克——。

塞夫海特面前的铭文

用文字记录，计算数量，总数达几百万，成百上千，几万，千千万万。为居住在卡尔纳克的底比斯之神阿蒙接收南方国家的奇珍异宝。

IX. 在阿蒙神面前宣布远征成功

场景：

女王站在最左边，手里拿着权杖，站在阿蒙神面前；阿蒙神在最右边，坐在御座上。女王后面是祭司们抬着的阿蒙神圣舟，图特摩斯三世在圣舟面前献祭"最好的新鲜没药"。两个国王中间的铭文如下：

哈特舍普苏特的头衔和称颂

荷鲁斯：拥有强大的卡；两夫人：受到喜爱者，拥有若干个新鲜的年份；金荷鲁斯：戴着王冠的神；上下埃及之王：玛卡拉（哈特舍普苏特），阿蒙的——，他爱她，她在他的王座上，他已经使她合法继承了两土地，即南方和北方的王国，他已经将太阳环抱之地给了她，把盖伯和努特环抱之地给了她。她在南方人中间没有敌人，她在北方人中间没有敌人；天空和神创造的每个国家，他们都为她劳动。他们怀着恐惧的心理来到她这里，他们的首领低着头，他们的礼物在他们的肩上。他们把自己的孩子们呈现给她，以便她给予他们以生命的呼吸，因为她的父亲阿蒙的伟大声誉，阿蒙已经把所有土地置于她的脚下。

神谕：

国王本人，上下埃及之王：玛卡拉（哈特舍普苏特）。宫廷的陛下在众神之主的台阶上祈祷；一道命令来自伟大的王座，神亲自说的神谕，即到蓬特的道路应该被搜寻，到没药之地的快速通道应该被渗透："我将率领水路和陆路的军队，从神之地为这个神即她的美丽的塑造者带回奇珍异宝。"它被执行了，按照这个威严的神的命令，按照陛下的渴望，以便她可能被给予生命、稳定和满意，像拉一样永恒。

阿蒙的许诺

底比斯之神阿蒙－拉说："欢迎！我甜蜜的女儿，我所钟爱的人，上下埃及之王，玛卡拉（哈特舍普苏特），你建筑了我的漂亮纪念物，你清洁了九神团的座位以便我落座，作为她的爱的记忆。你是国王，掌握两土地，海奈麦特－阿蒙，哈特舍普苏特，大量祭品，纯净的食物祭品。你始终令我的心满意；我已经给你我的所有生命和满意、我的所有稳定、我的所有健康、我的所有欢乐，我已经给你所有土地和国家，你的心因此而高兴。我早就想把它们给你了，你将在大量的年份里看到它们，直到我认为在它们身上花费时间已没有用处。我把远达神之地的众神的领土的所有蓬特之地都给予你。"

之前的蓬特

"没有任何人曾踏上过没药之地，人们不知道没药之地；它只存在于祖先的传说里，口口相传而已。因此，奇珍异宝被带到你的父亲们这里，下埃及的国王们，被从一个国王带到另一个国王，自从上埃及的国王们的祖先们的时代以来，他们是苍老的，作为很多支付的回馈；除非他们被抬着，否则没有任何人能够到达它们那里。"

女王时代的蓬特

"但我将令你的军队踏上没药之地，我已经引领水路和陆路的军队，去探索不可进入渠道的水域，我已经到达了没药之地。"

"它是神之地的荣耀区域；它的确是令我高兴的地方。我已经为我自己创造了它，为了使我的心与穆特、哈托尔、威瑞瑞特、蓬特的女神、女神、'拥有伟大魔术的人'、所有男神的女神。当她们希望的时候，她们拿取没药，她们装满船只以使自己满意，装载上新鲜的没药树、这个国家的所有好礼物，人们不知道的蓬特之物，神之地的南方之物。我用爱安抚她们，以便她们能够赞美你，因为你是一个神，因为你的声誉在各个国家。我知道她们，我是她们聪明的神，我是生产者，阿蒙－拉；我的女儿，与神结合在一起，是国王玛卡拉（哈特舍普苏特）。我已经为我自己生了她。我是你的父亲，把你的恐惧放在九弓中，而他们和平地来到众神面前。他们带来了所有奇珍异宝，神之地所有漂亮的东西，为了补偿陛下送给他们的东西：成堆的没药，长着新鲜没药的永恒树木，在节日大厅里结合在一起，将被众神的神看到。祝愿陛下使它们生长。——我的神庙，为了使我的心在他们当中高兴。我的名字在众神面前，我的名字永远在所有活人面前。天空和大地充满芳香；芳香在庞大屋子里。祝愿你为我献祭，清洗和洁净我，为了把乳膏涂抹在神的四肢上，献祭没药，涂抹膏油，为我戴着项链的雕像举行节日，而我正在为你制作贡品。我的心是高兴的，因为看到你。"……

X. 正式向宫廷宣布远征成功

场景：

女王在左边坐在王位上，在一个金碧辉煌的凉亭里，她面前是三个贵族。所有人物都被铲除了。与贵族们一起的铭文如下：

与第一个男人在一起的铭文

瞧，它被命令了，内容如下："他们将把宫廷的命令给予世袭王子、地方长官、执王印者、独一无二的伙伴、首席财政大臣奈锡（Nehsi），派遣军队到蓬特。"

与另两个男人在一起的铭文

两个男人上面的文字都是这样的："国王的高官、宫廷的伙伴（LPH），"中间那个男人上方的文字是"阿蒙的管家森穆特（Senmut）"，国王众所周知的喜爱者。第三个男人没有个人铭文。三个人物都在图特摩斯三世获胜之后，被政治敌人铲除了。

长铭文

这或许是在蓬特浮雕与铭文当中最有意义的部分。它提到了这次远征蓬特安全返回的时间（第9年）。女王公布了远征结果，将其宣布为阿蒙神的功绩，并在廷臣面前仪式性地宣布远征取得的前所未有的成绩。她炫耀自己已经在埃及为阿蒙创造了一个蓬特，并劝诫廷臣们在未来维持越来越多的献祭。最后这个劝诫显然是这部分文字的实际目的。

引言

第9年，发生在观众大厅里的事情，国王戴着埃泰夫王冠出现，坐在镶嵌着琥珀金的大王座上，在他金碧辉煌的宫殿中间。宫廷的大臣和伙伴来听她的命令，一道命令被带来，一个国王的敕令，给予他的高官、神圣的父亲们、国王的伙伴们、大臣们：

国王的话

"我永远通过我父亲渴望的方式照耀着你们的脸庞。事实上，这也是我极为渴望的，我将使那个生了我的他变得伟大；在为我的父亲安排祭品的时候，我将为他奉献辉煌灿烂的祭品；我正在做的事情是我的父亲们、祖先们不知道的，就像大神为永恒之神做的事情那样；我正为以前完成的事情增加事项。我将使它被传递给子孙后代：'她是多么漂亮啊，这件事情已经通过她发生了。'因为我已经对他如此感激，我的心已经充满了他。我是他在今生和来世的辉煌。我已经具备了威严之神的素质，他已经打开了——他已经认可了我的卓越，结果我可以说大量事情，大量我对你们说的事情；它将因为你而照耀活人的土地——你们可以掌握我的美德。我是神，是世界伊始，我所说的事情都取得了成功，钟爱的——他渴望的。你们应该按照我准确表达的执行。你们的生命来源于我的嘴——为了未来。我已经给出了陛下的命令，那个生了我的他的祭品应该是金碧辉煌的，膏油应该增加——纯牛膏油，为了供给祭品——"

已经执行的蓬特远征

"——陛下的敕令，送往没药之地，为他探索道路，去了解他的范围，去开辟他的快速道路，按照我父亲阿蒙的命令。——为了精选膏油，为了给神的四肢涂抹膏油，这是我应该给予众神之神的，为了建立他的房屋的秩序。从神之土地上带来树木，栽在埃及的土地上——为了终身的国王。它们被带来，长着没药，为神的四肢涂抹膏油，这是我应该给予众神之王的。"

埃及的蓬特

陛下说："我将使你知道我的命令，我已经令我的父亲开心——他已经——命令我为他在他的家里建立一个蓬特，在他的神庙边上、在他的花园里，按照他的命令，种植上神之土地的树木。它被执行，为了捐赠我应该献祭的祭品。——我没有忽略他所需要的。你们应该按照我的规定执行，毫不迟疑地按照我的嘴所说的命令执行。他已经渴望我作为他的钟爱者；我知道他所喜爱的所有东西。他是一位神——他的渴望和他所喜爱的——我已经在他的花园里，为他，也为底比斯，建造了一个蓬特，恰恰按照他对我的命令。它对于他来说是巨大的，他可以在它上面自由走动。"——哈托尔，没药的女神，她已经为你（阴性的）伸开了她的双臂——

8.托勒密王朝的饥馑碑

"饥馑碑"是一块竖立在埃及南部第一瀑布附近赛赫尔岛（Sehel Island）的一块花岗岩石碑。之所以称其为"饥馑碑"，是因为碑文讲述的是古埃及第3王朝国王左塞时期发生的为期七年的灾荒事件。实际上，这块石碑是在托勒密王朝竖立的，碑文也是在这个时期编纂和铭刻的。这个年代是根据碑文的语法结构和某些词汇判断出来的。当然，也有不同意见。例如，M.利希特姆认为碑文或许是对古埃及早期文本的修改本。他还认为这块石碑也可能是菲莱岛的伊西斯神庙祭司竖立的，宣称对其周围土地的征税权。长方形石碑的上部浮雕描述的国王左塞向象岛的重要神克努姆-拉神（Khnum-Re）、萨提斯神（Satis）和阿努奇斯神（Anukis）奉献祭品。碑文实际上是象岛克努姆祭司根据"历史事件"宣称对阿斯旺至下努比亚广大地区拥有税收权。本译文根据 W. K. Simpson, ed., *The Literature of Ancient Egypt: An Anthology of Stories, Instructions, Stelae,*

| 六 经济文献 |

Autobiographies, and Poetry, New Haven and London: Yale University Press, 2003, pp. 387—391 译出。

在国王统治的第 18 年。国王的名字是荷鲁斯：奈特柴尔海特，上下埃及之王：奈特柴尔海特，金荷鲁斯：左塞。根据长官（count）、世袭王子、南方地产的统治者、象岛努比亚人的监察员麦塞尔（Mesir）的命令，这份被带到麦塞尔那里的敕令向你发出如下告示：

我对我的王权感到失望，宫殿里的人们都处于悲痛之中。我的心极为痛苦，因为七年以来尼罗河泛滥从未按时出现。谷物匮乏，谷粒消耗殆尽，所有可以食用的食物都很短缺。每个人都受到税收如此大的约束，以至于他们躲在家里不出去。孩童在哭泣，年轻人迷迷糊糊，老年人的心很悲伤，老年人的腿收拢在一起、蹲在地上、用双臂紧紧地抱着双腿。宫廷成为废墟，神庙已然关闭，礼拜堂落满尘埃，一切都很匮乏。我把我的想法追溯到过去，我向有智慧的官员中的一位、首席诵经祭司、南方之墙普塔的儿子伊姆霍尔普咨询：

'泛滥起源的地方是哪里？波浪起伏的地方在哪个城镇？什么神居住在那里，他能够与我结合起来吗？'

他起身回应说：'我将要到赫尔摩坡里斯的托特神圣所去，考察每个人对自己应做之事的信念。我将进入生命之屋，我将摊开'拉的灵魂'[①]，而我将被它们引导。'

于是，他出发了。他直接返回到我这里。他告诉我关于泛滥水流的事情，[它所流经的区域]和这些区域上的一切。他向我揭示了秘密奇迹，祖先们，即自从创世以来众多国王之中无与伦比的祖先们，已经开辟了道路。他对我说：

'在洪水中间有一个城市。泛滥围绕着它。象岛是它的名字。它是第一个的第一个。它是毗邻瓦瓦特[②]的第一个诺姆。大地上的土丘，天空中的高地，它是拉神的座位，当拉神计算着在每个人面前投掷生命的时候。'生命的甜蜜'

---

① "拉的灵魂"指的是神圣的书稿。
② 瓦瓦特即下努比亚。

是它的圣所的名字，'双洞穴'是水的名字。它们是滋养万物的胸。它是泛滥的卧室，他在他的泛滥期间恢复自己的活力。他正是从这个地方掌握了海滨，作为一个男性、一头公牛通过骑上女性而使其怀孕，更新他的生殖力，满足他的渴望，波浪高达 28 腕尺，在通过三角洲的塞马-贝德特（Sema-behdet）[1]的时候是 7 腕尺。

克努姆是那里的神，[……]他的凉鞋被放在洪水上，他的手控制着门栓，当他希望的时候打开（洪水）大门。他在那里是永恒的，就像舒神。赠品的主人，田地的监管者，因此他将被提到，当他计算上下埃及的土地的时候，或者当他把土地分配给各位神的时候。正是他控制大麦、[二粒小麦]、飞禽、鱼和他们赖以生存的一切事物。绳索与书吏的调色板在一起；测量杆上面有王室标准的测量锤，他因为这个测量杆而成为赠品的主人，与拉之子舒神在天空里放置的测量杆一致。

他的神庙面向东南开放，这样拉神每日升起的时候正好面对着神庙。它的水在它的南边流淌，距离它 1 *schoenus*，一道墙[2]把努比亚人隔离开来。一连串山脉是它在东边的基础，还有各种珍稀石头和坚硬的采石场石头，被认为用于建筑上埃及和下埃及每座神庙的一切材料，以及圈养神圣动物的畜圈、国王坟墓、站在神庙和圣所中的每个雕像。

它们的产品聚集在克努姆面前和他周围，类似地，从象岛到拜格赫（Bigeh）生长的高个植物和各类花出现在它的东边和西边。在河流中间，有一个每年被按季度出现的水覆盖的休闲之地，供那些在它的两岸开采这些石头的人们休息。从这个象岛城市望去，河中有一个露台，它的形态很难辨认，被称为象岛的陷阱。

了解到克努姆神庙中占据重要地位的神的名字：萨提斯神（Satis）、阿努奇斯神（Anukis）、哈皮、舒、盖伯、努特、奥西里斯、荷鲁斯、伊西斯和奈夫提斯。

---

[1] 尼罗河三角洲的戴尔-埃尔-巴拉穆恩（Tell el-Balamun）。据说，从象岛到三角洲，尼罗河洪水降低了 21 腕尺，大约相当于 36 英尺。

[2] 这里指的是在阿斯旺地区的第一瀑布。

| 六 经济文献 |

了解到了那里的石头的名字，这些石头躺在那个区域当中，出现在东边和西边，出现在象岛水渠的两岸，出现在象岛，出现在东边和西边当中，出现在河流当中：硬砂岩、花岗岩、mutbtb、rogs 和东边占主导地位的 wtvy'，西边的 prjn，西边和河里的 tvy。这些地区有采石场，在 4 schoenoi 的距离范围内，采石场的珍贵石头的名字是金、银、铜、铁、天青石、绿松石、绿岩、红碧玉、goy、石英、绿宝石和水晶。除了这些石头，绿长石、红赭石、石榴石、ibht、赤铁矿、孔雀石、方铅矿、玛瑙、shrt、mimi 和赭石也出现在这个城市区域。'

我听到这个城市的一切之后，我的心陷入了沉思。当我听到关于洪水的事情时，封印的书卷被打开。我把自己清洗干净，我与神秘者进行了一次游行，我用面包、啤酒、飞禽、牛和所有好东西，向象岛提到名字的男神和女神彻底地奉献祭品。我平静地睡着了，我发现一个神站在我面前，面对着我。我通过祈祷抚慰他；我在他面前向他祈祷。他高兴地向我揭示他自己的身份，他说：

'我是克努姆，你的塑造者。我的胳膊放在你后面，遮蔽你的身体，使你的四肢健康。我已经将宝石上的宝石分给了你，以前[没有发现]，没有任何神庙曾经用宝石来建筑。用宝石更新废墟，或者用宝石制作雕像的双眼。因为我是造物主，我是创造伟大的阿拜西斯（Abyss）的神，阿拜西斯最先形成，泛滥按照自己的愿望发生，他创造人类，他在他的关键时刻引导人类，[他是]塔特嫩，众神的父亲，大神舒，天空的首领。

我所在的神庙有两个来源。泉源，我已经释放了它。我知道，泛滥将用一种怀抱拥抱田地，这种怀抱把生命与每个鼻孔结合起来，正如拥抱田地将使它恢复活力。这样，我将使泛滥流向你，结果没有饥馑年，每块土地都没有萧条。田地将生长植物，人们将因为他们的食物的生长而下跪祈祷。丰产女神将掌握一切，一切都准备得极为丰富。

我将确保你的同族人被喂饱，结果他们能够与你一起占有所有物。饥饿年将消失，饥饿年曾导致人们从他们的谷仓借贷。埃及的土地将快速到来，两岸将闪耀光芒，洪水将是极大的，他们的心将比他们之前的心更为高兴。'

于是，当我的思维在急速奔跑的时候，我醒来了，现在疲劳一扫而光；我

389

依靠我的父亲克努姆颁发这道敕令。

一份国王的祭品给予拉－克努姆，他是瀑布地区的神，是努比亚的主神："作为对你为我做的这些事情的回报，我将把马努（Manu）的西部边境、巴胡（Bakhu）的东部边境献祭给你，从象岛到塔霍姆普苏（Takhompso），在东部和西部有 12 schoenoi，由田地和水渠构成，包括 12 schoenoi 范围内的河流和所有地方。让所有人耕种田地，使两岸那些被灌溉杀死的植物复活，使分配给你的 12 schoenoi 范围内的所有新耕地充满活力，把他们的收获物传递到你的谷仓；除此而外，你还分享赫尔摩坡里斯的收获物。所有从事捕鱼或捕鸟以及各种狩猎活动、在沙漠中捕捉狮子的渔夫和猎人，我将对他们所获得的所有东西收取十分之一的税，也对分配给你的 12 schoenoi 的整个土地范围内所有畜群的小牛收取十分之一的税。我将为每次燃烧献祭提供带有烙印的动物，每天提供所有日常献祭祭品，我将把金、象牙、乌木、角豆木、赭石、玛瑙、shrt、diw 植物、nfw 植物、各种树木和下努比亚的努比亚人带到埃及的所有事物以及那些在同伴监督下到外地去的人们的东西的十分之一，给予你。

没有任何管理人员会在这些地方下达命令，或者向这里的人们收取任何东西，因为财产根据我对你的圣所的授权而得到保护。我将把这个区域奉献给你，包括石头和良田，这里的任何人都不能从这里扣减任何东西。居民、你的书吏、南方的代理人和档案管理员将记录每一件事情，园丁、铁匠、工匠的主人、金匠、牧民的计算者、努比亚人、成群的船员、所有开采石头的强制劳动者，将以金、银、铜、铅、[……]篮子、木柴的形式给予报酬，那些用这些东西工作的人们将给予现金报酬，构成所有这些事物的十分之一。我将给予从上部地区带来的宝石和矿石以及东部的石头的十分之一。将有一个监督官，负责测量金、银、铜、纯宝石和雕刻师为黄金植物铭记的所有事物的数量，雕刻师将塑造神圣肖像，或者竖立已经倒下并毁坏的雕像以及其他还未出现的任何必要事物。每样东西都将被放在仓库里，直到它们被重新塑造，直到你的神庙里缺少的每一样东西被确定，结果这个神庙就像古代的那个神庙。

在一个神圣的地方的一块石碑上发布这道敕令，因为它按照所说的发生了；把敕令铭刻在石板上，以便关于这件事情的神圣的话能够存在于两倍多的神庙里。那个非法地向石碑吐口水的人必定受到惩罚。祭司的监督者和神庙里面所有事物的监督者将使我的名字保留在克努姆－拉的神庙里，克努姆－拉神是象岛的神，永远强大者。'"

9.托勒密王朝六一税敕令

托勒密王朝时期，国王通过敕令的形式下达征收税款的命令。通过这些关于税收的敕令，我们发现古埃及人在当时的税务包括"什一税"和"六一税"，即分别征收收获物的"十分之一"和"六分之一"作为税务。下面是一篇托勒密国王命令官员缴纳六一税的敕令。这份敕令很短，但很直接地反映了托勒密王朝时期埃及官员需要交纳六一税的事实。本译文根据 M. M. Austine, *The Hellenistic World from Alexander to the Roman Conquest*, Cambridge: Cambridge University Press, 1981, p. 399 译出。

（国王）托勒密（向所有）总督、（大区长）、诺姆长、（区长）、奥伊考诺摩斯、审查官、王室（书吏）、利比亚区长①和警察长致意。我们已经给予你们向（阿尔茜诺）·菲拉戴尔夫斯交纳六一税的（命令）的复本。（因此注意）这些命令要被执行。再见。

10.托勒密王朝税收案件

在托勒密王朝时期，王田耕种者有权利向国王提交请愿书，诉说自己遭受的不公正待遇，国王往往会对这些事件进行处理。当然，王田农夫提交请愿书的途径，目前不得而知。下面这份文献是一份希腊文请愿书，是公元前 157 年一个村庄的王田农夫向国王递交的，状告村长在诉讼事件中弄虚作假，希望从国王那里得到公正裁决。本译文根据 G. P. Goold, ed., *Select Papyri*, vol. 2, trans. by A. S. Hunt and C. G. Edgar, The Loeb Classical Library, Havard: Havard University Press, 1934, pp. 245—247 译出。

---

① 利比亚区长是指利比亚沙漠地区掌握法律和命令的官员。

阿尔茜诺诺姆赫拉克里斯（Heraclides）区涅乌斯（Socnopaei Nesus）村王田的耕种者阿玛蓝图斯（Amarantus）之子哈尔普（Harp）和索特斯（Thotoes）之子法特里斯（Phatries）、马瑞斯（Marres）之子特塞诺腓斯（Tesenouphis）、奥诺夫利斯（Onnophris）之子帕特考斯（Patkos）、西索古斯（Sisouchus）之子马里帕提斯（Marepathis），向国王神菲洛密托尔即国王托勒密和妹妹王后克娄巴特拉致敬。一个审判将在税农佐皮鲁斯（Zopyrus）和王室书吏帕塔普森尼斯（Peteharpsenesis）面前发生；审判在对有关上述诺姆的王田和税收以及私人事件进行审判的克莱美提斯泰（即希腊法官）和他的助手戴希乌斯（Dexius）的帮助下进行；审判在我们与上述村庄的大村长特塞诺菲斯（Tesenouphis）之间进行，涉及某些谷物和金钱方面的不端行为和侵吞行为，根据是我们提供给他们的文字材料。正当我们的案件被提交法庭时，我们得知被告特塞诺菲斯带着那些帮助他的拥护者们出现了，而你们的祖先们已经用无上的法令规定，参加不利于税收的财政案件的拥护者将为国王支付双份抵押金，即多缴纳10%的税款，并不再被允许作为拥护者行事。我们恳求你们，最伟大的神，如果这样能令你们高兴，那么就把我们的请愿送给上述克莱美提斯泰，结果当请愿的审查被执行时，他们可以禁止特塞诺菲斯带着拥护者出现在法庭上。因为这种方式将有效阻止你们的利益受到任何伤害。再见。

11.托勒密王朝税收纸草

在托勒密王朝时期，埃及有了铸币制度，人们在生活中部分地使用钱币。于是，在税收中，就出现了实物税和货币税两种形式。当然，托勒密埃及农业的税收形式仍以谷物为主。下面是公元前113年的一份希腊文纸草文献，记录了村书吏美其斯计算村庄实物税的情况。本译文根据G. P. Goold, ed., *Select Papyri*, vol. 2, trans. by A. S. Hunt and C. G. Edgar, The Loeb Classical Library, Havard: Havard University Press, 1934, p. 515 译出。

国王统治的第4年，科尔奥希里斯村书吏美其斯，对全年谷物税进行了初步计算。下面展示出来的是到麦索勒月 30 日为止所收集的实物税数目。在上述年份耕种的土地，包括牧场，共 1203 又 3/4 阿鲁拉[①]，其租金数是 4667 又 11/12 阿塔巴[②]，加上狄奥伊克提斯判决的土地约 7 又 1/2 阿鲁拉，总数计 1211 又 1/4 阿鲁拉土地，合计 4675 又 5/12 阿塔巴税收。……从法墨提月 1 日到麦索勒月 30 日所收税数目，以小麦计总共为 4675 又 5/12 阿塔巴。

12.神庙祭司什一税收据

托勒密王朝时期，神庙祭司租种土地也要交纳一定数目的税，有时以实物计算，有时以货币交纳。神庙祭司交纳的税务一般是各种收获物的十分之一，称为"什一税"。下面是公元前 125 年神庙祭司缴纳什一税的一个希腊文收据，表明神庙祭司因占有或使用土地而需缴纳税款。神庙祭司显然是以货币的形式缴纳税款的。本译文根据 G. P. Goold, ed., *Select Papyri,* vol. 2, trans. by A. S. Hunt and C. G. Edgar, The Loeb Classical Library, Havard: Havard University Press, 1934, p. 483 译出。

国王统治的第 45 年麦克尔（Mecheir）月 27 日。二联神索库斯（Souchus）和二联神的祭司索科特斯（Sochotes）之子马瑞斯（Marres），除了要缴纳索库斯的神圣税，还要缴纳每 20 阿鲁拉土地 2 德拉克马[③]的税款，这是需要房屋和土地的那些人们必须给予神庙的什一税。二联神索科奈布突尼斯（Soknebtunis）的祭司阿克斯（Achoes）的儿子索克诺匹斯（Sokonopis）已经为坡勒门（Polemon）区塔布突尼斯（Tebtunist）村索库斯（Souchus）的空地支付了 2 德拉克马税款，他从帕特卡尔普森尼希思（Petcharpsenesis）之子法尼西斯（Phanesis）那里买来了那块地；而我已经从你那里获得了足额的税款，没有任何拖欠。

---

① 阿鲁拉是古埃及的土地面积单位。
② 阿塔巴是古埃及的容量单位。
③ 德拉克马是托勒密王朝时期埃及的货币单位。

七　丧葬文献

古埃及是一个宗教色彩非常浓厚的文明古国，宗教渗透到了古埃及人（至少是古埃及精英）社会生活的各个方面，因而宗教文献在古埃及人那里占据着重要地位，古埃及精英把很多宗教文献铭刻在了纪念物上。正是由于纪念物大多以石头和木头等材料建筑，也是得益于埃及干燥的自然环境，这些宗教文献大量留存下来。当然，这并不能说古埃及的宗教文献在现实生活中远远多于世俗文献，或许恰恰相反。之所以目前所见宗教文献的数量多于世俗文献，原因在于世俗文献大多书写在纸草上，而大量的纸草都消失了。

古埃及的宗教文献主要可以分为两大类：丧葬文献和祷告文献。祷告文献主要包括颂诗和祈祷文，我们在本套书的第十章里翻译了若干篇颂诗和祈祷文以及相关的诗歌。我们在这一章里面主要译介丧葬文献。古埃及的丧葬文献主要包括国王铭刻的金字塔文、棺文、亡灵书等，还包括除国王之外的埃及精英铭刻在石碑上面的石碑铭文等。本书在这章里面主要选择这些文献当中有代表性的文本进行译介。

1.金字塔文选译

古埃及丧葬文献当中保留下来最早的是"金字塔文"。所谓"金字塔文"是指那些铭刻在金字塔内部墓室、房间和走廊墙壁上的仪式性和魔法性的咒语铭文。金字塔文可以分为两类，一类是仪式性的文本，一类是个人文本。仪式性文本表达了古埃及人的宗教信仰，其目的在于以语言和文字的方式帮助死者实现永生。这样，这些文本一般铭刻在丧葬间里面，表达的主要是献祭仪式和复活仪式。铭文首先讲述开口仪式，以便死者可以在献祭仪式举行之前恢复意识和体力。献祭仪式铭文大多是以个人献祭的形式进行，死者被称为奥西里斯，而献祭本身被视作"荷鲁斯之目"。复活仪式的核心是一系列 12 行长篇文本，也是献祭者向死者吟唱的。它们旨在使死者的巴从木乃伊中释放出来，以便巴可以在活人的世界里活动。金字塔文的其他部分铭刻在走廊和其他房间里，是死者的巴吟诵的，以保证死者的顺利再生。到目前为止，金字塔文见于古王国时期的 10 位国王和王后的坟墓中，总共大约 800 篇文本。这些国王和王后是第 5 王朝的国王乌那斯（约公元前 2353—前 2323 年）、第 6 王朝的国王特悌（约公元前 2323—前 2291 年）、国王珀辟一世（约公元前 2289—前 2255 年）、珀辟一世的妻子安柯塞恩珀辟二世、国王麦然拉（约公元前 2255—前 2246 年）、国王珀辟二世（约公元前 2246—前 2152 年）、珀辟二世的妻子奈特（Neith）、珀辟二世的妻子伊普特（Iput）、珀辟二世的妻子瓦杰伯特尼（Wedjebetni）和国王伊比（Ibi，约公元前 2109—前 2107 年）。从这些国王坟墓中的金字塔文来看，金字塔文的行文内容是格式化的，从而它们实际上是宗教和魔法仪式用语的摘录和汇编。当然，这些文学作品中透露着古埃及宗教生活的大量内容，甚至对于我们了解古埃及人的社会生活等方面都有重要意义。

　　本章主要根据詹姆斯·艾伦的《古埃及金字塔文》——翻译古埃及保留最为古老、最为完整的金字塔文——乌那斯金字塔铭文而来。乌那斯国王是第 5 王朝最后一位国王，金字塔文最早出现在他的金字塔里面。他的金字塔文也是最早被发现和发表的，获得了较多的学术关注。古埃及人也将乌那斯金字塔文视作最初的版本，后人往往对其进行改动，中王国一个国王的坟墓里面保留了乌那斯金字塔文的复本。乌那斯金字塔文比后来的金字塔文更均衡，而且仪式性咒语和个人咒语在坟墓不同部位铭刻出来，因坟墓不同部位的功能不同而明显地铭刻出来。埃及学家们对乌那斯金字塔的铭文段落进行了标注，本译文也将这些段落数字标注出来。埃及语 jd mdw 有引号的意义，一般指后面的文字为直接引语，英文对应词是 recitation，本译文这里都翻译为"吟诵"。jd mdw 是金字塔文和棺文常见的格式。本译文根据 James P. Allen, *The Ancient Egyptian Pyramid Texts*, Atlanta: SBL Press, 2015, pp. 19—65 译出。但由于篇幅和时间有限，本译文这里仅仅译出部分内容，其他内容留待日后补充。

保护木乃伊的咒语（埋葬间，西山形墙）

226. 吟诵。一条蛇与另一条蛇缠绕起来，没有牙齿的小牛在花园出现，被缠绕起来。大地，吞噬从你身上出现的一切！怪物倒下，爬走！

太阳光的仆人落入水中。蛇，倾覆，以便太阳可以看到你！

227. 吟诵。大黑牛的头被割下。Hpnw 蛇，我对你谈论这件事情！驱逐蝎子之神，我对你说这件事情！翻转你自己，钻入大地，我已经对你说了这件事情！

228. 吟诵。面对面，面见面。带斑纹的刀，所有黑的和绿的，已经出现了，吞咽它已经战胜的。

229. 吟诵。这是阿图姆的指甲，在卡－指派者的脊柱的脊椎上，从赫尔摩坡里斯剥夺了混乱。落下来，爬走吧！

230. 吟诵。你的两滴液体进入大地！你的两条肋骨进入洞穴！喷射液体，两个风筝立起来，你的嘴将被两个刽子手的装置关闭，刽子手的装置的嘴将被麦夫戴特（Mafdet）关闭，而松懈者将被蛇咬伤。

哦，太阳！为我啃咬大地，为我啃咬盖伯，为我啃咬那个将要啃咬我的蛇的父亲！这个蛇是那个将在看到我就立刻咬我的蛇；我不会咬他。他是那个在看到我就立刻来反对我的蛇；我不会反对他。

你咬我，（蛇），但我将给你一个（咬人的动物）；你看着我，我将给你第二个（咬人的动物）。滑行动物将被一个滑行动物咬，一个滑行动物将被滑行动物咬。天空将盘绕起来，大地将盘绕起来，那个缠绕着目标的男性将缠绕，盲神将被缠绕，你自己将被缠绕，蝎子。

这些是想到的两段咒语，它们在奥西里斯的嘴中，荷鲁斯已经把它们投掷到蛇的脊柱上。

231. 吟诵。你的牙被剔除，你被剔除了牙。渴望被限制，蛇嘴中的立柱被拔掉。它是赫门（Hemen）。

232. 吟诵。血管者，血管者！精液者，精液者！你渴望他的母亲的一位！你渴望他的母亲的一位！液体者，液体者，让这个在尘埃中被洗净。

233. 吟诵。来自大地的眼镜蛇倒下了，来自努的火焰倒下了。倒下，爬行！

234. 吟诵。在你的脸上，你在他的线圈上！下降到你的椎骨上，你在他的不毛之地！为我返回去，你被赐予两张脸！

235. 吟诵。你渴望一个带着一个被咬的侧面和另一个被咬的侧面！你已经与被表扬的君主的两个大门守护人在一起。

236. 吟诵。庭院当中的土制者，被踩踏的玢岩。脚践踏的绳子，eifgt 的儿子，那是你的名字。

237. 吟诵。唾液结束了，那些在毒囊中的唾液已经飞向了它母亲的房屋。怪兽，躺下来吧！

238. 吟诵。你父亲的面包是为你的，他的攻击已经错过了你！你父亲的你自己的面包是为你的，他的攻击已经错过了你！

庆祝的金子，太阳，那是你的公牛，受人尊敬者对抗这被做的那个人。

239. 吟诵。白冠已经出现了，已经吞没了伟大者。白冠的舌头已经用看不见的舌头吞没了伟大者。

240. 吟诵。眼镜蛇，到达天空！荷鲁斯的蜈蚣，到达大地！

牧牛者荷鲁斯正在迈进。我已经无意识地登上了荷鲁斯的滑行道路，不知道更好的了。在你的脸上，你在他的不毛之地！被拖倒，你在他的洞穴里！荷鲁斯的烤炉在大地之上，哦，让怪兽走开！

241. 吟诵。墙在吐物，砖在吐物！那个来自你的嘴的已经被返回到你自己身上。

242. 吟诵。火已经被熄灭，没有灯光可以在欧姆比特（Ombite）所在的房屋里发现。咬人的蛇在他将咬的那个人的房屋上方，藏在它里面。

243. 吟诵。两支 ets 权杖，两支 ets 权杖，是为了两个条状的纸草，是为两个条状的纸草，作为被践踏的面包。

狮子，走开！无论你在这里，还是在那里，仆人，吐出来！

献祭仪式（埋葬间和走廊，北边）

奠酒仪式

23. 奥西里斯，为你自己捕获所有憎恨乌那斯的人和所有对乌那斯的名字讲坏话的人。托特，去，为奥西里斯捕获他：捕获那个对乌那斯的名字讲坏话的人；把他放在你的手里。

吟诵四次：你不要放松他，意识到你不能放松他。

奠酒。

焚香仪式

25. 一个人已经与他的卡一起去了：

荷鲁斯已经与他的卡一起去了；塞特已经与他的卡一起去了；托特已经与他的卡一起去了；神已经与他的卡一起去了；奥西里斯已经与他的卡一起去了；前进之目已经与他的卡一起去了；你也与你的卡一起去了。

哦，乌那斯！你的卡的胳膊在你面前。哦，乌那斯！你的卡的胳膊在你后面。哦，乌那斯！你的卡的脚在你面前。哦，乌那斯！你的卡的脚在你后面。

奥西里斯 - 乌那斯，我已经把荷鲁斯之目给了你：用它装备你的脸。让荷鲁斯之目的气味散布到你那里。

吟诵四次。焚香，点火。

用盐水清洗嘴

32. 你的这些冷水，奥西里斯；这些你的冷水，哦，乌那斯；已经来自你的儿子，来自荷鲁斯。

我已经获得了荷鲁斯之目，结果你的心因为他而变得冰冷；我已经在你和你的草鞋下面获得了它。

接受来源你的流出物：你的心不会对它恐惧。

吟诵四次：来，你已经被呼唤。

冷水；两块纳特伦。

34. 浓缩的牛奶，浓缩的牛奶，把你的嘴分开，

哦，乌那斯！祝愿你在那些众神的凉亭面前品味它的味道：

荷鲁斯的唾液，浓缩的牛奶；

塞特的唾液，浓缩的牛奶；

两个神的心和解了，浓缩的牛奶。

吟诵四次：你的纳特伦盐在荷鲁斯的追随者们中间。

涅赫伯（Nekheb）的五块尼罗河谷纳特伦。

35. 你的纳特伦是荷鲁斯的纳特伦。

你的纳特伦是塞特的纳特伦。

你的纳特伦是托特的纳特伦。

你的纳特伦是神的纳特伦。

你自己的纳特伦在他们中间。

你的嘴是他出生之日一头小奶牛的嘴。

赛特佩特（Shetpet）的五块三角洲纳特伦。

36. 你的纳特伦是荷鲁斯的纳特伦，你的纳特伦是塞特的纳特伦；

你的纳特伦是托特的纳特伦，你的纳特伦是神的纳特伦；

你的纳特伦是你的卡的纳特伦，你的纳特伦是你的纳特伦的纳特伦：

你自己的这个纳特伦在你的兄弟们、众神中间。

你的纳特伦在你的嘴上：你应该清洗你所有的骨头，并结果对你不利的东西。

奥西里斯，我已经给你荷鲁斯的眼睛：用散布的它装备你的脸。

一块纳特伦。

开口仪式

37. 哦，乌那斯！我固定了你的下巴，为你张开。

燧石开口器。

38. 奥西里斯-乌那斯，我为你分开你的嘴。

一块尼罗河谷的铸铁，神的金属；一块三角洲的铸铁，神的金属。

39. 乌那斯，接受荷鲁斯之目，它离开了：我已经为你获得了它，以便我可以把它放在你的嘴里。

尼罗河 ZRW 盐；三角洲 ZRW 盐。

40. 哦，乌那斯！接受奥西里斯的 vikw 矿物。

vikw 矿物。

41. 这是荷鲁斯自己身体的前胸的顶端：接受它，放在你嘴里。

一壶牛奶。

42. 这是你泌乳的妹妹伊西斯的胸，你应该把它放在你嘴里。

一个空坛子。

32. 你的这些冷水，奥西里斯；这些你的冷水，哦，乌那斯；已经来自你的儿子，来自荷鲁斯。

我已经获得了荷鲁斯之目，结果你的心因为他而变得冰冷；我已经在你和你的草鞋下面获得了它。

接受来源你的流出物：你的心不会对它恐惧。

吟诵四次：来，你已经被呼唤。

冷水；两块纳特伦。

43. 这是荷鲁斯的两只眼睛，黑色的和白色的眼睛：使它们支持你，以便它们可以令你的脸光芒四射。

一个白色坛子，一个黑色坛子；举起来。

开口宴会

44. 天空中的太阳对你满意，他对你满意，两夫人。

夜晚对你满意，两夫人对你满意。

满意是对你而言被忘记的东西。

满意是你看到的东西，满意是你听到的东西，

满意在你面前，满意在你后面。

满意是你的命运。

一块新鲜的面包条。

45. 奥西里斯－乌那斯，接受荷鲁斯的白色牙齿，它们装备你的嘴。

一个装有五个洋葱头的碗。

46. 吟诵四次：国王给予乌那斯的卡的祭品。

奥西里斯－乌那斯，接受荷鲁斯的眼睛，你的面包条，并吃。

一条献祭面包。

47. 奥西里斯－乌那斯，接受荷鲁斯的眼睛，它逃过了塞特，你应该把荷

鲁斯的眼睛放到你的嘴里，你应该用它分开你的嘴。

一个白色石英石葡萄酒坛子。

48. 奥西里斯－乌那斯，用填充你的东西分开你的嘴。

一个黑色石英石葡萄酒坛子。

49. 奥西里斯－乌那斯，接受来自你的泡沫。一个黑色石英石啤酒坛子。

50. 太阳，你的黎明——你在空中，你的黎明——是为这个乌那斯的，一切事物的领主。一切事物是为了你的身体，一切事物是为了乌那斯的卡，一切事物是为了他的身体。清洗献祭桌。

51. 乌那斯，接受荷鲁斯的眼睛，你应该品味荷鲁斯的眼睛。

一"Loin"蛋糕。

52. 哦，你被埋葬，哦，黑暗中的你！

一块麦片面包条。

53. 乌那斯，接受荷鲁斯的眼睛，你应该拥抱荷鲁斯的眼睛。

一份肾脏。

54. 乌那斯，接受荷鲁斯的眼睛，它逃过了塞特，为你解救回来：用它分开你的嘴。

一个白色石英石葡萄酒碗。

55. 乌那斯，接受来自奥西里斯的泡沫。

一个黑色石英石啤酒碗。

56. 乌那斯，接受荷鲁斯的眼睛，为你挽救回来：它不能离开你。

一个金属啤酒碗。

57. 乌那斯，接受荷鲁斯的眼睛：用它装饰你自己。

一个黑色的啤酒碗。

涂油仪式

72. 奥西里斯－乌那斯，我已经用油填充了你的眼睛。

吟诵四次。"节日芳香"油。

73. 奥西里斯－乌那斯，接受从你的脸庞而来的泡沫。

"庆祝"油。

74. 奥西里斯－乌那斯，接受荷鲁斯的眼睛，他依靠它导致毁灭。
松油。

75. 奥西里斯－乌那斯，接受荷鲁斯的眼睛，他重新聚合它。
"聚合"油。

76. 奥西里斯－乌那斯，接受荷鲁斯的眼睛，他用它获得众神（的支持）。
"支持"油。

77. 油膏，油膏，你应该在哪里？你应该在荷鲁斯的前额上。你应该在哪里？你在荷鲁斯的前额上，但我将把你放在这个乌那斯的前额上。

你应该使它令他高兴，戴着你；你应该使他充满活力，戴着你；你应该使他控制他的身体；你应该把他的凶残放在所有阿克的眼睛里，他们将看到他，他们也听到他的名字。

一流的雪松油。

78. 奥西里斯－乌那斯，我已经为你获得了荷鲁斯的眼睛，他获得它，放在你的前额上。一流的利比亚油。

描绘眼睛仪式

79. 吟诵四次。奥西里斯－乌那斯，荷鲁斯的眼睛已经被正确地描绘在你的脸上。一袋子绿色描绘眼睛的颜料；一袋子黑色描绘眼睛的颜料。

穿衣仪式

81. 祝愿你和平地醒来！醒来，Ta'it 和平地！醒来，Ta'it-城镇的你，和平地！在德普（Dep）的荷鲁斯的眼睛，和平地！在红冠中的荷鲁斯的眼睛，和平地！——

化妆过的妇女接受了你，你装饰了轿车座椅中的伟大者——
并使两土地在向荷鲁斯鞠躬时也向你鞠躬，
并使两土地在害怕塞特的时候也害怕你。

祝愿你坐在神性的乌那斯对面，祝愿你在阿克面前开辟这条路，以便他可以来站在阿克面前，就像阿努比斯站在西方人（死者）面前。

到前面来，到前面来，与奥西里斯一起！
两条亚麻布。

奠酒仪式和清洗仪式

25. 一个人已经与他的卡一起去了：

荷鲁斯已经与他的卡一起去了；塞特已经与他的卡一起去了；托特已经与他的卡一起去了；神已经与他的卡一起去了；奥西里斯已经与他的卡一起去了；前进之目已经与他的卡一起去了；你也与你的卡一起去了。

哦，乌那斯！你的卡的胳膊在你面前。哦，乌那斯！你的卡的胳膊在你后面。哦，乌那斯！你的卡的脚在你面前。哦，乌那斯！你的卡的脚在你后面。

奥西里斯－乌那斯，我已经把荷鲁斯之目给了你：用它装备你的脸。让荷鲁斯之目的气味散布到你那里。

吟诵四次。焚香，点火。

32. 你的这些冷水，奥西里斯；这些你的冷水，哦，乌那斯；已经来自你的儿子，来自荷鲁斯。

我已经获得了荷鲁斯之目，结果你的心因为他而变得冰冷；我已经在你和你的草鞋下面获得了它。

接受来源你的流出物：你的心不会对它恐惧。

吟诵四次：来，你已经被呼唤。

冷水；两块纳特伦。

准备献祭桌

82. 托特，带来携带着它的他。

带着荷鲁斯的眼睛来到他这里。

献祭桌。

83. 给他荷鲁斯的眼睛，以便他可以因为它而变得满意。

哦，伴随着国王的献祭而来。

84. 奥西里斯－乌那斯，接受荷鲁斯的眼睛，他因为它而变得满意。

国王的献祭，两次。

85. 奥西里斯－乌那斯，接受荷鲁斯的眼睛，并因为它满意。

宽敞大厅里面的两块献祭石板。

86. 吟诵：令它去回复你。

坐下来，保持安静。

国王的祈祷。

87. 奥西里斯－乌那斯，接受荷鲁斯的眼睛：把他聚集到你的嘴里。

"清洗嘴"（宴会）：一条面包，一罐（啤酒）。

88. 奥西里斯－乌那斯，接受荷鲁斯的眼睛：阻止他践踏它。

一条"被践踏的"面包。

89. 奥西里斯－乌那斯，接受荷鲁斯的眼睛，他抠出了这只眼睛。

一碗"抠出的"面包。

90. 奥西里斯－乌那斯，接受小荷鲁斯的眼睛，塞特已经吃了它。

一罐烈性啤酒。

91. 奥西里斯－乌那斯，接受荷鲁斯的眼睛，他们从他转移它。

一罐麦芽酒。

92. 奥西里斯－乌那斯，接受荷鲁斯的眼睛：把它举到你的脸上。

举起一条面包和一碗啤酒。

93. 抬起你的脸，奥西里斯；抬起你的脸，哦，乌那斯，已经变成了安赫。抬起你的脸，乌那斯，尊重而敏捷，并看着那个从你而来的，打击那个被网在它里面的人（即塞特）。

洗净你自己，乌那斯，用荷鲁斯的眼睛打开你的嘴。

你应该召唤你的卡，即奥西里斯，他将保护你，使你远离所有死者的愤怒。

乌那斯，为你自己获得这个你的面包，它是荷鲁斯的眼睛。

94. 奥西里斯－乌那斯，接受荷鲁斯的眼睛，你已经根据它向前爆发。

95. 用来自你的泡沫装备你自己。四次。

餐饮：一条 VNS 面包；一罐（啤酒）。

96. 奥西里斯－乌那斯，接受一条小腿，荷鲁斯的眼睛。

一个装着一块小腿肉的碗。

清洗嘴的仪式

108. 奥西里斯－乌那斯，把它里面的水聚集到你自己那里。

两碗水。

109. 奥西里斯－乌那斯，接受荷鲁斯的眼睛，它清洗他的嘴。

两个装着清洗纳特伦的碗。

110. 奥西里斯－乌那斯，接受荷鲁斯的眼睛：把它聚集到你的嘴里。

"清洗嘴"（餐饮）：一条面包，一罐（啤酒）。

面包和洋葱头

111. 奥西里斯－乌那斯，接受荷鲁斯的眼睛，塞特践踏了它。

一条"被践踏的"面包。

112. 奥西里斯－乌那斯，接受荷鲁斯的眼睛，他已经抠出了它。

一碗"抠出的"面包。

113. 奥西里斯－乌那斯，为你自己获得你的脸。

两条 ECA 面包。

114. 奥西里斯－乌那斯，我已经为你获得了那些与你的脸相似的东西。

两条圆锥体面包。

115. 奥西里斯－乌那斯，我已经安上了你的眼睛。

四条"品味"面包。

116. 奥西里斯－乌那斯，接受荷鲁斯的眼睛：阻止他从它感到疼痛。

四条扁平啤酒面包。

117. 奥西里斯－乌那斯，为你自己接收你的头。

吟诵四次。四条 VNS 面包。

118. 奥西里斯－乌那斯，这是你的眼睛：为你自己获得它。

吟诵四次。一个装着四条"在大地里"的面包的碗。

119. 奥西里斯－乌那斯，接受荷鲁斯的眼睛，他携带着它。

一个装着四条 UNFW 面包的碗。

120. 奥西里斯－乌那斯，接受荷鲁斯的眼睛：不要让他四处乱跳。

一个装着四条 UNFW 面包的碗。

121. 奥西里斯－乌那斯，接受荷鲁斯的眼睛，他把它抠了出来。

一个装着四条小麦面包的碗。

122. 奥西里斯－乌那斯，这是荷鲁斯的眼睛，为你把它放在你嘴里。

一个装着四块切去顶端的 IDAT 面包的碗。

123. 奥西里斯－乌那斯，接受荷鲁斯的眼睛，你的面包条，并吃。

四块面包条。

124. 奥西里斯－乌那斯，接受荷鲁斯的眼睛，他把它抠了出来。

一个装着四块烤面包的碗。

125. 奥西里斯－乌那斯，为你自己获得他的白色而完好的牙齿。

一个装着四个洋葱头的碗。

牛和家禽

126. 奥西里斯－乌那斯，这是那个偷了荷鲁斯眼睛的家伙。

一个装着前腿的碗。

127. 奥西里斯－乌那斯，跳舞吧：盖伯不会因为那个继承了他的继承人而做错误的事情。

一个装着腰部的碗。

128. 奥西里斯－乌那斯，接受荷鲁斯的眼睛，你将与它拥抱。

一个装着肾脏的碗。

129. 奥西里斯－乌那斯，接受一个小腿吧，荷鲁斯的眼睛。

一个装着一块小腿肉的碗。

130. 奥西里斯－乌那斯，接受那些反叛你的人。

吟诵四次。一个装着四条肋骨的碗。

131. 奥西里斯－乌那斯，接受你拖上岸的那个人。

吟诵四次。一个装着烤肉的碗。

132. 奥西里斯－乌那斯，接受荷鲁斯的眼睛，并朝着它去。

一个装着肝脏的碗。

133. 奥西里斯－乌那斯，接受荷鲁斯的眼睛，他针对它而去。

一个装着脾脏的碗。

134. 奥西里斯－乌那斯，接受荷鲁斯的眼睛，它源自他的前额。

一个装着腹部肉的碗。

135. 奥西里斯－乌那斯，这是荷鲁斯的眼睛，它源自塞特的前额。

一个装着胸部肉的碗。

136. 奥西里斯－乌那斯，接受塞特追随者被砍掉的头。

一个装着鹅肉的碗。

137. 奥西里斯－乌那斯，接受这个完整的心脏。吟诵四次。

一个装着白色前半身的鹅子。

138. 奥西里斯－乌那斯，接受荷鲁斯的眼睛，他已经带来了它。

一个装着鸭子的碗。

139. 奥西里斯－乌那斯，接受那个来解决它们的人。

一个装着灰色鹅子的碗。

140. 奥西里斯－乌那斯，接受荷鲁斯的眼睛：阻止他遭受它的痛苦。

一个装着鸽子的碗。

面包

141. 奥西里斯－乌那斯，接受荷鲁斯的眼睛，他抠出了它。

一条暖面包。

142. 奥西里斯－乌那斯，接受荷鲁斯的眼睛：它不能从你那里被切掉。

两条切面包。

143. 奥西里斯－乌那斯，荷鲁斯的眼睛已经被分配给你。

一个装着两条 NPAT 面包的碗。

144. 奥西里斯－乌那斯，接受荷鲁斯的眼睛，他忍受流泪带来的痛苦。

一个装着两条 MZWT 面包的碗。

饮品

145. 奥西里斯－乌那斯，接受小荷鲁斯的眼睛，塞特已经吃了它。

两碗烈性啤酒。

146. 奥西里斯－乌那斯，接受荷鲁斯的眼睛：他们从它而来，并完成。

两碗受到鞭打的奶油。

147. 奥西里斯－乌那斯，接受荷鲁斯的眼睛，他们用它来针对他。

两碗 UNMS 啤酒。

148. 奥西里斯－乌那斯，用来自于你的泡沫装备你自己。

两碗啤酒。

149. 奥西里斯－乌那斯，用来自于你的泡沫装备你自己。

两碗椰枣啤酒。

150. 奥西里斯－乌那斯，用来自于你的泡沫装备你自己。

两碗 PUA 啤酒。

151. 奥西里斯－乌那斯，用来自于你的泡沫装备你自己。

两碗鲍兰德啤酒。

152. 奥西里斯－乌那斯，接受荷鲁斯的胸部，他们用它做了一个礼物。

两碗无花果饮品。

153. 奥西里斯－乌那斯，用它分开你的嘴。

两碗三角洲葡萄酒。

154. 奥西里斯－乌那斯，接受荷鲁斯的眼睛，他们泄出了它：阻止他吞掉它。

两个葡萄酒坛子。

155. 奥西里斯－乌那斯，接受荷鲁斯的眼睛中的瞳孔：用它分开你的嘴。

两碗布陀葡萄酒。

156. 奥西里斯－乌那斯，接受荷鲁斯的眼睛，他夺得了它：用它分开你的嘴。

两碗马里乌特（Mariut）葡萄酒。

157. 奥西里斯－乌那斯，接受荷鲁斯的眼睛：它不会从你那里被释放。

两碗派留修姆（Pelusium）葡萄酒。

水果

158. 奥西里斯－乌那斯，接受荷鲁斯的眼睛，当它跳跃的时候。

两碗 EBNNT。

159. 奥西里斯－乌那斯，接受荷鲁斯的眼睛，他携带着它。

两碗 UNFW。

160. 奥西里斯－乌那斯，接受荷鲁斯的眼睛，他从塞特那里获得它。

两碗 IVD 浆果。

161. 奥西里斯－乌那斯，接受荷鲁斯的白色眼睛：阻止他将它放在头上作为头饰。

两碗白色 SVT。

162. 奥西里斯－乌那斯，接受荷鲁斯的绿色眼睛：阻止他将它放在头上作为头饰。

两碗绿色 SVT。

163. 奥西里斯－乌那斯，接受荷鲁斯的眼睛：阻止他抢走它。

两碗烤小麦。

164. 奥西里斯－乌那斯，接受荷鲁斯的眼睛：阻止他抢走它。

两碗烤大麦。

165. 奥西里斯－乌那斯，接受荷鲁斯的眼睛：它正在滑动。

两碗 BAT。

166. 奥西里斯－乌那斯，接受荷鲁斯的眼睛，他们已经鞭打它。

两碗塞德尔（Sidder）水果。

167. 奥西里斯－乌那斯，睁开你的眼睛，并用它们看。

两碗塞德尔面包。

168. 奥西里斯－乌那斯，接受荷鲁斯的眼睛：阻止他网住它。

两碗角豆树豆子。

蔬菜

169. 奥西里斯－乌那斯，接受荷鲁斯的甜蜜的眼睛：把它返回你自己。

两碗各种类型的甜茎。

170. 奥西里斯－乌那斯，接受荷鲁斯的眼睛：把它分配给你自己。

一碗各种类型的清脆植物。

奉献祭品

171. 奥西里斯－乌那斯，祝愿为你提供祭品的人与你在一起。

奉献祭品。

对献祭仪式的祈祷

223. 吟诵。嘿！旋转！啊，啊！

哦，乌那斯！站起来，并坐下来，面对一千份面包、一千份啤酒、烤肉、从屠宰屋里拿来的你的肋排、从大厅里"拉来的"面包。

就像神被装备着神的祭品那样,乌那斯被装备着他的这个面包。

你已经来到你的巴这里,奥西里斯,阿克(akhs)中的巴,处于他的地方,埃尼阿德在官僚建筑中走向他。

哦,乌那斯!站起来面对我,到我这里来:不要远离我,坟墓居住者,转向我。

我已经给你荷鲁斯的眼睛,我已经把它分配给你:祝愿它为了你而与你永远在一起。

哦,乌那斯!站起来,从我这里接收你的这个面包。

哦,乌那斯!我将是你的仆人。

对徽章授予仪式的祈祷

224. 吟诵。嘿,你,乌那斯!旋转,你,乌那斯!

你已经去了,以便你可以统治荷鲁斯的土丘;你已经去了,以便你可以统治塞特的土丘;你已经去了,以便你可以统治奥西里斯的土丘。

一份国王献祭的祭品,包括所有在你的地方的你的徽章,活人面前的你的莲花蕾节杖,阿克面前的你的权杖,就像西方人(死者)面前的阿努比斯,就像东方诺姆面前的安洁提(Andjeti)。

你的情况是多么令人满意啊,当你变成阿克,哦,乌那斯,在你的兄弟神中间的时候。它是多么不同啊,它是多么不同啊,你的孩子照顾你。意识到你在大地上的限度。

穿上衣服,来到他们这里。四次。

祭品的返还

199. 哦,奥西里斯-乌那斯!把你自己转向你的这个面包;从我接受它。

吟诵四次:祝愿荷鲁斯的眼睛与你持续在一起。

神的祭品的返还。

奠酒和焚香仪式

32. 你的这些冷水,奥西里斯;这些你的冷水,哦,乌那斯;已经来自你

413

的儿子，来自荷鲁斯。

我已经获得了荷鲁斯之目，结果你的心因为他而变得冰冷；我已经在你和你的草鞋下面获得了它。

接受来自你的流出物：你的心不会对它恐惧。

吟诵四次：来，你已经被呼唤。

冷水；两块纳特伦。

23. 奥西里斯，为你自己捕获所有憎恨乌那斯的人和所有对乌那斯的名字讲坏话的人。

托特，去，为奥西里斯捕获他：捕获那个对乌那斯的名字讲坏话的人；把他放在你的手里。

吟诵四次：你不要放松他；意识到你不能放松他。

奠酒。

25. 一个人已经与他的卡一起去了：荷鲁斯已经与他的卡一起去了；塞特已经与他的卡一起去了；托特已经与他的卡一起去了；神已经与他的卡一起去了；奥西里斯已经与他的卡一起去了；前进之目已经与他的卡一起去了；你也与你的卡一起去了。

哦，乌那斯！你的卡的胳膊在你面前。哦，乌那斯！你的卡的胳膊在你后面。哦，乌那斯！你的卡的脚在你面前。哦，乌那斯！你的卡的脚在你后面。

奥西里斯－乌那斯，我已经把荷鲁斯之目给了你：用它装备你的脸。让荷鲁斯之目的气味散布到你那里。

200. 你好，香！你好，神的兄弟！你们好，荷鲁斯四肢中的伟大者！

你是极为纯洁的人，散发你的芳香：让你的芳香在乌那斯身上，净化乌那斯。荷鲁斯的眼睛，祝愿你对乌那斯变得高大。

香。

打碎献祭器皿

244. 这是荷鲁斯坚固的眼睛：它已经被为你安装上了，以便你可以变得强大，他变得害怕你。

打碎红色陶器。

对献祭仪式的回应（埋葬间，东山形墙）

关于食物力量的咒语

204. 锄地者变得激动不已，那些清洗了（大地的）胸部的人们变得精神饱满，因为他们已经吞咽了赫利奥坡里斯的荷鲁斯明亮的眼睛。

我的小手指，挖出了奥西里斯水渠中的这个（生长的力量），我不会饥渴，我不会挨饿：它不会对抗我的思想。哈（Ha）的胳膊驱逐我的饥饿。

充满喜悦吧！充满喜悦吧，心！

205. 吟诵。哦，你掌握着面包生产，你属于洪水，把我推荐给菲特凯特（Fetekte），即太阳的执杯者，太阳把菲特凯特推荐给他自己，以便太阳可以把我推荐给那个掌握着为今年提供物品的神，结果他们可以掌握大麦，并给我啤酒，结果他们可以掌握小麦，并给我面包。

我的父亲是那个给我大麦和啤酒的人，太阳是那个给我小麦和面包的神。

因为我是大公牛，我打击肯兹特（Kenzet）。

因为我是一个在建筑物中拥有五次餐饮的人：三次餐饮给予拥有太阳的天空，两次餐饮给予拥有双埃尼阿德的大地。

我属于一个被释放的人：我是那个被释放的人。我属于一个被看见的人：我是那个被看见的人。

哦，太阳！对于我来说，今日比昨日更好，因为我已经与湿气结合，我已经亲吻了干旱，我已经与肥沃结合起来。

我已经与我关心的年轻女孩结合起来，当谷物和液体缺乏的时候，我所关心的年轻女孩是那个将给我面包并在今日使它对我更好的人。

（其后略）

2.木棺铭文选译

从第一中间期开始，官员们开始将金字塔铭文的部分内容引用过来，并加入一些新内容，形成了一套新的丧葬咒语，将其刻写在木棺之上，从而称为"棺文"。目前所知,棺文大约有 1200 段咒语。大多数都是个人咒语,以第一人称写成。与金字塔文一样,棺文也是死者的巴借以通过来世路上艰难险阻的凭证。棺文大多数格式是固定的,内容也往往有重复之处,本书这里选择几段比较有代表性的文本翻译之。这里的译文主要根据 W. K. Simpson, ed., *The Literature of Ancient Egypt: An Anthology of Stories, Instructions, Stelae, Autobiographies, and Poetry*, New Haven and London: Yale University Press, 2003, pp. 263—266 译出。咒语 148 以荷鲁斯的诞生为背景,具有戏剧性,可能是在宗教仪式中吟诵的。咒语 162 是一首诗歌,讲述的是天空中的四种风,似乎是从世俗丧葬文献改编而来。

咒语 148

转变为一只鹰隼。

晴天霹雳。众神胆战心惊。伊西斯醒来,发现怀上了她哥哥奥西里斯的孩子。伊西斯霍地站起身,她因为怀上她哥哥奥西里斯的孩子而欢欣鼓舞。她说:

"哦,你们这些神啊,我是伊西斯,奥西里斯的妹妹,为众神之父奥西里斯哭泣,他在两土地遭到谋杀。他的精子在我的子宫内。正是这个埃尼阿德第一位的儿子将统治这块土地,成为盖伯的继承人,代替他父亲讲话,屠杀他父亲的敌人塞特;一个神的形态已经凝结为卵。来吧,你们这些神啊,保护这个在我子宫中的孩子。你们心里应该明白,他是你们的神,就是这个在他的卵中的神,呈现蓝色,是众神之神。天青石的双羽毛鱼钩,它们是多么大而漂亮啊。"

"哦,"拉-阿图姆说,"祝愿你的心是聪明的,哦,你这个妇女啊。"

(阿图姆对众神说:)"但是,你们怎么知道它是一个神,是埃尼阿德的神和继承者;你们怎么知道你们将依靠这个在卵里面的神?"

"我是伊西斯,比其他神更具潜能和力量。一个神在我的子宫里,他是奥西里斯的精液。"然后,拉-阿图姆说:"如果你怀孕了,年轻的夫人,那么它意味着,你应该远离众神,这些神是令你怀孕的神,你也将为这些神生产孩子;他是奥西里斯的精液;以免屠杀了他父亲的敌人来到,打破未成熟的卵;

伟大的魔法将保护你，使你免受塞特的攻击。"

"哦，众神，听听这话吧，"伊西斯说，"这话是神圣雕像大厦的神拉－阿图姆说的。正是在我体内，拉－阿图姆已经下令保护我的儿子；正是在我的这个子宫内，拉－阿图姆已经处理了他周围的环境，因为拉－阿图姆知道他是奥西里斯的继承人。因此，众神之神拉－阿图姆已经下令保护我体内的这个荷鲁斯。"

（伊西斯对荷鲁斯说）："祈祷吧，来到大地上，我将赞美你，你父亲奥西里斯的仆从们将为你服务。一旦你已经到达了天际，已经经历了'他的名字被隐藏的大厦'的战斗，我将创造你的名字。"

（伊西斯描述她的处境）："现在力量正从我的肉体离开，关键时刻已经到达了我的肉体里，荷鲁斯变得强大的时刻已经到来。只要太阳神旅行，那么荷鲁斯将占据自己的地方，坐在舵手周围的众神的前面。"

（伊西斯对荷鲁斯说）："像鹰隼一样鸣叫吧，我的儿子荷鲁斯。定居在这块你父亲奥西里斯的土地上，以你的这个名字，在'他的名字被隐藏的大厦'的战斗中出现。我要求你成为天际拉神的追随者的一员，永远处于原始圣舟的船首。"

伊西斯去了舵手那里，舵手带来了荷鲁斯，因为伊西斯已经要求荷鲁斯成为舵手，成为永恒复活的领导者。

（伊西斯对众神说）："看看荷鲁斯吧，你们这些神！"

"我是荷鲁斯，在'他的名字被隐藏的大厦'的战斗中的大鹰隼。我的飞行已经到达了天际，因为我已经超越了天空的众神，使我的位置比原始神的位置更持久，甚至就连竞争者之鸟也不能与我最初的飞行相提并论。我的地方远离我父亲奥西里斯的敌人塞特，因为我已经利用了黎明时分永恒复活的通道，并且我依靠我的飞行已经升上天空了。没有任何神曾取得我所取得的成绩。我将野蛮地对待我父亲奥西里斯的敌人，将其置于我的脚下，以我的这个名字阿德穆（Ademu）。我是荷鲁斯，伊西斯生了我，她保护处于卵中的我。你们嘴的猛烈冲击不会攻击到我，你们反对我的话不会到达我这里。我是荷鲁斯，处于比人类和神的地方更遥远的地方。我是荷鲁斯，伊西斯的儿子。"

咒语 162

去获得对天空中四种风的控制：

依靠这些少女，我已经被给予这些风。

北风是环绕在豪内布特（Haunebut）周围的她，伸出她的双臂，触及两土地的两端，而且每天带来它钟爱者需要的东西之后才歇息。北风是生命的呼吸。正是按秩序，我才可以通过她生活，因为她已经被给予我。

依靠这些少年，我已经被给予这些风。

东风是打开天空之窗的她，释放了东边的微风，为拉准备了良好的道路，以便拉可以借以升起。祝愿拉抓住我的手，把我放在他的这个灯芯草之地，以便我可以按照阿比斯公牛的方式在这里吃草，按照塞特的方式饱食一顿。东风是生命的呼吸。正是按秩序，我才可以通过她生活，因为她已经被给予我。

依靠这些少年，我已经被给予这些风。

西风是他，哈（Ha，西沙漠的一个神）的兄弟和伊阿乌（Iaau，一种类似于凤凰的鸟，具有重生的能力）的后代，在双数存在于这个世界之前，就单独地存在了。西风是生命的呼吸。正是按秩序，我才可以通过她生活，因为她已经被给予我。

依靠这些少年，我已经被给予这些风。

南风是他，南风作为南方的一个努比亚人，他带来水，并使生命发芽。南风是生命的呼吸。正是按秩序，我才可以通过她生活，因为她已经被给予我。

向你们致敬，你们天空的这四种风，天空的公牛们！我讲出你们当中每一个的名字，能够讲出已经把这些名字给你的那个神。我知道你们的起源。在人们出生之前，众神存在之前，鸟被捕捉之前，牛被套上绳索之前，大神的女儿麦杰瑞特（Matjeret）被捆绑起来之前，天空和大地的唯一神的愿望被满足之前，你们已经形成了。我正是从强大力量的神那里要求它们，正是他把它们给予我。

现在你亲自来吧，与我旅行吧，以便我可以让你看到大船，你将登上大船，你将在大船内航行。如果我被拒绝，那么我将亲自构建我自己的大船，以便我可以在它里面穿越船的盆地。然后，我将在那里拥有一千腕尺大小的大船，我将在它里面与拉神同时航行到火焰的阶梯那里，当拉神航向火焰的阶梯的时候。我的面包就放在杰内特（Tjenet，一个不知道具体位置的地方）外面。

3.私人石碑祭文（I）

奥西里斯神在第一中间期和中王国时期受到广泛崇拜，在很多国王的坟墓墙壁绘画中反映出来，这些壁画描绘了奥西里斯在来世主持死者审判的场面。贵族、甚至普通人都在自己的墓碑中表达了对奥西里斯神的崇拜。

大英博物馆收藏了将近 100 件古埃及第 12 王朝的石碑，还有一些第一中间期的石碑。这些石碑的内容反映了第一中间期和中王国时期奥西里斯崇拜的很多情况。一般来说，碑文分为三个段落：第一段是献祭格式，第二段述说墓碑主人的功绩，第三段表明墓主人身份。大英博物馆收藏的编号为 BM EA 558 等墓碑展现了这点。也有一些石碑没有这些明确的献祭格式，但它们也是竖立在阿拜多斯奥西里斯神庙里面或者坟墓里面，主要表达的是石碑主人的功绩，当然其内容反映了古埃及官员和贵族的社会地位和家庭成员的关系等情况。BM EA586 表明了这点。此外，坟墓保护神阿努比斯在古埃及历史上始终受到崇拜，也有的石碑用阿努比斯代替奥西里斯在祭文中的地位。BM EA1783 就是这种情况。

本章这里主要根据 Mark Collier and Bill Manley, *How to Read Egyptian Hieroglyphs*, Los Angeles: University of California Press, 1998 中的若干图片翻译出来，在翻译过程中参考了该书作者的译文。

（1）BM EA 558

BM EA 558 墓碑是墓碑主人在去世之前为自己准备的，应该出自阿拜多斯的奥西里斯神庙，是一块放在神庙里面的奉献石碑，这是古埃及精英群体的传统做法。

这块石碑反映了古埃及献祭碑文的基本格式。最常见的格式由三部分构成："国王献祭的一份祭品""愿望祭品"和"给予某某人的卡"。三个部分之间存在着严密的逻辑关系。第一部分的本质含义是国王向神祇献祭祭品。在

冥王奥西里斯接受了祭品之后，这些祭品作为一种愿望性的祭品传递给死者，这是第二部分的内容。第二部分还列举各种祭品。第三部分以短语"n-kȝ-n"引出祭品的接受者，即墓碑主人。这种献祭碑文的格式在中王国时期尤为普遍，著名的埃及学家加德纳等人早在20世纪初就从很多墓碑上注意到了这个现象。

BM EA 558 的材质是石灰石，高约80厘米，墓碑上部自上而下雕刻着六行祭文，下部是石碑主人的浮雕肖像和祭品桌以及各种祭品。石碑主人站立在祭品和祭文面前。墓碑右下角是几个符号组成的一个说明性的短语，翻译为"必要的祭品"。碑文主要表达墓碑主人通过献祭的方式希望在来世分享祭品，并记述墓碑主人生前的行为。墓碑主人的名字是凯伊（ky）。

国王献祭的一份祭品，（给予）奥西里斯——杰都的领主、大神、阿拜多斯的神，

结果他可以献祭一份愿望祭品，包括面包和啤酒、牛和家禽、雪花石膏和亚麻以及神祇生活所需的所有美好而纯净之物，

给予凯伊——值得尊敬者、国王钟爱的正义的进谏者——的卡（灵魂）。

我每日做国王赞赏之事。我来自我的城市，我来自我的城区。我是一个讲述美好事情之人，我反复讲述国王进谏者总管喜爱之事。我没有向监护人告发受监护人，我没有下令鞭笞我的人。

大神面前的值得尊敬者、报告者凯伊，麦尔提所生，正义者。

底部铭文：必要的祭品。

（2）BM EA 587

该石碑为石灰石材质，高56厘米。石碑主人的肖像被刻画出来，他坐在一把椅子上，面对祭品桌和祭文。祭文自上而下分为三行，从左至右阅读。内容格式与上述BM EA558很相似。

国王献祭的一份祭品，（给予）奥西里斯——杰都的领主、大神、阿拜多斯的神，

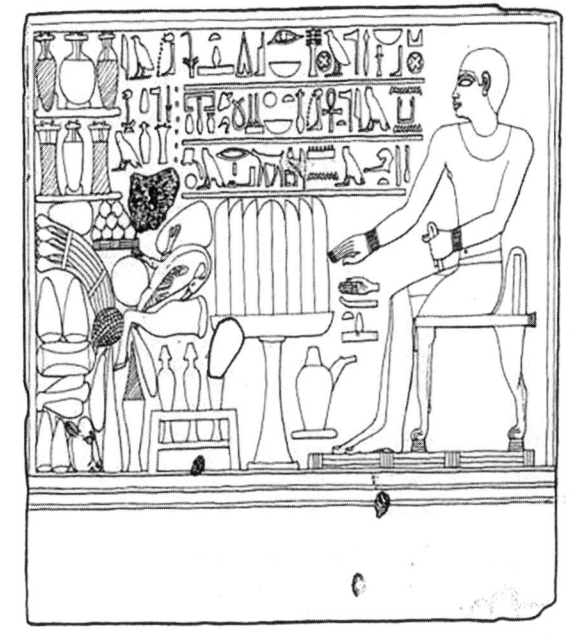

一份愿望祭品，包括面包和啤酒、牛和家禽、雪花石膏和亚麻以及神祇生活所需的所有美好而纯净之物，

给予阿蒙尼姆赫特（Amonemhat）——值得尊敬者、房间管理者、正义者——的卡。

底部铭文：
必要的祭品

（3）BM EA 586

该石碑为石灰石材质，高63.5厘米，自上而下有四行从右往左刻写的铭文，讲述的是石碑主人和其妻子的行为和身份等内容。石碑主人和妻子的肖像在四行文字下方刻画出来。他们并排坐在一起，妻子的左手搭在丈夫的左肩上，显得亲密和谐。他们面前是祭品桌，他们的两个儿子面对着他们，为他们奉献祭品。石碑的最下部分由两部分组成，右面两个人物是石碑主人的两个女儿，给墓主人带来祭品；左面一个站立的人物，手持权

杖，人物刻画的是作为祭司的石碑主人。

　　这块石碑也发现于阿拜多斯，或许是石碑主人伊提的奉献石碑。墓主人伊提的身份是神的父亲，即祭司。这块石碑内容没有按照传统的石碑祭文格式转写，而是重点介绍了自己的身份和行为，更多地体现了墓主人与其家庭成员的关系，尤其是家庭成员的身份和肖像都刻画出来了，这一点很有代表性。这对于我们了解古埃及社会和家庭有一定意义。

　　上下埃及之王海派尔卡拉（永生）统治的第 14 年。值得尊敬者、神的父亲伊提（Ity）说：

　　我在国王面前重复做令人喜欢的事情，增进我的心，比在我之前就存在的所有神的父亲都多。

　　陛下令我掌管那个用纯紫水晶制作的大印，就像国王的所有贵族那样，我的黑檀木权杖装饰着琥珀金。

　　值得尊敬者，神的父亲，伊提。

　　他的妻子，他所钟爱者，伊乌里（Iwri）。

　　他的儿子荫太夫（Intef）；他的儿子阿蒙尼姆赫特（Amenemhet）。

　　最下部分右侧的铭文：

　　他的女儿萨特索贝克（Satsobek），他的女儿萨特沃斯瑞特（Satwosret）

　　最下部分左侧的铭文：

　　值得尊敬者，神的父亲，他的主人真正喜爱的人，无处不在的阿蒙－拉神的秘密的掌握者，伊提，萨特索贝克所生。

（4）BM EA 1783

　　BM EA1783 是第一中间期的石碑，发现于那迦·戴尔的贵族墓里面。那迦·戴尔是上埃及第八诺姆提斯诺姆的省会城市。那迦·戴尔是从前王朝开始直到第一中间期的重要墓地，也是崇拜阿努比斯神的中心。这块石碑的主人是荫胡里特那赫特（Inhuretnakht），他的妻子是胡伊（Hui）。这块石碑从上往下有六行从右往左读的铭文，石碑铭文下方是较高大的石碑男主人，后面是相对较小的妻子，妻子的左手拥抱着丈夫的右手；高大形象的石碑主人面前是祭品及其数量的铭文，他的膝盖前方是非常小的人物形象，那是他的儿子。最有意思的是，大人物两腿前后的铭文记录了他的一个儿子的名字奈恩威（Nenwy）和一句描述性话语，而那句描述性话语实际上记录了长子黛比奉献石碑的事实。石碑右下角的铭文基本意思是将面包、啤酒、牛、家禽、亚麻布等各1000份献给荫胡里特那赫特。这个石碑的铭文不仅体现了石碑祭文的基本结构，还展现了对阿努比斯神的崇拜，更展现了第一中间期贵族家庭成员的关系。

　　国王献祭的一份祭品，（给予）阿努比斯，即他的山脉上的神，wt中的神，神圣土地的领主，

　　一份愿望祭品，给予地方长官，国王的执印者，独一无二的伙伴，诵经祭司，大神和天空之神面前受尊敬者，荫胡里特那赫特。

　　我是他的父亲喜爱的人，他母亲赞扬的人，他的兄弟姐妹钟爱的人，他的家人和蔼对待的人。

我把面包给予饥饿者，把衣服给予衣不蔽体者。

我用我自己的渡船渡过没有船只的河流

我通过我自己做的事情获得 100 头牛。

妻子肖像面前的铭文：

他钟爱的妻子，独一无二的侍奉夫人，哈托尔女神的女祭司，值得尊敬者，胡伊。

儿子面前的铭文：

他钟爱的儿子奈恩威（Nenwy）。

大人物膝盖后下方的奉献铭文：

他钟爱的长子黛比（Debi）为他制作的（石碑）。

（5）BM EA571

BM EA571 是一块石灰石材质的石碑，高约 52 厘米。这块石碑铭文不多，但浮雕和石碑内容组合却很有意思。石碑以胡为中心，上面两个部分是胡与她的两个丈夫的浮雕和祭文。女主人胡和她的丈夫的浮雕面前是祭品桌和他们的儿子或朋友，儿子们的名字和头衔都铭刻了出来。下面两部分是她的家人和仆人，仆人的职责都记录下来了。第三部分为家庭成员，都是两位丈夫的家庭成员，至于是哪一方的，没有明确说明；第四部分是家庭或地产上的仆人，也是两位丈夫或其中一位丈夫的仆人。这块石碑不仅有利于我们对古埃及献祭石碑碑文的理解，更有利于我们对古埃及家庭和社会的认识。

自上而下第一部分

国王献祭的一份祭品，（给予）奥西里斯——杰都的领主、西方世界的首尊、大神、阿拜多斯的领主，

结果他可以献祭一份愿望祭品，包括面包和啤酒、一千头牛和家禽、雪花石膏和亚麻以及大神生活所需的所有美好而纯净之物，

给予值得尊敬者、国王钟爱的进谏者、房屋总管、正义者萨哈托尔

（Sahathor）和他的爱妻胡（Khu）。

祭品桌前面较高的儿子铭文：

他钟爱的儿子，房屋的总管，萨麦恩赫特（Samenehet），正义者。

祭品桌前面中间的儿子铭文：

仓库的总管荫太夫（Intef）

祭品桌前面最小的儿子铭文：

执杯者埃穆萨夫（Emsaf）

自上而下第二部分

国王献祭的一份祭品，（给予）奥西里斯——美丽西方的领主、大神、阿拜多斯的领主，

结果他可以献祭一份愿望祭品，包括水和啤酒、香和软膏麻以及大神生活所需的所有美好而纯净之物，

在满月节日，在半月节日，在 wag 节日，在托特节日，在神前往波克尔（Poker）的节日里，

给予值得尊敬者、房屋总管、正义者萨阿蒙（Saamon）和他的爱妻胡（Khu）。

祭品桌前面较高的人物面前的铭文：

执杯者塞海泰普伊布（Sehetepib）。

祭品桌前面最小的人物面前的铭文：

他钟爱的朋友荫太夫（Intef）

| 古代埃及文明文献萃编 |

自上而下第三部分

他钟爱的儿子阿蒙尼（Amony），他钟爱的妻子萨特沃斯瑞特（Satwosret）；他钟爱的儿子，祭司，塞恩沃斯瑞特（Senwosret），他钟爱的妻子萨特孟图（Satmontu）；他钟爱的儿子，房屋总管，阿蒙尼姆赫特（Amenemhet），他的妻子贝特（Bet）。

自上而下第四部分

随从查乌（Tjaw）；女仆胡（Khu）；屠夫萨哈托尔（Sahathor）；女性执杯者海泰普（Hetep）；女性执物进入者戴戴特（Dedet）；洗衣工萨哈托尔。

（6）BM EA 143

BM EA143 是一块石灰石材质的长方形石碑，应该源自阿拜多斯，是一块献祭石碑。石碑从上至下刻画着三行圣书体文字，是较为典型的祭文。从祭文当中 jdw 和 ddt 这两个词的写法来判断，这块石碑应该是第 12 王朝晚期或第 13 王朝早期的。祭文下面是石碑主人和祭品的浮雕，石碑主人端坐在座椅上，他对面是祭品桌和祭品。这个浮雕场面下面是三个呈坐姿的女性，分别是石碑主人的妻子和母亲。每个女性前面都有铭文，表明了浮雕的身份和职责。石碑文字不多，但提供了很多信息，浮雕当中对妻子位置的处理方式，也不同于其他典型石碑。

国王献祭的一份祭品，（给予）奥西里斯——杰都的领主、大神、阿拜多斯的领主，

结果他可以献祭一份愿望祭

品，包括面包和啤酒、牛和家禽、雪花石膏和亚麻以及神生活所需的所有美好而纯净之物，

天空给予，大地创造，翻来带来，

作为国王给予的一份祭品，甜蜜的生命呼吸和纯洁的香的香气，

给予地方长官、正义者奈海提（Nekheti），

由正义者奈海提所生。

下面浮雕的铭文从右往左：

他的妻子，房屋的女主人，奈特奈布（Netnebu），正义者；他的母亲，房屋的女主人，奈海提（Nekheti），正义者；奶妈伊赛特（Iset）。

（7）BM EA 584

BM EA584是一块石灰石材质的石碑，高约53厘米，是一块近似于正方形的石碑。该石碑来源不详，但根据行文里面对路过之人的要求，我们认为这块石碑或许立在坟墓里面。这块石碑也很有意思，除了石碑内容可以作为中王国时期坟墓石碑祭文的一般格式的代表，浮雕描绘的人物也很有特点。该石碑自上而下由从右往左读的六行文字构成，石碑主人和他的妻子坐在座椅上，按照传统姿势雕刻。他们面前是祭品桌和祭品，对面是石碑主人的两个儿子，在妻子雕像下面铭刻着女儿的名字，但没有女儿的浮雕。

国王献祭的一份祭品，（给予）奥西里斯——杰都的领主、西方世界的首尊、大神、阿拜多斯的领主，

沃普瓦乌特，神圣土地的领主，克努姆神和海卡特神，西沙漠的众神和领主们，

结果他们可以献祭一份愿望祭品，包括面包和啤酒、牛和家禽、雪花石膏和亚麻、祭品和供应品

给予值得尊敬者、建筑工人的主管胡恩毕克（Khuenbik）的卡，他说：

哦，活人们，当你们往北或往南去而经过这个坟墓时，

因为你们希望在整个旅程中跟随沃普瓦乌特，

（所以）祝愿你们说："面包和啤酒，1000 份；牛和家禽，1000 个；雪花石膏和亚麻，1000 份；祭品和供应品，1000 份。"

作为神赖以生存的所有美好而纯净的事物。

给予阿拜多斯所有神和国王面前的值得尊敬者、建筑者们的主管、正义者胡恩毕克的卡，由瑞鲁特（Rerut）所生。

妻子浮雕面前的铭文：

他的妻子哈托尔（Hathor），由玛斯尔恩霍尔（Masirenhor）所生。

右侧上面那个人物面前的文字

正是他的儿子使他的名字生存下去，建筑工人的主管尼普塔卡乌（Niptahkau）。

右侧下面那个人物面前的文字

他钟爱的儿子普塔霍特普（Ptahhotep）。

妻子座位下面的铭文

他的女儿瑞茹特（Rerut），正义者。

祭品桌下面的铭文

必要的祭品

（8）BM EA 162

BM EA162 是一块石灰石材质的石碑，头部呈半圆状，源自阿拜多斯奥西里斯神庙的礼拜堂，是首席将军阿姆尼奉献的三块石碑之一，这块石碑与开罗博物馆的一块石碑分裂在卢浮宫的一块石碑两侧，两侧的这两块石碑没有石碑奉献者阿姆尼的形象，卢浮宫那块石碑上刻画了阿姆尼的形象。这三块石碑构成了一个完整的献祭石碑组合。这块石碑的上半部由从左往右读的五行文字组成。下面是两栏高大形象的任务雕像，一个是女性，一个是男性，在他们前后都有文字。最下面是一行较小的人物浮雕和铭文，是石碑主人的家仆。

国王献祭的一份祭品，在奥西里斯——西方世界的首尊、大神、阿拜多斯的领主面前，在他所有美好而纯洁的地方，

结果他可以给予一份愿望祭品，包括面包、啤酒、牛、家禽和所有美好的东西，

给予大神面前的值得尊敬者、首席将军阿美尼（Ameny）的卡，由凯布（Kebu）所生，正义者。

祝愿帮助被给予在往西方的路上的奈什迈特（Neshmet）圣舟中的他。

祝愿他在墓地的诸多节日期间从大祭坛上获得祭品。

祝愿阿拜多斯的大神对他说"和平地欢迎"，在 wag 节日，在托特节日，在索卡尔节日，在敏神的仪仗队伍节日，在索提斯的仪仗队伍节日，在太阴年开始的节日，在为大神奥西里斯 - 亨尼曼图举行的所有伟大节日期间，

给予首席将军阿姆尼的卡。

中栏家庭成员、同事和职员浮雕旁边的文字，从右往左依次如下：

他钟爱的妻子，她每天做他喜欢的事情，哈托尔的女祭司麦德胡（Medhu），由正义者阿姆尼所生。

女执杯者萨亨奈特海提（Sakhenetkhety）。

他喜爱的真诚的仆人，他每天做他喜欢的事情，司库萨哈托尔（Sahathor），值得尊敬的拥有者，正义者。

他钟爱的兄弟海奈特海提海泰普（Khenetkhetyhetep），由萨特索贝克（Satsobek）所生，正义者。

最下面一栏浮雕前面的铭文，从左往右：

萨海奈特海提（Sakhenetkhety）；卡祭司杰法哈皮（Djefahapy）；理发师胡耶特（Khuyet）；家务仆人阿姆尼；家务仆人巴乌提（Bawty）。

4.亡灵书选译

从第二中间期开始，丧葬文献开始分化为很多种类型，其中最为重要的是《亡灵书》或《死者之书》。"亡灵书"是现代人的名字，古代埃及人称其为"在白日出现的咒语"。《亡灵书》一般以祭司体书写在纸草或皮革上，埋放在死者坟墓中。它是由不同时期的仪式咒文混杂编纂而成，很多内容继承了金字塔文和棺文。亡灵书的咒语也多是表明死者在活着的时候没有做错误的事情，甚至夸赞死者做了很多虔敬神灵和效忠国王的善事，其目的是帮助死者在地下世界顺利通过奥西里斯的审判，从而获得永生，在来世过上更美好的生活。亡灵书里面有很多内容是以当时的生活环境为背景的，但很多内容在今日缺乏相关信息，因而读起来比较费解，这也为翻译带来了很多困难。《亡灵书》里面最重要的文献是现代学者命定的第17条咒语和第125条咒语，它们最具代表性。这里主要翻译第125条咒语。参见 W. K. Simpson, ed. , *The Literature of Ancient Egypt: An Anthology of Stories, Instructions, Stelae, Autobiographies, and Poetry*, New Haven and London: Yale University Press, 2003, pp. 269—277.

当到达这个双真理大厅、净化 NN 所有已经做过的罪行、观看众神的面孔时说的话

NN 说："向你致敬，双真理的神！我已经来到你面前，我的神，只是为了你可以带着我，以便我能看到你的美丽。我知道你，我知道你的名字和 42 个神的名字，这些神与你一起在双真理的这个大厅里，这些神依靠那些保持邪恶的人们生活，这些神在温奈菲尔（Wennefer，奥西里斯的头衔）面前计算特性的那天吞咽他们的血肉。瞧，两个女儿、他的双目、真理之神是你的名字。瞧，我已经来到你面前，为你带来真理，已经为你驱逐了错误。

我没有对人作恶，

我没有虐待牲畜，

我没有在真理之地犯罪，

我不知道不该知道的事情，

我没有做任何恶事。

我没有每日做超出我分内之事的劳动。

我的名字没有到达拉神的圣舟上。

我没有亵渎神灵。

我没有剥夺孤儿的性命。

我没有做众神憎恶的事情。

我没有使仆人诽谤他的长官。

我没有导致他人痛苦。

我没有导致他人哭泣。

我没有杀人，

我也没有指使人杀人。

我没有为任何人制造痛苦。

我没有减少神庙的献祭面包。

我没有毁坏众神的献祭蛋糕。

我没有偷窃神圣的死者的蛋糕。

我没有（与男孩）交媾。

我不是淫荡的人。

我没有增加，也没有减少献祭量测标准。

我没有减少阿鲁拉的量测标准。

我没有侵占田地。

我没有增加天平的砝码。

我没有减损天平的铅锤。

我没有从孩子的嘴中抢奶。

我没有剥夺牧场的畜群。

我没有在众神的树木上捕鸟。

我没有在众神的沼泽地里捕鱼。

我没有改变水的季节。

我没有用大坝阻挡水流。

我没有在关键时刻灭掉火焰。

我没有忽略为众神奉献肉祭品的日子。

我没有把牛从神的财产中赶走。

我没有阻止在仪仗队伍中的神祇。

我是纯洁的,我是纯洁的,我是纯洁的,我是纯洁的!

我的纯洁是那个在希拉康坡里斯的大凤凰的纯洁,因为我的确是呼吸之神的那个鼻子。在冬季第二个月最后一天这个土地的神出现的时候,呼吸之神在赫利奥坡里斯填充荷鲁斯之目的那天,给予所有臣民以生机。我是那个已经在赫利奥坡里斯看到了对荷鲁斯之目进行填充的人。在这个土地上,或在这个双真理的大厅里,邪恶不会对我发生,因为我知道在这里面的众神、大神的追随者的名字。

哦,大踏步前进之神,此神来自赫利奥坡里斯,我没有错误行为。

哦,拥抱火之神,此神来自埃及的巴比伦,我没有掠夺行为。

哦,托特神,此神来自赫尔摩坡里斯,我没有嫉妒行为。

哦,吞咽阴影之神,此神来自洞穴,我没有偷盗行为。

哦,面孔粗野者,此神来自孟菲斯墓地,我没有杀人。

哦,双胞胎狮子,此神来自天国,我没有毁坏献祭量测标准。

哦,他的眼睛是燧石之神,此神来自莱托坡里斯,我没有不诚实行为。

哦,喷火的神,此神来来往往,我没有偷盗神的财产。

哦，捶打骨头之神，此神来自希拉康坡里斯，我没有撒谎。

哦，运送火焰之神，此神来自孟菲斯，我没有夺取食物。

哦，洞穴居住者之神，此神来自西方，我没有被激怒。

哦，白色牙齿之神（鳄鱼神索贝克），此神来自法尤姆，我没有犯罪行为。

哦，吃人血之神，此神来自屠宰大厦，我没有屠杀圣牛。

哦，吃内脏之神，此神来自三十人大厅，我没有放高利贷。

哦，真理之神，此神来自双真理之地，我没有掠夺面包配给量。

哦，漫游之神，此神来自布巴斯提斯，我没有偷听行为。

哦，苍白之神，此神来自赫利奥坡里斯，我没有胡言乱语。

哦，双重邪恶的毒蛇之神，此神来自布西里斯，我没有就与我自己的财产有关的事情与人发生争吵。

哦，Wamemti 毒蛇之神，此神来自死刑之地，我没有与一个男人的妻子交媾。

哦，那个看见他已经带走的东西的神，此神来自敏之屋，我没有好色行为。

哦，贵族的首领，此神来自考姆·埃尔－希森，我没有导致恐怖。

哦，肇事者之神，此神来自考伊思（Xois），我没有犯罪行为。

哦，打扰者之神，此神来自圣所，我没有暴躁行为。

哦，儿童之神，此神来自赫利奥坡里斯诺姆，我没有对真理之言充耳不闻。

哦，语言宣布者之神，此神来自文西（Wensi），我没有制造骚乱。

哦，巴斯泰特神，此神来自神殿，我没有对人使眼色。

哦，他的脸在他的后面的神，此神来自矿井，我没有手淫；我没有与娈童交媾。

哦，热足神，此神来自尘埃，我没有掩饰思想。

哦，黑暗之神，此神来自黑暗，我没有辱骂别人。

哦，那个带走他的祭品的神，此神来自舍易斯，我没有攻击行为。

哦，面目之神，此神来自赫尔诺坡里斯诺姆，我不是没有耐心的人。

哦，控告之神，此神来自维特奈特（Wetnet），我没有违反我的本性；我没有使神破产。

哦，牛角神，此神来自西乌特，我没有对一些事情啰里啰嗦。

哦，奈菲尔图姆，此神来自孟菲斯，我没有罪孽，我没有做错误的事情。

哦，未被放弃之神，此神来自布西里斯，我没有谩骂国王。

哦，根据心行动之神，此神来自安泰奥坡里斯，我没有在水中跋涉。

哦，冲浪之神，此神来自阿拜西斯（Abyss），我没有大声说话。

哦，臣民的命令者，此神来自他的圣所，我没有谩骂神祇。

哦，善良的提供者，此神来自鱼叉诺姆，我没有肿胀。

哦，奈赫伯卡乌，此神来自底比斯，我没有以我的名义对人进行区分。

哦，把头高高竖起的大蛇，此神来自洞穴，我没有依靠除了我自己的财产之外的方式增加我的财产。

哦，带走他的部分的大蛇，此神来自寂静之地，我没有贬低我的城镇的神。"

NN 说：

"向你们致敬，你们这些神。我知道你们；我知道你们的名字。我不会沦落为你们的屠杀者。你们不会向这个神汇报我的劣迹，你们是这个神的追随者。我没有任何错误与你们相关。你们将在万能的神面前讲述与我有关的真理，因为我已经在埃及做了真理。我没有诅咒神。我没有任何错误与那个在其统治时期内的国王有关。

向你们这些神致敬，你们在这个双真理大厅里。你们没有在他们体内谎言；你们以赫利奥坡里斯的真理为生；你们在荷鲁斯面前吞咽他们的纯洁，荷鲁斯是阿吞圆盘。祝愿你从巴拜（Babai）挽救我，他以伟大称量那天伟大者的内脏为生。瞧我；我已经来到你面前，没有错误，没有罪孽，没有邪恶，没有反对我的证据，没有任何人指明我已经做了任何事情。因为我依靠真理生活，因为我消费真理。我已经做了人们说的，并且按照众神高兴的方式。我已经按照神喜爱的方式令神满意。我已经把面包给予饥饿者，把水给予饥渴者，把衣服给予裸体者，把船给予需要船只的人。我已经给神奉献了神圣祭品，为神圣的死者奉献了愿望祭品。那么，挽救我吧。那么，保护我吧。你们不会在大神面前控告我。我的嘴是纯洁的，我的手是纯洁的，我是一个人们在看到我就喊'欢迎'的人，因为我已经听到驴和猫在打开嘴之神的屋内所说的伟大咒语；我是他面前的证人，当他发出尖叫声的时候（这里讲的是猫神对驴形塞特的惩罚）。我已经看见了孟菲斯墓地里鳄梨树的裂开（这里讲的是拉神对大蛇的胜利）。我是一个在众神面前提供协助的人，我知道他们身体的需要。我已经来到这里，尤其是为了验证真理，把天平放在寂静之地的正确位置。哦，他高高地立在他的军旗之上，阿泰夫王冠的神，他已经使他的名字成为呼吸之神（奥西里斯的头衔），祝愿你从你的信使那里挽救我，他们制造血腥的伤害，他们创造惩罚，他们没有同情心，因为我已经为真理之神做了真理，因为我是纯洁的，我的前面是干净的，我的后背是洁净的，我的中间是真理之池。我的四肢不缺乏纯净。因为我已经在南方的池塘中洗澡，所以我已经在北方的城市里休息，在蚱蜢之地休息；在夜里的第二个小时，在白天的第三个小时，拉的船员在蚱蜢之地洗澡；当众神在夜里或白天经过它的时候，它安慰他们。"

"让他来吧，"他们这样谈论我。

"你是谁？"他们这样谈论我。

"你的名字是什么？"他们这样谈论我。

"我是纸莎草茎，'他在辣木树中'（奥西里斯的绰号）是我的名字。"

"你经历了什么？"他们这样谈论我。

"我经历了北方城市的辣木树。"

"你在那里看到了什么？"

"它是小牛和大腿。"

"你对它们说了什么？"

"我已经看到了腓尼基人土地上的欢乐。"

"他们给了你什么？"

"它是火把和一个彩陶立柱。"

"你用它们做了什么？"

"我在晚饭仪式期间将它们埋葬在了双真理之湖的岸上。"

"你在双真理之岸上发现了什么？"

"它是一根燧石节杖，它的名字是呼吸给予者。"

"你埋葬了火把和彩陶柱之后，你对它们做了什么？"

"我对它们进行哀悼。我把它们挖出来。我用尽了火。我打碎了立柱,将其扔进湖里。"

"那么,来吧,从双真理的大厅的大门进入吧,因为你知道我们。"

"我不会让你从我这里进入的,"这个大门的门卫说,"除非你说出我的名字。"

"'真理的铅锤'是你的名字"。

"我不会让你从我这里进入的,"这道大门的右门叶说,"除非你说出我的名字。"

"'携带真理的天平盘子'是你的名字"。

"我不会让你从我这里进入的,"这道大门的左门叶说,"除非你说出我的名字。"

"'葡萄酒的天平盘子'是你的名字。"

"我不会让你从我这里进入的,"这道大门的门槛说,"除非你说出我的名字。"

"'盖伯的公牛'是你的名字。"

"我不会为你打开,"这道大门的门栓说,"除非你说出我的名字。"

"'他母亲的脚趾'是你的名字。"

"我不会为你打开,"这道大门的搭扣说,"除非你说出我的名字。"

"'索贝克的活的眼睛,拜库(Bakhu)的神'是你的名字。"

"我不会为你打开,我不会让你从我这里进入的,"这道大门的守门人说,"除非你说出我的名字。"

"'舒的前胸,舒将其作为对奥西里斯的保护'是你的名字。"

"我不会让你从我们这里通过的,"这道大门的交叉木材说,"除非你说出我们的名字。"

"'瑞内努泰特的孩子们'是你们的名字。"

"你知道我们。那么,从我们这里穿过吧。"

七 丧葬文献

"你不应该踩着我。"这个双真理大厅的地板这样说。

"既然我是纯净的,那么这又是为什么呢?"

"因为我们不知道你用来踩着我们的你的脚的名字。然后,这是它们对我说的话。"

"'他被带领到敏神面前'是我右脚的名字。"

"'奈夫提斯的追随者'是我的左脚的名字。"

"那么,踩着我们吧。你知道我们。"

"我不会宣布你,"这个大厅的守门人说,"除非你说出我的名字。"

"'他感知心、检查身体'是你的名字。"

"那么,我应该把你宣布给那个当值的神?"

"把我宣布给两土地的阐释者。"

"两土地的阐释者是谁?"

"它是托特神。"

"来,"于是托特说,"你为什么而来?"

"我特意来这里是为了报道的。"

"你的状态怎样?"

"我没有任何劣迹。我没有与任何人发生争吵。我不属于争吵的人们的行列。"

"那么,我应该把你宣布给谁?"

"把我宣布给他,他的屋顶是火,他的房屋的四壁是活着的眼镜蛇,房屋的地板在泛滥。"

"他是谁?"

"他是奥西里斯。"

"那么,前进吧。瞧,你被宣布了。你的面包是荷鲁斯之目;你的啤酒是荷鲁斯之目;你在大地上的愿望祭品是荷鲁斯之目。"他这样谈论我。

(一个人)出现在双真理大厅的时候,应该做的事情。一个人应该说这段咒语,当(他是)纯洁而干净的,穿着衣服,穿着白鞋,描绘着黑色眼影,涂抹着优质没药膏油，已经献祭了鲜肉、家禽、香、面包、啤酒和蔬菜的时候。现在为你自己这座肖像（或许是称重的插图），用努比亚赭石描绘干净的地面，上面撒上猪和山羊都没有踩踏过的土壤。至于这本书服务的那个人，他将享受荣华，他的孩子们将享受荣华。他将是国王和他的随从的密友。他将从大神的祭坛上得到蛋糕、一罐啤酒、一块面包和一大块肉。他不能从西方的任何大门返回来。他将与上下埃及的国王们一起受到接待。他将是奥西里斯的追随者。真正有效，长达几百万年。

5.私人石碑祭文（II）

大英博物馆收藏着180块中王国、第二中间期的石碑和类似石头物件，这是埃及境外收藏埃及这一时段石碑最多的地方。这些文物当中，大约100件属于第12王朝，其他都属于第13王朝至第17王朝的，一般来说，后面这个时间段被称为第二中间期。这些石碑铭文蕴含着大量宗教崇拜的信息，尤其为中王国和第二中间期石碑铭文内容的多样性提供了事例，也揭示出了当时神祇崇拜的多样性，也有的内容体现了高官贵族家庭成员的情况。这些石碑铭文也提供了前面提到的那个碑铭中涉及的献祭碑文标准格式的各种微妙变化。本书在前面私人石碑祭文第一部分中翻译的都是大约第12王朝的石碑，这里翻译的都是第13至17王朝的石碑。这里翻译出来的几篇碑文皆根据 D. Franke, *Egyptian Stelae in the British Museum from the 13th to 17th Dynasties,* vol. I, *Fascicule 1: Descriptions*, London: The British Museum Press, 2013, pp. 19—179 译出。

（1）BM EA177

这块石碑大约发现于1861年，现收藏于大英博物馆，编号为EA177，是一块高57厘米的石灰石石碑，四个立面上都刻有铭文，铭文当中提到了奥西里斯神、乌普瓦乌特神、普塔神。

BM EA177（从左至右依次为 A、B、C、D 面）

A 面：国王献祭的一份祭品，（献祭给）奥西里斯，西方世界的首尊，大神，阿拜多斯的神，祝愿他把所有好东西，给予瑞杰恩普塔（Redienptah）——采石部队的管理者——的卡，派塞戴特（Pesedet）所生。

B 面：国王献祭的一份祭品，（献祭给）乌普瓦乌特，神圣之地的神，（祝愿他）给予瑞杰恩普塔——采石部队的管理者——的卡，派塞戴特所生。

C 面：国王献祭的一份祭品，（献祭给）普塔，他的墙的南方（指的是普塔神庙，位于孟菲斯城南部），安赫塔威（即孟菲斯墓地）的神，（祝愿他）给予瑞杰恩普塔——采石部队的管理者——的卡，派塞戴特所生。

D 面：国王献祭的一份祭品，（献祭给）奥西里斯，西方世界的首尊，大神，阿拜多斯的神，（祝愿他）给予瑞杰恩普塔——采石部队的管理者——的卡，派塞戴特所生。

（2）BM EA197

该石碑或许源于底比斯，没有准确记载。这是一块石灰石材质的石碑，高 40.8 厘米，宽 23.1 厘米，厚约 4—5 厘米，1834 年收藏。半月形部分铭刻了两个对立的瓦杰特眼睛，这个符号源自荷鲁斯之目，具有神力，象征着神对石碑主人的保护。石碑正面其他部分没有浮雕形象，有十行铭文。铭文分为左右两部分，以相对对称的形式刻画下来，左面是关于石碑男主人的祭文，右边是对妻子的祭文。译文如下：

右边铭文，从左往右读：

国王给予的一份祭品，（给予）普塔-索卡尔和奥西里斯，安赫塔威（即孟菲斯墓地）的领主，结果他们可以给予愿望祭品，包括面包、啤酒、牛和家禽、天已经给予的、大地已经创造的和哈皮（尼罗河泛滥）带来的东西以及神赖以生存的所有美好而纯净的东西，给予值得尊敬者、采矿工提塔（Tita）的卡，由房屋的夫人伊姆布（Imbu）所生。

左边铭文，从右往左读：

国王给予的一份祭品，（给予）哈托尔，登德拉的夫人，结果她可以给予愿望祭品，包括面包、啤酒、牛和家禽、天已经给予的、大地已经创造的和哈皮（尼罗河泛滥）带来的东西以及神赖以生存的所有美好而纯净的东西，给予他的妻子、房屋的夫人伊吾尼斯提斯（Iunesites）的卡，由房屋的夫人哈乌（Hau）所生，正义者。

BM EA 197

（3）BM EA204

这块石碑或许源自阿拜多斯，属于第13王朝后半期，白色石灰石材质，1834年收藏。石碑高46.8厘米，宽30.5厘米，左厚6.9，右厚7.8厘米。这是一块顶端呈半月形的高石碑。石碑顶部呈半月形，半月形部分铭刻着一个生命符号和两个分置在生命符号两侧的豺狼形象，豺狼爬在神龛之上。半月形部分为石碑的A部分。下面是7行平行的铭文，从右至左读，这是主要铭文部分，是为 B 部分。再往下是 C 部分，由一个双人对坐，中间为祭品桌的浮雕，浮雕右侧是四竖行从右至左阅读的铭文。最下面是 D 部分，三个跪坐的人物浮雕，人物头上铭刻着三者的名字。铭文翻译如下：

B 部分铭文：

国王献祭的一份祭品，（给予）奥西里斯，阿拜多斯的领主，大神，永恒之神，结果他可以给予愿望祭品，包括面包、啤酒、牛和家禽、雪花石膏和亚麻、祭品和供给物、所有美好而纯净的东西、天空给予的、大地创造的、哈皮（尼罗河泛滥）带来的等作为祭品，北风的甜蜜呼吸、白日前行、在奥西里斯美好宴会上收获愿望祭品，墓地的超自然力和力量，给予奥西里斯神的执印者、正义者阿姆尼（Ameny），由神的执印者、正义者肯美苏（Khenmesu）所生，由房屋的夫人、正义者卡伊（Kai）所生。哦，大地上的所有活人，经过这个石碑的所有书吏和诵经祭司，祝愿你们说："国王献祭的一份祭品，给予奥西里斯，奥西里斯给予神的执印者、正义者阿姆尼的卡。"

C 部分铭文：

国王献祭的一份祭品，（给予）哈托尔、沙漠墓地的女主人，结果她可以给予一份愿望祭品，包括面包、啤酒，给予他钟爱的妻子、房屋的夫人、正义者瑞恩森内布（Renseneb）。

D 部分铭文：

他的女儿、房屋的夫人、正义者卡伊（Kai）；他的女儿、正义者戴迪（Dedi）；他的儿子、正义者塞霍特普伊布（Sehotepib）。

（4）BM EA 208

这是一块第 13 王朝前期的石碑，石灰石材质，或许源自阿拜多斯。该石碑为高圆顶石碑，高约 45.1 厘米，宽约 30 厘米，厚约 8 厘米。石碑顶部的半月形部分没有文字和浮雕，石碑主要部分也没有浮雕，只有六行从右往左读的铭文。铭文翻译如下：

国王献祭的一份祭品，给予奥西里斯、西方世界的首尊、大神、阿拜多斯的领主，结果他可以给予愿望祭品，包括面包、啤酒、牛和家禽，给予维西尔的首席书吏、正义者安赫夫（Ankhef）的卡，由安普利特奈菲尔（Aperetnefer）所生，由地产主管和谷物会计安赫瑞恩（Ankhren）所生。正是他的弟弟、正义主管孟图沃塞尔/森贝夫（Montuwoser/Senbef）使他的名字在大地上永远存活。

BM EA 208

（5）BM EA 209

这是一块源自阿拜多斯的石碑，属于第 13 王朝前期的石碑，石灰石材质。它高约 53 厘米，宽约 34.7 厘米，1834 年收藏。这块石碑有一个起庇护作用的凹饰飞檐，飞檐表面铭刻的是植物或花托，没有铭文。飞檐下面是呈长方形的石碑正面，根据内容可以分为两栏。上栏的最上部分是两行从右往左读的铭文，铭文下面是三个浮雕，左面的两个是石碑男主人和其妻子，右面的是男主人的母亲，都坐在座椅上。中间是祭品桌和祭品，在三个浮雕上面或面前都有解释性的铭文。下栏是两组面对面的浮雕，共计四个男性人物，都呈跪姿，分别有解释性的铭文。这块石碑是带有飞檐的代表性石碑，铭文内容和浮雕以及石碑格式都符合传统石碑布局。译文如下：

上栏主铭文：

国王献祭的一份祭品，（给予）普塔-索卡尔-奥西里斯，安赫塔威（孟菲斯墓地）的领主，维普瓦乌特，神圣土地的领主，结果他们可以给予愿望祭品，包括面包和啤酒、牛和家禽、香和膏油，给予维西尔的书吏森沃斯瑞特塞奈布（Senwosretseneb）的卡，由弓管理人瑞内夫塞奈布（Renefseneb）所生。

左面妻子浮雕上面的铭文：

他钟爱的妻子、房屋的夫人、正义者奈菲尔乌孔苏（Nefrukhonsu）。

右面母亲浮雕上面的铭文：

他的母亲，房屋的夫人，奈夫鲁普塔，由房屋的夫人戴德特穆特（Dedetmut）所生。

下栏从右往左的铭文依次为：

右一铭文：国王献祭的一份祭品，给予他的兄弟、他母亲所生、正义者安赫夫尼（Ankhefni）。

右二铭文：他的兄弟、他的母亲所生、地产的书吏、正义者锡阿蒙（Siamun）。

右三铭文：他的兄弟、他的母亲所生、财宝库的书吏戴德图塞内布（Dedtuseneb）。

右四铭文：他钟爱的儿子瑞内夫塞内部，由房屋的夫人奈菲尔乌孔苏所生。

BM EA 209

（6）BM EA 210

该石碑或许源自阿拜多斯，是第13王朝中期的石碑，1834年收藏，石灰石材质。这是一块头部呈半月状的高石碑，高约52.3厘米，宽约36.3厘米，厚4.3—5厘米。这块石碑正面结构非常复杂，半月形石碑头部有两只爬在神龛上面的豺狼阿努比斯神，豺狼的头上都有眼镜蛇，对面对称而置，两个神像后面是铭文。石碑主要部分可以分为两部分，上栏由一个左面坐在椅子上的男性人物，手持连枷，面向右方，他面前是三行从右往左读的铭文和三行从上往下读的铭文，他的膝盖之前是祭品桌和祭品；右面铭文下方是两个人物肖像，他们面前都有铭文，分别是石碑主人的父亲和母亲。下栏是八个人物肖像，面前都有简单的祭品桌和祭品以及铭文。铭文译文如下：

半月形石碑头部的铭文：

左面铭文：阿努比斯，木乃伊捆绑状。

右面铭文：阿努比斯，神圣土地的领主。

石碑正文上栏的铭文：

三行平行铭文和三行垂直铭文：国王献祭的一份祭品，（给予）奥西里斯——西方世界的尊者、阿拜多斯的领主，结果他可以给予愿望祭品，包括面包、啤酒、牛和家禽、雪花石膏和亚麻、香和软膏、超自然力、墓地当中的力量和正义、祭品和供应品，在永恒的领主的献祭桌上的东西，给予国王的执印官、执印官的总管、听取提供供应品的人们的话的人

BM EA 210

阿基（Aki）的卡，由瓦杰（Wadj）所生，由房屋的夫人、正义者麦茹（Meru）所生。

上栏右面两个人物面前的铭文：

左一：报告者的（护卫？）的司令瓦杰（Wadj），正义者。

左二：房屋的夫人麦茹（Meru），正义者。

下栏八个人物肖像面前的铭文从上往下、从右至左依次为：

下栏上行右一：奥西里斯面前值得尊敬者戴杜-索贝克（Dedu-Sobek）

下栏上行右二：奥西里斯面前值得尊敬者伊瑞-舍里（Iri-sheri）

下栏上行右三：房屋的夫人、正义者希特哈托尔（Sithathor）

下栏上行右四：房屋的夫人、正义者希特索贝克（Sitsobek）

下栏下行右一：房屋的夫人、值得尊敬者、正义者阿阿太特（Aatet）

下栏下行右二：房屋的夫人、正义者希特泰西（Sittekhi）

下栏下行右三：收入物品的房间的仆人、正义者森贝夫（Senbef），由伊藤哈布（Iytenhab）所生。

下栏下行右四：荷鲁斯的洗礼祭司、正义者塞奈布提夫（Senebtifi），由伊特威瑞特（Iytweret）所生。

（7）BM EA 223

该石碑或许是1834年收藏的，来源不详，或许来自阿拜多斯，属于第13王朝后期。这是一块圆顶石灰石材质的石碑，高约42.2厘米，宽约25.5厘米，厚约6厘米。石碑顶部为半月形，铭刻着两只瓦杰特（荷鲁斯之目），两只眼睛中间是一个读作shen的圆环。石碑主要区域为长方形，可以分为三个部分，上部是平行的6行铭文，上面5行从右往左读，第6行从左往右读。中间部分是浮雕，石碑主人端坐在座椅上，右手持莲花，面前是祭品桌和祭品，祭品桌右侧是站立的男性人物和跪坐的女性人物，分别是石碑主人的儿子和妻子。下部是从右往左读的11竖行铭文。这块石碑的行文比较有特点。译文如下：

| 古代埃及文明文献萃编 |

BM EA 223

上部铭文：

第1—第5行：国王的木匠盖布（Gebu），他说："哦，那些在大地上活着的人们、所有书吏和所有诵经祭司、所有卡仆人和所有洗礼祭司，因为你们渴望你们在大地上永久生活，渴望你们的城南神喜爱你们，渴望你们把自己的职位传递给你们的孩子们，所以你们应该说：'国王给予的一份祭品，（给予）奥西里斯、西方世界的首尊、大神、阿拜多斯的领主，给予国王的木匠盖布的卡。'"

第6行：正是他的儿子、正义者、国王的木匠阿姆尼（Ameny）使他的名字活着。

中间部分女性雕像上方的铭文：
房屋的夫人、正义者凯丽（Keri）

下部铭文，从右往左依次为：
房屋的夫人杰米（Djemi），正义者。
房屋的夫人希特普塔（Sitptah），正义者。
房屋的夫人妇女阿姆尼（Ameny-the-Woman），正义者。
家具制作者阿姆尼，正义者。
地产总管阿姆尼，正义者。
部分家具制作者的总管希伊（Sihi），正义者。
部分家具制作者的总管索贝克霍特普（Sobekhotep）。
老门卫普塔霍特普（Ptahhotep），正义者。
弓管理者伊吾菲（Iufi），正义者。
房屋的夫人奈菲尔提乌（Nefretiu），正义者。
城镇士兵瑞内夫塞奈布（Renefseneb）。家具制作者凯姆（Kem）。

（8）BM EA 243

这块石碑或许源自阿拜多斯，是第 13 王朝后期的。这是一块圆顶高石碑，白色石灰石材质，高约 38 厘米，宽约 27.5 厘米，厚约 6.8 厘米。该石碑有 16 行从右往左读的水平铭文，占据了整个石碑的大部分。半月形石碑头部有 4 行铭文，下面 5 行铭文的左端是一个站立诵读经文姿势的人物肖像，人物下面是 7 行铭文。铭文最下面几行有残损，尤其最后一行损毁比较严重。幸运的是，学者们还从牛津和卢浮宫发现了其他石碑，牛津石碑与这块石碑是姊妹碑，从而 BM EA 243 的所有铭文都被复原出来。这块石碑的铭文基本上是对奥西里斯的歌颂，这正是这块石碑的特殊之处。这里本书给出石碑和修复后的铭文图片。译文如下：

赞美奥西里斯。收入物品的房间的房间守卫者海恩提海提姆哈特（Khentikhetyemhat）（正义者）所说的话。

BM EA 243

他说:"向你致敬,奥西里斯,西方世界的首尊,在你出现的这个高兴的日子!

双角的领主,戴着高高的阿泰夫王冠,

恐怖的领主,对他极为尊重,

在希拉康坡里斯把 wereret 王冠给予他,

拉已经导致了人们对他的恐惧,

阿图姆已经在人类和神、死亡精灵和死者的心里创造了对他的尊重;

他的巴被放在蒙迪斯,

对他的尊重被放在希拉康坡里斯,

他的神圣肖像被放在赫利奥坡里斯;

他的伟大形态被放在布西里斯,

恐惧的领主被放在两山脉,

伟大的恐怖被放在罗塞达,

伟大的力量之领主被放在切内内特;

他的伟大的爱被放在大地上,

对他的美好记忆的领主被放在宫殿里,

伟大的外貌被放在阿拜多斯;

盖伯和整个伟大埃尼阿德面前的崇敬被给予他,

豪威尔(Horwer)的大厅里的屠杀被给予他。

伟大力量使他看上去恐怖,

伟大者们从席子上站起来面对他,

舒神导致了人们对他的恐惧,

泰夫努特已经创造了人们对他的尊敬。"

(9) BM EA 245

这块石碑的来源地不详,但很可能是源自阿拜多斯,属于第 16 王朝晚期。它是一块高约 21.5 厘米、宽约 14 厘米、厚约 3.3—4.5 厘米的白色石灰石材质的圆顶石碑。该石碑由两部分组成,上面是一个半月形的石碑头部,上面雕刻着两只眼睛和一个 shen 符号。下面是两横行祭文正文,祭文的另一部分内容在石碑右侧以竖行刻画出来。在石碑左下角是一个人物雕像，人物面前是祭品桌和祭品。这块石碑的祭文很简单，符合基本的祭文结构，只是石碑右下角的几个文字不易辨认，需要对石碑铭文的词语比较熟悉方可翻译出来。译文如下：

国王给予的一份祭品，（给予）奥西里斯——阿拜多斯的领主，结果他可以给予愿望祭品，包括面包、啤酒和家禽、雪花石膏和亚麻、香和膏油，给予普塔索卡里（Ptahsokari）的卡，正义者。正是他的兄弟、上埃及十人队的首领索贝克霍特普使他的名字活着，拥有重复的生命。

（10）BM EA 248

这块石碑的具体地点不详，或许来自阿拜多斯。这是一块高约 41.2 厘米、宽 28.0 厘米、厚约 5.8—6.8 厘米的圆头高石碑，白色石灰石材质。石碑的半月

BM EA 245

形头部铭刻着三行从右至左阅读的铭文，这是典型的祭文。石碑的长方形正面分为三个部分，上部是五个跪姿人物肖像和说明性文字，中间是一横行从右往左读的铭文以及十一竖行从右往左依次排列的铭文，下部是一横行从右往左读的铭文以及十一竖行从右往左依次排列的铭文，最下面还有一行铭文。实际上，中间部分和下部分开头的两个横行铭文是一句话。中间部分和下面部分以及最后一横行都是列举的人名。译文如下：

半月形石碑头部的铭文：

国王献祭的一份祭品，（给予）奥西里斯——阿拜多斯的领主，结果他可以给予愿望祭品，包括面包、啤酒、牛和家禽、雪花石膏和亚麻、香和膏油以

及所有美好东西，给予桨手的副官葛布（Gebu），由卡海尔麦瑞特（Kahermeret）所生。

正文上部自右往左五个人物的铭文依次为：

桨手的书吏凯恩奈彻尔（Qennetjer）；

他的父亲海特瑞（Heteri），正义者；

他的妻子伊比（Ibi），正义者；

桨手的副官葛布，玛库（Maku）的儿子。

桨手的副官伊尔提（Irti），正义者。

他的妻子派塞舒（Peseshu），正义者，值得尊敬者。

中间部分和下部分上面的横行铭文：

哦，那些在大地上的活人们、所有经过这个纪念堂的书吏、诵经祭司和洗礼祭司，你们应该说："国王献祭的一份祭品，（给予）桨手的副官葛布的卡，正义者。"

中间部分的竖行铭文，从右至左依次为：

桨手的领班伊布（Ibu），正义者。

他的母亲阿雅（Aya），正义者。

他的兄弟杰胡提（Djehuti）。

他的兄弟舍塞姆霍特普（Shesemuhotep），正义者。

家内仆人塞内部提菲（Senebtifi）。

他的兄弟奈贝（Neby）。

他的妹妹维佳乌（Wedjau）。

他的兄弟阿基（Aki），正义者。

伊威（Iuy），正义者，值得尊敬者。

下部分的竖行铭文，从右至左依次为：

瑞内夫塞内布（Renefseneb）/葛比（Geby）。

他的妻子伊尔吉姆提斯（Irgemtes）。

城镇士兵伊乌夫尼（Iufni）。

他的妹妹阿基，正义者。

奈贝特凯布尼（Nebetkebni），正义者。

他的母亲提图（Titu）。

桨手麦穆（Memu）。

哈森沃斯瑞特（Khasenwosret）镇的副官凯马乌（Qemau）。

他的女儿瑞内森内布（Renesseneb）。

他的妻子塔尼（Tani），正义者。

塞内布提斯（Senebtisi），正义者。

最下面一行的铭文：

城镇士兵海凯库（Hekeku）。阿基，正义者。阿雅，正义者。塞美瑞特（Simeret）。凯瑞鲁（Kereru）。

（11）BM EA 428

这块石碑来源于阿拜多斯的北部墓地，属于第13王朝后期奈菲尔霍尔普一世统治时期，是一块暗白色石灰石材质的石碑。石碑高约57.5厘米，宽34.2厘米，最厚的地方达7.6厘米。这是1910年埃及探险基金会送给大英博物馆的礼物。这是一块圆顶高石碑，头部是半月形，雕刻着两只眼睛和一个shen符号。石碑正面长方形部分可以分为四个部分，第一个部分是上部，左面是神龛中的普塔神肖像，右面是阿蒙-拉神雕像，两个神中间是五竖行铭文。第二部分位于中间，左面是坐在座位上的石碑主人，

右面是三个站立的人物。第四和第五部分位于石碑下半部分，分别由五个人物组成，右面的人物面向左，左面的四个人物面向右，每个人物面前都有铭文。这块石碑比较特殊的地方在于它把祭文所提到的神的肖像刻画了出来。另外，石碑实际上是由两个人奉献的，一个是国王的执印者和独一无二的伙伴、财务长森比（Senbi），另一个是祭品桌的书吏萨乌伊比普塔（Sauibptah）。译文如下：

长方形石碑正面第一部分铭文，左面第 1 和第 2 竖行是写给普塔的祭文，第 3—5 竖行是写给阿蒙－拉神的祭文，具体如下：

第 1—2 行：国王献祭的一份祭品，（给予）普塔——他的墙的南方（普塔神的绰号）、安赫塔威（孟菲斯墓地）的领主，结果他可以给予愿望祭品，包括面包、啤酒、甜蜜的生命呼吸，给予国王的执印者和独一无二的伙伴、财务长森比（Senbi）的卡，拥有重复的生命。

第 3—5 行：国王献祭的一份祭品，（给予）阿蒙－拉——两土地的座位的领主，结果他可以给予愿望祭品，包括面包、啤酒、牛和家禽，给予国王的执印者和独一无二的伙伴、财务长森比（Senbi）的卡，拥有重复的生命。它是他钟爱的孩子、祭品桌的书吏萨乌伊比普塔（Sauibptah），是弓看守者霍特普（Hotep）的儿子，正义者。

第二部分 4 个人物旁边的铭文从左往右依次为：

贵族、地方长官、国王的执印者和独一无二的伙伴、财务卡森比，拥有重复的生命，由正义者奈比普普塔（Nebipuptah）所生。

上埃及十人队的首领奈菲尔塞蒙（Nefersemen）/普塔哈杰（Ptahadj），由安赫提斯（Ankhtisi）所生。

弓看守者霍特普，正义者，值得尊敬者。

祭品桌的书吏萨乌伊比普塔。

第三部分从右往左五个人的铭文依次是：

城镇士兵奈菲尔瑞恩普特（Neferrenput）。

城镇士兵塞尼乌（Seniiu）。

城镇士兵塞内部（Seneb）。

城镇士兵戴德图（Dedtu）。

房屋的夫人海内瑞夫伊（Khenerefui）。

第四部分从右往左五个人的铭文依次是：

房屋的夫人锡塔（Sitah）。

掌印书吏提提（Titi），由供应物提供者的管理者塞西（Sihi）所生。

拜布罗斯货物的房间看管者索贝克海尔哈布（Sobekherhab）。

船只的看管者伊比（Ibi），值得尊敬者。

产品的看管者阿雅安赫（Aya-ankh）。

（12）BM EA 636

这块石碑很可能源自底比斯，是从卢克索来到英国的，属于古埃及第13王朝前期。这是一块高33厘米、宽31厘米、厚7.5—8.5厘米的长方形石碑，石灰石材质。石碑表面涂有颜色，石碑边缘非常清晰，没有文字。石碑正面上面两横行从右往左读的文字是祭文，是非常典型的简单祭文。下面大部分是浮雕，右侧的石碑，男人和妻子与左侧的人物面向而对，中间是祭品桌和祭品。左侧的男人是石碑主人，名为瑞内夫森内布（Renefseneb）。石碑铭文很简单，但右侧人物头上的铭文比较模糊，埃及学家与其他碑文对照，给出了较为合理的解释。译文如下：

BM EA 636

国王献祭的一份祭品，（给予）奥西里斯——布西里斯的领主，结果他可以给予愿望祭品，包括面包、啤酒、牛和家禽、神赖以生存的所有美好而纯净的东西，给予瑞内夫森内布（Renefseneb）的卡，由海普（Hepu）所生。

右侧人物头上的铭文是他们的名字，如下：

希安胡尔（Sianhur），正义者。塞努特安柯（Senutankh）。

八　教谕文学

古埃及文学领域有一个非常特别的分支，那就是教谕文学。据目前所知，教谕文学最早出现于古王国时期，在中王国时期和新王国时期达到成熟。教谕文学（Instruction Literature）又称智慧文学（Wisdom Literature），是贤人或长者（国王或宰相）对儿子训话的一种文学形式，往往是以自己的经验和感悟为基础，教授年轻人必要的为人处世之道，即如何做人、如何处理今生的人际关系、如何为君主、如何养成高尚的美德。这些教导不仅会使受教者在今生受益，还可以使其借助今生的美德而在来生获得永恒生命。尽管教谕文学作品属于文学范畴，但它们较好地反映了古代埃及人的伦理和社会生活，从而受到当代学者的较多关注。本书这里选译的是最具代表性的一些教谕文学作品。

1.哈尔杰德夫教谕

《哈尔杰德夫教谕》是目前所知古埃及最早的教谕文学作品。然而，该作品只有开头的部分保留下来了。埃及学家利希特姆认为这篇作品完成于第5王朝。哈尔杰德夫是王子，他在有生之年写了这篇教谕文学作品，教导他的儿子奥伊布拉。在这篇很短的教谕作品里面，哈尔杰德夫提到了几个方面的内容：叮嘱儿子时刻保持洁净的身体；要求儿子成家立业；希望儿子把部分土地用作丧葬地产给予某个祭司。最后面这条教导最为有意义，因为它再次证明古王国时期埃及王室成员会把部分土地用于维持死后献祭活动。王室成员能够处置自己的土地，丰富了我们对古埃及土地制度的认识。本译文根据 Miriam Lichtheim, *Ancient Egyptian Literature: A Book of Readings*, vol. 1, pp. 58—59 译出。

务必自己清洗自己的身体，

以免另一个人令你清洗身体。

当你成功的时候，建立你的家庭，

娶一个热心肠的妻子，她将为你生一个儿子。

当你为自己开辟了一个地方的时候，

你一定要为你的儿子建筑一处房屋。

使你在葡萄园的住所美好，

使你在西方的逗留有价值。

假使死亡令我们卑微，

假使生命令我们得意，

那么死亡之屋就是为了生命而建。

为你自己寻找水源丰富的耕地，

——

在你的耕地里为丧葬祭司选择一块土地，

这块土地每年都能够获得丰富的水源。

他比你自己的儿子对你更好，

甚至比你的继承人更关心你。

2.对卡盖姆尼的教谕

《对卡盖姆尼的教谕》是古王国时期的一篇教谕文学作品，与《哈尔杰德夫教谕》一样，也是后人假托前人之口进行的文学创作。埃及学家利希特姆认为《对卡盖姆尼的教谕》完成于第6王朝后期。这篇作品与另一篇教谕文学作品《普塔霍特普教谕》出现在同一篇纸草文献里。在《对卡盖姆尼的教谕》中，第3王朝国王胡尼教导儿子卡盖姆尼，在吃饭时要注意节制，保持谦虚的美德。卡盖姆尼记载说自己按照父亲的教导生活，最后获得美誉，在斯尼夫鲁做国王的时候，自己被提升为市长和维西尔。教谕内容很短，主题也相对单一，但文笔显然是经过润色的，读起来朗朗上口，很有诗歌的感觉。本译文根据 Miriam Lichtheim, *Ancient Egyptian Literature: A Book of Readings*, vol. 1, pp. 59—60 译出。

令人尊敬的人能够取得成功，
受到表扬的人必是谦虚之人，
帐篷对沉默者敞开大门，
安静者的宝座宽敞无比。
切勿喋喋不休！
刀子会插入犯错误之人的体内，
没有匆忙就不会犯错。
当你与伙伴坐在一起的时候，
避开你喜爱的食物；
克制只需片刻，
暴饮暴食是低劣的行径，会受到责骂。
一杯水足以解渴，
一口药足以强心；
一件美好的事情表达善良，
少数事物代表多数事物。
这样的人是卑鄙的：
当饮食时间已经过去了，他的胃还在垂涎三尺，
他忘记了那些在他家里的人们，他的胃在四处游荡。

当你与一个贪吃的人坐在一起的时候，
你要在他的贪婪过去之后再吃饭；
当你与一位酒鬼坐在一起的时候，
你要在他心满意足之后再喝酒。
切勿动手拿一个贪吃的人身边的肉，
当他给你的时候，你再拿着吃，这时你就不要拒绝它了，

然后他就会得到安慰。
至于那个在饮食方面无可指摘的人，
没有任何话语会对他不利；
[至于那个温和的人，甚至害羞的人，]
严厉的人对他比对他妈妈还好，
所有人都是他的仆人。

让你的名字散布出去，
而你的嘴要保持安静。
当你受到传唤的时候，
切勿自吹自擂，
切勿认为自己是同龄人当中最强大的，
以免招致敌视。
人们不知道接下来会发生什么，
不知道神会做什么，
也不知道神在什么时候实施惩戒。

在理解了人们的行为方式之后，在明白了人们的特征之后，维西尔把他的孩子们召集到面前。然后，他对他们说："所有的话都写在这本书里面了，注意我所说的话。你们的行为不要超越这本书里记录下来的内容。"他们把这些话铭记在心。他们一边抄写这些话，一边把它们铭记在心里。对于他们来说，这本书比整个国家的任何事物都好。他们按照这本书的内容行事。

国王胡尼去世了；国王斯尼弗鲁登上王位，是整个国家仁慈的国王。然后，卡盖姆尼被任命为市长和维西尔。

结语：行文到此结束。

3.普塔霍特普教谕

《普塔霍特普教谕》是古王国时期的代表性教谕作品，是一部篇幅较长的作品，涉及的内容也很多。这篇教谕通过四份抄本保留下来，三份抄本是纸草，一份是木板。写在木板上的这份抄本只抄写了作品的开头部分。在 4 份抄本当中，有一份保存得较为完整。这篇作品与《对卡盖姆尼的教谕》在同一份纸草上出现，被认为是在第 6 王朝晚期完成的，但这几份抄本都是中王国和新王国时期完成的。

普塔霍特普是第 5 王朝伊塞西国王的维西尔。普塔霍特普在教谕中教导自己的儿子，希望其在生活和为官过程中既要时刻保持安静、谦虚的态度，坚持自我控制、慷慨、友善、正义和真诚的作风，还应该处事公道。与其他教谕作品一样，这篇教谕作品也是以近似诗歌的形式展开行文。除去开篇和结语，正文由 37 段话组成，大多以"如果你是强大的人，那么你应该……""如果你是富有者，那么你应该……""如果你是穷人，那么你应该……"等假设情景的方式展开。每一两个段落假设一个情景，然后告诫儿子在这种情况下应该如何行事。实际上，这篇教谕作品里面涉及了埃及人的很多价值观。因为时间阻隔，现在翻译这篇文献相对困难。很多学者对这篇作品进行了差异较大的解读。本译文根据 Miriam Lichtheim, *Ancient Egyptian Literature: A Book of Readings*, vol. 1, pp. 62—76 译出。

国王陛下伊塞西（Isesi）统治时期的维西尔和市长普塔霍特普的教谕，国王永生。市长和维西尔普塔霍特普说：
哦，国王，我的领主！
年龄到这儿了，老年已经到达，
虚弱已经到来，虚弱越来越强，
像孩子一样整天睡觉。
眼睛模糊，耳朵失聪，

力量因为疲倦而逐渐消减，
嘴沉默了，不讲话了，
心空虚了，不再回忆过去，
全身的骨头都在痛。
美好的已经变成邪恶的了，所有的味觉都消失了，
年龄对人做的事情完全是邪恶的。
鼻子阻塞了，呼吸停止了，
站着和坐着的时候都疼痛。

祝愿这个仆人被任命为继承人，
以便告诉他那些倾听者的话语，
以及那些听取众神话语的先辈的道路。
祝愿此事为你而做，
以便禁止人们的冲突，
而且两河岸为你效劳！
这位神王说：
用过去的谚语教导他，
祝愿他成为伟大人物子嗣的楷模，
希望他听从并得到忠告，对他讲话，
没有人是天生聪颖的。

王子、世袭贵族、神之父亲、神所爱之人、国王亲生长子、市长和维西尔普塔霍特普所讲述的箴言开始，用精彩而规范的说教来传授无知者以知识，作为对倾听者的恩惠和对忽视它们的人的告诫。他对他的儿子说：

1. 不要因为你的知识而骄傲，
要向智者和愚者同时请教。
技艺的极限无法达到，
没有任何工匠的技艺是完美的。
美好的语言比宝石更为难得，

却可以在磨坊的女仆那里找到。

2. 如果你恰好与一个比你强而高级别的人发生争端，
收起你的手臂，弯下你的腰背。
与他对抗并不能令他屈服于你，
你应该蔑视他邪恶的语言，
当他行动的时候不对抗他。
是他将被称为粗鄙的人，
你的自我控制胜过他的一堆话。

3. 如果你与一个与你力量和地位相当的人发生争端，
当他对你讲邪恶的话的时候，
你应该用沉默使你的价值胜过他的价值。
听众就会对你大加赞赏，
在官员的评价中，你的声誉会很好。

4. 如果你与可怜而地位低于你的人发生争端，
不要因为他是弱者就攻击他，
让他独处，他会驳斥自己。
不要理睬他，以便放松你的心情，
不要向你的对手发泄情绪，
伤害一个可怜人是一个可怜人，
你将希望按照你渴望的方式解决问题，
你将通过官员的惩罚来打败他。

5. 如果你是一个领导者，
掌管很多事务，
要寻求每一种善行，

那么你的行为将无可指责。
"正义"是伟大的，效力持久，
自奥西里斯时代以来就从未受到挑战。
逾越法规的人将受到惩罚，
尽管贪婪的人会忽视这点。
卑鄙者可能会掌握财富，
但犯罪行为从不会获得成功。
最终正义永存，
这个人会说："它是我父亲的土地。"

6. 不要阴谋对待人们，
神会做出相应的惩罚：
如果一个人说"我将以此为生"，
那么他的嘴将缺少食物。
如果一个人说"我将是富有的"，
那么他将不得不说"我的聪明已经捕获了我"。
如果他说"我将捕获我自己"，
那么他将不能说"我捕捉我的利益"。
如果一个人说"我将掠夺某人"，
那么他将以被给予一个陌生人的方式而结束。
人们的阴谋不会盛行，
神的命令则可以盛行；
从而心平气和地活着，
众神给的东西自己就会到来。

7. 如果你是客人中的一员，
与一个比你伟大的人同桌进餐，
吃那些他给你的食物和放在你面前的食物；

你应该看你面前的东西，
不要过多地盯着他看，
对他的烦扰就等于是对卡的冒犯。
在他召唤你之前，不要对他讲话，
因为你不知道什么会让他不悦。
当他跟你讲话的时候，你再说话，
这样你的话语就会让他的心灵愉悦。
当一名贵族在用餐的时候，
他的行为将遵循他的卡的命令；
他将把东西给予他所喜欢的人，
这是习俗，在夜晚来临的时候。
正是他的卡让他伸出双手。
伟大的人会把食物给予幸运的人；
这样进餐是按照神的意愿进行的，
一个愚蠢的人才会对此进行抱怨。

8. 如果你是一个值得信赖的人，
被一个伟大的人派遣到另一个人那里，
要坚持派遣你的那个人的本意，
按照他所说的那样传送消息。
不要讲那些会制造争端的话语，
那样的话语会使一个伟大的人和另一个人争斗起来。
确保真实，不要超越它，
感情的破裂不应该重演。
不要诽谤任何人，
不论大事，还是小事，卡都憎恨。

9. 如果你耕种，并且土地长出了谷物，
是神假你之手令其生长。

465

不要向你的邻人夸耀，
人们尊重沉默的人：
有此特征的人才是富足的人。
如果他掠夺，那么他就像法庭上的鳄鱼。
不要对没有孩子的人施加压力，
既不要谴责，也不要鼓励。
很多父亲也是有悲痛的，
生有孩子的母亲不比无子的女人满意多少；
神会养育孤独的人，
而家人为他祈祷一位随从。

10. 如果你是一个穷人，
服侍一个值得尊敬的人，
你所有的行为都应该令神满意。
如果他以前是穷人，不要重提此事，
不要因为知道他以前的状况而对他傲慢；
要为他对他自己的塑造而尊敬他。
因为财富不会自己到来，
这是众神对他们所爱的人的律法，
他的财富是他自己积聚的，
正是神使他值得尊敬，
并在他安睡的时候保护他。

11. 只要你活着，就要跟随着你的心，
不要做超越需求的事情，
不要缩减"跟随心灵"的时间，
缩减这个时间就等于冒犯卡。
不要在日常事务上浪费时间，

除了每天的家庭事务之外。
当财富来到你面前的时候，听从你的心的教导，
如果一个人因此而郁郁寡欢，那么这样的财富就是没有益处的！

12. 如果你是一个值得尊敬的人，
并由于神的眷顾而生有一子。
如果他是正直的，与你相像，
很好地照顾你的财产，
那就为他做所有好的事情，
他是你的儿子，你的"卡"生了他，
不要让你的心与他分离。
但是一个后代也可能带来麻烦：
如果他行为不正，忽视你的建议，
不遵从你所说的话，
他的嘴吐出邪恶的语言。
要为他所说过的话而惩罚他！
众神痛恨那个对你蛮横无理的人，
他的罪孽在子宫中就注定了；
众神引导的人不会做错事，
他们让没有船的人无法渡河。

13. 如果你在接待室里，
站立和就座都要符合你的职位要求，
这种要求是在第一天就被授予你的。
不要越权，越权会招致反对。
对那些进来通报的人要和蔼可亲。
对被召唤而来的人，要给他宽敞的座位。
接待室是有规则的，

所有行为都会被衡量；

正是神给予提升，

使用肘部的人不会得到神的帮助。

14. 如果你在人们中间，

通过信誉而赢得支持，

值得信赖的人是不会发泄腹中之言的，

他本人将成为领导者。

一个拥有财富的人，他看起来像什么？

你的名声是好的，你没有被诽谤，

你的身体是有光泽的，你的面部是和蔼可亲的。

一个你不知道的人称赞你，

他的心遵从他的腹部，

你要蔑视他，而非爱他，

他的心是光秃秃的，他的身体是没有膏油的；

伟大的心是神给予的，

遵从其腹部的人属于敌人。

15. 汇报你的工作，不要掩饰，

在你主人的议事会上给出你的建议。

如果他言语流利，

就不难传达信息，

他就不会得到这样的答复："谁明白它？"

至于主人，他的事务将失败，

如果主人打算为此惩罚他，

他应保持沉默，并（只是）说："我已经说过了。"

八 教谕文学

16. 如果你是一个领导者，
你的威严广布，
你应该做杰出的事情，
记住随后到来的日子。
善行不会招致争吵，
但是在鳄鱼进入的地方，却有敌意出现。

17. 如果你是一个领导者，
平静地听取申诉者的话语；
不要阻止他唠唠叨叨地讲述他准备告诉你的事情，
一个在痛苦中的人想尽情地诉说他的心里话，
这比获得胜诉更重要。
关于阻止诉说的人，
一个人会说："他为什么拒绝它？"
并非一个人申诉的所有事情都能得到解决，
但认真的倾听却会安抚心灵。

18. 如果你想让友谊持久，
当你进入房子，
作为主人、兄弟，或朋友，
无论你进入什么地方，
小心不要去碰女人！
发生这样的事情是令人不悦的，
侵犯她们的人是不受欢迎的。
许多人背离他们的本性：
这短暂的一瞬，就像梦一般。
当他们的（恶事）败露，死亡便接踵而至。
可怜的建议是"射击反对者"，

469

当一个人去做这件事情的时候，他的心拒绝它，
由于对她们的性欲而（使自己）名誉扫地的人，
他的（任何）事业都不能兴盛。

19. 如果你想要完美的行文，
就要远离所有邪恶行为，
拒绝贪婪的恶习：
病入膏肓者，无药可治。
它使父亲们、兄弟们和母亲的兄弟们都卷入矛盾之中。
它使夫妻离异，
它是所有邪恶的集合，
是所有可恨东西的集结。
一个言行正直、遵守规则的人将会永存；
他会留下这样的遗训：贪婪的人没有坟墓。

20. 不要在物资分配中贪心，
不要贪求比应得之物更多的东西。
不要对你的亲戚吝啬，
慷慨的人要比吝啬的人高尚很多。
躲避自己亲戚的人是可怜的，
他被剥夺了交往。
对于他们的请求，即使他只做到了一点点，
也会使争吵者变成和蔼可亲的人。

21. 当你享受荣华的时候，要建一所房子，
热情地爱你的妻子，
让她食可果腹，衣能蔽体，
并用油脂涂抹她的身体。

八 教谕文学

只要你活着，就要让她高兴，
她是她主人的丰饶之地。
不要公开斥责她，
但是要让她远离权力，要限制她的——
当她盯着——的时候，她的眼睛是她的风暴，
这样你就要使她待在你的房屋里。
……（这里接下来的三句话非常模糊）

22. 用你所拥有的一切支持你的朋友们，
你是因为神的恩赐才拥有财富。
对于没有支持自己朋友的人，
人们会说："一个自私的卡。"
一个人为明天而计划，但不知明天会怎样，
正直的卡是援助其他人的卡。
如果做出了值得称赞的事情，
朋友们会说："欢迎！"
一个人不可能给全城市的人带来供给物，
但是他能在朋友需要的时候给予帮助。

23. 不要传播诽谤，
更不要听信诽谤，
它是心胸狭隘之人的闲谈。
要说你看到的而不是听到的事情，
如果它是微不足道的事情，那就什么也不要说。
倾听你说话的人会辨明你的话是否有价值。
当没收的命令被下发并被执行的时候，
对执行没收命令的人的憎恨就会兴起；
诽谤就像一场噩梦，要远离它。

471

24. 如果你是一个值得尊敬的人,
坐在主人的议事会上,
专注于高尚之事,
你的沉默好过喋喋不休。
当你认为自己能解决问题的时候再讲话,
只有那些有才能的人才应该在议事会说话。
讲话比其他工作都难,
只有有才能的人才会让话语变成现实。

25. 如果你是强大的,
通过知识和文雅的言辞赢得尊敬。
不要超越分寸地命令人,
煽动(他人)的人会陷入麻烦。
不要傲慢自大,否则你会变得卑微。
不要默不作声,否则你会遭到责骂。
当你回答一个正在发怒的人的话的时候,
把你的脸转过去,控制你自己,
让冲动之火熄灭。
只有走路优雅的人,他的道路才是平坦的。
整日发愁的人将没有快乐,
整日游手好闲的人将不能维持生计。
……

26. 不要反对一个伟大的人,
不要干扰身负重任的人的心;
如果他对阻止他的人发怒,
那么卡就会把他与爱他的人分开。
然而,他与神一样是提供者,

他所希望的将得到实施。
发怒之后他将他的脸转向你，
那么他的卡创造了和平；
正如冲突源自敌对，
美好愿望令爱增加。

27. 告诉伟大人物有用的信息，
在人民面前做他的助手；
如果你让他的知识给他的主人留下深刻印象，
他的卡将给予你食物。
你喜欢的人的腹部被填满，
你的背部也会被它穿上衣服，
他的帮助将在那里支持你。
对于你所爱的上级来说，
他依靠它生活，
他接下来将给予你美好的支持。
这样，你的爱将持久，
存在于那些爱你的人们的腹部。
他是一个喜欢聆听的卡。

28. 如果你是一名有地位的长官，
受命去平息民众的怨愤，
不要在审判中粗心大意。
当你说话的时候，不要倾向任何一边，
当心有人抱怨："法官，他歪曲了事实！"
这样你的行为就会变成（对你）的审判。

29. 如果你被一桩罪行激怒,
那么你就应该倾向于正直的那个人;
忘记它,不要再提,
因为从第一天开始,他就对你沉默。

30. 如果你由卑微变得伟大,
经过过去的贫穷之后积累了财富,
在一个人们认识你并知道你的过去的城镇,
不要把信任放在你的财富上,
它们只是作为神的礼物来到你这里;
这样,你才不至于步他人的后尘,
同样的事情也发生在其他人身上。

31. 向你的上级和来自宫殿的长官鞠躬,
这样你的房子会因它的财富而持久,
在适当的时候你将获得报酬。
反对上级的人是邪恶的,
只有文雅的人才能生存久远。
袒露手臂不会伤害文雅。
不要抢夺邻人的房子,
不要偷窃你附近的人的财物,
避免他在你听到之前就谴责你。
告状的人是缺乏同情心的人,
如果他被视作挑衅者,
这个心怀敌意的人就会在邻里街坊中遇到麻烦。

32. 这段是针对非法性交往的禁令,内容非常模糊,这里将其省略了。

33. 如果你想探知朋友的品性，
不要询问，而是接触他，
与他单独相处，
以便不会受到他的行为的伤害。
一段时间之后，与他争论，
在交谈中测验他的心。
如果他对已经看到的事情不闻不问，
如果他做了令你讨厌的事情，
仍然要对他友善，不要攻击他！
要自控，不要勃然大怒，
不要恶言以对，
既不要与他断绝关系，也不要攻击他；
他的时间还没有到来，一个人不会逃脱命运的安排。

34. 你只要活着，就要慷慨，
离开仓库里面的东西不会返回来；
所有人都渴望分享食物，
一个腹中空空的人将成为控告者，
一个被剥夺了食物的人将成为反对者。
不要使他成为你的邻居。
友好是一个人（留给别人）的记忆，
甚至在他任职之后的很多年里。

35. 当你享有荣华的时候，要感谢帮助过你的人。
不要对你的朋友吝啬，
他们是充满水的田地，
比一个人的财富更重要，
因为属于一个人的财富也可能属于另一个人。

475

正直将使他受益终生，
善良的品性就是一座纪念碑。

36. 严厉的惩罚，正确的惩处，
对罪行的惩治将树立规范。
如果不是因为犯罪而进行惩罚，
会把抱怨者变成敌人。

37. 如果你的妻子是一个舞者（vpnt），
但她是令人愉悦的，并被她的城镇所知，
如果她是暴躁的，并喜欢发脾气，
不要拒绝她，让她吃饭，
愉快的人会带来幸福。

结语
如果你倾听我的话语，
你所有的事业都会蒸蒸日上。
它们的价值在于它们的真实。
它们在人们中间口口相传，
这是因为这些训诫的价值。
如果训诫中的每一句话都能被执行，
它们就不会在这块土地上消失。
如果建议是为了美好而给出的，
那么伟大者将据此而言。
它是一个人讲给其后代的教谕，
听到它的人将成为心灵的掌控者；
讲给后代是美好的事情，
后代将聆听它。

如果一个领导者做了一件善事，
那么他将永远是仁慈的，
他的智慧将永存。
一个有智慧的人将用持久的东西喂养他的巴，
结果它喜欢与他在大地上共存。
聪明的人因其睿智而被人知晓，
伟大的人因其善行而为人所知。
他的心与他的嘴相匹配，
当他讲话的时候，他的言论是正直的；
他的眼睛在看，
他的耳朵在听，
在听什么对他的儿子有利，
按照真理行事，他就会免于错误。

倾听对于倾听的儿子来说是有益的，
如果听觉进入倾听者，
那么倾听的人就会变成听者，
倾听得好就会表达得好。
倾听对于聆听的人来说是有用处的，
倾听比其他一切事情都要好，
它创造美好的愿望。
儿子掌握他父亲的话该是多么好的事情啊，
他将依靠它们步入老年。
倾听的人被神所爱，
神憎恶那些不倾听的人。
心让他的主人成为倾听者或不倾听者，
一个人的心就是他的"生命、荣华和健康！"
倾听者就是一个能听见话语的人，

喜欢倾听的人就是按语言行事的人。
儿子能倾听他父亲的话是多么好的事啊，
他是多么愿意说这样的话啊：
"儿子，他因成为倾听的主人而高兴。"
这是说给倾听者的话，
他是天赋良好的人，
并被他的父亲表扬。
他将永远被人们记忆，
现在和将来在大地上的人们。

如果一个人的儿子接受了他父亲的话，
他的所有计划都不会犯错误。
把你的儿子教育成为一个倾听者，
一个将被贵族们赞赏的人，
一个以被告诫的话来引导自己行为的人，
一个被视作倾听者的人。
这个儿子是优秀的，
他的行为是杰出的，
而失败跟随着那些不倾听的人。
聪明的人将因教导而走向成功，
而愚蠢的人终将碌碌无为。

至于那些不倾听的愚蠢的人，
他将一事无成。
他以无知看待知识，
以有害看待有益。
他做所有被人所憎恶的事，
并由此每天都受到谴责。

他以让人死亡的事来生存，
他的食物是荒谬的语言。
他的举止被长官所知，
人们会说："一个每天活着的死人。"
人们不会在意他的行为，
因为他每天都有众多麻烦。

善于倾听的儿子是荷鲁斯的追随者，
当他倾听的时候，事情会对他有好处。
当他年老的时候，他将赢得尊敬，
他将对他的孩子们重复他父亲的教谕。
每个人都会按照自己的行为教导后代，
他将教导他的孩子们，
以便他们会教导他们的孩子们：
树立榜样，而非犯罪。
如果正义得到强化，你的孩子们将获得永生。

至于第一个陷入麻烦的人，
当人们再看到它时，他们就会说：
"那很像他。"
当人们听到它时，他们就会说：
"那也很像他。"

去看每个人就等于安抚很多人，
没有他们，财富是无用的。
不要言而无信，
不要用一件事情代替另一件事情。
当心，不要放松对自己的约束，

诚如智者所言：
"如果你想在倾听者的口中长久，那么你就听，
在你已经听明白了之后再讲话。"
如果你讲的效果好，
那么你所有的事业都能秩序井然。

隐藏你的心，控制你的嘴，
这样你才能在众多官员中脱颖而出。
在你的主人面前，要正直，
这样人们才能对他说："他是那个人的儿子。"
那些听到你的正直行为的人也会说：
"那个生育他的人是有福分的！"
说话的时候要考虑仔细，
这样才能说出有价值的事情；
官员们听到后会说：
"从他嘴里说出的事情是多么好呀！
当他从他的身体里来的时候，
他把他头脑中所有的事情都告诉他，
而他做的甚至比他被告知的还要多。"

看，这个好儿子，神的礼物，
做了超越他主人告诉他的事情，
当他的心是正直的时候，他会执行正义。
当你承继我的职位时，你会精力旺盛，
国王对你所做的一切都很满意，
祝愿你获得长久生命！
我在世上做的事都是有意义的，
我已经活了 110 岁，

这是国王的赠礼，
荣誉超过了前辈，
因为我为国王履行正义，
直到获得崇拜！

末页文字：它被从头至尾复写下来，就像它在原稿上那样。

4.对美里卡拉王的教谕

　　从内容来看，《对美里卡拉王的教谕》是第一中间期的一篇教谕。它是对古王国时期教谕文学的继承和发展，它继承了之前教谕文学的格式和目的，发展了教谕文学的内容和意义。通过把《对美里卡拉王的教谕》与古王国教谕文学《普塔霍特普教谕》进行比较，我们发现，这两篇文献都是某种官职和权力的掌握者，在把职位传给他的继承人的时候，对后者的履职进行教育和指导。然而，两者有明显的不同之处，在《普塔霍特普教谕》中，教导者是一位维西尔；《对美里卡拉王的教谕》里面的教导者是一位老国王，他应该是第9王朝或第10王朝的某位国王，他的继承人名为美里卡拉。这样，两篇文献的内容便截然不同，《普塔霍特普教谕》教导继承人如何做好人臣，而《对美里卡拉王的教谕》则是教导继承人如何成为一位好国王。另外，从内容来看，《普塔霍特普教谕》里面透露出的国家形势比较平稳，而《对美里卡拉王的教谕》里面则充满了对社会动荡和不安的描述。或许正是这种叙述主体和教谕对象的不同以及时代的差异造成了两份文献的相异。

　　关于《对美里卡拉王的教谕》的作者和成书年代有很多种推测，因为它本身的成书年代和作者没有保留下来。一般学界把这篇作品的作者设定为第9或第10王朝的某个名为海悌（Khety）的国王，但它很有可能成书于文献的受教谕国王美里卡拉。美里卡拉王希望借助这篇文献的宣传来巩固自己的王权。也有学者认为这篇文献成书于中王国时期，当时的社会精英或者统治者希望借助这篇文献里面记载的动荡社会现实来凸显中王国社会的稳定，并对继承者或某位新国王的施政提供警示。

单从《对美里卡拉王的教谕》的内容来看，教谕通篇都在强调一位国王在面对混乱时维护国家安定团结方面应该具备的品质，因而重点在于强调国王的责任。文献以第一中间期的动荡社会为背景：埃及北部由赫拉克里奥坡里斯王朝统治，而一股新势力在埃及南部城市底比斯兴起。在这种情况下，老国王希望新国王在统治过程中保持谨慎的态度，确保王权稳定。从而，这篇对于研究古埃及王权具有重要意义。

这篇教谕文献的内容发现于三篇相对残破的纸草纸上，三篇纸草纸的文本都有破损，而相互印证的内容又不太多，因而无论如何，这篇文献的内容都有残缺。这三篇纸草分别是第18王朝后期的列宁格勒纸草1116A、第18王朝末期的莫斯科纸草4658、卡尔斯堡纸草6。该文献的主要部分被记载于圣彼得堡第1116 A号纸草中。目前我们能够见到的文本是埃及学家们对照三份纸草的文本进行修复之后得出的。本译文根据 W. K. Simpson, *The Literature of Ancient Egypt*, New Haven and London: Yale University Press, 2003, pp. 153—165 译出，并参考了 Miriam Lichtheim, *Ancient Egyptian Literature*, vol. 1, University of Chicago Press, 1973，pp. 97—107 的译文。

[上下埃及国王海悌] 为他的儿子美里卡拉 [做的教谕]。

[……]
不要放任你已经发现的犯罪；
你应该惩罚 [……]
[……] 他们的 [……] 每个细节，
因为这是 [反叛] 的开始。
[……] 已经发生了，
当很多人争吵时。

[……] 他们阴谋反抗你。

[……] 至于某个报告 [……] 的人，

你涉及 [……] 的决定已经做出之后，

[……] 带偏见的。

[……]

[……]

他将用它的一半作为分配物。

一个人应该 [……他的] 主人 [……]

他 [……] 划分，与我的追随者们。

[……] 说相同的 [……] 很多，在你眼里。

你将步入歧途 [……]

[不要放纵] 他，

你应该杀死 [……] 在这件事情中跟随他的那些人，

因为你知道他的追随者们是忠诚于他的。

如果你发现一个城市的 [……]，

而他是一个家族的头脑，

那么你应该为他提供装备，

你将不会 [……]，他 [……] 你的很多人。

不要因为一件事而毁掉一个人，

也不要 [……]

他 [……] 大厦，

[……] 面包 [……]

[……] 他的 [……] 他 [……] 家族。

注意，你不要 [……]

[……] 那些为我们守卫活着的人的人。

一个月过去了，[……]

[……] 他 [……] 他自己。
他将说，他将考虑，他将记住：
"一个大地上的人，他身体的每个部分都是强壮的！"
[惩罚] 那些 [反叛] 的人！
但当你的心已经满意了，要对他宽容。
[……] 这样每个人都说，"他重生了！"
这样他们成为满意的人。

[……] 你的 [……] 像一位神。
如果你遇到一个没有 [许多] 支持者的人，
而且城镇里的人们不认得他，
但他的党羽却很多，
并且由于他的财富和聪明而尊敬他，
他已经获得了人们的信任，
他让自己迎合他的附属者的眼光，
他坚持做煽动者和言论传播者，
那么就铲除他，并屠杀他的孩子们，
消除他的名字，毁灭他的支持者们，
驱逐那些尊敬他的党羽和对他的记忆。

一个爱煽动是非的人习惯于煽动市民，
在年轻人中间制造两个互相敌对的派别。
因此，如果你发现市民当中有这样的人，
[一个……] 他的行为挑战你，
那么就在官员面前谴责他，铲除他，
因为他实际上是一个反叛者。
一个到处散播谣言的人是城市的破坏者。
控制民众，使他们远离暴乱，

八　教谕文学

小流氓们不会制造不满，
正是他们的父亲制造不满。

一个单独的不满者能毁掉整个军队，
因此让他的终结发生在他所导致的同一场混乱之中。
如果大众变得很激动，那么就把他们放在贫民窟里，
但当你惩罚时，要对 [……] 怜悯，
因为这样你将导致 [……] 是高兴的。
在神面前展示你的正直，
然后人们就会说，甚至在你面前，
你的管理和惩罚措施得当。
一种善良温和对于一个人来说意味着平静，
但满心愤怒的怨恨是对他的折磨。
要善于言辞，以便你成为强大者，
因为一个国王的力量在于他的舌头，
语言比任何武器都强大！
没有任何人比那个善于用心的人更聪明，
[但你将安全地坐在] 王座上。
聪明人对于官员们来说是壁垒，
那些意识到他的知识的人不敢攻击他。
没有任何邪恶发生在他面前，
但玛阿特来到他面前，给出忠告，
就像祖先们给出建议那样。

模仿你的父亲和祖父们，
通过知识获得成功。
瞧，他们的话在文字中持久；
打开并阅读它们，

485

以便你可以模仿他们的知识。
一个精通这些知识的人将变成博学的人。

不要做邪恶的事情；仁慈是好的。
通过人们对你的爱而使你的记忆持久。
使城市庇护的人民享有荣华，
他们将为你的慷慨而赞赏神，
保护 [你的美名]，
感谢你的赐福，
[向神] 为你祈祷健康。

向贵族展示应有的尊重，支持你的人们，
稳固你的边界和缓冲区，
因为为未来工作是有意义的。
有先见之明的人的生命将受到高度尊敬，
但过度自信的人将遭受厄运。
通过你的妥当处理使人们忠诚于你。
一个盲目地觊觎 [……] 的土地的人是邪恶的，
一个觊觎那些属于其他人的东西的人是愚蠢的人。
一个人在大地上的生命是短暂的，而且不可能持久。
因为它而被很好地记住的人是幸福的。
难道不是无数的人属于两土地的主人吗？
他们当中有人能实现永生吗？
根据玛阿特而行走的人将离开，
就像那个充满幸福人生的人将死去那样。

提拔你的官员，以便他们执行你的敕令，
因为那个家庭拥有财富的人不会对抗你，

什么都不缺的人才是富有的人。
贫困的人不会诚实地讲话,
一个嘴里说"但愿我能拥有"的人不可能是正直的,
一个人必然偏爱那个对自己慷慨的人,
但对那个支付他工资的人却持有偏见。
作为伟大统治者的人才是伟大的,
拥有忠诚随从的国王是强大的。
拥有显贵官职的人是富有的。
在你的宫殿里谈论玛阿特,
以便这片土地上的官员尊重你;
因为一颗正直的心会成为主人;
正是房屋的前面创造了对后面的尊重。

做正义之事,以便你在大地上长存。
安慰哭泣的人,不要欺辱寡妇。
不要剥夺父亲留给儿子的财产,
不要把官员降职使用。

当心不要错误地实施惩罚,
如果它对你不利,那么就不要杀戮。
用鞭打和监禁来实施惩罚,
因为如此这块土地就会秩序井然,
除了那些正在进行预谋的反叛者。
但神会察觉反叛,
神将用鲜血锤击他的邪恶,
怜悯的人将会延长自己的寿命。

不要杀害一个你知道其能力的人,

不要杀害曾经与你一起接受教育的人，
他被培养，好像注定 [……] 在神面前，
他在秘密的地方能自由行走。
巴将返回到他所知道的地方，
它不会在他熟悉的道路上迷失；
所有魔法仪式都不能对抗它，
它将到达那些为它提供水的人那里。

至于那些审判罪孽者的法官们，
你知道他们在审判冒犯者的那天，
在执行他们任务的时刻，
并不会放纵罪犯，
基础是再聪明的人也会暴露罪行的。

不要相信岁月长久，
因为他们把一生当作一个小时。
一个人将在死后继续生存，
他的事迹将被摆放在他身边作为奖赏，
而在来世的存在是为了永恒。
愚蠢的人做那些遭到谴责的事情；
没有恶行的人将到达他们那里，
他将像神一样存在于那里，
就像永恒的神一样骄傲地漫步。

安排好你的军队，以便居民们尊重你；
在军队中增加你的支持者，
瞧，你的城市充满了新生代；
因为这 20 年，年轻人生活安逸，

跟随他们的心，
军队就会增强实力。
那些被雇用的人是自愿登记的，
就像受到训练而强大的年轻人。
正是我们的祖先为我们而战斗，
我在战斗中登上王位。
提拔你的官员，提拔你的战斗者；
把财富给予你的追随者中的年轻人，用财产武装他们，为他们提供土地，
赐予他们以牛。

不要区别对待出身高贵的人和普通人，
根据一个人的事迹而让他为你服务。
让每个职业被执行，
[……] 为力量之神。
保卫你的边境，筑牢你的堡垒，
因为军队对他们的主人是有利的。
为神竖立纪念物，
因为这是把生命给予那个构建了他们的人的名字的方式，
一个人应该做对他的巴有利的事情。
每个月都要执行祭司义务，穿上白色的鞋；
使神庙富有，留心秘密之事；
进入神圣之地，在神的房屋里吃面包；
补充祭品，增加献祭面包；
增加日常祭品，因为这对做这件事的人是有利的。
在你的权力范围内尽可能地增强你的纪念物，
因为即使单独的一天也能够为永恒做贡献，
一个小时就可以装饰未来，
神认可那个为他工作的人。

让你的肖像被送到遥远的国外，
送给那些不知道你的人们，
因为那个对敌人事物缺乏了解的人将遭受厄运。

但是敌人在埃及境内是不会安宁的，
因为军队将与军队作战，
就像我们的祖先预言的那样。
埃及将在墓地里战斗，
一次又一次地毁坏和蹂躏坟墓。
我做了同样的事情，同样的事情还将再次发生，
这也被那个同样冒犯众神的人做了。
不要对南方领土太严苛，
因为你知道居民对它有何看法。
它在过去已经发生了，
这样的事情还可能会再次发生。
没有对他们的地方的供给，甚至当他们保持那里的时候，
但我到达了提斯，提斯就在塔维尔的南部边境上，
我就像洪水一样占领了它。
甚至正义的国王麦瑞伊布拉（Meryibre）也没有做这样的事情。
据此对你控制之下的疆域宽容一些。
[使事情保持原状]，更新条约。
不要让诚实的意图掩藏起来，
为未来工作是有利的。

你与南方领地和解，
这为你带来礼物和贡赋。
他们的祖先为我做了同样的事情。
但如果某人没有谷物，他能用什么做贡赋呢？

对你而言，对那些在你面前谦卑的人要慷慨大方，
满足于你自己的面包和啤酒。

花岗岩会不间断地来到你这里，
因此不要毁坏另一个建筑物。
在图拉开采石头，
不要通过荒唐的毁坏来构建你的坟墓，
因为当你做这种事情的时候，其他人也会这样对待你。
瞧，你可能是满意的，
你能够因为你的力量而安然入睡。
在我的成就的基础上，你可以跟随你的心行事，
因为在你的疆域里没有敌人。

我作为城市的主人兴起，
我的心是沉重的，因为三角洲，
从胡特申努到塞姆巴克，
三角洲的南部边境位于"两鱼水渠"。
我为整个西方带来和平，远达大湖地区；
现在它根据自己的协议为我服务，并生产 meru 木头，
人们现在可以看到他们给我的杜松木，
东方与外国人相连，他们的税款倾倒进来。
中间岛和岛上的所有人已经回归了我们这边，
神庙说："哦，伟大者，所有人敬畏你。"

瞧，他们毁坏的土地已经被建设为诺姆，
所有大城市都被 [重建起来]。
一个人统治的地方现在处于十个人的控制之下；
官员被任命，税务被征收，

每种职责被清晰理解。
当自由人被授予一块土地的时候,
他们像一个单独的部门为你服务;
这样可以确保他们当中没有人对你不满。

尼罗河洪水将使你不会焦虑洪水泛滥的失败,
三角洲的税收在你的手中。
瞧,我在东方竖立的停泊杆是安全的,
从海布努到荷鲁斯之路,
城镇里住满了人,
整个土地上最精选的人,驱逐回任何对他们的攻击。
但愿我看见一个勇敢的人,他将模仿这点,
一个人将为了他自己的利益和更多人的利益去做我已经做的事情。
如果我有一个没有能力的继承人,我将充满焦虑。

但就外国人而言,我将说的是:
卑鄙的亚洲人是可怜的,因为他们生活的地方,
没有水,缺少树木,
山脉起伏,道路凶险。
他没有一个地方可以定居,
但受到需求的驱使,他徒步游荡于沙漠。
自从荷鲁斯时代以来,他就一直在战斗。
他既没有征服,也没有被征服。
他不宣布战斗的日期,
但就像被社会驱逐的窃贼一样。

然而,当我生活的时候,
这些外国人就像一个封印的堡垒,

八 教谕文学

我已经围困和围攻了它。
我使三角洲去打击他们,
我捕获他们的人们,掌握他们的牛,
直到亚洲人憎恶埃及。
不要使你的心对他的记录感伤,
因为亚洲人就像河岸边上的鳄鱼,
在偏僻的道路上袭击,
但不敢入侵人口众多的城市。

把美德尼特统一进它的诺姆,
掌握它的毗邻领土远达凯姆维尔,
因为,瞧,它是对抗外国人的生命线。
它的墙是一道防线,它的战士是大量的,
它里面的仆人能够扛起武器,
就像它内部的自由民。
至于杰德苏特地区,它总共有一万人,
仆人和自由民都免除税务。
官员住在里面,因为它是居住地;
它的边境被完好建立起来,它的要塞是强大的。
很多北方人灌溉它,远达三角洲边境,
自由市民形成以后,对其征收谷物。
对于那个获得所有这一切的那个人来说,他将借此超越我。
瞧,它是通往三角洲的通道,
它们已经形成了一个保护,远达奈尼奈苏特(希拉康坡里斯)。
人口众多的城市意味着满意,
但要意识到被敌人的支持者包围。
警觉延长一个人的年限。

针对南方的土地装备你的边境,
因为他们是身着战争服装的外来人。
在三角洲构建建筑物,
因为一个人的名字不会被他已经完成的事业贬低,
一座安全建立起来的城镇不会被毁坏;
因此为你的肖像建筑大厦。

敌人热爱痛苦,他的行为是卑劣的。
国王海俤,正义者,在他的教谕中确信:
"不积极对抗野蛮行为的人就是那个毁掉祭坛的人;
神将会攻击反叛神庙的人。"
它将来到他这里,甚至当他已经做了。
他将对他为自己掠夺的东西而自鸣得意,
但没有任何人在计算那天对他忠诚。
保护祭坛,崇拜神;
不要说"这是一种无聊的事情",也不要贬低你的努力。
但至于那个反叛你的人,这就像是天空的毁灭,
就像是对一百年建筑物的毁灭。
如果敌人是精明的,他不会毁灭他们,
希望他的行为会被另一个跟随他而来的人证实;
但没有任何人是没有敌人的。

两岸的统治者是聪明的;
国王,宫廷的主人,不会愚蠢地行事,
甚至他刚刚从子宫里出来就是聪明的,
神已经使他在大地上超越无数人。
王权是一种极好的职务;
它没有儿子,它没有兄弟,它能使它的建筑物持久,

尽管每个人都使他的继承者高贵，
每个人都按照前人的方式行事，
希望他的行为被后来人认可。

瞧，可怕的事情发生在我的时代，
提斯诺姆被洗劫一空。
事实上，它不是因为我做的任何事情而发生的，
在事情发生之后，我才知道。
瞧，我厌恶的事情！我做的一切也是令人痛心的！
破坏是邪恶的，
重建那些被一个人破坏的东西，对他并没有好处，
或者重建被他拆毁的东西，
小心这样的事情！
否则会遭到同样的灾祸，
万事都有结果。

当世代相承之时，
知道他们品行的神却隐藏起来，
没有任何人能够抵抗手的主人的力量，
因为他能控制所有能看见的事物。
在他的道路上的神必须被尊重，
（他们的肖像）用昂贵的石头制作，用青铜塑型。
正如一次洪水被另一次洪水跟随，
没有任何河流能够把自己隐藏起来，
但能够冲破那个挡住了它的地方的河岸。
所以巴也去它自己知道的地方，
不会在以前的道路上迷失。
通过公正和对玛阿特的坚守，

建好你在西方的大厦，
牢固你在墓地里的居所，
因为在这个人的心里是自信。
心地正直的人的品性比有恶行的公牛更受人青睐。
用祭坛上充裕的供品和铭文，
为神效劳，他也会为你出力，
这是你的名字的保障，
神会关注那个为他效力的人。

管理人们，神的牛，
因为正是为了他们的利益，他创造了天和地。
他驱逐了贪婪的洪水，
他创造了风，以便他们的鼻孔能够呼吸。
他们是他的影像，来自他的体内，
他为他们而升起于天空，
为他们制造植物和牛、家禽和鱼，以此喂养他们。
他杀死了他的敌人，毁灭了他自己的孩子们，
因为他们意图谋反。
他为他们创造了白昼，
他航行穿过天空，以看到他们。
他在他们附近为他自己建造了圣殿，
当他们哭泣的时候，他心软了。
他为他们从卵里诞生了统治者，
造就了领导者，去支撑弱者的后背。
他为他们制作了魔法，
作为抵御即将到来的事情的武器。
他日夜监视他们。
他已经屠杀了他们当中的反叛者，

就像一个男人为了他兄弟的利益去捶打他的儿子，
神知道每个人的名字。

我的教谕里面没有诽谤，
因为它建立的是关于王权的所有规则。
教谕你自己，结果你可以作为一个男人兴起，
然后你就可以与我平齐，没有人将控告你。

不要屠杀与你亲近的人，
因为你已经支持了他，神知道他。
他是那些在大地上享有荣华的人们之一，
因为那些为国王服务的人就像神一样。
在整个大地上为你自己播撒爱，
因为好的处置意味着被记忆，
即使很多年过去以后。
祝愿你被称为"邪恶时代的毁灭者"，
被海悌房屋中的后代当中的那些人们，
并祝愿他们祈祷："让他恢复这天！"

瞧，我已经把我最好的思想都告诉你了；
祝愿你按照摆在你面前的教谕行事。

5.涅菲尔提预言

《涅菲尔提预言》是一篇带有教谕性质的预言文献，也带有神话传说的特点。这篇文献记述的是第 4 王朝国王斯尼弗鲁统治时期发生的一个故事。国王斯尼弗鲁想要找一个能言善辩的人娱乐一番，于是大臣们向国王推荐了赫利奥坡里斯的市民、诵经祭司涅菲尔提，国王召其进入宫殿，为

国王讲述故事。国王向他问询未来的事情，涅菲尔提预言国家将遭受严重的旱灾，并将导致人民大起义。同时，亚洲人也将入侵埃及，国家将遭受战争蹂躏。一个名为阿美尼的人最终平定内乱，重新统一上下埃及，消灭亚洲人和利比亚人。

从历史来判断，这篇文献成文于第 12 王朝第一位国王阿蒙尼姆赫特一世统治时期，以预言的形式追溯了第一中间期的社会动乱和埃及所面临的内忧外患，预言阿美尼（阿蒙尼姆赫特一世）将统一上下埃及。这样，它实际上是第 12 王朝的政治宣传品，为阿蒙尼姆赫特一世篡取第 11 王朝的政权提供辩护。另外，文献内容充斥着悲观色调，成为埃及悲观主义文学作品的典型代表。

该文献的原文不得而知，学者们从第 18 王朝的纸草和拉美西斯时代的一些陶片和木板上发现了它的抄本，但保存最好的是第 18 王朝时期的一份纸草抄本，即圣彼得堡纸草 I116。本译文根据 W. K. Simpson, *The Literature of Ancient Egypt*, New Haven and London: Yale University Press, 2003, pp. 214—220 译出。

这个故事发生在上下埃及之王、正义者斯尼弗鲁作为强大统治者统治埃及的时候。有一天，王宫的官员到王宫觐见国王。然后，他们依照惯例问候完国王后就退了出来。然后，陛下对身边的执印官说："去，把今天早上刚刚觐见离开的王宫官员们传入宫中。"这些官员们立即被带到国王面前，他们再次跪倒在国王面前。

陛下对他们说："我忠实的臣民们，瞧，我让人将你们带来，是为了让你们为我寻找一个聪明人，这个聪明人要么是你们的孩子，或者是你们兄弟中优秀的人，或者是你们朋友中拥有高贵行为的人，或者是一个能够讲出优美语言的人，以便我在听到他讲话的时候感到愉悦。"

他们再次跪拜在陛下面前。他们对陛下说："国王，我们的主人，有一个巴斯泰特女神的诵经祭司，他的名字是涅菲尔提。他是一个强有力的市民，一个杰出的书吏，一个财富超越所有同辈人的富有之人。但愿把他召来侍奉陛下。"

于是，陛下说："去，把他带到我这里来！"因此，他立即被传唤到国王面前，他跪拜在陛下面前。

然后，陛下说："过来，涅菲尔提，我的朋友，给我讲一些优美动听的语言，以便我听到你的话的时候感到愉悦！"于是，诵经祭司涅菲尔提问道："是讲过去已经发生的事情，还是讲未来要发生的事情？国王，我的君主。"陛下答道："还是讲未来要发生的事情吧，毕竟今天已经到来，并即将过去。"然后，他（国王）在台案上伸展开他的手，拿起一卷纸草和一块调色板，开始记录诵经祭司涅菲尔提所说的话，涅菲尔提是东方的聪明人，辉煌灿烂的巴斯泰特女神的仆人，赫利奥坡里斯城诺姆的儿子。

他预测到这个国家将要发生的一切，预测到了埃及东部的局势；亚洲人用武力袭击埃及，使农夫惊恐万分，夺走正在犁地的牲畜。于是，他（涅菲尔提）说：

哦，我的心在颤抖，
为这块生了你们的土地而哭泣！
错误的事情像洪水一般在蔓延，
瞧，人们在到处讲述着邪恶却不受惩罚的事情。
瞧，贵族在这块生了你们的土地上被罢黜官职。
不要担心，尽管它就发生在你的眼前，
愿你能奋起反抗发生在你面前的一切。
瞧，贵族不再领导这个国家，
做和不做是一样的。
太阳在邪恶中升起，
国家被彻底地蹂躏，
没有一点剩余，哪怕是指头大小的土地也没有逃脱厄运。
国家被摧毁了，没有任何人关心它，
没有任何人谈起它，
也没有人为它哭泣。

这个国家怎么了？
太阳被遮住了，人们看不到它的光芒。
一旦乌云遮住太阳，人们就不能生存下去。
没有了太阳，所有人都会不知所措。
我要说将发生在我面前的一切，
绝不预言不会发生的事情。

埃及的河流将会干涸，
人们可以徒步跨越河流。
人们都在寻找船只可以借助航行的水，
但河道已经变成了河岸。
河岸成为没有水的地方，
而河水则变成河岸所在地。
南风与北风冲击，
天空不再只有一种风。
外来的鸟将在北部的沼泽地繁殖，
在人们身边筑巢，
人们允许它们在身边轻松地生活。
那些愉悦的地方消失了，一去不返，
鱼塘居住上了吃鱼的鸟，
鱼和家禽同时生活在池塘。
所有欢乐都被驱逐，
国家已经陷入痛苦，
因为那些贪婪的亚洲人，
他们在这个国家四处游荡。

敌人出现在东方，
亚洲人进入埃及。

我们没有了边境要塞,
因为外国人占据了它们,
没有人注意那些入侵者。
人们会认为进攻发生在晚上;
要塞将被摧毁,
睡眠被从所有人的眼睛里赶走。
我也曾经熟睡,但现在醒了。

沙漠野兽将在埃及河流饮水,
它们将在它的岸上休息,
因为没有任何人令它们感到害怕。
这个国家处于混乱之中,没有人知道结局。
将要发生的事情在我的言语里,
但人们的听觉和视觉都已经丧失,
唯有缄默者遍布大地。

我将把国家的混乱展示给你,
因为从未发生的事情出现了。
人们将在战争中拿起武器,
国家将在混乱中生存。
人们将要制作铜箭头,
人们将寻找浸满血的食物,
他们将嘲笑痛苦。
没有人为死亡哭泣,
没有人在死亡来临的时候保持清醒。
因为每个人的心只关心自己。
没有人会感到悲痛,
因为人心已经彻底地死了。

一个人坐下来，转过他的后背，

而一个人正在谋杀另一个人。

我将让你看到，儿子已经变成了敌人，

兄弟也变成了敌人，

儿子在杀害自己的父亲。

每个人嘴里说的都是"对自己怜悯"，

但所有的美好都被驱逐。

国家消失了，因为它的命运已经注定，

它的产品已经被闲置，

它的收获场面满目苍凉，

所做的一切都荡然无存。

人们的财产被抢夺，

被给予一个陌生人。

我将给你展示一个一无所有的贵族和一个腰缠万贯的外国人，

那个曾经懒惰的人现在却仓廪丰实，

但那些曾经勤奋的人现在却一无所有。

人们不情愿地给出救济品，只是为了堵住乞讨者的嘴。

人们挥舞着棍子回答他人的评论，

不是用语言回答，而是杀死评论者。

因为人们的言语就像火一样刺痛他人的心，

没有人能够承受这样的话语。

国家贫弱，但君主众多。

国家一片废墟，但税收却多如牛毛。

谷物产量低，但量具却很大，

因为谷物被散播出来，好像谷物很丰富。

至于拉神，他已经远离了人类。

他将如约升起，

但没有人知道中午已经降临。

没有人能分辨他的影子，

即使他被看见，也没有任何人感到喜悦。

人们的眼睛不再与水同流，

因为他将像月亮一般挂在天空。

然而他在夜晚不会迷失，

他的光芒终究会像以前一样照在人们的脸上。

我将向你诉说骚乱中的国家。

曾经贫弱的人变成了强大的人。

曾经被迫展示尊敬的人成为受尊敬的人了。

我向你展示下层人变成了上层人，

曾经的随从现在变成了主人，

曾经低贱的人现在获得了财富，

曾经高贵的人现在以抢劫为生。

乞丐将吃面包，而奴隶将欢呼雀跃。

赫利奥坡里斯不再是大地上诸神的诞生之地。

但是，之后，将有一个来自南方的国王，

他的名字将是阿美尼，正义者。

他将是塔塞梯的一名妇女的儿子，

涅亨的国王之屋的后代。

他将获得白王冠，

他将戴上红王冠；

他将统一两个强大的力量，

他将用他们渴望的东西令两个主人高兴，
因为国家疆域将在他的掌握之中，
舵在他的控制之下。
生活在他的时代的人们将欢呼，
因为一个男人的这个儿子将使他的名字流芳百世。

但那些陷入邪恶的人和那些企图造反的人，
都将因为恐惧向他投降。
亚洲人将跪在他的宝剑之前，
利比亚人将倒在他的光辉面前，
反叛者将惧怕他的威严而倒下，
敌人将出于对他的畏惧而倒下，
因为他额头上的眼镜蛇将为他征服敌人。

他将修建"统治者之墙"（三角洲东部的一个要塞）
结果亚洲人再也不能来到埃及。
他们将以乞丐的姿态祈求水，
以便他们的牲畜可以饮水。
然后，玛阿特将回到她的王座上，
混乱将被驱逐。
看到这一切的人将会欢呼，
为国王服务的人也会欢呼。
当聪明人看到我的语言得以应验的时候，
他会在我的坟墓里为你泼出圣洁的水。
它已经被抄写了。①

---

① 这句话是纸草抄本里面结尾的话，说明这篇文献是对原稿的抄录。

6. 阿蒙尼姆赫特一世教谕

《阿蒙尼姆赫特一世教谕》是以第 12 王朝国王阿蒙尼姆赫特一世统治时期为背景的，讲述的是国王阿蒙尼姆赫特一世的遇刺经过和他的战争功勋，当然重点在于阿蒙尼姆赫特一世教导他的继承人森沃斯瑞特一世不要相信任何人，不要信任兄弟，不要结交朋友，时刻防备别人的进犯等。这样的内容与《对美里卡拉王的教谕》的内容差异极大，不是在教导国王维持正义和保持王权的神圣性，而是教导国王如何防备小人。这既反映了第 12 王朝初期王室内部斗争激烈和政权不稳定的现象，也反映了在这样的历史环境下的王权状况，因而这篇文献为我们理解王权提供了更为多维的视角。

该教谕虽然以阿蒙尼姆赫特一世的口吻写成，但作品没有标明作者和成书年代。根据内容，学界有几种观点。有人认为它是阿蒙尼姆赫特一世在遇刺以后，侥幸活了下来，对密谋刺杀自己这件事情细思恐怖，然后总结经验，对他的继承人进行教谕。也有人认为这是森沃斯瑞特一世统治期间，为了总结历史经验和证明其统治的合法性等命书吏撰写的，具有宣传小册子的性质。遗憾的是，这篇文献最早的版本并没有留存下来，记载这篇文献的主要载体是第 18 王朝时期的密林根纸草。然而，这份纸草的原始版本也已丢失，流传下来的版本是 1843 年珀云（A Peyron）的三份抄本。学者们对几份抄本的内容进行互相对照之后，整理出一份较为满意的文本。本译文根据 W. K. Simpson, *The Literature of Ancient Egypt*, New Haven and London: Yale University Press, 2003, pp. 167—171 译出。

由上下埃及之王：塞赫泰普伊布拉；拉之子：阿蒙尼姆赫特（正义者），为他的儿子、所有国土的主人所做的教谕。他说：

你像神一样升起，

请听我对你讲述的话，

以便你可以统治国家，

统治尼罗河两岸，
并带来大量美好而有利的东西。
防备那些愿意服从你但证明并非如此的人，
一个人不能信任人们的忠诚；
不要让你单独与他们在一起。

不要信任兄弟，
不要信赖朋友，
不要结交密友，
因为从他们那里得不到任何东西。

当你上床休息时，让你的心保护你，
因为在混乱时期没有任何人可以令别人保护他。
我对穷人慷慨，抚养孤儿，
我让穷光蛋长期发财致富，
但正是吃我面包的人阴谋反对我，
我帮助过的人制造阴谋，
穿我亚麻布的人视我为无物，
用我没药涂身的人让我面前的路打滑。

哦，你是我活着的肖像，你与我分享人性，
为我哀号，这样的哀号从未被听见，
因为那种斗争的压力从未被看见。
如果一个人在战场上战斗却忘记了过去，
那么这对一个忽视了他所知晓的事物的人来说是没有任何好处的。

那是在吃过晚饭，夜幕降临之时，
我决定休息一个小时。

我躺在床上，因为我累了，
我开始坠入梦乡。
突然，我的侍卫挥舞着武器刺向我，
而我就像沙漠里的蛇。
我被战斗惊醒，只身一人，
我发现那是侍卫在战斗。

如果我能够迅速拿起武器的话，
我就能让混乱一团的怯懦者闪退一旁。
但是在这恐怖的夜里，没有人是勇敢的，没有人能独自战斗。
没有联盟者是不能取得成功的。

瞧，当你不在我身边的时候，
流血事件发生了。
我还没有在朝臣面前宣布你是我的继承人，还没有与你坐在一起并确定你的继承权，
因为我没有防备，没有想到，
我没有意识到侍从的软弱无用。

妇女曾经统领过军队吗？
反叛者是在家里养育出来的吗？
能冲毁田地的水是被放出来的吗？
所有人都会因为自己的行为而毁灭吗？
自从我出生以来从未遇到过不幸，
从未有人能够做出堪与我平齐的事迹。

我吞并了象岛，
转身到达三角洲。

我站在国土的边界上，遥望国土的中央。
依靠我的力量，我实施极大权力。

我是一个增加谷物的人，
因为我受到奈普里（Nepri）神的喜爱；
尼罗河神哈皮在每一块土地上给我荣誉。
因此没有人在我统治时期挨饿，也没有人在我统治时期口渴。

人们因为我的所作所为而安居乐业，
因为我让所有的事务都有条不紊。
我降服了狮子，捕获了鳄鱼。
我征服了努比亚人，我俘获了麦德查人，
我打得亚细亚人像狗一样逃窜。

我为我自己建造了一所用黄金装饰的房子，
大门是用天青石做的，墙是用白银做的，
门是用黄铜造的，门闩是用青铜做的，
这都是为了永恒，
为永久的生活准备的。
我知道这一切，
因为我是它的主人，永远是它的主人。

暴徒当时就在街道里；
聪明人说"是的"，而愚昧的人说"不"，
因为一个被剥夺了引导的人一无所知。

森沃斯瑞特，我的儿子，
当我离开时，我唯一关心的就是你，

我的眼睛注视着你，
祝愿那些生于太平盛世的人们，
在所有人面前赞美你。

瞧，我已经奠定了基础，
因此我可以为你确保结果。
我已经完成了我心中的事业，
因为你戴上了王冠，神的后代的特权，
已经被决定的事情将正确地发生，
根据是我已经为你开启了它。

我已经进入拉神的圣舟；
继承早就被创造出来的王权；
我已经完成了一切，没有人能够做相同的事情。
建立你的纪念物，使你的王位杰出；
努力奋斗 [……]
[……] 在陛下面前（LPH）。

它被从头至尾复写下来，就像它在原稿上那样。

7. 一个埃及贤人的训诫

《一个埃及贤人的训诫》又称《伊普味陈词》，发现于第19王朝时期的一篇纸草上，即莱登纸草344。这是一个对较为古老的文本的复制品。文本本身没有讲明其产生的年代，学者们给出了各种说法。加德纳认为它是在第12王朝时期完成的，反映的是第一中间期的社会动荡情况。但也有学者认为它是中王国晚期某个时候成书的。无论如何，这篇文献记录的内容反映的是一个动荡不安的时代。

509

该文献现存版本的开头和结尾都缺失了，再加上书吏抄写时造成的错误，所以文本很难释读。由于开头部分有大约 40 多行文字遗失了，所以很难确定伊普味讲述这个训诫的历史背景。但从整体上看，该文献讲述的是埃及王权统治的衰落和社会的动荡不安。在这种社会里，百姓起义、瘟疫流行、城市被毁、商业活动停顿、对外贸易中断、外族入侵、宗教虔诚丧失、政府组织瘫痪等。同时，文献在后面几部分回忆社会秩序良好时期的社会生活，以形成鲜明对比，希望人们共同反击外族的入侵，恢复良好的社会秩序。文章最后一部分残缺，因而进一步的信息不得而知。这篇文献对于如何全面看待古埃及王权具有重要意义。当然，它还有文学方面的意义，是一篇典型的悲观主义文学作品。因而，它得到了很多学者的研究，例如加德纳、赫尔克、福克纳、帕金森等。本译文根据 W. K. Simpson, *The Literature of Ancient Egypt*, New Haven and London: Yale University Press, 2003, pp. 188—210 译出。本文的译文虽然很长，但依然希望保留原文的结构格式，以便体现文学的语言美。

……
[守]门人说："我们去抢劫吧！"
甜品的制造者 [……]
……
洗衣工拒绝扛东西，
水手 [……]
……
捕鸟人征募了他们自己的军队。
……
三角洲沼泽地居民拥有了盾牌，
酿酒人 [……]

每个面孔都煞白，带着恐惧，

……
每个人都是悲伤的，因为人们看到他的儿子变成了他们的敌人，
[……]
……
每个面孔都煞白，带着恐惧，
[因为充满了]我们命中注定的事情，
在荷鲁斯的时代，在埃尼阿德的时代。
[……]

每个面孔都煞白，带着恐惧，
正直的人正在为国家发生的事情哀号，
但[邪恶的人]到处狂欢。

[……]
外国人已经推翻了整个埃及。

每个面孔都煞白，带着恐惧，
……
……
因为老人预测的事情已经实现了。
[每个面孔都煞白，带着恐惧，]
……
没有任何人能够逃脱[……]
……
[每个面孔都煞白，带着恐惧]，
因为市民把头低到地上，臣服于袭击的暴徒。
人们带着盾牌下地耕种。

普通人说：
"我的心遭受着痛苦，[因为国家的状况，]"
狡猾的人变成了富有的人。

每个面孔都煞白，带着恐惧，
因为弓箭手准备好了，罪恶的事情遍布整个国家，
人们不再是他们过去的样子。

盗贼四处掠夺，
仆人拿走了他所能发现的东西。

尼罗河水溢出了河堤，但没有人据以耕作。
人们都在说："我们不知道整个国家将发生什么事情。"

女人们变得羸弱，不再怀孕，
因为国家的状况，克努姆不再塑人。

贫穷的人变成财富的主人，
买不起鞋的人成为物品的主人。

忠诚于主人的仆人万分悲伤，
官员们不再安抚那些哭喊的人们。

心充满恐惧，
因为苦难遍布全国，
到处都在流血；
没有休止的死亡，
在死亡的时间还没有到来之际，

裹尸布已经在召唤死亡。

无数的尸体被丢弃在河里；
河水成为坟墓，制作木乃伊的地方就是河流。

贵族在哀叹，穷人在大笑，
每个城市都说："让我们驱逐我们中间的强者。"
人们就像朱鹭，污秽遍及全国，
在我们的时代，没有任何人穿白色的亚麻衣服。

国家如同陶轮一样旋转着，
抢劫者变成了财富的主人，
财富的主人变成被抢劫的人。

通往坟墓的道路敞开着，
甚至牛都被驱逐走了，农民说：
"多么可怕啊！我应该做什么呢？"

河水变成了血，但他们仍然从河中饮水；
他们脱离了百姓，他们渴求水。

大门、柱子、墙都被烧掉了，
但王宫（愿永生、荣华、健康）的大厅仍然耐久坚固。

南方人的船只被摧毁，
城市被摧毁，上埃及变成了不毛的高地。

鳄鱼饱食了它们抓住的鱼，

但人们走向了它们（鳄鱼），
这是国家的彻底毁灭。

人们说："不要踩这里，瞧，这是网！"
但，瞧啊，人会像鱼一样踏入网中，
因为惊慌的人因恐惧而不能分辨它。

人的数量在急剧减少，
埋葬兄弟者到处可见。
聪明的人说话了，
但随后就没有耽搁地逃跑了。

其名字被知晓的人的儿子得不到承认，
而他的妻子的儿子变成了他的仆人的儿子。

沙漠遍及全国，
诺姆被破坏了，外国人来到了埃及。

亚洲人到达了埃及，
事实上，任何地方都没有埃及人了。

黄金、天青石、白银、孔雀石、玛瑙、紫水晶、
闪长岩和所有宝石都挂在了女仆的脖子上，
贵族外表的妇女遍及大地，
家庭主妇却高唱："如果我们能有东西吃就好了！"

生命对于贵族妇女的心来说是可恶的，
她们的身体因为穿着破旧衣服而悲伤，
她们的心因人们那样对待她们而感觉压抑。

| 八 教谕文学 |

乌木箱子被毁掉,
珍贵的芳香木头床被打碎。
[……] 他们的 [……]

建筑工匠到达了,变成了租地农夫,
那些在圣船中的人获得了土地。

今天没有人前往拜布罗斯。
制作木乃伊的雪松,我们能为它做什么呢?
人们用这样的木材埋葬祭司,
远及克里特岛的人们都用油来制作木乃伊。
但这些事情在这里停止了。
黄金匮乏,
所有工事的材料都已经耗尽。
王宫也被掠夺了。
绿洲人携带着他们的物品而来,这是多么重要啊!
席子、沾有绿色植物的皮子、鸟的油脂,以便攫取利润。

象岛和提斯,这两座上埃及城市,
因为冲突不能上交贡赋。
现在谷物、木炭、蓝色染料、玛阿树、努特树、矮灌木、
工匠的工艺品、苦瓜、胡芦巴都消失了,
宫殿的税收遭到破坏,
没有了收入,国库还有什么用途?
事实上只有当贡赋来到他面前时,国王才会满意。
而且,所有的外来人都说:
"这是我们的水,这是我们的谷物!"
当这一切都被废弃的时候,

我们还能做什么呢？

笑声消失了，不再出现。
只有遍及国家的悲叹声和哀悼声。

每一个卑微的人都变成了高贵的人，
那些曾经是埃及人的人变成了外国人，并被流放。

每个人的头发都散开着，
人们无法从这些一无所有的人中辨认出贵族。

他们因为抱怨而变聋了，
在抱怨的时代里没有正义的声音，
抱怨不会停止。

老人和小孩都说："我宁愿死去！"
甚至小孩子都说："宁愿没有人曾给予我生命！"

贵族的孩子被摁在墙边挨打，
尚在襁褓中的婴儿被扔在沙地上。

那些坟墓中的尸体被扔在了沙地上，
制作木乃伊者的技术不再延续。

昨天还可以看到的事物今天就消失了，
国家成为羸弱的遗存，就像亚麻被修剪一样。

整个三角洲都失去了防卫能力，

下埃及位于所有人都可随意通行的路上,
人们该怎么办啊?
任何地方都没有逃跑的凭借。
人们哭喊着:"到圣所下面去吧!"
瞧啊,虔诚者被不虔诚的人控制了,
那些游牧民现在成为三角洲各种职业的专家。

市民却被给予制作磨谷石的工作,
那些穿着上好亚麻衣服的人却无辜地遭到毒打;
那些从未看过阳光的人现在大摇大摆地走了出去;
那些本应该睡在她们丈夫床上的女人,
现在却睡在地上。
针对没药包,
那些过去常常说"这对我们来说太重了"的人,
现在却扛着装满谷物的容器,
他不再习惯于坐轿子。
他已经没有管家了,
并对此没有办法。
贵妇人就像女仆那样痛苦,
乐师在纺织机旁织布,
她们对着迈瑞特唱的是挽歌,
说书人则在磨谷石旁工作。

所有的女仆都拥有了话语权,
当女主人说话的时候,这些仆人们却把它们当成了负担。

树木被砍倒了,枝叶掉了。
男人房屋的仆人把他驱赶了出去。

人们都说和听："对孩子们来说，食物是缺乏的。
没有了各种谷物的食物，
就像现在这样，还能吃到什么呢？"

贵族因灾难而挨饿，
人们跟随着那些曾经是随从的人们，
因为暴力的胳膊是保护和救援。

难以驾驭的人会说：
"如果我知道神在哪里的话，我就去侍奉他。"

玛阿特这个词语遍及国家，至少在名义上，
但人们所做的事情却是非法的，只不过以正义的名义为之而已。

一个人必须迅速地为他的东西而战斗，
否则他将被掠夺，他所有的财产都会被抢夺。

甚至所有的动物，他们的心都在哭泣，
牛在为国家的状况而哀悼。
贵族的孩子被摁在墙边挨打，
尚在襁褓中的婴儿被扔在沙地上。
克努姆因其虚弱而哭泣。

恐怖在实施谋杀，
怯懦者阻止那些敢于对抗其敌人的人，
只有少数人是未受伤害的和安全的，只有少数。

这是对毁灭它的鳄鱼的接近吗？

这是对火上咆哮的狮子的屠杀吗？
这是为普塔洒水和带来祭品吗？

你为什么要给他？
因为它到不了他那里。
你给他的仅仅是麻烦。

仆人们 [……] 遍及国家，
强者对每个人签发命令，
人们在打击他的同胞兄弟。
这是怎样的苦难啊？
我只能哭喊："毁灭！"

道路被躲避着，
道路被埋伏着，
人们坐在矮树丛里，等待夜行者的到来，
抢劫他们所携带的物品。
他遭受树枝鞭打，甚至被无辜地杀害。

昨天还可以看到的事物今天就消失了，
国家成为羸弱的遗存，就像亚麻被修剪一样。
平民因为荒芜而毫无目的地游荡，
铁匠 [在水渠里工作]。
如果这是人类的末日就好了！
人们不再怀孕，不再生孩子！
然后，国家将会安静，不会有声音，
混乱将不再继续。

人们只能吃草，只能喝水，
他们找不到水果、蔬菜或者鸟；
他们从猪嘴里夺取食物。
没有人是高兴的，因为所有人都饥肠辘辘。
所有地方的谷物都耗竭了，
人们被剥夺了衣服、膏油和芳香。
每个人都说："什么都没有了。"
仓库空了，看门人躺在地上。
我的心里没有一点快乐；我彻底完蛋了！
如果我在恰当的时候说出话来就好了，
因为它能够将我从那时发生的不幸中挽救出来。

在神圣的房间中，文书被偷走了，
里边的神秘地方被公布于众。

神圣的咒语暴露了，
咒语和仪式已经无效了，
因为人们已经了解了它们。

政府部门被打开了，其中的文书被抢劫了，
曾是奴仆的人变成了奴仆的主人。

书吏被谋杀了，他们的文书被偷走了。
在这个悲惨的时代，我的遭遇多么悲惨啊！

至于席子上的书吏，他们的文书被摧毁了，
埃及的谷物变成了公共财产。

八 教谕文学

房间中的法律文书被扔了出去,
人们在公共场合踩着它们走路,
邪恶者在大街上破坏它们。

穷人甚至已经获得了埃尼阿德的地位,
三十人之屋的规则被暴露了出来。

伟大的会议大厅向所有人敞开,
穷人在大殿里来回穿梭。

贵族的孩子们被扔在大街上,
聪明的人说"是",愚蠢的人说"不对",
那些对它一无所知的人发现它很可笑。

坟墓里的尸体被扔到沙地上,
制作木乃伊者的技术不再延续。

现在瞧吧,火已经烧得很高了,
火焰正在打击国家。
瞧,之前从未发生过这样的事情,
国王被乌合之众赶下了宝座。

瞧,被作为鹰隼埋葬的死者没有了棺材,
金字塔的秘密不再是秘密了。

瞧,国家开始失去王权,
到了几个忽视传统的人的手里。

521

瞧，叛乱兴起了，
他们反对两土地的平定者拉神的强大蛇。

瞧，一直不为人所知的国家的秘密泄露了，
仅仅一瞬间王宫就被摧毁了。

瞧，埃及开始泼水，
那些为国家浇水的人将强者带走。

瞧，大蛇蜷缩在他的洞里，
上下埃及之王的秘密已经泄露。

瞧，王宫因为财物匮乏而处在恐慌之中，
每个人都将兴起，没有人能反抗他。

瞧，国家已经被暴徒分裂，
至于勇敢者，懦弱者正抢劫他的财产。

瞧，大蛇正吞咽死去的人，
那些过去买不起石棺的人却成了坟墓的主人。

瞧，那些拥有坟墓的人被扔到了沙漠台地上，
那些不能拥有坟墓的人变成了国库的主人。

瞧，现在人们都变成了什么？
那些没有能力为自己建造房舍的人变成了大厦的主人。
瞧，土地的法官被驱逐出国家，
那些放牧牛群的人现在住在了王宫里。

| 八 教谕文学 |

瞧，贵夫人现在睡在地上，
王子住在仓库中。

瞧，甚至那些从前不能睡在地板上的人现在却变成了床的主人。

瞧，财产的主人饥渴着入睡，
那些为自己乞讨剩饭的人却拥有了溢出碗的饮品。

瞧，袍子的主人穿着破旧衣服，
那些从前没有能力为自己织布的人变成了上好亚麻布的主人。

瞧，那些曾经没有能力为自己建造船只的人现在变成了舰队的主人，
而它们之前的主人盯着它们看，
因为它们不再属于他了。

瞧，那些曾经没有庇护所的人变成了庇护所的主人，
而庇护所的旧主人却在风暴之中。

瞧，那个不能弹奏里拉琴的人变成了竖琴的主人，
过去不会唱歌的人现在在赞美迈瑞特。

瞧，那些过去拥有青铜祭器的人，
现在没有罐子可以提供给他们中的任何人。

瞧，那些因为贫穷而没有妻子陪伴的人现在却可以找到贵妇人；
那些被人看不起的人现在成为重要人物。

瞧，没有财富的人变成了财富的主人，

523

官员们在取悦他。

瞧，国家的穷人变成了富人，
财产的主人变成了一无所有者。

瞧，过去的执杯者变成了管家的主人，
曾经是信使的人现在却在递送其他东西。

瞧，没有面包的人变成了仓库的主人，
他的仓库里装满了别人的东西。

瞧，那些没有头发和缺乏膏油的人，现在变成了芳香的没药罐的主人。

瞧，没有柜子的女人变成了衣箱的主人，
曾经从水中才能看到脸的女人现在变成了镜子的主人。

瞧，[……]

瞧，当一个人吃他的食物的时候，他是幸福的，
因此怀着愉快的心情消费你所拥有的东西，
没有什么能够阻止你。
对于一个人来说，吃自己的食物是令人高兴的事情，
神给他喜欢的人下命令。
……

瞧，不知道他自己的神的人现在用别人的香料进行献祭。
瞧，高贵的夫人、伟大的夫人、财富的女主人用她们的孩子换供给品。
瞧，一个低贱的人抢劫了一个高贵的女子做他的妻子，

而此女子的父亲则支持这件事情，条件是他不被杀害。

瞧，行政官员的子女穿着破衣服，他们的母牛产下的牛犊被给予了抢劫者。

瞧，仆人在屠杀牛，穷人变成了抢劫者。

瞧，那个不为自己屠宰的人现在在屠宰牛，那个不懂得雕刻的人现在看到了所有精选的肉。

瞧，女仆在屠宰献祭给神的鹅子，而非牛。

瞧，仆人 [……] 在制作鸭子祭品，而贵妇人 [……]

瞧，贵夫人在一次逃亡中跑掉了，她们的心因为害怕死亡而沉重。

瞧，国家的首领们逃跑了，因为缺乏人们的支持，他们没有了存在的价值。

瞧，那个曾经的床的主人现在躺在地上，曾经睡在肮脏地方的人现在为自己准备了皮垫子。

瞧，贵夫人处于挨饿之中，仆人享受着曾经只有贵夫人才能享受的一切。

瞧，所有的职业都不在它本应该在的位置上，这如同因没有牧人而随意乱跑的畜群。

瞧，牛四处游荡，却没有人看管它们，每个人都为自己弄一条烙有人名的牛。

瞧，一个人在其兄弟面前被杀死，他（兄弟）放弃了他（被杀害的人），只是为了挽救自己。

瞧，曾经没有牛的人变成了牛群的主人，曾经不能为自己找到耕牛的人变成了牛的主人。

瞧，没有种子的人变成了谷仓的主人，曾经借人谷物的人变成了借出谷物的人。

瞧，曾经没有奴仆的人变成了奴仆的主人，曾经当官的人现在自己传递文书。

瞧，至于国家的管理者，臣民的状况不向他们汇报，因为一切都已经被消灭了。

瞧，所有的工匠都不再工作，因为国家的敌人不允许他们施展手艺。

瞧，曾经记录收获物的人已经不知道收成了，曾经不为自己耕作的人变成了收获物的主人。

庄稼收割工作已经开始了，可是没有人进行汇报。至于书吏，他们在家里不再写字。

摧毁 [……]，在那天
一个人将他自己的兄弟视为敌人。
羸弱的人带来冰冷 [……]，
在政府的 [……] 害怕，
没有 [……]，
可怜的人 [……]，
因为它，国家还没有出现黎明。

[……] 摧毁了 [……] 那些从他们那里获取食物者，
穷人乞讨 [……] 信使，
没有 [……] 时间，
他被抓住了，当他扛着他的物品时，
他被掠夺 [……]，
人们经过他的门口。
[洗礼祭司坐在] 墙外，
政府房间中有鹰隼和公羊，
[守夜人没有天明]。
至于普通人，他保持警惕，
天亮后他就不再害怕了。
他们匆忙地逃跑了，就像被风吹跑了。
那些曾经在家中穿着上好亚麻衣服的人，现在就像游牧民一样在制作帐篷。
随从不再为他们的主人送信息，他们没有准备好。
尽管有五个人，但他们都说："照顾好你自己！你知道，我们刚刚回来。"

三角洲在哭泣，国王的仓库现在是人们的共同财产，王室（健康、荣华、长寿）没有了收入。
小麦、大麦、家禽和鱼属于它，
白色纺织物、上好亚麻布、青铜和油属于它，
地毯和席子、[……]花束属于它，
应该及时制作的所有好东西都属于它。
如果王宫缺乏这些东西，
那么就没有人能脱摆脱缺乏这些东西的命运了。

摧毁了庄严的宫殿以及高贵的贵族的人，
[……]在它之中像[……]，
……
城市的守卫者逃走了，护卫队不复存在。

摧毁了庄严的宫殿以及高贵的贵族的敌人，
……

摧毁了庄严的宫殿以及高贵的贵族的敌人，
……
……
……
摧毁了庄严的宫殿以及高贵的贵族的敌人，
因为[……]他的……
摧毁了庄严的宫殿以及高贵的贵族的敌人，
因为没有任何人能站立[……]

摧毁了庄严的宫殿和众多办公处的敌人，[……]
因为[……]

想起 [……] 的膏油，

因他身体的疼痛而遭受苦难，

尊重 [……]，

[……] 因为他的神。

他将保卫他的嘴 [……]

[……] 他的后裔将见证尼罗河洪水的上升。

想起燃烧着香料、早上泼洒净水的神殿。

想起了献给诸神的肥灰鹅、白鹅、针尾鹅等神圣祭品。

想起在涂油的日子，人们要咀嚼泡碱、准备白面包。

想起竖立旗杆、雕刻祭品桌，

而祭司们在清洁圣所，

神庙被粉刷得如同牛奶一样白，

让来自地平线的香气更浓郁，

提供祭祀面包。

想起对规则的遵守，正确地安排时日，

驱逐那个身体不洁净却扮演祭司的人，

因为这样做是错误的，

这是对心的摧残。

想起通往永恒的日子，

被计数的月份和被知道的年份，

想起屠宰牛，

[……] 从记录上你拥有的最好的。

想起前去寻找那个召唤你的神，

将灰鹅放在火上 [……]

打开罐子 [……]，
在尼罗河洪水岸边奉献祭品。

[记得……]
妇女的 [……]
……
衣服 [……]

提供赞美 [……]
……
……满足你！
[……通过] 人的缺乏。
来，[……]
拉的 [……]，命令 [……]，
[……] 当崇敬他的时候，一个人旅行到西方，
去削弱 [那些人……] 依靠众神。

瞧，为什么要计划塑人呢？
当和平的人还不能从攻击者中区分出来时。
让他把冰冷带来，洒在他们的热情上。
人们将说：
"他是所有人的牧者，他心中没有邪恶。"
他的畜群太小了，
但他不得不用一天时间去照看它们，
因为它们心中有火。
如果他认识到他们第一代人的品性，
那么他一定会打击他们的罪孽，
伸展开他的胳膊打击它；

他应该已经摧毁他们的畜群和他们的子嗣。
然而，人们希望拥有子嗣，
而怜悯在每一方。
事情就是这样，永无止境，
只要诸神在其中，
种子来自凡间妇女。
没有任何可以在正确的路上被发现，
但只有争斗到来了。
恢复秩序者就是造物主，
然而没有人充当舵手。

现在神在哪里呢？他在睡大觉吗？
瞧，人们看不见他的力量。
我们是悲伤的，
我还不能找到你吗？
你不会徒劳地召唤我。

"对这些事物的抵制意味着气馁。"
这些话现在在每个人的嘴里，
因为今日，惧怕他们的人超过了百万，
却看不到抗击敌人的守卫者，
在外庭的 [……骚乱]
进入神庙 [……]。
南方人为他哭泣 [……]
[瞧他！] 他就是那个行为与他的话自相矛盾的人。
土地 [……] 多么经常。
还没有国家陷落吗？[……]
雕像被烧毁了，他们的作坊被毁坏了，

每个人都在守卫,

因为他看到了 [灾难被建立] 的那天。

宇宙神,他已经为自己在天和地之间进行了划分,

每个人都感到惊恐。

如果他没有在我们的防御中行动,那么又有谁会行动呢?

如果你拒绝挽救呢?

胡(权威)、西阿(洞察力)、玛阿特(正义)与你同在,

但是你将混乱以及吵闹置于全国。

瞧,一个人在伤害另一个人,

因为人们违背你的命令。

如果三个人走在路上,只有两个人会到达,

因为多数人在杀害少数人。

如果的确有牧羊者喜欢死亡,

那么你应该命令人们做这样的事情。

现在有一个感情的毁坏,

因为一个人憎恨另一个人。

现在每个地方的人们都在减少,

正是你的行动造成了这些后果,

因为你说了谎言。

整个国家杂草丛生,人类被摧毁了,

没有人确定生活。

这些年始终有冲突,

一个人在他家屋顶上也会被杀。

让他在门房保持警惕,

而且如果他是强壮的,他可以挽救自己。

这是生命!

人们设计了针对普通人的犯罪:

当他走在路上时，他看到了埋伏；
道路被封锁了，他恐怖地停下来。
他对他做的事情就是抢劫，
他被用棍子痛打并被无辜杀害。
只要你品尝了一点如此苦难的滋味，
你就会说："[不要再保持沉默]！"
……
[……他的……] 作为一个墙上的护卫，
也 [……]。
……
[……] 比身体热。
话被说出来那些年 [……]
……
当船往南行驶的时候，这确实是好事情，
……
没有掠夺者掠夺他们。
这确实是好事情 [……]
……

这确实是好事情，当撒网的时候，晚上鸟就会被捕住。
这确实是好事情，[……] 赋予他们光荣，当道路通行无阻时。
这确实是好事情，当人们用手建筑金字塔的时候，
当池塘被挖出来的时候，当为诸神种植树林的时候。
这确实是好事情，当人们喝醉的时候，
当他们喝烈酒的时候，他们的心是愉悦的。
这确实是好事情，当嘴里发出欢呼声的时候，
当各州州长站在他们的房舍中看到欢呼的时候，
当他们穿着上好的亚麻衣服的时候，

当他们的前额抹上膏油,并确保未来的安全的时候。

这确实是好事情,当床准备好的时候,
当为贵族们放好枕头的时候,
当每个人都满意于树荫下的卧具的时候,
当为睡在树丛中的人锁好门的时候。

这确实是好事情,当优质亚麻在新年节被铺开时,
[……] 在岸上,
当优质亚麻被铺开时,当斗篷在地上延展时,
当斗篷的看管者…
……
[……] 树木,
普通人是 [……]

国王回答伊普味。

[……] 他们 [……] 抢劫的行为,
[……] 当往南航行的时候,
三角洲被限定在 [……],
在 [……] 中间,像亚洲人。
……
他们说忽略了他们的计划。
因此产生了他们自己的厄运,
没有人知道谁会站出来,
将他们从利比亚人和亚洲人手中解救出来。
每个人都反对他的姐妹,都在保全自己。
努比亚人是威胁吗?我们应该保护自己,

招募大量的士兵去反击外国弓民。
他们是利比亚人吗？我们应该击溃他们，
因为麦德查人与埃及友好。

但是，怎么办呢？因为每个人都在屠杀他的兄弟，
我们为自己雇佣的军队已经变成了外国人，
已经转身开始掠夺。

事情的结果让亚洲人意识到了国家的状况。
但是，所有外国人仍然害怕它。
埃及人的经验是："埃及不能臣服于沙漠；
它应该因为它的城墙而是胜利的！"

很多年后，你会说："[……]摧毁了它自己。"
它是一个时间，[……]他们的[……]给予他的孩子们以生命。
将有[……]
已经发生的不会再发生。
[……]说。
军队[……]。

文献在这个地方遗失了五行文字。

[……]为你们自己制作鞋子
……
盟约[……]树脂，
荷花叶子，芦苇，[……]
[……]超过规定[……]

伊普味继续他的话。

在回答伟大的万能之主时,伊普味所说的话:

你已经欺骗了所有人!
似乎你的心喜欢忽视麻烦。
你已经做了让他们高兴的事情吗?
你已经把生命给予人们了吗?
他们因为害怕早晨而蒙上脸。

有一个老人,正濒临死亡。
他的儿子还是个孩子,还没有理解能力。
他已经开始防御 [……],
但他不能开口对你讲话,你甚至掠夺了他对死亡的苦恼。
哭泣 [……]

这里遗失了八行文字。
[……] 你之后,
国家将是 [……]
[……] 在每一边。
如果人们召唤 [……]
国家的人们因为他们的敌人而哭泣,
敌人已经进入葬祭庙,
并烧掉了肖像。
[被毁坏的是……]
木乃伊尸体被带走。
[……] 多么邪恶啊!
工作的管理者 [……]。

……
文本的其他部分遗失了。

8.一个人与其灵魂的对话

《一个人与其灵魂的对话》是一篇中王国时期的文学作品，保留在柏林纸草3024上。文献开始的8行遗失了，接下来的22行处于残破状态。这篇文学作品或许是第12王朝早期完成的。文献以第一人称进行叙述。根据文本，叙述者正面对一种个人危机，是由他自己的状态和他生活的环境造成的，原因或许在文本开篇讲述出来了，但由于文献开篇残缺，从而不得而知。叙述者与自己的灵魂（即巴）进行对话，讨论的是希望与失望、生存与死亡以及生命的不确定性等内容。文章最初是灵魂建议他的主人去死，但他的主人坚决抵制；经过主人的阐述，灵魂又支持活着，但主人却主张要死去。但无论如何，文章并没有表明主人即将执行自杀行为。实际上，叙述者和他的灵魂通过对话的方式在阐述在今生困难生活和来世生活的优点。这也正是辛普森认为这篇文献应该称为《一个对自己的生命感到焦虑的人》的原因。辛普森认为这篇文献实际上是在展现一个人内心的矛盾，是在探讨生与死的心理学作品，从而认为它是人类历史上最早的心理学作品。当然，这篇文献不仅行文结构和内容很有特点，也是古埃及一篇非常有意思的诗歌。本译文根据 W. K. Simpson, *The Literature of Ancient Egypt*, New Haven and London: Yale University Press, 2003, pp. 179—187 译出，同时参考了 James P. Allen, *Middle Egyptian Literature: Eight Literary Works of the Middle Kingdom*, Cambridge: Cambridge University Press, 2015, pp. 327—359 的原文和译文。

手稿的开篇已经遗失了，尽管保留了几行文字的片段。从语境来看，开篇显然是给出了一个人的灵魂（即巴）讲话的结论。

[……] 你的 [……] 为了说 [……], 因为他们的决定是公正的, [……] 贿赂, 因为他们的决定是公正的。

我张开嘴, 回应我的灵魂, 对它所说的进行应答: "对于我来说, 今天变得异常沉重; 我的灵魂没有与我保持一致。这比反对我还要糟糕; 它似乎遗弃了我。
但我的灵魂不应该离我而去! 现在他必须站在这里保护我。我将用绳网（把它限制在）我的身体里。它绝不能在我极度痛苦的时候逃脱掉。

瞧! 我的灵魂将欺骗我, 但我不会听从它的劝告, 当我被推向尚未到来的死亡的时候。它将我掷在火上加以折磨 [……]
在极度痛苦的时候, 它应该在我体内;
即使是在西方, 它也应该和我站在一起, 以确保我获得幸福。
尽管它现在想要离开我, 但它终究会回到我的身体里。

我的灵魂是愚蠢的, 它蔑视生活中的烦恼,
并迫使我在死亡来临之前就去死掉。
然而, 对于我来说, 西方将是令人愉快的, 因为那里没有痛苦。
生命的过程就是这样的, 即使是树木, 也有倒下的那一天。
我的幻想被击碎了, 因为我的痛苦是无休止的。

托特神将审判我, 他会令诸神满意。
孔苏神将为我辩护, 他会记录真实。
拉神将听我申诉, 他引航太阳圣船。
伊塞德斯神在圣堂为我辩护,
因为我（赴死）的愿望是如此的强烈, 以至于我毫无快乐可言,
只有诸神能消除我最隐秘的痛苦。"

我的灵魂对我说的话:

"你还是个男人吗？至少你还活着！
像坟墓主人那样去思考你的生活，你将有所收获。
难道我不是正在跟一个轻视自己现世生活的人说话吗？
的确，你现在漂泊不定；你自己无法掌控自己，
任何一个流氓无赖都能说：'我将引领你。'
事实上，你已经死了，尽管你的名字还活着。
西方是休息之所，是你心灵的渴望之地。
西方才是你（最终的）目的地，
但你的旅程（还没有到达终点）。"

接下来的段落显然不是由灵魂讲的，而是由这个男人讲述的。

"如果我的灵魂，我那顽固的兄弟，能够听从我的话，
如果他的渴望将与我保持一致，那么他将享有荣华；
因为我会让他到达西方，
就像一个居住在金字塔中的人那样。

他的后代将看到他盘旋在他的坟墓之上。
我将为你（灵魂）的躯体修建庇护所，
你将受到其他精力耗尽的灵魂的羡慕。
我将建造庇护所，它会十分凉爽，
你将受到其他处于酷热环境中的巴的羡慕。
我将在池塘边喝水，并储存供给物，
你将受到其他饥肠辘辘的灵魂的羡慕。

但如果你强迫我走向死亡，

在西方你将找不到安身之所。
让你的心平静下来，我的灵魂，我的兄弟，
直到我有了一个继承人，他能够在我的坟墓里奉献祭品，
在埋葬日主持葬礼，在墓地完成我的休息之所。"

我的灵魂对我开了口，答复我说的话：

"如果你一心想着死亡，它只能导致心灵的悲伤，
因为它会把泪水带给一个遭受痛苦的人。
它将最终把一个人从他的家里带走，
把他带到沙漠的一个坟墓里。
对于你来说，你再也不可能走出去看太阳了。
甚至那些用花岗岩修建巨大金字塔的人，
那些用精湛的手艺完善坟墓的人，
结果这些建造者可以变成神。
现在他们却没有了供品，
他们就像一个因死在岸边而没有纪念物的人。
因为洪水带走了一些（纪念物），而太阳又带走了其他的（纪念物），
只有鱼对在河边的他们感兴趣。
为了你自己的利益，你应该听我说！
瞧，当人们倾听的时候，它是好的。
寻找美好的时光，忘记你所关心的！

一个农民耕种他自己的份地。
他把他的收获物装到船上，运送它，
因为他的缴税时间就要到了。
他看到黑压压的风暴从北方而来，
于是他在船中保持警觉。

太阳消失了，接着又出现了，
但与此同时，他的妻子和孩子们也消失了，
在一个夜晚布满鳄鱼的湖里。
最后他坐下，大声地哭泣，说：
'我不会为（死去的）母亲哭泣，
因为她没有力量从西方的世界回来，
在现世过另一次生活。
我是为那些还没有成年就死去的孩子哭泣，
他们看到了鳄鱼的脸，否则他们不会死。

另一个农民要一些东西吃，
但他的妻子对他说：'晚餐的时间就要到了。'
他出去生了一会儿闷气，
然后迫使他返回他的家里；
但他完全像另一个人了。
他的妻子与他说话（？），但他不愿意听。
他郁郁寡欢，而他的家庭破裂了（？）。"

我对我的灵魂张开嘴，回答他所说的话：

1.

"瞧，我的名字是多么令人厌恶，
瞧，超过了兀鹰的粪便，
在那炎热的夏天。

瞧，我的名字是多么令人厌恶，
瞧，超过了捕鱼的味道，
在那炎热天气里捕鱼。

瞧，我的名字是多么令人厌恶，
瞧，超过了鸭子的臭味，
或者超过了布满水禽的芦苇深处。

瞧，我的名字是多么令人厌恶，
瞧，超过了渔夫的味道，
或者超过了渔夫垂钓的沼泽池塘的味道。

瞧，我的名字是多么令人厌恶，
瞧，超过了鳄鱼的臭味，
超过了满是鳄鱼的聚居地的臭味。

瞧，我的名字是多么令人厌恶，
瞧，超过了一个妇女，
一个向她的丈夫说谎的女人。

瞧，我的名字是多么令人厌恶，
瞧，超过了一个强健的孩子，
据说，'他被他的父亲鄙视'。

瞧，我的名字是多么令人厌恶，
瞧，就像一个国王的土地，
他只要一转过身就面对阴谋叛乱。

2.

今天我还能相信谁？
手足不睦，

朋友反目。

今天我还能相信谁？
人心是贪婪的，
人人偷盗邻居的物品。

[今天我还能相信谁？]
仁慈消失了，
每个人都受到暴力的攻击。

今天我还能相信谁？
人们因邪恶而高兴，
每个地方都在践踏善良。

今天我还能相信谁？
尽管一个人对悲惨的命运悲伤不已，
但他的困境却导致所有人嘲笑他。

今天我还能相信谁？
人们在抢劫，
每一个人都在掠夺他的同事。

今天我还能相信谁？
邪恶之徒成了知己朋友，
兄弟之间结下冤仇。

今天我还能相信谁？
没有人会记起过去，

没有人根据一个人的事迹来对待这个人。

今天我还能相信谁?
兄弟不睦,
人们向陌生人寻求慰藉。

今天我还能相信谁?
人们都漠不关心,
每个人都对他的同事们怒目而视。

今天我还能相信谁?
人心已经变得贪婪,
没有人拥有值得信赖的心。

今天我还能相信谁?
没有正直的人,
全国被放弃给违法乱纪之人。

今天我还能相信谁?
没有忠实的朋友,
人们向不认识的人倾诉。

今天我还能相信谁?
没有人是满意的,
曾经同路之人现在已不存在。

今天我还能相信谁?
我独自承担悲痛,

没有人安慰我。

今日我能向谁倾诉？
邪恶肆意横行于全国，
永无休止，永无休止的邪恶。

3.

今日死亡降临我身，
就像病夫康复，
就像疾病之后户外行走。

今日死亡降临我身，
就像没药之香，
就像风暴中乘船航行。

今日死亡降临我身，
就像莲花之香，
就像酩酊大醉蹒跚而行。

今日死亡降临我身，
就像尼罗河的航道，
就像当一个人战斗后返回家中。

今日死亡降临我身，
就像天空之清澈，
就像当一个人理解了他不知道的事情。

今日死亡降临我身，
就像一个人迫切地想看到他的家，
当他在流放中度过很多年之后。

4.

但无疑，彼岸的那个人是一位活神，
他总是驱逐折磨他的邪恶。

但无疑，彼岸的那个人将站立在圣舟里，
他始终向神庙奉献必要的祭品。

但无疑，彼岸的那个人将是一个知道久远时代的人，
他将不会被阻止出现在拉神面前，并讲话。"

我的灵魂对我说的话：

"把你的抱怨抛在一边吧，我的朋友，我的兄弟。
向祭坛献祭，为生活而奋斗，
正如你所说的。
现在请爱我吧，忘记西方吧。
你肯定还在渴望到达西方的事情，
但是那只有当你被埋葬在地下之时才可以了。
你变得疲倦之后，我会飞起，
那时我们将居住在一起。"

它被从头至尾复写下来，就像它在原稿上那样。

9.对各种职业的讽刺

《对各种职业的讽刺》也称《杜阿海提教谕》，是一篇中王国时期编纂起来的文学作品，发现于很多纸草、木板和陶片上。最完整的文本发现于萨利尔纸草 II 上面，当然很多内容是不可思议的，这是因为这份纸草是书吏从原始文本上抄写下来的，但抄写过程中有一些错误。《对各种职业的讽刺》指的是这篇文献里面的内容充满对书吏之外的各种职业的贬低和讽刺，唯独尊崇书吏这种职业。实际上，文章是以父亲向儿子讲述书吏职业的高贵为主要内容的，也就是说，是父亲对儿子的教谕。因为这篇文献的主人公是杜阿海提，从而又称《杜阿海提教谕》。这篇文献突出了一种思想："万般皆下品，唯有读书高。"该文献不仅有利于我们对古埃及教谕文学的全面理解，更有利于我们深入理解古埃及人的社会阶层意识和书吏在社会运转中的重要作用。本译文根据 W. K. Simpson, *The Literature of Ancient Egypt*, New Haven and London: Yale University Press, 2003, pp. 432—437 译出。

1. 捷尔（Tjel, 即三角洲东北部埃及边境城市赛尔 Sile）城一个名为杜阿海提（Dua-Khety）的男人为他的儿子珀辟（Pepy）做的教谕的开始。他往南航行，到首都去，把儿子放在书吏学校，令其在首都最优秀的人们即官员们的孩子们中间学习。

2. 因此，他对他的儿子说：因为我已经看到了那些被捶打的人，所以书写才是你必须记在头脑中的东西。你亲眼看看吧，它可以使你免于繁重的工作。瞧，没有什么可以超越书写！它们就像水上的船只。当读到《凯姆耶特 Kemyet 之书》的末尾的时候，你就会发现一句谚语：至于首都办公处的书吏，他不会遭受贫穷之苦。

3. 当他对另一个人发布命令的时候，他不必亲自前往。我没有看到任何一个堪与它相提并论的职位，这句格言适合它。我将使你热爱读书，胜过对你母亲的爱，我将把读书的好处都摆在你面前。书吏的办公处比任何办公处都大。

现实世界没有像书吏的办公处那样的地方了。当他开始变得强健，但仍是个孩子的时候，他就受到尊敬。当他被派去执行一项任务的时候，在他返回来之前，他就穿上了承认的衣服。

4. 我没有看到一个石匠去办重要差事，或者一个金匠被派往一个重要地方，但我看到了在火炉门口旁工作的铜匠。他的手指就像鳄鱼的爪子，他散发出比鱼蛋还难闻的味道。

5. 每个木匠都扛着扁斧，比劳工还疲倦。他的工作领域就是他的木头，他的锄头就是斧头。只有夜晚才能挽救他，因为他必须超负荷地劳动。但在夜晚，他仍需点着灯劳动。

6. 珠宝制造者无论面对多么难雕琢的石头，都要用凿子在上面精心地雕刻。当他最后完成了眼睛护身符的镶嵌工作时，他已精疲力竭。他坐在那里，等着太阳的到来。当太阳落下时，他的膝盖和后背都是弯曲的了。

7. 理发师直到傍晚结束都在理发。[但他必须早起，不停地工作，他的碗在他的胳膊上。]他独自在城镇中走街串巷，寻找要理发的人。他的双臂在胸前紧张地忙碌着，就像凭借自己的劳动获取食物的蜜蜂一样忙碌。

8. 制箭工往北去，到三角洲，亲自运送箭。他必须超负荷工作。当昆虫叮咬他的时候，沙蚤也叮咬他，然后他还得接受审判。

9. 制陶工虽然生活在现世，却整天与泥土打交道。为了烧制陶器，他像猪一样在泥浆中翻掘。他的衣服总是因黏着泥土而僵硬，他的腰带也总是破碎凌乱，结果熔炉里喷出的热气进入他的鼻子。他用双脚做磨杵，结果弄垮了自己的身体。他挖掘每一座房子的庭院，把土带到各种公共场所。

10. 我还要告诉你有关泥瓦工的事情。他的双肾是疼痛的。当他必须在屋外的风中工作时，他光着身子制作砖瓦。他的腰带是用于支撑背部的，还有一根绳子用于保护臀部。他的力量因为疲劳和僵硬而消失了。他用手指吃面包，尽管他洗了手，但手上始终有泥土。

11. 木匠处境悲惨，要刨平屋顶横梁。那是10腕尺乘以6腕尺的一个房间的屋顶要安置横梁，再铺上席子，工作需要一个月的时间。所有工作都必须被完成。但至于在他离开的时候所有应该给予他的家庭的食物，根本没有满足其孩子们需要的食物。

12. 酿造葡萄酒的人给自己套上了轭，他的双臂弯曲下来，就像老人一样。他的颈部肿胀，还生着脓疮。他早晨要给韭菜浇水，晚上给胡荽浇水，中午的时间与棕榈树一起过。因为这些，他只能在死亡的时候才能得到休息，这种情况比其他任何职业都更容易发生。

13. 农夫的手不停地劳动。他的嗓音比乌鸦还要响亮。他的手指肿胀，散发着各种臭气。他在三角洲的劳动中疲惫不堪，他穿的是破衣烂裳。他总是生活在狮子中间，但他的经历是痛苦的。强制劳动增加了三倍。如果他从沼泽地返回来，他到家的时候已经毫无力气了，因为强制劳动已经毁了他。

14. 纺织房内的纺织工比妇女还不幸。他的膝盖顶着肚子。他不能呼吸空气。如果他浪费一天时间，没有纺织，那么他就会被鞭笞 50 下。他不得不把食物给与守门人，以便获得允许在白天出来接受阳光。

15. 武器制造者极为劳累，要进入沙漠。为了让他的驴子日后继续工作，他不得不给他的驴子更多的饲料，这远远超出他的工资。他也不得不给为他指路的乡下人更多的报酬。当他在傍晚回到家的时候，旅途已经毁了他。

16. 送信人要去外国，只能把财产交托给他的孩子。他害怕狮子和亚洲人。只有当他身处埃及的时候，他才知道自己是谁。直到傍晚，他才到家，但旅途已经毁了他。然而，到那时，他的住处只是一块布和一段铺石路。他根本就没有回到家的快乐。

17. 锅炉工的手指肮脏，发出腐尸的恶臭。他的眼睛被浓烟熏肿，尽管他花费整天的时间在割芦苇，但他无法祛除身上的灰尘。他的衣服令他憎恶。

18. 鞋匠是极为可怜的，他永远带着肮脏油桶。他的作坊里充满了鱼油，而且他还得用嘴咬皮革。

19. 男洗衣工在鳄鱼附近的河岸上洗衣服。"爸爸，我将离开那流动的水，"他的儿子和女儿喊着，"去干一种更令人满意的职业，一种更与众不同的职业。"他的食物混合着污垢。他浑身上下没有一处是干净的。他要洗带有妇女月经血的衣服。他哭泣，他与洗衣棰和洗衣石一起度过一天又一天。一个人对他说：这是脏衣服！到我这里来！河水已经上涨了。

20. 捕鸟者是极为苦恼的，他们要寻找天空中的飞鸟。如果一群水鸟从他上空飞过，他会说：要是我有个网就好了！但神不会满足他的愿望，因为神反对他的活动。

21. 我也为你提及渔夫。他比任何其他职业的人都更悲惨，他在满是鳄鱼的河流中工作。即使他捕到的数量和他预期的一样，他仍然会哭泣。他被恐惧模糊了双眼，不知道什么时候鳄鱼就在那里等待。当他来到那片波动的水域，鳄鱼就潜到水里，犹如神助。瞧，没有哪个职业能免于监督者的监督，除了书吏。他（书吏）本身就是监督者。

22. 但是如果你懂得书写，那么对于你来说，书写比我摆在你面前的所有职业都更好。看一看官员和附属于他的人吧。一个人的佃农不能对他说：不要监管我。我在往首都去的路上为你做的事情都是因为爱你而做的事情。学校里的每一天对你都是有益的。这里的工作永存，尽管我匆忙地对你讲述了那些被迫工作的工人，我要使顽固的孩子加快步伐。

23. 我还要告诉你其他的事情，教导你在与人发生争吵时应该知道的事情。不要靠近发生争吵的地方。如果一个人非难你，而你不知道怎样对抗他的愤怒，那么要在聆听者面前谨慎作答。

24. 当你走在官员后面的时候，要与后者保持一定距离，站在最后一排。如果你到别人家去拜访主人，主人在家，他的手伸向你前面的其他人，那么你要坐在那里，把手放在嘴上！不要在他面前问任何事情。但按照他说的去做。小心靠近桌子！

25. 要严肃地对待值得你尊重的人。不说秘密的事情。因为那个能够隐藏自己最秘密想法的人是能够为自己制作盾牌的人。当你与一个愤怒的人坐在一起的时候，不要不假思索地讲话。

26. 当你被告知是中午的时候，当你从学校出来的时候，到庭院去，要（与他人）讨论刚刚上过的课程。

27. 当一个官员派你去执行任务，那按照他告诉你的去说！既不要删除，也不要增加。脾气急躁的人容易健忘，他的名字不会持久。在各个方面都很明智的人能够知晓一切事情，任何职业都不会开除他。

549

28. 不要向你的母亲说谎。那是被政府官员所憎恶的。做了有用事情的人的后代的情况就会与昨天的情况一样。不要放纵一个不守规矩的人，因为它会坏了你的名声。当你吃了三块面包，并喝了两杯啤酒后，仍没有吃饱，就克制自己，不要再吃了！如果其他人吃饱了，不要停留，不要再靠近桌子。

29. 瞧，如果你经常书写，那么它是对你有益的。遵守官员的话，你将领悟到贵族子弟的气质，你将追随他们的脚步。书吏的价值在于他的非凡理解力，因为理解力可以使他成为一个有活力的人。当心那些反面言论。走路时不要走得太快。不要接近一个值得信任的人，但要与那个比你有名的人联合。与像你这样的青年人交朋友！

30. 瞧，我已经把你放在了神的道路上，在一个人出生的那一天，他的命运就在他的肩膀上。他会进入为人们准备的审判大厅和议事厅。瞧，没有书吏会缺少食物，他们有来自王室的供应品。正是迈斯赫奈特（Meskhenet）女神眷顾着书吏，他出现在议事厅上。尊敬你的父亲和母亲，是他们给予你生命！看看我给你和你孩子的孩子留下的这些格言吧！

它被从头至尾复写下来，就像它在原稿上那样。

10.哈赫普拉-塞奈布的哀悼

这篇文献刻写在第18王朝的一个文字板上，现藏于大英博物馆（EA 5646）。这篇悲观教谕或许是在中王国和第二中间期完成的。教谕的内容是哈赫普拉－塞奈布与自己的心对话，内容形式与《一个人与其灵魂的对话》很像。教谕的主人公哈赫普拉－塞奈布也叫安虎，因而这篇文献也称《祭司安虎对其心灵的讲话》。这篇教谕在木板的正反两面上铭刻下来，所以译文当中也按照正反两面的顺序翻译。文本最后一行很完整，但内容显然没有结束，从而推测这篇文献可能还有其他部分铭刻在其他木板之上，这有待于未来的发现。本译文根据 W. K. Simpson, *The Literature of Ancient Egypt*, New Haven and London: Yale University Press, 2003, pp. 212—213 译出。

八 教谕文学

正面

把谚语收集在一起,选择短语,依靠好奇的心搜集话语,赫利奥坡里斯的洗礼祭司、塞内(Seny)的儿子哈赫普拉-塞奈布(又称安虎 Ahkhu)写下来。

他说:但愿我拥有未知的语言,博学地掌握尚未使用的新语言的短语,不讲重复话,不讲前辈们讲过的话。我将为了在讲话时随心所欲地驾驭语言,而耗尽毕生精力,一探究竟。因为事实上无论什么话,都被重复说过了,而曾经被说的也已经被说了。不要吹嘘之前时代的人们的文学,或者他们的后代发现的文学!

讲话者还没有讲话。一个打算讲话的人现在开始讲话了。另一个人发现的话语将被讲出来。没有根据事实讲述的故事:他们以前是根据事实讲故事的。还没有哪个故事是为了未来而讲述的。这是在寻找灾难。它是错误。没有任何人应该把这样一个人的名字告诉人们。

我已经说了我恰恰看到的这些事情,从第一代开始,直到那些随后就来的人,当他们也将模仿过去的时候。

但愿我能知道其他人不知道的话语,甚至还没有被重复的话语,结果我可以讲话,而我的心会回答我,结果我可以把我的悲伤告诉它,结果我可以把我后背上的重担插入它,讲出那些烦扰我的思想,结果我可以对它表达我从它那儿遭受的痛苦,结果我可以讲述我的感受。

我正在思考什么已经发生了,那些我已经在大地上经历的那些事情。变化正在发生。它不像去年了;一年比过去一年更麻烦。大地处于混乱之中,已经变成了我的毁灭,已经处于不安状态。

正义已经被驱逐了,邪恶住进了神龛里。神的方案被干扰,他们的特权被推翻。大地处于悲惨状态。哀鸿遍野。城镇和街区都在哀悼。所有类似的地方都受到悲伤的折磨。背部转向任何值得做的事情;安宁的人遭遇不幸。麻烦每日都在发生,人们面对即将发生的事情紧皱眉头。

我将说关于它的话,因为我的四肢负荷沉重。我在我的心里遭受不幸,隐藏我关于它的想法是痛苦的。尽管另一颗心将破裂,但一颗结实的心在艰难时刻是其主人的伙伴。

哦，但愿我有一颗心知道怎样遭受痛苦。然后，我能够飞落下来，我将用可怜的短语为它加载重物，我能够把我的痛苦驱逐到它那里。

反面

他对他的心说：现在来吧，我的心，以便我可以与你交流，你可以回答我的话，以便你可以为我解释大地各处发生的事情，因为那些穿着白色衣服的人们被打倒了。

我正在思考什么已经发生了。痛苦今天被迎接。到早晨，陌生人还没有停止。每个人都对他保持沉默。整个大地都处于严峻境地，所有人都在做错误的事情：所有人都在做类似的事情。心是沮丧的。那些曾经下令的人现在成为被命令的人了，但双方的心都是安静的。

人们每天起来就面对这些事情，心没有把它们驱逐到一边。昨天的状态与今天的状态一样，因为很多事情都是这样发生的。面部表情是困惑的。没有任何足够聪明的人知道它，也没有任何足够愤怒的人去讲述它。人们每天醒来都遭受痛苦。

长久烦恼是我的痛苦。没有任何力量可以使一个可怜的人逃离比他强大的人。对所听到的事情保持沉默是令人痛苦的。不得不对忽略的事情给出一个答案是令人不幸的。反对针对不满而讲的话。心不能接受真理。对一句话的回应是令人难受的。一个人想要的就是他自己的话。每个人都以不诚实为基础。言语的精确性被放弃了。

我对你说，我的心，以便你可以回答我。一颗被请求的心不能保持沉默。一个仆人的事迹就像一个主人的事迹。现在大量事情压给你。

11.效忠教谕

《效忠教谕》由 2 篇纸草、1 块木板和 20 余块陶片整理而成，这些文献载体大多属于拉美西斯时代，也有属于第 12 王朝和第 18 王朝的。根据博塞纳（Posener）的推测，该文献的作者应该就是切斯特·贝蒂第四卷纸草中提到的智者普塔海姆杰胡提。文献由两部分组成，第一部分劝告作者的孩子们要尊重和服从国王,第二部分列举了人们的本性。第一部分的删节版本被保留在第 12 王朝的国王森沃斯瑞特三世和阿蒙尼姆赫特三世统治时期的高官塞海特皮布拉的坟墓碑文中,是这篇教谕文献当中最古老的部分。本译文主要翻译第一部分这个删节版本。本译文根据 W. K. Simpson, *The Literature of Ancient Egypt*, New Haven and London: Yale University Press, 2003, pp. 172—174 译出。

教谕开始,他对他的孩子们讲述一篇教谕:

我有重要的事情要说,我要让你倾听它,我要让你知道它:关于永恒的忠告,正常的生活方式和和平地过完一生的方式。

用你身体最内在的部分来赞颂国王尼玛阿特拉,永生。以友好的方式把陛下放在你的思想深处。

他是所有人心中的知觉,他的眼睛看穿世间一切。

他是拉神,人们通过他的光线看见万物,因为他是那个比太阳光盘更能照亮两土地的神。

他是一位比高水位泛滥更能使大地变绿的神:他已经用胜利和生命填充了两土地。

当他开始愤怒的时候,鼻孔都变得冰冷;但当他平静下来的时候,人们又可以呼吸空气。

他把食物给予他周围的那些人们,他喂养追随他的人们。

国王是卡。

他的话是丰饶。

他生出的人是那个将要成为某人的人。

他是克努姆神,创造所有四肢,

怀孕的给予者。

他是巴斯泰特神,他保护两土地。

赞美他的人将获得他的胳膊的保护。

他是塞赫麦特神,反对那些不服从他的命令的人们,那些他不认同的人们

553

将负担痛苦。

以他的名义战斗；向他的生活致敬。任何时刻都不要粗心大意。

国王喜欢的人将是供给充沛的精灵；反叛陛下的人得不到坟墓，他的尸体将被抛掷到水中。

做这个，你的身体将健康美好，你将发现它对于永恒来说是极好的。

12.阿蒙纳赫特的教谕

这篇教谕的作者是生命之屋的一个书吏，是新王国或晚后时期的学校和图书馆的一份教谕作品。从作品的语言来看，它应该是在第18王朝撰写的，手稿应该不会晚于拉美西斯时代。这篇教谕内容很短，而且只保留下来一部分，但很有意思。本译文根据 W. K. Simpson, *The Literature of Ancient Egypt*, New Haven and London: Yale University Press, 2003, pp. 221—222 译出。

教谕开始，谈论生活方式，书吏阿蒙纳赫特为他的学徒霍尔－敏（Hor-Min）所撰写。

他说：你是一个通过倾听话语而区别好坏的人吗？那么，请注意，用心听我的话。不要疏忽我所说的话。在每项工作中遇到一个能干的人是很好的事情。使你的心变得就像严格受限的堤坝，而洪水在它的边上咆哮。接受我重要的话。不要拒绝按它们行事。把你的眼睛放在每一项专业上，放在文字中需要做的每件事情上，你将在事务中被教导，以便去发现它们是极好的，它们是我对你讲的话。不要忽略这些精彩的话语。长篇报道并不合适。使你的心对它的匆忙保持耐性。只有在你被呼唤的时候，你再讲话。祝愿你变成一个书吏，成为生命之屋里面繁忙的人。变得就像一个装作品的匣子……

13.安尼教谕

新王国时期教谕文学的另一篇重要作品是《安尼教谕》。它书写于第18王朝，但原始文献遗失了。它见于几个陶片和几份纸草上，其中最完整的版本见于第21王朝或第22王朝的一份纸草上，即目前收藏于开罗博物馆的布拉格纸草 IV。

《安尼教谕》继承了传统教谕的基本主题，即以说教的方式，长者向晚辈传授生活经验和人生哲理。然而，该教谕作品与之前的教谕作品有一些差异。例如，这篇教谕的作者是当时社会的中产阶级，这与之前那些以王室成员和社会上层精英为主要人物的教谕明显不同。另外，其他教谕都以被教谕者接受教谕而结局，而这篇教谕文学的结局却是安尼的儿子拒绝接受教谕。这正是这篇教谕文学作品的独特之处，对于我们全面认识教谕文学有重要意义。本译文根据 Miriam Lichtheim, *Ancient Egyptian Literature: A Book of Readings*, vol. 2, pp. 136—145 译出。

奈菲尔塔利[①]王后宫殿的书吏安尼所做的教谕性教育开始。

当你年轻时，娶一个妻子，
以便她为你生个儿子；
在你年轻时，她就应该为你生孩子，
生儿育女是正当事情。
那个拥有很多子女的人是幸福的，
人们根据他的子嗣而崇敬他。

注意你的神的宴会，
重复它的季节，

---

① 奈菲尔塔利是第18王朝第一位国王雅赫摩斯的妻子。

如果它被忽略了，神会愤怒的。
在你提供祭品时，要有目击证人，
尤其是你第一次做这件事情时。
当一个人来搜查你的记录时，
让他通过纸草卷来了解你；
当时间来寻找你的购买物时，
它将赞美神的力量。
歌曲、舞蹈和香是他的食物，
获得别人的跪拜是他的财富；
神做这样的事情以便美化他的名字，
但人类恰恰陶醉其中。

在他允许并邀请你之前，
不要进入任何人的房屋；
不要窥探他的房屋，
让你的眼睛保持安分。
不要对外面人谈论他，
那个没有与你一起进入这个房屋的人；
一个极为致命的罪责。
……

注意陌生妇女，
一个不被她的城市知晓的妇女；
当她走过时，不要盯着她看，
不知道她是谁。
一条深水的流向是不为人所知的，
一个离开其丈夫的妇女就是如此。
她每天都告诉你："我是可爱的。"

当她没有证人的时候;
她准备诱惑你,
一个极为致命的罪责,当它被听说的时候。
……

当盗贼进入的时候,不要离开,
以免你的名字招人厌恶;
在争论中,不要讲话,
你的沉默将助你美好。

不要在神的房屋里大声讲话,
他憎恶大喊大叫;
怀着爱心亲自祈祷,
你的每句话都被隐藏。
他将满足你的需要,
他将听取你的话语,
他将接受你的祭品。
为你的父母亲奠酒,
他们在河谷中休息;
当神见证你的行动时,
他们会说:"接受吧。"
不要忘记外面的人,
你的儿子也会为你做类似的事情。

不要放纵于饮酒,
以免你讲出邪恶的语言,
不知道自己在说什么。
如果你摔倒,并伤了身体,

没有人会对你施以援手；
你的那些在喝酒的同伴们，
会站起来，说："醉鬼，滚出去！"

如果恰好有人来找你谈话，
他会发现你正躺在地上，
那么你就像个小孩子。

在不知道你的休息之地的时候，
不要离开你的房屋。
让你选择的地方被知晓，
记住它，并了解它。
把你要走的道路摆在面前，
如果你是耿直的，你就能找到它。
装备你在河谷中的中转站，
坟墓将为你的尸体提供庇护；
只要你关心，就把它放在你面前，
这是在你看来重要的事情。
模仿伟大的去世者，
他们在他们的坟墓里休息。
没有人会责备那个做了它的人，
你也准备这样做，是很好的。
当你的嫉妒控制你的时候，
他将发现你准备来到你休息的地方，
说："来到这个在你面前准备好的地方吧。"
不要说："我是年轻人，不应该被带来。"
因为你不知道你的死期。
当死亡来临的时候，他偷走婴儿，

婴儿还在母亲的怀抱里，
就像那个已经到达垂暮之年的人那样。

瞧，我给你这些有用的建议，
因为你将把它们记在心里；
按照这些话行事，
你将是幸福的，
所有邪恶都将远离你。
对抗骗子的罪恶，
对抗非真实的话语；
征服你自己的怨恨，
好争吵的人不会活到次日。
远离充满敌意的人，
不要让他成为你的同事；
对耿直而真实的人友好，
对你能看到其行为的人友好。
如果你的正直与他的匹配，
那么友谊将处于平衡状态。
让你的手保护你房屋的东西，
财富属于那个保护它的人；
让你的手不要把它分散给陌生人，
以免它证明是你的损失。
如果财富被放在它能带来利益的地方，
它会双倍地返回到你这里来。
为你自己的财富准备一间仓库，
你的家人会发现它在你的路上。
微小的给予会带来成倍的回报，
[被代替的东西带来财富的充裕。]

聪明人住在愚蠢者的房屋之外，
保护你的东西和你发现的东西。
把眼睛放在属于你自己的东西上，
以免最后沦为乞丐。
懒散的人一无所有，
勤劳的人收获荣誉。
……

学习他人建造家园的方法。
除了自己的耕地外，
再圈占一块土地，建一个花园；
在它里面种上树木，
来遮蔽你的房屋。
让你的手里握满你的眼睛能看到的鲜花；
一个人需要所有这些花朵，
不要松开他们，那是好运。

不要依靠别人的财物，
守护好自己获得的东西。
不要依靠别人的财产，
以免他成为你房屋的主人。
建造一个房屋，或者找个房屋并买下它。
避开 [争论]。
不要说："我母亲的父亲有一处房屋，
有人说那是一所永久的房屋。"
当你和你的兄弟们分财产的时候，
你的那部分将是仓库。
如果你的神让你拥有孩子，
他们也会说："我们在我们爸爸的房屋里。"

无论是饥饿或饱享的人,
房子都是他的庇护所。
不要做粗心大意的人,
这样你的神才会赐予你财富。

当另一个人站着的时候,不要坐着,
他是比你年长的人,
或是级别比你高的人。
好的品质不会受到责备,
邪恶的品性才受到谴责。

每天行走在熟悉的路上,
根据你的等级站立。
"谁在那里?"于是一个人总是说,
等级规定了它的规则。
一个妇女会被问及她的丈夫,
一个男人则会被问及他的等级。

不要对一个爱争吵的人粗鲁地讲话,
当你被攻击的时候,控制你自己,
你会发现这样做的好处,当你的亲属对你友好的时候,
当麻烦来的时候,它会帮助你承受,
挑衅者将停止挑衅。
对陌生人有效的行为,
对兄弟是非常有害的。
当你高兴的时候,你的人们向你欢呼,
当你悲伤的时候,他们会无法控制地抽泣。
当你高兴的时候,勇敢的人前来探望,

当你孤独的时候，你将发现你的关系。

如果你精通典籍，
一个人就会按照你说的去做。
学习典籍，把它们放在你的心中，
那么你所有的话语都会具有效力。
不论一个书吏被安置在什么样的官署，
他都要查阅典籍；
国库的首领没有儿子，
印章的主人没有继承人。
书吏因为他的手被选中，
他的官署里没有孩子，
他的言论是他的自由人，
他的职能是他的主人。

不要向陌生人敞开你的心扉，
他可能会用你的话对抗你；
从你嘴里说出的有害的话，
他会重复它，你创造了敌人。
一个人可能被他的舌头毁掉，
你要警惕，就会做得很好。
一个人的肚子比粮仓还宽，
那里装满了各种答案；
选择好话并说出来，
把坏话封闭在你的腹中。
粗鲁的回答会招致打击，
甜蜜地讲话，才会得到爱戴。
不要对攻击你的人还以口舌，

[不要为他设置圈套];
神会审判正直,
他的命运来了,把他带走。

向你的神祭献,
当心不要冒犯他。
不要质疑他的肖像,
当他出现的时候,不要上前向他搭讪。
不要为了运送他,而使他受到挤压。
不要打扰神谕。
要小心,帮忙去守护他,
让自己的眼睛提防着他的愤怒,
在他的名字面前亲吻大地。
他以百万种方式给予力量,
赞美他的将被赞美。

这个大地的神是天空的太阳,
而他的肖像就在大地上;
当香被作为日常食物而给予它们的时候,
升起的领主是满意的。

让你母亲给予你的食物数量翻倍,
就像她供养你一样地供养她;
你是她沉重的负担,
但她没有抛弃你。
当数月之后你出生的时候,
她被你羁绊,
她要哺育你三年。

当你逐渐长大时，你的粪便令人作呕，
但她从未嫌弃，只是说："我应该做什么？"
当她送你去上学时，
你被教导如何书写，
她每日监督你书写，
她的房屋里备着面包和啤酒。
当你成为年轻人，娶了妻子的时候，
你居住在你的房屋里，
照顾你的孩子，
把他抚养大，就像你母亲做的那样。
不要给她责备你的理由，
以免她向神伸出她的手臂，
神会听到她的哭泣。

当另一个人站在旁边的时候，不要吃面包，
不要向他伸出你的手。
至于食物，它始终在这里，
但人却不会总是在这里；

一个人是富裕的，另一个却是贫穷的，
但食物总是属于 [分享它的人]。
至于那个去年还富有的人，
今年却沦为流浪乞丐了。
不要贪婪地填饱你的肚子，
你根本不会知道自己的结局。
如果你处于需求之中，
另一个人可能对你友好。
去年的水流干涸之后，

八 教谕文学

今年就会出现另一条河。
大湖能变成干涸之地，
沙滩亦能成为深渊大泽。
一个人不止有一条路，
只是生命的主人扰乱了他的视线而已。

无论职位高低，你都要忠于职守；
往前拥挤并不是好事，
按照你的级别行进。
不要侵扰一个在自己房屋里的人，
当你被召唤的时候，方可进去；
他可能嘴上说"欢迎！"
心里却嘲笑你。
人们可以把食物给予受到憎恶的人，
也可以供给那些未受邀请而进入的人。

不要急于攻击那个攻击你的人，
把他留给神；
每天向神汇报他的情况，
明天就像今天一样，
你将会看到神做的事情，
当神伤害那个曾经伤害了你的人的时候。

不要进入人群当中，
当你发现它处于骚动，
并且即将发生武斗的时候。
不要从附近的任何地方经过，
远离他们的混乱，

以免在调查的时候,
你被带上法庭。
远离有恶意的人,
在打斗者中间要让你的心保持冷静,
局外人不会被带到法庭上的,
对打斗一无所知的人不会被捆绑起来。
帮助一个喜欢的人是有意义的,
[以便使他摆脱错误;]
[你将免受其错误的伤害。]
……
畜群中的第一个被引入田地,
……

不要把你的妻子控制在她的房屋里,
当你知道她是有能力的人的时候;
不要对她说:"它在哪里?把它拿出来!"
当她已经把它放在正确地方的时候。
让你的眼睛保持柔和,
然后你就会意识到她的能力;
有很多人不知道这点。
如果一个男人停止家庭斗争,
他就不会遭遇它的开始。
每一个建立了家庭的男人,
都应该收一收草率的心。
不要跟随一个妇女而去,
不要让她偷走你的心。

不要顶撞一个愤怒的上司,

让他发泄愤怒；
当他愤怒地讲话时，你要甜言蜜语，
抚慰他的心灵是一种治疗。
战斗性的回答会带来棍棒，
而你的力量将崩溃；
……
不要让你的心苦恼。
他很快就会反过来赞美你，
当他的愤怒得到平息以后。
如果你的话令心高兴，
那么心就会接受它们；
为你自己选择安静，
服从他做的事情。

友好地对待你那个部分的传令官，
不要使他对你发怒。
从你的房屋里给他准备食物，
不要怠慢他的要求；
对他说："欢迎，欢迎到这里来，"
没有人谴责做这件事情的人。
……

结语
书吏孔苏霍特普（Khonshotep）回答他的父亲、书吏安尼：
我希望我是像你那样的人，
像你那样博学的人！
然后，我就能执行你的教谕，
而且儿子就可以被带到他父亲的地方。

每个人都受到他的本性的引导,
你是一个能够掌控自己的人,
你的奋斗得到公认,
你的每句话都是经过斟酌的。
儿子,他只能理解很少的内容,
当他背诵书中的话语时。
但当你的话语令心高兴时,
心也会愉快地接受它们。
不要向那个可以提升你的思想的人,
讲述太多你的价值;
一个男孩不会遵循德道说教,
尽管典籍在他口中!

书吏安尼回答他的儿子、书吏孔苏霍特普:
不要相信这些没有价值的思想,
注意你对你自己做的事情!
我判定你的抱怨是错误的,
我将把正确的摆在你面前。
我们的话语里面没有多余的,
你说的你希望说的话被减少。
战斗的公牛在祭品桌上被杀死,
它忘记和放弃了战场;
它征服了它的本性,
记得它已经学到的东西,
结果变成了一头养肥后等待宰杀的牛。
狂野的狮子放弃了它的愤怒,
结果变成了一头温顺的驴子。

马钻进它的马具里,
结果它顺从地到户外去劳作。
狗听话,
走在它主人的后面。
猴子拿起木棒,
尽管它的妈妈并不拿木棒。
鹅子从池塘返回,
一个人过来关上院门。
一个人教导努比亚人去讲埃及语,
也教导叙利亚人和其他陌生人。
说:"我将像所有野兽一样行事,"
倾听并学习他们说的和做的。

书吏孔苏霍特普回答他的父亲、书吏安尼:
不要宣布你的权威,
以便迫使我走你的路;
放开他的手,以便站在他的立场听取他的话,
难道就不能发生吗?
在这方面,人与神相似,
如果他听取人的回答。
[一个人不知道他的伙伴,]
如果大众是禽兽;
[一个人不知道他的教谕,]
只是掌握一种思想,
如果大多数人都是愚蠢的。
你所有的话都是极好的,
但做它们却需要付出代价;
告诉那个给了你智慧的神:

"把它们放在你的路上！"

书吏安尼回答他的儿子、书吏孔苏霍特普：
转过身去，不要听这些话，
它们不值得听。
弯曲的木棍放在地上，
太阳和阴影攻击它，
如果木匠拿到它，他就会把它弄直，
把它制作成贵族的节杖，
而直的节杖也可以做成马的项圈。
你这颗愚蠢的心，
你希望我们去教导你吗？
你已经被腐化堕落了吗？

"瞧，"他（儿子）说，"你 [我的父亲]，
你是聪明人，拥有强壮的手：
那个在他母亲怀抱里的婴儿，
他希望的是什么能让他吃饱。"
"瞧，"他（父亲）说，"当他发现他的话的时候，
他会说：'给我面包。'"

14.阿蒙尼姆普教谕

《阿蒙尼姆普教谕》是古代埃及教谕文学作品中最具代表性的一篇，全文共 30 章，以诗体形式写成，而且文献从头至尾都比较完整。该文献的书写时期应该是拉美西斯时代，但是与其相关的传世作品皆属于后王朝时期，其中保存最为完整的版本是大英博物馆纸草 10474。

与其他教谕文学作品相比，《阿蒙尼姆普教谕》更强调个人美德的养

成,尤其强调个人的沉思和隐忍,主张一个理想的人不会注重物质生活,同时要保持谦虚和沉默的品德,另外应该在神面前保持卑微、谦虚、自律、安静和善良等品格。这篇文献从另一个侧面反映了教谕文学的多样性,也展示出古埃及人思想观念的复杂性,有助于我们对古埃及社会的深入理解。

本译文根据 Miriam Lichtheim, *Ancient Egyptian Literature: A Book of Readings*, vol. 2, pp. 148—162 译出,并参考了 W. K. Simpson, *The Literature of Ancient Egypt*, New Haven and London: Yale University Press, 2003, pp. 221—222 的译文。

前言
关于生命的教谕开始,
关于幸福安康的教谕,
每条叮嘱都关乎与长者相处,
都涉及对地方长官们的行为;
知道如何回答一个讲话的人,
如何回复传送信息的人。
目的在于在生活的道路上指引他,
使他在现世享有荣华;
让他的心进入它的神龛,
清洗邪恶;
把他从陌生人的嘴中挽救回来,
让他在人们的口中受到赞扬。
由土地的监管者制定,
他是办公处阅历丰富的人,
他是一个埃及书吏的孩子,
他是谷物的监管者,掌握着量具,
他为他的主人订立丰收值,
他登记新土地上的岛屿,

以殿下的伟大名字,
他记录地界的标志,
他为国王制作税表,
他登记埃及的土地,
他是为所有神确定祭品的书吏。
他把地契交给人民,
他是谷物的监管者,食物的供给者,
用粮食填满粮仓;
塔威尔诺姆的提斯的真正沉默者,
伊普的正义者,
他在森努的西部拥有坟墓,
他在阿拜多斯拥有礼拜堂,
他就是阿蒙尼姆普,卡那赫特（Kanakht）之子,
塔威尔的正义者。
为了他的儿子,他最小的孩子,
他家中最年幼的,
他是敏·卡穆泰夫（Min-Kamutef）的信徒,
是温诺菲尔（Wennofer）的泼水者,
他把荷鲁斯安置在他父亲的王座上,
他在高贵的圣所保卫着他,
他……
他是神的母亲的守护人,
敏神台地上的黑牛的视察者,
在他的圣所里保护着敏神:
霍尔－埃姆－玛阿赫尔（Hor-em-maakher）是他的真实名字,
伊普一个贵族的孩子,
他是舒和泰夫努特的叉铃演奏手、荷鲁斯的首席女歌手塔沃斯瑞（Tawosre）之子。

（他说）：

第一章
竖起你的耳朵，倾听谚语，
用心去理解它们；
把它们放在心里是有益处的，
忽视它们的人将是悲哀的！
让它们沉浸在你的腹中，
祝愿它们被锁在你的心里；
当言语的旋风兴起，
它们可以成为你舌头上的停泊柱。
如果你按照你心中的这些谚语来生活，
那么你将发现生活是成功的；
你将发现我的话是生活的宝库，
你的事业将在现世蒸蒸日上。

第二章
切记，不要掠夺可怜的人，
不要攻击残疾人；
不要伸出你的手去触碰老人，
也不要对年长者张开你的嘴。
不要让自己被委任以坏差使，
也不要对执行此事的人表示友好。
不要对攻击你的人大声叫喊，
也不要亲自答复他。
行为邪恶的人，河滩拒绝他，
洪水会把他卷走。
北风来结束他的时间，

它与雷暴结合在一起。
乌云密布，鳄鱼残忍，
你这个愤怒的人，你现在怎样？
他高声嚎叫，他的声音直达天际，
月神宣布他的罪恶。
掌好舵，我们将运送那些邪恶之人，
我们不会像他那样做。
把他扶起来，向他伸出援助之手，
把他留在神的手里，
用你自己的面包填饱他的肚子，
他会吃饱，然后哭泣。
神心中的另一件善事是：
在说话之前稍作停顿。

第三章
不要和多嘴多舌的人发生争执，
也不要用言语刺激他。
在敌人面前稍作停顿，在攻击者面前鞠躬，
在说话之前，先睡一觉。
风暴就像稻草上燃烧的火焰，
暴怒之人在暴怒之时就是如此。
远离他，让他独处，
神知道怎样回答他。
如果你用你心中的这些话生活，
你的孩子们将会遵从它们。

第四章
至于在神庙里暴怒的人，

他就像一棵在屋里生长的树；
它的枝叶的生长只维持片刻，
在柴房里，它的结束来到；
它从它的居所远远飘走，
火焰成了它的裹尸布。
真正沉默的人保持与人的分离状态，
他就像长在草地上的树。
它枝叶繁茂，生产双倍果实，
它立在它的主人面前，
它的果实甜美，树荫怡人，
它在花园中结束性命。

第五章
不要在神庙配给量上弄虚作假，
不要扣留，你会发现这样做的好处。
不要带走神庙的仆人，
以便帮助别人。
不要说："今天就像明天"，
这将怎样结束？
到了明天，今天已经消逝了，
深水已经变成浅滩。
鳄鱼裸露，河马搁浅，
鱼群拥挤在一起。
豺狼饱餐美食，鸟儿们分享盛宴，
而捕猎用的网却没有了。
但神庙里的所有沉默者，
它们说："拉神的祝福是伟大的。"
保持安静，你就能获得生命，

你的事业就会在现世蒸蒸日上。

第六章
不要移动田界的标志，
也不要改变量尺的位置。
不要贪求那一腕尺的土地，
也不要侵犯寡妇的土地。
踩踏的痕迹会随着时间而消失，
那个在田地里掩盖它的人，
当他通过虚假的誓言得到了它时，
他会被月神的力量所捕获。
记住他在世上的所作所为：
他是弱者的压迫者，
一个向破坏你的事业的人卑躬屈膝的敌人，
他的眼里充满"夺取生命"，
他的房子是城镇的敌人，
他的仓库将要遭到摧毁。
他的财富将被从他的孩子的手里夺走，
他的财产会被给予另一个人。
当心不要破坏土地的边界，
以免恐惧把你带走；
一个人通过主人的力量来取悦神，
当他勘定土地疆界的时候。
渴望你的生命保持正确，
那么就注意"万物之主"；
不要擦除另一个人的犁陇，
保持它的正确位置，会对你有益。
在你的土地上耕种，你会发现你所需要的，

你会从你的脱粒场里收获面包。
神所给予的1蒲式耳也是好的，
远胜于通过恶行所得的5000蒲式耳。
它们不会在箱子和仓库里停留一天，
它们不会在啤酒罐里造出食物；
它们只在谷仓里存留片刻，
一到早晨，它们就消失了。
神手中的财富却是更好的，
与那些仓库里的财富相比；
在愉悦中获取的面包更好，
远胜于在忧虑中获取的财富。

第七章
不要让你的心沉浸于财富，
不要忽视宿命和命运；
不要让你的心迷失，
每个人都会到达自己的时刻。
不要费力地增值财富，
你现在所拥有的，就让它们来满足你。
如果你用盗窃来获得财富，
那你不会把它们保留到晚上。
天亮的时候，它们已离开你的房子，
它们的地方还在，但它们已经不在了。
大地张开了嘴，侵占了它们，吞食了它们。
使它们陷入了达特。
它们挖掘了一个与它们一样大小的洞，
由此掉进地狱。
它们长出了像鹅一样的翅膀，

飞向了天空。
不要为盗窃来的财富感到高兴,
不要抱怨自己的贫困。
如果领队的弓箭手向前拥挤,
那他的伙伴就会抛弃他,
贪心的船陷在泥浆里,
而沉默者的船乘风而行。
当太阳升起的时候,你要向阿吞神祈祷,
说:"赐予我财富和健康吧!"
他就会给你生活之所需,
你就会安全地远离忧虑。

第八章
把你的仁慈置于人们面前,
这样大家就会欢迎你。
人们向眼镜蛇致敬,
人们唾弃阿波菲斯大蛇。
管好你的嘴,不要说伤人之言,
然后,你就会受到他人喜爱。
你会在神的房屋中找到自己的位置,
你会分享你主人的供奉物品。
当你受人尊敬,你的棺椁隐藏你的时候,
你会免于神的力量。
不要对一个人高喊"罪犯",
当他逃跑的原因还不明确的时候。
你听到的事情无论好坏,
都要在别人听不到的地方听。
把好的评论放在你的舌头上,

把坏事隐藏在你的腹中。

第九章
不要向易怒之人表示友好,
不要接近他并与之交谈。
注意你的舌头,当你答复长官的时候,
小心不要侮辱他。
不要让他的语言捕获你,
也不要让他随便牵制你的回答。
和一个与你身份相仿的人谈话,
小心不要冒犯他。
愤怒的人的言语是犀利的,
胜过水上的风。
他用他的语言在毁坏,他用他的语言在修建,
当他说出伤害人的语言的时候。
他也将得到同样的回击,
因为犀利的语言的伤害是双方的。
他背负着全世界的重物,
但他所装载的是"错误"。
他是运送犀利语言的船主,
往来之间伴随着争吵。
当他在屋里吃喝的时候,
他的报应已经在外面了。
他因罪行而被控告的那一天,
对于他的孩子们来讲,是不幸的事情。
但愿克努姆能来到他面前,
制陶者来到易冲动之人面前,
以便捏制出错误的心。

他就像庭院中的幼狼,
让一只眼睛反对另一只,
他引起兄弟们之间的纠纷。
而他就像云一样在每股风之间奔跑,
他暗淡了太阳的光芒。
他像小鳄鱼一样摇动着尾巴,
他从水中出来,以便战斗。
他的嘴唇是甜的,他的舌头是苦涩的,
他的肚子里燃烧着烈火。
不要和这种人来往,
以免灾祸把你带走。

第十章
不要强迫自己去取悦愤怒的人,
因为那样你会伤害到你自己的心灵。
不要虚假地对他说"欢迎",
此时你的腹中产生了恐怖。
不要虚假地和一个人说话,
神明憎恶此事。
不要把你的舌头和心分离,
这样你所有的努力都会成功。
你在别人面前被衡量,
你在神的手里会安然无恙。
神憎恨歪曲语言者,
他尤其憎恶伪君子。

第十一章
不要觊觎穷人的财产,

也不要渴望他的面包。
穷人的财产是喉咙里的石块，
它会使人呕吐。
用虚假的誓言换来利益的人，
他的心受到肚子的误导。
在存在欺骗的地方，成功是虚弱的，
邪恶会破坏美好。
在你的上级面前，你将显露罪责，
你的叙述是混乱的，
你的辩解招致诅咒，
你的屈从换来鞭打。
你吞下一大口面包，一定会呕吐出来的，
你一定会倒空你的收获。
看看穷人的监管者，
当棍棒触及他的时候；
他的所有子民都被捆绑起来，
他被带到刽子手那里。
如果你在长官面前得到赦免，
你也会被你的下属所憎恨。
远离那些路上的穷人，
看着他，清楚地保持他的财产。

第十二章
不要渴望贵族的财产，
也不要随意地大口吃面包。
如果他让你管理他的财富，
回避他的财富，那你的财富将会兴旺。
不要和易发怒的人交谈，

旨在友好地对待敌人。
如果你被派去运送稻草，
一定要远离装草的箱子。
如果一个人被知晓在差事中进行欺骗，
那他将不会有第二次获得派遣的机会。

第十三章

不要（通过）纸卷上的笔来欺骗别人，
神憎恶此事。
不要用虚假的言辞作证，
以便通过你的舌头清除一个人。
不要对一无所有的人进行估值，
这会歪曲你的笔。
如果你发现一个穷人欠了巨额债务，
那么把它分成三份；
忘掉两份，保留一份，
你会发现这是一条生活的道路。
睡眠之后，当你在早晨醒来的时候，
你会发现那是一个好消息。
拥有人民的爱的赞美，
比获得仓库里的财富更好。
心情愉悦地拥有一块面包，
比忧虑地拥有财富更好。

第十四章

不要让一个人去回忆你，
也不要强求他的帮助。
如果他对你说"这是一件礼物，

[没有穷人]会拒绝它",
不要对人眨眼睛,也不要把头低下,
更不要转移你的目光。
用你的嘴表达你的敬意,说"致敬",
这样他就会停止,你就会成功。
不要断然拒绝他对你的接近,
[再有一次,他就会被带走。]

第十五章

行善事,你会兴旺发达,
不要用你的笔去伤害别人。
书吏的手指是朱鹭的喙,
当心别让它指向旁边。
狒狒就住在赫尔摩坡里斯的宫殿里,
他的眼睛环视着两地。
当他看见一个用手指欺骗的人时,
他就会用洪水卷走他的生计。
哪个书吏敢用手指来欺骗,
他的儿子就不会被登记。
如果你按照你心里的这些话语生活,
那么你的孩子也会遵守它们。

第十六章

不要移动衡量,也不要改变重量,
更不要减少谷物称量份额;
不要渴望田地的测量,
也不要忽视谷仓里的测量。
狒狒就坐在天平的旁边,

他的心就在铅锤线上。
哪里有像托特一样伟大的神,
他发明了这些东西并且制造了它们?
不要为自己制造不足量的砝码,
它们会因为神的力量而非常悲伤。
如果你看见了骗人的人,
要与他保持一定距离。
不要垂涎铜币,
蔑视漂亮的亚麻布;
如果一个人在神明面前欺骗(他人),
那他穿华丽的服饰又有什么好处呢?
彩陶伪装黄金,
白天一到来,它就会变成铅。

第十七章

小心不要在称量中有欺诈行为,
来篡改它的分量。
不要强迫它满溢,
也不要它肚子空空。
要根据真实的尺度进行称量,
你的手要干净准确。
不要把两蒲式耳的重量变成一蒲式耳,
那样你会走向地狱。
蒲式耳是拉神的眼睛,
它憎恶欺诈的人。
一个沉溺于欺骗的称量者,
他的眼睛让他定会受到裁决。

不要接受一个农夫的应得财物,
然后向他们征税并伤害他们。
不要和测量者策划阴谋,
来侵占他人城镇的份额。
打谷场的力量是伟大的,
比过来自王权的诅咒。

第十八章
不要因害怕明天而躺下:
"白昼来临,明天会怎么样呢?"
人们不知明天会如何:
神总是尽善尽美,
人总是会失败的,
人们说的是一回事儿,
而神的行为是另一回事儿。
不要说"我没做错事",
然后竭力去和别人争吵。
错误源于神,
他用手指确定了(判决)。
在神灵面前没有完美,
但是在他面前却有失败。
如果一个人努力寻找完美,
那他马上就会被损坏。
稳定你的心,坚固你的心,
不要驾驭你的舌头;
如果一个人的舌头是船桨,
那么"万物之主"就是舵手。

第十九章

不要在官员之前进入法庭,
目的在于篡改你的话。
不要在答复时犹豫不定,
当你的证人指控的时候。
不要超越对你主人的誓言,
不要歪曲审讯时所说的话语。
在法官面前讲出事实,
以免他把一只手放在你的身上。
如果以后你还有机会出现在他面前,
他会认同你所有的话。
他会把你说的话在三十人会议上叙述,
这在另外的审讯中依然适用。

第二十章

不要在法庭上偏向一个人,
而把正义的人放置一边。
不要倾向于衣着华丽的人,
而断然拒绝衣衫褴褛的人。
不要接受有势力的人的礼物,
也不要为他去侵夺弱者。
玛阿特是神的伟大礼物,
他把它给予他想要给的人,
以及那些与他有着相似声望的人。
拯救穷人于欺辱者手中。
不要给自己伪造文件,
它们是一种致命的挑衅,
它们意味着一个强烈的诅咒,

八 教谕文学

它们意味着一次传令官的审讯。
不要在纸草卷上伪造神谕，
那样会打扰神的计划。
不要用神的力量来为自己牟利，
就像不存在宿命之神和命运之神。
把财产交还给它的主人，
你会找到自己的生活之路。
不要在他们的房子里增长你的欲望，
否则你的身体就会属于死刑枷锁。

第二十一章
不要说:"为我寻求一个强有力的长官，
因为你的城镇中有人伤害了我。"
不要说:"为我找到一个保护者，
因为一个憎恨我的人伤害了我。"
真的，你不知道神的计划，
不要为明天哀叹。
安居在神的手臂里，
你的沉默也会战胜他们。
鳄鱼无声无息，
对它的恐惧却由来已久。
不要向每一个人都倒空你的腹部，
那会毁了大家对你的尊敬。
不要向其他人传播你的话语，
不要和暴露内心的人接触。
一个把话留在腹中的人，
要胜于讲话造成危害的人。
没有人奔跑着达到成功，

也没有人去毁坏它。

第二十二章
不要向你的对手挑衅，
使他讲出他的想法。
当你不知道他人在做什么的时候，
不要突然来到他面前，
首先从他的答复中洞悉，
然后保持平静，你就会获得成功。
让他自己去倒空腹部，
知道他怎样撒谎，你就能揭发他。
[控制住他]，不要伤害他，
对他要谨慎，不要忽视他。
真的，你不知道神的计划，
你也不需要为明天悲哀。
安居在神的手臂里，
你的沉默也会战胜敌人。

第二十三章
不要在官员面前吃饭，
然后把你的嘴放到他的前面。
如果你满足于假装咀嚼食物，
那就满足于你的唾液。
看着你面前的碗，
让它满足你的需求。
官员在办公处是伟大的，
就像一口有众多汲水者的井。

八 教谕文学

第二十四章
不要在屋里听官员的答复,
到屋外就把它传给另外一个人。
不要让你的话传到外面,
以免你的心灵受到伤害。
人的心灵是神的礼物,
警惕不要忽视它。
一个站在官员一边的人,
他的名字不应该被知道。

第二十五章
不要嘲笑盲人,
也不要戏弄矮子,
更不要苛刻对待瘸子。
不要戏弄神庇佑的人,
也不要因为他的失败而生气。
人是黏土和稻草做的,
神是他的塑造者。
他每天拆掉,再塑造,
他按照自己的意愿创造一千个穷人,
创造一千个首领,
当他到了他生命中的时刻。
当他安全地处于神的庇佑之下的时候,
他会为到达西方而感到高兴。

第二十六章
不要坐在啤酒屋里,
为了接近比你地位高的人,

如果他是办公处年轻又伟大的人物，
或者如果他是因为出生而成为长者。
要对一个身份与你相当的人友好，
拉神会从远处帮助你。
如果你在外面看到了比你地位高的人，
要恭敬地走在后面；
向一个饮酒过量的长者伸出援助之手，
像他的孩子一样尊敬他。
手臂不会因为袒露而遭到伤害，
后背不会因弯曲而受到打击。
一个人不会因讲话甜蜜而有损失，
一个人也不会因发怒而有收获。
从远方而看的掌舵者，
不会把他的船弄翻。

第二十七章
不要斥责比你年长的人，
他在你之前就看到过拉神。
不要让他在阿吞神升起的时候，
把你的行为汇报给他，
说："这个年轻人斥责过一位长者。"
在普拉神面前将会感到十分痛苦的人是，
一个斥责长者的年轻人。
他打你的时候，你把手放到胸膛，
他斥责你的时候，你要保持沉默。
如果第二天你来到他面前，
他会给你丰富的食物。
狗的食物来源于它的主人，

但它会向给它食物的人吠叫。

第二十八章
当你发现她在田地里的时候，不要关上窗户，
也不要对她的答复没有耐心。
不要拒绝把你的油瓶给予一个陌生人，
在你的兄弟面前，双倍赠予他。
神最喜欢尊敬穷人的人，
而非喜欢有钱人的人。

第二十九章
若你在渡口自由行走，
不要阻止人们去渡河。
如果你在深水中间得一桨，
弯曲你的手臂，接过它。
如果乘客没有被放弃，
在神面前就没有罪行，
不要为你自己制造一艘渡船，
然后拼命寻找乘客。
向富有的人拿船费，
不收取穷人的船费。

第三十章
看看这三十章，
它们告知人们，它们教育人们，
它们是最重要的书籍。
如果这些文字被读给无知者，
它们使无知者变得聪明，

他会通过它们得到净化。
心中充满它们吧,把它们放在你心里,
成为一个解释它们的人,
并且要当一个阐述它们的教师。
书吏要熟悉他的职位,
他才值得成为朝臣。

结语

这是它的结尾。
由神之父派穆(Pemu)之子塞努(Senu)所著。

九　故事文学

故事是古埃及文学当中的一个重要分支。古埃及故事文学或许起源于古王国时期，但一般来说中王国和新王国时期的故事最具代表性。故事的篇幅一般都比较长，因而主要书写在纸草纸上。古埃及的故事往往具有传奇色彩，例如《船舶遇难水手的故事》《两兄弟的故事》《温阿蒙历险记》等；也有的故事具有神话性质，例如《牧羊人的传说》和《国王胡夫与魔法师的故事》等；更有的故事运用了美妙绝伦的语言，例如《能言善辩的农夫》（国内已有比较权威成熟的译文，例如郭丹彤教授和王海利教授分别译有很优美的文本，故而本书这里不再翻译）。但是，古埃及的故事绝非纯粹的想象，大多数还是以现实生活为题材的，例如《辛努亥的故事》就是以辛努亥的亲身经历为基础写成的，因而这些故事为我们了解古埃及社会提供了一个视角。本章这里主要翻译古王国、中王国和新王国时期的重要故事作品。这些故事很多都是埃及学课堂上的经典必读文献。为了展现长篇埃及语文献的圣书体文字版本与汉语对译的关系，本书这里将《船舶遇难水手的故事》的圣书体原文和汉语翻译对照刊出。

1.国王胡夫与魔法师的故事

　　《国王胡夫与魔法师的故事》是用中埃及语书写的文献，其书写年代大约为希克索斯王朝时期，但其写作背景是古王国时期，尤其是第4王朝时期。这篇故事的原稿不得而知，但学者们从威斯特卡纸草上发现了它。这个故事以第4王朝国王胡夫为中心，记载了一系列神话传说。第一个传说只存有结局；第二个传说存在大量空白；第三、第四、第五个相对完整，但第五个传说的结局比较仓促。实际上，故事最初是胡夫的儿子们讲述过去发生的离奇故事，以取悦国王；后来，经过儿子们的推荐，一位魔法师向国王胡夫预言了第 5 王朝国王们的神奇诞生。或许这才是这篇文献最终的落脚点。也有学者据此认为这篇文献是第 5 王朝时期写就的，具有政治宣传的意义。但无论如何，这篇文献可以令我们看到古埃及王权的一些信息。本译文根据 W. K. Simpson, *The Literature of Ancient Egypt*, New Haven and London: Yale University Press, 2003, pp. 16—20 译出；第一部分和第二部分因为内容不全，所以这里暂不予翻译。

传说三：国王斯尼夫鲁时代发生的奇迹

巴乌弗拉（Bauefre）站起身来，他说：我应该让陛下听一件发生在你父亲、国王斯尼夫鲁时期的奇迹，一件关于祭司长扎扎姆安赫（Djadjaemonkh）的传奇故事。这件事在以前是未曾发生过的。……[当时，陛下（斯尼夫鲁）已经搜寻了王宫的每个房间，想找一些事情消遣一下……。他说]：把祭司长、书吏……扎扎姆安赫带到我这儿来！扎扎姆安赫被带到陛下面前。陛下对他说：我已经搜寻了王宫的每个房间，想找一些事情消遣一下，结果一无所获。扎扎姆安赫回答道：陛下到王宫的湖边吧，把王宫内所有漂亮的女孩都集中到一艘船上。看到她们自由地划着船，你会感到神清气爽的。当你注意到你的湖中那些美丽的鱼以及湖岸肥沃的田地时，你的心会感到神清气爽的。[陛下说]：我确实应该去划船！给我拿来 20 支镶着金子的乌木桨，桨的把手用檀香木制成，并镶有金银合金。给我带来 20 个体貌俱佳的女子，她们要有[挺拔]的胸脯，梳着漂亮的辫子，并且尚未生育过。给我拿来 20 张网，当她们脱掉衣服时把它们送给她们。所有的事情按照陛下的指示办了。这些女子在湖内自由地划船，看到她们划船，陛下内心充满了喜悦。

然而这时，一位领航女子正在梳理自己的辫子，她头上的绿松石垂饰随之掉入水中。她停止了划船，与她同侧的女子也停止了划船。陛下看到后问道：为什么不划了？她们回答道：我们的领航人已停止划船了。陛下问那位领航人：你为什么停止划船？她回答道：因为一个鱼形的绿松石垂饰掉入水中了。

陛下听到答案后说：划船！我会补偿你的！她说：我更喜欢自己的东西。陛下听到她的话后说：去把主祭司扎扎姆安赫找来。不一会儿，他被带到了陛下面前。陛下说：扎扎姆安赫，我的兄弟，我做了你指点的一切，我也因看到她们划船而身心愉悦。但是一位领划者因为绿松石垂饰掉到了水里而停止划船，并导致其他人也停止了动作。我问她为什么停止划船，她说她的鱼形绿松石垂饰掉到了水里。我让她划船，并说要补偿她一个新的，但是她却只喜欢她原来的那一个。接着主祭司扎扎姆安赫念着咒语，让湖中一侧的水与另一侧的水重叠起来。他发现垂饰落在一块陶瓷碎片上。他把它取出来并物归原主。湖水水深12 腕尺，现在叠加起来后24腕尺。接着他念着咒语，把湖水恢复成原状。陛下与王宫上下庆祝了一天。他赐予主祭司扎扎姆安赫所有好的东西。

这是发生在你父亲、上下埃及之王斯尼夫鲁时期关于主祭司、档案书吏扎扎姆安赫的传奇故事。陛下、上下埃及之王、正义者胡夫说：把这样的一份祭品——1000块面包、100瓶啤酒、1头牛和2捆香料，献给国王斯尼弗鲁。把这样的一份祭品——1块面包、1罐啤酒和1捆香料，赐予主祭司、书吏扎扎姆安赫。因为我已经看到了他的技艺。人们按照陛下的旨意办理了此事。

传说四：胡夫时代的一个奇迹

现在王子哈尔杰德夫（Hardjdef）站起身来，他说：到目前为止你已经听到很多被人们所传颂的奇迹，但人们并不能辨别真伪。在你自己的时代，有一件你不知道的事情。陛下问道：那是什么奇迹，哈尔杰德夫，我的儿子？哈尔杰德夫回答道：有个市民，名叫戴迪（Dedi）。他住在戴德－斯尼夫鲁（Ded-Snefru）。他已经110岁了，每天吃500块面包、半头牛的肉，喝100瓶啤酒。他能把掉了的头接上。他在不用皮项圈的情况下，就能让狮子走在他的背后。他确切地知道托特神圣所里秘密房间的数目。当时，陛下、上下埃及之王、正义者胡夫已经花费很多时间为自己寻找托特神圣所中的秘密房间，以便在自己的神庙中仿造它们。陛下说：哈尔杰德夫，我的儿子，你要亲自把他给我带来！船已为哈尔杰德夫王子准备好了。他往南航行，来到戴德－斯尼夫鲁。

当这些船停靠在岸边以后，他在陆地上前行。他坐着人抬的乌木椅子，椅子腿用斯森杰姆木制成，并镶有金子。当他到达戴迪的住处后，人抬的椅子被放下来，他走上前去问候戴迪。戴迪正躺在庭院中的席子上，一个仆人在为他涂油，另一仆人在为他按摩脚部。哈尔杰德夫王子对他说：你的状况已经超越了岁月的限制，尽管衰老以及哀悼、埋葬和葬礼已经来临，但是你仍能一直睡到天亮而不受疾病的骚扰，并且一点也不咳嗽。向你问候，噢，值得尊敬的人！我来这儿传唤你是受命于我的父王胡夫。你应该享受我父给你的俸禄。他将在适当的时候向你那些在坟墓中的父辈们传达你的消息。

这个戴迪对王子说：欢迎，欢迎，国王宠爱的儿子哈尔杰德夫！愿你的父王胡夫王喜爱你。愿他提拔你。愿你的卡战胜你的敌人。愿你的巴知道"装饰死者之所"的入口。向王子问候！

哈尔杰德夫王子伸出手把戴迪扶起来，他们两个挽着手臂走到岸边。戴迪对王子说："请派给我卡库船，以便我去接我的学生们和书籍吧。王子给他派了两艘船和水手。"

戴迪与王子乘船一同往北行驶。他们到达首都后，哈尔杰德夫王子进宫向上下埃及之王胡夫做了汇报：噢！父王，我的陛下，我把戴迪带来了。陛下说：快去，把他给我带来。于是国王前往王宫大厅，戴迪被传唤入宫。

陛下说：你好，戴迪，我以前从未见过你。戴迪说：我被召唤而来，陛下，看，我已经被召唤而来。陛下说：他们说的都是真的吗？你能把断了的头重新接上吗？戴迪回答说：是的，陛下，我能。国王命令手下从监狱带过来一个即将行刑的囚犯。戴迪表示他不愿用人，也不愿用尊贵的牛来做这种试验。最后他决定用一只鸭子。鸭子的身体被放在大厅的西侧，鸭子的头被放在大厅的东侧。戴迪口中念着咒语，鸭子身体站起来蹒跚而行，鸭子头也是如此。当身体与头接上时，鸭子发出了欢快的嘎嘎声。于是，陛下命人带来一只水鸟，戴迪在它身上施展了同样的魔法。然后，陛下又让人带来了一头牛，它的头被放在地上。他念动咒语，这头牛随之站了起来，它的套圈落在了地上。（**书吏这里显然是略掉了一段关于魔法师如何对待狮子的文字。**）

正义者胡夫王又问道：据说，你还知道托特圣所秘密房间的数目？戴迪回答说：我的主人，我不知道它的数目，但我的确知道它的位置。陛下问道：那么，它们在哪里？戴迪答道：赫利奥坡里斯城有一个名叫"账目清单"的房间，房间中有一个用燧石制成的箱子，它就在那里边。陛下说：快去，把它带给我。戴迪答道：我无法把它带来。陛下问道：那么谁能把它带来呢？戴迪答道：他就是瑞戴戴特（Reddedet）子宫内3个孩子中最大的那个，他才能把那个箱子带给你。陛下说：我很渴望得到它；但是至于你说的那个人，谁是瑞戴戴特呢？戴迪答道：瑞戴戴特是撒赫布（Sakhbu）之主、拉神洗礼祭司的妻子，她与撒赫布之主、拉神孕育了3个孩子。据说，他们的威严将辐射整个国家，他们中的年长者将成为赫利奥坡里斯城的高级祭司。

陛下听到这些变得十分沮丧。戴迪说：噢，国王，我的主！你为什么这样呢？是因为那3个孩子吗？首先是你的孩子成为国王，然后是他们的孩子的孩子，最后才是他们中的一个呀！国王问：什么时候瑞戴戴特才能生下这3个孩子？（杰吉告诉国王）：在播种季的第一个月的第十五天，她将生下他们。国王说：哦，那是双鱼运河的沙丘被阻断的时候，为了见到撒赫布之主、拉的神庙，我将亲自前往。戴迪说：我将能使4腕尺高的水覆盖在双鱼渠的沙丘上。国王走进他的宫殿，吩咐道："安排戴迪住在王子哈尔杰德夫的寝宫，与王子同住。给他的配量是1000块面包、100瓶啤酒、1头牛和100捆蔬菜。所有的这些都严格地按照陛下的命令办理了。

传说五：王子的诞生

一天，瑞戴戴特感到阵痛并且行动十分艰难。撒赫布之主、拉神去找伊西斯和奈夫提斯（Nephthys）、迈塞赫奈特（Meskhenet）、赫凯特（Heket）和克努姆（Khnum），并请求他们：请你们帮助瑞戴戴特生下她子宫中的3个孩子吧，他们将统治整片土地。他们将为你们修建神庙，将为你们的祭坛提供物品，将更新你们的祭品桌，将为你们提供丰富的祭品。于是，这些神把自己变成舞女的样子出发，克努姆伴随着他们，携带着接生工具。当她们到达拉沃斯拉（Rewosre）的家时，她们发现拉沃斯拉站在那儿，腰带胡乱地缠在身上。她们把她们自己的项链和叉铃给了他。他对她们说：女士们，你们看看，这个在痛苦中的女人，她有多么艰难。她们对他说：让我们看看她吧。我们知道如何分娩。

他对他们说：请进！于是她们见到了瑞戴戴特。她们自己和瑞戴戴特一起锁在了屋子里。伊西斯站在瑞戴戴特的前边，奈夫提斯站在她的后边，赫凯特加速了婴儿的诞生。伊西斯说道：你的名字叫"沃斯瑞夫"（Wosref）吧，但你不要在她的子宫里那么用力。一个婴儿不知不觉地诞生在她的怀抱里，这个婴儿有1腕尺长，十分健壮，他的四肢渲盖着金子，他的头饰由天青石制成。她们给他洗澡并剪断了他的脐带，把他放在泥砖垒成的长椅上。迈塞赫奈特看着这个婴儿说：一个国王，他将在整个土地上实施王权。克努姆使他的四肢可以移动。

伊西斯站在瑞戴戴特的前边，奈夫提斯站在她的后边，赫凯特加速了婴儿的诞生。伊西斯对他说：你的名字叫"萨胡拉"（Sahure）吧，但你不要在她的子宫里踩踏。一个婴儿不知不觉地诞生在她的怀抱里，这个婴儿1腕尺长，十分健壮；他的四肢渲盖着金子，他的头饰由天青石制成。她们给他洗澡并剪断了他的脐带，把他放在泥砖垒成的长椅上。迈塞赫奈特看着这个婴儿说：一个国王，他将在整个土地上实施王权。克努姆使他的四肢可以移动。

伊西斯站在瑞戴戴特的前边，奈夫提斯站在她的后边，赫凯特加速了婴儿的诞生。伊西斯对他说：你的名字叫"卡库"（Keku）吧，但你不要在她的子宫里踩踏。一个婴儿不知不觉地诞生在她的怀抱里，这个婴儿1腕尺长，十分健壮；他的四肢渲盖着金子，他的头饰由天青石制成。她们给他洗澡并剪断了他的脐带，把他放在泥砖垒成的长椅上。迈塞赫奈特看着这个婴儿说：一个国王，他将在整个土地上实施王权。克努姆使他的四肢可以移动。

众神帮瑞戴戴特分娩了三个婴儿后走出来。她们对拉沃斯拉说：恭喜你！生了3个孩子。拉沃斯拉对她们说：女士们，我该如何感激你们呢？请把这袋谷物给你们的挑夫，用这个作他的报酬吧。克努姆扛着这袋谷物，跟随她们回到了原来的地方。伊西斯对众神说：我们来的目的是对这3个孩子施展魔法，我们应该告诉让我们来的他们的父亲。于是，她们制作了3顶王冠并把它们放到了装谷物的袋子里。然后她们让天空下起了暴风雨，随后返回了拉沃斯拉的房子。她们说：请把这袋谷物放在一个密封的房间里，直到我们从北方的歌舞仪式回来。然后他们把谷物放到一间密封的房间内。

瑞戴戴特在14天的清洁中清洁了她自己。她问她的仆人：房间准备好了吗？仆人回答：除了啤酒壶外，一切都准备好了。它们还没有被拿过来。她又问：那啤酒壶为什么没被拿过来呢？仆人回答她：这儿除了那些舞者的谷物袋外没有东西可以作为它的承载物。她告诉仆人：先下去取些用，等拉沃斯拉回来后，会等量地还给他们。当仆人打开密封的房间进去后，在房间里她听到了唱歌声、音乐声、跳舞声和喊叫声，所有这些都是应该为国王而做的。她把自己听到的告诉了瑞戴戴特。瑞戴戴特去环视了整个房间，没有找到那些声音的源头。她把脸颊贴到谷物袋上，发现声音是从这儿发出的。然后她把这袋谷物放到一个盒子内。把这个盒子放到另一个容器内，并用一个皮带绑住。最后，她把这个容器放到存放她财产的房间内，并锁上了房门。拉沃斯拉回来后，她告诉了他这件事。他的心情无比愉悦，并为此庆祝了一天。

几天以后，瑞戴戴特与她的仆人发生争吵，并且打她以示惩罚。仆人对屋子内的人说：她怎么能这么做？她已经生了3个国王！我要把这件事告诉胡夫王！她出去了，发现她的舅舅在打谷厂上绑捆亚麻。她的舅舅问她：小姑娘，你为什么到这儿来？她告诉了她舅舅这件事。她舅舅问她：你就是要来做这件事吗？你到我这儿来，是为了把我卷入这场是非中来吗？她舅舅扯出一条亚麻绳索，使劲打了她一顿。当这个仆人去河边提水时，鳄鱼抓走了她。

她舅舅把这个消息告诉给了瑞戴戴特。他发现她坐在那儿，头抵着膝盖，内心伤痛无比。他对瑞戴戴特说：女士，你的心情为何如此？瑞戴戴特对他说：这个女孩子是在这间屋里长大的。刚刚就在她去世时还说"我要去告发"。他垂下脑袋，告诉瑞戴戴特："她确实把这件事告诉我了。但我狠狠教训了她。她去河边提水时，鳄鱼抓走了她……"（**纸草文本到此便结束了**）

2.船舶遇难水手的故事

《船舶遇难水手的故事》是现存古埃及比较古老的故事。这个故事保存在一篇纸草上，该纸草目前保存在俄罗斯圣彼得堡遗产博物馆。这篇文献是用祭司体书写的，大部分内容用竖栏书写，只有一部分用横行书写。大部分段落用红色墨水标志开头句子。通过语法和祭司体的古字法来判断，《船舶遇难水手的故事》在中王国早期（约公元前 2000—前 1900 年）创作完成。这篇故事有几个不寻常的方面：开篇很仓促，故事里面套着故事，悲观的结尾等。故事的道德感贯穿于全文。故事开始部分讲述的是一支远征军沿着尼罗河向上游行驶，到非洲去，显然以失败告终。远征军的领导者不得不向国王报告，为了鼓励他，一个随行船员告诉领导者他怎样在恶劣的环境下生存了下来，即在之前的任务中成为船舶遇难的水手。在这个水手的故事中，他遇到了一个以大蛇形态出现的神，这个神以自己的遭遇鼓励水手，神的遭遇更糟糕，他失去了他的整个家族。这篇文献的语法相对简单一些，内容也比较容易理解，成为古埃及书吏练习书写和写作用的蓝本，也成为今日学习埃及学的学生们必读的文献之一。这篇文献具有神话的性质，故事离奇怪异，但故事的语言很优美。细细品读，对古埃及人的文学创造能力和世界观会有更为深刻的理解。本译文根据 James P. Allen, *Middle Egyptian Literature: Eight Literary Words of the Middle Kingdom*, Cambridge: Cambridge University Press, 2015, pp. 10—51 译出；象形文字经过电脑软件处理编写而成；本译文这里将象形文字原文、汉语翻译同时展示出来。本译文的中文译者在必要的地方做了注释，用圆括号内的文字表示出来。

原文：

汉语翻译：能干的随从说的话。

原文：

汉语翻译：长官，请听我说。

原文：

汉语翻译：看，我们已经到家了。

九 故事文学

原文:（象形文字）

汉语翻译：木槌被拿过来，停泊杆被竖起来，船首抵达了陆地。

原文:（象形文字）

汉语翻译：赞美已经被给出，神已经被感谢，每个人都在拥抱他的伙伴。

原文:（象形文字）

汉语翻译：我们的船员已经安全地返回，我们的远征军没有损失。

原文:（象形文字）

汉语翻译：我们已经到达了瓦瓦特（Wawat，埃及南部的一个地方，在下努比亚），我们已经经过了毕加（Bigga，阿斯旺南部的一个岛屿）。

原文:（象形文字）

汉语翻译：所以，看啊，我们已经安全地回来了。

原文:（象形文字）

汉语翻译：我们的土地，我们已经到达了我们的土地。

原文:（象形文字）

汉语翻译：所以，请听我说，高官。

原文:（象形文字）

汉语翻译：我不是讲话夸张的人。

原文:（象形文字）

汉语翻译：洗净你自己，把水放在你的手指上。

603

古代埃及文明文献萃编

原文：[象形文字]

汉语翻译：然后，当你被提问时，你回答。

原文：[象形文字]

汉语翻译：你应该机智地回答国王（的问话）。

原文：[象形文字]

汉语翻译：你应该毫无迟疑地回答（国王的问话）。

原文：[象形文字]

汉语翻译：一个男人的嘴可以挽救他。

原文：[象形文字]

汉语翻译：他的话会为他带来仁慈。

原文：[象形文字]

汉语翻译：但是，你要按照你的心需要的去做。

原文：[象形文字]

汉语翻译：对你讲话是令人疲倦的事情。（这似乎是一句反话。）

原文：[象形文字]

汉语翻译：因此，我将把发生在我身上的类似的事情讲述给你。（接下来，这个随从讲述自己的经历。）

原文：[象形文字]

汉语翻译：我为国王去了采矿国。

604

| 九　故事文学 |

原文：[象形文字]

汉语翻译：我们乘坐一艘船去了大海，

原文：[象形文字]

汉语翻译：船长 120 腕尺，宽 40 腕尺，

原文：[象形文字]

汉语翻译：船上有 120 名水手，都是从埃及精选出来的。

原文：[象形文字]

汉语翻译：无论他们看到天空，还是看到大陆，

原文：[象形文字]

汉语翻译：他们的心都比狮子更勇敢。

原文：[象形文字]

汉语翻译：他们能够预测尚未到来的暴风雨和尚未出现的风暴。

原文：[象形文字]

汉语翻译：当我们到达大海，但没有接触陆地之前，大风刮起来了。

原文：[象形文字]

汉语翻译：大风一遍一遍地刮起，海浪高达 8 腕尺。

原文：[象形文字]

汉语翻译：桅杆被打碎了。

605

原文：[象形文字]

汉语翻译：然后，船也被打碎了。

原文：[象形文字]

汉语翻译：船里面的人都未能幸免于难。

原文：[象形文字]

汉语翻译：然后，我被放到了一个岛屿上，

原文：[象形文字]

汉语翻译：被大海的风浪。

原文：[象形文字]

汉语翻译：我独自度过了3天，

原文：[象形文字]

汉语翻译：我的心是我的伙伴，

原文：[象形文字]

汉语翻译：我躺在丛林里面，

原文：[象形文字]

汉语翻译：我拥抱阴影。

原文：[象形文字]

汉语翻译：然后，我伸展我的双腿，以便弄清楚我能把神庙放在我的嘴里。

| 九 故事文学 |

原文：[象形文字]

汉语翻译：我在那里发现了无花果

原文：[象形文字]

汉语翻译：和葡萄以及各种精美的蔬菜。

原文：[象形文字]

汉语翻译：那里有两种西克莫无花果树

原文：[象形文字]

汉语翻译：和甜瓜，好像它们是被栽培的。

原文：[象形文字]

汉语翻译：那里有鱼和鸟。

原文：[象形文字]

汉语翻译：没有什么东西是那里没有的。

原文：[象形文字]

汉语翻译：然后，我就饱饱地吃了一顿，

原文：[象形文字]

汉语翻译：我甚至在地上留了个记号，因为有太多的东西需要我去拿了。

原文：[象形文字]

汉语翻译：我拿来一个打火棒，点上一堆火，然后向众神燃烧祭品。

607

原文: [hieroglyphs]

汉语翻译：然后，我听到了一声雷声。

原文: [hieroglyphs]

汉语翻译：我以为那是海浪的声音。

原文: [hieroglyphs]

汉语翻译：树木在破裂，大地在摇晃。

原文: [hieroglyphs]

汉语翻译：当我把手从脸上拿开时，我看到他是一条大蛇，他正爬过来。

原文: [hieroglyphs]

汉语翻译：他有 30 腕尺长。

原文: [hieroglyphs]

汉语翻译：他的胡须比 2 腕尺还长。

原文: [hieroglyphs]

汉语翻译：他的身体镀着黄金。

原文: [hieroglyphs]

汉语翻译：他的眼眉是纯天青石。

原文: [hieroglyphs]

汉语翻译：他的身体向前屈伸。

| 九 故事文学 |

原文：[象形文字]

汉语翻译：他向我张开嘴。

原文：[象形文字]

汉语翻译：我跪在他面前。

原文：[象形文字]

汉语翻译：他对我说，

原文：[象形文字]

汉语翻译：谁把你带来的，谁把你带来的？可怜的家伙。谁把你带来的？

原文：[象形文字]

汉语翻译：如果你慢吞吞地告诉我谁把你带到这个岛上来的，

原文：[象形文字]

汉语翻译：我就让你发现你自己会成为灰烬，

原文：[象形文字]

汉语翻译：成为一个从未被看见过的人。

原文：[象形文字]

汉语翻译：他在对我说话，但我根本就没有听到他说什么，

原文：[象形文字]

汉语翻译：即使我就在他面前，因为我几乎晕过去了。

609

原文: [象形文字]

汉语翻译: 然后,他把我放到了他的嘴里;

原文: [象形文字]

汉语翻译: 他把我带到了他居住的地方;

原文: [象形文字]

汉语翻译: 把我放在地上,没有伤害我;

原文: [象形文字]

汉语翻译: 我毫发无损,他没有从我这里拿走任何东西。

原文: [象形文字]

汉语翻译: 他冲我张开嘴。

原文: [象形文字]

汉语翻译: 我匍匐在他面前。

原文: [象形文字]

汉语翻译: 然后,他对我说:"谁把你带来的,谁把你带来的?可怜的家伙。

原文: [象形文字]

汉语翻译: 谁把你带到这个大海中的岛屿上来的?

原文: [象形文字]

汉语翻译: 它的四边都在水中。

| 九 故事文学 |

原文：[象形文字]

汉语翻译：然后，我回答他，

原文：[象形文字]

汉语翻译：我的胳膊在他面前弯曲着，

原文：[象形文字]

汉语翻译：我对他说："这就是我。"

原文：[象形文字]

汉语翻译：我为了完成国王的任务去了采矿国，

原文：[象形文字]

汉语翻译：在一条船上，船长120腕尺，宽40腕尺，

原文：[象形文字]

汉语翻译：船上有120名水手，都是从埃及精选出来的。

原文：[象形文字]

汉语翻译：无论他们看到天空，还是看到大陆，

原文：[象形文字]

汉语翻译：他们的心都比狮子更勇敢。

原文：[象形文字]

汉语翻译：他们能够预测尚未到来的暴风雨和尚未出现的风暴。

611

| 古代埃及文明文献萃编 |

原文：

汉语翻译：他们当中的每一个人，他的心比他的伙伴更勇敢，他的胳膊比他的伙伴更强壮。

原文：

汉语翻译：他们当中没有任何人是愚蠢的。

原文：

汉语翻译：当我们到达大海，但没有接触陆地之前，大风刮起来了。

原文：

汉语翻译：大风一遍一遍地刮起，海浪高达 8 腕尺。

原文：

汉语翻译：桅杆被打碎了。

原文：

汉语翻译：然后，船也被打碎了。

原文：

汉语翻译：除了我而外，船里的所有人都没有幸免于难。

原文：

汉语翻译：看啊，我就在你身边。

原文：

汉语翻译：然后，我就被大海的风浪带到了这个岛上。

| 九 故事文学

原文: [象形文字]

汉语翻译：他恐怖地对我说："可怜的家伙，可怜的家伙，"

原文: [象形文字]

汉语翻译："不要害怕，你现在已经到我这里了。"

原文: [象形文字]

汉语翻译："看，神已经通过把你带到这个充满生命力的岛屿上而使你活了下来。"

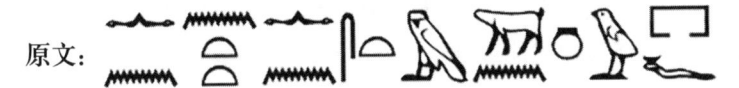

原文: [象形文字]

汉语翻译："没有什么东西是这里没有的。"

原文: [象形文字]

汉语翻译："它充满了所有好东西。"

原文: [象形文字]

汉语翻译："看，你将度过一个月又一个月，"

原文: [象形文字]

汉语翻译："在这个岛屿上度过四个月之后，你才能回到你的埃及。"

原文: [象形文字]

汉语翻译："一艘船将从家里而来，"

原文: [埃及象形文字]

汉语翻译:"船里面的船员是你曾经认识的人。"

原文: [埃及象形文字]

汉语翻译:"你将与他们一起回家,"

原文: [埃及象形文字]

汉语翻译:"死在你的城市里。"

原文: [埃及象形文字]

汉语翻译:"一个能够叙述他亲身经历过的事情的人是多么幸福啊,"

原文: [埃及象形文字]

汉语翻译:"他已经经历了一些痛苦的事情。"(下面是大蛇的故事)

原文: [埃及象形文字]

汉语翻译:"因此,我能够向你讲述一些类似的事情,曾发生在这个岛屿上的事情。"

原文: [埃及象形文字]

汉语翻译:"我曾经与我的兄弟姐妹们在一起,"

原文: [埃及象形文字]

汉语翻译:"他们中间还有孩子们。"

| 九 故事文学 |

原文: [hieroglyphs]

汉语翻译:"我们总共有77条大蛇,"

原文: [hieroglyphs]

汉语翻译:"包括我的孩子们和我的兄弟姐妹们,"

原文: [hieroglyphs]

汉语翻译:"我没有给你介绍我的小女儿,"

原文: [hieroglyphs]

汉语翻译:"我通过祈祷得到她。"

原文: [hieroglyphs]

汉语翻译:"然后,一个星星掉了下来,他们都被卷入到星星造成的火焰中。"

原文: [hieroglyphs]

汉语翻译:"这发生在我没与他们在一起的时候。"

原文: [hieroglyphs]

汉语翻译:"当我没有在他们中间的时候,他们被烧光了。"

原文: [hieroglyphs]

汉语翻译:"然后,我因为他们而死了过去,"

615

原文: [象形文字]

汉语翻译: "当我发现他们只剩下了一对尸体的时候。"

原文: [象形文字]

汉语翻译: "如果你已经坚持下来,你的心是坚强的,那么你将会用你的孩子填充你的怀抱,"

原文: [象形文字]

汉语翻译: "亲吻你的妻子,看到你的房屋。"

原文: [象形文字]

汉语翻译: "它比任何事情都美好。"

原文: [象形文字]

汉语翻译: "你将到家,并居住在它里面,"

原文: [象形文字]

汉语翻译: "在你的兄弟姐妹们中间。"

原文: [象形文字]

汉语翻译: 当时,我匍匐在地上,

原文: [象形文字]

汉语翻译: 我亲吻他面前的土地。

| 九 故事文学 |

原文：[象形文字]

汉语翻译：因此，我对他说：

原文：[象形文字]

汉语翻译："我将把你的令人印象深刻的遭遇叙述给国王。"

原文：[象形文字]

汉语翻译："我将使他意识到你的伟大。"

原文：[象形文字]

汉语翻译："我将送给你岩蔷薇油和 Hekenu 油，"

原文：[象形文字]

汉语翻译："Iudeneb 油、Khezayt 树脂和神庙的香，

原文：[象形文字]

汉语翻译：每个人都对它满意。"

原文：[象形文字]

汉语翻译："因此，我将叙述我遇到的事情，我已经看到了你令人难忘的印象，"

原文：[象形文字]

汉语翻译："你作为神将在城镇里在整个国家所有人面前受到感谢。"

617

| 古代埃及文明文献萃编 |

原文：

汉语翻译:"我将为你斩断牛的喉咙,"

原文：

汉语翻译:"我将为你拧断鸟的脖子。"

原文：

汉语翻译:"我将给你送来很多船只,装着"

原文：

汉语翻译:"埃及的所有好东西,就像为神所作的那样,"

原文：

汉语翻译:"在人们不知道的遥远土地上的人们都热爱这个神。"

原文：

汉语翻译：然后,他因为我说的话而嘲笑我,

原文：

汉语翻译：因为在他看来,我的话是错误的。他对我说:

原文：

汉语翻译:"你有如此多的没药吗?你已经成为香的主人了吗?"

| 九　故事文学 |

原文：[hieroglyphs]

汉语翻译："我才是蓬特的统治者，蓬特的没药属于我。"

原文：[hieroglyphs]

汉语翻译："你说的将要被带来的 Hkenu 油是这个岛屿的主要产品。"

原文：[hieroglyphs]

汉语翻译："有一件事情将会发生，当你从这个地方离开的时候，"

原文：[hieroglyphs]

汉语翻译："你将再也看不到这个岛屿了，它将变成一片汪洋。"

原文：[hieroglyphs]

汉语翻译：然后，那条船来了，就像他之前预测的那样。

原文：[hieroglyphs]

汉语翻译：我出去，把自己放在一颗高树上，

原文：[hieroglyphs]

汉语翻译：我认出了船里面的那些人。

原文：[hieroglyphs]

汉语翻译：然后，我跑去报告这件事情，

619

| 古代埃及文明文献萃编 |

原文：[象形文字]

汉语翻译：我发现他已经知道这件事情了。

原文：[象形文字]

汉语翻译：然后，他对我说："可怜的家伙，可怜的家伙，回到你的家去吧。"

原文：[象形文字]

汉语翻译："去看你的孩子吧，"

原文：[象形文字]

汉语翻译："但愿我的名字在你的城市流芳。"

原文：[象形文字]

汉语翻译："看啊，这就是我从你那里得到的东西。"

原文：[象形文字]

汉语翻译：然后，我匍匐在他面前，

原文：[象形文字]

汉语翻译：我的胳膊在他面前弯曲着。

原文：[象形文字]

汉语翻译：然后，他给了我很多没药、

620

九 故事文学

原文：[象形文字]

汉语翻译：Hknw 油、iwdnb 油、khzayt 树脂、

原文：[象形文字]

汉语翻译：肉桂、方铅矿、

原文：[象形文字]

汉语翻译：长颈鹿的尾部、

原文：[象形文字]

汉语翻译：大块香、

原文：[象形文字]

汉语翻译：大象的长牙、猎狗、长尾猴子、

原文：[象形文字]

汉语翻译：短尾猴子，各种好东西。

原文：[象形文字]

汉语翻译：然后，我把它装在那条船上。

原文：[象形文字]

汉语翻译：最后，我跪下来，感谢他。

原文：[象形文字]

汉语翻译：然后，他对我说："看啊，你将在两个月后到家。"

621

| 古代埃及文明文献萃编 |

原文：

汉语翻译："你将用你的孩子们填充你的怀抱，"

原文：

汉语翻译："在你自己的坟墓中成长为年轻人。"（这里的意思是大蛇祝愿这个可怜的仆人在来世复活。）

原文：

汉语翻译：然后，我来到岸边船的附近。

原文：

汉语翻译：然后，我向那艘船里的远征军呼喊，

原文：

汉语翻译：我在海滨赞美这个岛屿的主人，

原文：

汉语翻译：船里面的那些人也做类似的事情。

原文：

汉语翻译：我们所能做的就是往北方即国王居住的地方航行，

原文：

汉语翻译：两个月以后，我们到家了，一切都像他说的那样。

原文：

汉语翻译：然后，我到国王那里去，

| 九 故事文学 |

原文: [象形文字]

汉语翻译: 我把那里生产的、我带回来的东西带给国王，

原文: [象形文字]

汉语翻译: 从那个岛屿内部得到的。

原文: [象形文字]

汉语翻译: 然后，他在整个国家的所有人面前感谢我。

原文: [象形文字]

汉语翻译: 于是，我成为了他的追随者，

原文: [象形文字]

汉语翻译: 国王把他的人民赐予我。

原文: [象形文字]

汉语翻译: 看看我，我登陆以后，

原文: [象形文字]

汉语翻译: 我看到了我所经历的以后。

原文: [象形文字]

汉语翻译: 所以，（高官）请听我说：

原文: [象形文字]

汉语翻译:"看,对于人们来说,听是好事儿。"

原文: [象形文字]

汉语翻译:然后,他对我说:"不要如此聪明,朋友。"

原文: [象形文字]

汉语翻译:"祈祷者常说,在杀死鸟之前的那个早上给鸟水喝还有什么意义?"

原文: [象形文字]

汉语翻译:这就是故事的经过,从头至尾,就像原稿那样,

原文: [象形文字]

汉语翻译:由书吏的熟练的手指完成的,阿姆尼(Ameny)的儿子,

原文: [象形文字]

汉语翻译:阿蒙-阿阿(Amon-aa),祝他长寿、荣华、健康。

3.牧羊人的传说

牧羊人的传说是中王国时期第 12 王朝早期的一篇文学作品,以祭司体书写在一份纸草纸上。这份文献之所以能够留存下来,是因为书吏将写有这篇故事的纸草纸粘贴在了另一篇故事《一个人与其灵魂的对话》的后面。从纸草纸来看,牧羊人的传说由 33 列文字构成,但书吏擦除了前面

四列和后面四列，结果该故事只剩下了 25 列文字。现有的 25 列文字包含四个部分，第一部分牧羊人向他的伙伴们讲述自己第一次遇到那个引诱男人的女性或女神，第二部分牧羊人建议他的伙伴们把畜群赶到河流对岸的草场去，第三部分是牧羊人为了保护他的伙伴们而引用了当时《棺文》中的一段咒语，第四部分是牧羊人讲述自己第二次遇见那个引诱男人的女人或女神。故事很短，内容很难理解，但很有意思，其故事情节类似于《船舶遇难水手的故事》，使我们对古埃及人的想象力和关于神祇的认识有了更多了解。本译文根据 James P. Allen, *Middle Egyptian Literature: Eight Literary Words of the Middle Kingdom*, Cambridge: Cambridge University Press, 2015, pp. 361—366 译出。

"瞧，我到一个沼泽地去，沼泽地就在这个低地的附近。我在那里看到一个妇女，她不是人类。当我看到她头上的兽皮的时候，我的头发竖立了起来，因为她的皮肤光滑细腻。我从未敢于按照她说的事情去做，[①]因为对她的尊重遍布我的四肢。"

"因此，我告诉你们，牛们，[②]让我们往回航行，以便小牛们能够到河流对岸去；在牧羊人的看管下，畜群在草场口度过了一夜。我们用于返航的小船，牛们！把牛放在船尾，牧羊人还引用了在船上吟唱的水歌。"

"我的卡们已经升起，牧羊人们，男人们。这个沼泽地没有退缩者，在一年当中的大泛滥季，当命令被命令给土地的后方时，当盆地不能与河流分开来时。因此，待在你的房屋里是正确的，因为牛被安置在它们该在的地方。因为直到你的恐惧已经消失了，你的畏惧已经离开了，直到强大者的风暴已经消失了，两土地的夫人的恐惧已经消失。"

"因此，到黎明时分，早晨的第一件事情，它已经按照他说的做了。但这个女神勾引他，当他正往盆地去的时候。她衣不蔽体、蓬头垢面地来到我面前。"

[①] 这里是指某种性行为。
[②] 这里是指牧羊人的牧牛者伙伴们。

4.辛努亥的故事

《辛努亥的故事》讲述的是第 12 王朝国王阿蒙尼姆赫特一世因宫廷阴谋而被杀害，一个名为辛努亥的廷臣到远在外敌征战的军队那里，给军队统领、阿蒙尼姆赫特一世的儿子即共治者森沃斯瑞特一世报信，辛努亥由于害怕卷入这场宫廷斗争而逃离军队，跑到了叙利亚和巴勒斯坦，在那里获得部落认可，过上了美满幸福的生活。然而，辛努亥到老年以后，非常想念埃及，渴望获得法老宽恕，回到埃及。最终，法老森沃斯瑞特原谅了辛努亥，辛努亥如愿以偿地回到宫殿。这个故事以第 12 王朝初期的宫廷政变为背景，涉及了叙利亚巴勒斯坦地区的情况。最初，学者们认为这是一个真实历史事件，但到目前为止没有在任何铭文、绘画浮雕、纸草文献等材料中发现辛努亥这个人；辛努亥的人物特点和其所遭遇的事情应该是当时埃及社会和周边世界大多数人会遇到的情况；这篇故事的文笔非常生动，具有文学润色的特点。这样，现在学者们基本将其视作一篇体现当时社会某些面相的文学作品。

这篇作品书写于第 12 王朝，当时的两篇纸草文献流传了下来，且相对完整。拉美西斯时代的书吏们和学生们大量传抄这个故事，因而也有很多新王国时期的纸草文献和陶片留存下来。本译文根据 W. K.Simpson, *The Literature of Ancient Egypt*, New Haven and London: Yale University Press, 2003, pp.55—66 译出，参考了郭丹彤《古代埃及象形文字文献译注》（东北师范大学出版社，2015 年版）的译文。

引言

世袭贵族，司令官，亚洲地区统治者地产的地区长官和区域官员，国王喜爱之人，（国王的）随从，辛努亥，说：

我是走在国王身后的随从，国王后宫和世袭公主的仆人，公主是在赫努迈特苏特（Khnumet-sut）享有美誉的森沃斯瑞特一世的妻子，在卡诺夫如（Ka-nofru）的阿蒙尼姆赫特一世的女儿，即受人敬仰的诺夫如（Nofru）。

阿蒙尼姆赫特一世的去世和辛努亥的逃亡

（阿蒙尼姆赫特一世）统治的第 30 年泛滥季第 3 个月的第 7 天。神升上了地平线；上下埃及之王塞赫泰普伊布拉（阿蒙尼姆赫特一世）升上天空，与太阳圆盘结合，神圣肉体与其创造者合而为一。

首都一片沉寂，渴望变得微弱，大门紧锁，廷臣跪拜，贵族悲悼。陛下已派遣了一支远征军，前往杰姆赫（Tjemehi）之地，由他的长子、善良的神森沃斯瑞特统领。他被派遣去征伐外国土地，捶打杰赫努人。他正在返回埃及的途中，带回来很多杰赫努俘虏和大量各种各样的牛。宫廷的伙伴们被派到西部边境，告诉国王的儿子（森沃斯瑞特）宫廷中所发生的事情。夜里，风尘仆仆的信使在路上找到了他。听到消息之后，他没有耽搁片刻时间。辛努亥逃走了，没有让远征军知道这件事情。

现在，他们给那个尚在远征军中的国王的儿子写信。当他们读信的时候，我就站在那儿，听到了他们的谈话。我几乎失去了知觉，我的胳膊垂落下来，浑身颤抖。我偷偷地跑掉了，试图找一个藏身之所。于是，我将自己藏在灌木丛中，以躲避路上的行人。我往南跑，不打算回首都，我预料到暴乱会发生，那时我将在劫难逃。我穿过了西卡摩边缘的两真理之地。我到达斯尼弗鲁岛，我在耕地边缘等待，黎明时分才出发。我在路中间遇到一个人。他向我鞠躬敬礼，因为他被吓到了。到晚饭时间，我到达奈古（Negau）码头。借着西风，我乘着一艘没有舵的船，渡过了这个码头。我经过红山采石场的东部，然后改道向北走去，到达了用来抵御亚洲人和沙漠人的统治者之墙。因为担心被守城警卫发现，我弯着腰钻进一片灌木丛。我只能在夜间赶路，黎明破晓时分，我到了普坦。我在凯姆威尔岛上停顿下来。我口渴难耐，喉咙干的犹如火烧。我自言自语道：这应该就是死亡的味道吧！但是我还是提起精神，将四肢聚拢在一起。（忽然）我听到牛群的低声沉鸣，我看到了亚洲人。他们的贝都因首领认出了我，因为他曾造访过埃及。他给我水喝，还为我煮了牛奶。我随他回到他的部落。他们待我很友好。

我辗转走过一个又一个地方。我来到拜布罗斯（贝鲁特附近），接着返回凯德姆。我在那儿度过半年。然后,上列腾努的首领阿姆辛尼什(Amusinenshi),命人将我带到他面前。他对我说:"与我在一起,你会很高兴,因为你能听到埃及语。"他这样说,因为与他在一起的埃及人告诉了他关于我的情况,他深知我的才能。他问我:"你为什么来这里,首都发生了什么事情吗?"我对他说:"上下埃及之王塞赫泰普伊布拉(阿蒙尼姆赫特一世)已经升上地平线,没人知道因此会发生什么事情。"然后,我模棱两可地说:"我在远征杰姆赫之地班师回朝的途中,得知了这个消息。我心惊胆战,魂不附体。于是,我踏上了逃亡之路。但是,没有人谴责我,也没有人向我脸上吐口水。也没有人指责我,街头贴告示的公务人员也没有提到我的名字。我不知道是什么将我带到这块土地上。这似乎是神的计划。"

对森沃斯瑞特一世的赞美

他对我说:"国家怎么可以没有他,那个全能的神?对他的敬畏无处不在,遍布外国各地,就像敬畏瘟疫盛行之年的塞赫迈特。"我像这样回答他:"实际上,他的儿子(森沃斯瑞特)已经进入王宫,已经继承了王位。事实上,他是无与伦比的神,是史无前例的神。他是知识的主人,擅长谋划,精于指令,一切事务的裁决都出自他的敕令。当他父亲在宫殿中的时候,正是他控制了外国土地。他向父亲报告自己完成了父亲的命令。""他在愤怒地攻击外国人时,是一位拥有强壮臂膀的战士,是一位无可比拟的斗士。他令号角折弯,令敌人胆战心惊,使敌人溃不成军。他在复仇时,便能轻易摧毁敌人头颅,以致无人能近其左右。他大步向前,歼灭逃亡之人。世上无人敢与其为敌。两军对垒之时,他岿然不动。他百折不挠,从不放弃。他刚强果敢,一心为民。他不辞劳苦,不眠不休。他以驱逐弓民为乐。一旦他拿起盾牌,就能纵横沙场,无须对峙,一击即中,无人能躲过他的箭羽,无人能夺走他的长弓。他的军队未到,敌人就已望风而逃。他只要出兵,结果就已经确定,他根本不关心其他事情。他是善良的君主,城市爱戴他,胜过爱自己。人们因为他而高兴,甚过任何神。他是国王,丈夫和妻子都因为他而高兴。当他还未出生的时候,他的面孔即已显现。正是他使那些生了他的神灵富有,因为他就是神所生。埃及因为他在统治而无比高兴。他扩展国界，征服了南部土地，不会在意北方国家。他曾攻击亚洲人，也曾镇压沙漠部落。给他写信，让他知道你的名字吧。不要讲不利于陛下的话，因为他会像他父亲那样对待你，他一定会善待忠诚于他的外国土地。"

辛努亥在巴勒斯坦

然后，阿姆辛尼什对我说：事实上，埃及是幸运的，现在她知道他很好。你现在身处此地，你应该与我在一起，我会善待你的。他将我置于他孩子们的地位之上，他将他的大女儿许配给我。他让我在他国家的边境地区挑选最好的土地。

它是一块极好的土地，名叫亚阿（Yaa）。这里有无花果和葡萄，葡萄酒多如流水，蜂蜜异常多，橄榄树数不胜数。树上挂满了各式各样的水果。大麦和二粒小麦也在这里生长；各种各样的牛，多的难以计数。

它们都是因为喜欢我才来到这里。阿姆辛尼什使我成为他的土地上最好部落的首领。我在这里衣食无忧，每日都能喝上葡萄酒，吃上新鲜肉类，尝到烤制禽类和野味，还可以在沙漠狩猎。他们为我狩猎，把食物放在我面前，我的猎犬也抓获猎物。他们为我制作许多甜品和各种牛奶制品。我在这里生活了好多年，我的孩子都已长大成人，成为强壮的人，各自管理着自己的部落。

往来于首都的信使都会在我这里歇脚，我为所有埃及人提供住处。我为口渴的人提供清水，我将迷途的人带上正道，我解救遭遇劫难的人。

当亚洲人开始狂妄，反对国家统治者的时候，我阻止了他们的反叛。列腾努的统治者委我以重任，让我统帅他的军队很多年。为了获得我所提到的每个国家的耕地和水井，我与他们兵戎相见。我抢夺牲畜，掳夺人口，我将他们的食物全部带走。我以强壮臂膀、长弓、行动以及出色的谋略，在这里杀死敌人。他（列腾努统治者）始终支持我，因为他很欣赏我，认可我的勇敢。他让我站在他的孩子们面前，显露出强壮臂膀。

战斗

一个列腾努的强人来到我营帐，向我挑衅。他是独一无二的战士，他征服了列腾努各地。他说他想与我战斗，因为他认为可以毁掉我。受他部落的挑唆，他想抢夺我的牲畜。列腾努的统治者与我商议对策，我说："我不认识他，我不是他的同盟，我没有踏上他的营地。难道我曾进入他女人的房间吗？难道我弄翻了他的围栏吗？他似乎很不愿意看到我执行你交给的任务。我就像一只流浪的公牛站在其他牲畜中间，不仅受到小牛的攻击，还受制于埃及公牛的威胁！如果臣民像主人一样行事，能受到爱戴吗？"

外族人不会与三角洲的人结盟，纸草能在岩石上生长吗？公牛想要较量一下吗？那头强壮的公牛想比试之后因面对同样厉害的对手而撤退吗？如果他真想战斗，那就让他说出他想要的吧！难道神会忽视他的厄运吗？或者他知道如何对抗厄运？

晚上，我拉紧长弓，练习射箭；磨剑擦枪。天亮以后，列腾努人来了。他的部落群情激昂，还约了邻国人，一起前来。他们就是为了这次战斗而来。

当我在等待他的时候，他（强壮的人）来到我面前，我就站在他附近。很多人都为我欢呼，妻子和丈夫们都在嚎叫。每个人都在为我担心，他们说："这世上有人是他（列腾努的强人）的对手吗？"他的盾牌、他的斧头和他的标枪一齐向我砸来。我躲过了这些武器，我毫发无损。他的箭一支接一支地射出，却全部落空。他大声吼叫，向我冲来。我拈弓搭箭，一箭射中他的脖子。他惨叫一声，趴在地上。我拿起他的斧头，再次将他砍伤，并且踩着他的脊梁，发出战斗吼叫。每一个亚洲人都高兴地欢呼。我开始向战神孟图祈祷，而他（列腾努的强人）的支持者为他黯然神伤。统治者阿姆辛尼什过来将我抱在怀里，亲吻我。

我带走了他（列腾努的强人）的财物，夺走了他的牲畜。这本是他对我的图谋，结果却玩火自焚。我拆毁了（他的）帐篷，拿走了里面（所有）的东西。经过这次事后，我声名鹊起，越来越富有，我的财富和牲畜与日俱增。

神对犯错和走入迷途的人宽宏大量。这个人已经心满意足了。一个逃亡者要远走高飞，是因为他身陷困境，而我在这里已经颇有名望。一个卑躬屈膝的人低声下气，是因为他食不果腹，而我现在已经能把面包给邻居了。一个人背井离乡，是因为他衣不蔽体，但我现在已拥有鲜亮洁白的亚麻衣服。一个人仓皇出走，是因为他没有人可供差遣，而我现在已是侍从成群。我的房屋精美绝伦，我的住处金碧辉煌。这让我想起了住在王宫里的日子。

辛努亥希望返回埃及

无论我的出逃是哪位神的旨意，请神对我大发慈悲，允许我回归故里吧！请让我看到渴望已久的土地吧！还有什么能比落叶归根、安葬于故土更圆满的呢？这是我的请求，请让我如愿以偿吧！请神对我大发慈悲吧！请将它付诸实施，以完成无助之人最后的心愿吧。神也会为那些被迫客居他乡的人心痛不已。不知今天神能否大发慈悲，倾听遥远他乡传来的祈求，让这个四处漂泊的人回到埃及。

希望埃及的国王能对我宽容，让我在他的宽容下生活！希望我能再向宫廷中的女主人问安，听到有关她孩子们的消息！

这样，我的四肢才会重现活力，我的老年之相才会立即消散：如今我已感到虚弱，我的眼睛已经无神，我的双臂已经无力，我的双腿已经迈不开步了，我的心灵已经十分脆弱，我是个行将就木的人，希望他们（神）能将我带回永恒之城！希望我还能追随我的女主人，她会告诉我，她和孩子们都很好！希望她永远（像天神那样）高高在上。

现在，两土地之主、上下埃及之王赫派尔卡拉（森沃斯瑞特一世）已经知道了我的情况。陛下给我送来了回信，带来了很多王室赏赐，就像一国之主，（这样恩赐是）为了让他卑微的仆人高兴，宫中的孩子们也带来了他们的消息。

国王的敕令

这是国王给予这个仆人的敕令的复本，为了让他返回埃及。荷鲁斯：神灵化身；两夫人：神灵化身；金荷鲁斯：神灵化身；上下埃及之王：赫派尔卡拉；拉之子：森沃斯瑞特，愿他永生！国王的敕令给予随从辛努亥：请注意，给你发出这道敕令，是为了阐明，你辗转流离于多个国家，从凯德姆到列腾努，从一个国家逃到另一个国家，都是出于自己的主观想象。你难道做了什么忤逆之事吗？你并未发出罪无可恕的诅咒，你也没有在群臣议政时说大逆不道的话。

这是你的主观想象，我从未责怪你。这里是你的家园，（女主人）在我的宫殿里，正如她以前所做的那样，如今她生活在充满了永恒光芒的王权的土地上，她的孩子们现在都在厅堂里。你可以安置好他们（列腾努人）给你的财产，住在他们的边界上。回埃及来吧！你能看到你从小生活的住宅，你可以在宫殿正门亲吻土地，你可以与你的朋友们重逢。

你已至暮年，你的潜能已经消失。你也该考虑后事并安享晚年了。我会为你安排守夜祈祷，并会给你使用上好香料油和出自塔伊特女神之手的亚麻布。你去世后，我会为你安排隆重的送葬队伍，还会给你一尊黄金木乃伊棺木，一个天青石做成的面罩。天空就在你的头顶，你会被安放在灵柩中，你的灵柩会用牛来牵引，很多歌唱者会走在你灵柩之前。灵柩进入你的墓穴，适当的祭品会给予你。你的墓室会有人把守，他们会屠杀擅自进入墓室的人。你墓室中的柱子会用白色的石料制成，就像王族孩子们所拥有的那样。你不会客死异乡，亚洲人不会给你安葬、让你安息。当你的灵柩完工时，你也用不着裹着羊皮（死去）。你外出游走太久了！想想你的尸体吧，回来吧！

辛努亥的反应和他的应答

当我站在部落中时，这道敕令来了。宣读敕令时，我立刻匍匐在地，我把一把尘土撒在胸口。（之后）我绕着营帐边跑边欢呼，并说道：一个仆人怎能如此，他的感觉怎能让他在他乡走入迷途？你的（国王的）仁慈如此美好，将我从死亡中救了出来！你的卡能让我的身体在首都度过余生。

下面是对这道敕令的回复的复本。宫廷中的仆人辛努亥说：和平，和平！仆人因无知而逃跑，你的卡深知这点。噢，善良的神，两土地之主，太阳神喜爱你，底比斯的主人孟图神喜爱你。两土地王位的主人阿蒙神，苏梅努的主人索贝克-拉、荷鲁斯、哈托尔、埃及的所有神，阿图姆和他的埃尼阿德，苏普度、奈菲尔巴乌、塞姆塞鲁、东部的荷鲁斯、伊姆特的女主人，愿她保护你的头，他们聚集显灵于洪水之上，沙漠之地中央的敏-荷鲁斯，蓬特的女主人威瑞瑞特、努特、荷鲁斯-拉、国家的所有神灵，地中海的所有神灵，他们将生命和繁荣送进你的鼻子，他们将慷慨馈赠予你，他们给你无尽永恒！对你的恐惧遍布低地和高地，你将征服太阳环绕之地。这是谦卑的仆人对他主人的祈福，他在西方保佑我。

他能洞悉一切，他关怀臣民，陛下能在宫殿明察这点，你谦卑的仆人辛努亥大胆地说，这是值得重复的重大事件。伟大的神，就像拉神一样，知道有人会乐意侍奉他！你谦卑的仆人在他手下听他差遣，这些都由你来安排。陛下是荷鲁斯，是征服者，你的双臂强大无比，所有国家的人都无法比拟。现在，请陛下命令神灵将人从凯德姆带到迈克，从凯舒带到库恒瓦什和麦努斯，他们把你的权威强加在芬胡的土地上。他们都是远近闻名的统治者，他们都在你的爱护下长大。更别提列腾努人了，因为列腾努属于你，就像你的猎狗。你谦卑的仆人的这次出逃并不是提前预谋的，我未曾想过此事。我从未做任何准备。我不知道是什么使我与我的国家分离开来。就像做梦一样，当一个三角洲的人发现自己身在象岛（阿斯旺）的时候，或者当一个沼泽地的人发现自己身在努比亚的时候。然而，我没有害怕。没有人追捕我。我没有听到一句责备的话，我的名字也并没有出现在城市告示张贴者的口中。只不过当时我四肢颤抖，双脚（不听使唤地）迈开步子，我的感觉左右了我，正是神令我逃亡！在这之前，我内心充满顾忌，因为当一个人想到自己的家乡时，就显得很谦卑，因为拉神将对你的敬畏撒向大地，把对你的恐惧遍布外国各地。无论我在首都，还是在这里，正是你让我看到地平线。太阳因你而升起；只有当你同意时，河水才能被饮用；只有当你讲话时，天空中的空气才能被呼吸。你谦卑的仆人会将他在这里得到的一切交给他的孩子。之后，你谦卑的仆人将会踏上归途！祝愿陛下诸事顺意，因为人们生活在你给予的空气中。愿拉神、荷鲁斯和哈托尔女神爱你高贵的鼻息；底比斯的主人孟图神希望他们永生。

辛努亥的返回

我获准在亚阿逗留一天，以便将我的财产交托给我的孩子们。我的长子负责管理我的部落，他还继承了我所有的财产，包括我所有的仆人，我所有的牲畜，我所有的水果，我所有有生产能力的果树。你谦卑的仆人开始南行，我在荷鲁斯大道驻足，那里守备要塞的官员给宫里送去了（我回来）的消息。为此，陛下派来一个精明能干的王室地产劳动力监管者。同他一起来的还有一只载满王室赏赐的船，用来赏赐同行的叙利亚人。那官员带我进入荷鲁斯大道，我向同行的叙利亚人介绍了他。所有的仆人都各司其职，我扬帆起航。面包师和酿酒师伴我左右，直到我抵达伊提塔威港口。

辛努亥在宫殿里

天亮了，早上到了，我获得传唤。10人来到，10人将我引入宫殿。我在宫殿前的斯芬克斯像前匍匐在地，王室的孩子们站在门口欢迎我，我的同僚们将我带进柱廊，并指引我去接见大厅。我发现陛下此刻正坐在金银合金制成的宝座上。我立刻匍匐在地，在他面前失去了意识。这个神和蔼地对我讲话，我就像一个被夜幕抓获的人。我的灵魂逃跑了，我的身体僵住了。我的心不在我的身体里，我都不知道自己是生还是死了。

于是，陛下对带我进来的一个士兵说："把他扶起来吧，让他和我说话吧！"陛下说道："看，你已经回来了，你已经遨游了外国土地。逃跑已经伤害了你。你已经老了，老年将与你同在。你身体的埋葬并非小事，现在你不会被留在弓人的土地上了。不要再匍匐前进了。当你的名字被喊出来的时候，你都不能回答了，你不要担心惩罚了。"我战战兢兢地回答了这个问题：我的主人到底对我说了什么？如果我试着回答，我就不会对神有不敬了。正是恐惧在我体内，正如恐惧给我带来逃亡的命运一样。生命属于你，祝愿陛下按照神希望的那样行事。

此时，王室的孩子们被带了进来，陛下对王后说："这就是辛努亥，他作为贝都因人供养的亚洲人回来了。"她惊呼一声，孩子们也大声尖叫起来，说："真的是他吗？"陛下答道："的确是他。"

然后，他们带来了项链和叉铃，都呈给陛下。你的双手正触摸着美妙之事，永恒的国王，这是天空女神的装饰！愿黄金将生命注入你鼻子，恒星女神与你同行！上埃及的王冠将去往北方，而下埃及的王冠将去往南方，它们将根据陛下的话统一在一起。眼镜蛇女神瓦杰特将被放在你的前额。因为你已经使臣民远离邪恶，两土地的主人拉神对你仁慈。为你欢呼，也为万能的女主人欢呼！放松心情，放下你的弓箭。赐死者以呼吸，赐我们以令人愉悦的奖赏，恩赐这个贝都因人首领西姆耶特（Simehyet），那个生于埃及的弓民。正是由于害怕你，他逃跑了；正是由于恐惧你，他离开了这片土地。你的表情不应让人感到严厉！你的眼神不应让人感到犀利。"

陛下说道："他不必害怕，他不必恐慌！他将与贵族们结为好友，他将站在廷臣们中间，直接带他去领取官服的房间吧。"

辛努亥得到重新安置

我从领取官服的房间走出来，王室的孩子们向我伸出他们的手。之后，我们一同走出大门。我被安排在一间专供王子使用的房间里，里面装置着豪华家具，还有一间浴室，墙上是精美的壁画。房间内有各种奇珍异宝；衣物用王室亚麻布制成，香料和上好的油脂也陈设其中，那是国王专门赐给宠臣的物品。所有仆人都各司其职。几年时间过去了，我刮净了胡须，我梳理了头发。我将（国王赐给我的）赏赐送回了异国他乡，衣物送给了沙漠中的亚洲人。我身着上好亚麻衣服，我涂抹上等香油，我闲卧床榻。我将沙子给予那些依靠它生活的人们，我将树油给予那些用树油擦拭自己的人们。一栋官员的房子赐给了我，就像我的那些同僚所拥有的那样。很多工人正在建筑它，所有的树木都是新栽种的。我的饭菜从宫里送来，每日三到四次，就像宫中赐给王室孩子们的饭菜那样，绝不会耽搁。

一座金字塔形的石块为我而建，工在金字塔林中间。金字塔石块砍削者的监工们标出它的平面，工匠在它上面绘制方案，首席雕刻师们在它上面雕刻。墓地工人的管理者特别关注此事。所有的装备都放在墓室内。卡的仆人也被指派给我。一块丧葬地产被给予我，地产上有耕地，这几乎与我那官阶最高的同僚（所享受的待遇）一样。我的雕像覆盖着金叶子，我的围裙用金银合金装饰。这些都是陛下命人做的，没有任何普通人曾享有这样的待遇。我对国王的恩赐感激备至，直至丧葬那天来到。

这就是故事的经过，就像在文学作品中发现的那样。（这是标志故事结尾的传统结语性话语。）

5.两兄弟的传说

《两兄弟的传说》是新王国时期完成的，保留在新王国时期国王塞梯二世统治时期的一篇纸草上，有学者一度认为这是具有历史依据的文学作品。但实际上，它与《国王胡夫与魔法师的故事》相似，也是一种带有神话传说色彩的故事。它讲述的是弟弟先后三次遇难，都在兄长的帮助下死而复活，最终弟弟登上王位，惩罚了犯罪者，哥哥又继承了王位。这是一篇非常离奇的故事，但内容跌宕起伏、古怪离奇，人物角色历经三代轮回，很像现在的穿越剧。本译文根据 W. K.Simpson, *The Literature of Ancient Egypt*, New Haven and London: Yale University Press, 2003, pp.81—90 译出，参考了郭丹彤《古代埃及象形文字文献译注》（东北师范大学出版社，2015年版）的译文。

从前，有两个同父同母的兄弟。本故事就是关于这两兄弟的。阿努比斯（Anubis）是哥哥，巴塔（Bata）是弟弟。阿努比斯有房子和妻子。对于阿努比斯而言，巴塔就像他的儿子。于是，哥哥为弟弟提供衣服，弟弟则跟在他的牛后面，在哥哥的田地里劳动，为哥哥做田地里所有的工作。弟弟慢慢地成长为一名出色的农夫，寰宇之内无人能及，因为他拥有神的灵气。

时间就这样一天一天过去，弟弟照常照料他的牛，白天在田地里劳动，夜晚把蔬菜、牛奶、木材和田地里的各种产品带回家，把东西放在哥哥和嫂嫂面前。吃喝完毕，他就离开，到牛棚里过夜，与牛睡在一起。

天亮以后，新的一天开始。弟弟为哥哥烤好面包，放在面前，然后自己带着面包到田里去。弟弟把牛赶到田野里放牧，他跟在牛的后面。牛告诉弟弟说："有个地方的草非常好。"弟弟就听牛的话，把牛带到水草丰美的地方，结果牛得到他的精心照料，长得很快、很健壮，并生下很多后代。

耕种的季节到了。哥哥对弟弟说："安排几头牛，做好开犁的准备，土壤已经从水中露出来了。"哥哥继续说："明天你带些种子到田里来，我们开始耕种。"然后，弟弟按哥哥的吩咐做好了各种准备。第二天天亮之后，他们带着种子来到田里，满心欢喜地耕种土地。

几天以后，他们在田里耕种时，种子不够了。哥哥对弟弟说："你赶紧回村子，取些种子来吧。"（弟弟回到家，）看到哥哥的妻子正坐着梳妆打扮。他对她说："赶紧起来，给我拿些种子，我得赶快拿到田里去，哥哥在等着我。不要耽误。"她对他说："去把仓库打开，拿你想要的种子吧。我正梳头呢，不想停下来。"

弟弟走进仓库，拿起一个很大的容器，他想多取些种子。他装好了大麦和小麦，扛着种子走了出来。她问他："你扛了多少种子啊？"他说："3袋小麦和2袋大麦，一共5袋，我都扛在肩上了。"她对他说："你真有力气！我天天都注意你呢。"她想和巴塔建立亲密关系。于是，她站起身来，抱住他说："来，咱们一起躺下来，睡一个小时吧。这对你来说，可是好事哟，我会给你做很多好衣服。"

这令巴塔变得异常愤怒，就像上埃及的豹子一样，她非常害怕。巴塔对她说："看，对于我来说，你就像我的母亲，而你的丈夫就像我的父亲，正是他把我养大。你刚刚对我说的那些话是多大的罪过呀！不要再对我说这样的话，我也不会告诉任何人。"他拎起东西，返回田里。兄弟二人继续耕种。晚上，哥哥先离开田地回家了，而弟弟仍在放牛，然后背上田里的所有产品，赶着牛回到村庄，以便牛可以在牛圈里度过夜晚。

哥哥的妻子因为自己做的事情而感到害怕，于是取来油脂和绷带，浑身涂上油脂，身上绑上绷带，看上去就像受到了攻击。她打算对丈夫说："就是你那个弟弟调戏了我！"她的丈夫像往常一样，晚上从田里干完活回到家中。当他到家以后，发现妻子躺在地上，似乎生病了。她没有像往常那样，在他回来的时候把水倒在他手上，也没有在他到家的时候为他点灯，因此他的屋子漆黑一片，而妻子却躺在那里呕吐。丈夫问道："你和谁吵架了吗？"她回答丈夫说："除了你弟弟以外，我还能与谁吵架。他回来给你取种子的时候，看我独自一人坐在那里，就对我说，'来，让我们躺下来，睡一个小时吧，不要再梳妆打扮了'，他就是这样对我说的。我拒绝服从他的要求，并对他说，'难道我不像你的母亲吗？难道你的哥哥不像你的父亲吗？'我就是这样对他说的。他害怕了，为了阻止我向你揭露此事，他就侵犯了我。如果你让他活着，我就去死。他一回来，就杀了他吧，因为他肯定是昨天就计划好了这件邪恶的事情。"

阿努比斯暴怒，就像上埃及的豹子。他把长矛磨得锋利，拿在手中。他躲在牛圈门后，等弟弟回来牵牛进棚时，伺机把他杀死。太阳落山了，弟弟像往常一样，满载田里产的各种蔬菜，回到家里。领头的母牛进了牛棚之后，对他的主人说："你哥哥躲在门后，手里拿着利矛，要杀你，你一定要离开这里。"巴塔听到了。第二头牛进去后，也这样说。巴塔向门后看去，发现哥哥的脚在那里，哥哥手中还拿着长矛。他立刻把货物卸到地上，然后仓皇逃跑。哥哥手持长矛，在后面紧紧追赶。

弟弟向普瑞-哈拉凯悌神祈祷，说："我善良的主人啊，正是你把错误与正确区分开来。"普瑞神听到了他的祷告，于是就倒下一道水幕，形成一条大河，横在两兄弟之间，水中布满鳄鱼。两兄弟一个在河这边，一个在河那边，阿努比斯气得捶胸顿足，因为他没能追到并杀死巴塔。弟弟在另一边对哥哥喊道："就在那里等吧，一直到天亮。当太阳升起来的时候，我会在太阳神的面前接受盘问，那时太阳神会让真正的犯人在正义面前原形毕露，但是我再也不会与你们在一起了，我再也不会出现在你们所在的地方。我要去雪松谷。"

天亮了，第二天来临了，普瑞-哈拉凯悌神升上天空。兄弟俩彼此看着对方。接着，弟弟对哥哥说："没有听到我的任何解释，不明事情真相，你就要无义地将我杀死，你怎么能这样做呢？我仍然是你的弟弟啊，你就像我的父亲，你的妻子就像我的母亲，难道不是吗？当你让我回家取种子的时候，你的妻子对我说，'来，让我们躺下来，睡一个小时吧'，看啊，她一定是歪曲事实，告诉你这句话是我说的。"然后，巴塔就把事情原原本本地告诉了哥哥。他对着普瑞-哈拉凯悌神发誓说："哥哥，你拿着矛，要无义地将我杀死，这件事情完全起因于那个卑劣无耻的荡妇。"于是，巴塔拿起一把芦苇刀，割下了自己的生殖器，把它扔到水里。鱼将它吞了下去，巴塔的身体越来越虚弱。阿努比斯非常伤心，站起身来，面对着自己的弟弟放声痛哭，但是水里有那么多鳄鱼，他无法到弟弟身边。

巴塔对他的哥哥喊道："如果你感到悲伤，那你难道就不能想想我为你做的美好事情吗？赶快回家照顾你的牛吧，因为我不能再和你待在一起了，我要去雪松谷了。现在我来告诉你你应该为我做的事情，如果日后知道我有什么意外，请务必来照顾我。我会取出我的心，把它放在雪松树冠上面。如果松树被砍倒，你就来找我的心。即使花费7年时间找它，也不要丧失信心。如果你找到它，请把它放在一碗凉水里，我就能重新获得生命，我会为了复仇而复活。请记住，如果你看到一大杯啤酒，并且啤酒里面产生了泡沫，那么就表明我出事了。来救助我，不要耽搁。"

然后，巴塔就去了雪松谷，阿努比斯满身污垢、惭愧无比地回到家里。他一到家，就立即杀死了自己的妻子，把她扔出去喂了狗，坐下来，哀悼他的弟弟。

很多天就这样过去了，巴塔孤单一人在雪松谷生活，白天打猎，晚上就回到那棵雪松下过夜，雪松树冠上面放着他的心。又过了很多天，他在雪松谷为自己建筑了房屋，用各种美好东西装饰它，希望建立一个属于自己的家。

一天，巴塔从他的家中出来，碰到了统治埃及的九神团，九神团异口同声地对他说："哦，巴塔，九神团的公牛，你远离家乡，远离你的哥哥和他的妻子，你不感到孤单吗？看，你哥哥已经杀死了他的妻子，你的冤仇得以平复了。"九神团对巴塔非常同情。太阳神对公羊神克努姆说："送给巴塔一个姑娘吧，这样他就不会孤单了。"于是，克努姆神就送给巴塔一个同伴，她是大地上最漂亮的姑娘，因为她的身体里有每位神的精华。于是，哈托尔七女神一起过来看她，她们众口一词，说："她将死于刀下。"

姑娘就在巴塔家住了下来，巴塔非常喜爱这位姑娘，他依旧每天出去打猎，把所有的猎物都带回来，送给姑娘。他对她说："不要到外面去，千万别让大海把你带走。我不能把你从海中救回，因为我和你一样，身体非常柔弱，我的心放在了雪松树冠上，如果别人碰了它，我就会和他战斗。"接着，他对她说出了自己的所有秘密。

这样过了许多天，一天，巴塔像往常一样出去打猎，姑娘走出门，来到房子旁边的松树下散步。她忽然发现海浪在她身后猛烈地追赶着她，她吓得立刻跑回了屋子。这时大海却对松树说："给我抓住她。"松树于是弄到了她的一缕头发，大海把这缕头发带到埃及，并把它放在法老洗衣工所在的地方。头发的香味出现在法老衣服上。法老每天都来训斥洗衣工们，说："我的衣服上总是有特殊的香气。"洗衣工们不知道怎么办才好。洗衣工头领非常焦躁地来到海岸边，他在那缕头发所在水域的对岸停了下来，看了看，叫人下水去拿回那缕头发。它的气味如此芬芳，于是，他把它带回宫殿，献给了法老。

法老请来博学的书吏们。他们告诉法老："这头发是普瑞-哈拉凯悌神的女儿的，她身上集中着所有神的精华，这可是另一个国家给你的礼物啊。你应该派很多使团到各国去寻找她，最好多派一些人去雪松谷找找。"法老说："你们说得很好，很对。"于是，众多使者就向雪松谷出发了。

很多天以后，前往各国的使者纷纷回来向法老报告。去往雪松谷的人，除了一个人被放回来向法老报信外，其他人都被巴塔杀死了。法老又派了很多士兵和战车，其中还有一个妇女，她带了各种各样漂亮饰品，并把它们拿到姑娘面前。于是，这位姑娘就同那个女人来到埃及，整个国家为此举行盛大仪式。法老非常喜欢她，把她封为王妃。法老同她说话，目的是探听巴塔的情况，王妃对法老说："把那棵雪松砍倒粉碎就行了！"法老立刻派人前往雪松谷，把寄存着巴塔心的那棵雪松砍倒，并把树冠粉碎，巴塔立即倒下死去了。

雪松被砍倒的第二天，巴塔的哥哥阿努比斯进屋洗手。他拿起一杯啤酒，却发现里面产生了很多泡沫。又拿了一杯，发现也变坏了。于是，他立即拿起手杖，穿上鞋子和衣服，带上武器，前往雪松谷。他走进弟弟的房子，在床上发现了巴塔的尸体，他痛哭起来。然后他来到松树下寻找弟弟的心。他整整找了三年，也没有找到。第四年开始的时候，他等不及了，他渴望回到埃及，他在心里默默地说道："明天我就离开。"

第二天天一亮，他就出来了，他在树下寻找了一整天，直到晚上，他终于发现了一粒松球。他立刻带着松球回到家中。这就是他弟弟的心，他取来一碗凉水，将这颗松球浸在里面，然后他就像往常一样休息了。

天黑了，心吸收着水，巴塔的四肢开始抖动起来，他睁开眼睛，看着他的哥哥。阿努比斯把这碗凉水灌进弟弟嘴里，巴塔重获生机，又变得和以前一样，他们激动地拥抱在一起。巴塔对哥哥说："看，我要变成一头漂亮、强健的公牛，你要骑着我走。太阳出来时，我们得找我的妻子复仇，你要把我带到法老那里，还会获得金银等数不尽的奖赏，因为我将是一大奇迹，全国人民都会为我庆祝，你也可以出发并返回村庄。"

第二天早晨，巴塔变成了他说过的公牛。阿努比斯，他的哥哥，坐在他的背上去见法老。法老看见公牛非常高兴，说："这么强壮的公牛可真是个奇迹啊！"果然，全国都为之庆祝。法老赐给阿努比斯很多金银，让他回家乡安居，并且派了很多人供养这头巴塔变成的公牛。法老十分喜爱公牛，超过了王国里的任何人。

过了许多天，公牛来到厨房，站在王妃身旁，对她说："看啊，我还活着。"王妃问："你是谁？"公牛说："我是巴塔。我知道正是你为了不让我活着，出主意让法老毁了那棵雪松；看啊，我还活着，只不过，我现在是一头牛。"王妃害怕极了，她赶紧离开厨房。

一天，法老和王妃坐在一起，共度闲暇时光。她为法老斟酒，法老在她的陪伴下非常高兴。王妃对法老说："以神的名义向我发誓，不管我说什么，你都要为我做到。"王妃接着说，"那头牛毫无用处，让我吃了它的肝吧。"法老听了异常发愁，但是为了讨得王妃欢心，他只能牺牲公牛了。

第二天清晨，法老为公牛举行盛大祭祀，并派王室祭司长中的一位去宰杀公牛。结果，公牛就被宰杀了，当它被放在屠夫肩头的时候，它的脖子突然摇晃了一下，两滴血滴落在法老宫殿两个门柱旁边。这两滴血就长成了两棵茂盛的波斯树。人们报告法老："两棵大波斯树为陛下在一夜之间长成，真是奇迹呀。"于是，举国欢庆，法老也亲自为其献祭。

这之后许多天，法老颈戴花环出现在天青石做的窗口，他忽然想乘金银合金的马车出宫去看波斯树，王妃也坐车跟随法老同来。法老坐在一棵树下，王妃坐在另外一棵树下。巴塔此时便对他的妻子说："呵，你这个骗子，我是巴塔，我还活着呢。我知道是你让法老砍倒了雪松，我变成公牛后，也是你要杀死我。"

又过了几天，王妃和法老喝酒，法老很高兴。王妃说："请以神的名义发誓，无论我说什么，你都情愿依从。那么，把那两棵波斯树砍倒，给我做家具吧。"法老依了王妃的话，派木匠去砍树。王妃在旁边监工，突然，一小片木屑飞了起来，恰巧飞进王妃嘴里。王妃一惊，竟然一口吞了下去，在这一瞬间王妃怀孕了。国王按照王妃渴望的那样处理了两棵波斯树。

不久以后，王妃生了一个儿子，人们赶紧向法老报告这个喜讯。这个孩子得到悉心照料，法老为他的诞生而举行全国性庆祝活动。法老欢快地接受人们的祝福，并在庆典仪式上为他命名。法老对孩子疼爱至极，封他为库什总督。又过了很长时间，法老封他的儿子为埃及储君。

多年以后，法老驾崩了。新法老说道："让所有官员都集合到我这里，我要把我的所有经历宣布于众。"王妃当然也来了，巴塔就在众人面前揭穿了王妃的无耻行径，众人一致裁决判处王妃死刑。巴塔的哥哥，阿努比斯也被传唤至此，巴塔任命他为储君。巴塔统治了埃及 30 年。他死后，阿努比斯继承王位，尽心尽力治理国家。

故事到此圆满结束。

6.遭遇厄运王子的传说

《遭遇厄运王子的传说》最早或许创作于第 18 王朝，但文本保留于第 19 王朝的一份纸草上。与《辛努亥的故事》一样，这篇作品吸引人的地方也在于故事主人公的冒险经历。该传说记载的是一个王子到那哈林去，经历了三次冒险经历，但他始终保持着对神的虔诚和正义，从而故事结尾应该是神对这个王子命运的肯定，王子应该得到好的命运。然而，故事结尾部分没有保留下来，这不免让读者对结尾产生了疑问。但无论如何，一个埃及王子在那哈林遇到这么多磨难，这都不得不说是对命运的一种揭示。因而，这篇文学作品或许旨在揭示古埃及人对待命运的看法。本译文主要根据 W. K. Simpson, *The Literature of Ancient Egypt*, New Haven and London: Yale University Press, 2003, pp. 76—79 译出。

从前，有一位国王，他没有儿子。这个故事就是关于他的。他祈求神赐予他一个儿子。神命令给予他一个儿子。他同他的妻子一起度过了一个夜晚,结果他的妻子怀孕了。她怀胎十个月以后,产下一子。

当时,哈托尔七女神决定了小王子的命运,她们说:"他会被鳄鱼或蛇或狗咬死。"王子身边的人听到了这些话,赶紧向陛下报告。陛下因此变得非常伤心。然后,他命人在沙漠里修建了一所石头房屋,这所房屋配备了仆人和王宫里的好东西。这样,王子就不必到外面冒险了。

王子长大以后,有一天他爬上屋顶,他看到一只灰狗,这只狗跟着一个人,而这个人正在路上前进。王子问身边的仆人:"在那条路上走在那个人身后的是什么东西?"一个仆人告诉他,那是灰狗。王子对他说:"让人给我弄一只那样的狗来。"于是,仆人向陛下报告了这件事情。然后,陛下说:"让人带一只年幼可爱的灰狗给他,因为他的心不平静。"于是,一个仆人给他带来了一只灰狗。

时间在不知不觉中流逝,王子的身体发育成熟了,他走到父亲面前,说:"我待在这里,会发生什么事情呢?瞧,我的一切都是命运注定的。让我出去吧,这样我就可以随心所欲做一切了,直到神执行他们的意愿。"

仆人为他套了一辆战车,装备上各种武器,还配备了一个仆人作为卫士。仆人将王子摆渡到东岸,告诉王子:"现在,你可以按照你的愿望出发了,你的灰狗伴随着你。"于是,王子按照他自己的意愿向北进发,在沙漠上游走,依靠各种沙漠狩猎为生。

不久,他来到了那哈林(Nahrin)国王那里。那哈林国王没有儿子,只有一个女儿。国王为他的女儿修建了一座房子,房子的窗户距地面有70腕尺。他派人将考尔国(Khor,就是叙利亚)所有统治者的儿子都带来。他对这些王子说:"谁能攀爬到我女儿的窗前,谁就可以娶她为妻。"

许多天过去了。当王子们还在以惯常的方式试图到达窗口时,王子从他们身边经过。他们(各国王子们)把王子带到他们的住所,对他全身进行了沐浴,为他的马匹提供草料。他们为王子做了一切,为王子涂膏油,包扎他的脚,供给他的卫士以食品。在交谈中,他们问王子:"你从哪里来,英俊的年轻人?"王子告诉他们:"我是一名埃及战车兵的孩子。我的母亲死了,我的父亲又娶了一个妻子，她成了我的继母。继母虐待我，于是，我就飞一样地离开了她。"他们紧紧地拥抱王子，并吻遍了他的全身。

[现在很多天过去了]，王子问这些王子们："你们正在做什么？[……]""我们已经在这里攀爬了三个月，因为任何攀爬到那哈林国王女儿窗口的人，那哈林国王将会把女儿许配给他。"王子对这些王子们说："如果我的脚没有像现在这样受伤，那么我就可以与你们一起攀爬了。"在他们按照惯常的方式向上攀爬的时候，王子站在不引人注意的地方。但是，那哈林国王女儿的目光落在了他的身上。

许多天又过去了，王子走过来与各国王子们一起攀爬。他一跃而起，到达了那哈林国王那年轻女儿的窗口。她亲吻了他，将他拥入怀中。很快有人去向她的父亲报告，这个人说："其中一个王子跃到了你女儿的窗口。"国王询问道："这些王子中的哪一个？"仆人答道："一个战车兵的儿子，就是那个来自埃及的躲避继母的人。"那哈林国王非常生气。他说："我能将女儿嫁给一个埃及逃亡者吗？送他回去！"

于是，一个人来告诉王子，说："你应该回到你来的地方！"然而，年轻的公主爱上了他，而且她还对神发誓说："请普瑞-哈拉凯悌（Pre-Harakhti）神作证，如果有人敢从我身边将他赶走，我将不吃不喝，立刻死掉。"然后，使者马上把她所说的话报告给她的父亲。于是，她的父亲派人准备将待在宫殿中的王子杀掉。但是，他那年轻的女儿对派来的使者说："向普瑞神发誓，如果当太阳落山时，有人杀了他，那么我也不活了。我不会比他多活一小时。"

然后，一个人把她的这些话告诉了她的父亲。她的父亲派人将这个青年和他的女儿带到他面前。当这个青年人来到他的面前时，他的丰姿打动了国王。他将王子拥入怀中，亲吻他的全身。然后，国王对他说："告诉我你的背景。瞧，你对我而言，就是我的儿子。"王子告诉他："我是埃及一名战车兵的孩子。我的母亲死了。我的父亲又娶了一个妻子。她虐待我，于是我就飞一般地离开了她。"于是，国王将女儿嫁给了他，并送给王子房子、田地、牲畜以及各种好东西。

又有很多天过去了。这个青年人告诉他的妻子说："我注定要被鳄鱼或蛇或狗咬死。"于是，她对他说："让人把陪伴你的灰狗弄死吧。"他对她说："多么愚蠢啊！我不会让人把我的灰狗弄死的，我把它从小养到大。"此后，她便格外注意保护她丈夫的安全，出于安全，她不让他单独走出宫殿。

一天，这个来自埃及的青年人出去旅行，鳄鱼是他的灾祸[……]当这个青年同他的妻子在城市里的时候，鳄鱼出现在他对面的湖泊中。但是，恰巧湖里有一个水怪，这个水怪不让鳄鱼从水中游出来，而鳄鱼也不让水怪在水中闲逛。当太阳升起来时，它们每天搏斗一次，这样一直持续了整整两个月。

一些天又过去了，年轻人在房子里悠闲地坐着，度过了愉快的一天。在晚风吹过之后，这个青年在他的床上睡着了，并且睡得非常沉。他的妻子装了一坛子葡萄酒，又装了一坛子啤酒。这时，一条蛇从洞里钻出来咬这个青年，但是，他的妻子正坐在丈夫的身边，没有睡觉。坛子放在那里，蛇跳进了坛子。蛇醉倒了，仰面躺着睡着了。他的妻子用她的手斧将蛇剁成碎块。她叫醒了丈夫[……]，她对他说："看，你的神已经将一个命运交还给你。他还将保护你的另两个命运。"他向普瑞神献祭，每天赞美普瑞神及其神奇的力量。

又过去了很多天。年轻人到他的领地闲逛。他并没有走多远。他的妻子没有与他一起出去，但他的灰狗跟着他。他的狗拥有了讲话能力，对他说："我就是你的命运。"于是，他在他的狗前面逃跑。他来到湖边，飞快地跳入湖中，以避开灰狗。结果，鳄鱼咬住了他，并将他带到水怪居住的地方，但是水怪不在那里。

鳄鱼对这个青年说："我被创造出来就是追杀你的，在这两个月里，我一直同水怪作斗争。瞧，我会让你走。如果我的对手回来与我决斗，你要支持我，将其杀掉。现在，如果你看到[……]，看到鳄鱼。"

天亮了，第二天来了，水怪返回了[……]。

（传说的其他部分遗失了。）

7.温阿蒙的报告

《温阿蒙的报告》，又称《温阿蒙旅行记》，也称《温阿蒙的不幸》，保存在第21王朝或第22王朝的一份纸草上。该文献似乎是一篇官方报告，以主人公的日记整理而成，也可能是一份具有虚构色彩的文学创作。它讲述的是阿蒙神庙祭司温阿蒙奉命出使黎巴嫩以便运输造船用的木材的经历。温阿蒙生活于第 20 王朝末期，当时恰恰是埃及国际地位急剧下降的时期。温阿蒙在黎巴嫩受到很多冷遇、刁难和危险，每每都凭借他个人的机智和勇敢，化险为夷，最终成功地完成了出使任务，返回埃及。主人公的形象令人想起了希腊《荷马史诗》中的奥德修斯。本译文主要根据 W. K. Simpson, *The Literature of Ancient Egypt*, New Haven and London: Yale University Press, 2003, pp. 117—124 译出。

在第 5 年第 4 个月第 16 日，两土地 [王位之主] 阿蒙神的神庙的高级祭司温阿蒙出发，去购买木料，以便为众神之王阿蒙－拉建造伟大圣船，圣船的名字是阿蒙乌塞尔哈特。在我到达塔尼斯的那天，在斯门德斯和塔奈特阿蒙所在的地方，我给他们一封出自众神之王阿蒙－拉之手的信件，他们当众将其读了出来。他们说："我们将按照我们的主人、众神之王阿蒙－拉所说的去做。"于是，我从第 3 个季度的第 4 个月住在塔尼斯。斯门德斯和塔奈特阿蒙派我与船长蒙盖布提一起出发，在第 3 个季度第 1 个月的第 1 天，我到达大叙利亚海。

我到达了德尔城（Dor），那是柴克尔人（Tjeker）①的一座港口城市。那里的王子贝德尔（Beder）给我送来 50 块面包、1 罐葡萄酒以及 1 块牛后腿肉。那天，我船上的一个人忽然逃走了，他偷走了 1 罐价值 5 德本的黄金，4 罐重 20 德本的白银，一袋重 11 德本的白银。他（偷走的总价值）是 5 德本黄金和 31 德本白银。

早晨，我起床后，就来到王子的住处，并对他说："我在你的港口被偷窃了。现在你是这片土地的统治者，你应该为我调查此事。找回我丢失的钱吧。因为它属于两土地的主人、众神之王阿蒙－拉。它属于斯门德斯；它属于赫利霍尔（Herihor），我的主人；它属于埃及的其他官员。它属于你；它属于威瑞特（Weret）；它属于麦克麦尔（Mekmer）；它属于拜布罗斯的王子柴克尔巴尔（Tjekerbaal）。"

---

① 柴克尔人是海上民族的一支，与菲利斯汀人有关。德尔城市是巴勒斯坦北部海岸的一个港口城市。

他对我说:"你是认真的,还是在开玩笑?看啊,我不理解你向我提出的指控。如果那个窃贼属于我的管辖地区,他上了你的船,偷了你的钱,那么我会从我自己的财物中拿出相应的一部分来赔偿你,直到我抓到那窃贼为止。实际上,至于那个偷了你的钱的窃贼,他属于你,他属于你的船。请在我这里等上几天,我会为你找到他的。"

我在他的港口停船抛锚,在那里度过了9天。然后,我到他那里去,对他说:"看,你还没有找回我的钱。那么,就请把我和我的船长送走吧,还有那些打算出海的人们。"但他却对我说:"安静,安静!如果你想找回你的钱,那么你就听我的话,并按照我说的做,但是不要去你想去的地方。你应该拥有他们的[……],并得到[……]的补偿,直到他们找到他们的盗贼,就是那个偷了你的钱的盗贼。现在你应该以这种方式出发了。"然后,我抵达提尔(Tyre)。

破晓时分,我离开了提尔,拜布罗斯的王子柴克尔巴尔,[……]一艘运输船。我在船上发现了30德本银子,我拿走了财物。[我对船的主人们说]:"我已经拿到了你们的钱。我会保管这些钱,直到你们找到我所丢失的钱和那个偷了我的钱的盗贼。我不是抢劫你们,我只是一直保管你们的财物。但是,至于你们,[你们应该……]我到[……]。"

他们离开了,我在拜布罗斯海边的一个帐篷中庆祝我的胜利。我为名为"阿蒙之路"的神像找了一处隐秘之地,并把得到的财物一起放在那里。然而,拜布罗斯的王子给我捎来口信:"离开我的港口!"我这样给他回话:"我该去哪儿呢?我会去[……],如果[你能找到一艘开往埃及的船],(那么)(让那船)把我带回埃及去吧。"我在他的港口度过了29天,他每天都(派人)捎来口信,说:"离开我的港口!"

那一天,王子在向神献祭时,一个随从被神附体了,那位随从瞬时神志恍惚。神对那王子说:"(你要)好好侍奉神,(快去)将那带着神(塑像)的(埃及)使者带来!正是阿蒙神让他出发的。正是阿蒙神派他来的。"那天晚上,当那个神志恍惚的仆人恢复正常状态以后,我找到了一艘准备回埃及的船,我把所有的财物都装上了船,我准备等夜幕降临后再带着神(像)起航,这样其他人也就无法发现神(像)了。

647

港口的主人来到我这里，对我说："待在这里，明天再走，王子就是这样说的。"我对他说："你不就是那个每天都浪费时间来我这里，并对我说'离开我的港口'的人吗？你们今晚（却为何）又让我待在这里？难道你们是为了让船只先离开，然后你们明天又过来说'快点离开'吗？"港口的主人把我的话报告给了王子。王子向船长下令："待在这里，明天再走，王子就是这样说的。"

当早晨到来的时候，神（像）当时正在海岸边的帐篷中休息，王子却派人来请我（过去）。我看到王子坐在高高的厅堂之上，他的背对着窗户，窗户外是波涛汹涌的叙利亚海。我对他说："阿蒙神是仁慈的！"他对我说："自从你从阿蒙神那里来到这里，直到今日，已经多长时间了？"我答复他道："整整五个月了。"他又对我说："那么你现在是真实的了？你手里的阿蒙神诏令在哪里？你手中的阿蒙神高级祭司的信件又在哪里？"我回答说："我把这些东西都给了斯门德斯和塔奈特阿蒙。"王子听后变得十分恼怒，他对我说："你看，你现在既没有诏令，也没有信件。那么，斯门德斯给你运送雪松的船只又在哪里呢？它的叙利亚水手又在哪里呢？难道斯门德斯把你交托给异邦船长是为了让他谋害你，把你扔到海里去吗？如果是这样，你的神（像）又是从何而来呢？你又是从何而来呢？"

我对他说："这难道不是斯门德斯手下的埃及船只和埃及船员吗？难道他还有叙利亚船员吗？"他对我说道："在我港口中的 20 条船难道与斯门德斯没有贸易往来吗？至于那个西顿港口，你路过其他港口时，难道没发现另外 50 条与威尔克特尔（Werketer）进行贸易的船正被拖进西顿港口的货仓吗？"

在这紧要关头，我默默无语，目瞪口呆。然后，他又对我说："你又是为了做什么样的生意呢？"我回答他道："我是为了获得制造伟大而神圣的众神之王阿蒙-拉的太阳船所需的木料而来，你的父亲和你的祖父一直都（为埃及）提供木材，（那么）你也应该这样做。"他对我说："他们的确一直都（为埃及）提供木材。但是你必须先支付货款，然后我才能提供木料。事实上，（你们）曾在这类生意上赊过账，因而只有法老（愿永生！荣华！健康！）送来满载埃及货物的 6 只货船，并把它们拖进仓库后，我才能交付木料。或者，你带了什么可以和我交换的货物了吗？"

他取出了先辈们的一卷流水账，放在我面前宣读。这本流水账中记录着（赊欠的）1000德本银和各色物品。他对我说道："法老作为埃及的统治者，也是我的主人吗？我是他的仆人吗？如果是的话，他有必要送来黄金和白银，并对我说：'为阿蒙神完成使命吧！'那或许是他给我父亲的礼物？那么到我统治城市时，我还是他的仆人吗？我还需要臣服于他派来的使者吗？我只需要对着天空向黎巴嫩招呼一声，木料就会被堆放到海岸上。（请）先将你带来的船交托给我，然后（我会）让你的货船将木料运回埃及。将你将用来捆绑雪松的绳子给我，我会专门为你砍伐那些雪松[……]，还有那我特意为你准备的货船，要不然船只会因为风帆太重而在海中损毁。看哪，那是因为只有塞特神在他身边时，阿蒙神才能在天空中使用雷电。所有土地都是阿蒙所创造的，但埃及是他最先创造的土地，其余土地的创造皆在埃及之后，埃及就是你的来处。那里不仅是手工技术的发源地，也是知识的故乡。埃及既然如此富饶，你又何必做这愚蠢的旅行呢？"

但是，我对他说："此言大错特错！我的旅行并非愚蠢之举。河流中航行的船都属于阿蒙神。海洋是他的，黎巴嫩也是他的，虽然你一再宣称黎巴嫩是你的。他是阿蒙乌塞尔哈特，一切航船的主人，他统治着广阔的土地。事实上，他是众神之王阿蒙-拉，他告诉我的主人赫利霍尔，阿蒙神让他派我出行，让我带着这伟大的神（像）前来（这里）。但是，你看，你已经让这伟大的神在你的港口等待了29天，你甚至不知道他是否在这里。你还在这里与阿蒙神，黎巴嫩的主人，纠缠黎巴嫩的归属问题。如你所言，以前的法老常常送来金银，但是如果法老手握生命和健康的话，他们也会将这些送给你的。将金银送给你父亲，只是为了替代生命和健康。然而，众神之王阿蒙-拉却手握着生命和健康，他也是你父亲的主人。他们将他们的有生之年贡献给阿蒙神。其实，你和他们毫无区别，你也是阿蒙神的仆人。如果你这样宣称'我会为阿蒙神做这件事情'，同时服从阿蒙神的旨意，那么你将得享生命，得享荣华，获得健康，也将对你的所有土地和人民有力。不要觊觎众神之王阿蒙的任何东西。事实上，狮子只会觊觎自己的东西。把你的书吏带来，我将他带到斯门德斯和塔奈特阿蒙那里；他们是阿蒙神任命的埃及北部的管理者，他们会将所需的物品送到你这里来，这样我就能够付清所有拖欠的货款了。我将派你的那个书吏带着我的信息去：'只要我回到埃及底比斯，我就把从你们这里借走的东西如数奉还。'"我就是这样对他说的。

他把我的信放在他的书吏手里；他把龙骨、（木制的）船首、船舷、船尾和其他4块木板，总共7块木材，都放在甲板上，把它们送往埃及。他的信使去了埃及，在第2个季度的第1个月返回叙利亚，来到我这里。斯门德斯和塔奈特阿蒙送来了4瓶加1罐黄金、5盘白银、10腕尺麻布衣料、10条上好的轻薄麻布、500张纸草、500张牛皮、500条绳子、20袋扁豆、30篮鱼。同时，她（埃及）给我（个人）送来了5腕尺亚麻布衣料、5条上好的轻薄亚麻布、1袋扁豆、5篮鱼。王子看到这些东西以后满心欢悦。他派出300个男人和300头牛以及管理他们的监工，去采伐木材。他们整个冬季都在采伐树木，树木采伐完毕之后被堆放在那里。

在第3个季度的第3个月，那些木料被拖到海岸上。王子来到它们面前。他对我说："来！"我来到他面前，他手中莲花的影子掩映到了我身上。这时，蓬阿蒙（Penamon），王子的持杯者对我说："法老（愿你永生！繁荣！健康！），你的主人，法老的影子投射在了你的身上。"王子对他勃然大怒，对他说："让他走开！"我走到王子面前，他对我说："看吧，我父亲曾经完成了交付木材的使命，我也完成了使命，尽管你没有像对父辈们那样对待我。看吧，木料已经被拖到这里，并被堆放了起来。按照我渴望的去做，然后将木材装船运走吧。但是，如果我没有看到海上运来的财物，我是不会把（这些木料）给你的。但愿你不要只是看到海的恐怖，（而看不到来自埃及的财产。）如果你看到了海的恐怖，你就不得不面对我自己的财产。一旦你看到财物自海上而来，马上就来见我。事实上，我没有像对待哈姆瓦斯（Khaemwase）的使者那样对待你，他们在这块土地上待了17年，最后死在了那个旗杆下面。"王子对身边的执杯者说："把他带到那里去，让他看看他们死亡之地的坟墓。"但我对他说："不要让我去看它！至于哈姆瓦斯，他们是人，是他派遣他们作为使者到你这里来的，他本身也是人。你不应该（像那样）对待（你面前）的他的信使中的任何一个，以便你可以说：'去看看你的同伴吧。'难道你不能高兴一些吗？为你自己树立一块石碑，在上面写上：'阿蒙－拉，众神之王，给我送来阿蒙之路神，他的使者和温阿蒙，他的人性使者，为众神之王阿蒙－拉获取大圣船的木材。我砍伐树木；我把树木装到甲板上。我用我自己的船和船员提供它。我让他们到埃及去为我要求超越我的命运的50年寿命。'使者从埃及土地上回来之后的某个时候，一个熟悉埃及文字的人，将读出你在石碑上的名字；然后，你将获得西方的水，就像众神在那里一样。"

他对我说："这完全是你给我的唠唠叨叨的建议。"然后，我对他说："至于你已经告诉我的事情，如果我到了家，而阿蒙神的高级祭司在那里，并看到你的任务，那么你的任务将为你带来利益。"

我来到堆放木料的海岸边，我发现11艘船自海上而来，他们属于柴克尔人。船上的人对着我大喊："抓住他！不要让一艘埃及船回到埃及去！"我当即坐下，开始哭泣。王子的书吏来到我跟前，问我："你怎么了？"我对他说："难道你没有看到这些候鸟吗？它们已经从埃及归来两次了。看到它们往北到寒冷的地方去，（我就想起）我到底还要被遗弃在这里多久呢？难道你没看到，这些人又开始追捕我了吗？"

书吏回去把我的话告诉了王子，王子听到我说的这些话也不禁泪流满面，因为他们也心酸了。他派人给我送来了2罐葡萄酒和1只绵羊。他还把塔奈特恩（Tanetne），一位埃及的女歌唱者，带到我面前。书吏对她说："为他唱些歌曲吧！不要让他再感到忧伤。"书吏又来到我身边，捎来王子的话："吃喝吧！不要感伤。明天早上我会替你说话的。"

当早上来临时，他召集民众，他站在他们中间，问柴克尔人："你们此行的目的是什么？"他们回答他说："我们是跟随你们派往埃及的船只而来的，那里有我们的敌人。"王子对他们说："我不能在我的辖地上扣留阿蒙神的使者。让我把他送走，然后你们再开始追捕他。"

他把我带到航船甲板上，让我从一个海港离开。海风将我吹到了塞浦路斯，城市市民都跑出来想杀掉我。我巧妙地从这些城市中间穿过，来到了一座城市，哈提巴（Hatiba）是那座城市的女王。当我从女王的一座宫殿转到另一座宫殿的路上，我遇到了她。我向她行礼，并向随侍女王左右的人问道：

"你们中有人懂埃及语吗？"人群中一人应声答道："我懂埃及语。"于是，我便对他说道："请向我最尊贵的女王报告，我远在底比斯、阿蒙神之城就曾听说过，这里的每座城市都毫无法度，而塞浦路斯却是法制严明。正义真的每日都在这里得到实施吗？"

女王说道："你说这些话，是什么意思呢？"我对她说："如果大海怒吼，海风把我吹到你在的这片土地，你会让人乘机抓住我，并杀掉我吗？尽管我是阿蒙神的使者。现在看看吧，他们还是在不停地四处寻找我。至于这个拜布罗斯的王子的水手，他们正在寻找，并试图杀死他，他的主人难道不会去寻找十个属于你的水手并杀掉他们吗？"

于是，女王把人们召集起来，他们被传讯。然后，她对我说："好好睡一觉吧！"

（报告的其他部分遗失了。）

8.魔法师希霍尔

《魔法师希霍尔》是希腊人统治时期用世俗语书写的埃及故事，实际上是一篇冒险故事，但这篇文献只是保留了最初的一个段落，后面的没有保留下来。这个故事与其他几个故事最初铭刻在一个保留在柏林博物馆的坛子上（Jug Berlin 12845），这个坛子在第二次世界大战中损毁了。这篇文献或许是以古埃及为背景，以希腊浪漫主义传说为内容的。故事仅仅讲述了魔法师被投入监狱，然后两只天鸟来到监狱，把魔法师的请愿书带到法老面前的情节。这里面的人物塔奈特的身份无法确定，部分内容也不是很清楚，这主要是引文这篇文献保留下来的内容实在太少了。但尽管如此，这两段文字还是有助于我们理解希腊人统治时期世俗语故事的意境。本译文根据 W. K. Simpson, *The Literature of Ancient Egypt*, New Haven and London: Yale University Press, 2003, pp. 492—493 译出。

魔法师希霍尔。下面是宫殿魔法师希霍尔的请愿：

法老面前［的魔法师希霍尔的请愿］："我的［伟大］主人！如果它碰巧被同意，我将赠送给他：塔奈特（Taneith）的兄弟、他的鸟、他的所有东西和法老的一切。"之后，魔法师、首席书吏希霍尔［……］。他将赠送给他塔奈特（Taneith）的兄弟、他的鸟、他的所有东西和法老的一切。

　　碰巧魔法师希霍尔被囚禁在象岛法老的监狱里。之后发生的事情是，天空之鸟飞到埃及。鸭子和母鸡飞到埃及。它们询问起魔法师希霍尔来，他们了解到他被囚禁在象岛法老的监狱里。他们往南飞往象岛，他们落在象岛法老监狱旁边。他们对着里面说："哦，魔法师希霍尔，我们是你赋予生命的两只鸟。我们的要求是，在你高兴的情况下，我们命令你把你的话写在两份请愿书上，以便我们把它们带到多柱大厅的法老面前。"他被给予写作材料，而他把他的话写在了两份请愿书上。他把一份请愿书给予鸭子，把另一份请愿书给予母鸡。另一份抄本与它们一起，它们把这些抄本带到了多柱大厅的法老面前。

十　颂与诗歌

颂和诗歌是古代埃及重要的文学形式，被视为宗教文献的重要组成部分，这两种文学形式大多是在新王国时期发展起来的。不同于专用于死者的丧葬文献，颂一般是对神祇的赞颂，也有对国王的赞颂，往往以诗歌的形式出现，是在神庙举行仪式的时候，由音乐师伴随着竖琴等乐器的演奏而吟唱的。古埃及人对神祇的赞颂主要是列举神的名字、神的力量、神的特征和崇拜。因为古埃及神学往往把一些神祇等同起来，所以古埃及人关于神祇的颂也表现出很多相似性。然而，每个神祇的颂仍然保留着神的某些独特性。诗歌一般是对劳动民众的生活和情感进行表达的一种文学形式。颂和诗歌虽然是文学形式，但里面蕴含着古埃及人关于宇宙、自然、社会和人的观念，更隐含着古埃及人的社会关系，是我们了解古代埃及社会人和观念的重要史料。由于颂和诗歌往往具有相似的表达形式，所以本书这里将二者放在一起进行译介。这里面按照神祇颂、人物颂、诗歌的顺序排列，每类颂和诗歌的先后顺序以作品成书的时间为准。

1.太阳和哈托尔颂

《太阳和哈托尔颂》是一份比较特殊的颂文，同时出现在一块石碑上。这块石碑保存在美国大都会博物馆，编号为13.182.3。石碑是用优质石灰石制作的，大小为42.5平方厘米。石碑是国王瓦赫安柯·荫太夫二世在底比斯坟墓中的墓碑。在墓碑铭文中，国王荫太夫二世用两段文字分别颂扬太阳神和哈托尔神。第一首是写给降落太阳的挽歌，第二首是写给天空女神和爱情女神哈托尔的诗歌。行文很短，但读起来朗朗上口，是很优秀的颂诗。另外，在墓碑上，文字旁边还雕刻着国王荫太夫二世的形象。国王呈站姿，两只手分别端着一个啤酒碗和一个牛奶坛子，向两位大神献祭。本译文根据 Miriam Lichtheim, *Ancient Egyptian Literature: A Book of Readings*, vol. 1, pp. 94—95 译出，并参考了 H. E. Winlock, *JNES*, vol. 2（1943）, pp. 258—259 and pl. xxxvi。

一、太阳颂

[国王给予奥西里斯的一份祭品，一千份面包和啤酒]，一千个油坛子和一千份布料，一千份各种优质东西，给予那个被夜晚的拉－阿图姆赐予荣誉之人，给予那个被哈托尔神 [她关照黎明时刻] 赐予荣誉之人。他说：

父亲拉啊，在你推荐我之前，你就要离开吗？

在你推荐我之前，天空就要隐藏你吗？

请把我推荐给夜晚和居住在夜晚的那些人，

结果你将发现 [我与你的崇拜者们在一起]，哦，拉啊，

我们在你升起的时候崇拜你，

我在你降落的时候为你唱挽歌。

依靠你的推荐，哦，拉啊，——

我是你的代理人，你使我成为生命的主人，永恒不朽。

请把我推荐给夜晚较早的几个小时，

愿他们保卫我；

请把我推荐给 [凌晨]，

愿他保卫我；

我是凌晨的婴儿，

我是夜晚较早的几个小时的婴儿，

我在夜晚出生，我的生命 [在黑夜里] 生成，

我的恐怖萦绕着那些长着倒转之角的畜群。

用你眼睛的红色热线保护我，

你将发现我正在你的旅途中向你欢呼！

二、哈托尔颂

哦，你们，西方天空的主人，

哦，你们，西方天空的众神，

哦，你们，统治西方天空的四角，

在哈托尔到来的时候欢欣鼓舞，

愿意看到她漂亮地升起！

我让她知道，我在她身边说，

我在看到她的时候，欢欣鼓舞！

我的双手做着"到我这里来，到我这里来"的姿势，

我的身体在说话，我的双唇在重复：

神圣的音乐给予哈托尔，演奏音乐一百万次，

因为你热爱音乐，百万次的音乐

给你的卡，无论你在哪里！

我是那个叫醒歌唱者，以便为哈托尔演奏音乐的人，

每天在她愿意听音乐的任何小时。

愿你的心因为音乐而平和，

愿你相当平和地前行，

愿你因生命而欢欣鼓舞，

因与荷鲁斯在一起而高兴，

荷鲁斯爱你，

荷鲁斯与你一起享用食物，

荷鲁斯与你一起享用祭品，

愿你每天都把我推荐给荷鲁斯！

荷鲁斯：瓦赫安柯，被奥西里斯赐予荣誉；

拉之子：荫太夫，奈夫鲁所生。

2.奥西里斯和敏神颂

中王国时期的官员索贝克伊瑞（Sobk-iry）的墓碑目前存放在卢浮宫（编号为 C30）。索贝克伊瑞在自己的墓碑中吟诵了两首颂诗。一首是对奥西里斯的赞颂，另一首是对敏神的赞颂。奥西里斯是古埃及人的冥府之主神，关于奥西里斯的神话也在古埃及社会占据重要地位。奥西里斯受大地神盖伯的任命担任埃及人间之王，弟弟塞特嫉妒哥哥而将其谋杀。伊西斯和奈夫提斯女神两次找回奥西里斯的尸体，并将其复活。奥西里斯厌倦了人间的阴谋，决定到阴间担任冥王。奥西里斯与伊西斯的儿子荷鲁斯长大成人以后，与叔叔塞特展开斗争，为父亲报仇，并夺回了王位。这是古埃及人关于奥西里斯的主要神话。在中王国和新王国时期，埃及人关于奥西里斯的颂诗会涉及奥西里斯的被害和荷鲁斯的复仇。这块墓碑中引用的两篇颂诗就涉及了这两个主题，第二首颂诗中的敏神等同于荷鲁斯神。本译文根据 Miriam Lichtheim, *Ancient Egyptian Literature: A Book of Readings*, vol. 1, pp. 203—204 译出。

石碑正面：奥西里斯颂
引文。副财务官索贝克伊瑞，塞努女士所生，被审判为正义者，说：
向努特之子奥西里斯致敬！
两个角状的、高高的王冠，
被给予王冠，在九神团面前欢欣鼓舞。
阿图姆把奥西里斯的威严放在人们、众神、精灵和死者的心里，
统治权在奥恩（On）[①] 被给予奥西里斯；
奥西里斯在杰都出现的时候是伟大的，
奥西里斯在双山是恐惧的领主；
奥西里斯在罗斯陶出现的时候令人极为恐惧，
奥西里斯在胡尼斯是令人敬畏的领主。

---
① 地名，赫利奥坡里斯。

奥西里斯在泰嫩特是力量的主人，
奥西里斯把极大的爱倾注到大地上；
奥西里斯在宫殿里是声誉的领主，
奥西里斯在阿拜多斯拥有极大的光荣；
在聚集的九神团面前，胜利被给予奥西里斯，
在赫尔维尔的大厅里，杀戮为了奥西里斯而实施。
大神们害怕奥西里斯，
大神因为奥西里斯而从他们的坐垫上站起来；
舒神已经创造了人们对他的恐惧，
泰夫努特已经型塑了人们对他的敬畏，
两个陪审团已经来向他鞠躬致敬，
因为人们对他的恐惧是强大的，
人们对他的敬畏是强烈的。

这就是奥西里斯，众神之王，
天空的大神，
活人的统治者，
死亡世界的国王！
成千上万的人们在赫尔阿哈向他祈祷，
人类在奥恩赞颂他；
他拥有在高房屋地方的选择权，
牺牲在孟菲斯被给予奥西里斯。
（索贝克伊瑞的石碑文本到此结束。下面是颂诗的其他版本：）
夜晚的宴会在塞赫姆为奥西里斯准备，
当众神看到奥西里斯时，他们崇拜他，
当精灵们看到奥西里斯时，他们崇拜他，
奥西里斯在提斯被大量人恸哭哀悼，
奥西里斯受到那些在来世的人们的欢呼！

石碑反面：敏神颂

引文。副财务官索贝克伊瑞，塞努女士所生，被审判为正义者，作为一个干净而纯洁的人，说：

我崇拜敏神，我高举双手赞扬荷鲁斯：

向你致敬，在他的游行队伍中的敏神！

装饰着高高的羽毛者，奥西里斯之子，

神伊西斯所生。

塞努特的伟大者，伊普的强有力者，

科普图斯的你，拥有强大臂力的荷鲁斯，

敬畏的领主，他使骄傲沉默下来，

所有神的统治者！

当他从麦德查土地而来的时候，香料被卸载下来，

敬畏在努比亚激发出来，

吴腾特的你，致敬和赞美！

3.哈皮颂

哈皮（Hapy）是泛滥的尼罗河的拟人化形象。因此，《哈皮颂》又称《尼罗河颂》。古埃及人非常了解尼罗河对于他们生活的重要意义，将其崇拜为神哈皮，并用美好的语言歌颂他。尽管尼罗河神哈皮没有固定的崇拜场所，但古埃及人定期举行纪念尼罗河神的节日或仪式，在仪式活动中，人们会吟唱哈皮颂。哈皮颂最早是在中王国时期完成的，但它的抄本很多在新王国时期的纸草上留存下来，第 18 王朝的几个抄本比较好。这些抄本都获得了很多研究。埃及学家利希特姆将各个版本的优长之处结合起来，形成了一篇较为流利丰润的文本。本译文就是根据他的文本 Miriam Lichtheim, *Ancient Egyptian Literature: A Book of Readings*, vol. 1, pp. 205—209 译出的。

关于哈皮的崇拜：
向你致敬，哈皮，
你源自大地，
来滋养埃及！
他的追随者们
以神秘的方式，
夜以继日地，
吟唱诗歌！
他浇灌拉神已经创造的耕地，
滋养所有饥渴之人；
浇灌无水的沙漠，
他的雨露源自天空。
盖伯的朋友，奈普利的主人，
普塔艺术的提升者。
鱼的领主，
他使鸟禽往南飞，
没有鸟因为炎热而跌落。
大麦的制作者，二粒小麦的创造者，
他让神庙庆祝。

当他行动迟缓地嗅到障碍的时候，
每个人都是贫穷的了；
当神圣的面包被分发出去的时候，
一百万块面包在他们当中消失了。
当他肆虐的时候，整个大地都在怒吼，
大大小小的轰鸣；
人们根据他的到来状况而改变，
当克努姆已经型塑了他的时候。

当他泛滥的时候，大地欢欣，
每个肠胃都在欢呼，
每块颚骨都在欢笑，
所有牙齿都裸露出来。

食物的提供者，慷慨的创造者，
他创造了所有美好的事物！
敬畏的领主，甜蜜的芳香，
他和蔼可亲地到来。
他为牲畜提供草木，
给每个神奉献祭品。
居住在来世，
他控制天和地。
两土地的征服者，
他填充仓库，
使谷仓膨胀，
对穷人慷慨。

他使所有可爱的树木生长——
他没有税收；
船只依靠他的力量而存在——
他没有用石头砍削。
山脉因为他的巨浪而裂开——
人们看不到工人，没有领袖，
他秘密地带走了泥土。
没有人知道他在哪里，
他的洞穴没有在书中发现。
他没有神殿，没有物品，

十　颂与诗歌

没有他选择的仆人；
但年轻人，他的孩子们，都赞扬他，
人们就像赞扬国王一样赞扬他。
他有规律地按时来到，
填充埃及，南方和北方；
当一个人喝水的时候，所有人的眼睛都看着他，
他使他的慷慨溢出。

悲伤的人高兴地离开，
每一颗心都欢欣鼓舞；
索贝克，奈斯的孩子，露出他的牙齿，
[九神非常高兴]。
当他喷水的时候，浇灌耕地，
每个人都茁壮成长。
因为另一个人的辛苦劳动而富有，
人们不与他争吵；
他不蔑视食物的生产者，
人们没有限制他。

光的制造者，来自黑暗，
养肥畜群的人，
型塑一切的强大者，
没有他，没有人能够生存。
人们穿的是他耕地里的亚麻，
因为他使纺织神海迪霍特普为他服务；
他用他的药膏涂抹膏油，
因为他是普塔的类似者。
所有工艺品都因为他而存在，

所有神的话语的书，
他用莎草纸生产书。
进入洞穴，
流到上面来，
他想让自己神秘地到来。
如果他是沉重的，
那么人们就会变得渺小，
一年的食物供给就丧失了。
富人看上去忧心忡忡，
每个人都携带着武器，
朋友也不照顾朋友了。
布料不能满足人们的穿衣需求，
贵族的孩子们也缺乏华丽服装；
没有人能够画眼影了，
没有人能够涂抹膏油了。

这个事实铭记在人们心里：谎言跟随着需求。
他以大海为伴，
不使谷物丰收。
尽管人们赞扬所有神，
但鸟不会降落在沙漠里。
没有人用金子捶打他的手，
没有人能够在银子上获得饮品，
人们不能吃天青石，
大麦是最重要的和最强大的！

竖琴之歌是为你而创作的，
人们拍着手为你唱响诗歌，

十 颂与诗歌

年轻人，你的孩子们，向你欢呼，
群众因为你而装饰他们自己，
你带着丰富的营养而来，装饰大地，
滋养每一个人；
支撑怀孕妇女的心，
爱护大量畜群。

当他在住处升起的时候，
人们以牧草为礼物举行宴会，
用荷花装饰鼻子，
所有事物都从大地里生长出来。
孩子们的手充满了草药，
他们忘记去吃掉它们。
美好的事物散布在房屋周围，
整个大地都在欢欣跳跃。

当你泛滥的时候，哦，哈皮，
祭品被给予你；
牛被屠杀献祭给你，
大量祭品被给予你。
家禽为你养肥，
沙漠游戏为你设计，
因为人们要偿还你的慷慨。
人们为所有神奉献哈皮已经提供的祭品，
精选的香、牛、山羊
和大量屠杀的鸟。

哈皮在他的洞穴里是强大的，

他的名字不为人间的人们所知，
因为众神没有揭示它。
你们这些赞扬众神的人们，
尊重他的儿子已经产生的敬畏，
万能的大神维持天空四方！
哦，当你来的时候，欢欣鼓舞！
哦，当你来的时候，欢欣鼓舞，哦，哈皮，
哦，当你来的时候，欢欣鼓舞！
你喂养人们和牲畜，
用你的牧草作为礼物！
哦，当你来的时候，欢欣鼓舞！
哦，当你来的时候，欢欣鼓舞，哦，哈皮，
哦，当你来的时候，欢欣鼓舞！

4.红冠颂

　　这首颂诗是对上埃及王冠——红冠的赞颂诗，源自一套由十首诗组成的颂诗，十首诗都是在赞颂上下埃及的王冠。当然，这些王冠没有与任何国王直接联系起来，而是与法尤姆城镇谢迪特的保护神即鳄鱼神索贝克联系起来了。这份纸草的时间大概是第二中间期的喜克索斯人统治阶段。这篇纸草当中十首诗的开头都有一个短语，这首诗的开头短语是"对 NT 的崇拜"，NT 是埃及人对下埃及王冠的几个称呼之一。行文当中，神索贝克被称为"谢迪特的索贝克，谢迪特的荷鲁斯"，也就是说，索贝克被视作荷鲁斯的化身，而荷鲁斯又与王权关系极为密切。因而，这首诗与王权有一定关系。本译文根据 Miriam Lichtheim, *Ancient Egyptian Literature: A Book of Readings*, vol. 1, p. 201 译出。

对 NT 的崇拜：

NT 照耀着你——谢迪特的索贝克-荷鲁斯，

你受到保护！

NT 高高地在你上面，

你受到保护！

NT 缠绕在你的眉梢，

你受到保护！

NT 悬浮在你的神庙上，

你受到保护！

南方、北方、西方和东方的所有神，

所有九神，你们跟随着谢迪特的索贝克-荷鲁斯，

让你们的卡为这个国王——谢迪特的索贝克-荷鲁斯欢欣鼓舞，

就像伊西斯为他的儿子荷鲁斯欢欣鼓舞那样，

当时他还是切密斯地方的一个孩子。

注意：吟诵四次。

5.奥西里斯大颂诗

《奥西里斯大颂诗》是铭刻在一块石碑上的铭文。这块石碑目前保存在卢浮宫，编号为 C286。石碑的主人是第 18 王朝的官员阿蒙摩斯。石碑是用大理石制作的，高 1.03 米，宽 0.62 米。石碑上部是浮雕，左面是阿蒙摩斯和站在他后面的妻子，他们站在祭品桌旁边，他们对面是一个名为巴凯特的妇女。阿蒙摩斯对面站着他的一个儿子，这个儿子手举着祭品。阿蒙摩斯的其他儿女坐在阿蒙摩斯后面。在妇女巴凯特前面还有一个举行仪式的祭司。在这个场景下面是长达 28 竖行的奥西里斯大颂诗。这篇颂诗包含现存奥西里斯神话最多的内容。颂诗表达了这样一些内容：奥西里斯被授予统治埃及的王权，伊西斯将奥西里斯复活，并怀上奥西里斯的孩子，伊西斯和奥西里斯的儿子荷鲁斯被伊西斯在荒僻的地方抚养成人之

后，荷鲁斯与塞特的战争在大地神盖伯的大厅里接受审判，最后奥西里斯的王权被归还给荷鲁斯。颂诗最后部分赞颂了荷鲁斯的英明统治。在古埃及人看来，每个国王都是荷鲁斯在人间的代表，因而这篇颂诗也是在赞颂当时的统治者。本译文根据 Miriam Lichtheim, *Ancient Egyptian Literature: A Book of Readings*, vol. 2, pp. 81—85 译出。

[阿蒙]之牛的监管者阿蒙摩斯和奈菲尔塔利女士崇拜奥西里斯。他说：
向你致敬，奥西里斯，
永恒的领主，众神之王，
他拥有很多名字，拥有神圣的形态，
在神庙里拥有秘密仪式！
卡的贵族，他居住在杰都①。
他在塞海姆②有丰富的食物，
他是在安洁提③受到赞扬的领主，
他在奥恩最先接受祭品。
他是正义大厅④里面的回忆之领主，
洞穴领主神秘的巴，
白墙⑤之内的神圣者，
拉的巴，他的身体。
他在赫尼斯（Hnes）⑥休息，
他在纳尔特（naret）树上受到崇拜，
那棵树长高以便承担他的巴⑦。

---

① 地名，布西里斯。
② 地名，列托坡里斯。
③ 地名，下埃及第九诺姆。
④ 在来世对死者进行审判的地方。
⑤ 地名，孟菲斯及其诺姆。
⑥ 地名，大赫拉克利奥坡里斯。
⑦ 根据赫拉克利奥坡里斯的传说，奥西里斯的坟墓坐落在这座城市里，神圣的 naret 树长得超过坟墓高度，为奥西里斯的巴遮阴挡雨。

在克穆恩①的宫殿的领主，
在沙霍泰普②非常受尊重的人，
永恒的领主，居住在阿拜多斯③，
他居住在遥远的葡萄园里，
他的名字在人们的嘴里持久存在。

结合在一起的两土地当中最古老的，
九神团以前的滋养者，
众精灵当中潜在的精灵。
努恩已经把他的水域给了他，
北风往南旅行到了他那里，
天空在他鼻子面前制作风，
结果他的心是满意的。
植物因为他的愿望而生长出来，
大地为他生长食物，
天空和它的星星们服从他，
大门为他打开。
在南方天空受到欢迎的领主，
在北方天空是神圣的。
永不消失的晨星在他的统治之下，
永不疲倦的晨星是他的住处。
人们按照盖伯的命令为他献祭，
九神团喜爱他，
在 dat 的那些人亲吻大地，
那些被埋葬在沙漠高处坟墓中的人向他鞠躬。

---

① 地名，赫尔墨坡里斯。
② 地名，西普塞里斯。
③ 颂诗到此为止列举了奥西里斯的主要崇拜中心，从最北端的布西里斯到上埃及的阿拜多斯。

祖先们看到他而高兴，
那些远方的人敬畏他。

结合在一起的两土地崇拜他，
当陛下接近的时候，
贵族当中最强大的贵族，
最高等级的人，拥有持久统治。
九神团的优秀领导者，
亲切的，面目可亲，
令所有国土敬畏，
他的名字在最前面。
所有人为他提供祭品，
天空和大地上回忆之领主，
Wag 宴会上非常受欢迎，
两土地都向他致敬，
他弟弟最前面的人，
九神团当中最年长的，
他在两岸各地设立玛阿特，
把儿子放在他父亲的座位上。
受到他父亲盖伯的赞赏，
他母亲努特所喜欢的，
当他击败反叛者的时候是强大的，
当他屠杀他的敌人时，拥有强大臂力。
他把恐怖投放在敌人身上，
他消除了邪恶的阴谋者，
他的心是坚定的，
当他镇压反叛者的时候。

盖伯在两土地的王权的继承人,
看到了他的价值,盖伯把王权给予他,
令其领导两土地,为两土地带来好运。
盖伯把这个土地放在他的手中,
把它的风、它的水、
它的植物、它所有的牛都给了他。
所有飞行的,所有落下的,
它的爬行动物和它的沙漠运动,
都被给予努特的儿子,
而两土地对此很满意。
当他在高地上升起时,就像拉一样,
出现在他父亲的王座上。
他把光明放在黑暗之上,
他用他的羽毛照亮阴影。
他像阿吞一样在黎明时为两土地提供泛滥洪水,
他的王冠直插云霄,与繁星结合起来。
他是所有神的领导者,
他的命令言辞是有效的,
大埃尼阿德[①]赞美他,
小埃尼阿德爱他。[②]

他的妹妹是他的卫士,
她驱逐了敌人,
她阻止了骚乱行为,
依靠她强大的言辞。

---

① 埃尼阿德是古埃及的九神团。
② 这段颂诗是在讲述奥西里斯的合法王权和他在众神中的地位。

她拥有聪明伶俐的舌头，她的话没有失误，
她的命令言辞是有效的。
她就是那个保护哥哥的强大的伊西斯，
她毫不厌倦地寻找他，
她哭泣着在大地上遨游，
在找到他之前从未休息。
她用她的羽毛为他遮阴，
她用她的羽翼为他制造呼吸。
她欢呼，与她的哥哥结合，
把厌倦者的微弱气息提升起来，
获得精子，怀上后代，
在荒僻的地方抚养孩子，
他①的住处无人知晓。
当他的胳膊变得强大的时候，
她把他带入盖伯的宽广大厅。②

埃尼阿德欢呼：
"欢迎，奥西里斯之子，
荷鲁斯，心理坚定，正义者，
伊西斯之子，奥西里斯的继承人！"
玛阿特的委员会为了他而聚集起来，
埃尼阿德，万能的神本人，
玛阿特的众神，与玛阿特达成一致，
他们避免错误行为，
他们都坐在盖伯的大厅里，

---

① 这里指荷鲁斯。
② 这段是在讲述奥西里斯被害之后，伊西斯复活奥西里斯并怀孕，伊西斯把荷鲁斯抚养成人的故事。

十 颂与诗歌

把职权给予它的主人,
把王权给予它正确的主人,
荷鲁斯被发现是正义的,
他父亲的职位被给予他,
他按照盖伯的命令离席并戴上王冠,
获得了两岸的统治。①

王冠被牢牢地放在他的头上,
他把土地视为自己的所有物,
天空和大地都在他的命令下,
人类对他非常信任,
普通人、贵族和太阳所照射之地的人们。②
埃及和遥远的土地,
阿吞环绕的一切都在他的关心之下,
北风、河流、洪水、
生命之树、所有植物。
耐普瑞给出了他所有的草药,
食物带来满足,
并被给予所有国土。
每个人都在欢呼,
心是高兴的,胸部是愉快的,
每个人都欢欣鼓舞。
所有人都赞美他的善良:
他对我们的爱是多么令人高兴啊,
他的和蔼可亲淹没了所有的心灵,

---

① 这段颂诗讲的是荷鲁斯在大地神盖伯的审判大厅被审判,最终获得了统治上下埃及的王权。
② 这里指的是埃及人和所有人类。

他的爱在所有人那里都是伟大的。①

他们把他的敌人给予伊西斯的儿子，

他的攻击使他的敌人崩溃，

秩序的扰乱者② 受伤了，

他的命运超越了冒犯者。③

伊西斯的儿子捍卫了他的父亲，

他的名字是神圣而辉煌的，

陛下已经获得了他的座位，

繁荣依靠他的法律得以出现。

道路是开放的，所有道路都是自由的，

两岸是多么繁荣啊！

邪恶逃跑了，犯罪消失了，

大地在领主的统治下恢复了和平。

玛阿特为她的领主建立起来，

人们抛弃了错误。

祝愿你满意，温诺菲尔（Wennofer）④！

伊西斯的儿子已经获得了王冠，

他父亲的职位被授予他，

在盖伯的大厅里。

拉说，托特记录，

委员会赞同，

你的父亲盖伯为你而下达敕令，

大家都按照他的命令行事。

---

① 这段颂诗是在讲述荷鲁斯获得王位之后，埃及恢复了秩序和正义，荷鲁斯实施了美好的统治。
② 这里是指那个谋杀了奥西里斯的塞特神。
③ 这段颂诗的这几句话是在讲述荷鲁斯与塞特为了争夺王位而展开的战斗。
④ 奥西里斯的一个名字。

国王给予阿拜多斯的神奥西里斯的一份祭品，以便他可以授予面包和啤酒、牛和家禽、膏油和布料、各种植物和木乃伊。作为强大的哈皮出现，作为活着的巴出现，在黎明时看到阿吞，出入莱斯陶墓地，所有人的巴都离不开墓地。

　　祝愿他获得温诺菲尔面前的支持者的供给，获得那些被放在大神祭坛上的祭品，呼吸甜美的北风，饮用河流池塘里的水：为了阿蒙之牛的看管者阿蒙摩斯的卡，被证明是正义的人；被证明是正义的赫努特女士所生；他的爱妻奈菲尔塔利女士，被证明是正义的人。

6.阿吞颂

　　早在古王国时期，埃及宗教就倾向于把最高权力赋予一个神，并把其他神的特征都吸收到这个最高神身上来。尽管越来越多的宇宙力量被赋予太阳神拉，但宗教从本质上始终是多神性质的。对太阳圆盘阿吞的崇拜最初始于第18王朝，到阿蒙霍特普三世统治时期已经逐渐得到发展。第18王朝国王阿蒙霍特普四世进行宗教改革，把阿吞提升为国家的主神，借以打击阿蒙神及其祭司集团的势力。太阳光盘神阿吞从此在埃赫那吞统治的十几年里获得了举足轻重的地位。阿蒙霍特普四世不仅仅是提升了阿吞神，还否认其他神崇拜，从而试图消除埃及多神崇拜的传统。但这种在当时比较激进的做法没有获得整个社会的认可，因而阿吞的崇拜仅限于他统治的那个时期，主要崇拜中心是阿蒙霍特普四世建立的新都埃赫塔吞（即太阳圆盘照耀之地）（今日这个地方的名字为阿玛尔那）。阿蒙霍特普四世将自己的名字改为埃赫那吞。对阿吞神的崇拜是埃赫那吞宫廷的主要活动之一。

　　埃赫那吞为阿吞神的崇拜确立了一套教义。这套教义否定了埃及传统的信仰。根据埃及传统宗教信仰，太阳神创造了世界和世界上的一切事物，太阳给予人类和动物以生命，他从空中监督他所创造的一切。太阳居住在天空里。因此，太阳有三种形态：早晨的哈拉凯悌，中午的凯普瑞、夜晚的阿图姆。他每日穿越天空旅行的时候，有很多神伴随左右。太阳在夜里十二个小时穿越地下的时候，每个时辰都面对不同的危险，尤其要打败混乱之神即大蛇阿波菲斯。天空和地下都有很多神对太阳神的胜利进行欢呼。然而，在阿吞的教义里面，这一切都不见了，阿吞神孤独而庄严地在天空中升起和降落，大地上是他创造的人类，只有人类在崇拜阿吞神。

阿吞的教义以两种形式保存下来，一种是埃赫那吞在埃赫塔吞城周围竖立的几块界碑上的铭文，一种是阿玛尔那几个岩窟墓里的铭文。在阿玛尔那，阿皮（Apy）、阿尼（Any）、迈瑞拉（Meryre）、玛胡（Mahu）和图图（Tutu）等五个廷臣的岩石墓里面保留了较短的阿吞颂，学者们称其为《短篇阿吞颂》。这五个坟墓中的颂诗内容几乎一致，或许是源自一份铭文，只是在结尾或开头部分不太一样，有的是以国王自述的形式书写的，有的是以廷臣引述的方式撰写的。本译文当中的《短篇阿吞颂》就是以阿皮墓中的颂诗铭文为基础翻译的。

另外，考古学家们还在当时的重要廷臣阿伊（Ay）未完成的坟墓里面发现了三篇短文和一篇长文。三篇短文铭刻在东墙上，两篇是对阿吞和国王的赞颂，一篇是阿伊自传和祈祷文。阿伊和其妻子跪在国王和阿吞神面前。阿伊祈祷阿吞神和国王赐予他坟墓，并确保他的巴的存在。此时，阿伊不再求助于传统的坟墓保护神和来世审判时期的重要神祇阿努比斯了，也不再求助于奥西里斯等神了。在阿伊看来，自己的今生和来世都掌握在太阳光盘神阿吞和国王埃赫那吞手中。很显然，这种崇拜方式令很多廷臣并不满意，埃赫那吞死后，这种崇拜便被放弃了，人们恢复到了传统的和习惯了的多神信仰里面。另一篇长文铭刻在西墙上，共13行文字，也配有阿伊和妻子向神下跪献祭和祈祷的浮雕，但这篇铭文主要是对阿吞的赞颂，内容非常丰富，可谓是关于阿吞神崇拜的最为全面的教义文本。学者们称这篇颂诗为《阿吞大颂诗》。本书这里将颂诗和祈祷文都翻译出来，以便读者更全面地理解阿吞颂诗的内容和阿吞神崇拜的教义。本译文根据 Miriam Lichtheim, *Ancient Egyptian Literature: A Book of Readings*, vol. 2, pp. 89—99 译出。

（1）短篇阿吞颂

国王崇拜拉－哈拉凯悌，他在明亮之地上欢悦，他的名字是舒，舒就是阿吞，他给予永恒的生命。国王依靠玛阿特生活，两土地的领主：奈菲尔海派乌拉，拉神的独一无二者；拉之子，依靠玛阿特生活，王冠的主人：埃赫那吞，有生之年是伟大的，被给予永恒生命。①

你光辉灿烂地升起，哦，活着的阿吞，永恒的神！
你是光芒四射的、美丽的、强大的，
你的爱是伟大的、巨大的，
你的光线照亮所有人的面孔，
你的明亮色调把生命给予心，
当你用你的爱填充两土地的时候。
塑造了自我的大神，
他创造了每一块土地，创造了土地上的一切，
所有人、牲畜和飞禽，
从土壤中生长出来的所有树木；
当你为他们洒下阳光时，他们生存下来，
你是你所创造的一切的母亲和父亲。

当你破晓的时候，他们的眼睛看到你，
你的光线洒满整个大地；
每一颗心都欢迎你的景象，
当你作为它们的主人升起来的时候。
当你在天空西边的高地上落下时，
他们躺下来，好像要死掉了，

---

① 这首颂诗最初是由国王吟诵的，所以才有这段引言。在颂诗的最后一部分，国王以第一人称讲话。在阿尼和迈瑞拉的坟墓中，颂诗被改编用于廷臣的吟诵。

679

他们的头被盖上了,他们的鼻子停止了呼吸,
直到你在天空东边的高地上升起。
他们的胳膊崇拜你的卡,
因为你用你的美滋养所有心;
当你洒下你的光线的时候,人们活着,
每块土地都在欢庆。

歌唱家、音乐师高兴地弹唱,
在奔奔圣所①的庭院里,
在埃赫塔吞的所有神庙里,
埃赫塔吞是你喜爱的真理之地。
他们得到食物,
你的神圣儿子执行你的赞美,
哦,活着的阿吞,在你升起时,
你的所有创造物都在你面前跳跃。
你伟大的儿子欢欣鼓舞,
哦,活着的阿吞,你每日满意地在空中升起,
你的后代,你的伟大儿子,拉神的唯一者②;
拉之子没有停止赞扬他的美丽,
奈菲尔海派乌拉,拉神的唯一者。
我是你的儿子,为你服务,赞颂你的名字,
你的权力、你的力量,都牢牢地刻在我心里;
你是活着的阿吞,你的肖像永恒,
你已经创造了遥远的天空,并在天空下散发光芒,
观察所有你创作的事物。

---

① 阿玛尔那的阿吞圣所,似乎是根据拉神在赫利奥坡里斯的圣所命名的。
② 这个称呼是埃赫那吞王位名的一部分。

你是一，一百万条生命在你身上，

为了让他们活着，你把生命的呼吸给予他们的鼻子；

因为看到你的光线，所有花都存在，

当你照耀着它们的时候，所有花都活跃起来，都从土壤中生长出来。

深深地饮用你的景色，所有畜群都蹦跳起来，[①]

巢中的鸟愉快地飞起来了；

它们在赞美活着的阿吞即它们的创造者的时候，

展开了折叠的双翼。

（2）阿伊墓中的两篇颂诗和一篇祈祷文

A 对阿吞和国王的赞颂（东墙第1至第5栏文字）

崇拜拉-哈拉凯悌，他在明亮之地上欢悦，他的名字是舒，舒就是阿吞，他给予永恒的生命；崇拜上下埃及之王：奈菲尔海派乌拉，拉的独一无二者；拉之子：埃赫那吞，在他有生之年是伟大的；崇拜伟大王后奈菲尔-奈夫鲁-阿吞，奈菲尔提提，永生。

当你出现在高地上时，赞美你，

哦，活着的阿吞，永恒之主！

当你出现在天空时，（人们）亲吻大地，

你用你的美点亮所有土地。

你的光线照在你儿子身上，你所钟爱的儿子，

你的手控制着几百万年的塞德节，

给予国王，奈菲尔海派乌拉，拉的独一无二者，

你的孩子，来自你的光线。

你把你的生命、你的年月授予他，

你倾听他的心的愿望，

你爱他，你使他看上去像阿吞。

---

① 阿皮坟墓中的短篇阿吞颂到这里就结束了。下面的文字是图图坟墓中的短篇阿吞颂的内容。

你出现，给他以永恒，

当你落下时，你给他以无限大。

你每日创造他，他就像你的形态，

你按照你的形象创造他，使他像阿吞。

他是玛阿特的统治者，从永恒而来，

拉之子，赞扬拉神的美，

你为他提供你的光线的产品。

他是国王，依靠玛阿特生活，

两土地之主，奈菲尔海派乌拉，拉的独一无二者，

和伟大王后，奈菲尔－奈夫鲁－阿吞，奈菲尔提提。

B 对阿吞和国王的赞颂（东墙第 6 至第 10 栏文字）

神的父亲①、善良神所喜爱的人、维西尔和国王右侧的执扇者、陛下所有马匹的管理者、正义而备受喜爱的王室书吏，阿伊。他说：

向你致敬，哦，活着的阿吞！

出现在天空，他充满众人的心，

每个土地在他升起时举行宴会；

他们的心欢呼雀跃，

当他们的神、他们的创造者照耀在他们身上的时候。

你的儿子为你正义的面孔提供玛阿特，

你在看见那个从你而来的他时高兴；

永恒的儿子源自阿吞，

他有益于他的施主，令阿吞的心高兴。

当他出现在天空时，他令他的儿子高兴，

他用他的光线拥抱他的儿子；

他使他的儿子成为像阿吞那样的永恒国王：

---

① 祭司的头衔，有时没有祭司职责的廷臣也拥有这样的头衔。

奈菲尔海派乌拉,拉神的独一无二者,我的神,
他创造了我,他养育了我的卡。
允许我总是满意地看着你,
我的主人,像阿吞一样,拥有财富;
哈皮每日流淌,滋养埃及,
金子和银子就像海滨的沙子。
大地醒来,向他的卡的力量致敬,
哦,阿吞的儿子,你是永恒的,
奈菲尔海派乌拉,拉神的独一无二者,
你活着并茁壮成长,因为他创造了你。

C 自我审判和对国王的祈祷(东墙第 11 至第 30 栏文字)

神的父亲、维西尔和国王右侧的执扇者、陛下所有马匹的管理者、正义而备受喜爱的王室书吏,阿伊。他说:
我是一个对国王忠诚的人,国王养育了我,
我是对统治者真诚的人,帮助了我的主人:
陛下的卡的侍从,他所喜爱的人,
当他出现在他的宫殿的时候,我看到他的美。
我是贵族的领袖,国王的同伴,
所有跟随陛下的人们的首领;
他把玛阿特放在我体内,我痛恨错误,
我知道什么能够令我的主人即拉神的独一无二者高兴,
他像阿吞一样知识渊博,是真正的聪明人。
他奖励我的金子和银子堆积成山,
我是贵族们的首领,人民的领袖;
我的本性,我的良好品格使我拥有了这样的地位,
我的神已经教导了我,我按照他的教导做事情。
我依靠崇拜他的卡而活着,

我满意于为他服务；

我的呼吸是这种北风，我依靠我的呼吸活着，

这个千倍大的哈皮每日流淌，

奈菲尔海派乌拉，拉神的独一无二者。

赋予我一生，以你受益为主。

你的喜爱是多么令人高兴啊，哦，阿吞的儿子！

他所有的事迹都将持久，都将牢不可破，

当统治者的卡与他永远在一起的时候，

当他到达老年的时候，他将对生命满意。

我的神创造了人们，并抚养人们一生，

把一种幸福的命运给予你所喜爱的人，

他的心依赖于玛阿特，他痛恨错误。

他在听到你关于人生的教谕时是多么高兴啊！

他满意于不断看到你，

他的眼睛每日看着阿吞。

赋予我一个美好的老年，因为你喜爱我，

按照你的卡的愿望，赋予我一个美好的丧葬，

在你赋予我的坟墓里休息，

在埃赫特－阿吞的山脉里，在得到祝福的地方。

祝愿我在奔奔神庙里听到你甜美的声音，

因为你做你父亲即活着的阿吞赞美的事情；

他将把永恒赋予你，

他将用塞德节宴会奖赏你。

就像用奥伊普（oipe）计算海滨的沙子，

就像用迪亚（dja）称量大海，①

---

① 奥伊普和迪亚是古埃及的容积单位。

就像在天平上称量山脉的总重量，
——鸟的羽毛和树木的叶子，
永恒的国王即拉神的独一无二者
和他喜爱的且非常漂亮的伟大王后的
塞德节就是这样的。
伟大王后用甜蜜的声音令阿吞满意，
她用美丽的双手抚摸叉铃，
两土地的夫人，奈菲尔-奈夫鲁-阿吞，奈菲尔提提，永恒，
她终生与拉神的独一无二者站在一起。

因为天空将与它所包含的一切一起永远存在，
你的父亲阿吞将在清晨出现在天空中，
为了每天保护你，因为他创造了你。
允许我亲吻神圣的土地，
带着祭品来到你面前，
给予你的父亲阿吞，作为你的卡的礼物。
允许我的卡停留并为了我而繁荣发展，
就像在大地上，我跟随你的卡那样，
以便以我的名字升起到那个被祝福的地方，
你允许我在这里休息，我的话是真实的。
祝愿我的名字在这里按照你的愿望被吟诵，
我是你喜欢的人，跟随你的卡，
以便当老年来临的时候，我可以与你同行：
给予维西尔、国王右边的执扇者、正义而受人喜爱的王室书吏、神的父亲阿伊的卡，永生。

（3）阿吞大颂诗

（西墙13栏文字）

崇拜拉-哈拉凯悌，他在明亮之地欢悦，他的名字是舒，舒是阿吞，永

生；伟大的活着的阿吞，他在庆祝塞德节，是太阳圆盘环绕的一切的神，天空之神，大地之神，阿赫特－阿吞的阿吞之屋的主人；上下埃及之王，依靠玛阿特生活，两土地的主人，奈菲尔海派乌拉，拉神的独一无二者；拉之子，依靠玛阿特生活，双王冠的主人，埃赫那吞，一生伟大；他钟爱的伟大王后，两土地的夫人，奈菲尔－奈夫鲁－阿吞，奈菲尔提提，健康而永远年轻。维西尔，国王右侧的执扇者，——[阿伊]；他说：

你光辉灿烂地升起在天空的明亮之地，
哦，活着的阿吞，生命的创造者！
当你已经出现在东方明亮之地的时候，
你用你的美填充每块土地，
你是美丽的、伟大的、光芒四射的，
高高地在每块土地上空；
你的光线拥抱各地，
到达你创造的一切的极限。
你是拉，你到达它们的极限，
你使它们向你喜爱的儿子屈服；
尽管你是遥远的，但你的光线照在大地上，
尽管人们能够看到你，但你的步幅是看不见的。

当你在西方明亮之地落下时，
大地处于黑暗中，就像处于死亡之中；
人们在房间里睡觉，蒙着头部，
一只眼睛看不到另一只眼睛。
如果他们被掠夺了他们的物品，
那些在他们头下的物品，
人们都不能标志出它。
狮子从兽穴中出来，
大蛇到处咬人；

十 颂与诗歌

黑暗在肆虐，大地一片寂静，
因为他们的创造者在明亮之地休息。

当你黎明之时出现在明亮之地的时候，
当你作为白天的阿吞散发光芒的时候，
大地亮起来；
当你驱逐了黑暗，
当你投射下你的光线时，
两土地在欢庆。
他们醒来了，双脚站立，
你已经唤醒了他们；
身体被洗净，穿上衣服，
他们的胳膊崇拜你的肖像，
整个大地开始工作，
所有野兽都在吃草；
树木、草药在发芽，
鸟儿从它们的巢中飞出来，
它们的羽翼向你的卡致敬。
所有畜群在双脚欢跳，
所有鸟儿在飞起和落下，
当你因为它们而出现时，它们生存。
船只往北航行，也往南航行，
当你升起时，道路开放；
河里的鱼儿在你面前飞跃，
你的光线洒在大海中间。

你使精子在妇女体内生长，
你从精液中创造人们；

你在他母亲的子宫中喂养儿子，
你抚慰他，使他不再哭泣。
在子宫中照顾他，
给他呼吸，
喂养他创造的一切。
当他从子宫中出来并呼吸时，
在他出生那天，
你拓宽他的嘴，
你满足他的需要。
当蛋中的小鸡在壳内讲话时，
你给予壳内的他以空气以便维持他的生存；
当你创造了完整的他时，
你从蛋中把他取出来，
他从蛋中出来，
宣布他的完成，
他从它出来以后，就用他的腿走路。

你的事迹是多么多啊，
尽管人们看不到，
哦，独一无二的神，你旁边没有其他神！
你独自按照自己的愿望创造了大地，
所有人、牲畜和飞禽；
大地上依靠腿走路的一切生物，
空中依靠羽翼飞翔的所有飞鸟，
胡尔（Khor）和库什的土地，
埃及的土地。
你把每个人放在他的地方，
你满足他们的需要；

十 颂与诗歌

每个人都有他的食物，
他的生命长度是注定的。
他们的舌头讲不同的话，
他们的性格也不同；
他们的皮肤是不同的，
因为你把人们区分开来。

你创造了达特（dat）①的哈皮，
当你愿意的时候，你把它带出来，
去滋养人们，
因为你为你自己创造了他们。
所有人的神，为他们辛勤劳动，
所有土地的神，照耀它们，
白天的阿吞，拥有伟大荣誉！
所有遥远的土地，你使它们活着，
你创造了一条天空的哈皮，为它们从天而降；
他在山脉创造波浪，就像大海一样，
浇灌它们的土地和它们的城镇。
你的光线是多么卓越啊，哦，永恒的神！
一条为了外国的人们的哈皮来自天空，
也为了所有依靠腿走路的土地的创造物，
那条为了埃及的哈皮来自达特。②

你的光线哺育所有田地，
当你照耀时，它们活着，它们为你生长植物；

---

① 达特就是来世的意思。
② 这里的意思是指一条来自天空的尼罗河为埃及之外的地方和人们提供水源，而一条来自地狱的尼罗河为埃及和埃及人提供水源。

你创造了季节，去抚育你创造的一切，
冬季使它们凉爽，夏季使它们体验你。
你创造了遥远的天空，在里面洒下光线，
去注意你创造的一切；
你独自在你活着的阿吞的形态中洒下光线，
升起，散发光线，远处，近处。
你从你自身创造出几百万形态，
城镇、村庄、田地、河流；
所有眼睛都看到你在他们上方，
因为你是高高在上的白天的阿吞。
……——……①

你在我心里，
没有其他人知道你，
你唯一的儿子，奈菲尔海派乌拉，拉神的独一无二者，
你已经把你的光线和你的能量教导给我。
当你创造他们的时候，那些在大地上的人们源自你的手，
当你出现时，他们生存，
当你降落时，他们死亡；
你自己就是寿命，人们依靠你生存。
所有眼睛都看着你的美，直到你降落，
所有劳动都停止了，当你在西方降落时；
当你升起时，你为国王激起所有人的热情，
自从你建造大地以来，每条腿都在移动。
你唤醒他们，为了你的儿子，你的儿子来自你的身体，
国王依靠玛阿特生活，两土地的主人，
奈菲尔海派乌拉，拉神的独一无二者；

---

① 这里省略了几句模糊的句子。

和他喜爱的伟大王后，两土地的夫人，
奈菲尔－奈夫鲁－阿吞，奈菲尔提提，永生。

7. 阿蒙-拉颂

新王国时期，很多大神联合起来，形成更强大的神。阿蒙神是新王国时期王室崇拜的主神，拉神是自古王国以来的重要神。实际上，阿蒙神和拉神都是太阳神的不同形式。阿蒙和拉结合起来，形成阿蒙－拉神，具有了独一无二的大神性质。关于阿蒙－拉神的颂诗不止一首。德国柏林博物馆收藏了一块圆顶石灰石石碑，高 0.67 米，宽 0.39 米。在石碑顶部，阿蒙神坐在王座上，石碑主人奈布拉（Nebre）跪在他面前，高举双手，做祈祷状。这个浮雕下面是 16 栏文字，这是一首阿蒙－拉颂诗。在石碑右下角，还有四个人跪在那里做祈祷。这块石碑发现于古埃及新王国时期的首都底比斯的戴尔·麦地那工人村，是一块工人奉献给神庙的奉献石碑。可以说，这是普通工人奉献给太阳神的石碑，因而石碑铭文不仅记载了古埃及人对阿蒙－拉神的赞颂，还体现了埃及普通人的宗教信仰。这块石碑的铭文以颂诗的形式表达了对阿蒙神挽救工匠的感谢，也说明了这块石碑是为了感谢阿蒙神而制作的。本译文根据 Miriam Lichtheim, *Ancient Egyptian Literature: A Book of Readings*, vol. 2, pp. 105—107 译出。

神上方和下方的文本
阿蒙－拉，两土地王座的主人，
大神，统治着伊派特－苏特（Ipet-sut），
大神，听取祷告，
应苦难的穷人的召唤而来，
把呼吸给予可怜的人。

奈布拉上方的文本
赞美阿蒙－拉，

两土地的王座的主人，

统治着伊派特－苏特；

亲吻底比斯阿的阿蒙面前的土地，大神，

这个圣所的主人，伟大而公正，

以至于他让我的眼睛看到他的美；

为了阿蒙的工匠奈布拉的卡，被证明是正义的人。

颂诗

感恩阿蒙。

我为他制作了关于他名字的崇拜物，

我赞美他，高达天庭，

覆盖大地，

我把他的力量告诉给北方和南方的旅行者：

你们要谨记他！

把他宣布给儿子和女儿，

宣布给大人和小孩，

把他讲述给若干代人，

讲述给还没有出生的人；

把他讲述给深水中的鱼儿，

讲述给天空中的飞鸟，

把他宣布给愚蠢的人和聪明的人，

你们要谨记他！

你是阿蒙，寂静之地的神，

应贫穷人的召唤而来；

当我处于苦难之中而召唤你的时候，

你来挽救我，

把呼吸给予可怜人，

十　颂与诗歌

把我从奴役中挽救出来。

你是阿蒙－拉，底比斯的神，
你拯救那个处于达特（dat）中的人；
因为你是那个心怀怜悯的人，
当一个人向你求助时，
你就是那个从远处而来的神。

真理之地①的工匠帕伊（Pay）（被证明是正义的人）的儿子、真理之地的阿蒙的工匠奈布拉（被证明是正义的人）为神阿蒙制作的，阿蒙是底比斯的神，应贫穷人的呼唤而来。

我赞美他的名字，
因为他的力量是强大的；
我在他面前恳求，
在整个大地面前，
代替工匠奈赫特阿蒙（Nakhtamun），被证明是正义的人，
他病倒了，几乎要死了，
依靠阿蒙的力量，通过他的罪孽。
我发现众神之神作为北风而来，
在他面前温柔地吹着微风；
他挽救了阿蒙的工匠奈赫特阿蒙，被证明是正义的人，
在真理之地，阿蒙的工匠的儿子奈布拉，被证明是正义的人，
女士派舍德（Peshed）所生，被认为是正义的人。
他说：
尽管仆人被安排去做邪恶之事，

---

① 底比斯墓地的称呼。

但神被安排宽恕他。
底比斯的神没有整日愤怒，
他的愤怒一瞬间就消失了，没有任何遗留。
他的呼吸怜悯地返回到我们这里，
阿蒙恢复了他的微弱气息。
祝愿你的卡是友好的，祝愿你宽容，
它不会再次发生。
真理之地的工匠奈布拉如此说，他被证明是正义的人。

他说：
"我将为你制作这块石碑，
用文字在石碑上记录这次赞颂，
因为你为我挽救了工匠奈赫特阿蒙。"
我就是这样对你说的，你也就是这样听我说的。
现在，看吧，我做了我已经说的事情，
你是对那个呼唤你的人做出回应的神，
对玛阿特满意，哦，底比斯的神！
工匠奈布拉和他的儿子书吏凯伊（Khay）制作的石碑。

8.克努姆颂

希腊罗马时代修缮的艾斯纳（Esna）神庙装饰着很多纪念克努姆崇拜的浮雕和铭文。这些铭文很多是关于克努姆神的颂诗，它们是在节日期间吟唱的。我们选择其中的两首颂诗翻译出来。其中一首较短，名为《对克努姆的晨颂》，是祭司在清晨仪式中为唤醒克努姆神而吟唱的颂诗。这首颂诗采取反复曲式，这是它的独特之处。另一首是篇幅较长的《克努姆大颂诗》。克努姆神本来是埃及南部城镇象岛的守护神。崇拜者经常将其与很多大神等同起来，例如在《对克努姆的晨颂》里面，克努姆神与阿蒙神、拉神、舒神等等同起来。克努姆神统治着瀑布地区并控制着哈皮神出没的洞穴，还与陶轮旋转制作物品有关，因而被视作创世神。在《克努姆大颂诗》里面，他首先被视作身体的创造者，然后是所有人类和动植物的造物主，最后又与其他创世神等同起来。目前，这两首颂诗原文在艾斯纳神庙遗址中的保存状态欠佳。本译文根据 Miriam Lichtheim, *Ancient Egyptian Literature: A Book of Readings*, vol. 3, pp. 110—115 译出。

（1）对克努姆的晨颂

唤醒克努姆神，说：
平和地醒来，平和地醒来，
克努姆－阿蒙，古代的，
从努恩中流出来的，
平和地，平和地醒来！

醒来吧，耕地之领主，
伟大的克努姆，
他在草地中创造了他的领地，
平和地，平和地醒来吧！

醒来吧，众神的和人的领主，
战争之神，
平和地，平和地醒来吧！

醒来吧，强大的规划师，
在埃及拥有强大力量，
平和地，平和地醒来吧！

醒来吧，生命的领主，
妇女的追求者，
众神和人类按照他的要求来到他这里，
平和地，平和地醒来吧！

醒来吧，陛下的伟大公羊，
高高的羽毛，尖尖的羊角，
平和地，平和地醒来吧！

醒来吧，伟大的狮子，
叛乱者的屠杀者，
平和地，平和地醒来吧！

醒来吧，鳄鱼－国王，
强大的胜利者，
他按照自己希望的进行征服，
平和地，平和地醒来吧！

醒来吧，蒙面者，
他对他的敌人闭上眼睛，
当他举起双臂的时候，
平和地，平和地醒来吧！

醒来吧，牧人的领导者，
他紧握木棒，
捶打他的攻击者，
平和地，平和地醒来吧！

醒来吧，伟大的鳄鱼，他说，
"你们当中的每个人都应该捶打他的对手"，
平和地，平和地醒来！
醒来吧，舒，强大武装者，
他父亲的捍卫者，
反叛的屠杀者，
平和地，平和地醒来！

醒来吧，战斗的公羊，追逐他的敌人，
他的追随者的牧羊人，
平和地，平和地醒来吧！

醒来吧，多种形态者，
他随心所欲地改变形态，
平和地，平和地醒来吧！

醒来吧，克努姆，他按照自己的愿望塑型，
把每个人放在他的地方！

（2）克努姆大颂诗

A 克努姆，身体的创造者
对克努姆-拉的另一首颂诗，
陶轮之神，
他依靠自己的手艺建立土地，
他秘密地结合起来，
他正确地建造，
他用他嘴的呼吸来哺育婴儿，
他用努恩使这块土地湿润，

而圆形的大海和绿色的海洋环绕着他。

他塑造了众神和人类，
他创造了飞禽和走兽；
他创造了鸟和鱼，
他创造了公牛，产生了母牛。

他把血流充入骨头，
在他的作坊里将其制作为他的工艺品，
因此生命的呼吸在一切事物中，
[血液与精液]在骨头中混合起来，
从一开始就把骨头结合起来。

他使妇女给予生命，当子宫准备好了的时候，
以便按照他希望的去打开——；
他按照他的愿望抚慰受难者，
解放喉咙，让每个人呼吸，
把生命给予子宫中的年轻人。

他使头发生长出来，
把皮肤紧紧黏贴在四肢上；
他建造骨骸，形成脸颊，
使人成形。
他睁开眼睛，打开耳朵，
他使身体吸入空气；
他创造出嘴，以便吃下食物，
他创造出胃，以便吞咽食物。

十 颂与诗歌

他也创造出舌头，以便讲话，
他创造出颚，以便打开嘴巴，
他创造出食道，以便饮用水。
他创造出喉咙，以便吐纳食物。
他创造出脊柱，以便给予支撑，
他创造出睾丸，以便 [移动]，
他创造出 [胳膊]，以便有力量行事，
他创造出大腿，以便能够行走。
他创造出食道，以便吞咽食物，
他创造出手和他们的手指，以便做他们的工作，
他创造了心，以便去引导。
他创造了腰，以便在性交活动中支撑阴茎。
他创造了额骨组织，以便咀嚼食物，
他创造了屁股，以便使内脏排出空气，
同样的，也是便于自由自在地坐着，
并在夜里支撑内脏。
他创造男性成员，以便排射精子，
他创造了子宫，以便怀孕，
在埃及增加后代。
他创造膀胱以便产水，
以使男人在膀胱膨胀的时候排尿。
他创造出胫骨，以便走路，
他创造出腿，以便跳跃，
他创造出他们的骨头，以便完成他们的任务，
按照他的心的愿望。

B 克努姆，所有人和所有生命的创造者
他在他的陶轮上创造一切，

他们的话在每个地方都不一样，
并与埃及的语言有冲突。
他创造了手中的珍贵物品，
他们能够戴着国外的产品，
因为陶轮的主人也是他们的父亲，
大地神塔特嫩（Tatenen）① 创造了他们土壤上的一切。
他们生产供给品，
这样伊贝哈特（Ibhat）的人们
能够供养自己和他们的孩子。
当他的嘴吐出人们的时候，人们便被生出来，
因此，轮子每日毫不停顿地旋转。

你感谢你的创造物给你的一切，
你是普塔-塔特嫩，造物主的造物主，
他在义乌尼特（Iunyt）带来一切。
他以他的名义在巢中喂养小鸡，
他使他的母亲及时射出它。
他创造人类，创造众神，
他创造飞禽和走兽。
他创造飞鸟、游鱼和所有爬行动物。
根据他的愿望，努恩的鱼从洞里跳出来，
在他的时代喂养人和神。
他在田地里种植植物，
他用花装点海滨；
他创造了水果树，水果树结出果实，
以便满足人类和神的需要。

---

① 克努姆神被等同于大地神塔特嫩。

他打开山脉腹部的裂缝,
他使采石场吐出它们的石头。

C 克努姆的多种形态
在"第一个城镇",他是拉的巴,
创造了整个土地上的人们;
在义乌尼特,他是舒的巴,
在他的轮子上塑造人们。
他已经塑造了人们,生出神,
他们依靠那些来自他的一切生存,
他使那些在他们坟墓中休息的人们能够呼吸。
在沙斯霍特普(Shashotep),他是奥西里斯的巴,
用他的工艺制作所有牲畜;
在赫尔维尔(Herwer),他是盖伯的巴,
在这个土地上塑造所有生灵。
他是塞蒙霍尔(Semenhor)的荷鲁斯-迈特努(Horus-Metenu),
用他身体的汗珠制作飞鸟。

他把他的形态改变为阿努比斯,
在制作木乃伊的地方包裹奥西里斯;
他塑造他双手之间的所有东西,
在奥西里斯右边保佑奥西里斯,
依靠舒和泰芙努特将他从水中挽救出来,
在永生的国王左边保护国王。

他将自己的形态改变为陪奈特尔的苏瓦解恩巴,
他创造了他的土地上的所有东西,
他种植树木,他栽培农作物,

用它的产品供养所有人。
他将自己的形态改变为仁慈的供养者,
在巢山的顶上,
塑造所有人和野兽。

克努姆的各种表现形式
已经把四块供妇女生产用的砖放在他们的边上,
用咒语驱逐邪恶的设计;
他们作为南方和北方圣所的神,
站在所有存在物的创造之地。
仁慈的神,
令人满意的神,
塑造身体的神,
装备鼻孔的神,
将两土地结合起来的神,
结果他们把他们的性质结合起来。

当努恩和塔特嫩首先形成的时候,
他们作为莲花出现在他的后背上,
最初作为杰德-佘普西(Djed-shepsy)的继承人。
他们的卡不会消失,
没有人会阻碍他们的行动,
在所有他创造的一切中不缺乏土地。
他们存在于人类当中,
自从神的时代以来就创造一切,
他们是活着的和隐藏的,
像拉一样升降,
祝愿你公正的面孔对永恒的法老和蔼!

9.森沃斯瑞特三世颂

《森沃斯瑞特三世颂》是古埃及人以颂诗的形式赞颂人物的代表作之一。森沃斯瑞特三世是古埃及第12王朝一位很有作为的国王。他在访问上埃及的城镇的时候,书吏写作了六首赞颂国王的颂诗,并在城镇接见国王的仪式上吟唱。这六首颂诗书写在一大张纸草上。纸草长114厘米,宽30厘米。书吏从纸草的右边开始书写,用11个垂直的竖行书写了第一首颂诗。在中间部分,用横行书写了第二首和第三首颂诗。第四首至第六首颂诗也是用横行书写的,占据纸草的左边。但遗憾的是,第五首和第六首颂诗损坏严重。本译文只翻译前四首颂诗。这几首颂诗主要是对国王森沃斯瑞特三世伟大功绩的赞颂。值得注意的是,第二首至第四首颂诗在结构上都采取了严格对仗的句式,而第三首颂诗十句话中的前半句都是同样的内容。本译文根据 Miriam Lichtheim, *Ancient Egyptian Literature: A Book of Readings*, vol. 1, pp. 198—200 译出。

第一首颂诗

荷鲁斯:他的形态是神圣的;两夫人:他的出生是神圣的;金荷鲁斯:存在;上下埃及之王:哈考拉;拉之子:森沃斯瑞特,他已经胜利地掌握了两土地。

向你致敬,哈考拉,我们的荷鲁斯,他的形态是神圣的!

土地的保护者,他拓宽了土地的边界,

他用他的王冠捶打外面的国家,

他用双臂拥抱和控制两土地,

他挥动双手征服外面的土地,

他无须挥动棍棒就杀死了弓民(Bowmen),

无须拉动弓弦就把箭射出了,

他的恐怖打击了那些在各自土地上的弓民,

对他的恐怖捶打了九弓。①

---

① 弓民和九弓都是埃及人对埃及外部敌人的称呼。

他的屠杀给成千上万的弓民带来了死亡，
这些弓民是来入侵他的边境的，
他就像塞赫迈特神那样射箭，
他击倒了成千上万忽视其力量的弓民。
陛下的语言控制了努比亚，
他的话使亚细亚人逃跑了。
独一无二的年轻人，他为他的边境而战，
不让他的臣民对他们自己感到厌倦，
他让人民安睡到天明，
年轻人能够安睡，他的心保护着他们。
他的命令创造了他的边境，
他的话令两岸（Two Shores）结合起来！

第二首颂诗

[众神]是多么高兴啊：
你已经增加了他们的祭品！
你的[人民]是多么高兴啊：
你已经奠定了他们的边境！
你的祖先是多么高兴啊：
你已经丰富了他们的财产！
埃及在你的强大力量下是多么高兴啊：
你已经保护了它的习俗！
人们在你的引导下是多么高兴啊：
你的力量已经[为他们]带来了增长！
两岸在你的威严下是多么高兴啊：
你已经扩大了他们的控制区！
你征募的年轻人是多么高兴啊：
你已经使他们繁荣富足！

你的老年人是多么高兴啊：

你已经使他们变得年轻了！

两土地在你的权力下是多么高兴啊：

你已经保护了他们的城墙！

[合唱]：荷鲁斯，他的边境的拓宽者，祝你重复永生！

第三首颂诗

他的城市的领主是多么伟大啊：

他是拉神，一千名其他人在他面前都是渺小的！

他的城市的领主是多么伟大啊：

他是一条水渠，控制河流的洪水！

他的城市的领主是多么伟大啊：

他是一间凉爽的房屋，使人安睡到天明！

他的城市的领主是多么伟大啊：

他是一座建有围墙的西奈青铜堡垒！

他的城市的领主是多么伟大啊：

他是一个避难所，他的庇护从未失败！

他的城市的领主是多么伟大啊：

他是一个要塞，遮挡他的敌人的进攻潮！

他的城市的领主是多么伟大啊：

他是一个庞大的树荫，在夏季提供凉爽！

他的城市的领主是多么伟大啊：

他是一个温暖的角落，在冬季提供干爽！

他的城市的领主是多么伟大啊：

他是一座山脉，在天空怒吼的时候，阻挡风暴！

他的城市的领主是多么伟大啊：

他是塞赫迈特神，攻打那些踏上他的边境的敌人！

第四首颂诗

他来到我们这里，占领南部埃及：

双冠紧紧地戴在他的头上！

他来了，聚集了两土地：

他把管茅之地与蜜蜂之地结合到一起！①

他来了，统治了黑土地：

他把红土地带给自己！

他来了，保卫两土地：

他给予两岸以和平！

他来了，滋养黑土地：

他消除了它的匮乏！

他来了，滋养人们：

他为他的臣民的喉咙提供呼吸！

他来了，践踏外国土地：

他捶打了那些忽视他的恐怖的弓民！

他来了，在他的边境上战斗：

他挽救了已经被掠夺的人！

他来了，[展示了]他的胳膊的力量：

在他的力量已经带来的事物中大放异彩！

他来了，[让我们供养]我们的年轻人：

[按照他的愿望]埋葬我们的老人。

10.竖琴师之歌

古代埃及人的诗歌往往用竖琴演奏，因此诗歌也被称为竖琴师之歌。

---

① 管茅之地和蜜蜂之地分别代表上埃及和下埃及。

十 颂与诗歌

竖琴师之歌一般在丧葬仪式中演奏和吟唱。本书翻译三首重要的竖琴师之歌。本译文根据 Miriam Lichtheim, *Ancient Egyptian Literature: A Book of Readings*, vol. 1, pp. 194—196 译出。

第一首竖琴师之歌

这首竖琴师之歌保存在伊凯（Iki）的丧葬石碑上，这块石碑保存在荷兰莱顿，石碑分为三部分。死者伊凯坐在石碑上部左边的献祭桌旁边，他的妻子站在他身后。一名很肥胖的竖琴师蹲伏在他面前。在死者夫妇上方是祈祷文，竖琴师面前的四竖排文字是他吟唱的诗歌。石碑下面两栏雕刻的是死者与他的孩子们接受祭品。与其他竖琴师一样，这位竖琴师也在诗歌里面唱出了自己的名字。这表明竖琴师与墓主人之间的关系较为密切。诗歌译文如下：

哦，坟墓，你是为了庆典而建筑的，
你是为了高兴而建筑的！
歌唱者奈菲尔霍特普，赫努所生。

第二首竖琴师之歌

这首竖琴师之歌铭刻在阿拜多斯一个名为奈布安柯的人的石碑上。该石碑保存在开罗博物馆。在石碑左下角，死者坐在献祭桌旁边，竖琴师蹲伏在他面前。诗歌分成八栏，铭刻在圆顶石碑的上部。诗歌译文如下：

歌唱者杰尼阿阿说：
你在你的永恒座位上是多么牢固啊，
你的永恒的纪念物！
它填充着食物祭品，
它包含每一样美好的东西。
你的卡与你同在，

它不会离开你,

哦,国王的执印官,大总管,奈布安柯!

北风的甜蜜呼吸是你的!

他的歌唱者就是这样说的,他的歌唱者保持他的名字永恒,

荣耀的歌唱者杰尼阿阿,他爱这个歌唱者,

歌唱者每天为他的卡唱歌。

第三首竖琴师之歌

这首竖琴师之歌源自第 11 王朝某个名为荫太夫的国王的坟墓。它至少有两个纸草抄本保留下来了。这首竖琴师之歌的文字稍长一些。最重要的是,诗歌里面存在对来世和永恒进行质疑的情绪。这或许是受到了当时埃及社会悲观主义情绪的影响。译文如下:

国王荫太夫(被证明是正义之人)的坟墓中的诗歌,刻写在竖琴师面前,竖琴师拿着竖琴。

他是高兴的,这个善良的王子!

[死亡是美好的命运]。

自从祖先时代以来,

一代人过去了,

另一代人生存。

之前的众神在他们的坟墓里安息,

受祝福的贵族也埋葬在他们的坟墓里。

(然而),至于那些建筑坟墓的人们,

他们的住处已经消失了,

他们遭遇了什么?

我已经听到了伊姆霍特普和哈尔杰德夫的话,

他们的谚语被完整地背诵。

他们的住处在哪里?

| 十 颂与诗歌 |

他们的城墙已经破碎，
他们的住处已经不复存在，
好像他们从来就没存在过！
没有人从那里而来，
来讲述他们的状态，
来讲述他们的事迹，
来抚平我们的心灵，
直到我们去了他们已经去的地方！

因此在你的心里欢欣鼓舞吧！
遗忘对你有利，
只要你活着，就跟随你的心灵！
把没药放在你的头上，
穿上优质亚麻布衣服，
把那些用于神的膏油涂抹在你自己身上。
堆起你的欢乐，
不要让你的心沉沦！
跟随你的心和你的幸福，
在大地上做你的心命令的事情！
当恸哭的那天来到你这里的时候，
奥西里斯不听他们的恸哭，
哭泣不能从深坑里挽救人们！

副歌：
度假吧！
不要厌烦于度假！
哦，没有任何人被允许带着他的物品到来世！
哦，没有任何已经出发去来世的人能够再次回到今生！

11.爱情诗

　　古埃及人也用诗歌表达对爱人的思念和依恋。爱情诗体现了古埃及人对美的向往和追求。在流传下来的古埃及史料中，至少有四份史料保留了爱情诗。它们是《切斯特·贝蒂纸草Ⅰ号》《哈里斯纸草500》《都灵纸草片段》《开罗博物馆花瓶残片》。《切斯特·贝蒂纸草Ⅰ号》与其他文献一起包含了三首爱情诗。它们分别是下面翻译的 Ia, Ib 和 Ic。《哈里斯纸草500》里面也有三首诗。它们分别是下面翻译的 IIa, IIb 和 IIc。《开罗博物馆花瓶残片》中也保留了一首诗，下面翻译为 IIIa。本译文根据 Miriam Lichtheim, *Ancient Egyptian Literature: A Book of Readings*, vol. 2, pp. 182—185 译出。

《切斯特·贝蒂纸草Ⅰ号》里面的三首诗

Ia

极为幸福的谚语开始：

第一节

一个太阳，无与伦比的妹妹，

所有人当中最英俊的人！

她看起来就像冉冉升起的晨星，

在一个幸福年份的开始。

闪闪发光，皮肤白皙，

她的眼睛可爱好看，

她的嘴唇说出的话很甜蜜，

她没有太多的话。

笔直的脖颈，光滑的乳房，

头发像纯天青石；

胳膊比哈托尔还漂亮,
手指就像莲芽。
结实的大腿,纤细的腰身,
她的腿炫耀她的美;
她走在路上,踏着轻盈的步伐,
她的步态捕获了我的心。
她使所有人都扭头过来看她;
她拥抱他,他很欢乐,
他就像人们中的第一人!
当她走出门外的时候,
她就像另一个太阳!

第二节
我的哥哥用他的嗓音折磨我的心,
他是控制住我的疾病;
他是我母亲房屋的邻居,
但我不能去他那里!
妈妈有权控告他,
这样说:"放弃看她!"
他使我想到他就心痛,
我被他的爱掌控,
真的,他是一个傻子,
但我与他相似;
他不知道我想拥抱他,
否则他将给我妈妈写信。
哥哥,我想你许诺,
依靠妇女的哈托尔的名义!
来到我这里,以便我可以看到你的美,

父亲，母亲，将高兴！

我的人将一起向你致敬，

他们将向你致敬，哦，我的哥哥！

第三节

我的心设计出来看她的美，

当坐在她的房子里的时候；

在路上，我遇见了坐在他的战车里的麦希（Mehy），

与他在一起的是他的年轻男人们。

我不知道怎样去避免他：

我应该大踏步地从他身边经过吗？

但河流是大路，

我不知道把我的脚放在哪里。

我的心，你是非常愚蠢的，

为什么勾引麦希？

如果我从他面前经过，

我告诉他我的动作；

这里，我是你的，我对他说，

然后他将喊出我的名字，

并把我分配给第一个……

他的随从当中的。

第四节

我的心快速颤动，

当我想到我爱你的时候；

它让我不能自由地行动，

它从它的地方跳跃起来。

它让我不能穿上一件衣服，

不能把我的围巾围起来；
它让我不能把油漆涂在我的眼睛上，
我甚至不能施加膏油。
它对我说："不要等待了，去那里吧。"
就像我经常想他那样；
我的心，不会如此愚蠢地行事，
你为什么会耍愚蠢的人？
傻傻地站在那里，哥哥来到你这里，
很多眼睛也来到你这里！
不要让人们说我：
"一个妇女倒在爱河里！"
稳重些，当你想念他的时候，
我的心，不要颤抖！

第五节
我赞美哈托尔，我崇拜她的庄严，
我赞美天空的夫人；
我崇拜哈托尔，
赞美我的女神！
我呼喊她，她听取我的申诉，
她把我的夫人送给我；
她自己来看我，
哦，伟大的惊奇发生在我身上！
我高兴，我狂喜，我兴奋，
当他们说："看啊，她在这里！"
当她来的时候，年轻的男人们弯下腰，
出于对她的极大的爱。
我献身于我的女神，

她把我的妹妹作为礼物给予我；
到昨天，我祈祷她的名字已达三日，
她从我这里离开五天了！

第六节
我在他的房子前面通过，
我看到他的门微开着；
我的哥哥与他的妈妈站在一起，
他所有的兄弟与他站在一起。
对他的爱捕捉到了已经踏上这条路的所有人的心；
光彩夺目的年轻人，无与伦比，
拥有杰出美德的哥哥！
当我经过时，他看着我，
而我，唯独我自己，欢喜；
我的心是多么高兴啊，
我的哥哥，在你看我的时候！
如果妈妈知道我的心就好了，
她到现在应该已经理解了；
哦，哈托尔，把它放在她的心上，
然后我将赶紧去我哥哥那里！
我将在他的伙伴们面前亲吻他，
我不会在他们面前流泪；
我将在他们理解你知道我的时候高兴！
我将为我的女神举行宴会，
我的心将跳跃；
今晚，让我看一眼我的哥哥，
哦，幸福正在来临！

第七节
自从我看到我的妹妹,已经七天过去了,
疾病侵入我体内;
我四肢沉重,
我的身体已经放弃了我。
当医生来看我的时候,
我的心拒绝他们的治疗;
医生们非常无助,
我的病没有好转。
告诉我"她来了",这将使我恢复活力!
她的名字将使我站起来;
她的信使的到来和离去,
将使我的心活跃起来!
我的妹妹比所有处方都好,
她对我做的事情多于所有药物;
她来到我这里成为我的护身符,
她的出现使我康复!
当她睁开她的眼睛的时候,我的身体是年轻的,
她的语言使我强大;
拥抱她会驱逐我的疾病——
自从她从我这里离开以后,已经七天过去了!

Ib
哦,你快点来到你的妹妹这里!
就像国王的快速使者;
他的主人的心因为他的信使而烦恼,
他的心渴望听到它。
所有马厩都为他准备好了,

他在驿站里面有马匹；
战车已经装备好了，在那里等待，
他不可能停在路上。
当他到达他妹妹的房屋时，
他的心将庆祝！

哦，你快点来到你的妹妹这里！
就像国王的一匹马；
从一千匹各类骏马中挑选出来的，
马厩中优选出来的马。
它在被喂养的时候优选出来，
它的主人知道它的速度；
当它听到鞭子的声音时，
什么都不能将其拉回来。
没有任何马车夫能够控制它。
妹妹的心醒来了：
他距离她不远了！

哦，你快点来到你妹妹这里，
就像一只绑缚的野瞪羚；
它的脚蹒跚地走，它的四肢是疲倦的，
恐惧已进入它体内。
一个猎人用猎犬追逐它，
他们没有在它的尘土中看到它；
它看到了一个作为陷阱的休息之地，
它把河流作为大路。
祝愿你到达她的隐藏之地，
在你的手被亲吻四次之前；

十 颂与诗歌

当你追逐你妹妹的爱的时候，
哈托尔把她给予你，我的朋友！

Ic
甜蜜的言语的开篇在一篇文献集里发现，
由墓地的书吏纳赫特－索贝克（Nakht-Sobk）创作。

她非常了解如何投掷绳索，
她用她的头发向我投掷绳索，
她用她的眼睛捕获我；
她用她的项链控制我，
她用她的印章戒指铭记我。

你为什么与你的心争辩？
跟着她，拥抱她！
当阿蒙活着的时候，我来到你这里，
我的斗篷罩在我的胳膊上。

我的妹妹对我做了什么？
为什么对它保持沉默？
留下我站在她的房门外面，
当她自己进入屋内的时候！
她没有说："进来，年轻人。"
她今晚是聋子。

我在夜里经过她的房屋，
我敲门，没有人开门；
对于我们的守门人来说，

这是一个美好的夜晚，

门栓啊，我将打开门！

门啊，你是我的命运，

你是我自己美好的灵魂；

我们的牛将在屋内被屠杀，

门啊，不要展示你的力量！

我们将给门栓提供一只长角，

给锁头提供一只短角，

给门槛提供一只野鹅，

把它的肉提供给钥匙。

从我们的牛身上精选出来的部分，

是给予木匠的男孩的；

因此他将为我们做一个芦苇栓，

和一扇草编织的门，

现在任何时候，当哥哥来的时候，

他将发现她的房门是开着的；

他将发现一张床铺着优质草席，

一个可爱的姑娘与它们在一起。

一个女孩将告诉我："我的房子在这里，

它的主人是市长的儿子！"

《哈里斯纸草500》中的三首诗

IIa

我从渡口往北航行，

依靠桨手对水的冲击，

我把成捆的芦苇扛在肩上；

我要去孟菲斯，

去告诉普塔，正义之神：

十 颂与诗歌

今晚就把我的妹妹给我！
河流似乎像酒水，
它的灯芯草是普塔，
塞赫麦特是它的植物，
伊阿戴特（Iadet）[①] 是它的芽，
奈菲尔泰姆是它的莲花，
金荷鲁斯处于欢乐之中，
当大地因她的美丽而明亮时；
孟菲斯是一碗水果，
被放在公正的脸[②] 面前！

我将躺在家里，
并假装生病；
然后邻居们会来看我，
我的妹妹会与他们一起来看我。
他将告诉医生不必来，
他理解我的病！
我妹妹的宅邸，
她的房间的中心位置有门，
它的门叶是打开的，
门栓弹起了，
我的妹妹很生气！
如果我是守门人该多好啊！
然后我将使她对我发怒，
那么我就会听到她愤怒的声音了，

[①] 古埃及的某个神，目前尚不知为何种神。
[②] 公正的脸是普塔的头衔。

就像一个害怕她的小孩子！

IIb
当你钟爱的妹妹从田地来的时候，她唱着轻松优美的歌曲。

野鹅的嗓音是刺耳的，
它被它的诱饵捉住；
我对你的爱弥漫我全身，
我不能放松它。
我将取回我的网，
但我要告诉我妈妈我在做什么吗？
我每日去她那里，
满载着抓来的鸟。
今天我没有接近陷阱，
我被我对你的爱抓住！

野鹅飞向高空，并突然俯冲，
它落到网里；
很多鸟成群游动，
我有事情做了。
我很快被我的爱捉住，
孤独地，我的心与你的心相遇，
我不会远离你的美丽！

鸽子的嗓音在召唤，
它说："今天是个好日子！你在哪里？"
哦，鸟，停止责骂我吧！
我发现我的哥哥在他的床上，

我的心狂喜；
每个人都说："我不会离开你，
我的手在你的手里；
你和我将在所有正确的地方徘徊。"
他使我成为最重要的妇女，
他没有使我的心悲伤。

我的凝视固定在花园的门上，
我的哥哥将来到我这里；
眼睛盯着道路，耳朵竭尽全力听着，
我等着他，他忽略了我。
我使我哥哥的爱成为我唯一关心的事情，
我的心不会对他沉默；
它给我派来一个快腿的信使，
信使往返我们之间，告诉我：
"他欺骗了你，换句话说，
他发现了另一个妇女，
她正在使他的眼睛眼花缭乱。"
为什么使另一个人烦恼到死？

我的心认为我爱你，
当我的一半头发刚被编起来的时候，
我就跑着来找你，
忽略了我的发型。
现在如果你让我编起我的头发，
我立刻就做准备。
IIc
轻松的歌曲开始，

马齿苋属植物：我的心被分配给你，

我为你做了你渴望的一切，

当我在你怀里的时候。

我对你的渴望是我的眼罩，

当我看到你的时候，我的眼睛就闪闪发光；

我靠近你，去仔细看你，

男人们钟爱的人，他统治我的心！

哦，这个小时的幸福，

让这个小时永远继续！

自从我与你躺在一起，

你举起我的心；

无论它是痛苦的，还是欢乐的，

不要离开我！

Saam 植物在这里召唤我们，

我是你的妹妹，你最好的妹妹；

我属于你，就像这块土地，

我在这块土地上种植了花

和香喷喷的草药。

它的溪流是甜的，

被你的手挖出来，

在北风吹动下流淌。

在一个可爱的地方徘徊，

你的手在我的手里。

我的身体在膨胀，我的心在狂喜，

在我们一起走路的时候；

听到你的嗓音是石榴酒，

我通过听它生活。

十 颂与诗歌

我看着你，你看着我，
比食物和饮品更能维持我。

《开罗博物馆花瓶残片》中的诗
IIIa
我的妹妹的爱在那一边，
河流横在我们两个之间；
水流在它流动时是强大的，
鳄鱼在阴影中等待。
我踏入水中，勇敢地面对惊涛骇浪，
我的心在大海深处是强大的；
鳄鱼对于我来说就像一只老鼠，
洪水在我的脚下就像大地一样。
正是她的爱给了我力量，
它为我创造了水井；
我紧盯着我的心的渴望，
当她面对我站着的时候！

我的妹妹已经来了，我的心狂喜，
我的胳膊伸出来怀抱她；
我的心在原地跳跃不止，
就像红鱼在它的池塘里一样。
哦，夜晚，永远是我的，
现在，我的王后来了！

附录一　古埃及年表

1. 学界关于古埃及年代没有达成统一，本书主要依据伊安·肖编著的《牛津古代埃及史》（Ian Shaw ed., *The Oxford History of Ancient Egypt*, Oxford: Oxford University Press, 2000）的年表。同时，本书的年代学还参考了刘文鹏著《古代埃及史》（商务印书馆，2000年版）的年代学标准。这里将伊安·肖编著的《牛津古代埃及史》中的年表翻译出来，略做调整，供读者参考。

2. 古埃及的年代学形成标准不一致，但基本上依据古典作家的记载、古埃及王表、考古学上的放射性碳断代法和其他方法以及天文学文献的记载等形成，因而直到公元前646年之后才有了确切年代。旧石器时代一般用"约距今……年"（BP）来表示，公元前646年之前的年代用"约公元前……年"。

3. 到古王国初期，埃及统治者有5个名字，其中，最古老的名字是荷鲁斯名（第1个名字），在这个年代表中，我们给出的第1王朝至第3王朝的国王名字基本都是荷鲁斯名，左塞王的荷鲁斯名在括号内。从第4王朝开始，这个年代表给出每个国王的一个或两个王名，即王位名（第4个名字，即"上下埃及之王"王名，是国王加冕时获得的名字）和出生名（第5个名字，即"拉之子"名，国王出生时获得的名字），这两个名字都写在王名圈里面。这个年代表有时也将著名国王的希腊语名字放在括号内，例如胡夫的希腊名字为奇奥普斯。第3王朝统治者奈布卡是否存在和其在年代学上的位置是目前存在争议的问题。

4. 学界一般将第7王朝和第8王朝归入第一中间期，将第13王朝和第 14 王朝归入第二中间期，我国学者刘文鹏先生也持这种观点。本书在这个问题上赞同刘文鹏先生的观点。另外，在这个年代表中还有一些前后两位国王的统治年代有重合若干年的情况，重合的年份是两位国王共治的时间；也有的是同一时代不同世系的国王。

5. 古埃及人将名字视作生命中非常重要的因素之一，甚至将名字的完整保留视作死后实现永生的基本条件之一。古埃及国王赋予自己的名字以某种含义，例如埃赫那吞的意思就是阿吞神的生命，图坦卡蒙的意思就是阿蒙神的卡的形象。

旧石器时代	约距今 70 万—约距今 7000 年
下旧石器时代	约距今 70 万/50 万—约距今 25 万年
中旧石器时代	约距今 25 万—约距今 7 万年
过渡文化群	约距今 7 万—约距今 5 万年
上旧石器时代	约距今 5 万—约距今 2.4 万年
晚旧石器时代	约距今 2.4 万—约距今 1 万年
旧石器时代末期中石器时代早期	约距今 1 万—约距今 7000 年
撒哈拉新石器时代	约公元前 8800—前 4700 年
早新石器时代	约公元前 8800—前 6800 年
中新石器时代	约公元前 6600—前 5100 年
晚新石器时代	约公元前 5100—前 4700 年
前王朝时期	约公元前 5300—前 3000 年
下埃及	
新石器时代	约公元前 5300—前 4000 年（或者约距今 6400—约距今 5200 年）

马阿底文化群　　　　　　　　　　约公元前 4000—前 3200 年

上埃及

巴达里时期　　　　　　　　　　约公元前 4400—前 4000 年

阿姆拉（涅迦达 I）时期　　　　　约公元前 4000—前 3500 年

格尔塞（涅迦达 II）时期　　　　　约公元前 3500—前 3200 年

公元前 3200 年之后，整个埃及采用相同的年代序列

涅迦达 III/"零王朝"　　　　　　约公元前 3200—前 3000 年

早王朝时期　　　　　　　　　**约公元前 3000—前 2686 年**

第 1 王朝　　　　　　　　　　　约公元前 3000—前 2890 年

阿哈

杰尔

杰特

登

女王迈尔内特

阿内吉布

塞迈尔海特

卡阿

第 2 王朝　　　　　　　　　　　约公元前 2890—前 2686 年

海特普塞海姆威

拉奈布

尼奈彻尔

韦奈格

塞奈德

派瑞布森

哈塞海姆威

古王国时期   **约公元前 2686—前 2160 年**

第 3 王朝   约公元前 2686—前 2613 年

奈布卡   约公元前 2686—前 2667 年

左塞（奈彻里海特）   约公元前 2667—前 2648 年

塞海姆海特   约公元前 2648—前 2640 年

哈巴   约公元前 2640—前 2637 年

萨那赫特？

胡尼   约公元前 2637—前 2613 年

第 4 王朝   约公元前 2613—前 2494 年

斯尼弗鲁   约公元前 2613—前 2589 年

胡夫（奇奥普斯）   约公元前 2589—前 2566 年

杰德夫拉（拉杰德夫）   约公元前 2566—前 2558 年

哈夫拉（齐夫林）   约公元前 2558—前 2532 年

孟考拉（美塞里努斯）   约公元前 2532—前 2503 年

舍普塞斯卡夫   约公元前 2503—前 2498 年

第 5 王朝   约公元前 2494—前 2345 年

乌塞尔卡夫   约公元前 2494—前 2487 年

萨胡拉   约公元前 2487—前 2475 年

尼菲利尔卡拉   约公元前 2475—前 2455 年

舍普塞斯卡拉   约公元前 2455—前 2448 年

拉奈菲尔夫   约公元前 2448—前 2445 年

尼乌塞尔拉   约公元前 2445—前 2421 年

孟考霍尔   约公元前 2421—前 2414 年

杰德卡拉	约公元前 2414—前 2375 年
乌那斯	约公元前 2375—前 2345 年

第 6 王朝	约公元前 2345—前 2181 年
泰梯	约公元前 2345—前 2323 年
乌塞尔卡拉（篡权者）	约公元前 2323—前 2321 年
珀庇一世（麦瑞拉）	约公元前 2321—前 2287 年
麦然拉	约公元前 2287—前 2278 年
珀庇二世（奈菲尔卡拉）	约公元前 2278—前 2184 年
尼提克瑞特	约公元前 2184—前 2181 年

第 7 王朝和第 8 王朝	约公元前 2181—前 2160 年

大量国王都称奈菲尔卡拉，或许是模仿珀庇二世的做法。

第一中间期	约公元前 2160—前 2055 年

第 9 王朝和第 10 王朝	约公元前 2160—前 2025 年
（赫拉克利奥坡里斯人）	
海梯（麦瑞伊布拉）	
海梯（奈布考拉）	
海梯（瓦哈拉）	
麦瑞卡拉	

第 11 王朝（仅限于底比斯）　　约公元前 2125—前 2055 年
[孟图霍特普一世（泰皮 - 阿："祖先"）] 荫太夫一世（塞赫尔塔威）
　　　　　　　　　　　　　　　　约公元前 2125—前 2112 年
荫太夫二世（瓦安柯）　　　　　　约公元前 2112—前 2063 年
荫太夫三世（纳赫特奈布泰普奈菲尔）　约公元前 2063—前 2055 年

中王国时期　　　　　　　　　　　　　　约公元前 2055—前 1650 年

第 11 王朝（整个埃及）　　　　　　　　约公元前 2055—前 1985 年
孟图霍特普二世（奈布海培特拉）　　　　约公元前 2055—前 2004 年
孟图霍特普三世（萨柯卡拉）　　　　　　约公元前 2004—前 1992 年
孟图霍特普四世（奈布塔威拉）　　　　　约公元前 1992—前 1985 年

第 12 王朝　　　　　　　　　　　　　　约公元前 1985—前 1773 年
阿蒙尼姆赫特一世（塞海泰普伊布拉）　　约公元前 1985—前 1956 年
森沃斯瑞特一世（海派尔卡拉）　　　　　约公元前 1956—前 1911 年
阿蒙尼姆赫特二世（努布考拉）　　　　　约公元前 1911—前 1877 年
森沃斯瑞特二世（哈凯普拉）　　　　　　约公元前 1877—前 1870 年
森沃斯瑞特三世（哈考拉）　　　　　　　约公元前 1870—前 1831 年
阿蒙尼姆赫梯三世（尼玛阿特拉）　　　　约公元前 1831—前 1786 年
阿蒙尼姆赫梯四世（玛阿柯鲁拉）　　　　约公元前 1786—前 1777 年
女王索贝克尼夫鲁（索贝克卡拉）　　　　约公元前 1777—前 1773 年

第 13 王朝　　　　　　　　　　　　　　约公元前 1773—前 1650 年之后
威嘎夫（胡塔维拉）
索贝克霍特普二世（塞海姆拉-胡塔威）
伊海尔奈菲尔特奈菲尔霍特普（萨赫塔威-塞赫姆拉）
阿姆尼-荫太夫-阿蒙尼姆赫特（萨赫伊布拉）
霍尔（阿威布拉）
海恩杰尔（乌塞尔卡拉）
索贝克霍特普三世（塞赫姆拉-塞瓦杰塔威）
奈菲尔霍特普一世（哈塞海姆拉）
萨哈托尔
索贝克霍特普四世（哈奈菲尔拉）

索贝克霍特普五世
阿伊（迈尔奈菲尔拉）

第 14 王朝　　　　　　　　　　　　约公元前 1777—前 1650 年
很多不太著名的统治者，或许与第 13 王朝和第 15 王朝的统治者处于同一时代。

第二中间期　　　　　　　　　　　　约公元前 1650—前 1550 年

第 15 王朝（希克索斯人）　　　　　　约公元前 1650—前 1550 年
萨利悌斯 / 塞凯尔海尔
希安（森沃斯瑞恩拉）　　　　　　　　约公元前 1600 年
阿培皮（阿沃塞尔拉）　　　　　　　　约公元前 1555 年
哈姆蒂

第 16 王朝　　　　　　　　　　　　约公元前 1650—前 1580 年
底比斯早期统治者，与第 15 王朝处于同一时代。

第 17 王朝　　　　　　　　　　　　约公元前 1580—前 1550 年
拉霍特普
索贝克姆萨夫一世
荫太夫六世（塞赫姆拉）
荫太夫七世（努布海普拉）
荫太夫八世（塞赫姆拉海尔海尔玛阿特）
索贝克姆萨夫二世
希阿姆恩（？）
塔阿（塞纳赫特恩拉 / 塞凯内恩拉）　　约公元前 1560 年
卡摩斯（瓦杰海普拉）　　　　　　　　约公元前 1555—前 1550 年

新王国时期 约公元前 1550—前 1069 年

第 18 王朝 约公元前 1550—前 1295 年
阿赫摩斯（奈布派赫提拉） 约公元前 1555—前 1525 年
阿蒙霍特普一世（杰塞尔卡拉） 约公元前 1525—前 1504 年
图特摩斯一世（阿海派尔卡拉） 约公元前 1504—前 1492 年
图特摩斯二世（阿海派尔恩拉） 约公元前 1492—前 1479 年
图特摩斯三世（麦恩海派尔拉） 约公元前 1479—前 1425 年
女王哈特舍普苏特（玛阿特卡拉） 约公元前 1473—前 1458 年
阿蒙霍特普二世（阿海派尔乌拉） 约公元前 1427—前 1400 年
图特摩斯四世（麦恩海派尔乌拉） 约公元前 1400—前 1390 年
阿蒙霍特普三世（奈布玛阿特拉） 约公元前 1390—前 1352 年
阿蒙霍特普四世 / 埃赫那吞（奈菲尔海派尔乌拉瓦恩拉）
  约公元前 1352—前 1336 年
奈菲尔奈菲尔乌阿吞（塞麦恩赫卡拉） 约公元前 1338—前 1336 年
图坦卡蒙（奈布海派尔乌拉） 约公元前 1336—前 1327 年
阿伊（海派尔海派尔乌拉） 约公元前 1327—前 1323 年
郝列姆赫布（杰塞尔海派尔乌拉） 约公元前 1323—前 1295 年

拉美西斯时代 约公元前 1295—前 1069 年

第 19 王朝 约公元前 1295—前 1186 年
拉美西斯一世（麦恩派赫提拉） 约公元前 1295—前 1294 年
塞梯一世（麦恩玛阿特拉） 约公元前 1294—前 1279 年
拉美西斯二世（乌塞尔玛阿特拉塞泰普恩拉）
  约公元前 1279—前 1213 年
美楞普塔（巴恩拉） 约公元前 1213—前 1203 年
阿蒙麦斯苏（麦恩米拉） 约公元前 1203—前 1200 年（？）

塞梯二世（乌塞尔海派尔乌拉塞泰普恩拉）约公元前 1200—前 1194 年
萨普塔（阿赫恩拉塞泰普恩拉） 约公元前 1194—前 1188 年
女王塔沃斯瑞特（希特拉麦瑞特阿蒙） 约公元前 1188—前 1186 年

第 20 王朝 约公元前 1186—前 1069 年
塞特那赫特（乌塞尔卡乌拉麦瑞阿蒙） 约公元前 1186—前 1184 年
拉美西斯三世（乌塞尔玛阿特拉麦瑞阿蒙）约公元前 1184—前 1153 年
拉美西斯四世（海卡玛阿特拉塞泰普恩阿蒙）
  约公元前 1153—前 1147 年
拉美西斯五世（乌塞尔玛阿特拉塞海派尔恩拉）
  约公元前 1147—前 1143 年
拉美西斯六世（奈布玛阿特拉麦瑞阿蒙） 约公元前 1143—前 1136 年
拉美西斯七世（乌塞尔玛阿特拉塞泰普恩拉麦瑞阿蒙）
  约公元前 1136—前 1129 年
拉美西斯八世（乌塞尔玛阿特拉阿柯恩阿蒙）
  约公元前 1129—前 1126 年
拉美西斯九世（奈菲尔卡拉塞泰普恩拉） 约公元前 1126—前 1108 年
拉美西斯十世（海派尔玛阿特拉塞泰普恩拉）
  约公元前 1108—前 1099 年
拉美西斯十一世（麦恩玛阿特拉塞泰普恩普塔）
  约公元前 1099—前 1069 年

第三中间期 约公元前 1069—前 664 年

第 21 王朝 约公元前 1069—前 945 年
斯门德斯（海杰海派尔拉塞泰普恩拉） 约公元前 1069—前 1043 年
阿蒙姆尼苏（奈菲尔卡拉） 约公元前 1043—前 1039 年
普苏森尼斯一世 [帕塞伯阿柯恩尼乌特]（阿海派尔拉塞泰普恩阿蒙）

约公元前 1039—前 991 年

阿蒙尼姆普（乌塞尔玛阿特拉塞泰普恩阿蒙）

约公元前 993—前 984 年

老奥索尔孔（阿海派尔拉塞泰普恩拉）　约公元前 984—前 978 年

希阿蒙（奈杰尔海派尔拉塞泰普恩阿蒙）　约公元前 978—前 959 年

普苏森尼斯二世 [帕塞伯阿柯恩尼乌特]（提特海派尔乌拉塞泰普恩拉）

约公元前 959—前 945 年

第 22 王朝　　　　　　　　　　　　约公元前 945—前 715 年

佘尚克一世（海杰海派尔拉）

奥索尔孔一世（塞海姆海派尔拉）

塔克洛特一世

奥索尔孔二世（乌塞尔玛阿特拉）

塔克洛特二世（海杰海派尔拉）

佘尚克三世（乌塞尔玛阿特拉）

皮马伊（乌塞尔玛阿特拉）

佘尚克五世（阿海派尔拉）

奥索尔孔四世

第 23 王朝　　　　　　　　　　　　约公元前 818—前 715 年

国王来自各个中心区，与第 22 王朝晚期、第 24 王朝和第 25 王朝早期处于同一时代，包括下面这些国王：

陪都巴斯提斯一世（乌塞尔玛阿特拉）

伊乌普特一世

佘尚克四世

奥索尔孔三世（乌塞尔玛阿特拉）

塔克洛特三世

鲁德阿蒙

派夫查乌阿威巴斯特

伊乌普特二世

第 24 王朝	约公元前 727—前 715 年
巴肯瑞奈夫（巴克霍利斯）	约公元前 720—前 715 年

第 25 王朝	约公元前 747—前 656 年
庇伊（麦恩海派尔拉）	约公元前 747—前 716 年
沙巴卡（奈菲尔卡拉）	约公元前 716—前 702 年
沙比特卡（杰德考拉）	约公元前 702—前 690 年
塔哈尔卡（胡奈菲尔泰姆拉）	约公元前 690—前 664 年
塔努塔玛尼（巴卡拉）	公元前 664—前 656 年

晚期埃及   **公元前 664—前 332 年**

第 26 王朝	公元前 664—前 525 年
奈卡乌一世	公元前 672—前 664 年
普萨美提克一世（瓦西布拉）	公元前 664—前 610 年
奈卡乌二世（威赫米布拉）	公元前 610—前 595 年
普萨美提克二世（奈菲尔伊布拉）	公元前 595—前 589 年
安普利斯（哈阿伊布拉）	公元前 589—前 570 年
阿赫摩斯二世 [阿玛西斯]（海奈姆伊布拉）	
	公元前 570—前 526 年
普萨美提克三世（安柯卡恩拉）	公元前 526—前 525 年

第 27 王朝（第一个波斯统治时期）	公元前 525—前 404 年
冈比西斯	公元前 525—前 522 年
大流士一世	公元前 522—前 486 年

薛西斯一世	公元前 486—前 465 年
阿塔薛西斯一世	公元前 465—前 424 年
大流士二世	公元前 424—前 405 年
阿塔薛西斯二世	公元前 405—前 359 年
第 28 王朝	公元前 404—前 399 年
阿米尔泰奥斯	公元前 404—前 399 年
第 29 王朝	公元前 399—前 380 年
奈菲利提斯一世 [奈法阿鲁德]	公元前 399—前 393 年
哈考尔 [阿考里斯]（海奈姆玛阿特拉）	公元前 393—前 380 年
奈菲利提斯二世	约公元前 380 年
第 30 王朝	公元前 380—前 343 年
奈克塔尼布一世（海派尔卡拉）	公元前 380—前 362 年
泰奥斯（伊尔马阿吞拉）	公元前 362—前 360 年
奈克塔尼布二世（塞奈杰姆伊布拉塞泰普恩安胡尔）	
	公元前 360—前 343 年
第二个波斯统治时期（第 31 王朝）	公元前 343—前 332 年
阿塔薛西斯三世奥库斯	公元前 343—前 338 年
阿尔塞斯	公元前 338—前 336 年
大流士三世柯多曼	公元前 336—前 332 年
托勒密时期	**公元前 332—前 30 年**
马其顿王朝	公元前 332—前 310 年
亚历山大大帝	公元前 332—前 323 年
腓力普·阿里多斯	公元前 323—前 317 年
亚历山大四世	公元前 317—前 310 年

托勒密王朝	公元前 305—前 30 年
托勒密一世索塔尔一世	公元前 305—前 285 年
托勒密二世菲拉戴尔夫斯	公元前 285—前 246 年
托勒密三世奥厄葛提斯	公元前 246—前 221 年
托勒密四世菲洛怕托尔	公元前 221—前 205 年
托勒密五世埃庇法尼斯	公元前 205—前 180 年
托勒密六世菲洛密托尔	公元前 180—前 145 年
托勒密七世新菲洛帕托尔	公元前 145 年
托勒密八世奥厄葛提斯二世	公元前 170—前 116 年
托勒密九世索塔尔二世	公元前 116—前 107 年
托勒密十世亚历山大一世	公元前 107—前 88 年
托勒密九世索塔尔二世（恢复权力之后）	公元前 88—前 80 年
托勒密十一世亚历山大二世	公元前 80 年
托勒密十二世新狄奥尼索斯（奥勒提斯）	公元前 80—前 51 年
克娄巴特拉七世菲洛怕托尔	公元前 51—前 30 年
托勒密十三世	公元前 51—前 47 年
托勒密十四世	公元前 47—前 44 年
托勒密十五世凯撒琳	公元前 44—前 30 年

罗马人统治时期	**公元前 30—公元 395 年**
奥古斯都	公元前 30—公元 14 年
提比略	公元 14—37 年
盖乌斯（卡里古拉）	公元 37—41 年
克劳迪	公元 41—54 年
尼禄	公元 54—68 年
加尔巴	公元 68—69 年
奥托	公元 69 年
韦斯巴芗	公元 69—79 年

提图斯	公元 79—81 年
多米提安	公元 81—96 年
尼尔瓦	公元 96—98 年
图拉真	公元 98—117 年
哈德良	公元 117—138 年
安东尼乌斯·皮乌斯	公元 138—161 年
马库斯·奥勒留	公元 161—180 年
鲁西乌斯·维鲁斯	公元 161—169 年
科莫多斯	公元 180—192 年
塞普提米乌斯·塞维鲁	公元 193—211 年
卡拉卡拉	公元 198—217 年
盖塔	公元 209—212 年
马克里努斯	公元 217—218 年
狄杜梅尼阿努斯	公元 218 年
塞维鲁·亚历山大	公元 222—235 年
高迪安三世	公元 238—242 年
菲利普	公元 244—249 年
迪西乌斯	公元 249—251 年
盖鲁斯和瓦鲁西安努斯	公元 251—253 年
瓦勒良	公元 253—260 年
加列努斯	公元 253—268 年
马克里安努斯和奎图斯	公元 260—261 年
奥勒良	公元 270—275 年
普罗布斯	公元 276—282 年
戴克里先	公元 284—305 年
马克西米安	公元 286—305 年
盖勒留	公元 293—311 年
君士坦提乌斯	公元 293—306 年

君士坦丁一世	公元 306—337 年
马克辛提乌斯	公元 306—312 年
马克西米努斯·戴亚	公元 307—324 年
利希尼乌斯	公元 308—324 年
君士坦丁二世	公元 337—340 年
君士坦斯（共治者）	公元 337—350 年
君士坦提乌斯二世（共治者）	公元 337—361 年
马格尼提乌斯（共治者）	公元 350—353 年
叛教者朱利安	公元 361—363 年
朱威安	公元 363—364 年
瓦伦提尼安一世（西方）	公元 364—375 年
瓦伦斯（共治者，东方）	公元 364—378 年
格拉提安（共治者，西方）	公元 375—383 年
提奥多西乌斯（共治者）	公元 379—395 年
瓦伦提尼安二世（共治者，西方）	公元 383—392 年
尤金尼乌斯（共治者）	公元 392—394 年

附录二 古埃及度量衡

(1) **古埃及的重量和容量单位**

在古埃及，德本仍是基本重量单位。1 德本（deben）的铜大约等于 91 克。同时，德本可作为货币单位使用，1 德本 =10 凯特（kit）=20 德拉克马。

古埃及的容量单位有克哈（khar）和阿塔巴（artaba）等。换算关系是：1 克哈 =4 奥伊佩（oipe）=160 寅（hin）=75.56 公升。1 阿塔巴约等于 40 升。比阿塔巴小的单位是考伊尼克斯（choinix），1 阿塔巴约等于 40 考伊尼克斯，也就是说 1 考伊尼克斯约等于 1 升。

(2) **古埃及的长度、面积单位**

腕尺（Cubit）是古埃及的主要长度单位，1 腕尺约等于 20.6 英寸或 52.3 厘米。比腕尺小的单位是帕尔姆（Palm），1 帕尔姆大约等于 3—4 英寸。再小的单位是迪吉特（digit），1 迪吉特约等于 3/4 英寸。它们的换算关系是：1 腕尺 =7 帕尔姆 =28 迪吉特。

古埃及的土地面积单位是斯塔特（statae），1 斯塔特约等于 0.68 英亩或 0.275 公顷。

(3) **托勒密王朝的货币**

在古埃及，直到希腊人统治时期才出现货币。在托勒密王朝，货币单位是银德拉克马（drachma）（1 德拉克马约等于 6 奥伯尔）。公元前 2 世纪和前 1 世纪时，更普遍的货币单位是青铜德拉克马。一般来说，青铜标准被采用时，1 德拉克马的银等同于 60 德拉克马的青铜，但很快比率便提高了，到公元前 2 世纪结束时，银与青铜德拉克马的比率经常是 1:500。

从整体上看，托勒密王朝的货币单位具有下面的对应关系：

1米纳（Mina）=100德拉克马，1德拉克马=6奥伯尔（obols），1塔兰特=1500斯塔特（statae）=6000德拉克马，1塔兰特约等于2000美元的购买力（1981年的比价）。1美元相当于3德拉克马。1米特拉（meterti）=10德拉克马。

说明：这里列出来的内容已经在郭子林的《古埃及托勒密王朝专制王权研究》（中国社会科学出版社，2015年版）一书中作为附录出版了，但考虑到本译著中有很多地方涉及度量衡，为了便于读者查阅，本译著还是将其在这里再次刊出。当然，这里对部分文字做了修正。

附录三　古埃及历法

古埃及人的历法比较复杂。古埃及人官方历法按照国王的统治年计算，一般在文献中称"某某国王统治的第某某年某某季第几个月的第几天"。官方历法掌握在书吏和祭司等精英阶层的书写体系中。在普通民众中间，由于知识和文字的普及程度比较低，民众一般根据尼罗河水的涨落和天狼星与日同升等现象判断日期。民用历法往往与官方历法存在出入，这是造成古埃及年代学比较复杂的原因之一。

一般来说，埃及民用年最初由12个月构成，每个月30天，另添加5天，这样一年365天，每年比自然年缺少1/4天。这就造成了古埃及历法在经历若干年以后会出现与正常自然现象不一致的时候。从托勒密王朝开始，托特月1日正好是朱利亚历的12月13日。在罗马的奥古斯都统治时，通过在每4年结束时加入一个第6天，而使历法稳定下来。结果自那以后，埃及月份便永远与罗马月份相对应了，像下面列出的那样。

马其顿月最初是太阴月。在托勒密王朝较早期，它们与埃及月份的联系有点模糊，但它们似乎逐渐失去了太阴月特征，到公元前2世纪时，它们最终被吸收进埃及月当中。如下所示。

根据埃及人计算统治者统治年代的方法，第一个统治年是登基与接下来的托特月1日之间的时期。公元前4世纪和前3世纪，埃及的希腊人在计算国王统治年代时用不同的起点，但后来他们采用了埃及人的制度和历法。同样的历法制度继续在罗马帝国时期使用。

埃及月日	马其顿月日	朱利亚月日
托特月（Thoth）1 日	迪乌斯月（Dius）1 日	8 月 29 日（或闰年的 8 月 30 日）
法奥菲月（Phaophi）1 日	阿皮琉斯月（Apellaeus）1 日	9 月 28 日（或闰年的 9 月 29 日）
哈瑟尔月（Hathur）1 日	奥德纽斯月（Audnaeus）1 日	10 月 28 日（或闰年的 10 月 29 日）
考亚克月（Choiak）1 日	派立提乌斯月（Peritius）1 日	11 月 27 日（或闰年的 11 月 28 日）

埃及月日	马其顿月日	朱利亚月日
图比月（Tubi）1 日	狄斯特鲁斯月（Dystrus）1 日	12 月 27 日（或闰年的 12 月 28 日）
麦克尔月（Mecheir）1 日	山地古斯月（Xandicus）1 日	1 月 26 日（或闰年的 1 月 27 日）
法美诺特月（Phamenoth）1 日	阿特密西乌斯月（Artemisius）1 日	2 月 25 日（或闰年的 2 月 26 日）
法墨提月（Pharmouthi）1 日	德西乌斯月（Daesius）1 日	3 月 27 日
帕克恩月（Pachon）1 日	帕美穆斯月（Panemus）1 日	4 月 26 日
保尼月（Pauni）1 日	路易斯月（Loius）1 日	5 月 26 日
埃帕夫月（Epeiph）1 日	格皮尤斯月（Gorpiaeus）1 日	6 月 25 日
麦索勒月（Mesore）1 日	希皮尔波图斯月（Hyperberetaeus）1 日	7 月 25 日
添加日 1	添加日 1	8 月 24 日

（注：本表根据 G. P. Goold, ed., *Select Papyri*, vol. 2, trans. by A. S. Hunt and C. G. Edgar, The Loeb Classical Library, Havard: Havard University Press, 1934, pp. xxxi-xxxii 制作。）

| 附录三　古埃及历法 |

说明：这里列出来的内容已经在郭子林的《古埃及托勒密王朝专制王权研究》（中国社会科学出版社，2015年版）一书中作为附录出版了，但考虑到本译著中有很多地方涉及度量衡，为了便于读者查阅，本译著还是将其在这里再次刊出。当然，这里对部分文字做了修正。

主要参考文献

[1] A. Gardiner, *Egyptian Grammar: Being an Introduction to the Study of Hieroglyphs*, Oxford: Griffith Institute, Ashmolean Museum, 1957.

[2] A. Gardiner, *Late Egyptian Stories*, Bibliotheca Aegyptiaca, I, Brussels, 1932.

[3] Franke, *Egyptian Stelae in the British Museum from the 13th to 17th Dynasties*, vol. I, *Fascicule 1: Descriptions*, London: The British Museum Press, 2013.

[4] Wente, *Letters from Ancient Egypt*, Atlanta: Scholars Press, 1990.

[5] G. P. Goold, ed., *Select Papyri*, vol. 1, vol. 2, trans. by A. S. Hunt and C. G. Edgar, The Loeb Classical Library, Havard: Havard University Press, 1932, 1934.

[6] Ian Shaw ed., *The Oxford History of Ancient Egypt*, Oxford: Oxford University Press, 2000.

[7] James B. Pritchard, *Ancient Near Eastern Texts Relating to the Old Testament*, Princeton University Press, 1955.

[8] James Henry Breasted, *Ancient Records of Egypt*, 5vol. s, Chicago: University of Chicago Press, 1906.

[9] James P. Allen, Middle Egyptian Literature: Eight Literary Words of the Middle Kingdom, Cambridge: Cambridge University Press, 2015。

[10] K. Sethe, *Die altagyptischen Pyramidentexten*, Lipzig, 1910.

[11] K. Sethe. Urkunder der 18.Dynastie, Band I, Leipzig: J. C. Hinrichs' Sche Buchhandlung, 1906.

[12] M. M. Austine, *The Hellenistic World from Alexander to the Roman Conquest*, Cambridge: Cambridge University Press, 1981.

[13] M. M. Austine, *The Hellenistic World from Alexander to the Roman Conquest*, Cambridge: Cambridge University Press, 2006.

[14] Michel Chauveau, *Egypt in the Age of Cleopatra: History and Society under the Ptolemies,* trans. by David Lorton, Ithaca and London: Cornell University Press, 2000

[15] Miriam Lichtheim, *Ancient Egyptian Literature*, 3vol. s, University of Chicago Press, 1973.

[16] Nigel C. Strudwick, *Texts from the Pyramid Age*, Atlanta: Society of Bblical Literature, 2005.

[17] R. B. Parkinson, *The Tale of the Eloquent Peasant*, Oxford, 1991.

[18] Roger S. Bagnall and Peter Derow, eds. , *The Hellenistic Period Historical Sources in Translation*, Oxford: Blackwell Publishing Ltd. , 2004.

[19] S. Sharpe, *Egyptian Inscriptions from the British Museum and Other Sources*, London, 1837.

[20] Stanley M. Burstein, ed. , *The Hellenistic Age from the Battle of Ipsos to the Death of Kleopatra VII*, Cambridge: Cambridge University Press, 1985.

[21] Toby A. H. Wilkinson, *Royal Annals of Ancient Egypt: The Palermo Stone and its Associated Fragments*, London and New York: Kegan Paul International, 2000.

[22] W. K. Simpson, *The Literature of Ancient Egypt*, New Haven and London: Yale University Press, 2003.

[23] Welles, C. Bradford, "Royal Correspondence in the Hellenistic Period: A Study in Greek Epigraphy", Studia Historica, vol. 28（1933）.

[24] 郭丹彤. 古代埃及象形文字文献译注 [M]. 长春：东北师范大学出版社，2015年版.

[25] 郭子林. 古埃及托勒密王朝专制王权研究 [M]. 北京：中国社会科学出版社，2015年版.

[26] 金寿福. 古埃及《亡灵书》[M]. 北京：商务印书馆，2016年版.

[27] 李晓东. 埃及历史铭文举要 [M]. 北京：商务印书馆，2007年版.

[28] 刘文鹏. 古代埃及史 [M]. 北京：商务印书馆，2000年版.

[29] 王海利. 失落的玛阿特——古代埃及文献《能言善辩的农民》研究 [M]. 北京：北京大学出版社，2013年版.